经济科学译库

经济数学与金融数学

迈克尔·哈里森
Michael Harrison
帕特里克·沃尔德伦
Patrick Waldron
/著
谢远涛 /译

Mathematics for Economics and Finance

中国人民大学出版社
·北京·

图目录

表目录

序　言

本书包含两篇，第Ⅰ篇是数学，第Ⅱ篇是应用，具体说来，是经济应用和金融应用。在前言中，作者迈克尔·哈里森（Michael Harrison）和帕特里克·沃尔德伦（Patrick Waldron）建议本书写给“数学或者经济学高年级学生”。对数学接触不是很多的经济学高年级学生而言，本书的第Ⅰ篇的内容有一定难度。数学高年级学生会发现本书在以下几个方面非常适合：温习理论经济学与金融学中的各数学分支；学习这些数学分支中没有涵盖到但是在经济与金融应用中有用的内容，然后接触基于这些数学知识导出的经济与金融理论综合概论。

经济学高年级学生可以把本书第Ⅰ篇的内容当作第Ⅱ篇要用的数学知识的一览表。如果学生有足够的数学背景知识，那么第Ⅰ篇的内容就足够了。但正如作者所写的那样，“知识讲得非常快”。因此如果学生发现某邻域的材料过于紧凑，他（或她）可以找一本讲解的节奏慢点的合适的替代教材，然后再看本书。

总体上看，本书的两篇，综合有序地讲解了经济理论与金融理论所需的大量重要的数学知识，以及经济理论与金融理论。勤勉的学生通过本书的学习将会汲取大量数学和经济金融理论知识。

任何一本书都有所取舍。本书中应用空间有限的一个议题是不等约束优化，例如，在线性等式约束和/或（弱）不等约束（一些或者全部变量非负）下寻找均值—方差效率集。Markowitz 和 Todd（2000）致力于该议题的研究。如果读者在读完本书后继续读该文献，会发现本书中讲解的向量与矩阵扩展知识大有裨益。也就是说，本书提供的数学背景可以让学生顺利过渡到数理金融及金融理论领域。

Harry M. Markowitz
哈里·马科维茨
(San Diego，California)
圣地亚哥，加利福尼亚
2010 年 10 月

前 言

本书是经济与金融学学生的中级数学教程，是在给都柏林大学圣三一学院商学、经济学、社会学以及数学学院的大三学生的讲稿基础上整理得到的。本书的主要目的是为学生最后一学年课程中的计量经济学、经济理论、数量金融以及数理经济学提供所需的数学知识。本书的内容同样适用于研究生一年级的学习。而且，也可以用作数学系学生的经济与金融导论教材。

最近几年，我们越来越期望数学系的毕业生能具备一些实践技能，比如经济学和金融学等，同样我们也希望经济学的毕业生具备更好的数学基础。很多其他领域的教科书中都强调，数学基础在经济和金融行业中的地位是越来越重要了，如 Ridley (1993)、Kelly (1994)、Davidson (1996)、Bass (1999)、Poundstone (2005) 以及 Bernstein (2007)。从某种程度上说本书是对这一趋势的响应，面向经济与金融高年级学生提供一个扩展其他学科知识的机会。

适合经济学的数学教材，无论是导论层次的还是高级层次的都有很多。但是，缺少一些中级教材。我们所认为的中级，当然包括证明和应用，但是又不追求纯数学教科书中的抽象和严谨。事实上，我们还找不到单独的一本书来涵盖中级层次教学所需的材料，特撰写此书。

本书的目的不在全面，而是要打好基础，书中内容能在一个标准学年中讲授完。其他专题可以在后期教学中涵盖，比方说，在我们的教学计划中可以放在最后一学年中来教学。因此，在第Ⅰ篇我们主要聚焦在线性代数、差分方程、向量计算与优化等数学。这些内容的数学表述很详细，同时提供了大量整理过的例子。本书第Ⅱ篇精选了一些经济与金融中的应用，包括确定性和随机动态宏观经济模型、投入产出分析、概率、统计、二次规划和计量经济方法，确定性下单期与跨期选择（包括一般均衡和利率期限结构），不确定性下选择，以及投资组合理论的一些内容（如资本资产定价模型）。

大多数读者应已完成数学、经济学和（或）金融学导论课程的学习。符号和预备知识部分列举了该领域中大多数读者应该熟悉的基本内容。

这些虽然不是严格的预备知识，但本书还是提供了部分内容。然而，本书的知识讲得很快，进度也很超前。因此，我们觉得，大多数学生会感到有一定的难度，但是，如我们所望，付出的越多回报也就越多。在数学、经济与金融方面有较好基础的读者不要因为学过一些章节而掉以轻心；而没学过这些预备课程的读者应不断地补充背景知识。每章后面的练习对本书中的一些证明以及数学方法的运用提供了额外的见解。本书还将配套解题手册。

经济学可以定义为如何在资源约束和不确定性条件下制定优化决策的科学。经济学很少去做预测，而是对未来所有的可能进行最优选择。宏观经济学关注总体经济，它寻求对以下问题的解释：总产出（国民收入）水平的确定、总产出增长率、一般价格水平和通货膨胀，也即价格增长率。微观经济学从根本来讲是关注财富和支出在不同商品和劳务上的分配，通过消费者和生产者之间的交互作用来确定相对价格。基础金融学，或者金融经济学，主要关注资金在不同时期内的分配，得出利率的期限结构。金融学中的另外一个问题是资金在（有限的或者连续的）自然状态上的分配，产生了一个随机变量，叫风险资产回报率。简单地说，我们尝试把微观经济学和金融学的概念结合起来，产生一个更复杂的问题，数学方法在解决这个问题中扮演了重要角色。

可以这样说，近年来经济学，特别是金融经济学已经和理论物理学一样成为一个重要的应用数学领域。有人称它是应用数学的另外一个分支。数学系讲授线性代数时，不仅要按照传统引入物理学，而且也应顺应现在的趋势，加入一些与经济学和金融学相关联的知识。本书可以作为所有学生学习线性代数的一般性基础教材。前言中提到的作者，在他们的著作中已经给出数学和物理学技术在经济学与金融学中成功应用的例子。希望本书能为大家成功地在经济与金融中运用数学方法提供必要的帮助。

迈克尔·哈里森

爱尔兰都柏林4号，都柏林大学经济学院

帕特里克·沃尔德伦

爱尔兰都柏林2号，都柏林大学圣三一学院经济学系

2010年10月

致　谢

我们分别要感谢兰卡斯特大学（University of Lancaster）的数量经济学与数理金融学老师，特别是 Alan Airth、Anna Koutsoyiannis 和 Tin Nguyen，感谢圣三一学院和宾夕法尼亚大学的数量经济学与数理金融学老师，特别是 Adrian Raftery、David Simms、John Woods、Angel de la Fuente、Bob Litzenberger 和 Krishna Ramaswamy。

感谢圣三一学院的一些本科生的协助，在用本书作为教材的过程中，他们注意到早期版本的一些排印错误，感谢 Vahagn Galstyan 对线性代数章节提出的一些有用的评论。

同时感谢匿名评阅人对本书原稿早期版本提出的有用的评论和建议，我们根据其中一位评阅人的意见改进了斯坦（Stein）引理（定理 13.7.1）和西格尔（Siegel）悖论（定理 13.10.2）。当然，我们仍然对本书本版负全责。

我们把一些用到的文献注释放在网站上，包括：诺贝尔奖（Nobel Prize）的官网（http://nobelprize.org/nobel_prizes/economics/laureates）；圣安德鲁斯大学（University of St. Andrews）的 Mac Tutor 数学史档案馆（http://www-history.mcs.standrews.ac.uk/）；部分数学词汇用法早知道（Earliest Known Uses of Some of the Words of Mathematics）网站（http://jeff560.tripod.com/mathword.html）以及数学家谱项目（Mathematics Genealogy Project）。

感谢 Routledge 出版社人员让本书得以出版，特别是感谢 Simon Holt、Robert Langham、Lisa Salonen、Emily Senior 和 Thomas Sutton。感谢我们的版面编辑 Geoff Amor，我们的封面设计 Gareth Toye 和 Jessica Stock 以及她在 Sunrise Setting Ltd 的团队。

对 Donald Knuth 提供的 TEX 排版系统和全球 TEX 和 LATEX 群成员，我们表示深深的谢意，特别是感谢 Leslie Lamport 提供了 LATEX、Till Tantau 提供了 TikZ 包和 PGF 以及 Christian Feuersänger 提供了 PGFPLOTS。

特别感谢 Harry M. Markowitz 教授和 Nobel Laureate 为我们写序言。

最后，感谢 June Harrison 提供的餐点。

缩略语表

AR　自回归
BLUE　最优线性无偏估计
CAPM　资本资产定价模型
CARA　绝对风险规避不变
cdf　累积分布函数
CES　不变替代弹性
CRRA　相对风险规避不变
DARA　绝对风险规避递减
DCF　折现现金流
DRRA　相对风险规避递减
EMH　有效市场假设
EU　欧盟
EUR　欧元
GBP　英镑
GLS　广义最小二乘
HARA　双曲绝对风险规避
$I(0)$　0阶单整

IARA　绝对风险规避递增
iff　当且仅当
iid　独立同分布
IRR　内部回报率
IRRA　相对风险规避递增
IS　投资与储蓄均衡
ISO　国际标准化组织
LM　流动性偏好与货币供给均衡
m　百万
MVN　多元正态（分布）
NPV　净现值
OLS　普通最小二乘
pdf　概率密度函数
RLS　受限最小二乘
rv　随机变量或随机向量
s. t.　使得（so that、subject to 或 such that）
UK　英国
US（A）　美国
VAR　向量自回归
VNM　冯·诺依曼-摩根斯顿（von Neumann-Morgenstern）
WLS　加权最小二乘

符号和预备知识

读者须熟悉萨摩斯岛（Samos）的毕达哥拉斯（Pythagoras）（c. 569—c. 475BC）的基本数学知识和著名定理，若有概率统计、宏观经济学、微观经济学特别是金融学等基本知识则更好。本书第 13 章中的概率统计材料供没有学过相关领域知识的读者自学，具有经济与金融相关知识的读者可以快速浏览相关的应用章节。

为了讲清楚，本书符号和预备知识部分整理了一些需要读者预先掌握的重要的数学和统计学概念，特别讲解了各种常规教科书中表述不同的符号。

数学和技术术语在第一次出现的时候用黑体字表示。

没有接触过金融数学的经济学专业的学生须注意常见的逻辑不严谨的缺点，特别注意要以正确的顺序给出定义，证明一个定理应该从假设到结论。读者需要熟悉证明的不同方法，如反证法、反命题证明法（contrapositive）和归纳法，本书第一次使用这些方法时我们进行了详细的讲解。[①] 同样，数学专业的学生可能对本书涵盖的数学知识很熟悉，在看书之前需要思考经济学的本质、主旨以及科学方法。

读者需要熟悉“such that”、“subject to”（缩略语都是 s. t.）和“if and only

① Solow（2009）是一本很好的入门教材，对有关的重要概念给出了正式证明。

if"（缩略语是 iff）等表述、含义和用法。速记符号$\forall$表示“任意”，$\exists$表示“存在”。“iff”表示充分必要条件（充要条件）或者等价条件。“P 可以推导出 Q”，则称 Q 是 P 的**必要条件**，或者 P 是 Q 的**充分条件**。“P 可以推导出 Q”与逆否命题“非 Q 可以推导出非 P”是**充要条件**。有时候用类似的符号$\Leftrightarrow$来表示充要条件，表示左边可以推导出右边，同时右边也可以推导出左边。类似地，符号$\Rightarrow$表示可以推导出，符号$\Leftarrow$表示可以被推导出。

本文常用到恒等符$\equiv$，特别是定义中；$\approx$表示近似等于，$\sum_{i=1}^{n} x_i$ 和 $\prod_{j=1}^{n} x_j$ 分别表示 n 个数 x_1，x_2，…，x_n 的求和与乘积。即：

$$\sum_{i=1}^{n} x_i = x_1 + x_2 + \cdots + x_n$$

$$\prod_{j=1}^{n} x_j = x_1 \times x_2 \times \cdots \times x_n$$

当根据上下文可以清晰地看出上下限时，我们偶尔记为 $\sum_i$ 和 $\prod_j$。

首项为 a，**公比**为 ϕ 的**几何级数**前 n 项和为：

$$\sum_{i=1}^{n} a\phi^{i-1} = a + a\phi + a\phi^2 + \cdots + a\phi^{n-1} = \begin{cases} \dfrac{a(1-\phi^n)}{1-\phi} = \dfrac{a(\phi^n - 1)}{\phi - 1}, & \text{若 } \phi \neq 1 \\ n \times a, & \text{若 } \phi = 1 \end{cases}$$

如果 $-1<\phi<1$，级数的无穷和为$\frac{a}{1-\phi}$。如果 $\phi\leqslant -1$（$a\neq 0$），当 $n\to\infty$时，前 n 项和摆动而不收敛。如果 $\phi\geqslant 1$，当 $n\to\infty$时，和依赖于 a 的符号而趋于正负无穷。

$n!$ 表示 n 的**阶乘**，是从 1 到 n 的整数的乘积。0! 定义为 1。即，$n! \equiv \sum_{i=1}^{n} i = 1\times 2\times \cdots \times n$，$0! \equiv 1$。

读者需要掌握基本的集合符号和维恩（Venn）图。① 如果 X 表示**全集**，$B\subseteq X$，即 B 是 X 的**子集**，那么 $X\setminus B$ 表示 B 的**补集**，$X\setminus B\equiv\{x\in X: x\notin B\}$。如果 $B\cap C=\{\}$，称 B 和 C **不相交**，即 B 和 C 的交集为**空集**。n 个集合 X_1，X_2，…，X_n 的**笛卡儿乘积**（Cartesian product）是一个有序的 n **元组集**（x_1，x_2，…，x_n），每个 n 元组第 i 个分量是集合 X_i 的第 i 个元素。

另外，需要掌握集合知识和自然数$\mathbb{N}$、整数$\mathbb{Z}$、实数$\mathbb{R}$和复数$\mathbb{C}$的应用。本书中，斜体字母如 x 表示$\mathbb{R}$中的一个特定数。笛卡儿集 $\mathbb{R}\times\mathbb{R}\times\cdots\times\mathbb{R}$ 记为 $\mathbb{R}^n=\{(x_1, x_2, \cdots, x_n) \mid x_1, x_2, \cdots, x_n\in\mathbb{R}\}$，称为 n **维（欧氏）空间**。$\mathbb{R}^n$（或任意向量或测度空间）中的点用小写黑体字母来表示，如 $\boldsymbol{x}$，而大写黑体字母，如 $\boldsymbol{X}$，常表示矩阵。任何 $\boldsymbol{x}\in\mathbb{R}^n$ 都可以写成 n 元组形式（x_1，x_2，…，x_n），

① 维恩（Venn）图能展示集合和它们的交集与并集，是由英国逻辑学家和哲学家 John Venn（1834—1923）在 1880 年左右提出的。

其中x_1，x_2，…，x_n 表示 $\boldsymbol{x}$ 的**笛卡儿坐标**。[1] 符号上面的波形符表示随机变量（例如 $\tilde{x}$）或者随机向量（例如 $\tilde{\boldsymbol{x}}$）。$\mathbb{R}_+^n \equiv \{\boldsymbol{x} \in \mathbb{R}^n: x_i \geqslant 0, i=1, 2, \cdots, n\}$表示 $\mathbb{R}^n$ 的**非负象限**，而$\mathbb{R}_{++}^n \equiv \{\boldsymbol{x} \in \mathbb{R}^n: x_i > 0, i=1, 2, \cdots, n\}$表示**正象限**。

$[a, b] \equiv \{x \in \mathbb{R}: a \leqslant x \leqslant b\}$称为**闭区间**，$(a, b) \equiv \{x \in \mathbb{R}: a < x < b\}$称为**开区间**。根据上下文，读者可以区分 2 元组$(a, b) \in \mathbb{R}^2$ 和开区间$(a, b) \subset \mathbb{R}$。

复数中最重要的结论是棣莫弗（De Moivre）定理[2]，该定理使$(\cos\theta + i\sin\theta)^t$ 可以写为 $\cos t\theta + i\sin t\theta$，$(\cos\theta - i\sin\theta)^t$ 可以写为 $\cos t\theta - i\sin t\theta$，$i \equiv \sqrt{-1}$。

复数 $z=a+ib$ 的**共轭**为$\bar{z}=a-ib$。和的共轭等于共轭的和，乘积的共轭等于共轭的乘积。z 的**模**是正的平方根$|z| = \sqrt{a^2+b^2} = \sqrt{z\bar{z}}$。

代数基本定理表明，实系数（或复系数）n 阶多项式有 n 个根（可能为复数），复根以共轭形式出现，并且一些根可以相等。

下面给出的函数与关系的定义非常重要。

定义 0.0.1 从**定义域** X 到**上域**（co-domain）Y 的**函数**（或**映射**）$f: X \to Y: x \mapsto f(x)$指把集合 X 的每个元素分配给集合 Y 中的唯一元素 $f(x)$的规则，$f(x)$称为 x 的**像**。

定义 0.0.2 如果 $f: X \to Y$，$g: Y \to Z$，那么**复合函数** $g \circ f: X \to Z$ 定义为$g \circ f(x)$：$g(f(x))$。

定义 0.0.3 从**定义域** X 到**上域** Y 的**对应**（correspondence）$f: X \to Y$ 指把集合 X 中的每个元素分配给集合 Y 中的非空子集的规则。

定义 0.0.4 函数 $f: X \to Y$ 的**值域**为集合 $f(X) = \{f(x) \in Y: x \in X\}$。

定义 0.0.5 函数 $f: X \to Y$ 是**单射**的（一对一）当且仅当 $f(x) = f(x') \Rightarrow x = x'$。

定义 0.0.6 函数 $f: X \to Y$ 是**满射**的当且仅当 $f(X) = Y$。

定义 0.0.7 函数 $f: X \to Y$ 是**双射**（或**可逆**）的当且仅当同时为单射而且满射。

可逆函数 $f: X \to Y$ 有良好定义的反函数 $f^{-1}: Y \to X$，对任意 $y \in Y$ 有 $f(f^{-1}(y)) = y$，对任意 $x \in X$ 有 $f^{-1}(f(x)) = x$。

对任意函数 $f: X \to Y$，若 $A \subseteq X$，则

$$f(A) \equiv \{f(x): x \in A\} \subseteq Y$$

若 $B \subseteq Y$，则 f^{-1}表示

$$f^{-1}(B) \equiv \{x \in X: f(x) \in B\} \subseteq X$$

---

① 笛卡儿积和笛卡儿坐标都是以法国数学家 René Descartes（1596—1650）的名字命名的，他是第一个以这种方式使用坐标的人。现在常将$\mathbb{R}^n$ 称为欧氏空间（我们从 5.3 节开始一直沿用）是为了纪念古代数学家欧几里得（Euclid）（c. 325—c. 265BC），而这个惯例实际上是有问题的，称它为笛卡儿空间同样是有道理的。欧几里得范数（定义 5.2.11）也同样以欧几里得的名字命名。

② 棣莫弗定理是以法国胡格诺（Huguenot）派的数学家 Abraham de Moivre（1667—1754）的名字命名的。1722 年他首次将该定理出版。进一步的了解，参阅 Sydsæter 等（2008，附录 B.3）。

如果 f 可逆，且 $y\subseteq Y$，那么 $f^{-1}(\{y\})=\{f^{-1}(y)\}$。如果 f 不可逆，那么 $f^{-1}(\{y\})$ 可以是空集，或者包含至少一个元素，但 f^{-1}：$f(X)\to X$ 仍定义了一个对应。

定义 0.0.8 函数 f：$X\to Y$ 是一个可微的函数（X，$Y\subseteq\mathbb{R}$），那么 f'：$X\to\mathbb{R}$ 表示 f 的**导数**，即 $f'(x)$ 是 f 在 x 处的导数，也记为 $\frac{\mathrm{d}f}{\mathrm{d}x}(x)$ 或 $\mathrm{d}y/\mathrm{d}x$，其中 $y=f(x)$。

定义 0.0.9 函数 f：$X\to Y$ 是 k（$k\in\mathbb{R}$）**次齐次**的当且仅当对任意 $\theta\in\mathbb{R}$ 有 $f(\theta x)=\theta^k f(x)$。

当 $k=1$ 时，称 f 是一次齐次的，有时也称为**线性齐次**的。

定义 0.0.10 集合 X 上的**二元关系**（binary relation）是 $X\times X$ 上的一个子集 R，或者 (x, y) 的集合，其中 $x\in X$，$y\in X$。

如果 $(x, y)\in R$，常记为 xRy。①

定义 0.0.11 集合 X 上的二元关系 R 的性质如下：

(a) 关系 R 是**自反**的当且仅当对任意 $x\in X$ 有 xRx。

(b) 关系 R 是**对称**的当且仅当 $xRy\Rightarrow yRx$。

(c) 关系 R 是**传递**的当且仅当 xRy，$yRz\Rightarrow xRz$。

(d) 关系 R 是**完备**的当且仅当对任意 x，$y\in X$，xRy 或 yRx 至少有一个成立。

(e) **等价关系**指具有自反性、对称性和传递性的关系。等价关系把 X 划分为不相交的等价类。

在消费理论中会用到弱偏好关系 $\succeq$，$\mathbf{x}\succeq\mathbf{y}$ 表示消费束 $\mathbf{x}$ 比 $\mathbf{y}$ 更受偏好，或者两者无差异，即消费束 $\mathbf{x}$ 至少与 $\mathbf{y}$ 一样好。

读者需要具备扎实的微积分基础知识，包括极限、单变量微分和积分；熟悉导数的极限形式定义、单变量求导的链式法则和乘积法则；还有洛必达（L'Hôpital）法则②，即如果分式的分子和分母同为无穷小或者无穷大，则该分式的极限等于分子和分母同时求导后所得商的极限。

同时应掌握换元法积分、分部积分、微分法则和标量函数积分，特别是多项式函数和三角函数。③

常用的三角恒等式包括：

- 余弦定理

$$a^2=b^2+c^2-2bc\cos A$$

- 二倍角公式

$$\cos 2A=2\cos^2 A-1$$

① 二元关系的更多细节参阅 Simmons（1963，1.5 节和 1.8 节）。

② 洛必达法则由法国数学家 Guillaume François Antoine，Marquis de l'Hôpital（1661—1704）在 1696 年出版的书中发表。

③ Binmore（1982，第 7～16 章）的书中包含了单变量微积分。本书的优势在于，作者是一个前沿的经济学家。也可以参考 Simon 和 Blume（1994，第 2～4 章）或者 Stewart（2008，第 1～8 章）。

● 基本恒等式

$$\cos^2 A+\sin^2 A=1$$

从包含 n 个元素的集合中选出 r 个，按照一定顺序进行安排称为**排列**。从包含 n 个元素的集合中选出 r 个，得到不同排列的数目记为 ${}^nP_r$：

$${}^nP_r=\frac{n!}{(n-r)!}$$

从包含 n 个元素的集合中选出 r 个但忽略其顺序称为**组合**。从包含 n 个元素的集合中选出 r 个元素的不同组合的数目记为 ${}^nC_r$：

$${}^nC_r=\frac{{}^nP_r}{r!}=\frac{n!}{(n-r)!r!}$$

读者需要熟悉指数函数的性质 $e: \mathbb{R}\to\mathbb{R}_{++}: x\mapsto e^x$，其中 $e\approx 2.718\,2\cdots$，其反函数为自然对数函数：$\ln: \mathbb{R}_{++}\to\mathbb{R}: x\mapsto \ln x$。使用任意正数为底数得到对数函数。特别地，有

$$\lim_{n\to\infty}\left(1+\frac{r}{n}\right)^n=e^r$$

该公式有时也用作 e 的定义公式，也有学者[①]偏好用下式：

$$e^r\equiv 1+r+\frac{r^2}{2!}+\frac{r^3}{3!}+\cdots=\sum_{j=0}^{\infty}\frac{r^j}{j!}$$

$|X|$ 表示集合 X 中元素的个数，或者 X 的**基数**，$|z|$ 表示（复）数 z 的模，$|\boldsymbol{X}|$ 表示矩阵 $\boldsymbol{X}$ 的行列式，常记为 $\det(\boldsymbol{X})$。当 z 是实数而非复数时，模为绝对值。同一个符号表示三种概念有时可能混淆，但根据上下文常常可以区分开。

集合 X 的所有可能子集的集合称为集合 X 的**幂集**，记为 2^X，$|2^X|=2^{|X|}$。

实数集合 X 的最小的上界或**上确界**，记为 $\sup(X)$，表示大于等于集合中每一个数的最小的实数。例如，$\sup\{1, 2, 3, 4\}=4$，$\sup\{x\in\mathbb{R}^n: 0<x<1\}=1$。第二个例子说明上确界可以不是集合中的最大实数。

实数集合 X 的最大的下界或**下确界**，记为 $\inf(X)$，表示小于等于集合中每一个数的最大的实数。例如，$\inf\{1, 2, 3, 4\}=1$，$\inf\{x\in\mathbb{R}^n: 0\leqslant x\leqslant 1\}=0$，$\inf\{x\in\mathbb{R}^n: x^3>2\}=2^{1/3}$。下确界可以不是集合中的最小实数。

---

① 例如，见 Chiang 和 Wainwright（2005，10.2 节）。

目　录

第I篇

数 学

导　论

本书的第Ⅰ篇的内容是数学。本部分先介绍线性代数的基本知识，第 1～4 章讨论了矩阵、行列式、特征值、特征向量、二次型和定性。接下来的第 5 章和第 6 章讨论了一些更加理论化的问题，如向量空间和线性变换。第 7 章为向量微积分基础，包括仿射和凸组合、集合和函数、拓扑学基础、极限和连续。这些材料中的一部分（极限）会在接下来的第 8 章差分方程中用到，以建立动态模型，但更多是为第 9 章作准备。第 9 章涵盖了向量微分和多元积分等重要内容。最后，第 10 章讨论的主题是凹凸性、无约束优化、约束优化和对偶。

正如在前言中提到的，本书的内容自成体系，但讲得很快，而且非常前沿。章节的阅读顺序很重要，因为前面章节中的大部分材料对于理解后面章节所涉及的数学知识是必不可少的。绝大部分定理的证明都已给出，少数没有给出证明，但给出了证明的参考文献。书中给出许多整理好的数值例子，可以帮助理解这些概念、方法和结果；同时给出了一些经济学例子和解释，这主要是为了激发读者对涵盖的数学知识的兴趣，也引出了第Ⅱ篇中推广以及深层次研究的议题。

第 1 章　线性方程组和矩阵

1.1　引言

本章重点介绍矩阵。从讨论线性关系和线性方程组开始，引入矩阵概念作为处理和分析这些方程组的工具。本文给出了矩阵中可能出现的经济应用的例子，以引起读者学习后续数学细节的兴趣。本书后面还会再次用到这些例子并进一步拓展这些材料。例子后的数学材料包含一些讨论，如矩阵运算、线性代数法则，以及经济和金融应用中遇到的特殊类型的矩阵。

1.2　线性方程和例子

线性代数是数学的一部分，可以帮助我们处理、分析和求解线性关系，经济和金融中大量使用这种线性关系。线性关系可以用下面的关系式表示：

$$z=\alpha x+\beta y \tag{1.1}$$

其中 x，y，z 是变量，α、β 是常数。这种关系有几个好的性质，其中之一是，它们是一次齐次的或者说线性齐次的，即如果右侧的所有变量都乘以一个常数 θ，那么左侧也应乘上这个常数。具体来说，由式（1.1），可得

$$z^*=\alpha(\theta x)+\beta(\theta y)=\theta(\alpha x+\beta y)=\theta z \tag{1.2}$$

线性关系的另一个性质是，对于不同变量的不同值，它们是可加的，其和也是线性的。假设我们有两个方程 $z_1=\alpha x_1+\beta y_1$ 和 $z_2=\alpha x_2+\beta y_2$，那么

$$z_1+z_2=\alpha(x_1+x_2)+\beta(y_1+y_2) \tag{1.3}$$

经过一些变换，上述式子也可写成

$$Z=\alpha X+\beta Y \tag{1.4}$$

其中 $X=x_1+x_2$，$Y=y_1+y_2$，$Z=z_1+z_2$。式（1.4）是各个变量的和的线性方程。n 个方程情况下的推广很简单：$X=\sum_{i=1}^n x_i, Y=\sum_{i=1}^n y_i, Z=\sum_{i=1}^n z_i$。

这些简单的性质揭示了线性关系被广泛应用于经济与金融问题的原因，特别是引入供需曲线时。[①] 另一个原因是，在至少涉及两三个变量时，线性方程更容易以图形的方式表示。当存在两个变量时，它们可以在二维图中以线形表示出；当存在三个变量时，它们可以表示为三维平面；后面的分析中，当具有三个以上的变量时，我们使用超平面的概念（参照 7.4.1 节）。而且，线性方程组有很好的适应性。

我们可以注意到三种类型的适应性。首先，通过变量的适当的重新定义，可以用线性方程组来表示非线性关系。例如，非线性方程 $z=\alpha x+\beta y^2$ 可以写为 $z=\alpha x+\beta w$，其中 $w=y^2$。其次，经过一些变换和重新定义，一些非线性方程可以用线性方程来表示。例如，对方程 $z=x^\alpha y^\beta$ 两边取对数，得到 $\log z=\alpha\log x+\beta\log y$，进而原式被改写成 $z^*=\alpha x^*+\beta y^*$，其中 $x^*=\log x$，$y^*=\log y$，$z^*=\log z$。再次，线性方程组可用于复杂的非线性关系的线性近似。这种近似可能是在某局域上有用，而不是全局。因此一些非线性方程可以当作简单的线性方程来处理。

最后一点，相较于非线性方程组，线性方程组通常更易于求解。矩阵为线性方程组的求解提供便利，而且，矩阵代数是线性代数的重要组成部分。因此，一个基本的定义便是**矩阵**。

定义 1.2.1 **矩阵**是由**标量元素**组成的直角排列。在这本书中，标量通常是实数。

这种排列可以用矩阵的一般符号来表示。

符号 1.2.1 一般地，矩阵 $\mathbf{A}$ 可以写成如下形式：

$$\mathbf{A}=\begin{bmatrix} a_{11} & a_{12} & \cdots & a_{1n} \\ a_{21} & a_{22} & \cdots & a_{2n} \\ \vdots & \vdots & & \vdots \\ a_{m1} & a_{m2} & \cdots & a_{mn} \end{bmatrix}=[a_{ij}]$$

① 关于线性需求函数的特别说明见练习 12.2。

注意，矩阵用粗体的大写字母表示，相应的标量元素用小写字母这是对矩阵和标量常用的表示方法。注意：下标表示元素所在的行和列的引用。行和列的数字决定矩阵的**阶**或**维度**。此时阶是 $m\times n$，标志着 m 行和 n 列，因此共有 mn 个元素。有时候通过下标可以使阶数表示更加明确：$\boldsymbol{A}_{m\times n}$。注意，有时候用矩阵中的一般元素来定义矩阵 $[a_{ij}]$。那么，矩阵可以记为 $[a_{ij}]_{m\times n}$。当 $m=n$ 时矩阵的行列相同，我们把这种矩阵叫做**方阵**。

矩阵中 $m=1$、列数为 n 时，这种矩阵通常称为**行向量**。

类似地，$m\times 1$ 阶矩阵称为**列向量**。$m\times 1$ 维列向量有时也称为 m **维向量**，特别是第 5 章及以后章节。行向量和列向量的符号，分别如下。

符号 1.2.2 一般地，行向量 $\boldsymbol{r}$ 可以记为

$$\boldsymbol{r}=[r_1 \quad r_2 \quad \cdots \quad r_n]$$

符号 1.2.3 一般地，列向量 $\boldsymbol{c}$ 可以记为

$$\boldsymbol{c}=\begin{bmatrix} c_1 \\ c_2 \\ \vdots \\ c_m \end{bmatrix}$$

或记为 $(c_1, c_2, \cdots, c_m)$ 以节约空间。

在定义了矩阵的转置后，我们再介绍如何用行向量来表示列向量。如果上下文可以清楚地看出是行向量还是列向量，我们简称为**向量**，并用小写粗体字母表示向量。

我们的首要任务之一是定义矩阵运算并研究代数运算法则。不过，在我们转向这些问题之前，先考虑一些例子来说明经济学中产生的矩阵问题。然后，等有了充分的数学知识后，我们再返回到这些例子进行详细分析。

1.2.1 单方程经济模型

考虑对产品的需求函数的估计问题。经济理论表明，供求关系可能的形式为 $Q=F(P, Y)$，其中 Q 是给定时期的需求数量，P 是产品的价格，Y 是收入。假定需求函数是线性的，那么有理论模型

$$Q=f(P, Y)=\alpha+\beta P+\gamma Y \tag{1.5}$$

希腊字母是（常）参数。当然，要估计需求函数，意味着未知参数的估计需要有数据。如果我们有 T 期 Q、P 和 Y 的时间序列观测值，我们可以记为

$$\widetilde{Q}_t=\alpha+\beta P_t+\gamma Y_t+\tilde{u}_t,\quad t=1, 2, \cdots, T \tag{1.6}$$

其中，t 表示时间，而 $\tilde{u}_t$ 表示随机扰动项，因为数据不完全符合理论上的线性关系，可能因为 Q 的测量误差，或因为 Q 同时受一些没有包括在式（1.5）右侧的变量的较小影响。实际上，线性关系式（1.5）只是随机关系式（1.6）的一个近似。我们在第 13 章和第 14.2 节再次讨论这些问题。

公式（1.6）实际上包含了 T 个方程，每期对应一个方程：

$$\begin{aligned}&\widetilde{Q}_1=\alpha+\beta P_1+\gamma Y_1+\tilde{u}_1\\&\widetilde{Q}_2=\alpha+\beta P_2+\gamma Y_2+\tilde{u}_2\\&\vdots\\&\widetilde{Q}_T=\alpha+\beta P_T+\gamma Y_T+\tilde{u}_T\end{aligned}\tag{1.7}$$

如果用矩阵来定义就很方便：

$$\tilde{\boldsymbol{y}}=\begin{bmatrix}\widetilde{Q}_1\\\widetilde{Q}_2\\\vdots\\\widetilde{Q}_T\end{bmatrix}_{T\times1},\quad \boldsymbol{X}=\begin{bmatrix}1&P_1&Y_1\\1&P_2&Y_2\\\vdots&\vdots&\vdots\\1&P_T&Y_T\end{bmatrix}_{T\times3}\tag{1.8}$$

矩阵参数和随机扰动项表示为：

$$\boldsymbol{\beta}=\begin{bmatrix}\alpha\\\beta\\\gamma\end{bmatrix}_{3\times1},\quad \tilde{\boldsymbol{u}}=\begin{bmatrix}\tilde{u}_1\\\tilde{u}_2\\\vdots\\\tilde{u}_T\end{bmatrix}_{T\times1}\tag{1.9}$$

那么公式（1.7）可以改写成如下简单的式子：

$$\tilde{\boldsymbol{y}}=\boldsymbol{X\beta}+\tilde{\boldsymbol{u}}\tag{1.10}$$

在这个等式中，我们都遵循标准记法，**因变量** $\widetilde{Q}_t$ 和**随机扰动项** $\tilde{u}_t$ 的 T 个数值用粗体小写字母来表示。$\boldsymbol{X}$ 的第一列由 1 构成，与需求方程中的系数 α 相对应。当然，矩阵公式（1.10）的解释和运算是以矩阵等式、矩阵加法、矩阵乘法以及矩阵代数法则等知识为前提的，我们马上将学习这些。第 13 章中我们简单讨论参数估计的统计问题，第 14 章还会再次提到。

1.2.2 封闭经济静态宏观经济模型

现在考虑一个简单的线性（**凯恩斯**）封闭的宏观经济模型，包括总消费函数、投资函数以及国民收入核算恒等式：①

$$C=f(Y)=\alpha_1+\alpha_2 Y\tag{1.11}$$

$$I=g(Y,R)=\beta_1+\beta_2 Y+\beta_3 R\tag{1.12}$$

$$Y=C+I+G\tag{1.13}$$

其中 C、I 和 Y 分别表示消费、投资以及国民收入等**内生变量**，它们的值由模型来决定，而 R 和 G 分别表示利率和政府支出等**外生变量**，它们的值取决于模型

① 凯恩斯理论模型以英国经济学家 John Maynard Keynes（1883—1946）的名字命名，他的宏观经济学理论一直是辩论的议题。

外部，也就是说由政府来确定。学习经济学的同学应该熟悉这个模型中系数的解释。例如，$\alpha_2 = \mathrm{d}C/\mathrm{d}Y$ 表示单位国民收入的变化引起的消费的变化，称之为**边际消费倾向**（$1-\alpha_2$ 称作**边际储蓄倾向**）；对于 β_2、β_3 的解释同理。这些方程经整理可以改写为：

$$C+0-\alpha_2 Y=\alpha_1+0+0 \tag{1.14}$$

$$0+I-\beta_2 Y=\beta_1+\beta_3 R+0 \tag{1.15}$$

$$-C-I+Y=0+0+G \tag{1.16}$$

相关的参数矩阵为：

$$\boldsymbol{A}=\begin{bmatrix} 1 & 0 & -\alpha_2 \\ 0 & 1 & -\beta_2 \\ -1 & -1 & 1 \end{bmatrix} \text{和 } \boldsymbol{B}=\begin{bmatrix} \alpha_1 & 0 & 0 \\ \beta_1 & \beta_3 & 0 \\ 0 & 0 & 1 \end{bmatrix} \tag{1.17}$$

而矩阵中的变量为

$$\boldsymbol{x}=\begin{bmatrix} C \\ I \\ Y \end{bmatrix} \text{和 } \boldsymbol{z}=\begin{bmatrix} 1 \\ R \\ G \end{bmatrix} \tag{1.18}$$

$\boldsymbol{z}$ 中的第一个元素是 1，虽然不是一个变量，但是它很有用，在写外生变量的时候，无论有没有截距，都可以把 1 补上，例如消费方程和政府支出方程。因此我们可以用更简洁的矩阵符号表示方程组，如下：

$$\boldsymbol{Ax}=\boldsymbol{Bz} \tag{1.19}$$

部分读者可能对方程（1.19）的参数估计感兴趣，这是计量经济学的练习，需要一些随机性的设定，以及内生变量和外生变量的数据。[①] 假设每个变量都有 n 个观测值，这些数据组成两个 $3\times n$ 阶矩阵。

另一个问题是外生变量关于内生变量的方程组的求解问题，或者，更一般地，求解 $\boldsymbol{Ax}=\boldsymbol{b}$ 中的 $\boldsymbol{x}$，其中

$$\boldsymbol{A}=\begin{bmatrix} a_{11} & a_{12} & \cdots & a_{1n} \\ a_{21} & a_{22} & \cdots & a_{2n} \\ \vdots & \vdots & \vdots & \vdots \\ a_{m1} & a_{m2} & \cdots & a_{mn} \end{bmatrix}=[a_{ij}]_{m\times n}$$

$$\boldsymbol{x}=\begin{bmatrix} x_1 \\ x_2 \\ \vdots \\ x_n \end{bmatrix}=[x_j]_{n\times 1}$$

① 第 14 章更详细地讨论了随机干扰项在线性经济学模型中的应用。

$$\boldsymbol{b}=\begin{bmatrix} b_1 \\ b_2 \\ \vdots \\ b_m \end{bmatrix}=[b_i]_{m\times 1} \tag{1.20}$$

例如，一般地线性方程组。注意，对于所有的 i，当 $b_i=0$ 时，我们称这样的方程组为**齐次**线性方程组；否则，我们称之为**非齐次**线性方程组。还要注意，如果齐次线性方程组或非齐次线性方程组存在唯一解或多个解，我们称方程组是**一致**的，否则方程组是**不一致**的。我们第 2 章回到实际问题，讨论线性方程组的求解，第 6 章中将给出齐次线性方程组解的一般形式。

1.2.3 静态投入产出模型

上一节中用凯恩斯主义的宏观经济模型描述一个经济体，还有一种简单的方法，用里昂惕夫（Leontief）静态投入产出模型①来描述。假设经济中有 n 个行业，每个行业只生产一种特定的商品，这些商品的净产出只供消费者使用。我们把这些**最终需求**表示成 f_1，f_2，…，f_n，对所有的 i 有 $f_i\geqslant 0$。但是，还存在其他的需求，因为生产任何商品都需要相应的生产要素，例如，生产过程中固定比例的工业投入。新古典生产理论提出了一种更加灵活的生产函数，在生产过程中的投入品可以被替换。在投入两个生产要素时，这种生产函数可以用**等产量图**来表示，**等产量**表示能生产出同样产量的各种生产要素的集合。11.3 节中我们会再次讲到里昂惕夫生产函数的特殊情况，即等产量线是 L 形的。

假设 a_{ij} 表示生产出一单位的商品 j 所需要的生产要素 i 的数量，那么生产所有商品所需要的生产要素 i 的总量为：

$$a_{i1}x_1+a_{i2}x_2+\cdots+a_{in}x_n,\ i=1,\ 2,\ \cdots,\ n \tag{1.21}$$

其中技术系数 a_{ij} 被称为**投入产出系数**。$x_j\,(j=1,\ 2,\ \cdots,\ n)$ 是 n 种商品所需的总产出。$a_{ij}x_j\,(i,\ j=1,\ 2,\ \cdots,\ n)$ 表示行业 j 对商品 i 的**中间需求**。如果我们将消费者对 i 的需求 (f_i) 和行业对 i 的中间需求加起来，那么便得到对 i 的总需求（产出），可以记为

$$f_i+a_{i1}x_1+a_{i2}x_2+\cdots+a_{in}x_n=x_i,\ i=1,\ 2,\ \cdots,\ n \tag{1.22}$$

对于所有的商品，我们可以用矩阵来表示

$$\boldsymbol{f}+\boldsymbol{A}\boldsymbol{x}=\boldsymbol{x} \tag{1.23}$$

其中

$$\boldsymbol{f}=[f_i]_{n\times 1},\ \boldsymbol{A}=[a_{ij}]_{n\times n},\ \boldsymbol{x}=[x_i]_{n\times 1} \tag{1.24}$$

---

① 德国出生的经济学家 Wassily Wassilyovich Leontief（1905—1999）在俄国长大，后来定居美国，他因投入产出方法的发展及其在经济学问题上的重要应用被授予 1973 年诺贝尔经济学奖。

这里使用了更简便的矩阵符号。对于前面例子中的矩阵表达式，我们需要矩阵运算的知识和矩阵代数的法则，才能正确地解释这个方程，才能对其进行求解和分析。

1.3 矩阵运算

我们将用一般项来讲解矩阵运算的基本定义。

1.3.1 矩阵的相等

定义 1.3.1 $\boldsymbol{A}=\boldsymbol{B}$，当且仅当矩阵 $\boldsymbol{A}$ 和矩阵 $\boldsymbol{B}$ 有相同的阶数，并且对于所有的 i，j 都有 $a_{ij}=b_{ij}$。

我们在前面的章节中解释了“当且仅当”（通常简写成“iff”）的含义。两个矩阵有相同的阶数就是指矩阵**相等同型**（conformability in equality）。读者可以自己写两个矩阵，来说明这个简单概念。

1.3.2 矩阵的加法

定义 1.3.2 $\boldsymbol{A}+\boldsymbol{B}=\boldsymbol{C}$，当且仅当 $\boldsymbol{A}$、$\boldsymbol{B}$ 以及 $\boldsymbol{C}$ 有相同的阶数，且对任何 i，j 都有 $c_{ij}=a_{ij}+b_{ij}$ 成立。

注意，矩阵加法和矩阵相等都要求矩阵**加法同型**（conformability in addition）。

例 1.3.1 如果

$$\boldsymbol{A}=\begin{bmatrix}1 & 2\\3 & 4\end{bmatrix}\quad \boldsymbol{B}=\begin{bmatrix}2 & -2\\-4 & 4\end{bmatrix} \tag{1.25}$$

那么

$$\boldsymbol{C}=\boldsymbol{A}+\boldsymbol{B}=\begin{bmatrix}3 & 0\\-1 & 8\end{bmatrix} \tag{1.26}$$

这个例子清楚地告诉我们，$\boldsymbol{C}$ 中的任何一个元素都是 $\boldsymbol{A}$ 和 $\boldsymbol{B}$ 中对应元素相加的和。因此，$c_{11}=a_{11}+b_{11}=1+2=3$，$c_{12}=a_{12}+b_{12}=2+(-2)=2-2=0$，对于 $\boldsymbol{C}$ 中其他的两个元素也一样。

1.3.3 矩阵乘标量

定义 1.3.3 $\mu\mathbf{A}=[\mu a_{ij}]=[a_{ij}\mu]=\mathbf{A}\mu$

这个简洁的矩阵符号告诉我们，矩阵与一个标量 μ 的乘法是矩阵中每一个元素被 μ 乘。注意到从第二个式子到第三个式子的变化中，使用了乘法交换律。

如果标量 μ 是 $1/k$ 的形式，那么我们偶尔使用以下符号

$$\mathbf{A}/k\equiv\frac{\mathbf{A}}{k}\equiv\frac{1}{k}\mathbf{A} \tag{1.27}$$

例 1.3.2 使用例 1.3.1* 中定义的矩阵 $\mathbf{A}$，并令 $\mu=5$，则

$$\mu\mathbf{A}=5\begin{bmatrix}1 & 2\\3 & 4\end{bmatrix}=\begin{bmatrix}5\times1 & 5\times2\\5\times3 & 5\times4\end{bmatrix}=\begin{bmatrix}5 & 10\\15 & 20\end{bmatrix} \tag{1.28}$$

而

$$\mathbf{A}\mu=\begin{bmatrix}1 & 2\\3 & 4\end{bmatrix}5=\begin{bmatrix}1\times5 & 2\times5\\3\times5 & 4\times5\end{bmatrix}=\begin{bmatrix}5 & 10\\15 & 20\end{bmatrix} \tag{1.29}$$

1.3.4 矩阵的减法

定义 1.3.4 $\mathbf{A}-\mathbf{B}=\mathbf{D}$，当且仅当 $\mathbf{A}$、$\mathbf{B}$ 和 $\mathbf{D}$ 同型，且对于任意 i，j 有 $d_{ij}=a_{ij}-b_{ij}$。

当 $\mathbf{A}+\mu\mathbf{B}$ 中的 $\mu=-1$ 时，这个定义就和前一个定义一样了。同样，这些矩阵要满足同型的要求。

例 1.3.3 用例 1.3.1** 中的矩阵 $\mathbf{A}$、$\mathbf{B}$

$$\mathbf{D}=\mathbf{A}-\mathbf{B}=\begin{bmatrix}-1 & 4\\7 & 0\end{bmatrix} \tag{1.30}$$

而

$$\mathbf{D}^*=\mathbf{B}-\mathbf{A}=\begin{bmatrix}1 & -4\\-7 & 0\end{bmatrix} \tag{1.31}$$

在这个例子中，$\mathbf{D}$ 中的每个元素都是 $\mathbf{A}$、$\mathbf{B}$ 中相应元素的差值。因此有，$d_{11}=a_{11}-b_{11}=1-2=-1$，$d_{12}=a_{12}-b_{12}=2-(-2)=2+2=4$，等等。这对于 $\mathbf{D}^*$ 也是类似的。注意，$\mathbf{D}^*=(-1)\mathbf{D}$，$\mathbf{A}-\mathbf{B}=(-1)(\mathbf{B}-\mathbf{A})$。

---

*，** 译者注：原书例 1.3.2 可能有误，应为例 1.3.1。

1.3.5 矩阵的乘法

定义 1.3.5 $\boldsymbol{AB}=\boldsymbol{E}$，当且仅当 $\boldsymbol{A}$ 的列数与 $\boldsymbol{B}$ 的行数相等（也就是说，如果 $\boldsymbol{A}$ 是 $m\times r$ 阶，$\boldsymbol{B}$ 是 $r\times n$ 阶）且对于所有的 i，j 有 $e_{ij}=\sum_{k=1}^{r}a_{ik}b_{kj}$ 。

简单地说，定义中的等式是指，矩阵 $\boldsymbol{E}$ 中给定的行和列中的元素，是由矩阵 $\boldsymbol{A}$ 中相应行和矩阵 $\boldsymbol{B}$ 中相应列中对应的元素先相乘再求和得到的。因此 $\boldsymbol{E}$ 是 $m\times n$阶矩阵。

例 1.3.4 如果

$$\boldsymbol{A}=\begin{bmatrix}2 & 1 & 0\\ 1 & 3 & 1\end{bmatrix},\ \boldsymbol{B}=\begin{bmatrix}2\\ 3\\ 4\end{bmatrix} \tag{1.32}$$

那么

$$\boldsymbol{AB}=\boldsymbol{E}=\begin{bmatrix}7\\ 15\end{bmatrix} \tag{1.33}$$

$\boldsymbol{AB}=\boldsymbol{E}$ 的第一行和第一列的元素，计算方法为

$$\begin{aligned}e_{11}&=\sum_{k=1}^{3}a_{1k}b_{k1}=a_{11}b_{11}+a_{12}b_{21}+a_{13}b_{31}\\&=(2\times 2)+(1\times 3)+(0\times 4)=7\end{aligned} \tag{1.34}$$

对于其中第二行和第一列的元素，计算方式为

$$\begin{aligned}e_{21}&=\sum_{k=1}^{3}a_{2k}b_{k1}=a_{21}b_{11}+a_{22}b_{21}+a_{23}b_{31}\\&=(1\times 2)+(3\times 3)+(1\times 4)=15\end{aligned} \tag{1.35}$$

注意，**乘法同型**（conformability in multiplication）的要求在这里指，$\boldsymbol{A}$ 的列数和 $\boldsymbol{B}$ 的行数要相等，才能相乘得到结果。一般情况下，$\boldsymbol{AB}\neq\boldsymbol{BA}$。事实上，在例 1.3.4* 的简单矩阵相乘中，$\boldsymbol{AB}$ 相乘有定义，而 $\boldsymbol{BA}$ 相乘没有定义。因此，矩阵乘法必须区分**左乘**和**右乘**。在上述例子中，$\boldsymbol{A}$ 左乘 $\boldsymbol{B}$（或 $\boldsymbol{A}$ 被 $\boldsymbol{B}$ 右乘）都能得到 $\boldsymbol{E}$。

我们已经给出了矩阵基本运算的明确定义。因此，对于 1.2.1 节、1.2.2 节和 1.2.3 节给出的例子，我们可以很容易地将标量形式写成矩阵的和、乘积和相等形式。例如，把式（1.20）中 $\boldsymbol{A}$、$\boldsymbol{x}$ 和 $\boldsymbol{b}$ 写成 $\boldsymbol{Ax}=\boldsymbol{b}$，并且利用矩阵乘法运算和矩阵相等，马上得到线性方程组。下面以一个三元方程组作为示例。

例 1.3.5 令

* 译者注：原书例 1.3.5 可能有误，应为例 1.3.4。

$$\mathbf{A}=\begin{bmatrix}a_{11} & a_{12} & a_{13}\\ a_{21} & a_{22} & a_{23}\\ a_{31} & a_{32} & a_{33}\end{bmatrix},\ \boldsymbol{x}=\begin{bmatrix}x_1\\ x_2\\ x_3\end{bmatrix},\ \boldsymbol{b}=\begin{bmatrix}b_1\\ b_2\\ b_3\end{bmatrix} \tag{1.36}$$

然后，代入

$$\mathbf{A}\boldsymbol{x}=\boldsymbol{b} \tag{1.37}$$

得到

$$\begin{bmatrix}a_{11} & a_{12} & a_{13}\\ a_{21} & a_{22} & a_{23}\\ a_{31} & a_{32} & a_{33}\end{bmatrix}\begin{bmatrix}x_1\\ x_2\\ x_3\end{bmatrix}=\begin{bmatrix}b_1\\ b_2\\ b_3\end{bmatrix} \tag{1.38}$$

我们可以将方程组用矩阵符号来表示，使用矩阵乘法规则，结果用向量表示为

$$\begin{bmatrix}a_{11}x_1+a_{12}x_2+a_{13}x_3\\ a_{21}x_1+a_{22}x_2+a_{23}x_3\\ a_{31}x_1+a_{32}x_2+a_{33}x_3\end{bmatrix}=\begin{bmatrix}b_1\\ b_2\\ b_3\end{bmatrix} \tag{1.39}$$

当然，线性方程组也可以用标量表示为

$$a_{11}x_1+a_{12}x_2+a_{13}x_3=b_1 \tag{1.40}$$

$$a_{21}x_1+a_{22}x_2+a_{23}x_3=b_2 \tag{1.41}$$

$$a_{31}x_1+a_{32}x_2+a_{33}x_3=b_3 \tag{1.42}$$

矩阵代数最初的作用就是速记线性方程组，因此我们提倡使用矩阵，参阅 Chiang 和 Wainwright（2005，4.2 节）。至于如何求解方程组，在第 2 章才会讲。接下来的内容是矩阵代数的运算法则、一些特殊矩阵以及行列式的概念。

1.4 矩阵代数的运算法则

以上定义的矩阵运算法则只是矩阵代数运算法则中很少的一部分。有些运算法则与标量运算法则相似，有的则不同。有一点值得注意，矩阵运算只是一些定义，而矩阵代数是一些定理，例如，矩阵代数运算法则是依据前面的矩阵运算法则和我们普遍认可的标量的代数运算法则，然后通过逻辑推导得到的，因此这些运算规则是可以被证明的。当然，我们不需要去证明每个定理，只需证明其中的一两个，来说明证明这些定理仅需要一些相关条件和定理。

1.4.1 矩阵加法运算法则

矩阵加法满足**交换律**和**结合律**，也就是说，

$$\boldsymbol{A}+\boldsymbol{B}=\boldsymbol{B}+\boldsymbol{A} \tag{1.43}$$

且

$$(\boldsymbol{A}+\boldsymbol{B})+\boldsymbol{C}=\boldsymbol{A}+(\boldsymbol{B}+\boldsymbol{C}) \tag{1.44}$$

假设加法中矩阵是同型的。例如，交换律可以用如下方式陈述和证明。

定理 1.4.1 令 $\boldsymbol{A}$ 和 $\boldsymbol{B}$ 为 $m\times n$ 阶矩阵，那么 $\boldsymbol{A}+\boldsymbol{B}=\boldsymbol{B}+\boldsymbol{A}$。

证明： 依定义，得 $\boldsymbol{A}+\boldsymbol{B}=[a_{ij}]+[b_{ij}]=[a_{ij}+b_{ij}]$。

现在使用标量代数的交换律法则，得 $[a_{ij}+b_{ij}]=[b_{ij}+a_{ij}]$。

因此，再次用矩阵加法的定义，得 $\boldsymbol{A}+\boldsymbol{B}=[b_{ij}+a_{ij}]=[b_{ij}]+[a_{ij}]=\boldsymbol{B}+\boldsymbol{A}$。

关于矩阵结合律的证明作为练习题，见练习 1.11。

1.4.2 矩阵乘法运算法则

矩阵的乘法满足结合律，例如，$(\boldsymbol{AB})\boldsymbol{C}=\boldsymbol{A}(\boldsymbol{BC})$。然而，矩阵乘法常常不满足交换律。回顾定义 1.3.5、例 1.3.4* 以及其后对矩阵乘法的说明。矩阵乘法结合律的证明使用了一般项的双重加总，见练习 1.11。

还需要注意一个小细节，当 μ，θ 为标量时，有 $\mu(\theta\boldsymbol{A})=(\mu\theta)\boldsymbol{A}=\theta(\mu\boldsymbol{A})$，原因是标量乘法满足结合律和交换律。

1.4.3 矩阵加法和矩阵乘法的分配律

矩阵乘法的分配律基于矩阵加法，例如，$\boldsymbol{A}(\boldsymbol{B}+\boldsymbol{C})=\boldsymbol{AB}+\boldsymbol{AC}$ 和 $(\boldsymbol{A}+\boldsymbol{B})\boldsymbol{D}=\boldsymbol{AD}+\boldsymbol{BD}$，要求涉及的矩阵同型。如何确定等式两边的矩阵的阶数，将留作练习，回顾相关矩阵运算的定义，见练习 1.12。

有这样两个等式，$\mu(\boldsymbol{B}\pm\boldsymbol{C})=\mu\boldsymbol{B}\pm\mu\boldsymbol{C}$ 和 $(\mu\pm\theta)\boldsymbol{A}=\mu\boldsymbol{A}\pm\theta\boldsymbol{A}=\boldsymbol{A}(\mu\pm\theta)$，后者用定理来表述如下。

定理 1.4.2 $\boldsymbol{A}$ 为 $m\times n$ 阶矩阵，μ 和 θ 是标量，那么 $(\mu-\theta)\boldsymbol{A}=\mu\boldsymbol{A}-\theta\boldsymbol{A}$。

证明： 根据定义，有 $(\mu-\theta)\boldsymbol{A}=[(\mu-\theta)a_{ij}]$。

现在运用标量代数的分配律，得到 $[(\mu-\theta)a_{ij}]=[\mu a_{ij}-\theta a_{ij}]$。

运用标量和矩阵的定义，得到 $[\mu a_{ij}-\theta a_{ij}]=[\mu a_{ij}+(-\theta)a_{ij}]=[\mu a_{ij}]+[(-\theta)a_{ij}]=\mu\boldsymbol{A}+(-\theta)\boldsymbol{A}=\mu\boldsymbol{A}-\theta\boldsymbol{A}$。

其他运算法则的证明可以参考上面的证明，留作练习。

* 译者注：原书例 1.3.5 可能有误，应为例 1.3.4。

1.5 特殊矩阵及其运算法则

在处理矩阵时，特别是在各种经济和金融应用中，我们会遇到一些特殊类型的矩阵。接下来的内容是一些常见特殊矩阵及其性质。同样，大多数证明将留作练习，我们只证明少数性质。当要证明有用的矩阵结论时，这些证明方法将有很大的启发作用。

1.5.1 零矩阵

符号 1.5.1 零矩阵是 $\mathbf{0}=[a_{ij}]$，对于所有的 i，j 满足 $a_{ij}=0$。

零矩阵的所有元素都是标量零；没有必要将所有的元素都写出来。注意，一个零矩阵的阶数是任意的，其阶数取决于具体情况。在容易混淆的情况下，零矩阵的阶数要标注出来，比如 $\mathbf{0}_{m\times n}$，$\mathbf{0}_{1\times n}$或 $\mathbf{0}_{m\times 1}$。当零矩阵是零行向量或零列向量时，只要不混淆，可以用一个单一的下标表示。零矩阵是相加后不变的矩阵，接下来的性质中将作说明。

性质 1 当 $\mathbf{0}$ 和 $\boldsymbol{A}$ 加法同型时，$\boldsymbol{A}\pm\mathbf{0}=\boldsymbol{A}$。

性质 2 对所有 $\boldsymbol{A}$，有 $0\boldsymbol{A}=\mathbf{0}$，其中左侧的零是标量，右侧的零是零矩阵，其维度和矩阵 $\boldsymbol{A}$ 相同。

性质 3 如果有 $\boldsymbol{A}-\boldsymbol{A}=\mathbf{0}$，其中零矩阵 $\mathbf{0}$ 和 $\boldsymbol{A}$ 的维度相同。

性质 4 如果 $\boldsymbol{A}$ 是 $m\times n$ 阶矩阵，那么有 $\mathbf{0}_{p\times m}\boldsymbol{A}=\mathbf{0}_{p\times n}$以及 $\boldsymbol{A}\mathbf{0}_{n\times r}=\mathbf{0}_{m\times r}$。

注意，在等式 $\boldsymbol{AB}=\mathbf{0}$ 中，并不意味着矩阵 $\boldsymbol{A}$ 或 $\boldsymbol{B}$ 其中一个为零矩阵，但是在标量代数中则不然。

例 1.5.1 令

$$\boldsymbol{A}=[1\quad 1],\ \boldsymbol{B}=\begin{bmatrix}1 & -1\\ -1 & 1\end{bmatrix} \tag{1.45}$$

那么

$$\boldsymbol{AB}=[1\quad 1]\begin{bmatrix}1 & -1\\ -1 & 1\end{bmatrix}=[0\quad 0]=\mathbf{0}_{1\times 2} \tag{1.46}$$

式子 $\boldsymbol{BA}$ 是未定义的，因为两个矩阵不能以这种顺序相乘。

这个例子说明了标量代数的结果应用到矩阵代数时是有可能出问题的。

上述零矩阵性质的证明只需要用到矩阵的定义和基本运算，留作练习，见练习 1.13。

1.5.2 单位矩阵

维度为 n 的**单位矩阵**是 $n\times n$ 阶方块矩阵，从它对角线的左上角到右下角都是标量1，其他各位置都是零，记作 $\boldsymbol{I}_n=[\delta_{ij}]_{n\times n}$，其中 $i=j$ 时 $\delta_{ij}=1$，$i\neq j$ 时 $\delta_{ij}=0$。

单位矩阵中使用的符号 δ_{ij} 叫做**克罗内克德尔塔**（Kronecker delta）。① 这个符号在下面内容中经常使用。

性质 1 $\boldsymbol{AI}_n=\boldsymbol{I}_m\boldsymbol{A}=\boldsymbol{A}$，其中 $\boldsymbol{A}$ 是任意 $m\times n$ 阶矩阵。

因此单位矩阵在矩阵代数中的作用与单位1在标量代数中的作用相似，被称为乘法单位。但要注意，使用单位矩阵时，其矩阵的维度要满足矩阵乘法的要求。

根据单位矩阵的定义和乘法，可以得出上面的单位矩阵的性质。

1.5.3 矩阵的迹

单位矩阵中取1的对角线以及任何方阵的类似对角线，称为**主对角线**。

主对角线上元素之和称为矩阵的迹，记作 tr(·)。n 阶单位矩阵的**迹**为 $\mathrm{tr}(\boldsymbol{I}_n)=\sum_{i=1}^{n}1=n$。

性质 1 $\mathrm{tr}(\boldsymbol{AB})=\mathrm{tr}(\boldsymbol{BA})$，其中 $\boldsymbol{A}$ 是 $m\times n$ 阶矩阵，$\boldsymbol{B}$ 是 $n\times m$ 阶矩阵。

这个结果的证明与练习中一个例子的证明类似，要用到一般项的双重加总，因此可能需要一些技巧，详见练习 1.14。

1.5.4 逆矩阵

如果矩阵 $\boldsymbol{A}$，$\boldsymbol{B}$，$\boldsymbol{C}$ 为方阵，阶数相同，为 $n\times n$，且有 $\boldsymbol{AC}=\boldsymbol{I}=\boldsymbol{BA}$，那么 $\boldsymbol{C}$ 叫做 $\boldsymbol{A}$ 的**右逆**，$\boldsymbol{B}$ 叫做 $\boldsymbol{A}$ 的**左逆**。

事实上，$\boldsymbol{B}=\boldsymbol{BI}=\boldsymbol{B}(\boldsymbol{AC})=(\boldsymbol{BA})\boldsymbol{C}=\boldsymbol{IC}=\boldsymbol{C}$，所以右逆矩阵一定等于左逆矩阵，因此这两个矩阵称为 $\boldsymbol{A}$ 的**逆矩阵**（反过来，$\boldsymbol{A}$ 叫做 $\boldsymbol{B}$ 的逆矩阵）。称矩阵 $\boldsymbol{A}$ 和 $\boldsymbol{B}$ 是**可逆的**。

例 1.5.2 令

$$\boldsymbol{A}=\begin{bmatrix}1 & 2\\ 2 & 3\end{bmatrix}\text{和 }\boldsymbol{B}=\begin{bmatrix}-3 & 2\\ 2 & -1\end{bmatrix} \tag{1.47}$$

应用矩阵乘法，可得

① 克罗内克德尔塔（Kronecker delta）和 1.5.15 节中介绍的克罗内克积是以普鲁士出生的数学家 Leopold Kronecker 的名字命名的。

$$AB=\begin{bmatrix}1 & 2\\2 & 3\end{bmatrix}\begin{bmatrix}-3 & 2\\2 & -1\end{bmatrix}=\begin{bmatrix}1 & 0\\0 & 1\end{bmatrix}=I_2 \tag{1.48}$$

而

$$BA=\begin{bmatrix}-3 & 2\\2 & -1\end{bmatrix}\begin{bmatrix}1 & 2\\2 & 3\end{bmatrix}=\begin{bmatrix}1 & 0\\0 & 1\end{bmatrix}=I_2 \tag{1.49}$$

通过定义，可知 $\boldsymbol{A}$ 和 $\boldsymbol{B}$ 都是可逆的：$\boldsymbol{A}$ 是 $\boldsymbol{B}$ 的逆矩阵，同时 $\boldsymbol{B}$ 是 $\boldsymbol{A}$ 的逆矩阵。

不是所有的方块矩阵都有逆矩阵，哪一条性质能够保证特定方阵的逆矩阵存在，这个问题将留到第 2 章讲。

当逆矩阵存在时，它的作用与标量代数中的倒数类似。逆矩阵的概念是非常重要的，其相关性质非常有用。我们会正式介绍逆矩阵的性质及其证明；这样做是很有益的，其证明过程体现了如何运用矩阵的运算法则、矩阵代数、单位矩阵以及相关性质来处理矩阵。

第一个性质的证明使用了**反证法**（proof by contradiction），这种形式的证明通过证明逆命题是矛盾的，来证明原命题的正确性。原命题要么是正确的，要么是错误的，如果通过逆命题推出矛盾，那么就证明了原命题是正确的。换句话说，用反证法证明 P，需证明“非 P”推出 Q 以及“Q 不成立”。那么，因为“非 P”意味着矛盾，可得出 P。这种证明的方法会用于后面其他内容的证明。

性质 1　令 $\boldsymbol{A}$ 为可逆方阵，那么 $\boldsymbol{A}$ 的逆矩阵是唯一的。

证明：令 $\boldsymbol{B}$ 为 $\boldsymbol{A}$ 的逆矩阵，假设 $\boldsymbol{A}$ 的另一个逆矩阵 $\boldsymbol{B}^*$ 存在且 $\boldsymbol{B}^*\neq\boldsymbol{B}$。

那么 $\boldsymbol{AB}^*=\boldsymbol{I}$，左乘逆矩阵 $\boldsymbol{B}$，得到 $\boldsymbol{BAB}^*=\boldsymbol{BI}=\boldsymbol{B}$。

但是 $\boldsymbol{BA}=\boldsymbol{I}$，因此 $\boldsymbol{B}$ 是 $\boldsymbol{A}$ 的逆矩阵，所以 $\boldsymbol{BAB}^*=\boldsymbol{IB}^*=\boldsymbol{B}^*$。

因此 $\boldsymbol{B}=\boldsymbol{B}^*$，得出了矛盾。

由于结果的唯一性，故用一个特殊的上标“-1”来表示矩阵的逆。这样我们用 $\boldsymbol{A}^{-1}$ 来表示矩阵 $\boldsymbol{A}$ 的唯一逆矩阵。这种假设非唯一性来证明唯一性的方法非常普遍，以后还会用到。

性质 2　设 $\boldsymbol{A}$ 为可逆矩阵；则 $(\boldsymbol{A}^{-1})^{-1}=\boldsymbol{A}$。

证明：如果 $\boldsymbol{A}$ 可逆，有 $\boldsymbol{AA}^{-1}=\boldsymbol{I}$，然后用矩阵可逆的定义可得 $\boldsymbol{A}=(\boldsymbol{A}^{-1})^{-1}$。然而，还需要考虑以下一些情况：

通过定义有 $(\boldsymbol{A}^{-1})^{-1}\boldsymbol{A}^{-1}=\boldsymbol{I}$。

右乘 $\boldsymbol{A}$ 得到 $(\boldsymbol{A}^{-1})^{-1}\boldsymbol{A}^{-1}\boldsymbol{A}=\boldsymbol{IA}$。

因此 $(\boldsymbol{A}^{-1})^{-1}\boldsymbol{I}=\boldsymbol{IA}$，所以 $(\boldsymbol{A}^{-1})^{-1}=\boldsymbol{A}$。

性质 3　令 $\boldsymbol{A}$ 和 $\boldsymbol{B}$ 都为可逆矩阵，且阶数相同；那么 $(\boldsymbol{AB})^{-1}=\boldsymbol{B}^{-1}\boldsymbol{A}^{-1}$。

证明：通过定义有 $\boldsymbol{AB}(\boldsymbol{AB})^{-1}=\boldsymbol{I}$。

左乘 $\boldsymbol{A}^{-1}$，$\boldsymbol{A}^{-1}\boldsymbol{AB}(\boldsymbol{AB})^{-1}=\boldsymbol{A}^{-1}\boldsymbol{I}$，所以 $\boldsymbol{B}(\boldsymbol{AB})^{-1}=\boldsymbol{A}^{-1}$。

因此，左乘 $\boldsymbol{B}^{-1}$，$\boldsymbol{B}^{-1}\boldsymbol{B}(\boldsymbol{AB})^{-1}=\boldsymbol{B}^{-1}\boldsymbol{A}^{-1}$。得到 $\boldsymbol{I}(\boldsymbol{AB})^{-1}=\boldsymbol{B}^{-1}\boldsymbol{A}^{-1}$，推出结果 $(\boldsymbol{AB})^{-1}=\boldsymbol{B}^{-1}\boldsymbol{A}^{-1}$。

关于可逆矩阵的最后一条定理的结论非常重要，我们以后会经常用到它。它也被用于下面定理的证明，这些证明留作练习，见练习 1.16。

性质 4　令 $\boldsymbol{A}$ 为可逆矩阵，然后定义

$\boldsymbol{A}^r=\underbrace{\boldsymbol{A}\boldsymbol{A}\cdots\boldsymbol{A}}_{r}$，$\boldsymbol{A}^0=\boldsymbol{I}$，$\boldsymbol{A}^p\boldsymbol{A}^q=\boldsymbol{A}^{p+q}$和$\boldsymbol{A}^{-r}=(\boldsymbol{A}^{-1})^r=\underbrace{\boldsymbol{A}^{-1}\boldsymbol{A}^{-1}\cdots\boldsymbol{A}^{-1}}_{r}$。

那么 $\boldsymbol{A}^r$ 是可逆的，且$(\boldsymbol{A}^r)^{-1}=(\boldsymbol{A}^{-1})^r=\boldsymbol{A}^{-r}$。

最后，我们得到如下性质。这个性质不作证明，其中用到了逆矩阵的定义（见练习 1.17）。

性质 5　令 $\boldsymbol{A}$ 为可逆方阵，μ 为一个标量；那么 $\mu\boldsymbol{A}$ 是可逆的且

$(\mu\boldsymbol{A})^{-1}=\dfrac{1}{\mu}\boldsymbol{A}^{-1}=\dfrac{\boldsymbol{A}^{-1}}{\mu}$。

1.5.5　标量矩阵

听起来有点矛盾的名称，**标量矩阵**，记为 $\boldsymbol{S}=\mu\boldsymbol{I}_n=[\mu\delta_{ij}]$形式的方阵，比如主对角线上的元素都是非零的 μ，剩下的元素都为零。这种矩阵有时记作diag$[\mu]$（假设根据上下文可以清楚地看出维度）。当 $\mu=1$ 时标量矩阵是单位矩阵。这个概念的证明过程非常简单，因此留给读者完成。

性质 1　$\mathrm{tr}(\boldsymbol{S})=n\mu$。

性质 2　$\boldsymbol{S}^{-1}=\dfrac{1}{\mu}\boldsymbol{I}_n=\left[\dfrac{1}{\mu}\delta_{ij}\right]$。

这个性质的证明很简单，因此证明过程也留作练习。对于标量矩阵来说，标量矩阵性质 2 的证明需要用到 $\boldsymbol{S}^{-1}\boldsymbol{S}$。性质 2 是可逆矩阵性质 5 的一种特殊情况，详见练习 1.17。

1.5.6　对角矩阵

标量矩阵可视为单位矩阵的推广，对角矩阵可视为标量矩阵的推广。**对角矩阵**是 $\boldsymbol{D}=[d_i\delta_{ij}]_{n\times n}$形式的方阵，有时可记为 diag$(d_i)$，下标 i 暗示对角线上的元素可以不相等。因此对角矩阵除了主对角线上的元素是任意的标量以外，其他位置的元素都是零。这样的矩阵形式很简单。

性质 1　$\mathrm{tr}(\boldsymbol{D})=\sum_{i=1}^{n}d_i$ 。

性质 2　假设对于所有的 i 有 $d_i\neq0$，那么有 $\boldsymbol{D}^{-1}=\left[\dfrac{1}{d_i}\delta_{ij}\right]=\mathrm{diag}\left[\dfrac{1}{d_i}\right]$。

这些性质的证明很简单。对于性质 2，我们注意到矩阵乘法运算有如下式子：

$$\boldsymbol{D}\boldsymbol{D}^{-1}=[d_i\delta_{ij}]\left[\frac{1}{d_i}\delta_{ij}\right]=[\delta_{ij}]_{n\times n}=\boldsymbol{I}_n \tag{1.50}$$

因此，通过逆矩阵的定义以及逆矩阵的唯一性，这一结果得证。

1.5.7 转置矩阵

如果 $\boldsymbol{A}$ 是 $m\times n$ 阶矩阵，对 $\boldsymbol{A}$ **转置**，即将 $\boldsymbol{A}$ 的行和列互换，得到 $n\times m$ 阶矩阵，记作 $\boldsymbol{A}^{\mathrm{T}}$。我们也可以把这一定义用符号表示如下：

$$\boldsymbol{A}^{\mathrm{T}}=[a_{ij}^{\mathrm{T}}]_{n\times m}=[a_{ji}]_{n\times m} \tag{1.51}$$

其中 a_{ij}^{T} 表示转置矩阵中的一般元素。转置矩阵是一个常用概念。下面列出了五条有用的性质。其中的三条会给出证明，其余两条的证明留作练习。

性质 1　直接由矩阵转置的定义可以得到 $(\boldsymbol{A}^{\mathrm{T}})^{\mathrm{T}}=\boldsymbol{A}$。

性质 2　令 $\boldsymbol{A}$ 和 $\boldsymbol{B}$ 为 $m\times n$ 阶矩阵；那么 $(\boldsymbol{A}\pm\boldsymbol{B})^{\mathrm{T}}=\boldsymbol{A}^{\mathrm{T}}\pm\boldsymbol{B}^{\mathrm{T}}$。也就是说，矩阵和或差的转置等于各自转置矩阵的和或者差。

证明： 我们有 $(\boldsymbol{A}\pm\boldsymbol{B})^{\mathrm{T}}=[a_{ij}\pm b_{ij}]^{\mathrm{T}}=[c_{ij}]^{\mathrm{T}}$。

由转置矩阵的定义可得 $[c_{ij}]^{\mathrm{T}}=[c_{ij}^{\mathrm{T}}]=[c_{ji}]$。

再由矩阵的加法和减法定义得 $[c_{ji}]=[a_{ji}\pm b_{ji}]=[a_{ji}]\pm[b_{ji}]=[a_{ij}^{\mathrm{T}}]\pm[b_{ij}^{\mathrm{T}}]=\boldsymbol{A}^{\mathrm{T}}\pm\boldsymbol{B}^{\mathrm{T}}$。

性质 3　令 $\boldsymbol{A}$ 为 $m\times n$ 阶矩阵，$\boldsymbol{B}$ 为 $n\times m$ 阶矩阵；那么 $(\boldsymbol{AB})^{\mathrm{T}}=\boldsymbol{B}^{\mathrm{T}}\boldsymbol{A}^{\mathrm{T}}$，也就是说矩阵相乘的转置等于单个矩阵转置的乘积，但其顺序颠倒了。注意 $\boldsymbol{A}$ 和 $\boldsymbol{B}$ 的阶数要保证乘法同型，以确保其乘积存在。

证明：

$$\begin{aligned}(\boldsymbol{AB})^{\mathrm{T}}&=\Big[\sum_{k=1}^{n}a_{ik}b_{kj}\Big]^{\mathrm{T}}，\text{矩阵一般项}\\&=\Big[\sum_{k=1}^{n}a_{jk}b_{ki}\Big]，\text{转置的定义}\\&=\Big[\sum_{k=1}^{n}b_{ki}a_{jk}\Big]，\text{标量乘法的交换律}\\&=\Big[\sum_{k=1}^{n}b_{ik}^{\mathrm{T}}a_{kj}^{\mathrm{T}}\Big]，\text{转置的定义}\end{aligned} \tag{1.52}$$

性质 4　如果 $\boldsymbol{A}$ 是方阵，那么有 $\mathrm{tr}(\boldsymbol{A}^{\mathrm{T}})=\mathrm{tr}(\boldsymbol{A})$。

性质 5　如果 $\boldsymbol{A}$ 是可逆方阵，那么 $(\boldsymbol{A}^{\mathrm{T}})^{-1}=(\boldsymbol{A}^{-1})^{\mathrm{T}}$。

证明： 由定义可得 $\boldsymbol{AA}^{-1}=\boldsymbol{I}$。

对等号两端进行转置，所以 $(\boldsymbol{A}^{-1})^{\mathrm{T}}\boldsymbol{A}^{\mathrm{T}}=\boldsymbol{I}^{\mathrm{T}}=\boldsymbol{I}$。

右乘 $(\boldsymbol{A}^{\mathrm{T}})^{-1}$，得到 $(\boldsymbol{A}^{-1})^{\mathrm{T}}\boldsymbol{A}^{\mathrm{T}}(\boldsymbol{A}^{\mathrm{T}})^{-1}=\boldsymbol{I}(\boldsymbol{A}^{\mathrm{T}})^{-1}$。

所以 $(\boldsymbol{A}^{-1})^{\mathrm{T}}\boldsymbol{I}=(\boldsymbol{A}^{\mathrm{T}})^{-1}$。

所以 $(\boldsymbol{A}^{-1})^{\mathrm{T}}=(\boldsymbol{A}^{\mathrm{T}})^{-1}$。

1.5.8 对称矩阵

方阵 $\boldsymbol{A}$ 是**对称的**，当且仅当 $\boldsymbol{A}^{\mathrm{T}}=\boldsymbol{A}$，那么对于所有的 i，j 有 $a_{ij}=a_{ji}$。下面

章节中对称矩阵将起到重要作用。对称矩阵很容易识别和举例。对称矩阵有一些很有用的性质，留到我们学完其他内容后再来探讨。下面引理给出了可逆对称矩阵的一个有用的结果。

引理 1.5.1 令 $\boldsymbol{A}$ 既对称又可逆；那么 $(\boldsymbol{A}^{-1})^{\mathrm{T}}=\boldsymbol{A}^{-1}$。

证明： 由定义得 $\boldsymbol{A}\boldsymbol{A}^{-1}=\boldsymbol{I}$。

根据转置矩阵的运算法则以及 $\boldsymbol{A}$ 是对称的，知 $(\boldsymbol{A}\boldsymbol{A}^{-1})^{\mathrm{T}}=\boldsymbol{I}^{\mathrm{T}}=\boldsymbol{I}$，$(\boldsymbol{A}\boldsymbol{A}^{-1})^{\mathrm{T}}=(\boldsymbol{A}^{-1})^{\mathrm{T}}\boldsymbol{A}^{\mathrm{T}}=(\boldsymbol{A}^{-1})^{\mathrm{T}}\boldsymbol{A}$。

用 $\boldsymbol{A}^{-1}$ 右乘上式知 $(\boldsymbol{A}^{-1})^{\mathrm{T}}\boldsymbol{A}\boldsymbol{A}^{-1}=\boldsymbol{I}\boldsymbol{A}^{-1}$。

所以有 $(\boldsymbol{A}^{-1})^{\mathrm{T}}=\boldsymbol{A}^{-1}$，对称矩阵的逆矩阵依然是对称的。

因此，如果一个矩阵既是对称的又是可逆的，那么它的逆矩阵也是对称矩阵，**例 1.5.2**[*] 就是这样一个矩阵。

1.5.9 正交矩阵

方阵 $\boldsymbol{A}$ 是**正交**的，当且仅当 $\boldsymbol{A}^{\mathrm{T}}=\boldsymbol{A}^{-1}$。我们将在第 3 章和第 6 章接触到正交矩阵。以后会看到正交矩阵在一些理论结果和应用上的重要作用。

例 1.5.3 （对称）矩阵

$$\boldsymbol{A}=\begin{bmatrix}\frac{2}{\sqrt{5}} & \frac{1}{\sqrt{5}}\\ \frac{1}{\sqrt{5}} & \frac{-2}{\sqrt{5}}\end{bmatrix} \tag{1.53}$$

是正交的，因为

$$\boldsymbol{A}\boldsymbol{A}^{\mathrm{T}}=\boldsymbol{A}^{\mathrm{T}}\boldsymbol{A}=\begin{bmatrix}\frac{2}{\sqrt{5}} & \frac{1}{\sqrt{5}}\\ \frac{1}{\sqrt{5}} & \frac{-2}{\sqrt{5}}\end{bmatrix}\begin{bmatrix}\frac{2}{\sqrt{5}} & \frac{1}{\sqrt{5}}\\ \frac{1}{\sqrt{5}} & \frac{-2}{\sqrt{5}}\end{bmatrix}=\begin{bmatrix}1 & 0\\ 0 & 1\end{bmatrix}=\boldsymbol{I}_2 \tag{1.54}$$

即 $\boldsymbol{A}^{\mathrm{T}}=\boldsymbol{A}^{-1}$。

例子中 $\boldsymbol{A}$ 是正交矩阵的事实意味着 $\boldsymbol{A}^2=\boldsymbol{I}$；因此，这个矩阵是其本身的逆矩阵。

1.5.10 幂等矩阵

一个方阵，当且仅当 $\boldsymbol{A}^2=\boldsymbol{A}$ 时，是**幂等矩阵**。这意味着 $\boldsymbol{A}^r=\boldsymbol{A}$，其中，$r$ 是任意正整数。这表明，单位矩阵是幂等矩阵。与对称矩阵一样，幂等矩阵的某些

* 译者注：原书例 1.5.4 可能有误。

应用很重要，并有一些重要的性质。事实上，我们会遇到一些矩阵，既是对称的也是幂等的。然而，和对称矩阵一样，我们先不讨论幂等矩阵的性质。

例 1.5.4 我们很容易就可以证明下面的 2×2 阶矩阵是一个幂等矩阵。

$$\begin{bmatrix}1&0\\0&0\end{bmatrix},\ \begin{bmatrix}1&1\\0&0\end{bmatrix},\ \begin{bmatrix}1&0\\1&0\end{bmatrix} \tag{1.55}$$

1.5.11 三角矩阵

三角矩阵是方阵，其主对角线的一面元素都为零，而另一面元素为任意值。

当对角线上部的元素均为零时，我们称其为**下三角矩阵**。当对角线下部的元素均为零时，称其为**上三角矩阵**。

我们将会在推论 4.4.17 中看到，一个方阵 $\boldsymbol{A}$ 可以通过某些方式被分解成一个上三角矩阵（$\boldsymbol{U}$）和一个下三角矩阵（$\boldsymbol{L}$），我们可以写作 $\boldsymbol{A}=\boldsymbol{LU}$。这种分解有利于求解某些类型的方程组。

1.5.12 带状矩阵

带状矩阵是一个方阵，其中主对角线包含给定的非零标量值，在对角线的上下方是另一个（可能是不同的）非零标量，并以此类推。带状可能延长到整个矩阵，也可能没有，但带状没有延伸到的地方的元素都为零。因此，举例来说

$$\boldsymbol{B}=\begin{bmatrix}b_0&b_1&0&0&0\\b_1&b_0&b_1&0&0\\0&b_1&b_0&b_1&0\\0&0&b_1&b_0&b_1\\0&0&0&b_1&b_0\end{bmatrix},\ \boldsymbol{G}=\begin{bmatrix}r_0&r_1&r_2&r_3&r_4\\r_1&r_0&r_1&r_2&r_3\\r_2&r_1&r_0&r_1&r_1\\r_3&r_2&r_1&r_0&r_1\\r_4&r_3&r_2&r_1&r_0\end{bmatrix} \tag{1.56}$$

$\boldsymbol{B}$ 和 $\boldsymbol{G}$ 是两个 5×5 的带状矩阵，但是标量矩阵并非带状矩阵。第一个矩阵也称为三对角矩阵。由于一些原因，带状矩阵会在 14.4.1 节见到。

以上提到的特殊类型的矩阵大部分是方阵，特例是一些零矩阵和一些转置矩阵。但是下面我们讨论的不一定是方阵。

1.5.13 单位向量

符号 1.5.2 单位向量是

$$\mathbf{1}_n=\begin{bmatrix}1\\1\\\vdots\\1\end{bmatrix}$$

这种向量经常用于矩阵符号的加法运算中，详见练习 1.20。也要注意到 $\mathbf{1}_n\mathbf{1}_m^{\mathrm{T}}$ 是 $n\times m$ 阶矩阵，其元素是 1。

1.5.14 分块矩阵

一个**分块矩阵**是一个行和（或）列已划分成若干子矩阵的矩阵。例如，一个 $m\times n$ 阶矩阵 $\boldsymbol{A}$，前面 p 行可能是区别于后面的 $m-p$ 行，前面 q 列可能区别于后面的 $n-q$ 列。因此，矩阵可写为

$$\boldsymbol{A}=\begin{bmatrix}\boldsymbol{A}_{11} & \boldsymbol{A}_{12}\\ \boldsymbol{A}_{21} & \boldsymbol{A}_{22}\end{bmatrix} \tag{1.57}$$

其中 $\boldsymbol{A}_{11}$，$\boldsymbol{A}_{12}$，$\boldsymbol{A}_{21}$，$\boldsymbol{A}_{22}$ 的阶分别为 $p\times q$，$p\times(n-q)$，$(m-p)\times q$，$(m-p)\times(n-q)$。

如果分块矩阵的子矩阵都是同型的，那么分块矩阵的相等、加法、减法及乘法运算规则与先前的定义是一致的，因此可以把分块矩阵的子矩阵当作单个元素。因此，式（1.57）给定矩阵 $\boldsymbol{A}$，

$$\boldsymbol{B}=\begin{bmatrix}\boldsymbol{B}_{11} & \boldsymbol{B}_{12}\\ \boldsymbol{B}_{21} & \boldsymbol{B}_{22}\end{bmatrix} \tag{1.58}$$

与 $\boldsymbol{A}$ 同型，只要 $\boldsymbol{B}$ 按照与 $\boldsymbol{A}$ 相同的方式分块，我们便有

$$\boldsymbol{A}+\boldsymbol{B}=\begin{bmatrix}\boldsymbol{A}_{11}+\boldsymbol{B}_{11} & \boldsymbol{A}_{12}+\boldsymbol{B}_{12}\\ \boldsymbol{A}_{21}+\boldsymbol{B}_{21} & \boldsymbol{A}_{22}+\boldsymbol{B}_{22}\end{bmatrix} \tag{1.59}$$

现在，考虑 $\boldsymbol{A}$ 矩阵分块后的结果，通过式（1.57），以及

$$\boldsymbol{C}=\begin{bmatrix}\boldsymbol{C}_{11} & \boldsymbol{C}_{12} & \boldsymbol{C}_{13}\\ \boldsymbol{C}_{21} & \boldsymbol{C}_{22} & \boldsymbol{C}_{23}\end{bmatrix} \tag{1.60}$$

回顾关于矩阵乘法的定义，这一结果可被写成

$$\boldsymbol{AC}=\begin{bmatrix}\boldsymbol{A}_{11}\boldsymbol{C}_{11}+\boldsymbol{A}_{12}\boldsymbol{C}_{21} & \boldsymbol{A}_{11}\boldsymbol{C}_{12}+\boldsymbol{A}_{12}\boldsymbol{C}_{22} & \boldsymbol{A}_{11}\boldsymbol{C}_{13}+\boldsymbol{A}_{12}\boldsymbol{C}_{23}\\ \boldsymbol{A}_{21}\boldsymbol{C}_{11}+\boldsymbol{A}_{22}\boldsymbol{C}_{21} & \boldsymbol{A}_{21}\boldsymbol{C}_{12}+\boldsymbol{A}_{22}\boldsymbol{C}_{22} & \boldsymbol{A}_{21}\boldsymbol{C}_{13}+\boldsymbol{A}_{22}\boldsymbol{C}_{23}\end{bmatrix} \tag{1.61}$$

这要求 $\boldsymbol{C}$ 是同型分块。作为一个练习，检查一下，要使该乘积有良好定义，$\boldsymbol{C}$ 的子矩阵维度应该是多少，详见练习 1.22。

假定分块方阵的逆矩阵存在，我们感兴趣的是其逆矩阵。原则上，只使用基本的矩阵运算及子矩阵 $\boldsymbol{A}_{11}$、$\boldsymbol{A}_{22}$ 的限制条件，有可能推断出分块矩阵的逆矩阵。令 $\boldsymbol{A}$ 如式（1.57）定义，其中 $m=n$，$p=q$，令 A_{11}、A_{22} 为维度分别是 $p\times p$，

$(n-p)\times(n-p)$ 的可逆方阵，然后令

$$\begin{bmatrix} \boldsymbol{A}_{11} & \boldsymbol{A}_{12} \\ \boldsymbol{A}_{21} & \boldsymbol{A}_{22} \end{bmatrix}^{-1} = \begin{bmatrix} \boldsymbol{B} & \boldsymbol{C} \\ \boldsymbol{D} & \boldsymbol{E} \end{bmatrix} \tag{1.62}$$

$\boldsymbol{A}_{12}$ 和 $\boldsymbol{A}_{21}$ 的维度同式（1.62）右侧其他分块一样，通过 $\boldsymbol{A}_{11}$、$\boldsymbol{A}_{22}$ 的维度可以推测出来。那么有

$$\begin{bmatrix} \boldsymbol{A}_{11} & \boldsymbol{A}_{12} \\ \boldsymbol{A}_{21} & \boldsymbol{A}_{22} \end{bmatrix} \begin{bmatrix} \boldsymbol{B} & \boldsymbol{C} \\ \boldsymbol{D} & \boldsymbol{E} \end{bmatrix} = \begin{bmatrix} \boldsymbol{I}_p & \boldsymbol{0}_{p\times(n-p)} \\ \boldsymbol{0}_{(n-p)\times p} & \boldsymbol{I}_{n-p} \end{bmatrix} \tag{1.63}$$

式（1.63）的左侧展开等于右侧相应的分块矩阵，可得到 4 个矩阵方程，解出 $\boldsymbol{B}$，$\boldsymbol{C}$，$\boldsymbol{D}$ 和 $\boldsymbol{E}$，写成子矩阵 $\boldsymbol{A}_{ij}$，i，$j=1$，2 的形式。这个推导的细节留作练习（见练习 1.23），其结果如下：①

$$\begin{bmatrix} \boldsymbol{A}_{11} & \boldsymbol{A}_{12} \\ \boldsymbol{A}_{21} & \boldsymbol{A}_{22} \end{bmatrix}^{-1} = \begin{bmatrix} \boldsymbol{B} & \boldsymbol{C} \\ \boldsymbol{D} & \boldsymbol{E} \end{bmatrix} = \begin{bmatrix} \boldsymbol{F} & -\boldsymbol{F}\boldsymbol{A}_{12}\boldsymbol{A}_{22}^{-1} \\ -\boldsymbol{A}_{22}^{-1}\boldsymbol{A}_{21}\boldsymbol{F} & \boldsymbol{A}_{22}^{-1}+\boldsymbol{A}_{22}^{-1}\boldsymbol{A}_{21}\boldsymbol{F}\boldsymbol{A}_{12}\boldsymbol{A}_{22}^{-1} \end{bmatrix} \tag{1.64}$$

其中 $\boldsymbol{F}=(\boldsymbol{A}_{11}-\boldsymbol{A}_{12}\boldsymbol{A}_{22}^{-1}\boldsymbol{A}_{21})^{-1}$。

当 $\boldsymbol{A}$ 是分块对称矩阵时，$\boldsymbol{A}_{21}=\boldsymbol{A}_{12}^{\mathrm{T}}$，是其中一个特例，注①给出另外一个结果。这种特例将在第 14 章中使用，其细节的推断留作第 14 章练习，详见练习 14.10。

式（1.64）的另一个特例是所谓的**分块对角矩阵**，即，$\boldsymbol{A}_{12}=\boldsymbol{0}_{p\times(n-p)}$ 和 $\boldsymbol{A}_{21}=\boldsymbol{0}_{(n-p)\times p}$。注意，除非 $p=n/2$，否则这两个零矩阵是不等的。分块矩阵的逆矩阵在上述情况下是

$$\begin{bmatrix} \boldsymbol{A}_{11} & \boldsymbol{0} \\ \boldsymbol{0} & \boldsymbol{A}_{22} \end{bmatrix}^{-1} = \begin{bmatrix} \boldsymbol{A}_{11}^{-1} & \boldsymbol{0} \\ \boldsymbol{0} & \boldsymbol{A}_{22}^{-1} \end{bmatrix} \tag{1.65}$$

仍要假设 $\boldsymbol{A}_{11}$、$\boldsymbol{A}_{22}$ 是可逆的。这一结果的有用性在于，可以验证式（1.65）右侧的可逆分块矩阵与原始的分块对角矩阵相乘后得到（分块）单位矩阵

$$\begin{aligned} \begin{bmatrix} \boldsymbol{A}_{11}^{-1} & \boldsymbol{0} \\ \boldsymbol{0} & \boldsymbol{A}_{22}^{-1} \end{bmatrix} \begin{bmatrix} \boldsymbol{A}_{11} & \boldsymbol{0} \\ \boldsymbol{0} & \boldsymbol{A}_{22} \end{bmatrix} &= \begin{bmatrix} \boldsymbol{A}_{11}^{-1}\boldsymbol{A}_{11}+\boldsymbol{0}\boldsymbol{0} & \boldsymbol{A}_{11}^{-1}\boldsymbol{0}+\boldsymbol{0}\boldsymbol{A}_{22} \\ \boldsymbol{0}\boldsymbol{A}_{11}+\boldsymbol{A}_{22}^{-1}\boldsymbol{0} & \boldsymbol{0}\boldsymbol{0}+\boldsymbol{A}_{22}^{-1}\boldsymbol{A}_{22} \end{bmatrix} \\ &= \begin{bmatrix} \boldsymbol{I}+\boldsymbol{0} & \boldsymbol{0}+\boldsymbol{0} \\ \boldsymbol{0}+\boldsymbol{0} & \boldsymbol{0}+\boldsymbol{I} \end{bmatrix} = \begin{bmatrix} \boldsymbol{I} & \boldsymbol{0} \\ \boldsymbol{0} & \boldsymbol{I} \end{bmatrix} = \boldsymbol{I} \end{aligned} \tag{1.66}$$

其中我们省略了各种零矩阵以及单位矩阵烦琐的维度下标。这一结果也是我们在 1.5.6 节中遇到的对角矩阵的逆矩阵的推广。

1.5.15 矩阵的克罗内克积

定义 1.5.1 矩阵 $\boldsymbol{A}$ 和 $\boldsymbol{B}$ 的**克罗内克积**或者**直积**（其中 $\boldsymbol{A}$ 是 $m\times n$ 阶矩阵，

---

① 这个结果的其他形式存在，部分推导留作练习，见练习 1.23。

$\boldsymbol{B}$ 是 $p\times q$ 阶矩阵)，是 $mp\times nq$ 阶分块矩阵。

$$\boldsymbol{A}\otimes\boldsymbol{B}=[a_{ij}\boldsymbol{B}]=\begin{bmatrix}a_{11}\boldsymbol{B} & a_{12}\boldsymbol{B} & \cdots & a_{1n}\boldsymbol{B}\\ a_{21}\boldsymbol{B} & a_{22}\boldsymbol{B} & \cdots & a_{2n}\boldsymbol{B}\\ \vdots & \vdots & & \vdots\\ a_{m1}\boldsymbol{B} & a_{m2}\boldsymbol{B} & \cdots & a_{mn}\boldsymbol{B}\end{bmatrix}_{mp\times nq} \tag{1.67}$$

换句话说，两个矩阵的克罗内克乘积是由第二个式子与第一个式子中各个元素（标量）依次相乘得到的，这形成分块矩阵，如式（1.67）所示。为了简洁，式（1.67）的中间表达式提供了一种思想，可以把矩阵的一般项推广到分块矩阵的子矩阵。克罗内克积可以包含大量信息；注意它的维度。

例 1.5.5 使用例 1.3.1* 中的矩阵 $\boldsymbol{A}$ 和 $\boldsymbol{B}$，我们得到克罗内克积

$$\begin{aligned}\boldsymbol{A}\otimes\boldsymbol{B}&=\begin{bmatrix}1 & 2\\ 3 & 4\end{bmatrix}\otimes\begin{bmatrix}2 & -2\\ -4 & 4\end{bmatrix}\\ &=\begin{bmatrix}1\begin{bmatrix}2 & -2\\ -4 & 4\end{bmatrix} & 2\begin{bmatrix}2 & -2\\ -4 & 4\end{bmatrix}\\ 3\begin{bmatrix}2 & -2\\ -4 & 4\end{bmatrix} & 4\begin{bmatrix}2 & -2\\ -4 & 4\end{bmatrix}\end{bmatrix}\end{aligned} \tag{1.68}$$

或者，把这一积写成完整形式为

$$\boldsymbol{A}\otimes\boldsymbol{B}=\begin{bmatrix}2 & -2 & 4 & -4\\ -4 & 4 & -8 & 8\\ 6 & -6 & 8 & -8\\ -12 & 12 & -16 & 16\end{bmatrix} \tag{1.69}$$

很多理论都用到克罗内克积。下面的结论很有用。

性质 1 令 $\boldsymbol{A}$、$\boldsymbol{B}$、$\boldsymbol{C}$ 和 $\boldsymbol{D}$ 分别是 $m\times n$，$p\times q$，$n\times r$ 和 $q\times s$ 阶矩阵，那么 $(\boldsymbol{A}\otimes\boldsymbol{B})(\boldsymbol{C}\otimes\boldsymbol{D})=\boldsymbol{AC}\otimes\boldsymbol{BD}$。

证明： 由克罗内克积的定义可知 $(\boldsymbol{A}\otimes\boldsymbol{B})=[a_{ij}\boldsymbol{B}]$，$(\boldsymbol{C}\otimes\boldsymbol{D})=[c_{ij}\boldsymbol{D}]$。

由矩阵的乘法定义可得

$$(\boldsymbol{A}\otimes\boldsymbol{B})(\boldsymbol{C}\otimes\boldsymbol{D})=\left[\sum_{k=1}^{n}a_{ik}\boldsymbol{B}c_{kj}\boldsymbol{D}\right] \tag{1.70}$$

使用矩阵被标量乘时的定义，可以看到这个矩阵的一般项，即第 ij 个子矩阵（$p\times s$ 阶）是 $\left(\sum_{k=1}^{n}a_{ik}c_{kj}\right)\boldsymbol{BD}$。由矩阵乘法和克罗内克积的定义得出

$$(\boldsymbol{A}\otimes\boldsymbol{B})(\boldsymbol{C}\otimes\boldsymbol{D})=\boldsymbol{AC}\otimes\boldsymbol{BD} \tag{1.71}$$

作为练习，你可以写出 $(\boldsymbol{A}\otimes\boldsymbol{B})(\boldsymbol{C}\otimes\boldsymbol{D})$ 的阶数，详见练习 1.24。

性质 2 令 $\boldsymbol{A}$ 和 $\boldsymbol{B}$ 为可逆方阵，维度分别是 $m\times m$，$n\times n$，那么 $(\boldsymbol{A}\otimes\boldsymbol{B})^{-1}=\boldsymbol{A}^{-1}\otimes\boldsymbol{B}^{-1}$。

* 译者注：应该是例 1.3.1，原书可能有误。

证明： 由性质 1 直接得到

$$(\boldsymbol{A}\otimes\boldsymbol{B})(\boldsymbol{A}^{-1}\otimes\boldsymbol{B}^{-1})=\boldsymbol{A}\boldsymbol{A}^{-1}\otimes\boldsymbol{B}\boldsymbol{B}^{-1}=\boldsymbol{I}_m\otimes\boldsymbol{I}_n=\boldsymbol{I}_{m+n} \tag{1.72}$$

即证明了这一有用的结论。

在随后的学习中我们会看到，例 1.5.5* 中的 $\boldsymbol{B}$ 或 $\boldsymbol{A}\otimes\boldsymbol{B}$ 都是可逆的。

性质 3 令 $\boldsymbol{A}$ 和 $\boldsymbol{B}$ 为方阵。那么 $\mathrm{tr}(\boldsymbol{A}\otimes\boldsymbol{B})=\mathrm{tr}(\boldsymbol{A})\mathrm{tr}(\boldsymbol{B})$。

证明： 克罗内克积的上述结果的证明留作练习，详见练习 1.26。

练　习

1.1 如果 $\boldsymbol{A}=\begin{bmatrix}2 & 4\\ -1 & 6\end{bmatrix}$，$\boldsymbol{B}=\begin{bmatrix}0 & 1\\ 2 & 2\end{bmatrix}$，证明 $\boldsymbol{AB}\neq\boldsymbol{BA}$。

1.2 给定 $\boldsymbol{A}=\begin{bmatrix}1 & 0 & 3\\ 2 & -1 & 1\end{bmatrix}$，$\boldsymbol{B}=\begin{bmatrix}3 & 4 & 1\\ 0 & -1 & 5\\ 1 & 2 & -2\end{bmatrix}$ 和 $\boldsymbol{C}=\begin{bmatrix}2\\ -1\\ 4\end{bmatrix}$，计算 $(\boldsymbol{AB})^{\mathrm{T}}$，$\boldsymbol{B}^{\mathrm{T}}\boldsymbol{A}^{\mathrm{T}}$，$(\boldsymbol{AC})^{\mathrm{T}}$ 和 $\boldsymbol{C}^{\mathrm{T}}\boldsymbol{A}^{\mathrm{T}}$，并评价你的结果。

1.3 找到所有满足方程 $\begin{bmatrix}0 & 1\\ 0 & 2\end{bmatrix}\boldsymbol{B}=\begin{bmatrix}0 & 0 & 1\\ 0 & 0 & 2\end{bmatrix}$ 的矩阵 $\boldsymbol{B}$。

1.4 已知 $\boldsymbol{A}=\begin{bmatrix}0 & 1\\ 0 & 2\end{bmatrix}$，找到所有矩阵 $\boldsymbol{B}$，使得 $\boldsymbol{AB}=\boldsymbol{BA}$。

1.5 令 $\boldsymbol{A}=\begin{bmatrix}0 & -3 & 6 & -10\\ 3 & 0 & 9 & \frac{1}{2}\\ -6 & -9 & 0 & 1\\ 10 & -\frac{1}{2} & -1 & 0\end{bmatrix}$，计算 $\boldsymbol{A}-\boldsymbol{A}^{\mathrm{T}}$ 并评价你的结果。

1.6 令 $\boldsymbol{A}=\begin{bmatrix}1 & 1 & 1\\ 2 & -1 & 2\\ -1 & -1 & 0\end{bmatrix}$，$\boldsymbol{B}=\begin{bmatrix}-\frac{2}{3} & \frac{1}{3} & -1\\ \frac{2}{3} & -\frac{1}{3} & 0\\ 1 & 0 & 1\end{bmatrix}$，计算 $\boldsymbol{AB}$ 和 $\boldsymbol{BA}$。证明，$\boldsymbol{y}$ 为含有三个元素的行向量，$\boldsymbol{y}$ 被 $\boldsymbol{BA}$ 左乘后 $\boldsymbol{y}$ 不变，即 $\boldsymbol{BAy}=\boldsymbol{y}$。再来解下面的线性方程组

$$\begin{cases}x_1+x_2+x_3=6\\ 2x_1-x_2+2x_3=6\\ -x_1-x_2=-5\end{cases}$$

（提示：回顾 1.5.2 节的单位矩阵以及 1.5.4 节的逆矩阵的定义。）

---

* 译者注：原书例 1.5.15 可能有误。

1.7 令 $\boldsymbol{A}=\begin{bmatrix}1 & 2\\ 2 & 4\end{bmatrix}$，求解矩阵 $\boldsymbol{B}$，$\boldsymbol{B}\neq 0$，使得 $\boldsymbol{AB}=\begin{bmatrix}0 & 0\\ 0 & 0\end{bmatrix}$，并验证 $\boldsymbol{AB}=\boldsymbol{0}$。如果 $\boldsymbol{AB}\neq 0$，则说明 $\boldsymbol{A}$、$\boldsymbol{B}$ 中有一个必须为 $\boldsymbol{0}$，即 $\boldsymbol{A}=0$ 或 $\boldsymbol{B}=\boldsymbol{0}$。

1.8 给定矩阵 $\boldsymbol{A}=\begin{bmatrix}2 & 1\\ 5 & 3\end{bmatrix}$，只使用矩阵相等运算法则和矩阵乘法法则，求矩阵 $\boldsymbol{B}$，使得 $\boldsymbol{AB}=\begin{bmatrix}1 & 0\\ 0 & 1\end{bmatrix}$。

1.9 如果 $\boldsymbol{x}$ 是包含 n 个元素的列向量，$\boldsymbol{y}$ 是包含 m 个元素的列向量，那么求**外积** $\boldsymbol{xy}^{\mathrm{T}}$。当 $m=n$ 时，比较 $\boldsymbol{xy}^{\mathrm{T}}$ 和内积或标量积 $\boldsymbol{x}^{\mathrm{T}}\boldsymbol{y}$，见定义 5.4.12。

当 $\boldsymbol{x}$ 固定时，表达式 $\boldsymbol{x}^{\mathrm{T}}\boldsymbol{y}$ 叫做 $\boldsymbol{y}$ 的**线性形式**。在定义 4.3.1 中，我们会接触到二次型。第 14 章中我们将详细讲解单方程计量经济模型，还会遇到线性形式和二次型。

1.10 大公司控制五家工厂，每家工厂的投入产出见下表

工厂	a	b	c	d	e
商品 1	1	-2	0	1	1
商品 2	0	3	$-\frac{1}{2}$	1	-2
商品 3	$-\frac{1}{2}$	1	2	-2	-1

负的表示投入，正的表示产出。如果三种商品的价格以向量 $[3\quad 4\quad 6]^{\mathrm{T}}$ 的元素给出，求这家公司的总利润。用矩阵形式写出计算过程。

1.11 指出下面矩阵的维度，并

(a) 证明加法结合律：$(\boldsymbol{A}+\boldsymbol{B})+\boldsymbol{C}=\boldsymbol{A}+(\boldsymbol{B}+\boldsymbol{C})$。

(b) 证明乘法结合律：$(\boldsymbol{AB})\boldsymbol{C}=\boldsymbol{A}(\boldsymbol{BC})$。

（提示：在证明第二个结论时需要使用双重加总项，注意加总的范围以及下标。）

1.12 展开 $(\boldsymbol{A}+\boldsymbol{B})(\boldsymbol{A}-\boldsymbol{B})$ 以及 $(\boldsymbol{A}-\boldsymbol{B})(\boldsymbol{A}+\boldsymbol{B})$，其中 $\boldsymbol{A}$ 和 $\boldsymbol{B}$ 是同型矩阵。

(a) 两个矩阵的维度分别是多少？

(b) 你是用矩阵代数的哪个定理展开上述式子的？使用一般项证明这些定理。

(c) 两个展开式相同吗？如果不相同，为什么？每个展开式分别有多少项？

1.13 令 $\boldsymbol{A}$ 为 $m\times n$ 阶矩阵（$m\neq n$）。

(a) 证明 $0\boldsymbol{A}=\boldsymbol{0}$（注意第一个 0 是标量，第二个 $\boldsymbol{0}$ 是矩阵）。

(b) 证明 $\boldsymbol{A}+\boldsymbol{0}=\boldsymbol{A}$。等式中 $\boldsymbol{0}$ 矩阵的维度是多少？

(c) 为什么一般来说，$\boldsymbol{0A}\neq\boldsymbol{A0}$，其中 $\boldsymbol{0}$ 是同型零矩阵。在什么情况下有 $\boldsymbol{0A}=\boldsymbol{A0}$？

1.14　定义方阵 $\boldsymbol{A}$ 的迹 $\operatorname{tr}(\boldsymbol{A})$。证明，如果 $\boldsymbol{A}$ 和 $\boldsymbol{B}$ 使得 $\boldsymbol{AB}$ 和 $\boldsymbol{BA}$ 同时存在，那么 $\operatorname{tr}(\boldsymbol{AB})=\operatorname{tr}(\boldsymbol{BA})$。(提示：类似练习 1.11，注意加总的范围以及下标。)

1.15　证明同阶对角矩阵满足乘法交换律。

1.16　令 $\boldsymbol{A}$ 为可逆方阵，定义

$\boldsymbol{A}^r=\underbrace{\boldsymbol{AA}\cdots\boldsymbol{A}}_{r}$，$\boldsymbol{A}^0=\boldsymbol{I}$，$\boldsymbol{A}^p\boldsymbol{A}^q=\boldsymbol{A}^{p+q}$ 和 $\boldsymbol{A}^{-r}=(\boldsymbol{A}^{-1})^r=\underbrace{\boldsymbol{A}^{-1}\boldsymbol{A}^{-1}\cdots\boldsymbol{A}^{-1}}_{r}$。

证明 $\boldsymbol{A}^r$ 是可逆的且 $(\boldsymbol{A}^r)^{-1}=(\boldsymbol{A}^{-1})^r=\boldsymbol{A}^{-r}$。

1.17　令 $\boldsymbol{A}$ 为可逆方阵。

(a) 利用 $(\boldsymbol{A}^2)^{-1}=\boldsymbol{A}^{-1}\boldsymbol{A}^{-1}=(\boldsymbol{A}^{-1})^2$，证明 $\boldsymbol{A}^2=\boldsymbol{AA}$ 是可逆的。

(b) 证明 $\left(\frac{1}{4}\boldsymbol{A}\right)^{-1}=4\boldsymbol{A}^{-1}$。

(c) 假设 $\boldsymbol{A}=0.5\boldsymbol{I}_{15}$，算出 $\boldsymbol{A}^{-1}$ 和 $\operatorname{tr}(\boldsymbol{A})$。

1.18　证明对于任意方阵有 $\operatorname{tr}(\boldsymbol{A})=\operatorname{tr}(\boldsymbol{A}^{\mathrm{T}})$ 成立。

1.19　找到一个是正交矩阵但不是单位矩阵的对称矩阵。

1.20　如果 $\boldsymbol{1}^{\mathrm{T}}=[1\quad 1\quad 1]$ 和 $\boldsymbol{A}$ 是一个 3×3 阶矩阵，则：

(a) $\boldsymbol{A}$ 的行和 $\boldsymbol{A1}$ 的列向量；

(b) $\boldsymbol{A}$ 的列和 $\boldsymbol{1}^{\mathrm{T}}\boldsymbol{A}$ 的行向量；

两者之间的关系是什么？给出 $\frac{1}{3}\boldsymbol{A1}$ 和 $\frac{1}{3}\boldsymbol{1}^{\mathrm{T}}\boldsymbol{A}$ 的解释以及 $\boldsymbol{11}^{\mathrm{T}}\boldsymbol{A}$，$\boldsymbol{A11}^{\mathrm{T}}$ 和 $\boldsymbol{1}^{\mathrm{T}}\boldsymbol{1A}$ 性质的评述。

1.21　令 $\boldsymbol{x}=[x_i]$ 为 n 维向量。根据练习 1.20，求得方阵 $\boldsymbol{A}$，使它左乘 $\boldsymbol{x}$ 时得到 n 维向量 $[x_i-\bar{x}]$，其中 $\bar{x}=(1/n)\sum_{i=1}^{n}x_i$ 是 $\boldsymbol{x}$ 中元素的算术平均数。

1.22　考虑式 (1.57) 中的矩阵 $\boldsymbol{A}$ 和式 (1.60) 中的矩阵 $\boldsymbol{C}$。要使式 (1.61) 的积 $\boldsymbol{AC}$ 有良好的定义，对子矩阵 $\boldsymbol{C}_{ij}$ $(i=1,2,\ j=1,2,3)$ 维度的限制是什么？

1.23　对于式 (1.57) 中的分块矩阵，假设 $m=n$ 且 $\boldsymbol{A}_{11}$、$\boldsymbol{A}_{22}$ 是可逆的，推导式 (1.64) 中的分块逆矩阵。证明该矩阵的分块逆矩阵的另外一种形式是

$$\begin{bmatrix}\boldsymbol{A}_{11} & \boldsymbol{A}_{12}\\ \boldsymbol{A}_{21} & \boldsymbol{A}_{22}\end{bmatrix}^{-1}=\begin{bmatrix}\boldsymbol{A}_{11}^{-1}+\boldsymbol{A}_{11}^{-1}\boldsymbol{A}_{12}\boldsymbol{G}\boldsymbol{A}_{21}\boldsymbol{A}_{11}^{-1} & -\boldsymbol{A}_{11}^{-1}\boldsymbol{A}_{12}\boldsymbol{G}\\ -\boldsymbol{G}\boldsymbol{A}_{21}\boldsymbol{A}_{11}^{-1} & \boldsymbol{G}\end{bmatrix}$$

其中 $\boldsymbol{G}=(\boldsymbol{A}_{22}-\boldsymbol{A}_{21}\boldsymbol{A}_{11}^{-1}\boldsymbol{A}_{12})^{-1}$。

1.24　克罗内克积的性质 1 中 $(\boldsymbol{A}\otimes\boldsymbol{B})(\boldsymbol{C}\otimes\boldsymbol{D})$ 的阶数是多少？

1.25　不使用克罗内克积的性质 1，证明 $(\boldsymbol{A}\otimes\boldsymbol{B})^{-1}=\boldsymbol{A}^{-1}\otimes\boldsymbol{B}^{-1}$。

1.26　证明克罗内克积的性质 3，即 $\operatorname{tr}(\boldsymbol{A}\otimes\boldsymbol{B})=\operatorname{tr}(\boldsymbol{A})\operatorname{tr}(\boldsymbol{B})$，其中 $\boldsymbol{A}$ 和 $\boldsymbol{B}$ 是任意方阵。

第 2 章　行列式

2.1　引言

在第 1 章中，我们定义了矩阵，给出了一些关于线性方程和矩阵在经济和金融应用中的例子，也讲解了矩阵代数的基本运算和法则，特别是一些矩阵性质的证明。我们也梳理出了一些将会遇到的特殊类型的矩阵。在这一章中，我们会介绍行列式的概念，它在线性方程组的理论和求解中是相当重要的。行列式还为我们提供了一个获得求解逆矩阵的解析表达式的方法，并以此计算逆矩阵。

在初级水平，我们可以把一个行列式描述成一个方阵的实值函数变量，即一个可将方阵 $\boldsymbol{A}$ 与一个实数 $f(\boldsymbol{A})$ 联系到一起的函数。形式上我们可以写为 $f: \boldsymbol{M} \to \mathbb{R}$，其中 $\boldsymbol{M}$ 是方阵的集合，$\mathbb{R}$ 是实数的集合。然而，我们需要一个更加精确的定义，据此我们计算出 $f(\boldsymbol{A})$ 的数值。在给出这个定义之前，我们需要明确一些基础思想。

2.2 基础

2.2.1 排列

整数集{1，2，…，n}中的（r 个）整数构成的排列是基础概念。正如在符号和预备知识中讨论的，从包含 n 个元素的集合中选出 r 个按照一定顺序进行安排称为排列。从包含 n 个元素的集合中选出 r 个，得到不同排列的数目记为 ${}^nP_r$，结果为

$$
{}^nP_r=\frac{n!}{(n-r)!} \tag{2.1}
$$

对全部 n 个元素进行排列的数目等于 $n!$，因为 $(n-n)!=0!\equiv1$。在这 $n!$ 个排列中，典型的排列，例如第 j 个，可以表示为 $j_1j_2\cdots j_n$。

2.2.2 逆序数

逆序数是排列中一个较大的整数排在一个较小的整数之前的情况。例如，如果 $j_1>j_2$，我们就得到了一个逆序数；如果 $j_1>j_3$，我们又可以得到另一个逆序数，以此类推。

2.2.3 奇排列和偶排列

如果一个排列中逆序数为奇数，则该排列为**奇排列**；如果一个排列中逆序数为偶数，则该排列为**偶排列**。

为了使这三个概念更加具体，考虑集合{1，2，3}。在这个例子中，$n=3$，${}^nP_n=3!=6$。各个排列与其分别所包含的逆序数，及其奇偶排列的分类都已在表 2—1 中给出，但是我们省略了两个排列，以便读者作为练习自行填充，详情参照练习 2.1。

表 2—1　　前三位整数排列的分类

排列	逆序数	分类
123	0	偶
132	1	奇
⋮	⋮	⋮
312	2	偶
321	3	奇

2.2.4 元素积

$n \times n$ 阶矩阵 $\mathbf{A}$ 的**元素积**，指矩阵 $\mathbf{A}$ 中不同行不同列的 n 个元素的乘积，元素积的个数有 $n!$ 个。例如，如果

$$\mathbf{A}=\begin{bmatrix} a_{11} & a_{12} \\ a_{21} & a_{22} \end{bmatrix} \tag{2.2}$$

则 $2!=2$ 个元素积分别为 $a_{11}a_{22}$ 和 $a_{12}a_{21}$。而类似 $a_{11}a_{12}$ 与 $a_{21}a_{22}$ 这样的乘积就不是元素积，因为这两个乘积中两个元素均来自同一行。相似地，$a_{11}a_{21}$ 和 $a_{12}a_{22}$ 也不是元素积（思考为什么）。如果 $\mathbf{A}=[a_{ij}]_{n\times n}$，那么一个典型的元素积就为 $a_{1j_1}a_{2j_2}\cdots a_{nj_n}$，其中 $j_1 j_2 \cdots j_n$ 表示元素所在的列，是集合 $\{1, 2, \cdots, n\}$ 的一个典型整数排列。

2.2.5 符号惯例

按照惯例，如果 $j_1 j_2 \cdots j_n$ 是偶排列则元素积符号为**正**，如果 $j_1 j_2 \cdots j_n$ 是奇排列则元素积符号为**负**。例如，在 2×2 的情况下，我们可以得到 $+a_{11}a_{22}$ 与 $-a_{12}a_{21}$；在 3×3 的情况下，我们可以得到 $+a_{11}a_{22}a_{33}$，$-a_{11}a_{23}a_{32}$，$-a_{12}a_{21}a_{33}$ 等，$\mathbf{A}=[a_{ij}]_{3\times 3}$ 中剩下的三个元素积符号的判断留作练习，见练习 2.1。

2.3 定义与性质

运用前面一节所介绍的基本概念，我们现在可以正式阐述行列式函数的定义，并进一步探讨其性质。

2.3.1 定义

定义 2.3.1 $n\times n$ 阶矩阵 $\mathbf{A}$ 的**行列式** $\det(\mathbf{A})$ 或 $|\mathbf{A}|$，是矩阵 $\mathbf{A}$ 所有代数元素积之和，即 $\det(\mathbf{A})=\sum \pm a_{1j_1}a_{2j_2}\cdots a_{nj_n}$，其中 $\sum$ 表示所有 $n!$ 个排列 $(j_1 j_2 \cdots j_n)$ 都加总起来。

符号 $\det(\cdot)$ 通常用于抽象矩阵，如 $\det(\mathbf{A})$ 或 $\det(\mathbf{B})$，当矩阵被完整地写出来时，常使用 $|\cdot|$（替换方括号），例如：

$$\begin{vmatrix} 1 & 0 & 2 \\ 2 & 1 & 0 \\ 2 & 3 & 1 \end{vmatrix} \tag{2.3}$$

因此，在 $n=2$ 时，$\det(\boldsymbol{A})=a_{11}a_{22}-a_{12}a_{21}$，当 $n=3$ 时，

$$\det(\boldsymbol{A})=a_{11}a_{22}a_{33}-a_{11}a_{23}a_{32}-a_{12}a_{21}a_{33}+a_{12}a_{23}a_{31}+a_{13}a_{21}a_{32}-a_{13}a_{22}a_{31} \tag{2.4}$$

正如前面这两个例子，当 n 很小，并且 a_{ij} 的数值已知时，利用前面定义的公式，$\det(\boldsymbol{A})$ 的值就可以很容易地计算出来。

例 2.3.1 考虑一个 3×3 的矩阵

$$\boldsymbol{A}=\begin{bmatrix} 1 & 0 & 2 \\ 2 & 1 & 0 \\ 2 & 3 & 1 \end{bmatrix} \tag{2.5}$$

则

$$\begin{aligned}\det(\boldsymbol{A})&=a_{11}a_{22}a_{33}-a_{11}a_{23}a_{32}-a_{12}a_{21}a_{33}+a_{12}a_{23}a_{31}+a_{13}a_{21}a_{32}-a_{13}a_{22}a_{31}\\&=(1\times1\times1)-(1\times0\times3)-(0\times2\times1)+(0\times0\times2)+(2\times2\times3)\\&\quad-(2\times1\times2)\\&=1-0-0+0+12-4=9\end{aligned} \tag{2.6}$$

当 n 更大的时候，定义法就显得相当复杂了，我们将在 2.4 节里讲解一个更加有效的计算方法。下面，我们将讨论行列式的性质。

2.3.2 性质

假设 $\boldsymbol{A}$ 为一个 $n\times n$ 阶矩阵，则有以下性质成立。

性质 1 如果矩阵 $\boldsymbol{A}$ 中的某一行或者某一列为 0，则 $\det(\boldsymbol{A})=0$。

性质 2 如果矩阵 $\boldsymbol{A}$ 是对角矩阵，则 $\det(\boldsymbol{A})=a_{11}a_{22}\cdots a_{nn}=\prod_{i=1}^{n}a_{ii}$。

性质 3 如果矩阵 $\boldsymbol{A}$ 是三角矩阵，则 $\det(\boldsymbol{A})=\prod_{i=1}^{n}a_{ii}$。

性质 4 如果矩阵 $\boldsymbol{A}$ 中某一行元素均乘以常数 k，从而形成矩阵 $\boldsymbol{B}$，则 $\det(\boldsymbol{B})=k\det(\boldsymbol{A})$。

性质 5 $\det(k\boldsymbol{A})=k^n\det(\boldsymbol{A})$。

性质 6 如果矩阵 $\boldsymbol{A}$ 中某两行元素互换得到矩阵 $\boldsymbol{B}$，则 $\det(\boldsymbol{B})=-\det(\boldsymbol{A})$。

性质 7 如果矩阵 $\boldsymbol{A}$ 中的两行包含相同的元素，则 $\det(\boldsymbol{A})=0$。

性质 8 若将矩阵 $\boldsymbol{A}$ 中某一行元素的倍数加到另一行形成矩阵 $\boldsymbol{B}$，则 $\det(\boldsymbol{B})=\det(\boldsymbol{A})$。

性质 9 如果矩阵 $\boldsymbol{A}$ 包含成比例的两行元素，则 $\det(\boldsymbol{A})=0$。

性质 10 $\det(\boldsymbol{A}^{\mathrm{T}})=\det(\boldsymbol{A})$。

性质 11 $\det(\boldsymbol{AB})=\det(\boldsymbol{A})\det(\boldsymbol{B})$。

读者应仔细思考至少前 10 个性质的证明，并将其当作练习。前 5 个性质的证明比较简单，需要直接运用行列式的定义。我们将用以下定理来证明性质 5，以作范例。

定理 2.3.1 令 $\boldsymbol{A}$ 为一个 $n\times n$ 阶矩阵，并令 $k\in\mathbb{R}$，那么 $\det(k\boldsymbol{A})=k^n\det(\boldsymbol{A})$。

证明： 由定义可得 $k\boldsymbol{A}=[ka_{ij}]$，因此，仍由定义可知

$$\begin{aligned}\det(k\boldsymbol{A})&=\sum ka_{1j_1}ka_{2j_2}\cdots ka_{nj_n}\\&=k^n\sum a_{1j_1}a_{2j_2}\cdots a_{nj_n}\\&=k^n\det(\boldsymbol{A})\end{aligned}\tag{2.7}$$

性质 6 的证明过程中或许会遇到较多困难，列标不变的情况下，行交换会改变所有排列的符号，因此 $\boldsymbol{A}$ 的所有元素积的符号也会改变。性质 7 的证明与性质 6 的证明相似。性质 8 的证明也相当需要技巧，但是可以通过计算相关的行列式再验证是否相等的方法进行证明。性质 1 和性质 8 已经足以验证性质 9 了，同时性质 10 的证明也较简单。性质 10 相当重要，因为它有助于我们理解一个事实：行列式中行与列有对等的地位，因此行列式定理凡是对行成立的，对列也一定成立。例如，我们把性质 6 改成列的形式然后再证明。

定理 2.3.2 令 $\boldsymbol{A}$ 为一个 $n\times n$ 阶矩阵，而 $\boldsymbol{B}^*$ 为交换矩阵 $\boldsymbol{A}$ 的两列后得到的矩阵，那么 $\det(\boldsymbol{B}^*)=-\det(\boldsymbol{A})$。

证明： 由性质 10 可得

$$\begin{aligned}\det(\boldsymbol{B}^*)&=\det(\boldsymbol{B}^{*T})\\&=-\det(\boldsymbol{A}^{\mathrm{T}})\end{aligned}\tag{2.8}$$

由于 $\boldsymbol{B}^{*T}$ 是由 $\boldsymbol{A}^{\mathrm{T}}$ 中的两行交换所得，因此由性质 10 可得

$$\det(\boldsymbol{B}^*)=-\det(\boldsymbol{A})\tag{2.9}$$

性质 3 将在以后进行证明，详见定理 2.4.2。性质 11 的证明较长，并且需要利用到还未介绍的概念，因此这里并未给出，若需证明请参见 Anton 和 Rorres (2011，p. 108)。

2.3.3 奇异与非奇异

定义 2.3.2 行列式值为零的方阵是**奇异**的，行列式值不为零的方阵是**非奇异**的。

奇异矩阵具有 2.3.2 节中的性质 1、性质 7 和性质 9。下列定理主要强调非奇异性的重要性。

定理 2.3.3 如果一个方阵 $\boldsymbol{A}$ 是可逆的，那么 $\det(\boldsymbol{A})\neq0$，即 $\boldsymbol{A}$ 是非奇异的。

证明： 如果 $\boldsymbol{A}$ 是可逆的，那么由定义 $\boldsymbol{A}\boldsymbol{A}^{-1}=\boldsymbol{I}$。

根据性质 2 可知 $\det(\boldsymbol{A}\boldsymbol{A}^{-1})=\det(\boldsymbol{I})=1$。

根据性质 11 可知 $\det(\boldsymbol{A})\det(\boldsymbol{A}^{-1})=1$。

因此 $\det(\boldsymbol{A})\neq0$，那么由定义知 $\boldsymbol{A}$ 是非奇异的。

下面是该证明的一个有用的推论。

推论 2.3.4

$$\det(\boldsymbol{A}^{-1})=[\det(\boldsymbol{A})]^{-1}=\frac{1}{\det(\boldsymbol{A})} \tag{2.10}$$

这个定理可以加强从而得到一个充要条件，它阐述的是，当且仅当 $\det(\boldsymbol{A})\neq 0$ 时，$\boldsymbol{A}$ 是可逆的，即 $\boldsymbol{A}$ 是非奇异的。修改后的定理的第一部分（⇒）与原来弱定理是等价的。然而，修改后的定理的第二部分的证明（⇐）需要使用尚未介绍的概念，因此这里并没有给出证明，读者若需证明请参考 Anton 和 Rorres（2010，p. 109）。

2.4 行列式的代数余子式展开式

前面一节给出的行列式的定义在计算上效率不高。一个更加有效也更为常用的计算方法要用到行列式的**代数余子式展开式**（co-factor expansion）。本节我们将向大家介绍这样的展开式。该展开式还为逆矩阵的计算提供了一个解析表达式的推导方法。在了解这些重要结论之前，我们需要先向大家介绍两个基本概念。

定义 2.4.1 行列式元素 a_{ij} 的**余子式**（minor）记作 M_{ij}，表示删除方阵 $\boldsymbol{A}$ 中的第 i 行和第 j 列后，剩余的子阵的行列式。

一个 $n\times n$ 阶矩阵有 n^2 个子阵，每一个子阵都与一个元素或者一对行列相对应，因此脚标 ij 与 M_{ij} 的变量关系都与典型的元素 a_{ij} 相联系。

定义 2.4.2 矩阵元素 a_{ij} 的**代数余子式**（co-factor）为 $C_{ij}\equiv(-1)^{i+j}M_{ij}$。

代数余子式，同余子式一样，是与一个特定的行和列相联系的，因此，也与一个特定的元素相联系，它与余子式仅仅在符号上有所不同，即 $C_{ij}=\pm M_{ij}$，其中符号取决于行列数。如果 $i+j$ 是偶数，那么代数余子式的符号就与相应的余子式的符号相同；如果 $i+j$ 是奇数，那么代数余子式的符号就与余子式的符号相反。

现在我们来看一下 3×3 阶矩阵的例子：

$$\boldsymbol{A}=\begin{bmatrix} a_{11} & a_{12} & a_{13} \\ a_{21} & a_{22} & a_{23} \\ a_{31} & a_{32} & a_{33} \end{bmatrix} \tag{2.11}$$

同式（2.4），行列式为

$$\det(\boldsymbol{A})=a_{11}a_{22}a_{33}-a_{11}a_{23}a_{32}-a_{12}a_{21}a_{33}+a_{12}a_{23}a_{31}+a_{13}a_{21}a_{32}-a_{13}a_{22}a_{31} \tag{2.12}$$

从这六项中提取公因子，可以将其化为：

$$\begin{aligned}\det(\boldsymbol{A})&=a_{11}(a_{22}a_{33}-a_{23}a_{32})-a_{12}(a_{21}a_{33}-a_{23}a_{31})+a_{13}(a_{21}a_{32}-a_{22}a_{31})\\&=a_{11}M_{11}-a_{12}M_{12}+a_{13}M_{13}\\&=a_{11}C_{11}+a_{12}C_{12}+a_{13}C_{13}\end{aligned} \tag{2.13}$$

这就是先前提到的**代数余子式展开式**。这是按第一行展开的，因为第一行的元素已经作为公因子从六项中提取出来，余下相应的代数余子式与它们分别相乘。我们可以提出任何行中的元素，或者从任何列中提出元素，得到不同的代数余子式展开式。总共有 $2n$ 个代数余子式展开式。因此，对于一个 $n\times n$ 阶矩阵 $\boldsymbol{A}$，$\det(\boldsymbol{A})$ 可以用任意行中的所有元素的代数余子式来展开，即

$$\det(\boldsymbol{A})=a_{i1}C_{i1}+a_{i2}C_{i2}+\cdots+a_{in}C_{in},\ i=1,\ 2,\ \cdots,\ n \tag{2.14}$$

当然也可以用任意列中的所有元素的代数余子式来展开，即

$$\det(\boldsymbol{A})=a_{1j}C_{1j}+a_{2j}C_{2j}+\cdots+a_{nj}C_{nj},\ j=1,\ 2,\ \cdots,\ n \tag{2.15}$$

定理 2.4.1 将矩阵某一行（列）中的元素与另一行（列）中元素的代数余子式相乘构成的展开式，其和一定等于零，即

$$a_{i1}C_{j1}+a_{i2}C_{j2}+\cdots+a_{in}C_{jn}=0,\ i,j(i\neq j)=1,\ 2,\ \cdots,\ n \tag{2.16}$$

和

$$a_{1i}C_{1j}+a_{2i}C_{2j}+\cdots+a_{ni}C_{nj}=0,\ i,j(i\neq j)=1,\ 2,\ \cdots,\ n \tag{2.17}$$

证明：参见 Anton 和 Rorres（2011，p. 110）。

称式（2.16）与式（2.17）一类的展开式为**异行（列）代数余子式展开式**。

逆矩阵公式中一个重要的矩阵的定义如下。

定义 2.4.3 方阵 $\boldsymbol{A}$ 的**伴随矩阵**（adjoint，adjugate）记作 $\mathrm{adj}(\boldsymbol{A})$。将矩阵 $\boldsymbol{A}$ 的元素都替换为其相应的代数余子式，再对这个矩阵进行转置，得到的就是方阵 $\boldsymbol{A}$ 的伴随矩阵，即 $\mathrm{adj}(\boldsymbol{A})=[C_{ij}]^{\mathrm{T}}$。

注意，一个 2×2 阶伴随矩阵可以通过交换主对角线元素和改变非对角线元素的符号来获得。我们考虑以下 3×3 阶矩阵的例子。

例 2.4.1 请回顾一下在式（2.5）中给出的矩阵：

$$\boldsymbol{A}=\begin{bmatrix}1 & 0 & 2\\ 2 & 1 & 0\\ 2 & 3 & 1\end{bmatrix} \tag{2.18}$$

矩阵 $\boldsymbol{A}$ 各元素的余子式与代数余子式可以很容易地判断出来。例如，a_{11} 和 a_{12} 所对应的代数余子式为：

$$C_{11}=(-1)^{1+1}M_{11}=\begin{vmatrix}1 & 0\\ 3 & 1\end{vmatrix}=1 \tag{2.19}$$

和

$$C_{12}=(-1)^{1+2}M_{12}=-\begin{vmatrix}2 & 0\\ 2 & 1\end{vmatrix}=-2 \tag{2.20}$$

当所有的代数余子式的计算完成之后，就产生了代数余子式的矩阵：

$$\begin{bmatrix}C_{11} & C_{12} & C_{13}\\ C_{21} & C_{22} & C_{23}\\ C_{31} & C_{32} & C_{33}\end{bmatrix}=\begin{bmatrix}1 & -2 & 4\\ 6 & -3 & -3\\ -2 & 4 & 1\end{bmatrix} \tag{2.21}$$

那么 $\boldsymbol{A}$ 的伴随矩阵就是式（2.21）的转置，即

$$\operatorname{adj}(\boldsymbol{A})=\begin{bmatrix}1 & 6 & -2\\ -2 & -3 & 4\\ 4 & -3 & 1\end{bmatrix} \tag{2.22}$$

注意，adj($\boldsymbol{A}$) 的元素，例如 adj($\boldsymbol{A}$) 第一列中的元素，是矩阵 $\boldsymbol{A}$ 中第一行元素的代数余子式。因此，矩阵 $\boldsymbol{A}$ 按第一行展开，根据代数余子式展开式可以很容易地求出 $\boldsymbol{A}$ 的行列式的值。即，由 $\boldsymbol{A}$ 的第一行元素与其相应的代数余子式矩阵的第一行的代数余子式相乘，或者与相应的 adj($\boldsymbol{A}$) 第一列元素相乘，可以得到行列式：

$$\det(\boldsymbol{A})=a_{11}C_{11}+a_{12}C_{12}+a_{13}C_{13}=(1\times1)+(0\times(-2))+(2\times4)=9 \tag{2.23}$$

这个行列式的值与例 2.3.1 的结果一致。

作为练习，从式（2.21）或者式（2.22）的 adj($\boldsymbol{A}$) 中选择恰当的代数余子式，读者可以重新计算例 2.4 中矩阵的行列式，比方说，按第三行展开的代数余子式展开式与按第二列展开的代数余子式展开式，详见练习 2.2。在实际计算中，选择零元素最多的某一行（列）展开，计算的效率最高。

关于选择最合适的代数余子式展开式从而获得计算效率，一个特别地例子是计算三角矩阵的行列式。考虑 3×3 阶上三角矩阵：

$$\boldsymbol{U}=\begin{bmatrix}a_{11} & a_{12} & a_{13}\\ 0 & a_{22} & a_{23}\\ 0 & 0 & a_{33}\end{bmatrix} \tag{2.24}$$

正如式（2.23）一样，可以用按第一行展开的代数余子式展开式来计算 $\det(\boldsymbol{U})$：

$$\begin{aligned}\det(\boldsymbol{U})&=a_{11}C_{11}+a_{12}C_{12}+a_{13}C_{13}\\ &=a_{11}\begin{vmatrix}a_{22} & a_{23}\\ 0 & a_{33}\end{vmatrix}-a_{12}\begin{vmatrix}0 & a_{23}\\ 0 & a_{33}\end{vmatrix}+a_{13}\begin{vmatrix}0 & a_{23}\\ 0 & 0\end{vmatrix}\\ &=a_{11}(a_{22}a_{33}-0)-a_{12}(0-0)+a_{13}(0-0)\\ &=a_{11}a_{22}a_{33}\end{aligned} \tag{2.25}$$

一个更好的方法是用按第一列展开的代数余子式展开式来计算，它包含了两个零。用代数余子式矩阵的第一列的代数余子式或者是 adj($\boldsymbol{U}$) 中第一行的代数余子式来计算，就得到另一种计算方式：

$$\begin{aligned}\det(\boldsymbol{U})&=a_{11}C_{11}+a_{12}C_{21}+a_{13}C_{31}\\ &=a_{11}\begin{vmatrix}a_{22} & a_{23}\\ 0 & a_{33}\end{vmatrix}+0C_{21}+0C_{31}\\ &=a_{11}(a_{22}a_{33}-0)+0+0\\ &=a_{11}a_{22}a_{33}\end{aligned} \tag{2.26}$$

这两种方法涉及的计算量在 3×3 阶的例子中的区别并不明显，但是当矩阵 $\boldsymbol{U}$ 的阶数更高时，它们之间的区别就相当大了。此时，若用第一种方法，那就需要计算 $\boldsymbol{n}$ 个代数余子式，但是若用第二种方法，需要计算的代数余子式仍然只有一个。

三角矩阵的计算带来的思考引出了以下定理。

定理 2.4.2 令 $\boldsymbol{A}$ 为一个 $n\times n$ 阶三角矩阵，那么

$$\det(\boldsymbol{A})=\prod_{i=1}^{n}a_{ii}=a_{11}a_{22}\cdots a_{nn} \tag{2.27}$$

即等于矩阵 $\boldsymbol{A}$ 的主对角线上元素之积。这个定理可以通过行列式的定义来证明，除了 $a_{11}a_{22}\cdots a_{nn}$ 以外，所有其他的元素积中都包含至少一个零，所以除了 $a_{11}a_{22}\cdots a_{nn}$ 以外其他元素积均为零。因此，$\det(\boldsymbol{A})=\sum\pm a_{1j_1}a_{2j_2}\cdots a_{nj_n}=a_{11}a_{22}\cdots a_{nn}$。

另一种方法是用**归纳法证明**（proof by induction），下面我们会讲到，这种证明方式在后面还会用到。归纳法证明的原理就是，如果当正整数 n 时命题为真，可以推出该命题在 $n+1$ 时也成立，同时在 $n=1$ 时命题也成立，那么这个命题在所有正整数的情况下都是成立的。①

证明： 令 $P(n)$ 为一个命题：存在一个 $n\times n$ 阶上三角矩阵满足式（2.27）。

首先我们验证 $P(1)$ 是否成立。

$P(1)$ 就是一个简单的陈述，1×1 阶矩阵 $[a_{11}]$ 的行列式就等于 a_{11}，这明显是成立的。

现在，我们假设 $P(n)$ 为真，并尽力推导 $P(n+1)$ 为真。

将 $(n+1)\times(n+1)$ 阶上三角矩阵分割为

$$\boldsymbol{A}\equiv\begin{bmatrix}\boldsymbol{A}_{11} & \boldsymbol{a}\\ \boldsymbol{0} & a_{(n+1)(n+1)}\end{bmatrix} \tag{2.28}$$

其中 $\boldsymbol{A}_{11}$ 是 $n\times n$ 阶的，$\boldsymbol{0}$ 是 $1\times n$ 阶的，$\boldsymbol{a}$ 是 $n\times 1$ 阶的，$a_{(n+1)(n+1)}$ 是一个标量。

因为 $a_{(n+1)i}=0$，$i=1, 2, \cdots, n$，按最后一行展开代数余子式，得出矩阵 $\boldsymbol{A}$ 的行列式等于

$$\begin{aligned}\det(\boldsymbol{A})&=a_{(n+1)1}C_{(n+1)1}+a_{(n+1)2}C_{(n+1)2}+\cdots+a_{(n+1)(n+1)}C_{(n+1)(n+1)}\\&=a_{(n+1)(n+1)}C_{(n+1)(n+1)}\end{aligned} \tag{2.29}$$

又 $C_{(n+1)(n+1)}$ 是 $n\times n$ 阶上三角矩阵 $\boldsymbol{A}_{11}$ 的行列式，因此由 $P(n)$ 我们可以得到 $C_{(n+1)(n+1)}=a_{11}a_{22}\cdots a_{nn}$。又由式（2.29）可知

$$\begin{aligned}\det(\boldsymbol{A})&=a_{(n+1)(n+1)}C_{(n+1)(n+1)}\\&=C_{(n+1)(n+1)}a_{(n+1)(n+1)}\\&=a_{11}a_{22}\cdots a_{nn}a_{(n+1)(n+1)}\end{aligned} \tag{2.30}$$

① 由归纳法证明的结果对于所有的有限正整数是正确的，但是在无限的情况下却可能是错误的。例如，在有限维向量空间由归纳法证明的结果也许在无限维空间并不成立，见第 5 章。同样地，离散型随机变量在潜在样本空间上自然状态的数目有限，用归纳法证明的结果，对于连续型随机变量可能不成立，见第 13 章。

上式即为 $P\ (n+1)$。

正如我们前面所说，由 $P(n)$ 为真可以得到 $P(n+1)$ 为真，归纳法证毕。

考虑一个简单的例子：$n=2$ 的情况。假设：

$$\boldsymbol{A}=\begin{bmatrix} a_{11} & a_{12} \\ 0 & a_{22} \end{bmatrix} \tag{2.31}$$

由含符号的元素积之和我们可以得到 $\det(\boldsymbol{A})=a_{11}a_{22}-0=a_{11}a_{22}$。这个结果就是矩阵 $\boldsymbol{A}$ 的主对角线上的元素之积，它满足定理 2.4.2。

下三角矩阵的情况，关于行列式按第一行展开的代数余子式展开式，有相似地证明，详情参阅练习 2.5。

回到伴随矩阵的情况，伴随矩阵在逆矩阵的求解过程中的重要地位可以通过下面这个定理来阐释。

定理 2.4.3 如果一个 $n\times n$ 阶矩阵 $\boldsymbol{A}$ 是可逆的，则 $\boldsymbol{A}^{-1}=\text{adj}(\boldsymbol{A})/\det(\boldsymbol{A})$。

证明： 考虑乘积 $\boldsymbol{A}\text{adj}(\boldsymbol{A})$，它的典型元素为

$$\sum_{k=1}^{n} a_{ik}C_{jk}=a_{i1}C_{j1}+a_{i2}C_{j2}+\cdots+a_{in}C_{jn} \tag{2.32}$$

当 $i=j$ 时，这就是 $\det(\boldsymbol{A})$ 按第 i 行展开的代数余子式展开式；当 $i\neq j$ 时，这个展开式等于零，因为它包含了异行（列）代数余子式。

因此 $\boldsymbol{A}\text{adj}(\boldsymbol{A})=\text{diag}[\det(\boldsymbol{A})]=\det(\boldsymbol{A})\boldsymbol{I}$。

又由定理 2.3.3 得 $\det(\boldsymbol{A})\neq 0$，那么

$$\frac{\boldsymbol{A}\text{adj}(\boldsymbol{A})}{\det(\boldsymbol{A})}=\boldsymbol{A}\frac{\text{adj}(\boldsymbol{A})}{\det(\boldsymbol{A})}=\boldsymbol{I} \tag{2.33}$$

因此，由定义以及逆矩阵的唯一性知，$\text{adj}(\boldsymbol{A})/\det(\boldsymbol{A})$ 就是矩阵 $\boldsymbol{A}$ 的逆矩阵。

2.5 方程组的求解

2.5.1 克莱姆法则

克莱姆法则是根据特定方阵行列式求解含 n 个未知数和 n 个方程的方程组的方法，在应用中很著名。我们可用行列式的另一种表示来正式讲解该法则。①

定理 2.5.1（克莱姆法则） 如果 $\boldsymbol{Ax}=\boldsymbol{b}$ 是一个方阵方程组，其中矩阵 $\boldsymbol{A}$ 是 $n\times n$ 阶的，并且是非奇异的，$\boldsymbol{x}$（未知向量）和 $\boldsymbol{b}$ 是 n 维向量，那么方程组有唯

① 这些结果是以瑞士数学家 Gabriel Cramer（1704—1752）的名字命名的。Cramer（1750）提出用这个结果求解含有 5 个未知数的 5 个线性方程。

一解 $\boldsymbol{x}=(1/|\boldsymbol{A}|)[|\boldsymbol{A}_j|]$，其中 $\boldsymbol{A}_j$（$j=1, 2, \cdots, n$）表示将矩阵 $\boldsymbol{A}$ 的第 j 列换为 $\boldsymbol{b}$ 而得到的矩阵。

因此 $\boldsymbol{x}$ 的各个元素之解为

$$x_1=\frac{|\boldsymbol{A}_1|}{|\boldsymbol{A}|},\ x_2=\frac{|\boldsymbol{A}_2|}{|\boldsymbol{A}|},\ \cdots,\ x_n=\frac{|\boldsymbol{A}_n|}{|\boldsymbol{A}|} \tag{2.34}$$

证明：

(a) 唯一性。

因为 $\boldsymbol{A}$ 是非奇异的，那么由逆矩阵性质 1 知它的逆矩阵 $\boldsymbol{A}^{-1}$ 存在且唯一。在等式 $\boldsymbol{Ax}=\boldsymbol{b}$ 两端同时左乘 $\boldsymbol{A}^{-1}$ 就得到解 $\boldsymbol{x}=\boldsymbol{A}^{-1}\boldsymbol{b}$。令 $\boldsymbol{s}$ 也为方程组的解，那么 $\boldsymbol{As}=\boldsymbol{b}$，同时在等式两端左乘 $\boldsymbol{A}^{-1}$，那么 $\boldsymbol{A}^{-1}\boldsymbol{As}=\boldsymbol{A}^{-1}\boldsymbol{b}$，因此 $\boldsymbol{s}=\boldsymbol{A}^{-1}\boldsymbol{b}=\boldsymbol{x}$，因此，该解是唯一的。

(b) 也可替换 $\boldsymbol{A}^{-1}$，把该解写为 $\boldsymbol{x}=\boldsymbol{A}^{-1}\boldsymbol{b}=(1/|\boldsymbol{A}|)\mathrm{adj}(\boldsymbol{A})\boldsymbol{b}$。因此，把方程右边向量写成第 j 个典型元素的形式，为

$$\boldsymbol{x}=\left[\frac{1}{|\boldsymbol{A}|}(b_1C_{1j}+b_2C_{2j}+\cdots+b_nC_{nj})\right] \tag{2.35}$$

圆括号内的表达式可以看成是按一个 $n\times n$ 阶矩阵的第 j 列展开的代数余子式展开式，这个矩阵的第 j 列包含了 $\boldsymbol{b}$ 的元素，而且这个矩阵中任何其他元素与矩阵 $\boldsymbol{A}$ 中相应的元素都是相同的。构造出这样一个矩阵 $\boldsymbol{A}_j$ 是相当方便的，因此我们可以记为 $x_j=|\boldsymbol{A}_j|/|\boldsymbol{A}|$。

例 2.5.1 回顾 1.2.2 节中的例子，并思考简化的宏观经济学模型：

$$C=\alpha_1+\alpha_2Y \tag{2.36}$$

$$Y=C+Z \tag{2.37}$$

根据 Z（自发性支出，包括投资 I 和政府支出 G）、α_1 和 α_2，解出 C（消费）和 Y（国民收入）。我们可以将这个简单的方程组写为 $\boldsymbol{Ax}=\boldsymbol{b}$ 的形式，其中

$$\boldsymbol{A}=\begin{bmatrix}1 & -\alpha_2\\ -1 & 1\end{bmatrix},\ \boldsymbol{x}=\begin{bmatrix}C\\ Y\end{bmatrix},\ \boldsymbol{b}=\begin{bmatrix}\alpha_1\\ Z\end{bmatrix} \tag{2.38}$$

$\boldsymbol{A}$ 的行列式为 $a_{11}a_{22}-a_{12}a_{21}=1-\alpha_2$，因此，若 $\alpha_2\neq 1$ 那么 $\boldsymbol{A}$ 就是非奇异的。

经济学原理暗含着消费的边际倾向是大于 0 小于 1 的，因此 $0<\alpha_2<1$。那么 $|\boldsymbol{A}|\neq 0$，因此可以推断克莱姆法则是适用的。它满足

$$|\boldsymbol{A}_1|=\begin{vmatrix}\alpha_1 & -\alpha_2\\ Z & 1\end{vmatrix}\ 和\ |\boldsymbol{A}_2|=\begin{vmatrix}1 & \alpha_1\\ -1 & Z\end{vmatrix} \tag{2.39}$$

$$x_1=C=\frac{|\boldsymbol{A}_1|}{|\boldsymbol{A}|}=\frac{\alpha_1+\alpha_2Z}{1-\alpha_2}=\frac{\alpha_1}{1-\alpha_2}+\frac{\alpha_2}{1-\alpha_2}Z \tag{2.40}$$

$$x_2=Y=\frac{|\boldsymbol{A}_2|}{|\boldsymbol{A}|}=\frac{\alpha_1+Z}{1-\alpha_2}=\frac{\alpha_1}{1-\alpha_2}+\frac{1}{1-\alpha_2}Z \tag{2.41}$$

尽管这个解十分简单，但还是比较有趣的。两个方程中 Z 的系数，称为乘数，分别度量 Z 的改变对 C 和 Y 的总体影响。第二个系数 $1/(1-a_2)$，或者说边

际储蓄倾向的倒数，是初级宏观经济学中的基本凯恩斯（Keynesian）乘数。

例 2.5.2 作为第二个例子，我们用克莱姆法则来解下面方程组中的 x_i，$i=1, 2, 3$：

$$2x_1+2x_3=1 \tag{2.42}$$

$$x_1-2x_2+x_3=2 \tag{2.43}$$

$$3x_1+x_2=3 \tag{2.44}$$

这个方程组包含了三个方程和三个未知数。将它写为 $\boldsymbol{Ax}=\boldsymbol{b}$ 的形式，可以得到：

$$\begin{bmatrix} 2 & 0 & 2 \\ 1 & -2 & 1 \\ 3 & 1 & 0 \end{bmatrix}\begin{bmatrix} x_1 \\ x_2 \\ x_3 \end{bmatrix}=\begin{bmatrix} 1 \\ 2 \\ 3 \end{bmatrix} \tag{2.45}$$

可见 a_{12} 的值为零，按第一行展开，我们可以得到

$$|\boldsymbol{A}|=a_{11}C_{11}+a_{12}C_{12}+a_{13}C_{13}=2\begin{vmatrix} -2 & 1 \\ 1 & 0 \end{vmatrix}+0+2\begin{vmatrix} 1 & -2 \\ 3 & 1 \end{vmatrix}=12 \tag{2.46}$$

因此 $\boldsymbol{A}$ 是非奇异的。运用克莱姆法则，利用恰当的代数余子式展开式，可以得到：

$$|\boldsymbol{A}_1|=\begin{vmatrix} 1 & 0 & 2 \\ 2 & -2 & 1 \\ 3 & 1 & 0 \end{vmatrix}=15，|\boldsymbol{A}_2|=\begin{vmatrix} 2 & 1 & 2 \\ 1 & 2 & 1 \\ 3 & 3 & 0 \end{vmatrix}=-9 \tag{2.47}$$

以及

$$|\boldsymbol{A}_3|=\begin{vmatrix} 2 & 0 & 1 \\ 1 & -2 & 2 \\ 3 & 1 & 3 \end{vmatrix}=-9 \tag{2.48}$$

因此

$$x_1=\frac{|\boldsymbol{A}_1|}{|\boldsymbol{A}|}=\frac{15}{12}=\frac{5}{4} \tag{2.49}$$

$$x_2=\frac{|\boldsymbol{A}_2|}{|\boldsymbol{A}|}=\frac{-9}{12}=-\frac{3}{4} \tag{2.50}$$

而且，由于 $|\boldsymbol{A}_3|=|\boldsymbol{A}_2|$，所以

$$x_3=x_2=-\frac{3}{4} \tag{2.51}$$

要检验例 2.5.1 中所得结果的正确性，可以将 x_i 的值代入原方程来验证。

2.5.2 标量法

克莱姆法则让我们明确了一点：未知数与方程组中方程的个数相同并不是线性方程组有唯一解的充分条件。事实上，未知数与方程组中方程的个数相同，既不是唯一解存在的充分条件也不是必要条件，下面的例子将说明这一点。

1. 未知数与方程个数相同，但是没有唯一解：

$$x+y=1 \tag{2.52}$$

$$2x+2y=2 \tag{2.53}$$

这个例子中两个方程是相同的，其系数矩阵是奇异的。方程 $y=1-x$ 有无穷多个实数解。

2. 未知数与方程个数相同，但是无解：

$$x+y=1 \tag{2.54}$$

$$x+y=2 \tag{2.55}$$

这个例子中的两个方程并不相同，但是其系数矩阵仍是奇异的。根据第 1 章的知识可知，这个方程组是不一致的。在第 5 章中我们会进一步介绍线性方程组的一致性与不一致性，特别是定理 5.4.9。

3. 方程个数多于未知数，但是存在唯一解：

$$x=y \tag{2.56}$$

$$x+y=2 \tag{2.57}$$

$$x-2y+1=0 \tag{2.58}$$

这个例子中 $x=1$，$y=1$，这个唯一解是因为这三个方程中有一个方程是多余的。我们会在第 3 章和第 5 章中深入讨论这类方程组的系数矩阵的性质。

4. 在非线性方程组中，方程个数少于未知数个数但仍有唯一解也是有可能的，例如 $x^2+y^2=0$，它的解为 $x=0$，$y=0$。

一般方程组和线性方程组问题可以用几何图像来表示，二维坐标系中的两条曲线可能会有 0 个、1 个或者 2 个交点；三维坐标系空间中的两个平面交于一条曲线；三维坐标系空间中的三个平面可能会有 0 个、1 个或者 2 个交点。因此，需要提出一个更加准确的求解理论和方法论。

求解线性与非线性方程组问题，其方法涉及以下步骤：

1. 求解某一个方程（比如，第一个方程），把一个特定变量表示成其他变量的形式。

2. 将第 1 步的答案代入其他方程以消去其他方程中的特定变量。

3. 对于第 2 步得到的方程组，重复第 1 步操作，求解方程组中某一个方程，把某一个变量写成其他变量的形式。

4. 重复执行第 2 步操作，通过代入法消去其他剩余方程中的特定变量。

5. 重复执行，直到只剩下一个方程和一个变量。

6. 回代，求解每一个变量的数值解。

7. 代回到原方程组检验结果，强烈推荐用这一步来检验各种求解方程组的方法。

对于优化问题的一阶条件得到的非线性方程组，这种方法有助于寻找解，详情参见第 10 章。

例 2.5.3 求解下列方程组中的 x，y

$$x+y=2 \tag{2.59}$$

$$2y-x=7 \tag{2.60}$$

用上述方法，对于第一个方程，把 x 表示成 y 的形式，可以得到

$$x=2-y \tag{2.61}$$

将第二个方程中的 x 消去，得

$$2y-(2-y)=7 \tag{2.62}$$

于是 $3y=9$，因此 $y=3$。将其代入式（2.61）可以解出 x

$$x=2-y=2-3=-1 \tag{2.63}$$

读者可以把这个例子中的两个方程以及对应交点画在一张图上，留作练习，详见练习 2.8。

例 2.5.4 解下列方程组中的 x、y、z

$$x+2y+3z=6 \tag{2.64}$$

$$4x+5y+6z=15 \tag{2.65}$$

$$7x+8y+10z=25 \tag{2.66}$$

在此先解方程（2.64），用 y、z 表示 x

$$x=6-2y-3z \tag{2.67}$$

然后用该式将另外两个方程中的 x 消去，得

$$4(6-2y-3z)+5y+6z=15 \tag{2.68}$$

$$7(6-2y-3z)+8y+10z=25 \tag{2.69}$$

之后剩下的就是一个 2×2 的方程组

$$-3y-6z=-9 \tag{2.70}$$

$$-6y-11z=-17 \tag{2.71}$$

解第一个方程中的 y，得

$$y=3-2z \tag{2.72}$$

代入最后一个方程，可以把 y 消去，得

$$-6(3-2z)-11z=-17 \tag{2.73}$$

可以很容易地得到 z 的解，即

$$z=1 \tag{2.74}$$

将其回代，就可以得到 $y=1$，$x=1$。

2.5.3 初等行变换

除了克莱姆法则外，**初等行变换**法提供了另一个可选方法，对联立方程组进行行变换，而不改变方程组的解。有三种基本的初等行变换：

1. 加上或减去一个或多个方程的倍数；
2. 用一个非零常数去乘一个方程；
3. 互换两个方程。

注意，每种运算都是可逆的。

用初等行变换求解联立方程组包括以下几个步骤：

1. (a) 除第一个方程以外，消去其他方程中的第一个变量。
   (b) 除第一、二个方程外，消去其他方程中的第二个变量。
   (c) 除第一、二和三个方程外，消去其他方程中的第三个变量。
   (d) 重复以上步骤直到最后一个方程。
2. (a) 将第一个方程除以第一个变量的系数。
   (b) 将第二个方程除以第二个变量的系数。
   (c) 将第三个方程除以第三个变量的系数。
   (d) 重复以上步骤直到最后一个方程。
3. 最后一个方程的答案很明确，因为它仅包含最后一个变量。
4. 将这个答案代入倒数第二个方程，解出倒数第二个变量。
5. 重复以上步骤直到给出所有解。

除了用代换法求解外，我们还可以进一步执行行变换操作，除最后一个方程外消去所有其他方程中包含的最后一个变量，除倒数第二个方程外消去所有其他方程中包含的倒数第二个变量，以此类推。这样得到的方程组，每个方程中仅含有一个变量。然后可以对每个方程用第二种初等行变换，得到最终解。

例 2.5.5 用初等行变换来求解例 2.5.3*。

将第一个方程加到第二个方程可以得到

$$x+y=2 \tag{2.75}$$
$$3y=9 \tag{2.76}$$

因此，由第二个方程我们可以得到 $y=3$。将这个值代入第一个方程就可以得到 $x=-1$。

例 2.5.6 用初等行变换来求解例 2.5.4**

$$x+2y+3z=6 \tag{2.77}$$

* 译者注：原书例 2.5.2 可能有误。

** 译者注：原书例 2.5.2 可能有误。

$$4x+5y+6z=15 \tag{2.78}$$

$$7x+8y+10z=25 \tag{2.79}$$

我们可以将式（2.77）的－4 倍加到式（2.78），将式（2.77）的－7 倍加到式（2.79），得

$$x+2y+3z=6 \tag{2.80}$$

$$-3y-6z=-9 \tag{2.81}$$

$$-6y-11z=-17 \tag{2.82}$$

现在我们可以将式（2.81）的－2 倍加到式（2.82），得

$$x+2y+3z=6 \tag{2.83}$$

$$-3y-6z=-9 \tag{2.84}$$

$$z=1 \tag{2.85}$$

这就给出了 z 的答案，然后将其代回方程组，或者继续利用初等行变换来计算 x，y 的值。

2.5.4 初等行变换的矩阵表示

前一节中的初等行变换实际上都是线性方程组矩阵系数的运算。如果我们将例 2.5.4* 中 3×3 的方程组写为 3×4 阶矩阵，为

$$\begin{bmatrix} 1 & 2 & 3 & 6 \\ 4 & 5 & 6 & 15 \\ 7 & 8 & 10 & 25 \end{bmatrix} \tag{2.86}$$

我们可以对这个**增广矩阵**使用相同的行变换，并不需要在每个步骤中重复写出"x"，"y"，"z"，"±"和"＝"。

例 2.5.7 与例 2.5.6** 的两个步骤相对应的增广矩阵为

$$\begin{bmatrix} 1 & 2 & 3 & 6 \\ 0 & -3 & -6 & -9 \\ 0 & -6 & -11 & -17 \end{bmatrix} \text{和} \begin{bmatrix} 1 & 2 & 3 & 6 \\ 0 & -3 & -6 & -9 \\ 0 & 0 & 1 & 1 \end{bmatrix} \tag{2.87}$$

对于左边有相同矩阵的不同方程组，可以用增广矩阵的方法同时求解。矩阵方程 $\boldsymbol{Ax}=\boldsymbol{b}_1$，$\boldsymbol{Ax}=\boldsymbol{b}_2$ 和 $\boldsymbol{Ax}=\boldsymbol{b}_3$ 可以写成一个联合增广矩阵 $[\boldsymbol{A}\quad \boldsymbol{b}_1\quad \boldsymbol{b}_2\quad \boldsymbol{b}_3]$。这相当于求解矩阵方程 $\boldsymbol{AX}=\boldsymbol{B}$，其中 $\boldsymbol{b}_1$，$\boldsymbol{b}_2$ 和 $\boldsymbol{b}_3$ 是矩阵 $\boldsymbol{B}$ 的三列。

这种类型的矩阵的一个特例是 $\boldsymbol{X}=\boldsymbol{A}^{-1}$ 和 $\boldsymbol{B}=\boldsymbol{I}$，即 $\boldsymbol{AA}^{-1}=\boldsymbol{I}$。因此，对 $n\times 2n$ 阶增广矩阵 $[\boldsymbol{A}\quad \boldsymbol{I}]$ 进行初等行变换，可以得到 $n\times n$ 阶矩阵 $\boldsymbol{A}$ 的逆矩阵。

* 译者注：原书为例 2.5.2，可能有误。

** 译者注：原书为例 2.5.3，可能有误。

例 2.5.8 再次使用例 2.5.4* 的系数矩阵，我们可以从增广矩阵开始

$$\begin{bmatrix}1 & 2 & 3 & 1 & 0 & 0\\4 & 5 & 6 & 0 & 1 & 0\\7 & 8 & 10 & 0 & 0 & 1\end{bmatrix} \tag{2.88}$$

重复执行例 2.5.4 和 2.5.6** 中的初等行变换，我们可以将上式化为

$$\begin{bmatrix}1 & 2 & 3 & 1 & 0 & 0\\0 & -3 & -6 & -4 & 1 & 0\\0 & -6 & -11 & -7 & 0 & 1\end{bmatrix} \tag{2.89}$$

然后化为

$$\begin{bmatrix}1 & 2 & 3 & 1 & 0 & 0\\0 & -3 & -6 & -4 & 1 & 0\\0 & 0 & 1 & 1 & -2 & 1\end{bmatrix} \tag{2.90}$$

我们还需要几个步骤才能把增广矩阵的左边部分化为 3×3 阶单位矩阵。将第二行乘以−1/3，得

$$\begin{bmatrix}1 & 2 & 3 & 1 & 0 & 0\\0 & 1 & 2 & \frac{4}{3} & -\frac{1}{3} & 0\\0 & 0 & 1 & 1 & -2 & 1\end{bmatrix} \tag{2.91}$$

第二行减去第三行的 2 倍，第一行减去第三行的 2 倍，得

$$\begin{bmatrix}1 & 2 & 0 & -2 & 6 & -3\\0 & 1 & 0 & -\frac{2}{3} & \frac{11}{3} & -2\\0 & 0 & 1 & 1 & -2 & 1\end{bmatrix} \tag{2.92}$$

最后，第一行减去第二行的 2 倍，得到

$$\begin{bmatrix}1 & 0 & 0 & -\frac{2}{3} & -\frac{4}{3} & 1\\0 & 1 & 0 & -\frac{2}{3} & \frac{11}{3} & -2\\0 & 0 & 1 & 1 & -2 & 1\end{bmatrix} \tag{2.93}$$

可知

$$\begin{bmatrix}1 & 2 & 3\\4 & 5 & 6\\7 & 8 & 10\end{bmatrix}^{-1} = \begin{bmatrix}-\frac{2}{3} & -\frac{4}{3} & 1\\-\frac{2}{3} & \frac{11}{3} & -2\\1 & -2 & 1\end{bmatrix} \tag{2.94}$$

* 译者注：原书为例 2.5.2，可能有误。

** 译者注：原书为例 2.5.3 和例 2.5.4，可能有误。

通过将两个矩阵相乘可以很容易地验证这一点。

2.5.5 初等矩阵

到目前为止，我们已经知道，初等行变换可以用于标量方程组或者是增广矩阵的行，来获得线性方程组的解或者是矩阵的逆。可以使用初等矩阵的概念来总结这些运算。

初等矩阵是对单位矩阵执行一次初等行变换得到的矩阵。例如，考虑如下两个矩阵：

$$\boldsymbol{E}=\begin{bmatrix}0&1&0\\1&0&0\\0&0&1\end{bmatrix}\text{和 }\boldsymbol{E}^*=\begin{bmatrix}0&0&1\\0&1&0\\1&0&0\end{bmatrix} \tag{2.95}$$

矩阵 $\boldsymbol{E}$ 是通过交换 $\boldsymbol{I}_3$ 的第一行（或列）和第二行（或列）得到的初等矩阵，而 $\boldsymbol{E}^*$ 是通过交换 $\boldsymbol{I}_3$ 的第一行（列）和第三行（列）得到的初等矩阵。

不难发现，将一个合适的初等矩阵 $\boldsymbol{E}$ 左乘矩阵 $\boldsymbol{A}$，与对 $\boldsymbol{A}$ 实施从单位矩阵到 $\boldsymbol{E}$ 的初等行变换具有相同效果。

为了验证这一点，读者可以自行选择一个 3×3 阶矩阵 $\boldsymbol{A}$，利用矩阵乘法研究 $\boldsymbol{AE}$、$\boldsymbol{EA}$、$\boldsymbol{AE}^*$ 和 $\boldsymbol{E}^*\boldsymbol{A}$ 的性质，见练习 2.9。

类似地，把一个 3×3 阶矩阵的第 2 列乘以 2 加到第 1 列的基本列变换，把一个 4×4 阶矩阵的第 4 列乘以（−3）的基本列变换，分别为

$$\begin{bmatrix}1&2&0\\0&1&0\\0&0&1\end{bmatrix}\text{和}\begin{bmatrix}1&0&0&0\\0&1&0&0\\0&0&1&0\\0&0&0&-3\end{bmatrix} \tag{2.96}$$

在前面的例子中，有时在一步中执行两个基本行变换。举个例子，从式（2.91）到式（2.92），可以同时左乘两个基本矩阵

$$\boldsymbol{E}_1\equiv\begin{bmatrix}1&0&0\\0&1&-2\\0&0&1\end{bmatrix}\text{和 }\boldsymbol{E}_2\equiv\begin{bmatrix}1&0&-3\\0&1&0\\0&0&1\end{bmatrix} \tag{2.97}$$

注意，这些基本矩阵满足交换律

$$\boldsymbol{E}_1\boldsymbol{E}_2=\boldsymbol{E}_2\boldsymbol{E}_1=\begin{bmatrix}1&0&-3\\0&1&-2\\0&0&1\end{bmatrix} \tag{2.98}$$

2.5.6 行阶梯形

对可逆矩阵和单位矩阵组成的增广矩阵进行行变换，或者用相应的初等矩阵左乘增广矩阵，可以得到原矩阵的逆矩阵。对不可逆（不一定是方阵）的矩阵使用相似地变换，可以得到两种形式，一种类似单位矩阵，另外一种见下述定义。

定义 2.5.1

(a) 如果一个矩阵满足以下条件，我们称之为**行阶梯形**矩阵：

(i) 矩阵中每行全为零元素或者非零行的第一个非零元素是 1；

(ii) 全部为零的行位于矩阵的底部；

(iii) 非零行位于矩阵顶部，越接近矩阵顶部的行，第一个非零元素 1 出现的位置越靠左。

(b) 如果一个矩阵是行阶梯形矩阵，非零行的第一个非零元素是 1，除 1 外其他所有元素都为 0，则称这个矩阵为**行最简阶梯形矩阵**。

行阶梯形矩阵的一个典型例子是以 1 为主对角元素的上三角矩阵。行最简阶梯形矩阵的一个例子是单位矩阵。如果一个分块矩阵的左上角是单位矩阵，右上角为任意元素，左下角和右下角所有元素都是 0，则为行最简矩阵。

利用初等行变换可以把矩阵化为行阶梯形矩阵。这个过程称为**高斯消元法**（Gaussian elimination）或高斯消去法。进一步执行初等行变换可以把行阶梯形矩阵化为行最简矩阵，这个过程称为**高斯-约当消元法**（Gauss-Jordan elimination）或高斯-约当消去法。①

两者的区别在于，求解方程组的时候，高斯消元法把非奇异方程组化为这样一种结构：最后一个变量可以直接求出，但是其他变量需要使用回代法求解；而高斯-约当消元法把非奇异方程组化为这样一种结构：所有变量的解可以直接看出来。

2.5.3 节介绍的两种解法，实际上就是高斯消元法和高斯-约当消元法。

如果矩阵 $\boldsymbol{A}$ 不可逆（包括 $\boldsymbol{A}$ 不是方阵的情况），则高斯-约当消元法化简的结果中，最后的几行或者最后的几列都是零。

练习 2.11 要求读者用高斯消元法求解线性方程组。

高斯-约当消元法的每一步操作，都等价于用一个初等矩阵左乘增广矩阵。比方说，如果有六步操作，则有

$$\boldsymbol{E}_6\boldsymbol{E}_5\boldsymbol{E}_4\boldsymbol{E}_3\boldsymbol{E}_2\boldsymbol{E}_1[\boldsymbol{A}\quad \boldsymbol{b}]=[\boldsymbol{I}\quad \boldsymbol{x}] \tag{2.99}$$

那么有

---

① 高斯消元法，高斯-约当消元法，高斯分布（p. 310，又叫正态分布）和高斯-马尔科夫定理（定理 14.3.1）都是以德国数学家 Johann Carl Friedrich Gauss（1777—1855）的名字命名的。然而高斯消元法为古代中国所知晓，称为方程（译者注，原文为“fangcheng”，似乎不恰当），比高斯至少提前了 1 500 年；例如，见，Hart（2010）。高斯-约当消元法是以高斯和德国测量技师 Wilhelm Jordan（1842—1899）的名字命名的。

$$\boldsymbol{E}_6\boldsymbol{E}_5\boldsymbol{E}_4\boldsymbol{E}_3\boldsymbol{E}_2\boldsymbol{E}_1\boldsymbol{A}=\boldsymbol{I} \tag{2.100}$$

和

$$\boldsymbol{E}_6\boldsymbol{E}_5\boldsymbol{E}_4\boldsymbol{E}_3\boldsymbol{E}_2\boldsymbol{E}_1\boldsymbol{b}=\boldsymbol{x} \tag{2.101}$$

方程（2.100）意味着

$$\boldsymbol{A}^{-1}=\boldsymbol{E}_6\boldsymbol{E}_5\boldsymbol{E}_4\boldsymbol{E}_3\boldsymbol{E}_2\boldsymbol{E}_1 \tag{2.102}$$

这就说明，可以使用高斯-约当消元法求解逆矩阵，还可以作为一个整体来求解方程组

$$\boldsymbol{x}=\boldsymbol{E}_6\boldsymbol{E}_5\boldsymbol{E}_4\boldsymbol{E}_3\boldsymbol{E}_2\boldsymbol{E}_1\boldsymbol{b}=\boldsymbol{A}^{-1}\boldsymbol{b} \tag{2.103}$$

在定理 4.4.16 的证明中，我们还会用到初等矩阵对这种方法进行扩展，还可以证明乘积的行列式等于行列式的乘积，证明可逆（$\boldsymbol{A}^{-1}$的存在性）是非奇异（$\det(\boldsymbol{A})\neq 0$）的充要条件。前面引用的 Anton 和 Rorres（2010，pp. 108 - 9）的证明就是采用这种方法。

练　习

2.1　完成表 2—1 的内容，写出矩阵 $\boldsymbol{A}=[a_{ij}]_{3\times 3}$的所有代数元素积。

2.2　对于式（2.18）中的矩阵，分别按行和按列展开代数余子式，并根据展开式计算 $\det(\boldsymbol{A})$。

2.3　随便写一个 3×3 阶数值矩阵，写出它的平方和三次方，检查$\boldsymbol{A}(\boldsymbol{A}^2)$与$(\boldsymbol{A}^2)\boldsymbol{A}$之间是否有差异。计算$|\boldsymbol{A}|$、$|\boldsymbol{A}^2|$和$|\boldsymbol{A}^3|$，并进行评论。

2.4　已知 $\boldsymbol{A}=\begin{bmatrix}1&3&2\\2&6&9\\7&6&1\end{bmatrix}$ 和 $\boldsymbol{E}=\begin{bmatrix}0&1&0\\1&0&0\\0&0&1\end{bmatrix}$，计算 $\det(\boldsymbol{A})$，$\det(\boldsymbol{E})$和 $\det(\boldsymbol{B})$，其中，$\boldsymbol{B}=\boldsymbol{EA}$。分别用两种方法验证 $\det(\boldsymbol{B})=\det(\boldsymbol{E})\det(\boldsymbol{A})$：一种方法是按照第 3 列展开行列式，另外一种方法是直接用初等矩阵乘以这个 3×3 阶矩阵。

2.5　设$\boldsymbol{L}$是下三角矩阵，证明 $\det(\boldsymbol{L})=l_{11}l_{22}\cdots l_{m}$，其中 l_{ii}是$\boldsymbol{L}$ 的主对角线上的元素。

2.6　使用克莱姆法则求解方程组

$$x_1+x_2+x_3=6$$
$$2x_1-x_2+2x_3=6$$
$$-x_1-x_2=-5$$

2.7　使用克莱姆法则求解宏观经济模型

$$C=f(Y,Y_{[-]})=\alpha_1+\alpha_2 Y+\alpha_3 Y_{[-]}$$
$$I=g(Y,R)=\beta_1+\beta_2 Y+\beta_3 R$$
$$Y=C+I+G$$

把内生变量 C、I 和 Y 写成前定变量 R、G、$Y_{[-]}$ 和参数 α_i、β_i（$i=1, 2, 3$）表示的形式，其中 $Y_{[-]}$ 表示 Y 的滞后值。如果 $0<\alpha_2<1$，$0<\alpha_3<\alpha_2$，$0<\beta_2<1$ 且 $\beta_3<0$，给出你的结果的经济学解释，并进行评论。

2.8　不用克莱姆法则求解下列方程组，并用图形来解释。

$$x+y=2$$
$$2y-x=7$$

2.9　令 $\boldsymbol{A}=\begin{bmatrix}1&2&3\\4&5&6\\7&8&9\end{bmatrix}$，并定义如下矩阵

$$\boldsymbol{E}_1=\begin{bmatrix}1&0&0\\0&0&1\\0&1&0\end{bmatrix},\ \boldsymbol{E}_2=\begin{bmatrix}0&0&1\\0&1&0\\1&0&0\end{bmatrix} \text{和}\ \boldsymbol{E}_3=\begin{bmatrix}0&0&1\\0&0&0\\1&0&0\end{bmatrix}。$$

仔细观察下列矩阵乘积 $\boldsymbol{AE}_i$，$\boldsymbol{AE}_i^{\mathrm{T}}$，$\boldsymbol{E}_i\boldsymbol{A}$ 和 $\boldsymbol{E}_i^{\mathrm{T}}\boldsymbol{A}$（$i=1, 2, 3$），并对你的发现进行评论。

2.10　记 $\boldsymbol{V}=\begin{bmatrix}0&1&0\\0&0&1\\0&0&0\end{bmatrix}$，计算 $\boldsymbol{V}^2$ 和 $\boldsymbol{V}^3$，并仔细观察 $\boldsymbol{VA}$，$\boldsymbol{V}^2\boldsymbol{A}$ 和 $\boldsymbol{V}^{\mathrm{T}}\boldsymbol{A}$，其中 $\boldsymbol{A}$ 是你选择的一个方阵，T 表示矩阵转置。仔细观察 $|\boldsymbol{V}|$，$|\boldsymbol{V}^2|$，$|\boldsymbol{V}^3|$，$|\boldsymbol{VA}|$，$|\boldsymbol{V}^2\boldsymbol{A}|$ 和 $|\boldsymbol{V}^3\boldsymbol{A}|$，并对你的发现进行评论。

2.11　利用高斯消元法解出下列方程组中的 x，y 和 z：

$$x+2y+3z=6$$
$$4x+5y+6z=15$$
$$7x+8y+10z=25$$

2.12　证明正交矩阵的行列式为 $+1$ 或 -1。

2.13　矩阵 $\boldsymbol{A}$ 是**反对称**的，当且仅当 $\boldsymbol{A}^{\mathrm{T}}=-\boldsymbol{A}$。

(a) 证明：反对称矩阵的主对角线元素都为 0。

(b) 反对称矩阵的迹是多少？

(c) 证明奇数阶反对称矩阵的行列式为 0。

(d) 检查下面的 3×3 阶矩阵

$$\boldsymbol{A}=\begin{bmatrix}0&1&2\\-1&0&-3\\-2&3&0\end{bmatrix}$$

是否为反对称矩阵，并计算其行列式。

2.14　构建初等矩阵，通过对矩阵

$$\boldsymbol{A}=\begin{bmatrix}1&2&3\\4&5&6\\7&8&9\end{bmatrix}$$

左乘该初等矩阵实现下述行操作：

(a) 把第 1 行的 2 倍加到第 2 行，记这个初等矩阵为 $\boldsymbol{E}_1$。

(b) 把第 3 行乘以 0.5，记这个初等矩阵为 $\boldsymbol{E}_2$。

(c) 交换第 2 行和第 3 行，记这个初等矩阵为 $\boldsymbol{E}_3$。

比较 $\boldsymbol{E}_3\boldsymbol{E}_2\boldsymbol{E}_1\boldsymbol{A}$，$\boldsymbol{E}_1\boldsymbol{E}_2\boldsymbol{E}_3\boldsymbol{A}$ 和 $\boldsymbol{A}\boldsymbol{E}_3\boldsymbol{E}_2\boldsymbol{E}_1$。

2.15　记 $\boldsymbol{A}=\mathrm{diag}[a_i]_{n\times n}$，$\boldsymbol{B}=\mathrm{diag}[b_i]_{n\times n}$，证明 $\det(\boldsymbol{AB})=\prod_{i=1}^{n}a_ib_i$。

2.16　对矩阵

$$\boldsymbol{A}=\begin{bmatrix}2 & -4\\ 7 & -5\end{bmatrix},\ \boldsymbol{B}=\begin{bmatrix}2 & 0 & 6\\ -1 & -2 & 0\\ 5 & 3 & 1\end{bmatrix}$$

分别采用下述两种方法计算逆矩阵：

(a) 定理 2.4.3 给出的逆矩阵公式；

(b) 初等行变换方法。

2.17　陈述并证明克莱姆定理。尝试对定理 2.5.1 采用其他方法证明。

第 3 章　特征值与特征向量

3.1　引言

经济数学和金融数学的基础入门课程常涵盖了前面章节的基本思想和议题，但可能不包括本章将要介绍的特征值与特征向量的基本思想和相关定理。许多读者可能是第一次遇到这些概念。因此本章从特征值和特征向量的定义和例子开始，解释怎样计算它们。接着我们讨论这些概念和一些相关的定理，这对我们进一步分析不同的应用问题有很大帮助。

3.2　定义和说明

特征值和特征向量是求解下列方程时产生的：

$$\boldsymbol{A}\boldsymbol{x}=\lambda \boldsymbol{x} \tag{3.1}$$

其中 $\boldsymbol{A}$ 是一个 $n\times n$ 阶矩阵，$\boldsymbol{x}$ 是一个非零的 n 维向量，λ 是一个标量，对于已知的 $\boldsymbol{A}$，求 λ 和 $\boldsymbol{x}$。我们称这样的方程为**特征方程**。标量 λ 叫做 $\boldsymbol{A}$ 的一个**特征值**，称 $\boldsymbol{x}$ 是 $\boldsymbol{A}$ 关于 λ 的**特征向量**。有时候 λ 值和 $\boldsymbol{x}$ 向量分别叫做**本征值**和**本征向量**，或者**潜在值**和**潜在向量**。

考虑矩阵 $\boldsymbol{A}=\begin{bmatrix}2 & 0\\8 & -2\end{bmatrix}$ 和向量 $\boldsymbol{x}=\begin{bmatrix}1\\2\end{bmatrix}$，那么

$$\boldsymbol{Ax}=\begin{bmatrix}2 & 0\\8 & -2\end{bmatrix}\begin{bmatrix}1\\2\end{bmatrix}=\begin{bmatrix}2\\4\end{bmatrix}=2\boldsymbol{x} \tag{3.2}$$

则 $\lambda=2$ 是 $\boldsymbol{A}$ 的特征值，$\boldsymbol{x}$ 是对应的特征向量。

通过代入特征方程，我们可以很容易地检验出，$\boldsymbol{A}$ 关于 $\lambda=2$ 的另一个特征向量是 $[-1\quad -2]^{\mathrm{T}}$。同样的，$\boldsymbol{A}$ 的另外一个特征值是 -2，相应的特征向量是 $[0\quad 1]^{\mathrm{T}}$ 和 $[0\quad -1]^{\mathrm{T}}$。因此，对于给定的 λ，我们可以得到多重特征向量。

给定 λ 和 $\boldsymbol{x}$，可以这样看 $\boldsymbol{A}$：通过左乘 $\boldsymbol{A}$ 来改变 $\boldsymbol{x}$，等价于对 $\boldsymbol{x}$ 的所有元素同时增大同样的倍数，λ 倍。当 $\lambda>1$ 时，比如例子的第一个特征值，$\boldsymbol{x}$ 中元素的绝对值增加；当 $\lambda<0$ 时，如例子中的第二个特征值，$\boldsymbol{x}$ 中的元素改变符号。如果 $0<|\lambda|<1$，那么 $\boldsymbol{x}$ 中元素的绝对值减小。如果 λ 是负值，那么这些元素也将改变符号。

这个例子对数字特征值和特征向量作了简单说明。一个重要的问题是，如果给定一个矩阵 $\boldsymbol{A}$，那么它的特征值和特征向量怎样计算？我们现在来解决这个问题。

3.3 计算

3.3.1 特征值

对 $n\times n$ 阶矩阵 $\boldsymbol{A}$，考虑其特征方程 $\boldsymbol{Ax}=\lambda\boldsymbol{x}$。我们也可以改写成 $\boldsymbol{Ax}=\lambda\boldsymbol{Ix}$ 或者 $(\boldsymbol{A}-\lambda\boldsymbol{I})\boldsymbol{x}=\boldsymbol{0}$ 或 $\boldsymbol{Bx}=\boldsymbol{0}$，换句话说，是一个方阵齐次方程组。如果 $\boldsymbol{B}=\boldsymbol{A}-\lambda\boldsymbol{I}$ 是非奇异的，则可逆，解为 $\boldsymbol{x}=\boldsymbol{B}^{-1}\boldsymbol{0}=\boldsymbol{0}$，但是由于要求特征向量不为零，于是这个平凡解被排除了。因为解必须是非平凡的，也就是说是非零的，所以必须是 $|\boldsymbol{B}|=|\boldsymbol{A}-\lambda\boldsymbol{I}|=0$。这个**行列式方程**被称为矩阵 $\boldsymbol{A}$ 的**特征方程**。注意 $\boldsymbol{B}$ 是由 $\boldsymbol{A}$ 每个主对角线上的元素减去 λ 所得。$|\boldsymbol{B}|$ 的展开式中每一项都包含了 $0\sim n$ 个对角线元素，展开式的每一项都会得到一个次数 $\leqslant n$ 的含 λ 的多项式，其中有一项产生一个次数为 n 的多项式，即 $\prod\limits_{i=1}^{n}(a_{ii}-\lambda)$。因此，对特征方程的左边进行计算，把所有的 λ 次幂加总起来，得到关于 λ 的**特征多项式**：

$$|\boldsymbol{A}-\lambda\boldsymbol{I}|=k_0\lambda^n+k_1\lambda^{n-1}+k_2\lambda^{n-2}+\cdots+k_n \tag{3.3}$$

其中 $k_0=(-1)^n$。尽管对于比较大的 n 会有问题，但是原则上，令式（3.3）等于零，根据特征方程可以解出 λ 的值。

需要注意，当 $\lambda=0$ 时，式(3.3)变成 $k_n=|\boldsymbol{A}|$；也需要注意，满足特征多项式的 λ 值称为它的**根**。而且，根据代数的基本定理，把所有可能会产生的共轭复根、相等根考虑在内，特征多项式有 n 个根。

我们后面会给出一个保证矩阵的特征值是实数的条件。

例 3.3.1 举一个 n 值较小的例子，考虑 3.2 节的矩阵 $\boldsymbol{A}$。在这个例子中，

$$|\boldsymbol{A}-\lambda\boldsymbol{I}|=\begin{vmatrix}2-\lambda & 0\\ 8 & -2-\lambda\end{vmatrix}=(2-\lambda)(-2-\lambda)-0\times 8=\lambda^2-4 \tag{3.4}$$

令这个二阶特征多项式等于 0，得

$$\lambda^2-4=0 \tag{3.5}$$

$$(\lambda+2)(\lambda-2)=0 \tag{3.6}$$

因此，$\lambda=2$ 或者 $\lambda=-2$。

例 3.3.2 举另一个 2×2 阶矩阵的例子，记

$$\boldsymbol{A}=\begin{bmatrix}3 & 2\\ -1 & 0\end{bmatrix} \tag{3.7}$$

则

$$|\boldsymbol{A}-\lambda\boldsymbol{I}|=\begin{vmatrix}3-\lambda & 2\\ -1 & -\lambda\end{vmatrix}=(3-\lambda)(-\lambda)-2\times(-1)$$

$$=\lambda^2-3\lambda+2 \tag{3.8}$$

令上式等于零，得

$$\lambda^2-3\lambda+2=0 \tag{3.9}$$

$$(\lambda-2)(\lambda-1)=0 \tag{3.10}$$

知 $\lambda=1$ 或 $\lambda=2$。

例 3.3.3 随着 n 的增加求解的复杂性也会增加，为了说明这一点，第三个例子考虑 3×3 阶矩阵

$$\boldsymbol{A}=\begin{bmatrix}0 & 1 & 0\\ 0 & 0 & 1\\ 4 & -17 & 8\end{bmatrix} \tag{3.11}$$

所以

$$|\boldsymbol{A}-\lambda\boldsymbol{I}|=\begin{vmatrix}-\lambda & 1 & 0\\ 0 & -\lambda & 1\\ 4 & -17 & 8-\lambda\end{vmatrix} \tag{3.12}$$

在这个例子中，为了充分利用 $|\boldsymbol{A}-\lambda\boldsymbol{I}|$ 中 a_{13} 这个零值，对第一行使用代数

余子式展开式，有

$$|\boldsymbol{A}-\lambda\boldsymbol{I}|=-\lambda\begin{vmatrix}-\lambda & 1\\ -17 & 8-\lambda\end{vmatrix}-\begin{vmatrix}0 & 1\\ 4 & 8-\lambda\end{vmatrix}$$

$$=-\lambda[-\lambda(8-\lambda)+17]-(-4)$$

$$=-\lambda^3+8\lambda^2-17\lambda+4 \tag{3.13}$$

由此得到关于 λ 的三次方程的特征方程：

$$|\boldsymbol{A}-\lambda\boldsymbol{I}|=-\lambda^3+8\lambda^2-17\lambda+4=0 \tag{3.14}$$

这个方程的解为非平凡解。然而，像这样的多项式的整数解一定是常数，比如±1，±2 或者±4。在这个例子中，可以通过试算法发现 $\lambda=4$ 是一个解，于是 $\lambda-4$ 是一个因子，所以，用多项式除法，特征方程可以写成

$$(\lambda-4)(-\lambda^2+4\lambda-1)=0 \tag{3.15}$$

所以，求解二次方程

$$-\lambda^2+4\lambda-1=0 \tag{3.16}$$

会给出剩下的两个特征值。用标准求解公式可以求出二次方程的解

$$\lambda=\frac{-4\pm\sqrt{16-4}}{-2} \tag{3.17}$$

$$\lambda=2+\sqrt{3} \text{ 和 } \lambda=2-\sqrt{3} \tag{3.18}$$

将例 3.3.1 的 3×3 阶矩阵仅作很小的变化，比如把 $a_{32}=-17$ 替换成 $a_{32}=1$，计算复杂性会增加很多而且特征向量的元素和特征值也为复数。很简单的矩阵，也可能出现复数特征值，考虑

$$\boldsymbol{A}=\begin{bmatrix}0 & 1\\ -1 & 0\end{bmatrix} \tag{3.19}$$

这个例子的特征方程是

$$|\boldsymbol{A}-\lambda\boldsymbol{I}|=\begin{vmatrix}-\lambda & 1\\ -1 & -\lambda\end{vmatrix}=\lambda^2+1=0 \tag{3.20}$$

可以很容易求出解为 $\lambda=\pm\sqrt{-1}$。复数根常写为 $a\pm bi$ 的形式，其中 a 和 b 是实数，i 表示虚部 $\sqrt{-1}$，和下一个例子中的一样。[①] 这个例子表明，无论矩阵的维数大不大或者元素是不是复数，都可能有复数特征值。

例 3.3.4 记

$$\boldsymbol{A}=\begin{bmatrix}1 & -2\\ 3 & -2\end{bmatrix} \tag{3.21}$$

① 在 8.4.2 节，我们也使用复数的极坐标形式。需要回顾复数内容的读者参阅 Simon 和 Blume（1994，附录 A3.1）或者 Sydæter 等（2008，附录 B.3）。

那么

$$|\boldsymbol{A}-\lambda\boldsymbol{I}|=\begin{vmatrix}1-\lambda & -2\\ 3 & -2-\lambda\end{vmatrix}=(1-\lambda)(-2-\lambda)+6=\lambda^2+\lambda+4=0 \tag{3.22}$$

上式是特征方程，解为

$$\lambda=\frac{-1\pm\sqrt{1-16}}{2}=\frac{-1\pm\sqrt{-15}}{2} \tag{3.23}$$

$$\lambda=-\frac{1}{2}+\frac{\sqrt{15}}{2}i \text{ 和 } \lambda=-\frac{1}{2}-\frac{\sqrt{15}}{2}i \tag{3.24}$$

特征向量的计算留给大家作为练习，见练习 3.1。

3.3.2 特征向量

给定 $n\times n$ 阶矩阵 $\boldsymbol{A}$ 的特征值，对应的特征向量是 $n\times 1$ 阶矩阵，$\boldsymbol{x}\neq\boldsymbol{0}$，满足 $\boldsymbol{A}\boldsymbol{x}=\lambda\boldsymbol{x}$ 或者 $(\boldsymbol{A}-\lambda\boldsymbol{I})\boldsymbol{x}=\boldsymbol{0}$。考虑这个方程的解，即前述例子中的第二个例子，例 3.3.2*，其中 $\boldsymbol{A}=\begin{bmatrix}3 & 2\\ -1 & 0\end{bmatrix}$，$\lambda_1=1$ 且 $\lambda_2=2$，这里用下标来区别这些不同的特征值。对于 λ_1，用下标标注相应特征向量 $\boldsymbol{x}_1$ 中的每个元素，

$$(\boldsymbol{A}-\lambda_1\boldsymbol{I})\boldsymbol{x}_1=\begin{bmatrix}2 & 2\\ -1 & -1\end{bmatrix}\begin{bmatrix}x_{11}\\ x_{21}\end{bmatrix}=\begin{bmatrix}0\\ 0\end{bmatrix} \tag{3.25}$$

我们可以用矩阵乘法进行计算，

$$2x_{11}+2x_{21}=0 \tag{3.26}$$

$$-x_{11}-x_{21}=0 \tag{3.27}$$

需注意第二个方程仅仅是第一个方程乘以 $\left(-\frac{1}{2}\right)$ 后的结果。① 所以任意一个方程都得到 $x_{11}=-x_{21}$，或者

$$\boldsymbol{x}_1=\begin{bmatrix}-x_{21}\\ x_{21}\end{bmatrix}=s\begin{bmatrix}-1\\ 1\end{bmatrix} \tag{3.28}$$

其中 s 是任意一个非零标量。所以特征值 λ_1 对应的特征向量有无穷多个。

类似地，对于 λ_2，我们有

$$(\boldsymbol{A}-\lambda_2\boldsymbol{I})\boldsymbol{x}_2=\begin{bmatrix}1 & 2\\ -1 & -2\end{bmatrix}\begin{bmatrix}x_{12}\\ x_{22}\end{bmatrix}=\begin{bmatrix}0\\ 0\end{bmatrix} \tag{3.29}$$

或者方程

---

* 译者注：原书为例 3.3.1，可能有误。

① 我们将简短给出这种方程式关系的定义，即线性关系，见定义 3.6.2。

$$x_{12}+2x_{22}=0 \tag{3.30}$$

$$-x_{12}-2x_{22}=0 \tag{3.31}$$

因此 λ_2 对应的（无穷多个）特征向量是

$$\boldsymbol{x}_2=\begin{bmatrix}-2x_{22}\\ x_{22}\end{bmatrix}=t\begin{bmatrix}-2\\ 1\end{bmatrix} \tag{3.32}$$

其中 t 是任意一个非零标量。

计算 3.2 节例子中对应于特征值 $\lambda_1=2$ 和 $\lambda_2=-2$ 的特征向量，留作练习，见练习 3.2。这样的 2×2 阶矩阵的计算没有困难，但是，当 n 变大时，就没有那么简单了，这就需要一个比第 2 章介绍和使用的克莱姆法则更一般地方法来求解这些齐次方程。因为 $\boldsymbol{A}-\lambda\boldsymbol{I}$ 是奇异的*，故克莱姆法则不适用于求解特征向量。

3.3.3 标准化

与某一个特征值对应的特征向量有无穷多个这一特性可能会带来不便。为了避免特征向量的随意选择，考虑根据某些**标准化**原则选出一个独一无二的 $\boldsymbol{x}$。最常见的标准化是使特征向量 $\boldsymbol{x}$ 中各元素的平方和等于 1。这个思想并不奇怪，后面我们会看见，它符合这样的想法：当特征向量被赋予几何意义时，这个特征向量即拥有单位**长度**。有此性质的向量有时被称为单位向量（见定义 5.2.12）。但是现在我们主要考虑标准化代数。

为了用一个具体的例子来说明，考虑上一小节提到的例子，特征向量为 $\boldsymbol{x}_1=[-s\quad s]^{\mathrm{T}}$。我们想要选择 s，使其满足

$$\boldsymbol{x}_1^{\mathrm{T}}\boldsymbol{x}_1=(-s)^2+s^2=1 \tag{3.33}$$

即 $2s^2=1$，于是 $s=\pm\frac{1}{\sqrt{2}}$。因此，取 s 的正平方根，与 $\lambda_1=1$ 对应的标准化特征向量为 $\boldsymbol{x}_1=\begin{bmatrix}\frac{-1}{\sqrt{2}} & \frac{1}{\sqrt{2}}\end{bmatrix}^{\mathrm{T}}$。然而需注意 $-\boldsymbol{x}_1=\begin{bmatrix}\frac{1}{\sqrt{2}} & \frac{-1}{\sqrt{2}}\end{bmatrix}^{\mathrm{T}}$ 也是与 $\lambda_1=1$ 对应的标准化特征向量。类似的，我们发现与 λ_2 对应的标准化特征向量是 $\boldsymbol{x}_2=\begin{bmatrix}\frac{-2}{\sqrt{5}} & \frac{1}{\sqrt{5}}\end{bmatrix}^{\mathrm{T}}$ 和 $-\boldsymbol{x}_2=\begin{bmatrix}\frac{2}{\sqrt{5}} & \frac{-1}{\sqrt{5}}\end{bmatrix}^{\mathrm{T}}$，也就是说，对式（3.32）中的 $\boldsymbol{x}_2$ 和 $-\boldsymbol{x}_2$，我们分别选择 $t=\frac{1}{\sqrt{5}}$ 和 $t=\frac{-1}{\sqrt{5}}$，详细的计算留作练习。当存在相等的特征值时，对应的标准化特征向量可能有无穷多个。举个例子，见练习 3.6。

---

* 译者注：原书写 $\boldsymbol{A}-\lambda\boldsymbol{I}$ 是非奇异的，可能有误。

3.4 单位特征值

一个或者多个特征值为±1 是一个重要情况。比如，单位特征值或者**单位根**可以判定差分方程组的不稳定性，这个将会在 8.5 节讨论。在 8.5 节中，我们会说明，当特征值的绝对值严格小于 1（或者如果特征值是复数，模严格小于 1）时，方程组是稳定的。否则，方程组不稳定，或者说不随时间收敛到稳定状态或均衡。

单位特征值也用于某些随机过程的判定，比如自回归过程和向量自回归过程满足统计平稳的条件，这将会在 14.4 节讨论。在 14.4 节中，我们会解释平稳的概念和特征值的模严格小于 1 这个平稳条件。这是个有趣的事实，然而，许多经济和金融的变量似乎是由不平稳过程产生的，而不是由平稳的过程产生的。而且这些不平稳过程常以正单位根为特征。事实上，某些理论，比如"有效市场假说"，就暗含了单位根的存在性，见 16.6 节。

实证分析中生成数据的过程，常有一个或者多个单位根，这可能带来严重的困难，但不总是如此。比如将会在第 8 章提到的，如果出现单位根，可以对变量进行一阶差分或者更高阶的差分，然后再建模，而不是使用原始的变量。在一些经济计量模型中，可能出现协整。协整是一个比较重要的概念。虽然本书中没有深究，但是单位根和协整计量经济学在处理协整方程组时，大量使用本章的内容以及 4.4.3 节中特征值问题的推广。

3.5 相似矩阵

定义 3.5.1 如果 $\boldsymbol{A}$ 是一个方阵，$\boldsymbol{P}$ 是一个同型的非奇异矩阵，则称矩阵 $\boldsymbol{P}^{-1}\boldsymbol{A}\boldsymbol{P}$ 和 $\boldsymbol{A}$ 为**相似矩阵**。

相似是一种等价关系，见练习 3.9。等价矩阵有很多相同的性质，特别地，它们的行列式、迹、特征多项式和特征值相等。本章将给出一些结果，可以比较简单地得以证明。需注意，相似矩阵的特征向量是不同的。特别地，如果 $\boldsymbol{x}$ 是 $\boldsymbol{A}$ 关于特征值 λ 的特征向量，那么 $\boldsymbol{P}^{-1}\boldsymbol{x}$ 就是 $\boldsymbol{P}^{-1}\boldsymbol{A}\boldsymbol{P}$ 关于这个特征值 λ 的一个特征向量，因为 $(\boldsymbol{P}^{-1}\boldsymbol{A}\boldsymbol{P})\boldsymbol{P}^{-1}\boldsymbol{x}=\boldsymbol{P}^{-1}\boldsymbol{A}\boldsymbol{x}=\boldsymbol{P}^{-1}\lambda\boldsymbol{x}=\lambda\boldsymbol{P}^{-1}\boldsymbol{x}$。

我们将会在 6.5 节再次讲到相似矩阵。

3.6 对角化

特征值和特征向量，与**对角化**矩阵这个有用的概念有关。下面的定义给出了这个概念的准确含义，接下来的定义是学习这部分知识的基础。

定义 3.6.1 如果存在一个可逆的（即非奇异的）矩阵 $\boldsymbol{P}$，使得 $\boldsymbol{P}^{-1}\boldsymbol{AP}$ 是对角矩阵，则称方阵 $\boldsymbol{A}$ 是**可对角化的**。称 P 可使 A **对角化**。

但是什么情况下精确地存在一个矩阵 $\boldsymbol{P}$，可使 $\boldsymbol{A}$ 对角化？下面的定理将会给出答案。

定理 3.6.1 如果 $\boldsymbol{A}$ 是 $n\times n$ 阶矩阵，$\boldsymbol{A}$ 可对角化当且仅当 $\boldsymbol{A}$ 有 n 个线性无关的特征向量。

线性无关和线性相关的概念在 3.3.2 节略有提及。在证明这个定理之前，必须给出这个思想的严格定义。

定义 3.6.2 如果 $S=\{\boldsymbol{x}_1, \boldsymbol{x}_2, \cdots, \boldsymbol{x}_r\}$ 是 r 个 n 维向量组成的集合，如果方程

$$k_1\boldsymbol{x}_1+k_2\boldsymbol{x}_2+\cdots+k_r\boldsymbol{x}_r=\boldsymbol{0}_{n\times 1} \tag{3.34}$$

仅有解 $k_1=0$，$k_2=0$，…，$k_r=0$，那么称 S 为**线性无关**的向量集。

把式（3.34）写成 $\boldsymbol{Xk}=\boldsymbol{0}$ 的形式，其中 $\boldsymbol{X}=[\boldsymbol{x}_1 \quad \boldsymbol{x}_2 \quad \cdots \quad \boldsymbol{x}_r]$ 和 $\boldsymbol{k}=[k_1 \quad k_2 \quad \cdots \quad k_r]^{\mathrm{T}}$，当 $r=n$ 时我们可以得到以下定理。

定理 3.6.2 如果 $\boldsymbol{Xk}=0$，其中 $\boldsymbol{X}=[\boldsymbol{x}_1 \quad \boldsymbol{x}_2 \quad \cdots \quad \boldsymbol{x}_n]$，$\boldsymbol{k}=[k_1 \quad k_2 \quad \cdots \quad k_n]^{\mathrm{T}}$，并且 $\boldsymbol{0}$ 是 $n\times 1$ 维零向量，那么 $\boldsymbol{X}$ 的列向量是线性无关的或者集合 $S=\{\boldsymbol{x}_1, \boldsymbol{x}_2, \cdots, \boldsymbol{x}_n\}$ 的列向量是线性无关的可以推出 $\boldsymbol{X}$ 是非奇异的。反之亦然。

定理 3.6.2 的证明留作练习，见练习 3.13。下面证明定理 3.6.1 其中的一部分。

证明：（$\Rightarrow$）$\boldsymbol{A}$ 是 $n\times n$ 阶矩阵并且可以对角化，那么存在一个非奇异的矩阵 $\boldsymbol{P}$，使得

$$\boldsymbol{P}^{-1}\boldsymbol{AP}=\boldsymbol{D}=\mathrm{diag}[d_i] \tag{3.35}$$

左乘 $\boldsymbol{P}$，得到

$$\boldsymbol{AP}=\boldsymbol{PD} \tag{3.36}$$

把矩阵乘法重写为分块矩阵，得

$$[\boldsymbol{Ap}_1 \quad \boldsymbol{Ap}_2 \quad \cdots \quad \boldsymbol{Ap}_n]=[d_1\boldsymbol{p}_1 \quad d_2\boldsymbol{p}_2 \quad \cdots \quad d_n\boldsymbol{p}_n] \tag{3.37}$$

其中 $\boldsymbol{p}_i$，$i=1, 2, \cdots, n$，表示 $\boldsymbol{P}$ 的第 i 个列向量。因此对于所有的 i，有 $\boldsymbol{Ap}_i=d_i\boldsymbol{p}_i$。在这个特征方程中，我们用 d_i 表示 $\boldsymbol{A}$ 的特征值，用 $\boldsymbol{p}_i$ 表示 $\boldsymbol{A}$ 对应的特征向量。最后，因为 $\boldsymbol{P}$ 是非奇异的，所以对于所有的 i 有 $\boldsymbol{p}_i\neq\boldsymbol{0}$，根据定理 3.6.2，集合 $\boldsymbol{p}_i$ 是线性无关的集合。

第二部分的证明（$\Leftarrow$）留作练习（见练习 3.14）；利用前面的证明方法足以给出这部分的证明。

3.6.1 对角化过程

前面已经陈述和证明了对角化结论，这提供了一个使矩阵对角化的方法。首先，我们要找到矩阵 $\boldsymbol{A}$ 的 n 个线性无关的特征向量。然后，把第一步得到的特征向量作为矩阵 $\boldsymbol{P}$ 的列向量来排列矩阵 $\boldsymbol{P}$。最后，计算 $\boldsymbol{P}^{-1}\boldsymbol{AP}$，这是一个对角矩阵，且对角线元素等于 $\boldsymbol{A}$ 的特征值。需要注意的是，$\boldsymbol{P}$ 不是唯一的，因为它的任何一个列向量乘以一个非零标量，都不影响其对角化的性质。类似地，交换 $\boldsymbol{P}$ 中任何两个列向量也不影响其对角化的性质。

例如，3.3.1 节的矩阵 $\boldsymbol{A}=\begin{bmatrix} 3 & 2 \\ -1 & 0 \end{bmatrix}$，其特征值 $\lambda_1=1$ 和 $\lambda_2=2$ 对应的特征向量分别为 $\boldsymbol{x}_1=\begin{bmatrix} -1 \\ 1 \end{bmatrix}$和 $\boldsymbol{x}_2=\begin{bmatrix} -2 \\ 1 \end{bmatrix}$。我们可以直接证明 $\boldsymbol{x}_1$ 和 $\boldsymbol{x}_2$ 是线性无关的。考虑方程

$$k_1\boldsymbol{x}_1+k_2\boldsymbol{x}_2=[\boldsymbol{x}_1 \quad \boldsymbol{x}_2]\begin{bmatrix} k_1 \\ k_2 \end{bmatrix}=\begin{bmatrix} -1 & -2 \\ 1 & 1 \end{bmatrix}\begin{bmatrix} k_1 \\ k_2 \end{bmatrix}=\boldsymbol{Pk}=\boldsymbol{0} \tag{3.38}$$

因为 $\det(\boldsymbol{P})=1$，故 $\boldsymbol{P}$ 是非奇异的，则 $\boldsymbol{P}^{-1}$ 存在。所以，式（3.38）的结果是 $\boldsymbol{k}=\boldsymbol{P}^{-1}\boldsymbol{0}=\boldsymbol{0}$，根据定理 3.6.2，特征向量 $\boldsymbol{x}_1$ 和 $\boldsymbol{x}_2$（即 $\boldsymbol{P}$ 的列向量）是线性无关的。

现在

$$\boldsymbol{P}^{-1}=\begin{bmatrix} 1 & 2 \\ -1 & -1 \end{bmatrix} \tag{3.39}$$

且

$$\begin{aligned}\boldsymbol{P}^{-1}\boldsymbol{AP}&=\begin{bmatrix} 1 & 2 \\ -1 & -1 \end{bmatrix}\begin{bmatrix} 3 & 2 \\ -1 & 0 \end{bmatrix}\begin{bmatrix} -1 & -2 \\ 1 & 1 \end{bmatrix}\\ &=\begin{bmatrix} 1 & 2 \\ -2 & -2 \end{bmatrix}\begin{bmatrix} -1 & -2 \\ 1 & 1 \end{bmatrix}\\ &=\begin{bmatrix} 1 & 0 \\ 0 & 2 \end{bmatrix}=\begin{bmatrix} \lambda_1 & 0 \\ 0 & \lambda_2 \end{bmatrix}=\operatorname{diag}[\lambda_i]\end{aligned} \tag{3.40}$$

重要的问题是什么情况下给定的矩阵可以对角化，也就是说，什么情况下矩阵有 n 个线性无关的特征向量，例如这个例子中的矩阵 $\boldsymbol{A}$。这里有一些重要结论。

定理 3.6.3 如果 $\boldsymbol{x}_1$，$\boldsymbol{x}_2$，…，$\boldsymbol{x}_k$ 是 $\boldsymbol{A}$ 关于不同特征值 λ_1，λ_2，…，λ_k 的特征向量，那么$\{\boldsymbol{x}_1, \boldsymbol{x}_2, \cdots, \boldsymbol{x}_k\}$是一个线性无关的集合。

证明： 用反证法。设 $\boldsymbol{A}$ 有 k 个不同的特征值，并且 $\boldsymbol{x}_1$，$\boldsymbol{x}_2$，…，$\boldsymbol{x}_r$（$r<k$）是最大的线性无关的特征向量组。那么

$$c_1\boldsymbol{x}_1+c_2\boldsymbol{x}_2+\cdots+c_{r+1}\boldsymbol{x}_{r+1}=\boldsymbol{0},\ c_i\text{ 不全为 }0 \tag{3.41}$$

左乘 **A**，我们有

$$c_1\boldsymbol{Ax}_1+c_2\boldsymbol{Ax}_2+\cdots+c_{r+1}\boldsymbol{Ax}_{r+1}=\boldsymbol{0} \tag{3.42}$$

所以，

$$c_1\lambda_1\boldsymbol{x}_1+c_2\lambda_2\boldsymbol{x}_2+\cdots+c_{r+1}\lambda_{r+1}\boldsymbol{x}_{r+1}=\boldsymbol{0} \tag{3.43}$$

式（3.41）两边同乘 λ_{r+1}，得

$$c_1\lambda_{r+1}\boldsymbol{x}_1+c_2\lambda_{r+1}\boldsymbol{x}_2+\cdots+c_{r+1}\lambda_{r+1}\boldsymbol{x}_{r+1}=0 \tag{3.44}$$

将式（3.43）减去式（3.44）得

$$c_1(\lambda_1-\lambda_{r+1})\boldsymbol{x}_1+c_2(\lambda_2-\lambda_{r+1})\boldsymbol{x}_2+\cdots+c_r(\lambda_r-\lambda_{r+1})\boldsymbol{x}_r=\boldsymbol{0} \tag{3.45}$$

因为 $\boldsymbol{x}_1$，$\boldsymbol{x}_2$，…，$\boldsymbol{x}_r$ 是线性无关的，所以式（3.45）中所有的系数均为零，因为 λ_i 各不相同，故只能是 $c_i=0$，$i=1$，2，…，r。把 $c_i=0$，$i=1$，2，…，r，代入式（3.41）中，得 $c_{r+1}=0$，与假设"c_i 不全为 0"矛盾。

以下的定理也是由定理 3.6.3 推导出来的。

定理 3.6.4 如果一个 $n\times n$ 阶矩阵 **A** 有 n 个不同的特征值，那么 **A** 是可对角化的。

证明： 如果 **A** 关于不同特征值 λ_1，λ_2，…，λ_n 的特征向量为 $\boldsymbol{x}_1$，$\boldsymbol{x}_2$，…，$\boldsymbol{x}_n$，那么，根据定理 3.6.3 可得，$\{\boldsymbol{x}_1, \boldsymbol{x}_2, \cdots, \boldsymbol{x}_n\}$ 是线性无关的，并且根据定理 3.6.1 可得，**A** 是可对角化的。也就是说，$\boldsymbol{P}^{-1}\boldsymbol{AP}=\text{diag}[\lambda_i]$，其中矩阵 **P** 的列向量是矩阵 **A** 的特征向量。

定义 3.6.3 如果 **A** 是可对角化的，那么可以定义矩阵 **A** 的**平方根**为

$$\boldsymbol{A}^{\frac{1}{2}}=\boldsymbol{PD}^{\frac{1}{2}}\boldsymbol{P}^{-1} \tag{3.46}$$

其中 $\boldsymbol{D}^{\frac{1}{2}}=\text{diag}[\sqrt{\lambda_i}]$。

对于非零特征值，$\sqrt{\lambda_i}$ 的正值或负值都可用于构建平方根矩阵，我们可以得到

$$\boldsymbol{A}^{\frac{1}{2}}\boldsymbol{A}^{\frac{1}{2}}=\boldsymbol{PD}^{\frac{1}{2}}\boldsymbol{P}^{-1}\boldsymbol{PD}^{\frac{1}{2}}\boldsymbol{P}^{-1}=\boldsymbol{PDP}^{-1}=\boldsymbol{A} \tag{3.47}$$

所以，很明显，矩阵的平方根不是唯一的。跟标量一样，$-\boldsymbol{A}^{\frac{1}{2}}$ 也是一个平方根，当然还有更多的可能性，详见练习 3.11。一般来说，$\boldsymbol{A}^{\frac{1}{2}}$ 可能是复矩阵，可能既不是对称的也不是可逆的。要使其可逆，充要条件是 $\boldsymbol{D}^{\frac{1}{2}}$ 是可逆的。因此，特征值都是非零的。

3.6.2 正交对角化

考虑下列例子，找出对称矩阵的特征值和特征向量。如果

$$A=\begin{bmatrix}4 & 2\\2 & 1\end{bmatrix} \tag{3.48}$$

那么

$$\begin{aligned}|A-\lambda I|&=\begin{vmatrix}4-\lambda & 2\\2 & 1-\lambda\end{vmatrix}\\&=(4-\lambda)(1-\lambda)-4=0\end{aligned} \tag{3.49}$$

是它的特征方程。化简可得

$$\lambda^2-5\lambda=\lambda(\lambda-5)=0 \tag{3.50}$$

所以，$\lambda_1=5$，$\lambda_2=0$。注意这些特征值是不同的实数。

回代，对于 $\lambda_1=5$，

$$(A-\lambda_1 I)x_1=\begin{bmatrix}-1 & 2\\2 & -4\end{bmatrix}\begin{bmatrix}x_{11}\\x_{21}\end{bmatrix}=\begin{bmatrix}0\\0\end{bmatrix} \tag{3.51}$$

从中解出 $x_{11}=2x_{21}$。所以，$x_1=[2x_{21}\quad x_{21}]^{\mathrm{T}}$，或者写成标准形为 $\begin{bmatrix}\frac{2}{\sqrt{5}} & \frac{1}{\sqrt{5}}\end{bmatrix}^{\mathrm{T}}$。

对于 $\lambda_2=0$，

$$(A-\lambda_2 I)x_2=\begin{bmatrix}4 & 2\\2 & 1\end{bmatrix}\begin{bmatrix}x_{12}\\x_{22}\end{bmatrix}=\begin{bmatrix}0\\0\end{bmatrix} \tag{3.52}$$

从中解出 $x_{22}=-2x_{12}$。所以，$\boldsymbol{x}_2=[x_{12}\quad -2x_{12}]^{\mathrm{T}}$，或者写成标准形为 $\begin{bmatrix}\frac{1}{\sqrt{5}} & \frac{-2}{\sqrt{5}}\end{bmatrix}^{\mathrm{T}}$。

注意 $x_1^{\mathrm{T}}x_2=0$。我们称这样的积为零的向量为**正交向量**。[①] 也需注意，对于标准化的特征向量，有 $x_1^{\mathrm{T}}x_2=0$ 和 $x_i^{\mathrm{T}}x_i=1$，$i=1,2$，我们称这样的向量为**标准正交向量**。由此可得，当这些特征向量作为矩阵 $P=[x_1\quad x_2]$ 的列向量时，$P^{\mathrm{T}}P=I_2$，也就是说 $P^{\mathrm{T}}=P^{-1}$ 和 P 就是我们在 1.5.9 节定义的正交矩阵。[②]

定义 3.6.4 A 是**可正交对角化**的，当且仅当存在正交矩阵 P，使得 $P^{-1}AP=P^{\mathrm{T}}AP$ 可对角化。

实对称矩阵在计量经济应用中很重要，下一定理表明，例子中 2×2 阶对称矩阵的特例所具有的性质在一般情况下也存在，即：

- 特征值为实数；
- 特征向量正交。

下面三个定理正式给出了这些一般结果和证明。

定理 3.6.5 实对称矩阵的特征值是实数。

---

① 我们将在第 5 章涉及正交向量几何和向量几何。

② 满足 $QQ^{\mathrm{T}}=I_m$ 或者 $Q^{\mathrm{T}}Q=I_n$ 性质的 $m\times n$ 阶矩阵 Q，有时被称为正交矩阵。这些性质只有在 $m\leqslant n$ 或者 $m\geqslant n$ 时才分别成立。当 Q 是方阵时这两个性质才能同时成立，见练习 5.20。

证明：这个证明需要用到复数的基本性质，见符号和预备知识 p. 3。需注意，**共轭向量**或者**共轭矩阵**的元素等于原来向量或者矩阵元素的共轭。

设 $\boldsymbol{A}$ 是 $n\times n$ 阶实对称矩阵，设 λ 是矩阵 $\boldsymbol{A}$ 的特征值，对应的特征向量为 $\boldsymbol{x}$。

用 $\overline{\boldsymbol{A}}$，$\overline{\lambda}$和 $\overline{\boldsymbol{x}}$ 分别来表示 $\boldsymbol{A}$，λ 和 $\boldsymbol{x}$ 的共轭。我们已经假设 $\boldsymbol{A}$ 是实矩阵或者 $\overline{\boldsymbol{A}}=\boldsymbol{A}$，想证明 λ 是实数或者$\overline{\lambda}=\lambda$。

现在考虑

$$\overline{\boldsymbol{x}}^{\mathrm{T}}\boldsymbol{A}\boldsymbol{x}=\overline{\boldsymbol{x}}^{\mathrm{T}}\lambda\boldsymbol{x} \tag{3.53}$$

这个乘积的共轭的转置。先对式（3.53）的左边求共轭的转置，有

$$\overline{(\overline{\boldsymbol{x}}^{\mathrm{T}}\boldsymbol{A}\boldsymbol{x})}^{\mathrm{T}}=(\boldsymbol{x}^{\mathrm{T}}\,\overline{\boldsymbol{A}}\overline{\boldsymbol{x}})^{\mathrm{T}}=\overline{\boldsymbol{x}}^{\mathrm{T}}\overline{\boldsymbol{A}}^{\mathrm{T}}\boldsymbol{x}=\overline{\boldsymbol{x}}^{\mathrm{T}}\boldsymbol{A}\boldsymbol{x}=\lambda\overline{\boldsymbol{x}}^{\mathrm{T}}\boldsymbol{x} \tag{3.54}$$

倒数第二步是建立在 $\boldsymbol{A}$ 是实对称矩阵的事实上的，最后一步是建立在 $\boldsymbol{x}$ 是 $\boldsymbol{A}$ 的特征向量的事实上的。

现在对式（3.53）的右边求共轭的转置，有

$$\overline{(\overline{\boldsymbol{x}}^{\mathrm{T}}\lambda\boldsymbol{x})}^{\mathrm{T}}=(\boldsymbol{x}^{\mathrm{T}}\,\overline{\lambda}\overline{\boldsymbol{x}})^{\mathrm{T}}=\overline{\lambda}\overline{\boldsymbol{x}}^{\mathrm{T}}\boldsymbol{x} \tag{3.55}$$

于是有

$$\lambda\overline{\boldsymbol{x}}^{\mathrm{T}}\boldsymbol{x}=\overline{\lambda}\overline{\boldsymbol{x}}^{\mathrm{T}}\boldsymbol{x} \tag{3.56}$$

因为

$$\overline{\boldsymbol{x}}^{\mathrm{T}}\boldsymbol{x}=\sum_{i=1}^{n}\overline{x}_i x_i=\sum_{i=1}^{n}|x_i|^2 \tag{3.57}$$

而且特征向量不为零，因此上式值为正，所以我们可以从方程（3.56）两边同时消去 $\overline{\boldsymbol{x}}^{\mathrm{T}}\boldsymbol{x}$，得到 $\lambda=\overline{\lambda}$，可知 λ 为实数。

定理 3.6.6 如果 $\boldsymbol{A}$ 是 $n\times n$ 阶矩阵，那么如下说法等价：①

(a) $\boldsymbol{A}$ 是可正交对角化的；

(b) $\boldsymbol{A}$ 有一个正交的特征向量集合；

(c) $\boldsymbol{A}$ 是对称的。

证明：

(a)⇒(b)：设 $\boldsymbol{A}$ 是可正交对角化的，那么存在 $\boldsymbol{P}$ 使得 $\boldsymbol{P}^{-1}\boldsymbol{A}\boldsymbol{P}=\boldsymbol{P}^{\mathrm{T}}\boldsymbol{A}\boldsymbol{P}=\mathrm{diag}[\lambda_j]$。但是

$$\boldsymbol{P}^{\mathrm{T}}\boldsymbol{A}\boldsymbol{P}=[x_i^{\mathrm{T}}\boldsymbol{A}\boldsymbol{x}_j]=[\boldsymbol{x}_i^{\mathrm{T}}\lambda_j\boldsymbol{x}_j]=[\lambda_j\boldsymbol{x}_i^{\mathrm{T}}\boldsymbol{x}_j] \tag{3.58}$$

其中 $\boldsymbol{x}_i$ 表示 $\boldsymbol{P}$ 的第 i 个列向量。所以，

$$[\lambda_j\boldsymbol{x}_i^{\mathrm{T}}\boldsymbol{x}_j]=\mathrm{diag}[\lambda_j] \tag{3.59}$$

于是

$$\boldsymbol{x}_i^{\mathrm{T}}\boldsymbol{x}_j=\begin{cases}0, & i\neq j\\ 1, & i=j\end{cases} \tag{3.60}$$

---

① 这里“等价”的意思是任何一句陈述都可以推出另一个陈述。

(a)⇒(c)：设 $\boldsymbol{A}$ 是可正交对角化的。那么

$$\boldsymbol{P}^{-1}\boldsymbol{A}\boldsymbol{P}=\boldsymbol{P}^{\mathrm{T}}\boldsymbol{A}\boldsymbol{P}=\boldsymbol{D}=\operatorname{diag}[\lambda_j] \tag{3.61}$$

可得

$$\boldsymbol{A}=\boldsymbol{P}\boldsymbol{D}\boldsymbol{P}^{-1}=\boldsymbol{P}\boldsymbol{D}\boldsymbol{P}^{\mathrm{T}} \tag{3.62}$$

根据转置的性质，有

$$\boldsymbol{A}^{\mathrm{T}}=(\boldsymbol{P}\boldsymbol{D}\boldsymbol{P}^{\mathrm{T}})^{\mathrm{T}}=(\boldsymbol{P}^{\mathrm{T}})^{\mathrm{T}}\boldsymbol{D}^{\mathrm{T}}\boldsymbol{P}^{\mathrm{T}}=\boldsymbol{P}\boldsymbol{D}\boldsymbol{P}^{\mathrm{T}}=\boldsymbol{A} \tag{3.63}$$

剩下的证明，也就是，(b)⇒(a)，(b)⇒(c)，(c)⇒(a)和(c)⇒(b)，留作练习，见练习 3.15。前面讲的内容足以证明这些内容。

定理 3.6.7 如果 $\boldsymbol{A}$ 是一个实对称矩阵，那么 $\boldsymbol{A}$ 关于不同特征值的特征向量是正交的。

证明： 设 $\boldsymbol{x}_1$ 和 $\boldsymbol{x}_2$ 分别是 $\boldsymbol{A}$ 关于特征值 λ_1，λ_2 的特征向量。可得

$$\lambda_1\boldsymbol{x}_1^{\mathrm{T}}\boldsymbol{x}_2=(\lambda_1\boldsymbol{x}_1)^{\mathrm{T}}\boldsymbol{x}_2=(\boldsymbol{A}\boldsymbol{x}_1)^{\mathrm{T}}\boldsymbol{x}_2=\boldsymbol{x}_1^{\mathrm{T}}\boldsymbol{A}^{\mathrm{T}}\boldsymbol{x}_2=\boldsymbol{x}_1^{\mathrm{T}}\boldsymbol{A}\boldsymbol{x}_2=\boldsymbol{x}_1^{\mathrm{T}}(\lambda_2\boldsymbol{x}_2)=\lambda_2\boldsymbol{x}_1^{\mathrm{T}}\boldsymbol{x}_2 \tag{3.64}$$

由式（3.64）我们有

$$(\lambda_2-\lambda_1)\boldsymbol{x}_1^{\mathrm{T}}\boldsymbol{x}_2=0 \tag{3.65}$$

所以，如果 $\lambda_2\neq\lambda_1$，那么 $\boldsymbol{x}_1^{\mathrm{T}}\boldsymbol{x}_2=0$，所以 $\boldsymbol{x}_1$ 和 $\boldsymbol{x}_2$ 是正交的。

从早些的例子中不能明显看出的另一个一般性质是，如果一个特征值是重复的，也就是说有**重根**，例如有 k 个，那么关于这个特征值将会有 k 个正交的特征向量。

由定理 3.6.6，通过下面的程序可以找到对称矩阵 $\boldsymbol{A}$ 的正交对角化矩阵：

1. 找到对称矩阵 $\boldsymbol{A}$ 的特征值。
2. 得到彼此正交的特征向量的集合。①
3. 构造矩阵 $\boldsymbol{P}$，使得它的列向量等于上一步得到的向量。
4. 那么 $\boldsymbol{P}$ 可使 $\boldsymbol{A}$ 正交对角化，也就是说，$\boldsymbol{P}^{\mathrm{T}}\boldsymbol{A}\boldsymbol{P}=\operatorname{diag}[\lambda_i]$，而且 $\boldsymbol{P}^{\mathrm{T}}\boldsymbol{P}=\boldsymbol{I}$。

根据定理 3.6.6 中给出的部分证明，此正交对角化的过程已经很明确了，练习 3.15 中会进一步阐明。

当一个矩阵 $\boldsymbol{A}$ 可正交对角化时，3.6.1 节讲述的矩阵的平方根变为

$$\boldsymbol{A}^{\frac{1}{2}}=\boldsymbol{P}\boldsymbol{D}^{\frac{1}{2}}\boldsymbol{P}^{-1}=\boldsymbol{P}\boldsymbol{D}^{\frac{1}{2}}\boldsymbol{P}^{\mathrm{T}} \tag{3.66}$$

其中 $\boldsymbol{D}^{\frac{1}{2}}=\operatorname{diag}\left[\sqrt{\lambda_i}\right]$。所以，$\boldsymbol{A}^{\frac{1}{2}}$ 是对称的，尽管取决于特征值的值，但是仍然可能是不可逆的。

① 这一步可以通过使用格莱姆-史密特法（Gram-Schmidt）来实现，这在 5.4.7 节中讲解。

3.6.3 进一步的结果

下面是总结部分。我们先考虑一个 2×2 阶矩阵 $\boldsymbol{A}=\begin{bmatrix}a_{11} & a_{12}\\ a_{21} & a_{22}\end{bmatrix}$。从 3.3.1 节可知 $\boldsymbol{A}$ 的特征值可由特征方程 $\det(\boldsymbol{A}-\lambda\boldsymbol{I})=0$ 得到，在这个例子中

$$\begin{vmatrix}a_{11}-\lambda & a_{12}\\ a_{21} & a_{22}-\lambda\end{vmatrix}=(a_{11}-\lambda)(a_{22}-\lambda)-a_{12}a_{21}$$

$$=\lambda^2-(a_{11}+a_{22})\lambda+a_{11}a_{22}-a_{12}a_{21}=0 \tag{3.67}$$

现在，根据求解二次方程的 Viète 公式①，式（3.67）的两个根 λ_1 和 λ_2 满足方程 $\lambda_1+\lambda_2=a_{11}+a_{22}$ 和 $\lambda_1\lambda_2=a_{11}a_{22}-a_{12}a_{21}$，即两根之和等于二次方程的线性项的系数，两根之积等于二次方程的常数项。但是 $a_{11}a_{22}-a_{12}a_{21}=\det(\boldsymbol{A})$ 并且 $a_{11}+a_{22}=\mathrm{tr}(\boldsymbol{A})$，从中可得 $\lambda_1\lambda_2=\det(\boldsymbol{A})$ 并且 $\lambda_1+\lambda_2=\mathrm{tr}(\boldsymbol{A})$。所以，$\boldsymbol{A}$ 的全部特征值的乘积等于 $\boldsymbol{A}$ 的行列式，$\boldsymbol{A}$ 的全部特征值的和等于 $\boldsymbol{A}$ 的迹。这个结果不仅仅适用于这个 2×2 阶矩阵，我们马上会阐明这一点。

回到更一般地情况，如果 $\boldsymbol{A}$ 是可对角化的，那么 $\boldsymbol{P}^{-1}\boldsymbol{AP}=\mathrm{diag}[\lambda_i]=\boldsymbol{D}$。所以，取行列式，我们有

$$|\boldsymbol{P}^{-1}\boldsymbol{AP}|=|\boldsymbol{D}| \tag{3.68}$$

使用 2.3.2 节行列式的性质 11 可得

$$|\boldsymbol{P}^{-1}||\boldsymbol{A}||\boldsymbol{P}|=|\boldsymbol{D}| \tag{3.69}$$

和

$$|\boldsymbol{A}|=|\boldsymbol{D}|=\prod_{i=1}^{n}\lambda_i \tag{3.70}$$

由推论 2.3.4 得 $|\boldsymbol{P}^{-1}|=\dfrac{1}{|\boldsymbol{P}|}$，并且一个对角化矩阵的行列式就是其主对角线元素的乘积。因此，我们有以下定理。

定理 3.6.8 矩阵 $\boldsymbol{A}_{n\times n}$ 的行列式等于它的特征值的乘积：$\det(\boldsymbol{A})=\prod_{i=1}^{n}\lambda_i$。

这个定理把可正交对角化的对称矩阵包括在内。对称矩阵的直接证明可以通过前面的证明，用 $|\boldsymbol{P}^{\mathrm{T}}|$ 代替 $|\boldsymbol{P}^{-1}|$，需注意 $|\boldsymbol{P}^{\mathrm{T}}|=|P|$，同时需要引用以下引理。

引理 3.6.9 如果 $\boldsymbol{P}$ 是一个正交矩阵，那么 $|\boldsymbol{P}|=\pm1$。

证明： 已知 $\boldsymbol{P}$ 是正交的，$\boldsymbol{P}^{-1}=\boldsymbol{P}^{\mathrm{T}}$，于是 $\boldsymbol{P}^{\mathrm{T}}\boldsymbol{P}=\boldsymbol{I}$。

最后一个方程的两边同时取行列式，我们有 $|\boldsymbol{P}^{\mathrm{T}}\boldsymbol{P}|=|\boldsymbol{P}^{\mathrm{T}}||P|=|P|^2=|I|=1$。

---

① 这些公式是首先被法国胡格诺派的数学家 François Viète 或 Franciscus Vieta（1540—1603）发现的，他被称作代数之父。

所以，$|\boldsymbol{P}|=\pm 1$。回顾练习 2.12。

从定理 3.6.8 可以得到如下的推论，推论的简单证明留作练习，见练习 3.16。

推论 3.6.10 当且仅当至少有一个特征值为零时，矩阵是奇异的。

当方阵没有零特征值时，但是至少有一个特征值接近 0，那么这个方阵可能是非奇异的。这种情况很重要，被称为**"近似奇异"**，并且对逆矩阵的计算产生了不利结果，即行列式的值极小。通过某些方法，我们几乎可以把矩阵的某一列向量写成其他列向量的形式。度量这种近似程度的方法是用矩阵的**条件数** c，即最大特征值 $\lambda_{\max}$ 与最小特征值 $\lambda_{\min}$ 的比例的正平方根，即 $c=\sqrt{\frac{\lambda_{\max}}{\lambda_{\min}}}$。对于一个奇异矩阵，$c$ 的大小趋于无穷。事实上，c 的值大于 20 就认为是比较大的了，因此可能出现近似奇异。

关于可对角化矩阵 $\boldsymbol{A}_{n\times n}$ 的迹和特征值的和之间的关系，可以概括为 $\mathrm{tr}(\boldsymbol{A})=\sum_{i=1}^{n}\lambda_i$。其证明留作练习，已知 $\boldsymbol{P}^{-1}\boldsymbol{A}\boldsymbol{P}=\mathrm{diag}[\lambda_i]$，对这个对角化方程的两边取迹，根据矩阵乘法的迹的法则（见练习 1.14），可以证明这个结论，见练习 3.18。

我们通过下述例子来探讨这些进一步的结果。

例 3.6.1 计算下述矩阵的特征值和特征向量

$$\boldsymbol{A}=\begin{bmatrix}1 & 2\\0 & 3\end{bmatrix} \tag{3.71}$$

验证 $|\boldsymbol{A}|=\prod_{i=1}^{2}\lambda_i$，并且找到 $\boldsymbol{A}$ 的条件数和 $\boldsymbol{A}$ 的一个平方根。

特征方程行列式的计算为

$$|\boldsymbol{A}-\lambda\boldsymbol{I}|=\begin{vmatrix}1-\lambda & 2\\0 & 3-\lambda\end{vmatrix}=0 \tag{3.72}$$

直接因式分解，得出 $(1-\lambda)(3-\lambda)=0$，所以 $\lambda_1=1$ 并且 $\lambda_2=3$。

用第 2 章的方法，知 $|\boldsymbol{A}|=3$。注意 $\lambda_1\lambda_2=1\times 3=3$，与方程 $|\boldsymbol{A}|=\prod_{i=1}^{2}\lambda_i$ 一致。

$\boldsymbol{A}$ 的条件数为

$$c=\sqrt{\frac{\lambda_{\max}}{\lambda_{\min}}}=\sqrt{\frac{3}{1}}=\sqrt{3} \tag{3.73}$$

对这个 2×2 阶矩阵进行标准化，即

$$(\boldsymbol{A}-\lambda_1\boldsymbol{I})\boldsymbol{x}_1=\begin{bmatrix}0 & 2\\0 & 2\end{bmatrix}\begin{bmatrix}x_{11}\\x_{21}\end{bmatrix}=\begin{bmatrix}0\\0\end{bmatrix} \tag{3.74}$$

和

$$(\boldsymbol{A}-\lambda_2 \boldsymbol{I})\boldsymbol{x}_2=\begin{bmatrix}-2 & 2\\ 0 & 0\end{bmatrix}\begin{bmatrix}x_{21}\\ x_{22}\end{bmatrix}=\begin{bmatrix}0\\ 0\end{bmatrix} \tag{3.75}$$

得到标准化的特征向量

$$\boldsymbol{x}_1=\begin{bmatrix}1\\ 0\end{bmatrix}\text{和 } \boldsymbol{x}_2=\begin{bmatrix}\frac{1}{\sqrt{2}}\\ \frac{1}{\sqrt{2}}\end{bmatrix} \tag{3.76}$$

定义

$$\boldsymbol{D}^{\frac{1}{2}}=\text{diag}[1,\ \sqrt{3}]=\begin{bmatrix}1 & 0\\ 0 & \sqrt{3}\end{bmatrix} \tag{3.77}$$

和

$$\boldsymbol{P}=\begin{bmatrix}1 & \frac{1}{\sqrt{2}}\\ 0 & \frac{1}{\sqrt{2}}\end{bmatrix} \tag{3.78}$$

有

$$\boldsymbol{P}^{-1}=\begin{bmatrix}1 & -1\\ 0 & \sqrt{2}\end{bmatrix} \tag{3.79}$$

A 的平方根为

$$\begin{aligned}\boldsymbol{A}^{\frac{1}{2}}&=\boldsymbol{P}\boldsymbol{D}^{\frac{1}{2}}\boldsymbol{P}^{-1}\\ &=\begin{bmatrix}1 & \frac{1}{\sqrt{2}}\\ 0 & \frac{1}{\sqrt{2}}\end{bmatrix}\begin{bmatrix}1 & 0\\ 0 & \sqrt{3}\end{bmatrix}\begin{bmatrix}1 & -1\\ 0 & \sqrt{2}\end{bmatrix}\\ &=\begin{bmatrix}1 & \sqrt{3}-1\\ 0 & \sqrt{3}\end{bmatrix}\end{aligned} \tag{3.80}$$

直接代入可以验证

$$\boldsymbol{A}^{\frac{1}{2}}\boldsymbol{A}^{\frac{1}{2}}=\begin{bmatrix}1 & \sqrt{3}-1\\ 0 & \sqrt{3}\end{bmatrix}\begin{bmatrix}1 & \sqrt{3}-1\\ 0 & \sqrt{3}\end{bmatrix}=\begin{bmatrix}1 & 2\\ 0 & 3\end{bmatrix}=\boldsymbol{A} \tag{3.81}$$

练　习

3.1　找出下列矩阵的特征向量

$$A=\begin{bmatrix}1 & -2\\3 & -2\end{bmatrix}$$

在例 3.3.1 中我们已经计算出此矩阵的（复数）特征值。

3.2　计算下列矩阵的特征向量

$$\begin{bmatrix}2 & 0\\8 & -2\end{bmatrix}$$

此矩阵在 3.2 节中使用过。

3.3　找出下列矩阵特征值和所有标准化的特征向量：

(a) $A=\begin{bmatrix}3 & 0\\0 & -2\end{bmatrix}$

(b) $B=\begin{bmatrix}1 & 2\\0 & 1\end{bmatrix}$

3.4　证明 $Q=\begin{bmatrix}\frac{1}{\sqrt{6}} & \frac{2}{\sqrt{5}} & \frac{1}{\sqrt{30}}\\ \frac{-2}{\sqrt{6}} & \frac{1}{\sqrt{5}} & \frac{-2}{\sqrt{30}}\\ \frac{1}{\sqrt{6}} & 0 & \frac{-5}{\sqrt{30}}\end{bmatrix}$ 是正交的，即 $Q^{T}=Q^{-1}$，并且找出它的特征值。

3.5　计算下列矩阵的特征值和特征向量：

(a) $A=\begin{bmatrix}3 & 1 & 1\\0 & -2 & 1\\0 & 0 & 2\end{bmatrix}$

(b) $B=\begin{bmatrix}5 & -6 & -6\\-1 & 4 & 2\\3 & -6 & -4\end{bmatrix}$

将（b）中的特征向量标准化。

3.6　已知 $X=\begin{bmatrix}1 & 1 & 1\\1 & 2 & 1\end{bmatrix}^{T}$，计算 $A=I_3-X(X^{T}X)^{-1}X^{T}$。证明 A 是幂等矩阵，并指出有多少列向量是线性无关的。找出 A 的特征值和相关的特征向量，将特征向量标准化，得到可以使 A 对角化的正交矩阵。

3.7　考虑在 3.6.1 节使用过的矩阵 $A=\begin{bmatrix}3 & 2\\-1 & 0\end{bmatrix}$。获取与 3.6.1 节给出的特征向量不同的特征向量，并且利用这些特征向量使 A 对角化。将你的结果与 3.6.1 节给出的结果进行对比。

3.8　对于任何每行元素为连续整数的 3×3 阶矩阵，证明这类矩阵有一个特征值为零并且对应的特征向量为 $[1\quad -2\quad 1]^{T}$。

3.9　证明矩阵相似性是等价关系。

3.10　找出下面矩阵的平方根：

(a) 在 3.6.1 节使用过的$\begin{bmatrix} 3 & 2 \\ -1 & 0 \end{bmatrix}$；

(b) 在 3.6.2 节使用过的$\begin{bmatrix} 4 & 2 \\ 2 & 1 \end{bmatrix}$。

3.11 用定义 3.6.3 找出矩阵 $\boldsymbol{A}=\begin{bmatrix} 5 & 4 \\ 4 & 5 \end{bmatrix}$所有的平方根。对于一个有不同非零实特征值的 $n\times n$ 阶对称矩阵，有多少个这样的平方根？

3.12 如果 $\boldsymbol{x}$ 是非奇异矩阵 $\boldsymbol{A}$ 的一个特征向量，证明 $\boldsymbol{x}$ 也是 $\boldsymbol{A}^2$ 和 $\boldsymbol{A}^{-1}$ 的一个特征向量。找出 $\boldsymbol{A}$ 的特征向量与 $\boldsymbol{A}^{-1}$ 和 $\boldsymbol{A}^2$ 的特征向量之间的一种关系。

3.13 证明，如果 $\boldsymbol{Xk}=\boldsymbol{0}$，其中 $\boldsymbol{X}=[\boldsymbol{x}_1 \quad \boldsymbol{x}_2 \quad \cdots \quad \boldsymbol{x}_n]$，$\boldsymbol{x}_i(i=1, 2, \cdots, n)$ 是 n 维向量，$\boldsymbol{k}=[k_1 \quad k_2 \quad \cdots \quad k_n]^{\mathrm{T}}$，并且 $\boldsymbol{0}$ 是一个 $n\times 1$ 维零向量，那么 $\boldsymbol{X}$ 的列向量线性无关或者 $S=\{\boldsymbol{x}_1, \boldsymbol{x}_2, \cdots, \boldsymbol{x}_n\}$ 的列向量线性无关说明 $\boldsymbol{X}$ 是非奇异的，反之亦然。回顾定理 3.6.2。

3.14 证明有 n 个线性无关的特征向量的 $n\times n$ 阶矩阵是可对角化的。(即定理 3.6.1 的第二部分。)

3.15 证明定理 3.6.6 的剩余部分，也就是(b)⇒(a)，(b)⇒(c)，(c)⇒(a)和(c)⇒(b)。

3.16 仅用特征方程，证明当且仅当一个方阵至少有一个以上的特征值为零时，这个方阵是奇异的。

3.17 推广练习 1.14 的结果，证明

$$\mathrm{tr}(\boldsymbol{ABC})=\mathrm{tr}(\boldsymbol{BCA})=\mathrm{tr}(\boldsymbol{CAB})$$

其中 tr(·)表示迹，假设矩阵乘法同型。由此证明两个相似矩阵的迹是相等的。

3.18 证明可对角化矩阵的迹等于矩阵特征值的和。

3.19 证明三角矩阵的特征值等于矩阵主对角线上的元素，回顾练习 2.5。

3.20 证明幂等矩阵的特征值等于 0 或 1。

第 4 章　圆锥曲线、二次型和定矩阵

4.1 引言

到目前为止，我们已经研究过线性方程。线性方程可以表示平面中的线、三维空间中的平面或者 7.4.1 节介绍的高维空间中的超平面。在这一章里，我们将研究包含二阶或平方项的方程，这些方程可以表示一些简单的非线性曲线和曲面。

在稍后几个应用实例的详细学习中我们会看到，在经济学和金融学中，二次型矩阵和正定矩阵都是非常重要的概念。二次型与圆锥曲线的代数表示有紧密的联系。并且在定理 10.2.5 中我们会发现，矩阵的定性（definiteness）是凸函数理论的基本思想。在给出一系列有关定理之前，这一章先给出了二次型和定性概念的定义和简单说明。在第 14 章会再次用到二次型，用于讨论在线性不等式约束下求极大值和极小值的重要问题。

4.2 圆锥曲线

在本节内容中，我们将研究表示二维空间中**圆锥曲线**的方程式。圆锥曲线的描述和分类有许多种等价的方法。我们将从几何方式开始。[①]

假定在坐标平面$\mathbb{R}^2$中有一点$P=(x, y)$，它到定点（**焦点**S）的距离和其到定直线（**准线**L）的距离固定成比例（**离心率**ϵ）。由点P的运动轨迹形成的曲线：

- 当$0<\epsilon<1$时，称为**椭圆**；
- 当$\epsilon=1$时，称为**抛物线**；
- 当$\epsilon>1$时，称为**双曲线**；
- 当$\epsilon\to 0$时，称为**圆**（后面会讲到）。

4.2.1 抛物线

下面先研究$\epsilon=1$的情况，即抛物线。设一抛物线的焦点S是x轴正半轴上的一点$(a, 0)$ $(a>0)$，其准线为方程$x=-a$所表示的垂直直线，则其方程为抛物线方程的最简形式。图 4.1 为抛物线的一个例子。

根据毕达哥拉斯（Pythagoras）定理，P到焦点S距离的平方是$(x-a)^2+y^2$，P到准线L距离的平方是$(x+a)^2$。因此，抛物线方程为

$$(x-a)^2+y^2=(x+a)^2 \tag{4.1}$$

化简，得

$$y^2=4ax \tag{4.2}$$

值得注意的是，当x是负数时，y则为虚数，因此抛物线的图像必须完全位于y轴右侧。当$x=0$时$y=0$，因此图像必与y轴交于**原点**$(0, 0)$。这个点被称为抛物线的顶点。最后，对于每个$x>0$的值，都有两个可能的y值与之对应，即$\pm 2\sqrt{ax}$。因此抛物线关于x轴对称，x轴也被称为抛物线的**对称轴**（***axis***）。

相似地，当$a<0$时，抛物线位于y轴左侧并与y轴相切。

注意，对于任意实参数t，点$(at^2, 2at)$为抛物线上的点。将抛物线上的典型点表示为这样的形式，通常可以简化相关问题的求解。

对抛物线坐标进行简单的平移，使顶点位于(α, β)，焦点位于$(\alpha+a, \beta)$，

① 这节大量材料来自 Tranter（1953，第 17 章）。

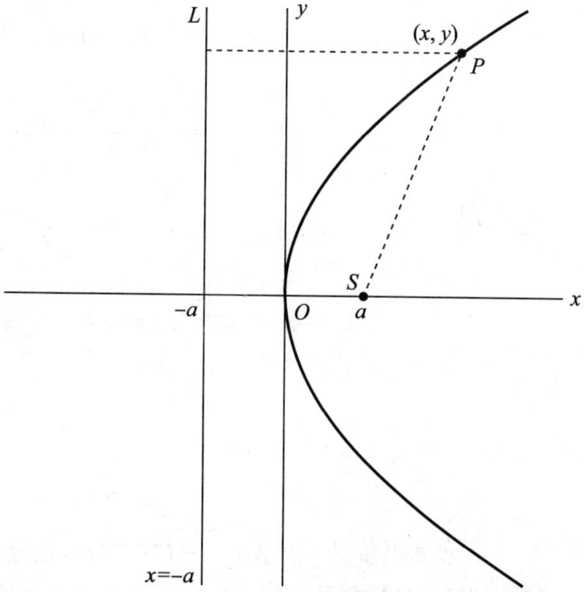

图 4—1　焦点为（a，0），准线为 x=−a 的抛物线

准线变为 $x=\alpha-a$，则方程变为

$$(y-\beta)^2=4a(x-\alpha) \tag{4.3}$$

或

$$x=\alpha+\frac{1}{4a}(y-\beta)^2 \tag{4.4}$$

4.2.2　椭圆

下面研究 $0<\epsilon<1$ 的情况，即椭圆。设一椭圆的焦点 S 是 x 轴负半轴上的一点（$-a\epsilon$，0）（$a>0$），其准线为方程 $x=-a/\epsilon$ 所表示的垂直直线，则其方程为椭圆方程的最简形式。图 4.2 为椭圆的一个例子。

P 到焦点 S 距离的平方是 $(x+a\epsilon)^2+y^2$，P 到准线 L 距离的平方是$(x+a/\epsilon)^2$。因此，抛物线方程为

$$(x+a\epsilon)^2+y^2=\epsilon^2\left(x+\frac{a}{\epsilon}\right)^2 \tag{4.5}$$

合并包含 x^2 和 y^2 的项，注意消去等式两边完全相同的含 x 的项，上式化简为

$$x^2(1-\epsilon^2)+y^2=a^2(1-\epsilon^2) \tag{4.6}$$

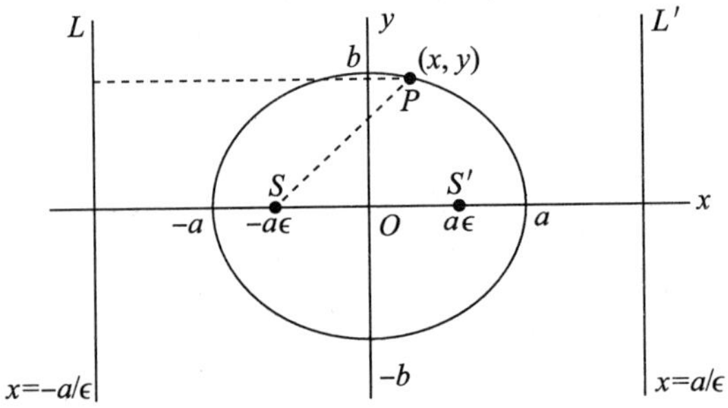

图 4—2　焦点为（$\pm a\epsilon$，0），准线为 $x=\pm a/\epsilon$ 的椭圆

或

$$\frac{x^2}{a^2}+\frac{y^2}{a^2(1-\epsilon^2)}=1 \tag{4.7}$$

如果我们定义 b 满足 $b^2=a^2(1-\epsilon^2)$（已假定 $\epsilon<1$，因此可以保证 b 为非虚数），那么椭圆方程变为

$$\frac{x^2}{a^2}+\frac{y^2}{b^2}=1 \tag{4.8}$$

注意，在这种情况下 $b<a$。

也应注意到这个方程只包含 x 和 y 的偶数幂，因此椭圆关于两个坐标轴均对称。从这种对称我们可以推断出，在点（$a\epsilon$，0）处存在另一个焦点 S' 和方程为 $x=a/\epsilon$ 的另一条准线。当 $x=0$ 时，$y=\pm b$；当 $y=0$ 时，$x=\pm a$，因此可知椭圆交坐标轴于点（a，0），（0，b），（$-a$，0）和（0，$-b$）。椭圆较长的轴线（其水平轴线）叫做**长轴**，长度为 $2a$；较短的轴线（其垂直轴线）叫做**短轴**，长度为 $2b$。当离心率趋于 1 时，b 趋于 0，椭圆塌向（collapse onto）x 轴。

最后，需注意，对任意角度 ϕ，因为 $\sin^2\phi+\cos^2\phi=1$，故点（$a\cos\phi$，$b\sin\phi$）位于椭圆上。将椭圆上的典型点表示为这样的形式，通常可以简化相关问题的求解。

4.2.3　双曲线

我们可以用推导椭圆方程（4.7）的方法推导双曲线的方程，结果为

$$\frac{x^2}{a^2}+\frac{y^2}{a^2(1-\epsilon^2)}=1 \tag{4.9}$$

在这种情况下，$\epsilon>1$ 使得 $1-\epsilon^2<0$，因此，为了保证 b 是实数，我们必须定义

$$b^2=-a^2(1-\epsilon^2) \tag{4.10}$$

因此，双曲线的方程为

$$\frac{x^2}{a^2}-\frac{y^2}{b^2}=1 \tag{4.11}$$

或者

$$\frac{y^2}{b^2}=\frac{x^2}{a^2}-1 \tag{4.12}$$

这个方程也只含有 x 和 y 的偶数幂，因此双曲线关于两个坐标轴均对称。和椭圆一样，双曲线也有第二个焦点和第二条准线。双曲线与垂直直线 $x=\pm a$ 相切。当 $x^2<a^2$ 时，方程（4.12）没有对应的 y 值，因此，双曲线不经过垂直直线$x=\pm a$之间的区域。图 4—3 展示了双曲线的一般形状。

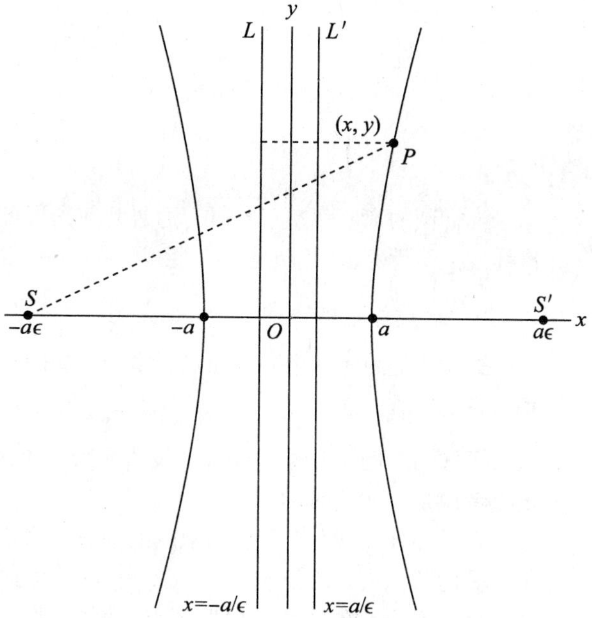

图 4—3　焦点为（$\pm a\epsilon$，0），准线为 $x=\pm a/\epsilon$ 的双曲线

和椭圆一样，当离心率趋于 1，b 趋于 0 时，双曲线塌向 x 轴。

现在我们来考虑方程为 $y=mx+c$ 的直线与方程为 $x^2/a^2-y^2/b^2=1$ 的双曲线的交点。代入 y 得

$$\frac{x^2}{a^2}-\frac{(mx+c)^2}{b^2}=1 \tag{4.13}$$

将上式整理成关于 x 的二次方程，得

$$(\frac{1}{a^2}-\frac{m^2}{b^2})x^2-\frac{2mc}{b^2}x-\frac{c^2}{b^2}-1=0 \tag{4.14}$$

等式两边同乘以 a^2b^2/x^2，得

$$(b^2-a^2m^2)-2mca^2\frac{1}{x}-a^2(b^2+c^2)\frac{1}{x^2}=0 \tag{4.15}$$

如果方程中的常数项和一次项消失，那么唯一解是 $1/x=0$，即 x 趋于无穷；换句话说，这条直线对双曲线是**渐近的**。这会在 $c=0$ 或 $m=\pm b/a$ 时成立。也就是说，过原点的直线 $y=\pm(b/a)x$ 是双曲线的**渐近线**。

在 $a=b$ 的特例中，渐近线互相垂直并且与坐标轴成 45°角。这种情况下的双曲线称为**等轴双曲线**（**直角双曲线**）(rectangular hyperbola)。更普遍的情况是将等轴双曲线旋转直到其渐近线为坐标轴，这种实例将在 5.4.8 节中讨论。

式 (4.4) 中对抛物线实施坐标轴变换，类似地，我们可以看到中心为 (α, β)，顶点为 $(\alpha\pm a, \beta)$，焦点为 $(\alpha\pm a\epsilon, \beta)$，准线为 $x=\alpha\pm a/\epsilon$ 的双曲线方程为

$$\frac{(y-\beta)^2}{b^2}=\frac{(x-\alpha)^2}{a^2}-1 \tag{4.16}$$

4.2.4 极限

当椭圆的离心率趋于零时，通过几何图形可以发现：焦点收敛到原点，但是准线发散至无穷。a 和 b 也趋于相等，因而椭圆的方程趋于

$$x^2+y^2=a^2 \tag{4.17}$$

这是我们熟悉的中心为原点、半径为 a 的圆的方程。这时圆可以看作是离心率为零的圆锥曲线。

可知当 ϵ 趋于 1 时，双曲线和椭圆均塌向水平轴；在 $\epsilon=1$ 时抛物线是奇异的或者说是不连续的。

在另一种极端情况下，当双曲线的离心率趋于无穷时，b 也趋于无穷，方程中含 y 的项消失，得到 $x^2=a^2$ 或 $x=\pm a$，表示一对平行的纵向直线。

随着焦距参数 a 接近于零，圆锥曲线的形状也定性地变化。抛物线塌向 x 轴正半轴，椭圆塌向原点。而双曲线渐近收敛到一对直线，即它的准线。细节留作练习，见练习 4.1 和练习 4.2。

4.2.5 一般二元二次方程

在坐标平面上，二元二次方程的图像常常是一个圆锥曲线，并且所有圆锥曲线都以这种形式出现。方程会是下述形式（A，B 和 C 不全为零）

$$Ax^2+Bxy+Cy^2+Dx+Ey+F=0 \tag{4.18}$$

此方程也与下一节介绍的矩阵二次型有关。

4.3 二次型

定义 4.3.1 $\boldsymbol{x}_{n\times 1}$的二次型是一个 $\boldsymbol{x}^{\mathrm{T}}\boldsymbol{A}\boldsymbol{x}$ 形式的矩阵乘积，其中 $\boldsymbol{x}\neq\boldsymbol{0}$。

明显地，$\boldsymbol{A}$ 为 $n\times n$ 阶矩阵。一些教材要求 $\boldsymbol{A}$ 对称，但这并不是必须的，而且有时使用非对称矩阵非常重要。当前，我们假设 $\boldsymbol{A}$ 是一个实对称矩阵，同时也要注意到 $\boldsymbol{x}^{\mathrm{T}}\boldsymbol{A}\boldsymbol{x}$ 是一个标量。

例 4.3.1 设 $\boldsymbol{x}=\begin{bmatrix}x_1\\x_2\end{bmatrix}$，$\boldsymbol{A}=\begin{bmatrix}a_{11}&a_{12}\\a_{21}&a_{22}\end{bmatrix}$，由对称性 $a_{12}=a_{21}$。那么

$$\begin{aligned}\boldsymbol{x}^{\mathrm{T}}\boldsymbol{A}\boldsymbol{x}&=[x_1\quad x_2]\begin{bmatrix}a_{11}&a_{12}\\a_{21}&a_{22}\end{bmatrix}\begin{bmatrix}x_1\\x_2\end{bmatrix}\\&=a_{11}x_1^2+a_{12}x_1x_2+a_{21}x_1x_2+a_{22}x_2^2\\&=a_{11}x_1^2+a_{22}x_2^2+2a_{12}x_1x_2\end{aligned}\tag{4.19}$$

这个例子中 2×2 二次型的最终形式可以看作是式（4.18）左边的一个特殊情况。因此，这个结果可以看作是特定圆锥曲线的方程：例如抛物线、椭圆和双曲线，包括作为特例出现的圆。

更一般地，对于 $\boldsymbol{x}_{n\times 1}$ 和 $\boldsymbol{A}_{n\times n}$ 我们可以记为

$$\boldsymbol{x}^{\mathrm{T}}\boldsymbol{A}\boldsymbol{x}=\sum_{i=1}^{n}a_{ii}x_i^2+2\sum_{i=1}^{n-1}\sum_{j=i+1}^{n}a_{ij}x_ix_j\tag{4.20}$$

接下来我们考虑两种特殊情况。当 $\boldsymbol{A}$ 是对角矩阵时，可以得到 $\boldsymbol{x}$ 中元素的平方的加权和：

$$\boldsymbol{x}^{\mathrm{T}}\boldsymbol{A}\boldsymbol{x}=\sum_{i=1}^{n}a_{ii}x_i^2\tag{4.21}$$

当 $\boldsymbol{A}=\boldsymbol{I}$ 时，可以得到 $\boldsymbol{x}$ 中元素的平方的简单和（非加权）

$$\boldsymbol{x}^{\mathrm{T}}\boldsymbol{A}\boldsymbol{x}=\sum_{i=1}^{n}x_i^2\tag{4.22}$$

例 4.3.2 对于

$$6x_1^2+49x_2^2+51x_3^2-82x_2x_3+20x_1x_3-4x_1x_2\tag{4.23}$$

为了将它写成 $\boldsymbol{x}^{\mathrm{T}}\boldsymbol{A}\boldsymbol{x}$ 的形式，我们需要找到 $\boldsymbol{A}$。

通过观察以及参考例 4.3 及其推广，我们可以得出

$$\boldsymbol{A}=\begin{bmatrix}6&-2&10\\-2&49&-41\\10&-41&51\end{bmatrix}\tag{4.24}$$

练习 4.3 要求读者用其他的二次型来重新完成这个练习。

4.4 定矩阵

定义 4.4.1 设有一个方阵 $\mathbf{A}$ 和二次型乘积 $\mathbf{x}^{\mathrm{T}}\mathbf{A}\mathbf{x}$。称 $\mathbf{A}$ 是：

正定的：当且仅当对于所有 $\mathbf{x}\neq\mathbf{0}$，均有 $\mathbf{x}^{\mathrm{T}}\mathbf{A}\mathbf{x}>0$。

半正定的：当且仅当对于所有 $\mathbf{x}$，均有 $\mathbf{x}^{\mathrm{T}}\mathbf{A}\mathbf{x}\geqslant 0$。

负定的：当且仅当对于所有 $\mathbf{x}\neq\mathbf{0}$，均有 $\mathbf{x}^{\mathrm{T}}\mathbf{A}\mathbf{x}<0$。

半负定的：当且仅当对于所有 $\mathbf{x}$，均有 $\mathbf{x}^{\mathrm{T}}\mathbf{A}\mathbf{x}\leqslant 0$。

当 $\mathbf{x}=\mathbf{0}$ 时半正定和半负定的情况并不重要，我们关注的是 $\mathbf{x}\neq\mathbf{0}$时满足条件的情况。当 $\mathbf{x}^{\mathrm{T}}\mathbf{A}\mathbf{x}$ 可能为正也可能为负时，称 $\mathbf{A}$ 和 $\mathbf{x}^{\mathrm{T}}\mathbf{A}\mathbf{x}$ 是**不定的**。

接下来的定理是一个非常有用的结论，通过以上的定义可以证明。证明过程作为练习，参见练习 4.9。

定理 4.4.1 当且仅当$-\mathbf{A}$是正定的，方阵 $\mathbf{A}$ 是负定的。

关于定矩阵还有很多其他有用的定理。其中我们要讲述的第一个是关于正定矩阵的。这个定理的证明要用到反证法。这个方法利用了“P 意味着 Q”与“非 Q 意味着非 P”逻辑对等，有时被称为**充分性的一般原则**。它通过证明“如果 Q 为假，那么 P 为假”来证明“如果 P 为真，那么 Q 为真”。

定理 4.4.2 如果 $\mathbf{A}$ 是正定的，那么 $\mathbf{A}$ 是非奇异的。

证明：设 $\mathbf{A}$ 是奇异的或者 $\det(\mathbf{A})=0$。那么 $\mathbf{A}\mathbf{x}=\mathbf{0}$ 有非平凡解，所以对于某些 $\mathbf{x}\neq\mathbf{0}$有 $\mathbf{x}^{\mathrm{T}}\mathbf{A}\mathbf{x}=0$，因此 $\mathbf{A}$ 不是正定的。

一个奇异矩阵不是正定的，其逆否命题也是真的。

一个正定矩阵一定是非奇异的。

在剩余的证明中，我们令 $\mathbf{A}$ 为对称正定矩阵，在后面的应用中这是最重要的一种情况。但是，用定理 4.4.1 所给出的结论可以很容易地改编一些定理。这些定理是关于矩阵的秩的，因此我们运用这两种方法之前先定义这个概念。① 请回想一下线性无关的定义（定义 3.6.2）。

定义 4.4.2

(a) 矩阵的**列秩**，是指线性无关的最大列数，用 $\rho_c(\mathbf{A})$ 表示。

(b) 矩阵的**行秩**，是指线性无关的最大行数，用 $\rho_r(\mathbf{A})$ 表示。

(c) 如果一个矩阵所有的行(列)都是线性无关的，那么这个矩阵行（列）满秩。

定理 4.4.3 当且仅当方阵行满秩或列满秩时，此方阵是非奇异的。

证明：这个证明留作练习，请看练习 4.10。

由于方阵行数和列数相等，线性无关的行、列数相等，这个数记作 $\rho(\mathbf{A})$。定理 5.4.8 会证明，即使在 $\mathbf{A}$ 不是对称矩阵或方阵的情况下，行秩和列秩实际上也是相等的。

---

① 矩阵秩的概念将在 5.4.6 节中详细讲解。

定理 4.4.4 给定一个 $n\times n$ 阶对称正定矩阵 $\boldsymbol{A}$，令 $\boldsymbol{B}$ 为 $n\times s$ 阶矩阵（$s\leqslant n$），列秩 $\rho_c(\boldsymbol{B})=s$，那么 $\boldsymbol{B}^T\boldsymbol{AB}$ 是对称正定的。

证明：

(a) 根据矩阵乘积的结合律，有 $(\boldsymbol{B}^T\boldsymbol{AB})^T=\boldsymbol{B}^T\boldsymbol{A}(\boldsymbol{B}^T)^T$；又因 $(\boldsymbol{B}^T)^T=\boldsymbol{B}$，有 $\boldsymbol{B}^T\boldsymbol{A}(\boldsymbol{B}^T)^T=\boldsymbol{B}^T\boldsymbol{AB}$。因此 $\boldsymbol{B}^T\boldsymbol{AB}$ 是对称的。

(b) 对于任意 $s\times 1$ 阶矩阵 $\boldsymbol{y}\neq\boldsymbol{0}$，设 $\boldsymbol{x}=\boldsymbol{By}$。那么 $\boldsymbol{x}$ 即为矩阵 $\boldsymbol{B}$ 各列的加权和。由 $\boldsymbol{B}$ 列满秩可知 $\boldsymbol{x}\neq\boldsymbol{0}$。

因此由于 $\boldsymbol{A}$ 正定，$\boldsymbol{y}^T(\boldsymbol{B}^T\boldsymbol{AB})\boldsymbol{y}=(\boldsymbol{By})^T\boldsymbol{A}(\boldsymbol{By})=\boldsymbol{x}^T\boldsymbol{Ax}>0$。

因此 $\boldsymbol{B}^T\boldsymbol{AB}$ 是正定的。

接下来的推论是定理 4.4.4 在 $s=n$，$\rho(\boldsymbol{B})=n$ 时的特例，即 $\boldsymbol{B}$ 是非奇异的。

推论 4.4.5 若 $\boldsymbol{A}$ 为对称正定矩阵，$\boldsymbol{B}$ 是非奇异矩阵，那么 $\boldsymbol{B}^T\boldsymbol{AB}$ 是正定的。

如果 $\boldsymbol{B}=\boldsymbol{A}^{-1}$，那么根据引理 1.5.1，一个对称矩阵的逆仍是对称的，在这种情况下有 $\boldsymbol{B}^T\boldsymbol{AB}=(\boldsymbol{A}^{-1})^T\boldsymbol{AA}^{-1}=(\boldsymbol{A}^{-1})^T=\boldsymbol{A}^{-1}$，我们得到以下结果。

推论 4.4.6 一个对称正定矩阵的逆是正定的。

定理 4.4.7 单位矩阵 $\boldsymbol{I}_n$ 是正定的。

证明： 对于 $\boldsymbol{x}\neq\boldsymbol{0}$ 我们有 $\boldsymbol{x}^T\boldsymbol{Ix}=\boldsymbol{x}^T\boldsymbol{x}=\sum_{i=1}^{n}x_i^2>0$。因此，根据定义可知 $\boldsymbol{I}$ 是正定的。

定理 4.4.8 令 $\boldsymbol{B}$ 为 $\rho_c(\boldsymbol{B})=s$ 的列满秩的 $n\times s$（$s\leqslant n$）阶矩阵，那么 $\boldsymbol{B}^T\boldsymbol{B}$ 是对称正定的。

证明： $\boldsymbol{B}^T\boldsymbol{B}=\boldsymbol{B}^T\boldsymbol{IB}$，根据定理 4.4.7，$\boldsymbol{I}$ 是正定的。

另外，根据定理 4.4.4，$\boldsymbol{B}^T\boldsymbol{IB}$ 是对称正定的。

因此 $\boldsymbol{B}^T\boldsymbol{B}$ 是对称正定的。

接下来的结论根据定理 4.4.2 得到。

推论 4.4.9 如果 $\boldsymbol{B}$ 列满秩，那么 $\boldsymbol{B}^T\boldsymbol{B}$ 是非奇异的，即 $\det(\boldsymbol{B}^T\boldsymbol{B})\neq 0$，因此 $(\boldsymbol{B}^T\boldsymbol{B})^{-1}$ 存在。

我们要注意，除非 $s=n$，否则乘积 $\boldsymbol{BB}^T$ 是不可逆的。以下定理讨论 $s<n$ 的情况，而练习 4.13 讨论 $s=n$ 的情况。

定理 4.4.10 令 $\boldsymbol{B}$ 是行秩为 $\rho_r(\boldsymbol{B})<n$ 的 $n\times s$ 阶矩阵，那么 $n\times n$ 阶矩阵 $\boldsymbol{BB}^T$ 是对称半正定的，但不是正定的，也不可逆。

证明：

(a) 根据矩阵乘积运算律，$(\boldsymbol{BB}^T)^T=(\boldsymbol{B}^T)^T\boldsymbol{B}^T$；因为 $(\boldsymbol{B}^T)^T=\boldsymbol{B}$，故 $(\boldsymbol{B}^T)^T\boldsymbol{B}^T=\boldsymbol{BB}^T$。

因此 $\boldsymbol{BB}^T$ 是对称的。

(b) 对于任意 $n\times 1$ 阶矩阵 $\boldsymbol{y}\neq\boldsymbol{0}$，设 $\boldsymbol{x}=\boldsymbol{B}^T\boldsymbol{y}$。

这样 $\boldsymbol{y}^T(\boldsymbol{BB}^T)\boldsymbol{y}=(\boldsymbol{B}^T\boldsymbol{y})^T(\boldsymbol{B}^T\boldsymbol{y})=\boldsymbol{x}^T\boldsymbol{x}=\sum_{i=1}^{s}x_i^2\geqslant 0$。

因此，$\boldsymbol{BB}^T$ 是半正定的。

但是，$\boldsymbol{x}$ 即为矩阵 $\boldsymbol{B}$ 中 n 行的加权和。那么由 $\rho_r(\boldsymbol{B})<n$ 可知，存在一些 $\boldsymbol{y}^*\neq\boldsymbol{0}$ 使 $\boldsymbol{x}=\boldsymbol{0}$。

那么 $\boldsymbol{y}^{*T}(\boldsymbol{BB}^T)\boldsymbol{y}^*=\boldsymbol{0}^T\boldsymbol{0}=0$，因此 $\boldsymbol{BB}^T$ 不是正定的。

下述定理给出正定矩阵的一个重要性质。

定理 4.4.11 一个对称矩阵 $\boldsymbol{A}_{n\times n}$ 是正定的当且仅当所有 $\boldsymbol{A}$ 的特征值为正。

证明：根据定理 3.6.6，存在一个正交矩阵 $\boldsymbol{P}$ 使 $\boldsymbol{A}$ 对角化，即 $\boldsymbol{P}^{\mathrm{T}}\boldsymbol{A}\boldsymbol{P}=\boldsymbol{D}=\mathrm{diag}\ [\lambda_i]$，其中，$\lambda_i$ 是 $\boldsymbol{A}$ 的特征值。

令 $\boldsymbol{x}_{n\times 1}\neq\boldsymbol{0}$，定义 $\boldsymbol{y}=\boldsymbol{P}^{\mathrm{T}}\boldsymbol{x}\neq\boldsymbol{0}$。那么因为 $\boldsymbol{P}$ 是正交的，$\boldsymbol{x}=\boldsymbol{P}\boldsymbol{y}$。

因此，$\boldsymbol{x}^{\mathrm{T}}\boldsymbol{A}\boldsymbol{x}=(\boldsymbol{P}\boldsymbol{y})^{\mathrm{T}}\boldsymbol{A}\boldsymbol{P}\boldsymbol{y}=\boldsymbol{y}^{\mathrm{T}}\boldsymbol{P}^{\mathrm{T}}\boldsymbol{A}\boldsymbol{P}\boldsymbol{y}=\boldsymbol{y}^{\mathrm{T}}\boldsymbol{D}\boldsymbol{y}=\sum_{i=1}^{n}\lambda_i y_i^2$。

证明必要性（$\Leftarrow$）。令所有 $\lambda_i>0$。

那么 $\boldsymbol{x}^{\mathrm{T}}\boldsymbol{A}\boldsymbol{x}=\sum_{i=1}^{n}\lambda_i y_i^2>0$，$\boldsymbol{A}$ 是正定的。

证明充分性（$\Rightarrow$）。令 $\boldsymbol{A}$ 是正定的，那么 $\boldsymbol{x}^{\mathrm{T}}\boldsymbol{A}\boldsymbol{x}=\sum_{i=1}^{n}\lambda_i y_i^2>0$。现在用反证法证明。

现在假设某一个特征值不是正数，例如 λ_1；选择 $\boldsymbol{x}$ 为一个对应的特征向量。那么 $\boldsymbol{x}^{\mathrm{T}}\boldsymbol{A}\boldsymbol{x}=\lambda_1\boldsymbol{x}^{\mathrm{T}}\boldsymbol{x}=\lambda_1\sum_{i=1}^{n}x_i^2\leqslant 0$，这与 $\boldsymbol{A}$ 是正定的假设矛盾，即不是所有 λ_i 都是正数意味着 $\boldsymbol{A}$ 不是正定的。证毕。

推论 4.4.12 矩阵 $\boldsymbol{A}$ 是半正定的当且仅当所有 $\boldsymbol{A}$ 的特征值都是非负的。

给定 $\det(\boldsymbol{A})=\prod_{i=1}^{n}\lambda_i$（见定理 3.6.8），这是根据定理 4.4.11 得到的另一个有用的推论。

推论 4.4.13 对于正定矩阵 $\boldsymbol{A}$，我们有 $\det(\boldsymbol{A})>0$。

这是与推论 4.4.13 相似地结论，与接下来介绍的概念有关。

定义 4.4.3 同时删除方阵的若干行和若干列得到的子矩阵的行列式，叫做**主子式**（principal minor）。主子式的**阶数**（order）对应子矩阵的行（列）数。

这样，对于一个 $n\times n$ 阶矩阵 $\boldsymbol{A}$，1 阶主子式是 $a_{ii}(i=1,2,\cdots,n)$，它通过消去除了第 i 行和第 i 列外的所有行和列得到。2 阶主子式是 $\begin{vmatrix} a_{ii} & a_{ij} \\ a_{ji} & a_{jj} \end{vmatrix}$，它通过消去除了第 i、j 行以及第 i、j 列外的所有行和列得到，等等。总共有多少主子式的问题留作练习，见练习 4.14。

定理 4.4.14 一个对称正定矩阵的所有主子式（特别地，主对角线上的所有主子式）都是正数。

证明：根据定理 4.4.4 可以证明主子式为正。根据 $\boldsymbol{A}$ 中删除的列，删除 $n\times n$ 阶单位矩阵中对应的列，并令之等于 $\boldsymbol{B}$。举个例子，删除 $\boldsymbol{A}$ 和 $\boldsymbol{I}_n$ 中除了第 1 列和第 2 列外的所有其他列，得

$$\boldsymbol{B}=\begin{bmatrix} 1 & 0 \\ 0 & 1 \\ 0 & 0 \\ \vdots & \vdots \\ 0 & 0 \end{bmatrix}_{n\times 1}$$

那么 $\boldsymbol{B}^{\mathrm{T}}\boldsymbol{A}\boldsymbol{B}=\begin{bmatrix} a_{11} & a_{12} \\ a_{21} & a_{22} \end{bmatrix}$，根据定理 4.4.4，$\boldsymbol{B}^{\mathrm{T}}\boldsymbol{A}\boldsymbol{B}$ 是正定的。因此根据推论

4.4.13，我们有 $\begin{vmatrix} a_{11} & a_{12} \\ a_{21} & a_{22} \end{vmatrix} > 0$。对于所有其他的主子式也是类似的。

这样我们得到对称正定矩阵是非奇异的，有正的特征值、正的行列式和正的主子式这些重要结论。对称负定矩阵也有类似的结果：是非奇异的，但有负的特征值。不过在这种情况下行列式和主子式的符号取决于相关矩阵和子阵的阶数。因此对称矩阵的定性可以由其特征值和主子式的符号判定。不定的半定矩阵至少有一个零特征值，因此是奇异的。有符号不确定的特征值的矩阵是不定矩阵。

我们已经证明正（负）定矩阵的逆是正（负）定的。13.6.1 节中我们介绍方差—协方差矩阵这一正定矩阵时，将要用到这一结果。另外，需注意，如果 $\boldsymbol{P}$ 是一个 $n\times n$ 阶可逆矩阵，$\boldsymbol{A}$ 是任意一个 $n\times n$ 阶矩阵，那么 $\boldsymbol{A}$ 是（半）正定或（半）负定的当且仅当 $\boldsymbol{P}^{-1}\boldsymbol{A}\boldsymbol{P}$ 分别是（半）正定或（半）负定的。请回顾 3.5 节中关于相似矩阵的讨论。

4.4.1 矩阵的分解

这一节讲述对称正定矩阵的分解。

定理 4.4.15 如果 $\boldsymbol{A}_{n\times n}$ 是对称正定的，那么存在一个非奇异矩阵 $\boldsymbol{R}$ 使得 $\boldsymbol{A}$ 可分解为 $\boldsymbol{A}=\boldsymbol{R}\boldsymbol{R}^{\mathrm{T}}$。

证明： $\boldsymbol{A}$ 是可正交对角化的，我们可以写为 $\boldsymbol{P}^{\mathrm{T}}\boldsymbol{A}\boldsymbol{P}=\boldsymbol{D}=\mathrm{diag}[\lambda_i]$，其中 $\boldsymbol{P}$ 是可以使 $\boldsymbol{A}$ 对角化的正交矩阵，λ_i 是 $\boldsymbol{A}$ 的特征值（$i=1, 2, \cdots, n$）。因为所有 λ_i 都是正的，定义对角矩阵 $\boldsymbol{D}^{\frac{1}{2}}\equiv\mathrm{diag}\left[\sqrt{\lambda_i}\right]$，令 $\boldsymbol{R}\equiv\boldsymbol{P}\boldsymbol{D}^{\frac{1}{2}}$，那么

$$\boldsymbol{R}\boldsymbol{R}^{\mathrm{T}}=\boldsymbol{P}\boldsymbol{D}^{\frac{1}{2}}(\boldsymbol{P}\boldsymbol{D}^{\frac{1}{2}})^{\mathrm{T}}=\boldsymbol{P}\boldsymbol{D}\boldsymbol{P}^{\mathrm{T}}=\boldsymbol{P}(\boldsymbol{P}^{\mathrm{T}}\boldsymbol{A}\boldsymbol{P})\boldsymbol{P}^{\mathrm{T}}=(\boldsymbol{P}\boldsymbol{P}^{\mathrm{T}})\boldsymbol{A}(\boldsymbol{P}\boldsymbol{P}^{\mathrm{T}})=\boldsymbol{I}\boldsymbol{A}\boldsymbol{I}=\boldsymbol{A} \quad (4.25)$$

(因为 $\boldsymbol{P}$ 是正交的。)

根据前面平方根的定义可知，$\boldsymbol{R}$ 不是唯一的；$-\boldsymbol{R}$ 也不唯一。$\boldsymbol{R}$ 的列等于 $\boldsymbol{A}$ 的正交特征向量乘以相应特征值的平方根。重新排列这些列，$\boldsymbol{A}=\boldsymbol{R}\boldsymbol{R}^{\mathrm{T}}$ 的性质不变。更一般地，设 $\boldsymbol{F}$ 为同型的正交矩阵，有 $\boldsymbol{A}=\boldsymbol{R}\boldsymbol{F}(\boldsymbol{R}\boldsymbol{F})^{\mathrm{T}}$。

3.6.1 节中定义的平方根可以写为 $\boldsymbol{A}^{\frac{1}{2}}=\boldsymbol{R}\boldsymbol{P}^{\mathrm{T}}=\boldsymbol{P}\boldsymbol{D}^{\frac{1}{2}}\boldsymbol{P}^{\mathrm{T}}$，或者 $\boldsymbol{A}^{\frac{1}{2}}=\boldsymbol{P}\boldsymbol{R}^{\mathrm{T}}=\boldsymbol{P}\boldsymbol{D}^{\frac{1}{2}}\boldsymbol{P}^{\mathrm{T}}$，见练习 4.17。因为特征值都是正的，因此，$\boldsymbol{D}$ 和 $\boldsymbol{D}^{\frac{1}{2}}$ 都是可逆的；又因为特征向量是正交的，当 $\boldsymbol{A}$ 是对称正定的时，平方根 $\boldsymbol{A}^{\frac{1}{2}}=\boldsymbol{P}\boldsymbol{D}^{\frac{1}{2}}\boldsymbol{P}^{\mathrm{T}}$ 既对称又可逆。如果 $\boldsymbol{D}^{\frac{1}{2}}$ 对角线上的元素是特征值的正平方根，那么 $\boldsymbol{A}^{\frac{1}{2}}$ 也是正定的（根据推论 4.4.5）。

定理 4.4.15 中的分解具有不唯一性，可以通过所谓的**三角分解法**或**三角分解**来弥补。这是下一个定理的主要内容。

定理 4.4.16 令 $\boldsymbol{A}_{n\times n}$ 为对称正定矩阵，那么存在一个唯一的 $\boldsymbol{A}$ 的分解，即 $\boldsymbol{A}=\boldsymbol{L}\boldsymbol{D}\boldsymbol{L}^{\mathrm{T}}$，其中 $\boldsymbol{L}$ 是一个对角线上元素均为 1 的下三角矩阵，$\boldsymbol{D}$ 是一个对角线上元素均为正数的对角矩阵。

证明： 从 2.5.5 节我们知道，初等行列变换可以通过对 $\boldsymbol{A}$ 左乘或者右乘相应

的初等矩阵来实现。有关这个定理的详细证明可以在 Hamilton（1994，4.4 节）中找到。令 $\boldsymbol{E}_1$ 为初等矩阵，满足

$$\boldsymbol{E}_1\boldsymbol{A}\boldsymbol{E}_1^{\mathrm{T}}=\boldsymbol{B} \tag{4.26}$$

令 $\boldsymbol{B}$ 中 b_{11} 非零，第 1 行和第 1 列其他所有元素均为零。相似地，令 $\boldsymbol{E}_2$ 为初等矩阵，满足

$$\boldsymbol{E}_2\boldsymbol{B}\boldsymbol{E}_2^{\mathrm{T}}=\boldsymbol{C} \tag{4.27}$$

保持 $\boldsymbol{B}$ 的第 1 行和第 1 列不变，但令 $\boldsymbol{C}$ 中 c_{22} 非零，$\boldsymbol{C}$ 的第 2 行和第 2 列的其他所有元素均为零。继续用这种方式，我们得到，对于对称正定矩阵 $\boldsymbol{A}$ 存在初等矩阵 $\boldsymbol{E}_1$，$\boldsymbol{E}_2$，…，$\boldsymbol{E}_{n-1}$，满足

$$\boldsymbol{E}_{n-1}\cdots\boldsymbol{E}_2\boldsymbol{E}_1\boldsymbol{A}\boldsymbol{E}_1^{\mathrm{T}}\boldsymbol{E}_2^{\mathrm{T}}\cdots\boldsymbol{E}_{n-1}^{\mathrm{T}}=\boldsymbol{D} \tag{4.28}$$

其中 $\boldsymbol{D}=\mathrm{diag}[d_i]$，对于所有 i，有 $d_i>0$。$\boldsymbol{A}$ 的正定性和 $\boldsymbol{B}$、$\boldsymbol{C}$ 等的正定性保证了矩阵 $\boldsymbol{E}_i$ 的存在，这由定理 4.4.4 和 $\boldsymbol{E}_i$ 是非奇异的事实可以得到。另外，$\boldsymbol{E}_i$ 都是下三角矩阵，主对角线元素均为 1，主对角线下方有非零元素，主对角线上方元素均为 0。这样，根据 2.3.2 节行列式的性质 3，对于所有 i，有 $\det(\boldsymbol{E}_i)=1$，因而对于所有 i，$\boldsymbol{E}_i^{-1}$ 存在。因此我们可以定义矩阵

$$\boldsymbol{L}=(\boldsymbol{E}_{n-1}\cdots\boldsymbol{E}_2\boldsymbol{E}_1)^{-1}=\boldsymbol{E}_1^{-1}\boldsymbol{E}_2^{-1}\cdots\boldsymbol{E}_{n-1}^{-1} \tag{4.29}$$

由于 $\boldsymbol{E}_i$ 是下三角矩阵，因此 $\boldsymbol{E}_i^{-1}$ 也是下三角矩阵，从而上式也是下三角矩阵。将式（4.28）左乘 $\boldsymbol{L}$、右乘 $\boldsymbol{L}^{\mathrm{T}}$，那么得到三角分解结果

$$\boldsymbol{A}=\boldsymbol{L}\boldsymbol{D}\boldsymbol{L}^{\mathrm{T}} \tag{4.30}$$

与详细证明相比，通过反证法证明分解的唯一性是非常容易的，见练习 4.18。

推论 4.4.17 一个对称正定矩阵 $\boldsymbol{A}$ 可以被分解为 $\boldsymbol{A}=\boldsymbol{L}^*\boldsymbol{L}^{*\mathrm{T}}$，其中 $\boldsymbol{L}^*$ 为一个下三角矩阵。

证明： 如果 $\boldsymbol{A}$ 是一个对称正定矩阵，那么根据三角分解有 $\boldsymbol{A}=\boldsymbol{L}\boldsymbol{D}\boldsymbol{L}^{\mathrm{T}}$，其中 $\boldsymbol{L}$ 是一个下三角矩阵，对角线上元素均为 1，$\boldsymbol{D}=\mathrm{diag}[d_i]$（对于所有 i，有 $d_i>0$）。定义 $\boldsymbol{D}^{\frac{1}{2}}=\mathrm{diag}[\sqrt{d_i}]$，于是 $\boldsymbol{D}^{\frac{1}{2}}\boldsymbol{D}^{\frac{1}{2}}=\boldsymbol{D}$。那么

$$\boldsymbol{A}=\boldsymbol{L}\boldsymbol{D}\boldsymbol{L}^{\mathrm{T}}=\boldsymbol{L}\boldsymbol{D}^{\frac{1}{2}}\boldsymbol{D}^{\frac{1}{2}}\boldsymbol{L}^{\mathrm{T}}=\boldsymbol{L}\boldsymbol{D}^{\frac{1}{2}}(\boldsymbol{L}\boldsymbol{D}^{\frac{1}{2}})^{\mathrm{T}} \tag{4.31}$$

或者 $\boldsymbol{A}=\boldsymbol{L}^*\boldsymbol{L}^{*\mathrm{T}}$，其中 $\boldsymbol{L}^*=\boldsymbol{L}\boldsymbol{D}^{\frac{1}{2}}$。

这个推论中，三角分解的形式称作 $\boldsymbol{A}$ 的**切罗斯基**（Cholesky）**分解**或者**切罗斯基因子分解法**。① 同定理 4.4.16 中的矩阵 $\boldsymbol{L}$ 一样，尽管主对角线上是 $\sqrt{d_i}$ 而不是 1，但矩阵 $\boldsymbol{L}^*$ 是下三角矩阵。事实上，$\boldsymbol{L}^*$ 是由 $\boldsymbol{L}$ 的各列与其对应的 $\sqrt{d_i}$ 的值相乘得到的矩阵，即

① 切罗斯基（Cholesky）分解或者因子分解是以法国军官和数学家 André-Louis Cholesky（1875—1918）少校的名字命名的。切罗斯基在第一次世界大战中牺牲，该方法在其死后由他的军官同事在 1924 年出版。

$$\boldsymbol{L}^{*}=\left[\sqrt{d_1}\boldsymbol{l}_1 \quad \sqrt{d_2}\boldsymbol{l}_2 \quad \cdots \quad \sqrt{d_n}\boldsymbol{l}_n\right] \tag{4.32}$$

其中 $\boldsymbol{l}_i$ 表示 $\boldsymbol{L}$ 的第 i 列。因为矩阵 $\boldsymbol{L}^{*\mathrm{T}}$ 是上三角的，故 Cholesky 分解看起来是 ***LU* 分解**或 ***LU* 因子分解法**的一个特例。就像其名字暗示的，这是把特定矩阵分解为一个下三角矩阵和一个上三角矩阵的乘积的形式，尽管这个上三角矩阵通常不是下三角矩阵的逆矩阵。①

4.4.2 比较矩阵

在定义 1.3.1 中，我们定义了矩阵相等的概念，但是到目前为止还没有谈到矩阵的不相等。定性的定义提供了一种比较特定不相等的矩阵的方法，从而填补了空白。

假设矩阵 $\boldsymbol{A}$ 和 $\boldsymbol{B}$ 是对称的并且具有相同的维数，两者的比较可基于

$$d \equiv \boldsymbol{x}^{\mathrm{T}}\boldsymbol{A}\boldsymbol{x}-\boldsymbol{x}^{\mathrm{T}}\boldsymbol{B}\boldsymbol{x}=\boldsymbol{x}^{\mathrm{T}}(\boldsymbol{A}-\boldsymbol{B})\boldsymbol{x} \tag{4.33}$$

特别地，如果对于所有 $\boldsymbol{x}\neq\boldsymbol{0}$，有 $d>0$，那么根据定义 4.4.1，$\boldsymbol{A}-\boldsymbol{B}$ 是正定的。在这个层面上，我们可以记为 $\boldsymbol{A}>\boldsymbol{B}$ 并说 $\boldsymbol{A}$ “大于” $\boldsymbol{B}$。类似地，如果对于所有 $\boldsymbol{x}\neq\boldsymbol{0}$，有 $d\geqslant 0$，我们可以记为 $\boldsymbol{A}\geqslant\boldsymbol{B}$；如果对于所有 $\boldsymbol{x}\neq\boldsymbol{0}$，有 $d<0$，我们可以记为 $\boldsymbol{A}<\boldsymbol{B}$；如果对于所有 $\boldsymbol{x}\neq\boldsymbol{0}$，有 $d\leqslant 0$，我们可以写 $\boldsymbol{A}\leqslant\boldsymbol{B}$。即如果 $\boldsymbol{A}-\boldsymbol{B}$ 分别是半正定、负定和半负定的，则 $\boldsymbol{A}$ “不小于”，“小于” 和 “不大于” $\boldsymbol{B}$。但是要注意这种分类并不完备：$\boldsymbol{A}-\boldsymbol{B}$ 可以是不定的。在这种情况下，两个矩阵之间的简单比较是不可能的。

根据比较准则中的第一条，如果 $\boldsymbol{A}$ 是正定的，而 $\boldsymbol{B}$ 是半正定的，那么 $\boldsymbol{A}+\boldsymbol{B}\geqslant\boldsymbol{A}$。另一个直观的结果是，如果 $\boldsymbol{A}$ 和 $\boldsymbol{B}$ 都是正定的，且 $\boldsymbol{A}>\boldsymbol{B}$，那么 $\boldsymbol{B}^{-1}>\boldsymbol{A}^{-1}$。这个证明留作练习，可根据定理 4.4.11 和矩阵特征值及其逆矩阵得到，见练习 4.19 并回顾练习 3.12。

4.4.3 广义特征值和特征向量

根据定矩阵和矩阵平方根的知识，我们可以推广第 3 章中讨论的特征值问题。这个问题与**广义特征方程**的求解有关，例如时间序列计量经济学中的协整分析。对于标量 λ 以及 n 维向量 $\boldsymbol{x}\neq\boldsymbol{0}$，广义特征方程为

$$\boldsymbol{A}\boldsymbol{x}=\lambda\boldsymbol{B}\boldsymbol{x} \tag{4.34}$$

其中，$\boldsymbol{A}$ 和 $\boldsymbol{B}$ 是 $n\times n$ 阶矩阵。当 $\boldsymbol{B}=\boldsymbol{I}_n$ 时，即为标准的特征值问题。在一般情况下，我们称 λ 是 $\boldsymbol{A}$ 关于 $\boldsymbol{B}$ 的一个**广义特征值**，$\boldsymbol{x}$ 是 $\boldsymbol{A}$ 关于 $\boldsymbol{B}$ 的一个**广义特征向量**。在一般情况下，λ 的值原则上可以通过求解行列式方程

① 对于 LU 分解的细节可以参见，例如，Anton and Rorres（2011，p. 480）。

$$|\boldsymbol{A}-\lambda\boldsymbol{B}|=0 \tag{4.35}$$

得出。对于一个给定的 λ，相关的向量 $\boldsymbol{x}$ 根据齐次线性方程组的解得到

$$(\boldsymbol{A}-\lambda\boldsymbol{B})\boldsymbol{x}=\boldsymbol{0} \tag{4.36}$$

不幸的是，尽管求解过程看起来和之前详细讨论过的普通例子是一样的，但实际上此处更复杂。比如，如果 $\boldsymbol{B}$ 是奇异的，那么可能 n 个特征值不存在；事实上，可能根本没有 λ 的解。

例 4.4.1 考虑矩阵

$$\boldsymbol{A}=\begin{bmatrix}-1 & 0\\ 0 & 1\end{bmatrix}\text{和 }\boldsymbol{B}=\begin{bmatrix}2 & 2\\ 2 & 2\end{bmatrix} \tag{4.37}$$

那么

$$\begin{aligned}|\boldsymbol{A}-\lambda\boldsymbol{B}|&=\begin{vmatrix}-1-2\lambda & -2\lambda\\ -2\lambda & 1-2\lambda\end{vmatrix}\\ &=-(1+2\lambda)(1-2\lambda)-4\lambda^2\\ &=-1\end{aligned} \tag{4.38}$$

因此式（4.35）和广义特征值问题无解。

我们可以看看更一般地例子会怎样，例如 2×2 阶矩阵 $\boldsymbol{A}=[a_{ij}]$ 和 $\boldsymbol{B}=[b_{ij}]$。这样我们有

$$\begin{aligned}|\boldsymbol{A}-\lambda\boldsymbol{B}|&=\begin{vmatrix}a_{11}-\lambda b_{11} & a_{12}-\lambda b_{12}\\ a_{21}-\lambda b_{21} & a_{22}-\lambda b_{22}\end{vmatrix}\\ &=(a_{11}-\lambda b_{11})(a_{22}-\lambda b_{22})-(a_{12}-\lambda b_{12})(a_{21}-\lambda b_{21})\\ &=a_{11}a_{22}-a_{12}a_{21}+(a_{21}b_{12}-a_{22}b_{11}-a_{11}b_{22}+a_{12}b_{21})\lambda\\ &\quad+(b_{11}b_{22}-b_{12}b_{21})\lambda^2\end{aligned} \tag{4.39}$$

如果 $\boldsymbol{B}$ 是奇异的，那么 $b_{11}b_{22}-b_{12}b_{21}=|\boldsymbol{B}|=0$，含 λ^2 的项消失了。在这种情况下，如果 $a_{21}b_{12}-a_{22}b_{11}-a_{11}b_{22}+a_{12}b_{21}\neq0$，就会有一个广义特征值；但是如果 $a_{21}b_{12}-a_{22}b_{11}-a_{11}b_{22}+a_{12}b_{21}=0$ 且 $\det(\boldsymbol{A})=a_{11}a_{22}-a_{12}a_{21}\neq0$，那么广义特征值不存在。

令 $\boldsymbol{B}$ 为非奇异的，可以用解 $|\boldsymbol{B}^{-1}\boldsymbol{A}-\lambda\boldsymbol{I}|=0$ 的普通方法来解广义特征值，即用 $\boldsymbol{B}^{-1}$ 左乘式（4.34）。等价地，这个解也可以通过 $|\boldsymbol{A}\boldsymbol{B}^{-1}-\lambda\boldsymbol{I}|=0$ 得到，见练习 4.20。

如果 $\boldsymbol{B}$ 是对称正定的，则 $\boldsymbol{B}$ 的平方根的逆存在，那么 λ 可以通过下述标准问题解得

$$|\boldsymbol{B}^{-\frac{1}{2}}\boldsymbol{A}\boldsymbol{B}^{-\frac{1}{2}}-\lambda\boldsymbol{I}|=0 \tag{4.40}$$

如果 $\boldsymbol{x}$ 是 $\boldsymbol{B}^{-\frac{1}{2}}\boldsymbol{A}\boldsymbol{B}^{-\frac{1}{2}}$ 对应式（4.40）中 λ 的一个特征向量，那么

$$\boldsymbol{B}^{-\frac{1}{2}}\boldsymbol{A}\boldsymbol{B}^{-\frac{1}{2}}\boldsymbol{x}=\lambda\boldsymbol{x}=\lambda\boldsymbol{B}^{\frac{1}{2}}\boldsymbol{B}^{-\frac{1}{2}}\boldsymbol{x} \tag{4.41}$$

这意味着

$$A(B^{-\frac{1}{2}}x)=\lambda B(B^{-\frac{1}{2}}x) \tag{4.42}$$

因此 $y=B^{-\frac{1}{2}}x$ 是 A 关于 B 的广义特征向量，对应广义特征值 λ。

即使 A 和 B 都是对称矩阵，广义特征向量通常也不是正交的。但是，对于一对广义特征向量，例如 y_i 和 y_j，如果 A 和 B 是对称的，B 是正定的，那么 $y_i^T B y_j=0$。这可以通过 $y_i=B^{-\frac{1}{2}}x_i$ 和 $y_j=B^{-\frac{1}{2}}x_j$ 的定义以及标准问题的特征向量的结果得到。

练　习

4.1　当焦点参数 a 趋于 0 时，分别利用式（4.1）和式（4.5）证明：

(a) 抛物线塌向 x 轴正半轴。

(b) 椭圆塌向原点。

4.2　利用方程（4.9）证明当焦点参数 a 趋于 0 时，双曲线渐近于一对直线 $y=\pm(b/a)x$，即其渐近线。

4.3　将下列二次型写成 x^TAx 的矩阵形式：

$4x_1^2+9x_2^2+2x_3^2-8x_2x_3+6x_3x_1-6x_1x_2$

$x_1^2+16x_2^2+12x_3^2+x_4^2$

$x_1^2+x_2^2+x_3^2+x_4^2+x_5^2$

4.4　检验下列二次型的正定性：

$6x_1^2+49x_2^2+51x_3^2-82x_2x_3+20x_1x_3-4x_1x_2$

$4x_1^2+9x_2^2+2x_3^2+6x_1x_2+6x_1x_3+8x_2x_3$

4.5　令 $A=\begin{bmatrix}1&0&0\\0&2&0\\0&0&3\end{bmatrix}$ 和 $B=\begin{bmatrix}1&2\\0&1\\2&0\end{bmatrix}$。找到 A 的所有主子式的值，并且证明 A 是正定的。确定 B 的行秩和列秩。算出乘积 B^TAB 并证明它也是正定的。

4.6　验证矩阵 $A=\begin{bmatrix}0&1\\-1&0\end{bmatrix}$ 的定性。结合 3.3.1 节中推导出的矩阵特征值，谈谈你的结论。

4.7　利用定理 4.4.15 中定义的分解，找到一个非奇异矩阵 R 使得矩阵 $A=\begin{bmatrix}4&2\\2&2\end{bmatrix}$ 可以写成 $A=RR^T$。将你的结果与切罗斯基分解 $A=L^*L^{*T}$ 相比较，其中 L^* 是一个下三角矩阵。

4.8　找到 A 关于 B 的广义特征值以及与之对应的广义特征向量，其中 $A=\begin{bmatrix}1&0\\0&-1\end{bmatrix}$：

(a) $B=\begin{bmatrix}2&1\\2&3\end{bmatrix}$；

(b) $B=\begin{bmatrix}2&1\\1&2\end{bmatrix}$。

4.9　证明：当且仅当 $-\boldsymbol{A}$ 是正定的，方阵 $\boldsymbol{A}$ 是负定的。

4.10　证明定理 4.4.3。

4.11　令 $\boldsymbol{A}$ 为一个 $n\times n$ 阶对称负定矩阵，$\boldsymbol{B}$ 为 $n\times s$（$s\leqslant n$）阶，秩 $\rho(\boldsymbol{B})=s$ 的矩阵。证明 $\boldsymbol{B}^{\mathrm{T}}\boldsymbol{A}\boldsymbol{B}$ 是对称负定的。回顾定理 4.4.4 的证明。

4.12　证明：如果 $\boldsymbol{A}$ 是负定的，那么 $\boldsymbol{A}$ 是非奇异的并且 $\boldsymbol{A}^{-1}$ 也是负定的。

4.13　令 $\boldsymbol{B}$ 为 $n\times s$（$s\leqslant n$）阶，行秩 $\rho_{\mathrm{r}}(\boldsymbol{B})=r\leqslant s$ 的矩阵。证明：

(a) 当 $r<s\leqslant n$ 时，$\boldsymbol{B}\boldsymbol{B}^{\mathrm{T}}$ 是半正定的。

(b) 当 $r=s=n$ 时，$\boldsymbol{B}\boldsymbol{B}^{\mathrm{T}}$ 是正定的。

4.14　令 $\boldsymbol{A}$ 为一个 $n\times n$ 阶矩阵。除 $\det(\boldsymbol{A})$ 外，$\boldsymbol{A}$ 总共有多少主子式?

4.15　令 $\boldsymbol{B}$ 为一个 $n\times n$ 阶矩阵，列秩 $\rho_{\mathrm{c}}(\boldsymbol{B})=s(s\leqslant n)$。证明 $\rho_{\mathrm{c}}(\boldsymbol{B}^{\mathrm{T}}\boldsymbol{B})=s$，以及 $\rho_{\mathrm{c}}(\boldsymbol{B}\boldsymbol{B}^{\mathrm{T}})=s$。

4.16　考察一个幂等矩阵 $\boldsymbol{M}$。证明 $\rho_{\mathrm{c}}(\boldsymbol{M})=\mathrm{tr}(\boldsymbol{M})$，即 $\boldsymbol{M}$ 的秩等于 $\boldsymbol{M}$ 的迹。

4.17　令 $\boldsymbol{A}$ 为一个对称正定矩阵。利用定理 4.4.15 中给出的 $\boldsymbol{R}$ 的定义，以及定义 3.6.3 中给出的 $\boldsymbol{A}^{\frac{1}{2}}$ 的定义，证明 $\boldsymbol{R}\boldsymbol{R}^{\mathrm{T}}=\boldsymbol{A}^{\frac{1}{2}}\boldsymbol{A}^{\frac{1}{2}}$。

4.18　令 $\boldsymbol{A}$ 为一个对称正定矩阵。证明三角分解 $\boldsymbol{A}=\boldsymbol{L}\boldsymbol{D}\boldsymbol{L}^{\mathrm{T}}$，其中 $\boldsymbol{L}$ 是一个下三角矩阵，$\boldsymbol{D}$ 是一个对角元素均为正的对角矩阵，并且是唯一的。可利用反证法（即，假设非唯一：例如 $\boldsymbol{A}=\boldsymbol{L}_1\boldsymbol{D}_1\boldsymbol{L}_1^{\mathrm{T}}$ 和 $\boldsymbol{A}=\boldsymbol{L}_2\boldsymbol{D}_2\boldsymbol{L}_2^{\mathrm{T}}$）。

4.19　设 $\boldsymbol{A}$ 和 $\boldsymbol{B}$ 为同阶对称正定矩阵。

(a) 证明：当 $\boldsymbol{A}$ 和 $\boldsymbol{B}$ 的特征值分别都按从小到大的顺序排列时，如果 $\boldsymbol{A}$ 的每一个特征值都比 $\boldsymbol{B}$ 对应的特征值大，那么 $\boldsymbol{A}-\boldsymbol{B}$ 是正定的。

(b) 证明 $\boldsymbol{B}^{-1}-\boldsymbol{A}^{-1}$ 是正定的。

4.20　令 $\boldsymbol{B}$ 为非奇异矩阵。证明：如果 $\boldsymbol{A}-\lambda\boldsymbol{B}$ 是奇异的，那么 $\boldsymbol{B}^{-1}\boldsymbol{A}-\lambda\boldsymbol{I}$ 和 $\boldsymbol{A}\boldsymbol{B}^{-1}-\lambda\boldsymbol{I}$ 也是奇异的。证明：$|\boldsymbol{B}^{-1}\boldsymbol{A}-\lambda\boldsymbol{I}|=0$ 和 $|\boldsymbol{A}\boldsymbol{B}^{-1}-\lambda\boldsymbol{I}|=0$ 对同一个 λ 有相同的解。

第 5 章　向量与向量空间

5.1　引言

通常，我们把既有方向又有大小的量称为**向量**，而**空间**则类似于我们书写的二维空间，以及生活和活动的三维空间。因此，向量与只有大小的标量不同。本章的目的在于整理与实 n 维空间或 n 维空间中的向量相关的结论。研究方法包括几何法和解析法。以往我们在代数学习中遇到过的 $n\times1$ 阶和 $1\times n$ 阶矩阵，在向量几何中将被全新诠释，而解析法本身则对应矩阵代数。因为我们已经对一维、二维、三维空间的概念非常熟悉，这些空间易于想象，从而我们将从二维空间（$\mathbb{R}^2$）和三维空间（$\mathbb{R}^3$）入手，以便于直观阐述主要思想。我们将很快发现，这些向量分别与 2×1 阶和 3×1 阶矩阵相关联。而之后的推广不仅引领我们从二维和三维空间到 n 维空间和 $n\times1$ 阶矩阵，而且将 n 维空间中向量的主要性质抽象出来，这样它们可以用到各种各样的对象上，而不仅仅局限于实数列矩阵或实数行矩阵。

5.2 二维与三维空间中的向量

5.2.1 向量几何

在二维空间中，即**平面、欧几里得（欧氏）平面**或**笛卡儿平面**，几何方法就是用箭头表示向量，即以箭头的长度表示向量的大小，而以箭头相对于平面中一些基准点的方向表示向量的方向。在平面中画向量时，我们不仅要知道向量的方向和大小，还要知道它的位置。因此三个向量 $\mathbf{v}$，$\mathbf{w}$ 和 $\mathbf{z}$，可同时在图 5—1 中表示出来。为了与标量区分开来，与先前的矩阵一样，向量我们用黑体表示。

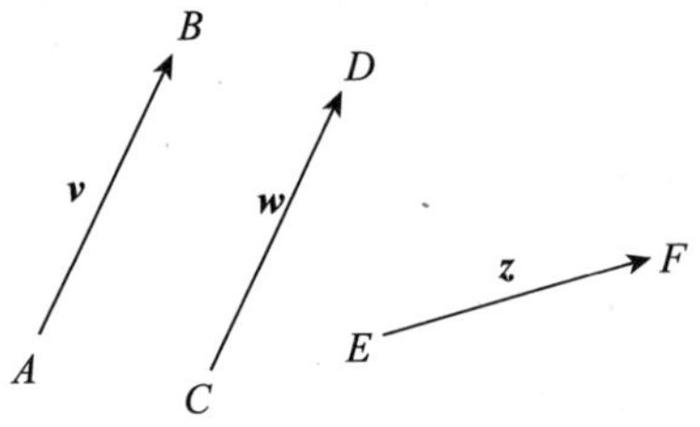

图 5—1 二维空间中的向量

向量 $\mathbf{v}$ 从起点 A 开始，于终点 B 结束，向量 $\mathbf{w}$ 始于 C 终于 D，向量 $\mathbf{z}$ 始于 E 终于 F。为了清楚地表示终点和起点，我们可以记为 $\mathbf{v}=\overrightarrow{AB}$，$\mathbf{w}=\overrightarrow{CD}$，$\mathbf{z}=\overrightarrow{EF}$，表示 $\mathbf{v}$ 是连接起点 A 和终点 B 的向量，$\mathbf{w}$ 和 $\mathbf{z}$ 也与之类似。记住这种几何表示方式，我们就可以介绍以下的概念。

定义 5.2.1 当向量有相同的长度和方向时，即使位置不同，也可以称为**等价**。

定义 5.2.2 等价向量称为**相等**向量。

可以认为等价向量是相等的，因为我们只考虑长度和方向。例如，图 5—1 中的 $\mathbf{v}$ 和 $\mathbf{w}$ 是等价向量，因为它们有相同的长度和方向。以后可以记为 $\mathbf{v}=\mathbf{w}$。相比之下，$\mathbf{v}\neq\mathbf{z}$；$\mathbf{z}$ 与 $\mathbf{v}$ 的方向与长度都不同。

定义 5.2.3（向量的加法） 将一个向量的起点置于另一个向量的终点，连接第一个向量的起点和第二个向量的终点的向量，称为两个向量的**和**。

例如，取向量 $\mathbf{v}=\overrightarrow{AB}$ 和 $\mathbf{z}=\overrightarrow{EF}$，并将 $\mathbf{z}$ 的起点置于 B，$\mathbf{v}+\mathbf{z}=\overrightarrow{AB}+\overrightarrow{BC^*}=\overrightarrow{AC^*}$。图 5—2 说明了这个过程，同时，通过同样的几何作图，将 $\mathbf{z}$ 的起点置于 A，将 $\mathbf{v}$ 的起点置于 $\mathbf{z}$ 的终点，则 $\mathbf{z}+\mathbf{v}=\overrightarrow{AB^*}+\overrightarrow{B^*C^*}=\overrightarrow{AC^*}=\mathbf{v}+\mathbf{z}$。向量的加法满足交换律。将两个加法置于同一个起点，形成同一个向量四边形，是阐述交换律的便捷方式。

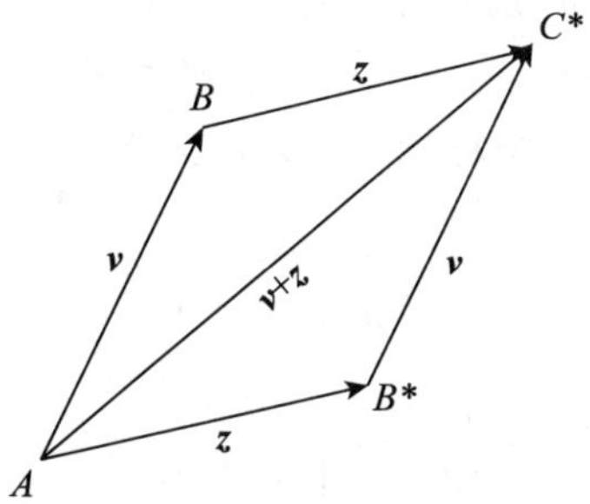

图 5—2　向量的加法

定义 5.2.4　**零向量**是大小（长度）为零的向量。

以 **0** 表示零向量，对于任意的向量 $\boldsymbol{v}$，它满足 $\boldsymbol{0}+\boldsymbol{v}=\boldsymbol{v}$ 的向量加法法则。零向量的方向是任意的。

定义 5.2.5　与给定的向量 $\boldsymbol{v}$ 大小相同方向相反的向量，称为**负向量**，记为 $-\boldsymbol{v}$，见图 5—3。

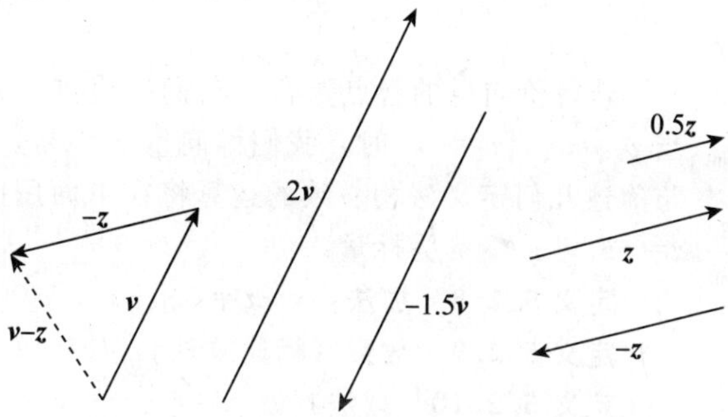

图 5—3　向量的数乘（标量乘法）和减法

我们定义 $-\boldsymbol{0}\equiv\boldsymbol{0}$。

定义 5.2.6（向量的减法）　给定两个向量 $\boldsymbol{z}$ 和 $\boldsymbol{v}$，根据向量加法和负向量的定义，可以看出 $\boldsymbol{v}-\boldsymbol{z}=\boldsymbol{v}+(-\boldsymbol{z})$，见图 5—3。

那么 $\boldsymbol{v}-\boldsymbol{v}=\boldsymbol{v}+(-\boldsymbol{v})=\boldsymbol{0}$。

定义 5.2.7（向量的数乘（标量乘法））　令 $\boldsymbol{v}$ 为一个向量，k 为一个数（标量），则 $k\boldsymbol{v}$ 是长度为 $\boldsymbol{v}$ 的 $|k|$ 倍的向量。若 $k>0$，其方向与 $\boldsymbol{v}$ 相同，若 $k<0$，则方向与 $\boldsymbol{v}$ 相反。当 $k=0$ 或 $\boldsymbol{v}=\boldsymbol{0}$ 时，我们定义 $k\boldsymbol{v}\equiv\boldsymbol{0}$。

$\boldsymbol{v}$ 的负向量是当 $k=-1$ 时的特殊情况。图 5—3 解释了一些其他情况。

5.2.2　解析几何

通过坐标系的应用，很多涉及向量和向量几何的问题可以被简化。在平面中使用直角**坐标系**，并将一个向量 $\boldsymbol{v}$ 的起点置于坐标系的原点，其终点可表示为两个坐标 v_1 和 v_2，见图 5—4。实际上，可以记为 $\boldsymbol{v}=(v_1, v_2)$，并称坐标 v_1 和

v_2 为 $\boldsymbol{v}$ 的分量或元素。[①] 根据毕达哥拉斯定理，$\boldsymbol{v}$ 的大小，即向量的长度，可以表示为 $\sqrt{v_1^2+v_2^2}$，取正平方根。$\boldsymbol{v}$ 的方向用它与水平轴或垂直轴形成的夹角来表示。坐标轴也可以定义方向的正负。关于坐标系本身，我们稍后将详细介绍。

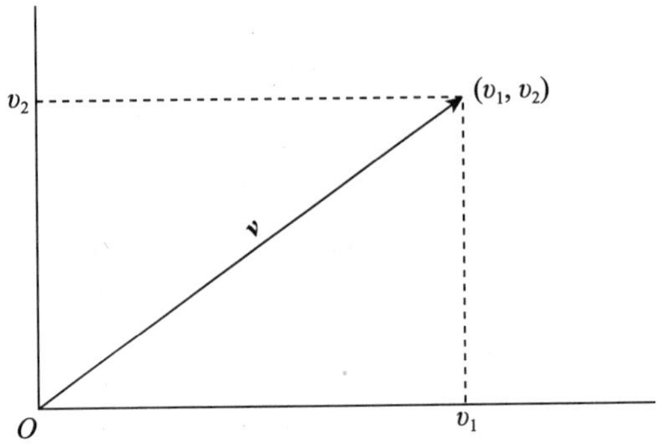

图 5—4　向量坐标

若等价向量的起点重合，它们也将重合并有相同的坐标。因此，当且仅当 $v_1=w_1$，$v_2=w_2$ 时，我们称向量 $\boldsymbol{v}=(v_1,\ v_2)$ 和 $\boldsymbol{w}=(w_1,\ w_2)$ 相等。其他与前述几何定义法相一致的运算将在下面用向量坐标表示。令 $\boldsymbol{v}=(v_1,\ v_2)$，$\boldsymbol{z}=(z_1,\ z_2)$，$k$ 为标量。

定义 5.2.8　加法：$\boldsymbol{v}+\boldsymbol{z}=(v_1+z_1,\ v_2+z_2)$。

定义 5.2.9　数乘（标量乘法）：$k\boldsymbol{v}=(kv_1,\ kv_2)$。

定义 5.2.10　减法：$\boldsymbol{v}-\boldsymbol{z}=(v_1-z_1,\ v_2-z_2)$。

本文没有给出证明，但是可以通过坐标图（见图 5—5）和简单的几何知识予以证明。图 5—5 描述了向量的加法（$\boldsymbol{v}+\boldsymbol{z}$）和向量的数乘（标量乘法）（$k\boldsymbol{z}$，$k=2.5$）。

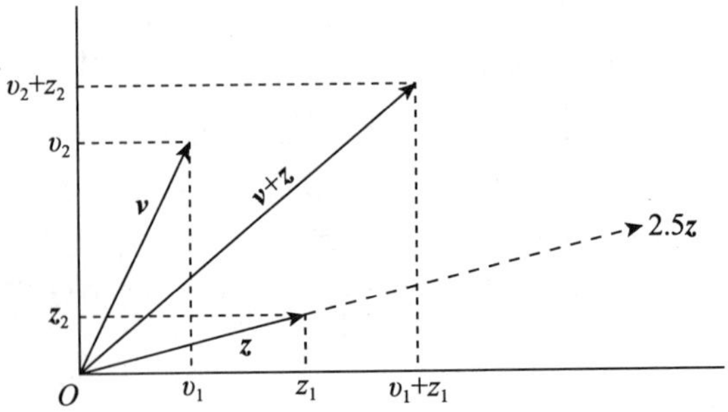

图 5—5　向量加法

① 对 1×2 阶或者 2×1 阶矩阵是相似地，这显而易见。

平移

如果一个向量的起点不在原点，它的分量可以通过终点坐标减起点坐标来得到。因此，对于图 5—6 中描述的向量 $\boldsymbol{v}$，有

$$\boldsymbol{v}=\overrightarrow{P_1P_2}=\overrightarrow{OP_2}-\overrightarrow{OP_1}$$
$$=(x_2,y_2)-(x_1,y_1)=(x_2-x_1,y_2-y_1) \tag{5.1}$$

这种运算称为**平移**。

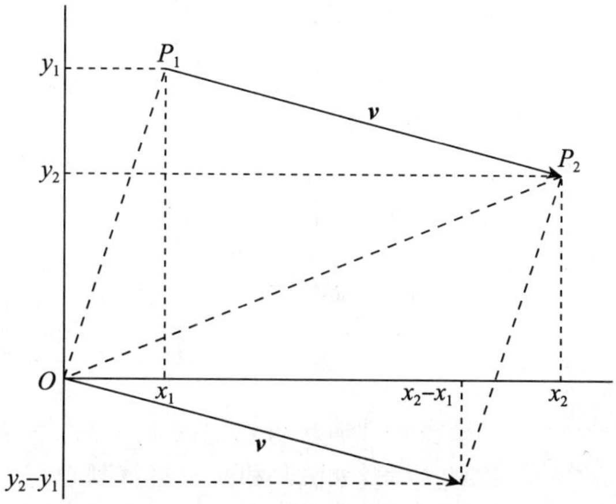

图 5—6　向量平移

或者，我们希望将一个坐标系平移，这样其原点就可以与任意向量的起点 (x_1,y_1) 重合。通过平移方程得到坐标 (x_2,y_2) 在新坐标系中的坐标 x'，y'。

$$x'=x_2-x_1,\ y'=y_2-y_1 \tag{5.2}$$

这种平移，使坐标轴平行移动，见图 5—7。

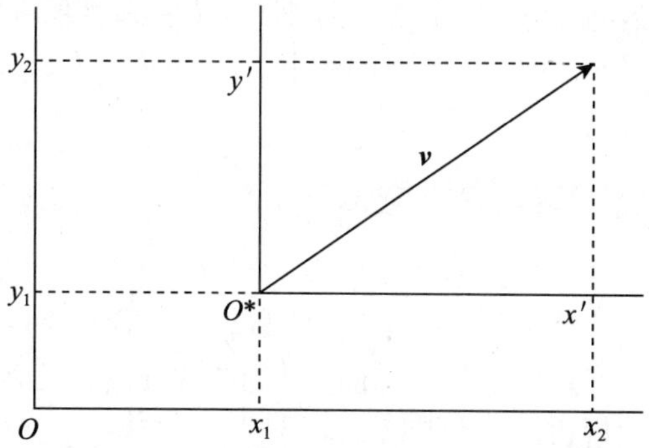

图 5—7　引起坐标轴的微妙平行移动的平移

三维空间

在二维空间中可以根据解析法用实数对来表示向量，同样，对于三维空间中

的向量及其运算，可用实数**三元组**(x, y, z)表示。用这些数字表示三维直角坐标系中的坐标，并用坐标系中的坐标轴来规定方向的正负。每一对坐标轴确定一个坐标面。按照传统，用前两个坐标表示给定向量在水平面上的位置，第三个坐标表示向量(x, y, z)到水平面的垂直距离，并确定该向量在平面以上（若为正）还是以下（若为负）。图 5—8 表示的是这种坐标系中的一个向量。

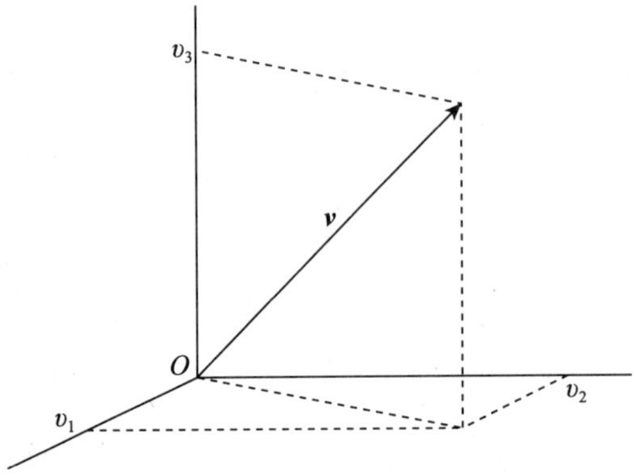

图 5—8　三维向量

在三维空间中向量可以记为 $\boldsymbol{v}=(v_1, v_2, v_3)$ 和 $\boldsymbol{w}=(w_1, w_2, w_3)$，同样，加法、数乘（标量乘法）和减法运算都近似地与二维空间中的运算相同。但是，三维空间中的几何表示比二维空间中的复杂。关于三维空间这些运算的细节留作练习，见练习 5.3。

如果一个向量看作一维矩阵，即单列或单行矩阵，则矩阵定义 1.3.2、定义 1.3.3 和定义 1.3.4 同样适用。我们暂且把向量看作矩阵，优点是，除了分配律外，二维和三维空间中向量代数的运算法则与前述矩阵代数的运算法则相对应。矩阵的分配律包括矩阵乘法的分配律，我们尚未涉及二维和三维空间中向量的乘法，因此，尚未对其赋予意义。但是，我们马上会接触到向量“点乘”的概念，这与矩阵乘法有关。此外，还有一些其他有用的概念，在下一节以解析法分析向量时介绍这些概念和应用。

5.2.3　其他概念和向量代数

这一节中将介绍五个概念，同时阐述并证明相关的简单定理。

定义 5.2.11　向量 $\boldsymbol{v}$ 的**范数**（**或欧几里得范数**），是 $\boldsymbol{v}$ 的大小或长度的另一种说法，记为 $\|\boldsymbol{v}\|$。

定义 5.2.12　**单位向量**是范数为 1 的向量。

在 3.3.3 节里，在寻找标准化特征向量的过程中，我们已使用了标准向量的概念，在二维空间中也提到过向量长度应如何表示。这容易推广到三维空间的情形：

$$\| \boldsymbol{v} \| = \sqrt{v_1^2 + v_2^2 + v_3^2} = \sqrt{\sum_{i=1}^{3} v_i^2} \tag{5.3}$$

在上式中特指正平方根。使用图 5—8 可以形象地表示这种运算。

定义 5.2.13 两个向量 $\boldsymbol{v}=\overrightarrow{OP_1}$ 和 $\boldsymbol{w}=\overrightarrow{OP_2}$ 之间的**距离**记为 $d(\boldsymbol{v}, \boldsymbol{w})$，在三维空间中，定义为

$$\begin{aligned} d(\boldsymbol{v},\boldsymbol{w}) &= \| \overrightarrow{P_1P_2} \| = \| (w_1 - v_1, w_2 - v_2, w_3 - v_3) \| \\ &= \sqrt{(w_1 - v_1)^2 + (w_2 - v_2)^2 + (w_3 - v_3)^2} \\ &= \sqrt{\sum_{i=1}^{3} (w_i - v_i)^2} = \| \boldsymbol{v} - \boldsymbol{w} \| = \| \boldsymbol{w} - \boldsymbol{v} \| \end{aligned} \tag{5.4}$$

此公式同样适用于二维空间中的向量。

图 5—9 阐述了二维空间中距离的概念。

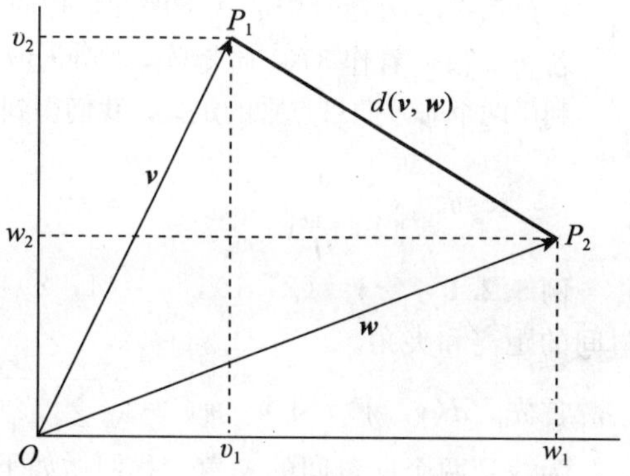

图 5—9 向量间的距离

定义 5.2.14 两个向量 $\boldsymbol{v}$ 和 $\boldsymbol{w}$ 之间的**夹角**为角 θ $(0 \leqslant \theta \leqslant \pi)$，以弧度计量。

图 5—10 表示了三个这样的夹角。

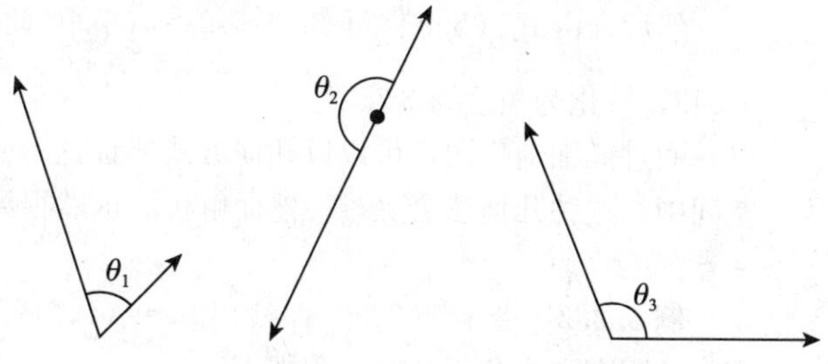

图 5—10 向量间的夹角

定义 5.2.15 两个向量 $\boldsymbol{v}$ 和 $\boldsymbol{w}$ 的**点乘**，记为 $\boldsymbol{v} \cdot \boldsymbol{w}$，定义为

$$\boldsymbol{v} \cdot \boldsymbol{w} = \| \boldsymbol{v} \| \| \boldsymbol{w} \| \cos\theta \tag{5.5}$$

值得注意的是，当 $\boldsymbol{v}=\boldsymbol{0}$，或 $\boldsymbol{w}=\boldsymbol{0}$，或 $\theta=\pi/2$ 时，$\boldsymbol{v} \cdot \boldsymbol{w}=0$

点乘的定义公式容易导出更简便的计算公式。在三维空间中的简化公式通过

下面的定理给出。

定理 5.2.1 令 $\boldsymbol{v}$ 和 $\boldsymbol{w}$ 为三维空间中的向量，则点乘可以记为

$$\boldsymbol{v}\cdot\boldsymbol{w}=\sum_{i=1}^{3}v_iw_i \tag{5.6}$$

证明：根据余弦定理，知

$$(\overrightarrow{P_1P_2})^2=\|\boldsymbol{v}-\boldsymbol{w}\|^2=\|\boldsymbol{v}\|^2+\|\boldsymbol{w}\|^2-2\|\boldsymbol{v}\|\|\boldsymbol{w}\|\cos\theta \tag{5.7}$$

因此，

$$\begin{aligned}\boldsymbol{v}\cdot\boldsymbol{w}&=\|\boldsymbol{v}\|\|\boldsymbol{w}\|\cos\theta=\frac{1}{2}(\|\boldsymbol{v}\|^2+\|\boldsymbol{w}\|^2-\|\boldsymbol{v}-\boldsymbol{w}\|^2)\\&=\frac{1}{2}\left(\sum_{i=1}^{3}v_i^2+\sum_{i=1}^{3}w_i^2-\sum_{i=1}^{3}(v_i-w_i)^2\right)\end{aligned} \tag{5.8}$$

将最后一项大括号中的式子展开，化简得到所需的结果。

若将 $\boldsymbol{v}$ 和 $\boldsymbol{w}$ 看作 3×1 阶矩阵，则 $\boldsymbol{v}\cdot\boldsymbol{w}$ 和 $\boldsymbol{v}^{\mathrm{T}}\boldsymbol{w}$ 的相似之处一目了然。

利用两个非零向量点乘的定义，我们得到计算两个向量间的夹角的有用公式：

$$\cos\theta=\frac{\boldsymbol{v}\cdot\boldsymbol{w}}{\|\boldsymbol{v}\|\|\boldsymbol{w}\|} \tag{5.9}$$

例 5.2.1 令 $\boldsymbol{v}=(2,1)$，$\boldsymbol{w}=(1,2)$皆为二维空间中的向量。求这两个向量间的距离和夹角。

首先，$d(\boldsymbol{v},\boldsymbol{w})=\|\boldsymbol{v}-\boldsymbol{w}\|=\sqrt{\sum_{i=1}^{2}(v_i-w_i)^2}=\sqrt{2}$。

为找到两个向量间的夹角，我们做如下运算

$$\boldsymbol{v}\cdot\boldsymbol{w}=\sum_{i=1}^{2}v_iw_i=4\text{，}\|\boldsymbol{v}\|=\sqrt{\sum_{i=1}^{2}v_i^2}=\sqrt{5}\text{，}\|\boldsymbol{w}\|=\sqrt{\sum_{i=1}^{2}w_i^2}=\sqrt{5} \tag{5.10}$$

然后，由式（5.9）可知，$\cos\theta=\frac{4}{5}$，因此，以弧度计 $\theta=\cos^{-1}\left(\frac{4}{5}\right)\approx 0.643$，转化为角度为 $36°52'$。

通过详细地作图，可以以几何方式验证这一点，如例 5.2.3。如果是在三维空间中，这种几何法会更难。然而解析法依然很简单，下述例子中我们会看到这一点。

例 5.2.2 令 $\boldsymbol{v}=(2,-1,1)$和 $\boldsymbol{w}=(1,1,2)$为三维空间中的向量，求它们间的距离和夹角。计算过程如下：

$$d(\boldsymbol{v},\boldsymbol{w})=\|\boldsymbol{v}-\boldsymbol{w}\|=\sqrt{\sum_{i=1}^{3}(v_i-w_i)^2}=\sqrt{6} \tag{5.11}$$

$$\boldsymbol{v}\cdot\boldsymbol{w}=\sum_{i=1}^{3}v_iw_i=3 \tag{5.12}$$

$$\|\boldsymbol{v}\|=\sqrt{\sum_{i=1}^{3}v_i^2}=\sqrt{6}\text{，}\|\boldsymbol{w}\|=\sqrt{\sum_{i=1}^{3}w_i^2}=\sqrt{6} \tag{5.13}$$

于是，根据式（5.9），得到 $\cos\theta=\frac{3}{6}=\frac{1}{2}$，因此，$\theta=\cos^{-1}\left(\frac{1}{2}\right)=\pi/3$，或 60°。

现在我们引入一些与前述概念相关联的定理。特别地，下述定理与点乘、范数和夹角有关。

定理 5.2.2 令 $\boldsymbol{v}$ 和 $\boldsymbol{w}$ 为二维或三维空间中的向量，则

$$\boldsymbol{v}\cdot\boldsymbol{v}=\|\boldsymbol{v}\|^2 \tag{5.14}$$

$$\|\boldsymbol{v}\|=(\boldsymbol{v}\cdot\boldsymbol{v})^{\frac{1}{2}}=\sqrt{\boldsymbol{v}\cdot\boldsymbol{v}} \tag{5.15}$$

另外，对于非零向量 $\boldsymbol{v}$ 和 $\boldsymbol{w}$，

若 $\boldsymbol{v}\cdot\boldsymbol{w}>0$，则 θ 是锐角； (5.16)

若 $\boldsymbol{v}\cdot\boldsymbol{w}<0$，则 θ 是钝角； (5.17)

若 $\boldsymbol{v}\cdot\boldsymbol{w}=0$，则 θ 是直角。 (5.18)

证明：

（a）根据点乘的定义，我们可以直接得出

$$\boldsymbol{v}\cdot\boldsymbol{v}=\|\boldsymbol{v}\|\|\boldsymbol{v}\|\cos 0=\|\boldsymbol{v}\|^2 \tag{5.19}$$

（b）根据式（5.9）可知，当且仅当 $\boldsymbol{v}\cdot\boldsymbol{w}>0$ 时，$\cos\theta>0$，因为根据定义，$\|\boldsymbol{v}\|$ 和 $\|\boldsymbol{w}\|$ 只能为正。这同样适用于定理第二部分的剩余部分的证明。

在 $\boldsymbol{v}\cdot\boldsymbol{w}=0$ 的情形中，如 $\theta=\pi/2$ 弧度或 90°时，$\boldsymbol{v}$ 和 $\boldsymbol{w}$ 是垂直的。我们称两个垂直的向量为**正交的**。举例来讲，对于二维空间中的向量 $\boldsymbol{v}=(0,2)$ 和 $\boldsymbol{w}=(6,0)$，$\boldsymbol{v}\cdot\boldsymbol{w}=0$。因此，这些向量是正交的，尽管在这些情况中两个向量并不与坐标轴平行。本例中详细作图留作练习，见练习 5.1。

定理 5.2.3 令 $\boldsymbol{u}$，$\boldsymbol{v}$ 和 $\boldsymbol{w}$ 为二维或三维空间中的向量，则

$$\boldsymbol{u}\cdot\boldsymbol{v}=\boldsymbol{v}\cdot\boldsymbol{u} \tag{5.20}$$

$$\boldsymbol{u}\cdot(\boldsymbol{v}+\boldsymbol{w})=\boldsymbol{u}\cdot\boldsymbol{v}+\boldsymbol{u}\cdot\boldsymbol{w} \tag{5.21}$$

$$k(\boldsymbol{u}\cdot\boldsymbol{v})=(k\boldsymbol{u})\cdot\boldsymbol{v}=\boldsymbol{u}\cdot(k\boldsymbol{v}) \tag{5.22}$$

和

$$\boldsymbol{v}\cdot\boldsymbol{v}=\begin{cases}>0, & \text{若 } \boldsymbol{v}\neq\boldsymbol{0}\\ =0, & \text{若 } \boldsymbol{v}=\boldsymbol{0}\end{cases} \tag{5.23}$$

其中 k 为任意标量。

前两个结论表明，点乘运算满足交换律，并且对向量加法满足分配律；第三个和第四个结论同样易于解释。根据点乘的定义，这四条公式都容易证明，分配律的证明需要用到式（5.6）。此定理的证明留作练习，见练习 5.12。需注意的是，如果 $\boldsymbol{u}$，$\boldsymbol{v}$ 和 $\boldsymbol{w}$ 都被看作 $n\times 1$ 阶非零矩阵，则第一个结论与 $\boldsymbol{u}^{\mathrm{T}}\boldsymbol{v}=\boldsymbol{v}^{\mathrm{T}}\boldsymbol{u}$ 等价，同理，其他结论也与第 1 章中给出的矩阵乘法相对应。

5.2.4 投影

向量 $\boldsymbol{u}$ 可被分解为两个向量，一个与特定非零向量 $\boldsymbol{v}$ 平行，另一个与 $\boldsymbol{v}$ 垂

直。根据图 5—11 中的图解，$\boldsymbol{u}$ 的终点垂直投射到 $\boldsymbol{v}$，给出第一个向量 $\boldsymbol{w}_1$，同时第二个向量通过求差得到 $\boldsymbol{w}_2=\boldsymbol{u}-\boldsymbol{w}_1$。

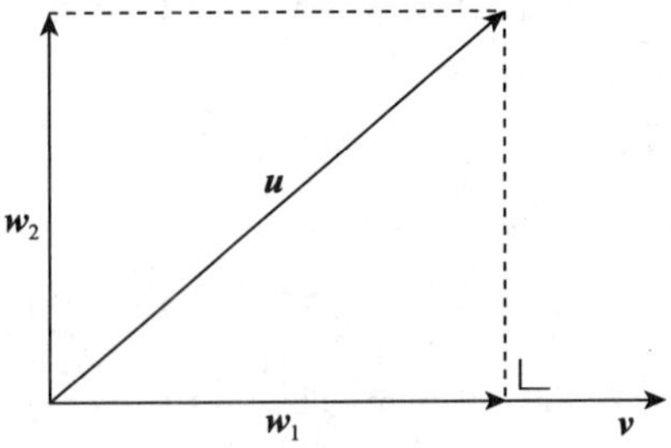

图 5—11　正交投影

这样 $\boldsymbol{w}_1$ 与 $\boldsymbol{v}$ 平行，$\boldsymbol{w}_2$ 与之垂直（正交），但在结构上，$\boldsymbol{w}_1+\boldsymbol{w}_2=\boldsymbol{w}_1+\boldsymbol{u}-\boldsymbol{w}_1=\boldsymbol{u}$。向量 $\boldsymbol{w}_1$ 称为 $\boldsymbol{u}$ 对 $\boldsymbol{v}$ 的**正交射影**，记为 $\boldsymbol{w}_1=\text{proj}_{\boldsymbol{v}}\boldsymbol{u}$。向量 $\boldsymbol{w}_2$ 是 **$\boldsymbol{u}$ 正交于 $\boldsymbol{v}$ 的向量分量**。因为 $\boldsymbol{w}_2=\boldsymbol{u}-\boldsymbol{w}_1$，于是有 $\boldsymbol{w}_2=\boldsymbol{u}-\text{proj}_{\boldsymbol{v}}\boldsymbol{u}$。通过下述定理可以计算分解后的两个分量。

定理 5.2.4　如果 $\boldsymbol{u}$ 和 $\boldsymbol{v}$ 是二维或三维空间中的向量，且 $\boldsymbol{v}\neq\boldsymbol{0}$，则

$$\boldsymbol{w}_1=\text{proj}_{\boldsymbol{v}}\boldsymbol{u}=\frac{\boldsymbol{u}\cdot\boldsymbol{v}}{\|\boldsymbol{v}\|^2}\boldsymbol{v},\ \boldsymbol{w}_2=\boldsymbol{u}-\text{proj}_{\boldsymbol{v}}\boldsymbol{u}=\boldsymbol{u}-\frac{\boldsymbol{u}\cdot\boldsymbol{v}}{\|\boldsymbol{v}\|^2}\boldsymbol{v} \tag{5.24}$$

证明：因为 $\boldsymbol{w}_1$ 与 $\boldsymbol{v}$ 平行，$\boldsymbol{w}_1=k\boldsymbol{v}$，其中 k 是待求解的标量，则 $\boldsymbol{u}=\boldsymbol{w}_1+\boldsymbol{w}_2=k\boldsymbol{v}+\boldsymbol{w}_2$。

考虑点乘 $\boldsymbol{u}\cdot\boldsymbol{v}$，根据式（5.21）和式（5.22），我们有

$$\boldsymbol{u}\cdot\boldsymbol{v}=k\boldsymbol{v}\cdot\boldsymbol{v}+\boldsymbol{w}_2\cdot\boldsymbol{v}=k\|\boldsymbol{v}\|^2 \tag{5.25}$$

因为 $\boldsymbol{v}\cdot\boldsymbol{v}=\|\boldsymbol{v}\|^2$，$\boldsymbol{w}_2\cdot\boldsymbol{v}=0$，所以 $k=(\boldsymbol{u}\cdot\boldsymbol{v})/\|\boldsymbol{v}\|^2$，并且由于 $\text{proj}_{\boldsymbol{v}}\boldsymbol{u}=\boldsymbol{w}_1=k\boldsymbol{v}$，故

$$\text{proj}_{\boldsymbol{v}}\boldsymbol{u}=\frac{\boldsymbol{u}\cdot\boldsymbol{v}}{\|\boldsymbol{v}\|^2}\boldsymbol{v} \tag{5.26}$$

我们注意到，因为$\frac{\boldsymbol{u}\cdot\boldsymbol{v}}{\|\boldsymbol{v}\|^2}$是一个标量，故 $\boldsymbol{u}$ 到 $\boldsymbol{v}$ 的正交投影长度为

$$\begin{aligned}\|\text{proj}_{\boldsymbol{v}}\boldsymbol{u}\|&=\left\|\frac{\boldsymbol{u}\cdot\boldsymbol{v}}{\|\boldsymbol{v}\|^2}\boldsymbol{v}\right\|=\left|\frac{\boldsymbol{u}\cdot\boldsymbol{v}}{\|\boldsymbol{v}\|^2}\right|\|\boldsymbol{v}\|\\&=\frac{|\boldsymbol{u}\cdot\boldsymbol{v}|}{\|\boldsymbol{v}\|^2}\|\boldsymbol{v}\|=\frac{|\boldsymbol{u}\cdot\boldsymbol{v}|}{\|\boldsymbol{v}\|}\end{aligned} \tag{5.27}$$

同样，因为 $\boldsymbol{u}\cdot\boldsymbol{v}=\|\boldsymbol{u}\|\|\boldsymbol{v}\|\cos\theta$，$(|\boldsymbol{u}\cdot\boldsymbol{v}|)/\|\boldsymbol{v}\|=\|\boldsymbol{u}\||\cos\theta|$ 于是，我们有

$$\|\text{proj}_{\boldsymbol{v}}\boldsymbol{u}\|=\frac{|\boldsymbol{u}\cdot\boldsymbol{v}|}{\|\boldsymbol{v}\|}=\|\boldsymbol{u}\||\cos\theta| \tag{5.28}$$

垂直向量分量长度的表示留作练习，见练习 5.13。下面是两个数字实例。

例 5.2.3　令 $\boldsymbol{u}=(1,\ 2)$，$\boldsymbol{v}=(1,\ -1)$。求 $\boldsymbol{u}\cdot\boldsymbol{v}$，$\|\boldsymbol{u}\|$，$\|\boldsymbol{v}\|^2$，$\text{proj}_{\boldsymbol{v}}\boldsymbol{u}$，$\|\text{proj}_{\boldsymbol{v}}\boldsymbol{u}\|$，$\theta$（$\boldsymbol{u}$ 和 $\boldsymbol{v}$ 之间的夹角）和 $d(\boldsymbol{u},\ \boldsymbol{v})$，并验证 $\boldsymbol{w}_2=\boldsymbol{u}-\text{proj}_{\boldsymbol{v}}\boldsymbol{u}$ 垂直于 $\boldsymbol{v}$。

运用前述定义和方程，我们有 $\boldsymbol{u}\cdot\boldsymbol{v}=\sum_{i=1}^{2}u_iv_i=1+(-2)=-1$，$\|\boldsymbol{u}\|=\sqrt{\sum_{i=1}^{2}u_i^2}=\sqrt{1^2+2^2}=\sqrt{5}$。同样，$\|\boldsymbol{v}\|=\sqrt{\sum_{i=1}^{2}v_i^2}=\sqrt{1^2+(-1)^2}=\sqrt{2}$，$\|\boldsymbol{v}\|^2=2$。于是，可知

$$\mathrm{proj}_{\boldsymbol{v}}\boldsymbol{u}=\frac{\boldsymbol{u}\cdot\boldsymbol{v}}{\|\boldsymbol{v}\|^2}\boldsymbol{v}=\frac{-1}{2}(1,-1)=\left(\frac{-1}{2},\frac{1}{2}\right)=\boldsymbol{w}_1 \tag{5.29}$$

然而，

$$\|\mathrm{proj}_{\boldsymbol{v}}\boldsymbol{u}\|=\sqrt{\sum_{i=1}^{2}w_{1i}^2}=\sqrt{\left(\frac{-1}{2}\right)^2+\left(\frac{1}{2}\right)^2}=\frac{1}{\sqrt{2}} \tag{5.30}$$

根据式（5.28）直接计算，则为

$$\|\mathrm{proj}_{\boldsymbol{v}}\boldsymbol{u}\|=\frac{|\boldsymbol{u}\cdot\boldsymbol{v}|}{\|\boldsymbol{v}\|}=\frac{|-1|}{\sqrt{2}}=\frac{1}{\sqrt{2}} \tag{5.31}$$

于是，夹角为

$$\theta=\cos^{-1}\left(\frac{\boldsymbol{u}\cdot\boldsymbol{v}}{\|\boldsymbol{u}\|\|\boldsymbol{v}\|}\right),\text{其中}\frac{\boldsymbol{u}\cdot\boldsymbol{v}}{\|\boldsymbol{u}\|\|\boldsymbol{v}\|}=\frac{-1}{\sqrt{5}\sqrt{2}}=\frac{-1}{\sqrt{10}} \tag{5.32}$$

根据定理 5.2.2，可知 $\theta>\pi/2$，即 θ 为钝角。我们可知弧度精确到秒为 $\theta=\cos^{-1}\left(\frac{-1}{\sqrt{10}}\right)\approx 108°26'6''$。最后，$d(\boldsymbol{u},\boldsymbol{v})=\|\boldsymbol{u}-\boldsymbol{v}\|=\sqrt{\sum_{i=1}^{2}(u_i-v_i)^2}=\sqrt{(1-1)^2+(2-(-1))^2}=\sqrt{0+9}=\sqrt{9}=3$。

现在，$\boldsymbol{w}_2=\boldsymbol{u}-\mathrm{proj}_{\boldsymbol{v}}\boldsymbol{u}=(1,2)-\left(-\frac{1}{2},\frac{1}{2}\right)=\left(\frac{3}{2},\frac{3}{2}\right)$。经检验 $\boldsymbol{w}_2\cdot\boldsymbol{v}=0$。因此，可确认 $\boldsymbol{w}_2\perp\boldsymbol{v}$，其中符号 $\perp$ 意味着 $\boldsymbol{w}_2$ 垂直或正交于 $\boldsymbol{v}$。同样可以验证 $\boldsymbol{w}_1\perp\boldsymbol{w}_2$。

由于例 5.2.3* 中的向量是二维的，因此容易画出一张图，并以几何的方式表示出绝大多数数字结果。唯一不能表示的是 θ：不管刻度图画得多么精准，夹角不太可能被分度仪检测出来。下一个例题中使用了三维空间中的向量，从而更难用几何方式验证结果，但解析法依然可行且很直接。

例 5.2.4 令 $\boldsymbol{u}=(2,1,1)$，$\boldsymbol{v}=(1,-1,1)$。再次求 $\boldsymbol{u}\cdot\boldsymbol{v}$，$\|\boldsymbol{u}\|$，$\|\boldsymbol{v}\|^2$，$\mathrm{proj}_{\boldsymbol{v}}\boldsymbol{u}$，$\|\mathrm{proj}_{\boldsymbol{v}}\boldsymbol{u}\|$，$\theta$ 和 $d(\boldsymbol{u},\boldsymbol{v})$，并验证 $\boldsymbol{w}_2=\boldsymbol{u}-\mathrm{proj}_{\boldsymbol{v}}\boldsymbol{u}$ 垂直于 $\boldsymbol{v}$。

所用方法与上一例题相同，我们有，$\boldsymbol{u}\cdot\boldsymbol{v}=\sum_{i=1}^{3}u_iv_i=2-1+1=2$，$\|\boldsymbol{u}\|=\sqrt{\sum_{i=1}^{3}u_i^2}=\sqrt{2^2+1^2+1^2}=\sqrt{6}$，$\|\boldsymbol{v}\|=\sqrt{\sum_{i=1}^{3}v_i^2}=\sqrt{1^2+(-1)^2+1^2}=\sqrt{3}$，以及 $\|\boldsymbol{v}\|^2=3$。因此，

$$\mathrm{proj}_{\boldsymbol{v}}\boldsymbol{u}=\frac{\boldsymbol{u}\cdot\boldsymbol{v}}{\|\boldsymbol{v}\|^2}\boldsymbol{v}=\frac{2}{3}(1,-1,1)=\left(\frac{2}{3},\frac{-2}{3},\frac{2}{3}\right)=\boldsymbol{w}_1 \tag{5.33}$$

---

* 译者注：原书为例 5.2.4，可能有误。

并且

$$\| \mathrm{proj}_v \boldsymbol{u} \| = \sqrt{\sum_{i=1}^{3} w_{1i}^2} = \sqrt{\frac{4}{9}+\frac{4}{9}+\frac{4}{9}} = \frac{2}{\sqrt{3}} \text{ 或 } \| \mathrm{proj}_v \boldsymbol{u} \| = \frac{|\boldsymbol{u} \cdot \boldsymbol{v}|}{\|\boldsymbol{v}\|} = \frac{2}{\sqrt{3}} \tag{5.34}$$

运用式（5.28）可以使计算更简洁。

夹角为

$$\theta = \cos^{-1}\left(\frac{\boldsymbol{u}\cdot\boldsymbol{v}}{\|\boldsymbol{u}\|\|\boldsymbol{v}\|}\right), \text{其中} \frac{\boldsymbol{u}\cdot\boldsymbol{v}}{\|\boldsymbol{u}\|\|\boldsymbol{v}\|} = \frac{2}{\sqrt{6}\sqrt{3}} = \frac{2}{\sqrt{18}} = \frac{2}{3\sqrt{2}} = \frac{\sqrt{2}}{3} \tag{5.35}$$

此处根据定理 5.2.2 可知，$\theta<\pi/2$，即 θ 为锐角。更精确地讲，弧度精确到秒为 $\theta=\cos^{-1}\left(\frac{\sqrt{2}}{3}\right)\approx 61°52'28''$。$d(\boldsymbol{u},\boldsymbol{v}) = \|\boldsymbol{u}-\boldsymbol{v}\| = \sqrt{\sum_{i=1}^{3}(u_i-v_i)^2} = \sqrt{(2-1)^2+(1-(-1))^2+(1-1)^2} = \sqrt{1+4+0} = \sqrt{5}$。

最后，$\boldsymbol{w}_2=\boldsymbol{u}-\mathrm{proj}_v\boldsymbol{u}=(2,1,1)-\left(\frac{2}{3},-\frac{2}{3},\frac{2}{3}\right)=\left(\frac{4}{3},\frac{5}{3},\frac{1}{3}\right)$。

经检验，$\boldsymbol{w}_2\cdot\boldsymbol{v}=\boldsymbol{w}_1\cdot\boldsymbol{w}_2=0$。因此，$\boldsymbol{w}_2\perp\boldsymbol{v}$，$\boldsymbol{w}_1\perp\boldsymbol{w}_2$。

5.3 *n* 维欧几里得向量空间

前述基本思想是基于二维或三维空间几何的，很容易推广到 n 维空间情况，甚至是**无限维空间**。[1]

为了推广，回顾一下，前面我们把有序的 n 元组定义为实数数列，例如 $(a_1, a_2, \cdots, a_n)$，把 n 维空间定义为所有有序 n 元组的集合，记为 $\mathbb{R}^n$，见符号和预备知识第 2 页。因此，$\mathbb{R}^1=\mathbb{R}$ 是所有实数的集合；$\mathbb{R}^2$ 是所有有序实数对的集合，基于这一点我们称其为二维空间；$\mathbb{R}^3$ 是所有三元有序实数对的集合，称为三维空间。

通过类比二维空间（$\mathbb{R}^2$）中的有序实数对和三维空间（$\mathbb{R}^3$）中的三元有序实数对，一个有序的 n 元实数对可以看作是一个“点”或一个“向量”的推广，因此一个有序的六元实数对（6，2，1，3，4，5）可以描述成六维空间或者是 $\mathbb{R}^6$ 中的一个点或向量。当然，$n>3$ 时，不可能画出 $\mathbb{R}^n$ 中的向量图形，但是前一节给出的所有基本定义都适用。

特别地，对于 $\mathbb{R}^n$ 中的向量 $\boldsymbol{v}$ 和 $\boldsymbol{u}$，相等（$\boldsymbol{u}=\boldsymbol{v}$）、加法（$\boldsymbol{u}+\boldsymbol{v}$）与数乘（标量乘法）（$k\boldsymbol{v}$）的标准符号依然适用。我们也类似地定义了零向量（$\boldsymbol{0}_n$）、负向量（$-\boldsymbol{v}$）和向量相减（$\boldsymbol{u}-\boldsymbol{v}$）。此外，所有我们遇到过的向量代数的法则适用于 $\mathbb{R}^n$ 中的向量。在下述定理中我们正式阐述这些法则。

定理 5.3.1 令 $\boldsymbol{u}$、$\boldsymbol{v}$、$\boldsymbol{w}$ 和 $\boldsymbol{0}\in\mathbb{R}^n$，$k$ 和 $l\in\mathbb{R}$，则

---

① 无限维向量空间将在 6.2 节、9.6 节和 13.4 节中再次涉及。

$$\boldsymbol{u}+\boldsymbol{v}=\boldsymbol{v}+\boldsymbol{u} \tag{5.36}$$
$$(\boldsymbol{u}+\boldsymbol{v})+\boldsymbol{w}=\boldsymbol{u}+(\boldsymbol{v}+\boldsymbol{w}) \tag{5.37}$$
$$\boldsymbol{u}+\boldsymbol{0}=\boldsymbol{0}+u=u \tag{5.38}$$
$$\boldsymbol{u}+(-\boldsymbol{u})=\boldsymbol{0} \tag{5.39}$$
$$k(l\boldsymbol{u})=(kl)\boldsymbol{u} \tag{5.40}$$
$$k(\boldsymbol{u}+\boldsymbol{v})=k\boldsymbol{u}+k\boldsymbol{v} \tag{5.41}$$
$$(k+l)\boldsymbol{u}=k\boldsymbol{u}+l\boldsymbol{u} \tag{5.42}$$

以及

$$1\boldsymbol{u}=\boldsymbol{u} \tag{5.43}$$

在二维或三维空间里无论是用解析法还是几何法，证明这个定理都非常容易。此外，如同 5.2.2 节中提到的，将向量看作是 $n\times1$ 维向量，可使用第 1 章中类似法则来证明。

我们也将给出一些基本定义，如 $\mathbb{R}^n$ 中向量范数（长度）、向量间的距离以及向量的点乘。特别地，对于 $\boldsymbol{u}$ 和 $\boldsymbol{v}\in\mathbb{R}^n$，$\boldsymbol{u}$ 的范数，$\boldsymbol{u}$ 和 $\boldsymbol{v}$ 之间的距离，$\boldsymbol{u}$ 和 $\boldsymbol{v}$ 的点乘，分别为

$$\|\boldsymbol{u}\|\equiv\sqrt{\sum_{i=1}^{n}u_i^2} \tag{5.44}$$

$$d(\boldsymbol{u},\boldsymbol{v})=\|\boldsymbol{u}-\boldsymbol{v}\|\equiv\sqrt{\sum_{i=1}^{n}(u_i-v_i)^2} \tag{5.45}$$

$$\boldsymbol{u}\cdot\boldsymbol{v}\equiv\|\boldsymbol{u}\|\|\boldsymbol{v}\|\cos\theta=\sum_{i=1}^{n}u_iv_i \tag{5.46}$$

跟以前一样，θ 表示 $\boldsymbol{u}$ 和 $\boldsymbol{v}$ 之间的夹角，根据定理 5.2.1 的证明，略作修改就可以得出式（5.46）。当空间维数超过三维时，观察两个向量间的夹角变得很困难，但是我们将会在 5.4.3 节中看到，余弦定理以及定理 5.2.1 在 n 维时仍然适用。

把二维和三维空间的概念推广到 $\mathbb{R}^n$，称为 n 维欧氏空间，$\mathbb{R}^n$ 中向量的范数、距离和点乘常被称为“欧氏范数”，“欧氏距离”和“欧氏点乘”。而且，因为本章中的向量运算和法则与之前矩阵中的相似，于是可以用相应的矩阵来表示向量。因此对于 $\mathbb{R}^n$ 中的向量，可以用 $n\times1$ 阶或 $1\times n$ 阶矩阵表示。在本书之后的内容中，我们按照惯例把 $\mathbb{R}^n$ 中的点表示为 $n\times1$ 阶矩阵或 n 维向量。运用这种列向量记号，通常，我们有，

$$\boldsymbol{u}\cdot\boldsymbol{v}=\sum_{i=1}^{n}u_iv_i=\boldsymbol{u}^{\mathrm{T}}\boldsymbol{v} \tag{5.47}$$

5.4 一般向量空间

通过一些公理，抽象出 $\mathbb{R}^n$ 中向量的主要性质，这样可以推广向量和向量空

间的思想，也可以用于其他对象。因此我们现在称作“向量”的，不仅包括有序 n 元实数对这一原始定义的向量，也包含一些新的向量。但我们的主要研究对象仍是原始意义上的向量。为了进一步的推广，我们引入如下定义。

定义 5.4.1 **域**是对**加法**和**乘法**这两种运算封闭的元素的集合。这里的加法和乘法满足交换律和结合律，并且都有良好定义的**恒等运算和逆运算**，并且乘法对加法运算满足分配律。

关于域的例子，最显而易见的是有理数集、实数集和复数集。

定义 5.4.2 令 F 为一个域，令 V 为任意对象（我们称之为向量）集，定义了**加法**和**数乘（标量乘法）**两种运算。即，我们有一些法则定义 $\boldsymbol{u}+\boldsymbol{v}$ 和 $k\boldsymbol{u}$，其中 $\boldsymbol{u}$ 和 $\boldsymbol{v}\in V$，$k\in F$。称 V 为向量空间，当且仅当对所有 $\boldsymbol{u}$、$\boldsymbol{v}$ 和 $\boldsymbol{w}\in V$，以及所有的标量 k 和 $l\in F$，有下面的公理成立：

1. $\boldsymbol{u}+\boldsymbol{v}\in V$；
2. $\boldsymbol{u}+\boldsymbol{v}=\boldsymbol{v}+\boldsymbol{u}$；
3. $(\boldsymbol{u}+\boldsymbol{v})+\boldsymbol{w}=\boldsymbol{u}+(\boldsymbol{v}+\boldsymbol{w})$；
4. 存在一个对象$\boldsymbol{0}\in V$（称为零向量），使得 $\boldsymbol{u}+\boldsymbol{0}=\boldsymbol{0}+\boldsymbol{u}=\boldsymbol{u}$；
5. 存在一个对象$-\boldsymbol{u}\in V$（称为 $\boldsymbol{u}$ 的负向量），使得 $\boldsymbol{u}+(-\boldsymbol{u})=\boldsymbol{0}$；
6. $k\boldsymbol{u}\in V$；
7. $k(l\boldsymbol{u})=(kl)\boldsymbol{u}$；
8. $k(\boldsymbol{u}+\boldsymbol{v})=k\boldsymbol{u}+k\boldsymbol{v}$；
9. $(k+l)\boldsymbol{u}=k\boldsymbol{u}+l\boldsymbol{u}$；
10. $1\boldsymbol{u}=\boldsymbol{u}$。

如果 F 是实数集 $\mathbb{R}$，则我们称 V 是**实向量空间**或**欧氏向量空间**。本书中的例子将局限于实向量空间，但是向量空间理论对其他域上的向量空间同样适用。

定义 5.4.2 中的大多数公理对应了定理 5.3.1 中的法则，以及第 1 章中的矩阵法则，包括交换律、结合律以及分配律。公理 1 和公理 6 前面没有讲，它们分别定义了**加法的封闭性**和**数乘（标量乘法）的封闭性**，在稍后讨论子空间时其概念非常重要。需要注意的是，无论是这些对象（向量）还是其运算都没有被定义。因此，这些公理定义了多种可能的空间。例如，下述这些例子都构成了向量空间：

- 集合$\{\boldsymbol{0}\}$。这是最简单的例子，对它来讲向量加法和数乘（标量乘法）都是平凡的。
- 域 F 本身是另一个简单的例子，对它而言向量的加法仅仅是域的加法，数乘（标量乘法）仅仅是域的乘法。
- $\mathbb{R}^n$中的点组成的集合。正如上文提到的，这是我们要研究的最重要的向量空间。其中加法和数乘（标量乘法）的定义见第 1 章中 n 维向量的运算。
- 一条过原点的直线（或平面）上所有点组成的集合，其向量加法和数乘（标量乘法）的定义很明确。这个例子将是 5.4.1 节研究的对象。
- 所有的 $m\times n$ 阶实矩阵组成的集合，通常记为$\mathbb{R}^{m\times n}$，其中加法和数乘（标量乘法）的定义见第 1 章中矩阵的运算。

● 所有的阶数小于或等于 n、系数属于 F 的多项式组成的集合，其加法和数乘（标量乘法）的定义都显而易见。

● 在给定的样本空间中，所有的随机变量组成的集合，见 13.4 节。

定义 5.4.2 中的公理得出了多种多样的结果，其中四个由下述定理给出。

定理 5.4.1 令 V 为一个向量空间，$\boldsymbol{u}$ 是 V 中的一个向量，k 是标量，则

$$0\boldsymbol{u}=\boldsymbol{0} \tag{5.48}$$

$$k\boldsymbol{0}=\boldsymbol{0} \tag{5.49}$$

$$(-1)\boldsymbol{u}=-\boldsymbol{u} \tag{5.50}$$

$$\text{若 } k\boldsymbol{u}=\boldsymbol{0}\text{，则 } k=0 \text{ 或 } \boldsymbol{u}=\boldsymbol{0} \tag{5.51}$$

本定理中的结果不难证明。举个例子，我们来证明第三个，其余的证明留作练习，见练习 5.14。

证明：根据公理 5，有 $\boldsymbol{u}+(-\boldsymbol{u})=\boldsymbol{0}$。

根据公理 10，有

$$\boldsymbol{u}+(-1)\boldsymbol{u}=1\boldsymbol{u}+(-1)\boldsymbol{u} \tag{5.52}$$

然后，根据公理 9，有

$$1\boldsymbol{u}+(-1)\boldsymbol{u}=(1-1)\boldsymbol{u}=0\boldsymbol{u} \tag{5.53}$$

最后，运用该定理的式（5.48）可知

$$0\boldsymbol{u}=\boldsymbol{0} \tag{5.54}$$

5.4.1 子空间

向量空间 V 中，如果满足对加法和数乘（标量乘法）封闭，V 的特定子集本身就是向量空间。这样的子集，记作 W，称为 V 的**子空间**。例如，过原点的任意直线是 $\mathbb{R}^2$ 的一个子空间，如图 5—12 中所示的直线。

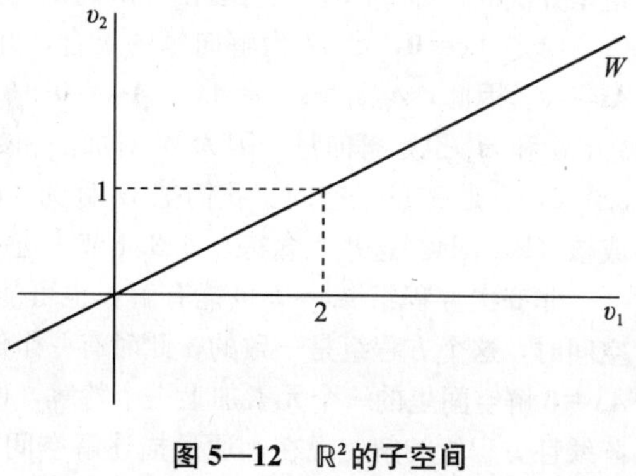

图 5—12 $\mathbb{R}^2$ 的子空间

一般来讲，定义 5.4.2 中的 10 条公理，必须在 W 中得到验证，才能表明它

是V的子空间。然而，已知V是一个向量空间，如果某些特定公理"继承"自V，它们就无需被检验，即公理2、3、7、8、9和10。因此，需要检验的是公理1、4、5和6。幸运的是，下述定理将证明，仅需检验公理1和6即可。

定理 5.4.2 令W为向量空间V的一个非空子集，则当且仅当满足以下条件时，W是V的子空间。

(a) 若$\boldsymbol{u}$，$\boldsymbol{v} \in W$，则$\boldsymbol{u}+\boldsymbol{v} \in W$；

(b) 若k是标量且$\boldsymbol{u} \in W$，则$k\boldsymbol{u} \in W$。

换言之，当且仅当W对加法和数乘（标量乘法）运算封闭时，称之为一个子空间。

证明：

先证充分性。假设(a)和(b)成立。公理2、3、7、8、9和10对W成立，原因是它们对V中的所有向量都成立。对于公理4和5，由(b)可知，若$\boldsymbol{u} \in W$，则$k\boldsymbol{u} \in W$。令$k=0$，则它满足$0\boldsymbol{u}=\boldsymbol{0} \in W$，即公理4。令$k=-1$，则它满足$(-1)\boldsymbol{u}=-\boldsymbol{u} \in W$，即公理5。

再证必要性。若W是V的子空间，则对于所有的向量空间公理都得以满足；特别地，公理1和公理6，即为本定理中的(a)和(b)。

5.4.2 方程组的解

考虑含n个未知数和m个线性方程的方程组：

$$
\begin{aligned}
a_{11}x_1+a_{12}x_2+\cdots+a_{1n}x_n&=b_1\\
a_{21}x_1+a_{22}x_2+\cdots+a_{2n}x_n&=b_2\\
&\vdots\\
a_{m1}x_1+a_{m2}x_2+\cdots+a_{mn}x_n&=b_m
\end{aligned}
\tag{5.55}
$$

也可以用简明的矩阵法表示为$\boldsymbol{Ax}=\boldsymbol{b}$，其中矩阵的维数容易看出。若$x_i=s_i$，$i=1，2，\cdots，n$，则向量$\boldsymbol{s} \in \mathbb{R}^n$是一个**解向量**，即这个方程组的解。假设这个方程组是齐次的，即$\boldsymbol{b}=\boldsymbol{0}$，则可看出，解向量的集合是$\mathbb{R}^n$的子集，见下文。

给定$\boldsymbol{Ax}=\boldsymbol{0}$，令$W$为解向量的集合，并令$\boldsymbol{s}_1 \in W$，$\boldsymbol{s}_2 \in W$。因此，$\boldsymbol{As}_1=\boldsymbol{0}$，$\boldsymbol{As}_2=\boldsymbol{0}$。因此，$\boldsymbol{A}(\boldsymbol{s}_1+\boldsymbol{s}_2)=\boldsymbol{As}_1+\boldsymbol{As}_2=\boldsymbol{0}+\boldsymbol{0}=\boldsymbol{0}$，$\boldsymbol{A}(k\boldsymbol{s}_1)=k\boldsymbol{As}_1=k\boldsymbol{0}=\boldsymbol{0}$。因此，$\boldsymbol{s}_1+\boldsymbol{s}_2$和$k\boldsymbol{s}_1$也是解向量。因为$W$对加法和数乘（标量乘法）封闭，故根据定理5.4.2，它是$\mathbb{R}^n$的子空间。我们把W称为$\boldsymbol{Ax}=\boldsymbol{0}$的**解空间**，或矩阵$\boldsymbol{A}$的**零空间**或**核**（kernel）。这些概念将在6.3.1节中进一步定义和解释。

非齐次方程组$\boldsymbol{Ax}=\boldsymbol{b}$可能有解，也可能没有解。当且仅当右边位于$\boldsymbol{A}$的列空间时，这个方程组是**一致**的，此时有一个解。这个解叫做**特解**。将齐次方程组$\boldsymbol{Ax}=\boldsymbol{0}$解空间里的一个元素加上一个特解，便得到**通解**。第2章研究了非奇异方阵线性方程组的解。现在，通过描述解空间，我们可以求解任何方程组。5.4.6节讲解矩阵的列空间以及相关概念，6.3.2节进一步讨论非方阵方程组和奇异方阵一元线性方程组的解。

5.4.3 线性组合和扩张

为了找到一个包含特定向量集，如$\{\boldsymbol{v}_1, \boldsymbol{v}_2, \cdots, \boldsymbol{v}_r\}$，属于向量空间$V$的最小子空间，我们给出如下定义。

定义 5.4.3 向量$\boldsymbol{v}_1$，$\boldsymbol{v}_2$，…，$\boldsymbol{v}_r$的**线性组合**定义为：

$$k_1\boldsymbol{v}_1+k_2\boldsymbol{v}_2+\cdots+k_r\boldsymbol{v}_r=\sum_{i=1}^{r}k_i\boldsymbol{v}_i \tag{5.56}$$

其中r是任意正整数，k_1，k_2，…，k_r是标量。

例 5.4.1 $\mathbb{R}^3$中的向量$\boldsymbol{w}=(2, 3, 4)$是$\boldsymbol{v}_1=(5, 6, 8)$和$\boldsymbol{v}_2=(3, 3, 4)$的线性组合。可以很容易地表示为$\boldsymbol{w}=k_1\boldsymbol{v}_1+k_2\boldsymbol{v}_2$，其中$k_1=1$，$k_2=-1$。

$$\begin{aligned}1(5,6,8)+(-1)(3,3,4)&=(5,6,8)+(-3,-3,-4)\\&=(5-3,6-3,8-4)\\&=(2,3,4)=\boldsymbol{w}\end{aligned} \tag{5.57}$$

另一方面，例题 5.4.3 中的$\boldsymbol{w}$不是$\boldsymbol{v}_1=(5, 6, 8)$和$\boldsymbol{v}_3=(-3, 3, -4)$的线性组合。为了验证这一点，可以找到$\boldsymbol{v}_1$和$\boldsymbol{v}_3$的线性组合$\boldsymbol{w}^*$，留作练习，见练习 5.3。

定义 5.4.3 中的表达式与定义 3.6.2 中的线性相关、线性无关的定义相似。

根据定理 5.4.2 可知：若向量的任意线性组合都包含在子空间内，则该子空间是闭的。下一个定理给出了此结论，根据定理 5.4.2 采用归纳法可以证明，见练习 5.15。

定理 5.4.3 令W为实向量空间V的子集。当且仅当$\sum_{i=1}^{r}k_i\boldsymbol{v}_i\in W$，其中$r$是任意正整数，$k_1$，$k_2$，…，$k_r$是标量，向量$\boldsymbol{v}_1$，$\boldsymbol{v}_2$，…，$\boldsymbol{v}_r\in W$时，$W$是$V$的**向量子空间**。

定义 5.4.4 若S是V中的向量集，并且V中的任意向量都可记为S中向量的线性组合，则我们称S**张成**或**生成**了V。

当S有限时，记为$S=\{\boldsymbol{v}_1, \boldsymbol{v}_2, \cdots, \boldsymbol{v}_r\}$，我们通常称向量$\boldsymbol{v}_1$，$\boldsymbol{v}_2$，…，$\boldsymbol{v}_r$张成或生成了$V$。

例 5.4.2 向量$\boldsymbol{i}=(1, 0, 0)$，$\boldsymbol{j}=(0, 1, 0)$和$\boldsymbol{k}=(0, 0, 1)$张成$\mathbb{R}^3$，$\mathbb{R}^3$中的每个向量都可以记为$a\boldsymbol{i}+b\boldsymbol{j}+c\boldsymbol{k}$，即$\boldsymbol{i}$，$\boldsymbol{j}$和$\boldsymbol{k}$的线性组合：

$$\begin{aligned}a\boldsymbol{i}+b\boldsymbol{j}+c\boldsymbol{k}&=a(1,0,0)+b(0,1,0)+c(0,0,1)\\&=(a,0,0)+(0,b,0)+(0,0,c)\\&=(a,b,c)\end{aligned} \tag{5.58}$$

向量$(2, 0, 0)$，$(0, -5, 0)$和$(0, 0, 3)$同样张成了$\mathbb{R}^3$，同理，$\boldsymbol{i}$，$\boldsymbol{j}$，$\boldsymbol{k}$和$\boldsymbol{l}=(2, 3, -4)$也是如此。验证留作练习，见练习 5.4。

给定向量集（有限或无限），可能张成向量空间V，也可能不会。尽管如此，如果将所有能用S中的向量的线性组合表示出的向量归为一组，我们就得到了V

的一个子空间，叫做由 S 张成的（线性）空间，记为 lin$S$。下述定理正式阐述了这个思想。

定义 5.4.5 令 S 为向量空间 V 中的向量集，则由**生成集**或**由张成集** S **生成**或**张成**的线性空间是：

$$\text{lin } S = \left\{ \sum_{i=1}^{r} k_i \boldsymbol{v}_i : \boldsymbol{v}_i \in S, k_i \in \mathbb{R}, i = 1,2,\cdots,r; r = 1,2,\cdots \right\} \tag{5.59}$$

这是接下来的定理要研究的。

定理 5.4.4 如果 S 是向量空间 V 中的一个向量集，且 $W=\text{lin } S$，则

(a) W 是 V 的子空间；

(b) W 是 S 中包含 S 的最小子空间，意味着其他所有包含 S 的子空间必须包含 W。

根据定理 5.4.2，通过证明 W 对加法和数乘（标量乘法）封闭，可以证明此定理的第一部分；第二部分的证明则更为直接，具体细节留作练习，见练习 5.16。

例如，若 $\boldsymbol{v}_1 \in \mathbb{R}^2$（或$\mathbb{R}^3$），则 $\text{lin}\{\boldsymbol{v}_1\}$是 $\boldsymbol{v}_1$ 的所有标量积组成的集合，即一条过原点的直线。更具体地说，若 $\boldsymbol{v}_1=(0, 1)$，则 $\text{lin}\{\boldsymbol{v}_1\}$是一条坐标轴。若 $\boldsymbol{v}_2=(2, 1)$，则 $\text{lin}\{\boldsymbol{v}_2\}$是图 5—12 中的直线，$\text{lin}\{\boldsymbol{v}_1, \boldsymbol{v}_2\}=\mathbb{R}^2$。

同样，以$\mathbb{R}^3$为例，若 $\boldsymbol{v}_1=(1, 0, 0)$，$\boldsymbol{v}_2=(0, 1, 0)$，则 $\text{lin}\{\boldsymbol{v}_1, \boldsymbol{v}_2\}$是$\mathbb{R}^3$中的水平面。对任意向量 $\boldsymbol{v}_3=(a_3, b_3, c_3)$和 $\boldsymbol{v}_4=(a_4, b_4, c_4)$，假设 $\boldsymbol{v}_3$ 和 $\boldsymbol{v}_4$ 线性无关，则 $\text{lin}\{\boldsymbol{v}_3, \boldsymbol{v}_4\}$是过原点的平面。

正如 5.3 节里所提到的，我们尝试解释 n 维空间中任意两个向量之间的夹角，如 $\boldsymbol{u}$ 和 $\boldsymbol{v}$。只要 $\boldsymbol{u}$ 和 $\boldsymbol{v}$ 线性无关，$W\equiv\text{lin}\{\boldsymbol{u}, \boldsymbol{v}\}$是一个过 n 维空间原点的（二维）平面。在这个平面中 $\boldsymbol{u}$ 和 $\boldsymbol{v}$ 的夹角容易度量。若 $\boldsymbol{u}$ 和 $\boldsymbol{v}$ 线性相关，则同向时，它们之间的夹角是 0，反向时，夹角为 π。

5.4.4 线性无关

定义 3.6.2 中介绍的线性无关的概念，在寻找最小生成集的过程中非常重要。当且仅当 $k_1\boldsymbol{v}_1+k_2\boldsymbol{v}_2+\cdots+k_r\boldsymbol{v}_r=\boldsymbol{0}$ 对所有 $i=1, 2, \cdots, r$ 有 $k_i=0$ 成立时，向量集 $S=\{\boldsymbol{v}_1, \boldsymbol{v}_2, \cdots, \boldsymbol{v}_r\}$是线性无关的。否则，$S$ 是线性相关集。

举例来讲，对于$\mathbb{R}^3$中的向量 $\boldsymbol{v}_1=(2, 3, 4)$以及 $\boldsymbol{v}_2=(5, 6, 8)$，当且仅当 $k_1=k_2=0$ 时，$k_1\boldsymbol{v}_1+k_2\boldsymbol{v}_2=\boldsymbol{0}$；因此 $S=\{\boldsymbol{v}_1, \boldsymbol{v}_2\}$是$\mathbb{R}^3$中的线性无关组。类似地，可以看到，若 $\boldsymbol{e}_i=(0, 0, \cdots, 0, 1, 0, \cdots, 0)\in\mathbb{R}^n$是除第 i 项外，其他项都为 0 的向量，则 $S=\{\boldsymbol{e}_1, \boldsymbol{e}_2, \cdots, \boldsymbol{e}_n\}$是$\mathbb{R}^n$中的一组线性无关向量集。相反，$\boldsymbol{v}_1=(2, 3, 4)$，$\boldsymbol{v}_2=(5, 6, 8)$和 $\boldsymbol{v}_3=(4, 6, 8)$组成了一个$\mathbb{R}^3$中的线性相关向量组，因为容易证明，当 $k_1=1$，$k_2=0$，$k_3=-1/2$ 时，$k_1\boldsymbol{v}_1+k_2\boldsymbol{v}_2+k_3\boldsymbol{v}_3=0$。

接下来是关于线性相关向量的有用定理。

定理 5.4.5 当且仅当至少有一个向量是其他向量的线性组合时，一个包

含两个或更多向量的（有限）集是线性相关的。

证明：

先证充分性。令 $S=(\boldsymbol{v}_1, \boldsymbol{v}_2, \cdots, \boldsymbol{v}_r)$，并假设 $\boldsymbol{v}_1$ 是其他项的线性组合，即 $\boldsymbol{v}_1=k_2\boldsymbol{v}_2+\cdots+k_r\boldsymbol{v}_r$，其中 k_i 不全为零。所以 $\boldsymbol{v}_1-k_2\boldsymbol{v}_2-\cdots-k_r\boldsymbol{v}_r=\boldsymbol{0}$，其中 k_i 不全为零，根据定义，这意味着线性相关。

再证必要性。假设 $k_1\boldsymbol{v}_1+k_2\boldsymbol{v}_2+\cdots+k_r\boldsymbol{v}_r=\boldsymbol{0}$ 且 $k_1\neq 0$，即这些向量线性相关，则

$$\boldsymbol{v}_1=-\frac{k_2}{k_1}\boldsymbol{v}_2-\frac{k_3}{k_1}\boldsymbol{v}_3-\cdots-\frac{k_r}{k_1}\boldsymbol{v}_r \tag{5.60}$$

线性相关和线性无关的几何表示值得注意。以 $\mathbb{R}^2$ 中的向量 $\boldsymbol{v}_1$ 和 $\boldsymbol{v}_2$ 为例，假设 $\boldsymbol{v}_1$ 和 $\boldsymbol{v}_2$ 线性相关，$\boldsymbol{v}_1-\frac{1}{2}\boldsymbol{v}_2=\boldsymbol{0}$（$k_1=1$，$k_2=-1/2$）。与定理 5.4.5 相一致，根据这个方程，我们有 $\boldsymbol{v}_1=\frac{1}{2}\boldsymbol{v}_2$ 和 $\boldsymbol{v}_2=2\boldsymbol{v}_1$。每个向量分别是另一个向量的倍数，并位于同一条过原点的直线（子空间）上，即 $\boldsymbol{v}_1$ 的长度是 $\boldsymbol{v}_2$ 的一半，$\boldsymbol{v}_2$ 的长度是 $\boldsymbol{v}_1$ 的两倍。现在假设 $\boldsymbol{v}_1$ 和 $\boldsymbol{v}_2$ 是线性无关的，因此仅当 $k_1=k_2=0$ 时 $k_1\boldsymbol{v}_1+k_2\boldsymbol{v}_2=\boldsymbol{0}$。现在不可能把一个向量写成另一个向量的倍数形式，从几何上看，这两个向量不能位于同一条过原点的直线上了；它们之间的夹角 θ 满足 $0<\theta<\pi$。$\mathbb{R}^2$ 中这两个向量的两种情形见图 5—13。

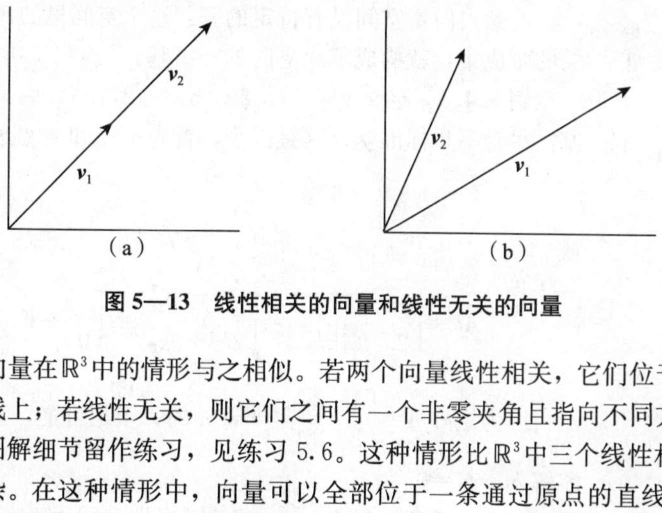

图 5—13　线性相关的向量和线性无关的向量

两个向量在 $\mathbb{R}^3$ 中的情形与之相似。若两个向量线性相关，它们位于同一条过原点的直线上；若线性无关，则它们之间有一个非零夹角且指向不同方向。其中的代数和图解细节留作练习，见练习 5.6。这种情形比 $\mathbb{R}^3$ 中三个线性相关向量的情况更复杂。在这种情形中，向量可以全部位于一条通过原点的直线上，但是，通常它们仅仅位于同一个过原点的平面上。而 $\mathbb{R}^3$ 中三个线性无关向量则不限于此。然而，$\mathbb{R}^3$ 中四个或更多向量一定是线性相关的，$\mathbb{R}^2$ 中三个或更多向量一定是线性相关的。这个事实将在下一个定理中阐述并推广。

定理 5.4.6　令 $S=\{\boldsymbol{v}_1, \boldsymbol{v}_2, \cdots, \boldsymbol{v}_r\}$ 为 $\mathbb{R}^n$ 中的向量集。若 $r>n$，则 S 线性相关。

证明：令 $\boldsymbol{v}_i=(v_{i1}, v_{i2}, \cdots, v_{in})$，$i=1, 2, \cdots, r$，考虑方程

$$k_1\boldsymbol{v}_1+k_2\boldsymbol{v}_2+\cdots+k_r\boldsymbol{v}_r=\boldsymbol{0} \tag{5.61}$$

即一个含 n 个线性方程以及 r 个未知数 k_1，k_2，$\cdots$，k_r 的齐次线性方程组。正如

定理 6.3.5 及其推论证明的，这样一个方程组有非零解。因此，由定义 3.6.2 可得，$S=\{\boldsymbol{v}_1, \boldsymbol{v}_2, \cdots, \boldsymbol{v}_r\}$是线性相关集。

5.4.5 基和维数

接下来讨论的概念由刚刚讨论的思想产生，且将要在下一节中用到。

定义 5.4.6 若V是一个向量空间，$S=\{\boldsymbol{v}_1, \boldsymbol{v}_2, \cdots, \boldsymbol{v}_r\}$是$V$中的有限维向量集，则下述成立时，$S$称作$V$的**基**：

(a) S线性无关；

(b) S张成V。

换句话说，若所有的$\boldsymbol{v}\in V$可以表示为r个线性无关的向量$\boldsymbol{v}_1, \boldsymbol{v}_2, \cdots, \boldsymbol{v}_r$的线性组合，则$S$称为$V$的基。

通过图解的方式，回顾之前定义的线性无关向量$\boldsymbol{e}_1, \boldsymbol{e}_2, \cdots, \boldsymbol{e}_n\in\mathbb{R}^n$，即$\boldsymbol{e}_1=(1, 0, \cdots, 0)$，$\boldsymbol{e}_2=(0, 1, 0, \cdots, 0)$，…，$\boldsymbol{e}_n=(0, \cdots, 0, 1)$，它们来自$\mathbb{R}^n$中的一个线性无关集$S$。因为$S$张成了$\mathbb{R}^n$，即任意向量$\boldsymbol{v}=(v_1, v_2, \cdots, v_n)$可记为$\boldsymbol{v}=v_1\boldsymbol{e}_1+v_2\boldsymbol{e}_2+\cdots+v_n\boldsymbol{e}_n$，$S$是$\mathbb{R}^n$的基。事实上，称这组基为$\mathbb{R}^n$的**标准基**。因此，例如$S=\{\boldsymbol{e}_1, \boldsymbol{e}_2\}$，其中$\boldsymbol{e}_1=(1, 0)$，$\boldsymbol{e}_2=(0, 1)$是$\mathbb{R}^2$的标准基。

注意，向量空间没有特定的基：这个空间里的任意向量集，只要它是线性无关的张成集，就构成了此空间的一组基。

例 5.4.3 定义$\boldsymbol{v}_1=(1, 2)$，$\boldsymbol{v}_2=(2, 9)$，则集合$S=\{\boldsymbol{v}_1, \boldsymbol{v}_2\}$是$\mathbb{R}^2$的一组基，尽管不是标准基。这是因为，首先，$\boldsymbol{v}_1$和$\boldsymbol{v}_2$线性无关，因此

$$k_1\boldsymbol{v}_1+k_2\boldsymbol{v}_2=\boldsymbol{0} \tag{5.62}$$

或

$$\boldsymbol{A}\boldsymbol{k}\equiv\begin{bmatrix}1 & 2\\2 & 9\end{bmatrix}\begin{bmatrix}k_1\\k_2\end{bmatrix}=\begin{bmatrix}k_1+2k_2\\2k_1+9k_2\end{bmatrix}=\begin{bmatrix}0\\0\end{bmatrix}=\boldsymbol{0} \tag{5.63}$$

因为矩阵$\boldsymbol{A}=\begin{bmatrix}1 & 2\\2 & 9\end{bmatrix}$是非奇异的，于是可逆，意味着$\boldsymbol{k}=\boldsymbol{A}^{-1}\boldsymbol{0}=\boldsymbol{0}$，故只有零解$k_1=k_2=0$。

其次，任意向量$\boldsymbol{b}=(b_1, b_2)$，可以表示为$\boldsymbol{b}=k_1\boldsymbol{v}_1+k_2\boldsymbol{v}_2$，即表示为$S$中向量的线性组合。构造方程

$$\begin{aligned}(b_1, b_2)&=k_1(1, 2)+k_2(2, 9)\\&=(k_1+2k_2, 2k_1+9k_2)\end{aligned} \tag{5.64}$$

或

$$\boldsymbol{b}=\begin{bmatrix}b_1\\b_2\end{bmatrix}=\begin{bmatrix}k_1+2k_2\\2k_1+9k_2\end{bmatrix}=\begin{bmatrix}1 & 2\\2 & 9\end{bmatrix}\begin{bmatrix}k_1\\k_2\end{bmatrix}=\boldsymbol{A}\boldsymbol{k} \tag{5.65}$$

对任意的 $\boldsymbol{b}\neq\boldsymbol{0}$，这个方程有非零解 $\boldsymbol{k}=[k_i]_{2\times1}$，即 $\boldsymbol{k}=\boldsymbol{A}^{-1}\boldsymbol{b}$（因为 $\boldsymbol{A}$ 是非奇异的，因此可逆）。因此，k_i 可以根据克莱姆法则求得。

假设 $\boldsymbol{b}=(10,-10)$，则用 $\boldsymbol{A}$ 的逆矩阵直接进行运算，得

$$\begin{aligned}\boldsymbol{k}&=\boldsymbol{A}^{-1}\boldsymbol{b}=\begin{bmatrix}1&2\\2&9\end{bmatrix}^{-1}\begin{bmatrix}10\\-10\end{bmatrix}\\&=\begin{bmatrix}\frac{9}{5}&-\frac{2}{5}\\-\frac{2}{5}&\frac{1}{5}\end{bmatrix}\begin{bmatrix}10\\-10\end{bmatrix}\\&=\begin{bmatrix}22\\-6\end{bmatrix}\end{aligned}\tag{5.66}$$

或者用克莱姆法则可得

$$k_1=\frac{|\boldsymbol{A}_1|}{|\boldsymbol{A}|}=\frac{110}{5}=22\tag{5.67}$$

以及

$$k_2=\frac{|\boldsymbol{A}_2|}{|\boldsymbol{A}|}=\frac{-30}{5}=-6\tag{5.68}$$

其中

$$\boldsymbol{A}_1=\begin{bmatrix}10&2\\-10&9\end{bmatrix},\ \boldsymbol{A}_2=\begin{bmatrix}1&10\\2&-10\end{bmatrix}\tag{5.69}$$

另外一种阐述方法将在例 5.4.5 中讲述，$\mathbb{R}^2$ 中任意两个**非共线向量**来自一组基。我们也应注意以下几点。

● 若 $S=\{\boldsymbol{v}_1,\ \boldsymbol{v}_2,\ \cdots,\ \boldsymbol{v}_r\}$ 是向量空间 V 中的线性无关集，则 S 是子空间 $\mathrm{lin}\{\boldsymbol{v}_1,\ \boldsymbol{v}_2,\ \cdots,\ \boldsymbol{v}_r\}$ 的基，原因是它是线性无关的，而且根据 $\mathrm{lin}\{\boldsymbol{v}_1,\ \boldsymbol{v}_2,\ \cdots,\ \boldsymbol{v}_r\}$ 的定义，S 张成了 $\mathrm{lin}\{\boldsymbol{v}_1,\ \boldsymbol{v}_2,\ \cdots,\ \boldsymbol{v}_r\}$。

● 若 $S=\{\boldsymbol{v}_1,\ \boldsymbol{v}_2,\ \cdots,\ \boldsymbol{v}_r\}$ 是 V 的基，则每个 V 的子集，只要包含 n 个以上的向量，就是线性相关的。这个命题的证明并不困难，留作练习，见练习 5.17。

●（有限维）向量空间 V 的任意两个或更多个基有相同的向量个数。

其证明需要用到前述结论。

下述定义与基包含的向量个数有关。

定义 5.4.7（有限维） 向量空间的**维数**，记为 $\dim(V)$，是 V 的基所包含的向量个数，这个数是唯一的。对于仅包含零向量的集合，我们也按照惯例定义其维数为零。

因此 $\dim(\mathbb{R}^n)=n$，以及 $\dim(\{\boldsymbol{0}\})=0$。

已知，一个向量空间 V 是 n 维的，为了判定 $S=\{\boldsymbol{v}_1,\ \boldsymbol{v}_2,\ \cdots,\ \boldsymbol{v}_n\}$ 是不是 V 的一组基，我们只需要检验 S 是不是线性无关组，或者是不是 S 张成了 V 即可。余下的条件会自动得到满足。我们在下述定理中正式论述了这一点，它的证明留作练习，见练习 5.18。

定理 5.4.7 令 V 为一个 n 维向量空间。

(a) 若 $S=\{\boldsymbol{v}_1, \boldsymbol{v}_2, \cdots, \boldsymbol{v}_n\}$ 为 V 中一个含有 n 个线性无关向量的集合，则 S 是 V 的一组基。

(b) 若 $S=\{\boldsymbol{v}_1, \boldsymbol{v}_2, \cdots, \boldsymbol{v}_n\}$ 是张成 V 的一个含有 n 个向量的向量集，则 S 是 V 的一组基。

5.4.6 矩阵的行空间、列空间和秩

考虑 $m\times n$ 阶矩阵 $\mathbf{A}=\begin{bmatrix} a_{11} & \cdots & a_{1n} \\ \vdots & & \vdots \\ a_{m1} & \cdots & a_{mn} \end{bmatrix}$，这个矩阵可记为 $\mathbf{A}=\begin{bmatrix} \boldsymbol{r}_1 \\ \boldsymbol{r}_2 \\ \vdots \\ \boldsymbol{r}_m \end{bmatrix}$，其中 $\boldsymbol{r}_i$ 表示 $1\times n$ 阶矩阵，即 $\mathbf{A}$ 的第 i 行；可记为 $\mathbf{A}=[\boldsymbol{c}_1 \quad \boldsymbol{c}_2 \quad \cdots \quad \boldsymbol{c}_n]$，其中 $\boldsymbol{c}_j$ 是 $m\times 1$ 阶矩阵，表示 $\mathbf{A}$ 的第 j 列。进一步讲，每一行都可以看作是 $\mathbb{R}^n$ 中的一个向量，每一列都可以看作是 $\mathbb{R}^m$ 中的一个向量。

定义 5.4.8

(a) $m\times n$ 阶矩阵 $\mathbf{A}$ 的**行空间**是 $\mathbb{R}^n$ 的子空间，$\mathbb{R}^n$ 由 $\mathbf{A}$ 的 m 行张成。

(b) $m\times n$ 阶矩阵 $\mathbf{A}$ 的**列空间**是 $\mathbb{R}^m$ 的子空间，$\mathbb{R}^m$ 由 $\mathbf{A}$ 的 n 列张成。

定义 5.4.9

(a) 一个矩阵的**行秩**是它的行空间的维数。

(b) 一个矩阵的**列秩**是它的列空间的维数。①

定理 5.4.8 任意矩阵的行空间和列空间具有相同的维数。

证明：证明的思路是，对一个矩阵进行初等行变换，行秩和列秩不会变化。

通过检查，容易看出，行最简阶梯形矩阵的行秩和列秩是相等的，且都等于左上角单位矩阵的维数。事实上，初等行变换不会改变矩阵的行空间。它们会改变矩阵的列空间，但不是列秩，正如我们现在看到的。

如果 $\mathbf{A}$ 和 $\boldsymbol{B}$ 是**行等价矩阵**，即它们可以通过初等行变换互相变换，因此 $\boldsymbol{Ax}=\mathbf{0}$ 和 $\boldsymbol{Bx}=\mathbf{0}$ 有同样的解空间。

如果 $\mathbf{A}$ 的列的子集是线性相关集，则解空间中存在一个向量，相应项是非零的，而其他项都为零。

类似地，如果 $\mathbf{A}$ 的列的子集是线性无关集，则解空间中不存在一项非零而其他项都为零的向量。

第一个结果意味着 $\boldsymbol{B}$ 的相应列也是线性相关的。

第二个结果意味着 $\boldsymbol{B}$ 的相应列也是线性无关的。

因此，两个矩阵的列空间的维数相同。

正是因为这个原因，简单地称 $\mathbf{A}$ 的行空间和列空间的维数为 $\mathbf{A}$ 的**秩**，记为 $\rho(\mathbf{A})$，满足 $\rho(\mathbf{A})\leqslant\min\{m, n\}$。

① 回顾之前行秩和列秩的定义，见定义 4.4.2。

例 5.4.4 令 $\boldsymbol{A}=\begin{bmatrix}3 & 2 & 1\\4 & -2 & 0\end{bmatrix}$。这里，行 $\boldsymbol{r}_1$ 和 $\boldsymbol{r}_2$ 组成了一个集合 $S_r=\{\boldsymbol{r}_1, \boldsymbol{r}_2\}$，包含了$\mathbb{R}^3$中的两个向量。因为 $k_1\boldsymbol{r}_1+k_2\boldsymbol{r}_2=\boldsymbol{0}$ 有唯一解 $k_1=k_2=0$，所以是线性无关集，且 $\rho(\boldsymbol{A})=2$。$\boldsymbol{A}$ 的列组成了一个集合 $S_c=\{\boldsymbol{c}_1, \boldsymbol{c}_2, \boldsymbol{c}_3\}$，包含$\mathbb{R}^2$中的三个向量，根据定理 5.4.6，它们一定是线性相关的。因为 $\rho(\boldsymbol{A})=2$，故我们可断定三个列中的任意两个是线性无关的。

例 5.4.6 中，矩阵 $\boldsymbol{A}$ 的秩等于行数，我们称 $\boldsymbol{A}$ 为**行满秩**。值得注意的是，由 $\boldsymbol{A}$ 的两列形成的 2×2 阶子矩阵中，至少有一个子矩阵的行列式是非零的；事实上，对这个例子而言，所有三个子矩阵的行列式都不为 0，即为非奇异的。

例 5.4.5 令 $\boldsymbol{A}=\begin{bmatrix}1 & -2\\2 & -4\end{bmatrix}$。此处，$S_r=\{\boldsymbol{r}_1, \boldsymbol{r}_2\}$和 $S_c=\{\boldsymbol{c}_1, \boldsymbol{c}_2\}$是包含$\mathbb{R}^2$中的两个向量的集。容易验证，$k_1\boldsymbol{r}_1+k_2\boldsymbol{r}_2=\boldsymbol{0}$ 关于 k_1 和 k_2 有非零解，$k_1^*\boldsymbol{c}_1+k_2^*\boldsymbol{c}_2=\boldsymbol{0}$ 关于 k_1^* 和 k_2^* 有非零解，因此 $\rho(\boldsymbol{A})<2$。

在例 5.4.6 中，$\boldsymbol{A}$ 没有列满秩或行满秩，验证留作练习。事实上，$\rho(\boldsymbol{A})=1$。同时需注意，$|\boldsymbol{A}|=0$，意味着 $\boldsymbol{A}$ 是奇异的。

例 5.4.6 令 $\boldsymbol{A}=\begin{bmatrix}2 & 1\\-1 & 0\end{bmatrix}$。通过前例相似地分析，容易看出本例中，$\rho(\boldsymbol{A})=2$；并且注意到$|\boldsymbol{A}|\neq0$，$\boldsymbol{A}$ 是非奇异的。

现在总结本章和之前章节的结果。一般地讲，若 $\boldsymbol{A}$ 是 $n\times n$ 阶，则 $\rho(\boldsymbol{A})=n$ 意味着：

- $\boldsymbol{A}$ 的行向量 $\boldsymbol{r}_i$ 是线性无关的；
- $\boldsymbol{A}$ 的列向量 $\boldsymbol{c}_j$ 是线性无关的；
- $S_r=\{\boldsymbol{r}_1, \boldsymbol{r}_2, \cdots, \boldsymbol{r}_n\}$是 $\text{lin}S_r=\mathbb{R}^n$的一组基；
- $S_c=\{\boldsymbol{c}_1, \boldsymbol{c}_2, \cdots, \boldsymbol{c}_n\}$是 $\text{lin}S_c=\mathbb{R}^n$的一组基；
- $\det(\boldsymbol{A})\neq0$；
- $\boldsymbol{A}$ 可逆；
- $\boldsymbol{Ax}=\boldsymbol{0}$ 仅有零解，$\boldsymbol{x}=\boldsymbol{A}^{-1}\boldsymbol{0}=\boldsymbol{0}$；
- $\boldsymbol{Ax}=\boldsymbol{b}$ 是一致的，即对任意 $n\times1$ 阶矩阵 $\boldsymbol{b}$ 有唯一解 $\boldsymbol{x}=\boldsymbol{A}^{-1}\boldsymbol{b}$。

下述定理考虑更加一般地方程组。

定理 5.4.9 当且仅当 $\boldsymbol{b}$ 位于 $\boldsymbol{A}$ 的列空间时，$m\times n$ 的线性方程组 $\boldsymbol{Ax}=\boldsymbol{b}$ 是一致的。

证明：令 $\boldsymbol{k}$ 为 $\boldsymbol{Ax}=\boldsymbol{b}$ 的一组解。我们可以记为

$$\boldsymbol{Ak}=\begin{bmatrix}a_{11} & \cdots & a_{1n}\\ \vdots & & \vdots\\ a_{m1} & \cdots & a_{mn}\end{bmatrix}\begin{bmatrix}k_1\\ \vdots\\ k_n\end{bmatrix}=\begin{bmatrix}b_1\\ \vdots\\ b_m\end{bmatrix}=\boldsymbol{b} \tag{5.70}$$

即

$$k_1\boldsymbol{c}_1+k_2\boldsymbol{c}_2+\cdots+k_n\boldsymbol{c}_n=\boldsymbol{b} \tag{5.71}$$

其中 $\boldsymbol{c}_1, \boldsymbol{c}_2, \cdots, \boldsymbol{c}_n$ 是 $\boldsymbol{A}$ 的列。因为式（5.71）的左边是列向量 $\boldsymbol{c}_i$ 的线性组合，

$i=1, 2, \cdots, n$。$\boldsymbol{b}$ 是 $\boldsymbol{c}_i$ 的线性组合。因此，$\boldsymbol{b}$ 位于 $\boldsymbol{A}$ 的列空间 $\text{lin}\{\boldsymbol{c}_1, \boldsymbol{c}_2, \cdots, \boldsymbol{c}_n\}$。

余下的证明非常直接，留作练习，见练习 5.19。

5.4.7 标准正交基

通常，每个人都可以通过个人的判断力为一个向量空间选择一组基。然而，一些基往往比其他的基更好用，其中一种是**正交基**；另外，正交基的一种特殊情况是**标准正交基（规范正交基）**。根据前述定义，当且仅当一对向量的点乘 $\boldsymbol{u}\cdot\boldsymbol{v}=0$ 时，或者当向量间的夹角 $\theta=90°$ 时，称它们是正交的。如果向量集里的每一组向量都是正交的，换言之，这些向量是**相互正交**的，则这个向量集是正交的。

定义 5.4.10 如果一个向量集是正交的且向量是单位长度的，则它是**标准正交的**。

例 5.4.7 令 $\boldsymbol{v}_1=(0, 1, 0)$，$\boldsymbol{v}_2=\left(\frac{1}{\sqrt{2}}, 0, \frac{1}{\sqrt{2}}\right)$，$\boldsymbol{v}_3=\left(\frac{1}{\sqrt{2}}, 0, \frac{-1}{\sqrt{2}}\right)$，则 $S=\{\boldsymbol{v}_1, \boldsymbol{v}_2, \boldsymbol{v}_3\}$ 是标准正交集，因为

$$\boldsymbol{v}_1\cdot\boldsymbol{v}_2=\boldsymbol{v}_1\cdot\boldsymbol{v}_3=\boldsymbol{v}_2\cdot\boldsymbol{v}_3=0 \tag{5.72}$$

且

$$\|\boldsymbol{v}_i\|=1, \quad \forall i \tag{5.73}$$

标准化

运用 $\|k\boldsymbol{v}\|=|k|\|\boldsymbol{v}\|$，向量 $\boldsymbol{w}=(1/\|\boldsymbol{v}\|)\boldsymbol{v}$ 的长度为 1，因为

$$\|\boldsymbol{w}\|=\left\|\frac{1}{\|\boldsymbol{v}\|}\boldsymbol{v}\right\|=\left|\frac{1}{\|\boldsymbol{v}\|}\right|\|\boldsymbol{v}\|=\frac{1}{\|\boldsymbol{v}\|}\|\boldsymbol{v}\|=1 \tag{5.74}$$

标准正交基的一个优点是，很容易用它表示一个向量，通过下述定理将看到这一点。

定理 5.4.10 若 $S=\{\boldsymbol{v}_1, \boldsymbol{v}_2, \cdots, \boldsymbol{v}_n\}$ 是向量空间 V 的一组标准正交基，$\boldsymbol{u}$ 是 V 中的任意向量，则 $\boldsymbol{u}=(\boldsymbol{u}\cdot\boldsymbol{v}_1)\boldsymbol{v}_1+(\boldsymbol{u}\cdot\boldsymbol{v}_2)\boldsymbol{v}_2+\cdots+(\boldsymbol{u}\cdot\boldsymbol{v}_n)\boldsymbol{v}_n$。

证明：因为 S 是 V 的一组基，$\boldsymbol{u}=k_1\boldsymbol{v}_1+k_2\boldsymbol{v}_2+\cdots+k_n\boldsymbol{v}_n$。

考虑点乘 $\boldsymbol{u}\cdot\boldsymbol{v}_i=(k_1\boldsymbol{v}_1+k_2\boldsymbol{v}_2+\cdots+k_n\boldsymbol{v}_n)\cdot\boldsymbol{v}_i$。

由于 S 是标准正交的，$k_i\boldsymbol{v}_i\cdot\boldsymbol{v}_i=k_i1$ 且 $k_j\boldsymbol{v}_j\cdot\boldsymbol{v}_i=0$，$i\neq j$。

因此，$\boldsymbol{u}\cdot\boldsymbol{v}_i=k_i$。

当一个向量以非标准正交基的形式表示时，需要解方程组以得到 k_i，根据这个结果可以直接求解。正交性，以及之后的标准正交性，意味着线性无关，在下一个定理中将给出这个结论。

定理 5.4.11 若 $S=\{\boldsymbol{v}_1, \boldsymbol{v}_2, \cdots, \boldsymbol{v}_n\}$ 是一个向量空间 V 中非零的、正交向

量集，则 S 是线性无关的。

证明：考虑方程 $k_1\boldsymbol{v}_1+k_2\boldsymbol{v}_2+\cdots+k_n\boldsymbol{v}_n=\boldsymbol{0}$。

因为根据正交性，当 $i\neq j$ 时，$k_j\boldsymbol{v}_j\cdot\boldsymbol{v}_i=0$，故对于 S 中的每个 $\boldsymbol{v}_i$，有 $(k_1\boldsymbol{v}_1+k_2\boldsymbol{v}_2+\cdots+k_n\boldsymbol{v}_n)\cdot\boldsymbol{v}_i=\boldsymbol{0}\cdot\boldsymbol{v}_i=0$ 或 $k_i\boldsymbol{v}_i\cdot\boldsymbol{v}_i=0$。

现在 $\boldsymbol{v}_i\cdot\boldsymbol{v}_i=\|\boldsymbol{v}_i\|^2>0$；因此，$k_i=0$。

此论证对所有的 i 成立，因此，S 是线性无关的。

回顾例 5.4.7 中的向量，$\boldsymbol{v}_1=(0, 1, 0)$，$\boldsymbol{v}_2=\left(\frac{1}{\sqrt{2}}, 0, \frac{1}{\sqrt{2}}\right)$，$\boldsymbol{v}_3=\left(\frac{1}{\sqrt{2}}, 0, \frac{-1}{\sqrt{2}}\right)$，可以看出 $S=\{\boldsymbol{v}_1, \boldsymbol{v}_2, \boldsymbol{v}_3\}$ 是一个标准正交集，因此，根据定理 5.4.11，S 是线性无关的。因为 $\mathbb{R}^3$ 是三维的，因此 $S=\{\boldsymbol{v}_1, \boldsymbol{v}_2, \boldsymbol{v}_3\}$ 是 $\mathbb{R}^3$ 的一组标准正交基。$\mathbb{R}^3$ 的标准基 $S=\{\boldsymbol{v}_1, \boldsymbol{v}_2, \boldsymbol{v}_3\}$，其中 $\boldsymbol{e}_1=(1, 0, 0)$，$\boldsymbol{e}_2=(0, 1, 0)$，$\boldsymbol{e}_3=(0, 0, 1)$，容易验证这是一组标准正交基，见练习 5.21。

按照惯例，当涉及向量时，默认采用标准基。

例 5.4.8 向量 $\boldsymbol{u}=(1, 2, 3)$，表示为标准基的形式为 $\boldsymbol{u}=k_1\boldsymbol{e}_1+k_2\boldsymbol{e}_2+k_3\boldsymbol{e}_3$。$\boldsymbol{u}$ 的元素仅仅是与相关的标准基对应的标量因子或坐标。当采用例 5.4.7 中的基 $S=\{\boldsymbol{v}_1, \boldsymbol{v}_2, \boldsymbol{v}_3\}$ 时，$\boldsymbol{u}=k_1\boldsymbol{v}_1+k_2\boldsymbol{v}_2+k_3\boldsymbol{v}_3$，根据定理 5.4.10，其中的坐标是 $k_1=\boldsymbol{u}\cdot\boldsymbol{v}_1=2$，$k_2=\boldsymbol{u}\cdot\boldsymbol{v}_2=2\sqrt{2}$，$k_3=\boldsymbol{u}\cdot\boldsymbol{v}_3=-\sqrt{2}$。

例 5.4.7 说明了为什么会优先采用标准基。

标准正交基的构建：格莱姆-施密特法

为向量空间建立标准正交基是非常有用的，一个著名的方法是**格莱姆-施密特法**（Gram-Schmidt）。[①] 这个方法在 61 页注释①对称矩阵的正交对角化程序中提到过。本章介绍这个方法的细节，但是首先我们需要介绍一些定理。前两个定理的作用显而易见。值得注意的是，这个结果包含向量投影概念的推广，依照前文定义，$\boldsymbol{u}$ 在另一个向量 $\boldsymbol{v}$ 上的投影为

$$\mathrm{proj}_{\boldsymbol{v}}\boldsymbol{u}=\frac{\boldsymbol{u}\cdot\boldsymbol{v}}{\|\boldsymbol{v}\|^2}\boldsymbol{v} \tag{5.75}$$

在后文中，标准正交时 $\|\boldsymbol{v}\|^2=1$。下述定理没有给出证明，参照定理 5.2.4 的证明，可以给出其证明步骤，见练习 5.22。

定理 5.4.12 令 V 为一个向量空间，$S=\{\boldsymbol{v}_1, \boldsymbol{v}_2, \cdots, \boldsymbol{v}_r\}$ 为 V 的一组标准正交向量集。如果 W 表示 $\boldsymbol{v}_1, \boldsymbol{v}_2, \cdots, \boldsymbol{v}_r$ 张成的子空间，即 $W=\mathrm{lin}S$，则 V 中的每一个向量 $\boldsymbol{u}$ 都可以表示为 $\boldsymbol{u}=\boldsymbol{w}_1+\boldsymbol{w}_2$ 的形式，其中 $\boldsymbol{w}_1\in W$ 且 $\boldsymbol{w}_2$ 与 W 正交。方法如下：

$$\boldsymbol{w}_1=(\boldsymbol{u}\cdot\boldsymbol{v}_1)\boldsymbol{v}_1+(\boldsymbol{u}\cdot\boldsymbol{v}_2)\boldsymbol{v}_2+\cdots+(\boldsymbol{u}\cdot\boldsymbol{v}_r)\boldsymbol{v}_r \tag{5.76}$$

和

① 格莱姆-施密特法是以丹麦数学家 Jorgen Pedersen Gram（1850—1916）和爱沙尼亚出生的数学家 Erhard Schmidt（1876—1959）的名字命名的，但是在许多这样的例子中，别人已经在他们之前使用了这种方法。

$$w_2 = u - w_1 \tag{5.77}$$

为了与前面提到的单个向量的投影的术语一致，向量 w_1 被称为 **u 到子空间 W 的正交投影**，记为 $\text{proj}_W u$，而称 $w_2 = u - \text{proj}_W u$ 为 u 正交于 W 的分量。这个概念见图 5—14，该图表示 $\mathbb{R}^3$ 中的一个向量 u 与一个由向量 v_1 和 v_2 张成的二维子空间 W 之间的关系。

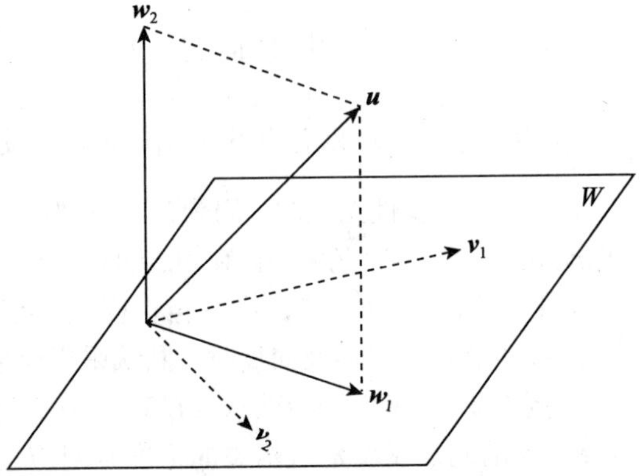

图 5—14　$\mathbb{R}^3$ 中的正交投影

下述例题使用了前例中 $\mathbb{R}^3$ 内三个相同的向量，进一步阐明了子空间的正交投影的概念。

例 5.4.9　在例 5.4.7 中已经证明，向量 $v_1 = (0, 1, 0)$，$v_2 = \left(\frac{1}{\sqrt{2}}, 0, \frac{1}{\sqrt{2}}\right)$，$v_3 = \left(\frac{1}{\sqrt{2}}, 0, \frac{-1}{\sqrt{2}}\right)$是标准正交的。根据定理 5.4.11，我们知道它们是线性无关的。现在考虑子集 $S = \{v_2, v_3\}$、由 S 张成的线性空间 $W = \text{lin}S$ 以及 $\mathbb{R}^3$ 中的另一个向量 u，然后构造 w_1 和 w_2。首先，u 在 w 上的正交投影为

$$\begin{aligned} w_1 &= \text{proj}_W u = (u \cdot v_2) v_2 + (u \cdot v_3) v_3 \\ &= \left(\sum_{i=1}^{3} u_i v_{2i}\right)\left(\frac{1}{\sqrt{2}}, 0, \frac{1}{\sqrt{2}}\right) + \left(\sum_{i=1}^{3} u_i v_{3i}\right)\left(\frac{1}{\sqrt{2}}, 0, \frac{-1}{\sqrt{2}}\right) \\ &= \sqrt{2}\left(\frac{1}{\sqrt{2}}, 0, \frac{1}{\sqrt{2}}\right) + 0\left(\frac{1}{\sqrt{2}}, 0, \frac{-1}{\sqrt{2}}\right) = (1, 0, 1) \end{aligned} \tag{5.78}$$

因此 u 正交于 W 的分量为

$$w_2 = u - w_1 = (1, 1, 1) - (1, 0, 1) = (0, 1, 0) \tag{5.79}$$

作为进一步的练习，运用矩阵符号和方法得到式 (5.78) 中的结果，留给读者，见练习 5.8。这种矩阵表示的方法将在 14.2 节中使用。

构建标准正交基的方法以下述定理及其证明的形式给出。

定理 5.4.13　任意非零的、有限维的向量空间都有一组标准正交基。

证明：该定理的证明即为格莱姆-施密特法，可以由任意给定基构建标准正交基。

令 V 为一个 n 维向量空间，$S = \{u_1, u_2, \cdots, u_n\}$ 为 V 的任意基。按如下步骤将得到一组标准正交基：

(a) 令 $\boldsymbol{v}_1=\boldsymbol{u}_1/\|\boldsymbol{u}_1\|$，则根据标准化过程，$\|\boldsymbol{v}_1\|=1$。

(b) 向量 $\boldsymbol{v}_2$ 选为 $\boldsymbol{u}_2$ 的标准化分量，它正交于 $\mathrm{proj}_{W_1}\boldsymbol{u}_2$，其中 W_1 是 $\boldsymbol{v}_1$ 张成的子空间，即 $W_1=\mathrm{lin}\{\boldsymbol{v}_1\}$。因此，

$$\boldsymbol{v}_2=\frac{\boldsymbol{u}_2-\mathrm{proj}_{W_1}\boldsymbol{u}_2}{\|\boldsymbol{u}_2-\mathrm{proj}_{W_1}\boldsymbol{u}_2\|}=\frac{\boldsymbol{u}_2-(\boldsymbol{u}_2\cdot\boldsymbol{v}_1)\boldsymbol{v}_1}{\|\boldsymbol{u}_2-(\boldsymbol{u}_2\cdot\boldsymbol{v}_1)\boldsymbol{v}_1\|} \tag{5.80}$$

式 (5.80) 中的分母不能为零，否则

$$\boldsymbol{u}_2=\mathrm{proj}_{W_1}\boldsymbol{u}_2=(\boldsymbol{u}_2\cdot\boldsymbol{v}_1)\boldsymbol{v}_1=\frac{(\boldsymbol{u}_2\cdot\boldsymbol{v}_1)}{\|\boldsymbol{u}_1\|}\boldsymbol{u}_1=k\boldsymbol{u}_1 \tag{5.81}$$

即 $\boldsymbol{u}_2$ 是 $\boldsymbol{u}_1$ 的倍数，与基 S 的线性无关性矛盾。

从 $\boldsymbol{u}_1$ 和 $\boldsymbol{u}_2$ 构造 $\boldsymbol{v}_1$ 和 $\boldsymbol{v}_2$ 的过程在图 5—15 中说明。

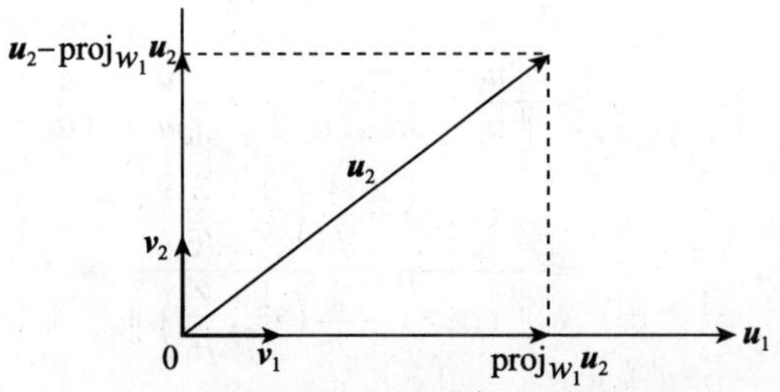

图 5—15　$\mathbb{R}^2$ 中的格莱姆-施密特投影

(c) 向量 $\boldsymbol{v}_3$ 选为 $\boldsymbol{u}_3$ 的标准化分量，它正交于 $\mathrm{proj}_{W_2}\boldsymbol{u}_3$，其中 W_2 是 $\boldsymbol{v}_1$ 和 $\boldsymbol{v}_2$ 张成的子空间，即 $W_2=\mathrm{lin}\{\boldsymbol{v}_1,\ \boldsymbol{v}_2\}$。因此，

$$\boldsymbol{v}_3=\frac{\boldsymbol{u}_3-\mathrm{proj}_{W_2}\boldsymbol{u}_3}{\|\boldsymbol{u}_3-\mathrm{proj}_{W_2}\boldsymbol{u}_3\|}=\frac{\boldsymbol{u}_3-(\boldsymbol{u}_3\cdot\boldsymbol{v}_1)\boldsymbol{v}_1-(\boldsymbol{u}_3\cdot\boldsymbol{v}_2)\boldsymbol{v}_2}{\|\boldsymbol{u}_3-(\boldsymbol{u}_3\cdot\boldsymbol{v}_1)\boldsymbol{v}_1-(\boldsymbol{u}_3\cdot\boldsymbol{v}_2)\boldsymbol{v}_2\|} \tag{5.82}$$

同样，S 的线性无关性保证了式 (5.82) 的分母不为零，其细节留作练习。用 $\boldsymbol{v}_1$，$\boldsymbol{v}_2$ 和 $\boldsymbol{u}_3$ 构造 $\boldsymbol{v}_3$ 的过程见图 5—16。

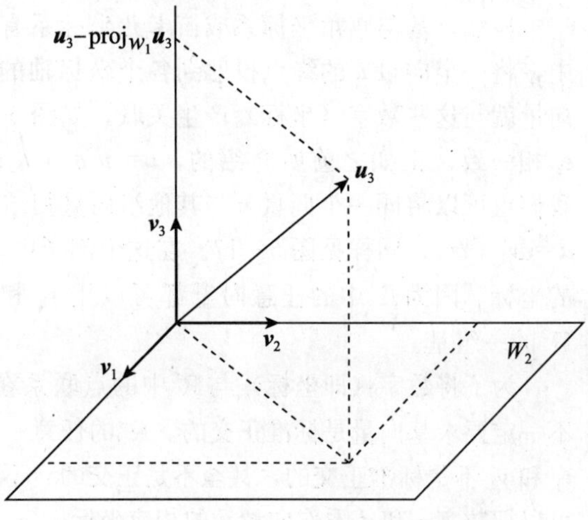

图 5—16　$\mathbb{R}^3$ 中的格莱姆-施密特投影

尽管 $i>3$ 的情况不能用几何形式表示出来，但是重复执行这个过程，可得到典型的标准正交向量 $\boldsymbol{v}_i$：

$$\boldsymbol{v}_i=\frac{\boldsymbol{u}_i-\mathrm{proj}_{W_{i-1}}\boldsymbol{u}_i}{\|\boldsymbol{u}_i-\mathrm{proj}_{W_{i-1}}\boldsymbol{u}_i\|}=\frac{\boldsymbol{u}_i-(\boldsymbol{u}_i\cdot\boldsymbol{v}_1)\boldsymbol{v}_1-\cdots-(\boldsymbol{u}_i\cdot\boldsymbol{v}_{i-1})\boldsymbol{v}_{i-1}}{\|\boldsymbol{u}_i-(\boldsymbol{u}_i\cdot\boldsymbol{v}_1)\boldsymbol{v}_1-\cdots-(\boldsymbol{u}_i\cdot\boldsymbol{v}_{i-1})\boldsymbol{v}_{i-1}\|} \tag{5.83}$$

这个过程在获得 $\boldsymbol{v}_n$ 时终止，得到 V 的标准正交基。

例 5.4.10 考虑$\mathbb{R}^2$的基 $S=\{\boldsymbol{u}_1,\ \boldsymbol{u}_2\}$，其中 $\boldsymbol{u}_1=(1,\ 2)$，$\boldsymbol{u}_2=(0,\ 2)$。容易验证 $\boldsymbol{u}_1\cdot\boldsymbol{u}_2\neq0$，$\|\boldsymbol{u}_i\|\neq1$，$i=1,\ 2$。因此，$S$ 不是标准正交基。下面我们基于 S，运用格莱姆-施密特法，为$\mathbb{R}^2$构造一组标准正交基。

首先，令 $\boldsymbol{v}_1=\boldsymbol{u}_1/\|\boldsymbol{u}_1\|=\frac{1}{\sqrt{5}}(1,\ 2)=\left(\frac{1}{\sqrt{5}},\ \frac{2}{\sqrt{5}}\right)$。然后，令

$$\begin{aligned}\boldsymbol{v}_2&=\frac{\boldsymbol{u}_2-\mathrm{proj}_{W_1}\boldsymbol{u}_2}{\|\boldsymbol{u}_2-\mathrm{proj}_{W_1}\boldsymbol{u}_2\|}=\frac{\boldsymbol{u}_2-(\boldsymbol{u}_2\cdot\boldsymbol{v}_1)\boldsymbol{v}_1}{\|\boldsymbol{u}_2-(\boldsymbol{u}_2\cdot\boldsymbol{v}_1)\boldsymbol{v}_1\|}\\&=\frac{(0,2)-\frac{4}{\sqrt{5}}\left(\frac{1}{\sqrt{5}},\frac{2}{\sqrt{5}}\right)}{\|(0,2)-\frac{4}{\sqrt{5}}\left(\frac{1}{\sqrt{5}},\frac{2}{\sqrt{5}}\right)\|}=\frac{\left(-\frac{4}{5},\frac{2}{5}\right)}{\|\left(-\frac{4}{5},\frac{2}{5}\right)\|}\\&=\frac{\sqrt{5}}{2}\left(-\frac{4}{5},\frac{2}{5}\right)=\left(\frac{-2}{\sqrt{5}},\frac{1}{\sqrt{5}}\right)\end{aligned} \tag{5.84}$$

容易验证，$\|\boldsymbol{v}_i\|=1$，$i=1,\ 2$ 和 $\boldsymbol{v}_1\cdot\boldsymbol{v}_2=0$。因此我们得到了$\mathbb{R}^2$的标准正交基 $S=\{\boldsymbol{v}_1,\ \boldsymbol{v}_2\}$。

例 5.4.7 非常简单。难度稍大的例题见练习 5.9。

5.4.8 坐标变换和基变换

显然，基与直角坐标系或笛卡儿坐标系有紧密的关系。在这样一个坐标系中，将一个向量 $\boldsymbol{u}$ 的终点投射到各个坐标轴的方向上，得到一些数字（坐标），向量就与这些数字（坐标）产生关联，如图 5—17 所示。这与使用标准基 $\boldsymbol{e}_1$ 和 $\boldsymbol{e}_2$ 相一致，正如之前所介绍的，$\boldsymbol{u}=u_1\boldsymbol{e}_1+u_2\boldsymbol{e}_2$，其中 u_1 和 u_2 是坐标。然而，我们也可以将同一个向量 $\boldsymbol{u}$ 与其他组向量相结合，如标准正交向量 $\boldsymbol{v}_1$ 和 $\boldsymbol{v}_2$，即 $\boldsymbol{u}=a\boldsymbol{v}_1+b\boldsymbol{v}_2$，同样见图 5—17。在这个例子中，数字 a 和 b 是与相应向量相关联的坐标。因为$\mathbb{R}^2$中的任意向量都可以用 $\boldsymbol{v}_1$ 和 $\boldsymbol{v}_2$ 表示，故集合 $S=\{\boldsymbol{v}_1,\ \boldsymbol{v}_2\}$是$\mathbb{R}^2$的一组基。

为了将数字（即坐标）与$\mathbb{R}^2$中的点联系在一起，需要给出基向量 $\boldsymbol{v}_1$ 和 $\boldsymbol{v}_2$，不一定要求基向量是标准正交的。$\mathbb{R}^2$的任意一组基都可以，正如图 5—18 所示，$\boldsymbol{v}_1$ 和 $\boldsymbol{v}_2$ 不是标准正交的，甚至不是正交的。不过，因为 $\boldsymbol{u}=c\boldsymbol{v}_1+d\boldsymbol{v}_2$ 因此我们都可以把数字 c 和 d 看作向量 $\boldsymbol{u}$ 的相应坐标。

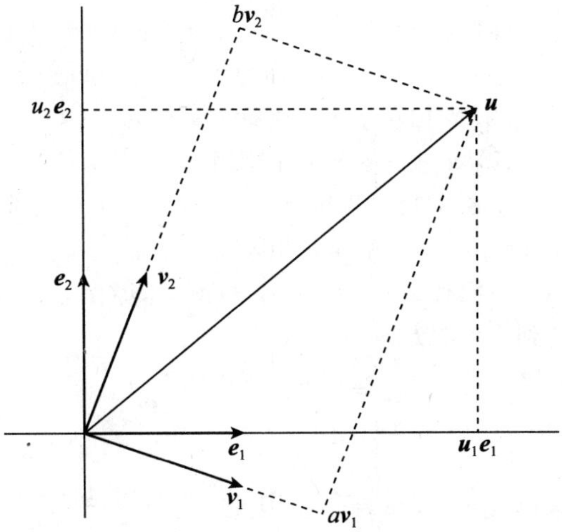

图 5—17　运用直角坐标系改变基

关于坐标的这种推广很有用，并且可以推广到更高维的欧氏空间（以及更一般的向量空间）。在验证它之前，我们需要一些预备知识。

预备知识

定理 5.4.14　若 $S=\{\boldsymbol{v}_1, \boldsymbol{v}_2, \cdots, \boldsymbol{v}_n\}$ 是向量空间 V 的一组基，则每一个向量 $\boldsymbol{u}\in V$ 可以唯一地表示为 $\boldsymbol{v}_i$，$i=1, 2, \cdots, n$ 的线性组合，即 $\boldsymbol{u}=c_1\boldsymbol{v}_1+c_2\boldsymbol{v}_2+\cdots+c_n\boldsymbol{v}_n$。

证明：假设 $\boldsymbol{u}=c_1\boldsymbol{v}_1+c_2\boldsymbol{v}_2+\cdots+c_n\boldsymbol{v}_n$，$\boldsymbol{u}=k_1\boldsymbol{v}_1+k_2\boldsymbol{v}_2+\cdots+k_n\boldsymbol{v}_n$。将二者相减，我们得到 $\boldsymbol{0}=(c_1-k_1)\boldsymbol{v}_1+(c_2-k_2)\boldsymbol{v}_2+\cdots+(c_n-k_n)\boldsymbol{v}_n$。

因为 $\boldsymbol{v}_1, \boldsymbol{v}_2, \cdots, \boldsymbol{v}_n$ 是基向量，所以它们线性无关，因此对于所有 i 有 $(c_i-k_i)=0$ 成立。从而对于所有 i 有 $c_i=k_i$ 成立。

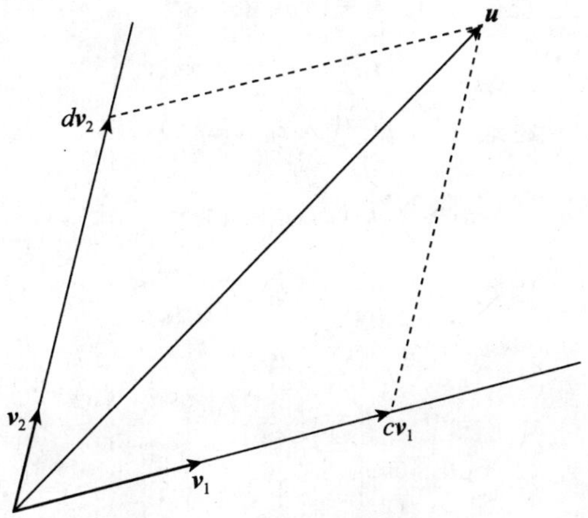

图 5—18　运用非直角坐标改变基

定义 5.4.11

(a) 若 $S=\{\boldsymbol{v}_1, \boldsymbol{v}_2, \cdots, \boldsymbol{v}_n\}$是 V 的一组基，$\boldsymbol{u}=c_1\boldsymbol{v}_1+c_2\boldsymbol{v}_2+\cdots+c_n\boldsymbol{v}_n\in V$，则数字 $c_1, c_2, \cdots, c_n$ 称为 $\boldsymbol{u}$ 相对于（或关于）基 S 的**坐标**。

(b) $\boldsymbol{u}$ 相对于 S 的**坐标向量**是向量$(\boldsymbol{u})_S=(c_1, c_2, \cdots, c_n)\in\mathbb{R}^n$。

(c) $\boldsymbol{u}$ 相对于 S 的**坐标矩阵**是 $n\times 1$ 阶矩阵$[\boldsymbol{u}]_S=[c_1 \quad c_2 \quad \cdots \quad c_n]^{\mathrm{T}}$。

例 5.4.11 令 $\boldsymbol{v}_1=(3, 1)$，$\boldsymbol{v}_2=(-1, 2)$。找出 $\boldsymbol{u}=(5, 10)$关于$\mathbb{R}^2$的一组基 $S=\{\boldsymbol{v}_1, \boldsymbol{v}_2\}$的坐标矩阵。

我们有 $\boldsymbol{u}=c_1\boldsymbol{v}_1+c_2\boldsymbol{v}_2=c_1(3, 1)+c_2(-1, 2)=(5, 10)$。改写这个公式，得到简单的方程组

$$3c_1-c_2=5 \tag{5.85}$$

$$c_1+2c_2=10 \tag{5.86}$$

解得 $c_1=\frac{20}{7}$，$c_2=\frac{25}{7}$。因此，$[\boldsymbol{u}]_S=\frac{1}{7}[20 \quad 25]^{\mathrm{T}}$。这个结果的推导留作练习，根据克莱姆法则直接求解或者用矩阵方式直接求解即可。

作为进一步的练习，读者可以以图解法求解例 5.4.8，见练习 5.10。

基变换

定理 5.4.15 当为一个向量空间变换基时，如从 $S=\{\boldsymbol{v}_1, \boldsymbol{v}_2, \cdots, \boldsymbol{v}_n\}$到 $S^*=\{\boldsymbol{v}_1^*, \boldsymbol{v}_2^*, \cdots, \boldsymbol{v}_n^*\}$，向量 $\boldsymbol{u}$ 的坐标矩阵$[\boldsymbol{u}]_S$ 与新的坐标矩阵$[\boldsymbol{u}]_{S^*}$ 通过以下方程建立联系：

$$[\boldsymbol{u}]_S=\boldsymbol{P}[\boldsymbol{u}]_{S^*}\text{，其中 }\boldsymbol{P}=[[\boldsymbol{v}_1^*]_S \quad [\boldsymbol{v}_2^*]_S \quad \cdots \quad [\boldsymbol{v}_n^*]_S] \tag{5.87}$$

即，$\boldsymbol{P}$ 的列是新的基向量相对旧的基向量的坐标矩阵。称矩阵 $\boldsymbol{P}$ 为从 S^* 到 S 的**变换矩阵**。

证明：令$[\boldsymbol{u}]_{S^*}=[k_1 \quad k_2 \quad \cdots \quad k_n]^{\mathrm{T}}$，因此

$$\boldsymbol{u}=k_1\boldsymbol{v}_1^*+k_2\boldsymbol{v}_2^*+\cdots+k_n\boldsymbol{v}_n^* \tag{5.88}$$

现在令$[\boldsymbol{v}_i^*]_S=[c_{i1} \quad c_{i2} \quad \cdots \quad c_{in}]^{\mathrm{T}}$，$i=1, 2, \cdots, n$，即

$$\boldsymbol{v}_i^*=c_{i1}\boldsymbol{v}_1+c_{i2}\boldsymbol{v}_2+\cdots+c_{in}\boldsymbol{v}_n \tag{5.89}$$

将式（5.89）代入式（5.88），得

$$\boldsymbol{u}=\sum_{i=1}^{n}k_i(c_{i1}\boldsymbol{v}_1+c_{i2}\boldsymbol{v}_2+\cdots+c_{in}\boldsymbol{v}_n) \tag{5.90}$$

因此

$$[\boldsymbol{u}]_S=\begin{bmatrix}\sum_i k_i c_{i1}\\ \sum_i k_i c_{i2}\\ \vdots\\ \sum_i k_i c_{in}\end{bmatrix}=\begin{bmatrix}c_{11} & c_{21} & \cdots & c_{n1}\\ c_{12} & c_{22} & \cdots & c_{n2}\\ \vdots & \vdots & & \vdots\\ c_{1n} & c_{2n} & \cdots & c_{nn}\end{bmatrix}\begin{bmatrix}k_1\\ k_2\\ \vdots\\ k_n\end{bmatrix}=\boldsymbol{P}[\boldsymbol{u}]_{S^*} \tag{5.91}$$

若读者觉得这个推导有难度，可以对类似的二维空间作推导，留作练习。

例 5.4.12 令 $S=\{\boldsymbol{v}_1, \boldsymbol{v}_2\}$，其中 $\boldsymbol{v}_1=(1, 0)$，$\boldsymbol{v}_2=(0, 1)$是$\mathbb{R}^2$的标准基，令 $S^*=\{\boldsymbol{v}_1^*, \boldsymbol{v}_2^*\}$，其中 $\boldsymbol{v}_1^*=(1, 1)$，$\boldsymbol{v}_2^*=(2, 1)$是$\mathbb{R}^2$的一组非标准基。找出由 S^* 到 S 的变换矩阵 $\boldsymbol{P}$，若$[\boldsymbol{u}]_{S^*}=[-3\quad 5]^{\mathrm{T}}$，找到$[\boldsymbol{u}]_S$，并分别基于两组基写出 $\boldsymbol{u}$。

通过观察我们有 $\boldsymbol{v}_1^*=\boldsymbol{v}_1+\boldsymbol{v}_2$ 和$[\boldsymbol{v}_1^*]_S=[1\quad 1]^{\mathrm{T}}$。类似地，$\boldsymbol{v}_2^*=2\boldsymbol{v}_1+\boldsymbol{v}_2$，$[\boldsymbol{v}_2^*]_S=[2\quad 1]^{\mathrm{T}}$。因此，$\boldsymbol{P}=\begin{bmatrix}1 & 2\\ 1 & 1\end{bmatrix}$，$[\boldsymbol{u}]_S=\boldsymbol{P}[\boldsymbol{u}]_{S^*}=\begin{bmatrix}1 & 2\\ 1 & 1\end{bmatrix}\begin{bmatrix}-3\\ 5\end{bmatrix}=\begin{bmatrix}7\\ 2\end{bmatrix}$。

关于 S，$\boldsymbol{u}=7\boldsymbol{v}_1+2\boldsymbol{v}_2=(7, 2)$。关于 S^*，$\boldsymbol{u}=-3\boldsymbol{v}_1^*+5\boldsymbol{v}_2^*=(7, 2)$。

例 5.4.8 中由 S 到 S^* 的变换矩阵的推导留作练习，见练习 5.11。结果阐述了下述定理。

定理 5.4.16 如果 $\boldsymbol{P}$ 是有限维空间 V 内由 S^* 到 S 的变换矩阵，则

(a) $\boldsymbol{P}$ 是可逆的；

(b) $\boldsymbol{P}^{-1}$是由 S 到 S^* 的变换矩阵。

证明：通过证明 $\boldsymbol{PQ}=\boldsymbol{I}$，其中 $\boldsymbol{Q}$ 是 S 到 S^* 的变换矩阵，我们可以得到结果。

令 $\boldsymbol{PQ}=[a_{ij}]_{n\times n}$，其中 n 是 V 的维数。根据定理 5.4.15，对于所有的 $\boldsymbol{u}\in V$，我们有

$$[\boldsymbol{u}]_S=\boldsymbol{P}[\boldsymbol{u}]_{S^*}, \quad [\boldsymbol{u}]_{S^*}=\boldsymbol{Q}[\boldsymbol{u}]_S \tag{5.92}$$

把第二个方程的右边代入第一个方程，即$[\boldsymbol{u}]_{S^*}$，对所有 $\boldsymbol{u}\in V$ 有

$$[\boldsymbol{u}]_S=\boldsymbol{PQ}[\boldsymbol{u}]_S \tag{5.93}$$

将 $\boldsymbol{u}=\boldsymbol{e}_1$ 代入式 (5.93)，得

$$\begin{bmatrix}1\\ 0\\ \vdots\\ 0\end{bmatrix}=\begin{bmatrix}a_{11} & a_{12} & \cdots & a_{1n}\\ a_{21} & a_{22} & \cdots & a_{2n}\\ \vdots & \vdots & & \vdots\\ a_{n1} & a_{n2} & \cdots & a_{nn}\end{bmatrix}\begin{bmatrix}1\\ 0\\ \vdots\\ 0\end{bmatrix} \tag{5.94}$$

或

$$\begin{bmatrix}1\\ 0\\ \vdots\\ 0\end{bmatrix}=\begin{bmatrix}a_{11}\\ a_{21}\\ \vdots\\ a_{n1}\end{bmatrix} \tag{5.95}$$

类似地，连续将 $\boldsymbol{u}=\boldsymbol{e}_2$，$u=\boldsymbol{e}_3$，…，$\boldsymbol{u}=\boldsymbol{e}_n$ 代入式 (5.93)，得

$$\begin{bmatrix}0\\ 1\\ 0\\ \vdots\\ 0\end{bmatrix}=\begin{bmatrix}a_{12}\\ a_{22}\\ a_{32}\\ \vdots\\ a_{n2}\end{bmatrix}, \cdots, \begin{bmatrix}0\\ 0\\ \vdots\\ 0\\ 1\end{bmatrix}=\begin{bmatrix}a_{1n}\\ a_{2n}\\ \vdots\\ a_{(n-1)n}\\ a_{nn}\end{bmatrix} \tag{5.96}$$

因此，$\boldsymbol{PQ}=\boldsymbol{I}$，从而 $\boldsymbol{Q}=\boldsymbol{P}^{-1}$。

继续前例，以进一步解释定理 5.4.16。我们有 $\boldsymbol{P}=\begin{bmatrix}1 & 2\\ 1 & 1\end{bmatrix}$，$[\boldsymbol{u}]_S=[7\quad 2]^{\mathrm{T}}$。

对 $\boldsymbol{P}$ 求逆我们得到 $\boldsymbol{P}^{-1}=\begin{bmatrix}-1 & 2\\ 1 & -1\end{bmatrix}$，刚好是留作练习的那部分例题的矩阵结果。

从而 $[\boldsymbol{u}]_{S^*}=\boldsymbol{P}^{-1}[\boldsymbol{u}]_S=\begin{bmatrix}-1 & 2\\ 1 & -1\end{bmatrix}\begin{bmatrix}7\\2\end{bmatrix}=\begin{bmatrix}-3\\5\end{bmatrix}$，正如例题中给出的。

接下来是关于变换矩阵的另一个有趣的定理。

定理 5.4.17 有限维向量空间 V 中，若 $\boldsymbol{P}$ 是由一组标准正交基到另一组标准正交基的变换矩阵，则 $\boldsymbol{P}^{-1}=\boldsymbol{P}^{\mathrm{T}}$，即 $\boldsymbol{P}$ 是正交的。[①]

我们把这个定理的证明留作练习（见练习 5.24），并通过下一个例题来阐释。

例 5.4.13 令 $S=\{\boldsymbol{v}_1, \boldsymbol{v}_2\}$ 为 $\mathbb{R}^2$ 的标准基，就像前文中说明的，令 $S^*=\{\boldsymbol{v}_1^*, \boldsymbol{v}_2^*\}$，其中 $\boldsymbol{v}_1^*=\left(\frac{-1}{\sqrt{2}}, \frac{-1}{\sqrt{2}}\right)$，$\boldsymbol{v}_2^*=\left(\frac{1}{\sqrt{2}}, \frac{-1}{\sqrt{2}}\right)$是另一组标准正交基。求两组基之间相互转换的变换矩阵，并比较。

通过观察我们有 $\boldsymbol{v}_1^*=-\frac{1}{\sqrt{2}}\boldsymbol{v}_1-\frac{1}{\sqrt{2}}\boldsymbol{v}_2$ 和 $\boldsymbol{v}_2^*=\frac{1}{\sqrt{2}}\boldsymbol{v}_1-\frac{1}{\sqrt{2}}\boldsymbol{v}_2$。

因此，$\boldsymbol{P}=\frac{1}{\sqrt{2}}\begin{bmatrix}-1 & 1\\ -1 & -1\end{bmatrix}$。

类似地，通过观察，$\boldsymbol{v}_1=-\frac{1}{\sqrt{2}}\boldsymbol{v}_1^*+\frac{1}{\sqrt{2}}\boldsymbol{v}_2^*$，$\boldsymbol{v}_2=-\frac{1}{\sqrt{2}}\boldsymbol{v}_1^*-\frac{1}{\sqrt{2}}\boldsymbol{v}_2^*$。

因此，$\boldsymbol{P}^{-1}=\frac{1}{\sqrt{2}}\begin{bmatrix}-1 & -1\\ 1 & -1\end{bmatrix}$。可以清楚地看出，$\boldsymbol{P}^{-1}=\boldsymbol{P}^{\mathrm{T}}$。

当一个变换矩阵正交时，如例 5.4.8，我们把坐标的变换称为 $\mathbb{R}^n$ 中的**正交坐标变换**。在本例中 $n=2$，则正交坐标变换是平面内的变换，容易图解这个过程，见图 5—19。图中包含向量 $\boldsymbol{u}$，且 $[\boldsymbol{u}]_S=[1\quad 1]^{\mathrm{T}}$，可知

$$[\boldsymbol{u}]_{S^*}=\boldsymbol{P}^{-1}[\boldsymbol{u}]_S=\frac{1}{\sqrt{2}}\begin{bmatrix}-1 & -1\\ 1 & -1\end{bmatrix}\begin{bmatrix}1\\1\end{bmatrix}=\begin{bmatrix}-\sqrt{2}\\0\end{bmatrix} \tag{5.97}$$

即 $\boldsymbol{u}=-\sqrt{2}\boldsymbol{v}_1^*+0\boldsymbol{v}_2^*=-\sqrt{2}\left(\frac{-1}{\sqrt{2}}, \frac{-1}{\sqrt{2}}\right)=(1, 1)$。

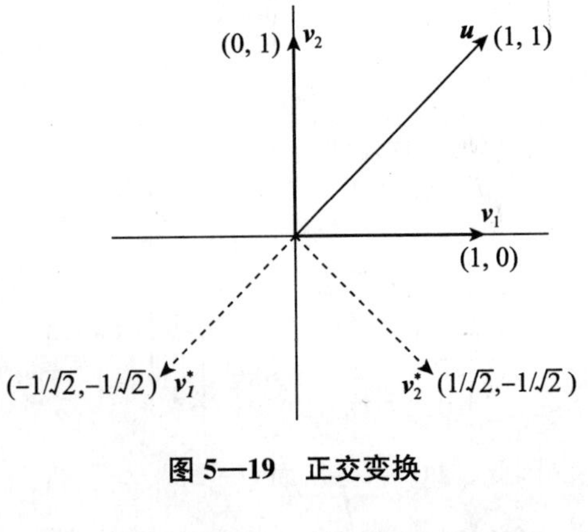

图 5—19 正交变换

① 正交矩阵在第 1 章被定义，并在第 3 章特征值、特征向量和对角化中首次使用。

例 5.4.14 $\mathbb{R}^2$中，关于标准基的坐标为(x, y)的向量关于新基$(1, 1)$和$(1, -1)$的坐标为$(x', y')=\left(\frac{1}{2}(x+y), \frac{1}{2}(x-y)\right)$。根据定理 5.4.15，从标准基到新基的变换矩阵为

$$\begin{bmatrix}1 & 1\\1 & -1\end{bmatrix}^{-1}=\frac{1}{2}\begin{bmatrix}1 & 1\\1 & -1\end{bmatrix} \tag{5.98}$$

因此，回顾 4.2 节中关于圆锥曲线的材料，等轴双曲线（直角双曲线）有方程$x'^2-y'^2=a^2$，关于新基有方程

$$\left(\frac{x+y}{2}\right)^2-\left(\frac{x-y}{2}\right)^2=a^2 \tag{5.99}$$

关于标准基，其坐标轴是双曲线的渐近线。对式（5.99）展开平方项，得

$$xy=a^2 \tag{5.100}$$

本例中等轴双曲线（直角双曲线）的渐近线为坐标轴，在经济学中也会遇到这种情形。见练习 9.17，以及 9.4 节中关于总收益的讨论。

5.4.9 标量乘积

标量乘积的概念在本书后面章节中用到。在本节中，我们给出定义，以及一些例题。

定义 5.4.12 给定一个实向量空间V，**标量乘积**或**内积**是**双线性**运算：$V\times V\to\mathbb{R}$：$(\boldsymbol{x}, \boldsymbol{y})\mapsto(\boldsymbol{x}\mid\boldsymbol{y})$，满足以下性质：

(a) 对称性：对于所有的$\boldsymbol{x}, \boldsymbol{y}\in V$，$(\boldsymbol{x}\mid\boldsymbol{y})=(\boldsymbol{y}\mid\boldsymbol{x})$。

(b) 线性：对于所有的$\boldsymbol{x}, \boldsymbol{y}\in V$，$a\in\mathbb{R}$，$(a\boldsymbol{x}\mid\boldsymbol{y})=a(\boldsymbol{x}\mid\boldsymbol{y})$；并且对于所有的$\boldsymbol{x}, \boldsymbol{y}, \boldsymbol{z}\in V$，$(\boldsymbol{x}+\boldsymbol{y}\mid\boldsymbol{z})=(\boldsymbol{x}\mid\boldsymbol{z})+(\boldsymbol{y}\mid\boldsymbol{z})$。

(c) 非负性：① 对于所有的$\boldsymbol{x}\in V$，$(\boldsymbol{x}\mid\boldsymbol{x})\geqslant 0$。

带有标量乘积附加结构的向量空间叫做**标量乘积空间**。这种空间的例子包括，以标准乘法作为标量乘积的实数集以及更一般的、所有以点乘（见定义 5.2.15）作为标量乘积的欧氏空间$\mathbb{R}^n$。给定一个正定的$n\times n$阶矩阵$\boldsymbol{A}$，$(\boldsymbol{x}, \boldsymbol{y})\mapsto\boldsymbol{x}^{\mathrm{T}}\boldsymbol{A}\boldsymbol{y}$定义了一个标量乘积。若$\boldsymbol{A}=\boldsymbol{I}$，则得到点乘。

相反，任意数乘（标量乘法）有一个关于给定基$\{\boldsymbol{u}_1, \boldsymbol{u}_2, \cdots, \boldsymbol{u}_n\}$的矩阵，定义为$a_{ij}=(\boldsymbol{u}_i\mid\boldsymbol{u}_j)$。根据定义里的非负性条件，$\boldsymbol{A}$是正定的。如果$\boldsymbol{A}$是正定的，则标量乘积本身也一定是**正定的**。

一个正定对称的标量乘积具有点乘的一切性质。特别地，若$(\boldsymbol{x}\mid\boldsymbol{y})=0$，则

① 在定义 5.4.12 中的标量积，可以放宽对称性和（或者）非负性条件加以推广。例如，明可夫斯基内积由立陶宛出生的数学家 Hermann Minkowski（1864—1909）引入，并运用在相对论中，但它不满足非负性条件。然而，本书所有的标量积都是对称和非负的。

称向量 $\boldsymbol{x}$ 和 $\boldsymbol{y}$ **关于标量乘积正交**。另外，对于一个向量集 $\{\boldsymbol{x}_1, \boldsymbol{x}_2, \cdots, \boldsymbol{x}_k\}$，若对于所有 i，j 有 $(\boldsymbol{x}_i \mid \boldsymbol{x}_j)=\delta_{ij}$ 成立，则称这个向量集**关于标量乘积正交**，其中 δ_{ij} 是 1.5.2 节中介绍的克罗内克德尔塔（Kronecker delta）。类似地，正交投影的概念可以推广到任意标量乘积空间，表示法 $\boldsymbol{x}\perp\boldsymbol{y}$ 可以推广为 $(\boldsymbol{x} \mid \boldsymbol{y})=0$。

一般正定对称标量乘积与点乘之间，另一个相似之处就是基变换。我们知道，对于对称正定矩阵 $\boldsymbol{A}$，存在一个非奇异的矩阵 $\boldsymbol{R}$，满足 $\boldsymbol{A}=\boldsymbol{R}\boldsymbol{R}^{\mathrm{T}}$；而且我们在 4.4.1 节中已经讲解了构建这样的 $\boldsymbol{R}$ 的不同方法。如果我们变换基，用 $(\boldsymbol{R}^{-1})^{\mathrm{T}}$ 作为变换矩阵，则向量的标量乘积关于新基的坐标为 $\boldsymbol{x}$ 和 $\boldsymbol{y}$，关于旧基为 $(\boldsymbol{R}^{-1})^{\mathrm{T}}\boldsymbol{x}$ 和 $(\boldsymbol{R}^{-1})^{\mathrm{T}}\boldsymbol{y}$，即

$$((\boldsymbol{R}^{-1})^{\mathrm{T}}\boldsymbol{x})^{\mathrm{T}}\boldsymbol{A}(\boldsymbol{R}^{-1})^{\mathrm{T}}\boldsymbol{y}=\boldsymbol{x}^{\mathrm{T}}\boldsymbol{R}^{-1}\boldsymbol{R}\boldsymbol{R}^{\mathrm{T}}(\boldsymbol{R}^{-1})^{\mathrm{T}}\boldsymbol{y}=\boldsymbol{x}^{\mathrm{T}}\boldsymbol{y} \tag{5.101}$$

因此对新坐标系来讲，标量乘积仅仅是点乘；因此，如定义所述，点乘拥有标量乘积的一切性质，包括对称性、线性和非负性。新基向量关于 $\boldsymbol{A}$ 定义的标量乘积正交。

根据前述构建标准正交基的讨论，引出下述定理。该定理用到了标量乘积的概念和向量空间的正交补集的思想，这将在 14.2.2 节和 17.4.1 节的应用讨论中用到。

定理 5.4.18 若 S 是实向量空间 V 的子空间，$(\cdot \mid \cdot)$ 是 V 的标量乘积，$S^{\perp}\equiv\{\boldsymbol{y}\in V\text{：}\boldsymbol{y}\perp\boldsymbol{x}, \forall\, \boldsymbol{x}\in S\}$ 是 V 的向量子空间，称为 S 的**正交补集**。

证明：

(a) 对于所有的 $\boldsymbol{x}\in S$，$(\boldsymbol{y} \mid \boldsymbol{x})=0\Rightarrow(k\boldsymbol{y} \mid \boldsymbol{x})=k(\boldsymbol{y} \mid \boldsymbol{x})=k0=0$ 对于所有的 $k\in\boldsymbol{R}$ 成立，因此 $S^{\perp}$ 对标量乘法运算封闭。

(b) 对于所有的 $\boldsymbol{x}\in S$，$(\boldsymbol{y} \mid \boldsymbol{x})=(\boldsymbol{z} \mid \boldsymbol{x})=0\Rightarrow(\boldsymbol{y}+\boldsymbol{z} \mid \boldsymbol{x})=(\boldsymbol{y} \mid \boldsymbol{x})+(\boldsymbol{z} \mid \boldsymbol{x})=0+0=0$，因此 $S^{\perp}$ 对向量加法运算封闭。

关于向量子空间的正交补集的概念，大家更熟悉且更一般的是向量子空间的**直和**。我们用这个概念的定义结束本章，这将在 7.4.1 节和 17.4.1 节中用到。

定义 5.4.13 令 W_i，$i=1, 2, \cdots, n$，为一个有限维向量空间 V 的子空间，使得 W_i 不包含任何属于余下 $n-1$ 个子空间中的非零向量，即交集 $W_1\cap W_2\cap\cdots\cap W_n=\{\boldsymbol{0}\}$ 和 $W_i-\{\boldsymbol{0}\}$ 都是不相交的。那么 W_i 的直和为

$$W_1\oplus W_2\oplus\cdots\oplus W_n=\left\{\sum_{i=1}^{n}\boldsymbol{w}_i:\boldsymbol{w}_i\in W_i, i=1,2,\cdots,n\right\} \tag{5.102}$$

因此，直和 $W_1\oplus W_2\oplus\cdots\oplus W_n$ 中的每个向量都被唯一地表示为 $\boldsymbol{w}=\boldsymbol{w}_1+\boldsymbol{w}_2+\cdots+\boldsymbol{w}_n$，其中 $\boldsymbol{w}_i\in W_i$。

举例来讲，任意两条过欧氏平面原点的非共线直线都是 $\mathbb{R}^2$ 的子空间。给定这样的两个子空间 W_1 和 W_2，每个都是一维的，则 $W_1\oplus W_2=\mathbb{R}^2$。若认为 $\mathbb{R}^3$ 的子空间 V 这个平面过三维笛卡儿坐标系的原点，则 $W_1\oplus W_2=V$。类似地，若 W_1、W_2 和 W_3 是与 $\mathbb{R}^3$ 中任意三维线性无关向量相关联的子空间，则直和 $W_1\oplus W_2\oplus W_3$ 是整个三维空间，并且任意向量 $\boldsymbol{w}\in\mathbb{R}^3$ 可以表示为 $\boldsymbol{w}=\boldsymbol{w}_1+\boldsymbol{w}_2+\boldsymbol{w}_3$ 的形式，其中 $\boldsymbol{w}_i\in W_i$，$i=1, 2, 3$。

关于直和我们需注意如下结论（本书没有给出证明）。尽管所有结论都是关

于两个子空间的，但它们的推广很简单，通过归纳法可以证明。

● 有限维向量空间 V 的子空间 W_1 和 W_2 的直和 $W_1 \oplus W_2$ 同样是 V 的子空间。

● 向量子空间的直和的维数等于分量子空间的维数之和。因此，若 $V=W_1 \oplus W_2$，则 $\dim(V)=\dim(W_1)+\dim(W_2)$。

● 若有限维向量空间 V 是它的子空间 W_1 与 W_2 的直和，则 W_1 的任意基与 W_2 的任意基的并集是 V 的基。

最后，当 V 是它的子空间 W_1 和 W_2 的直和时，我们将 W_1 和 W_2 看作 V 的子空间的补集。正交补集可以看作是直和的特殊情况，即 $W_2=W_1^{\perp}$ 的情况，反之亦然；回顾定理 5.4.18。

练　习

5.1　在一个图中画出向量(0, 2)，(6, 0)，(2, 2)和(4, −4)，并分析这六对向量是不是正交的。

5.2　对于三维空间中的向量，写出相等、加法、数乘（标量乘法）和减法的正式定义，并用图形阐述这些定义。

5.3　令 $\boldsymbol{w}=(2, 3, 4)$，$\boldsymbol{v}_1=(5, 6, 8)$，$\boldsymbol{v}_2=(3, 3, 4)$以及$\boldsymbol{v}_3=(-3, 3, -4)$。

(a) 找到 k_1 和 k_2 使得 $\boldsymbol{w}=k_1\boldsymbol{v}_1+k_2\boldsymbol{v}_2$。

(b) 证明 $\boldsymbol{w}$ 不是 $\boldsymbol{v}_1$ 和 $\boldsymbol{v}_3$ 的线性组合。

(c) 找到一个可以表示为 $\boldsymbol{v}_1$ 和 $\boldsymbol{v}_3$ 的线性组合形式的向量 $\boldsymbol{w}^*$，并用图形说明构建的过程。

5.4　验证下面的每个向量集都张成$\mathbb{R}^3$。

(a) $S_1=\{(2, 0, 0), (0, -5, 0), (0, 0, 3)\}$；

(b) $S_2=\{(2, 3, -4), (2, 0, 0), (0, -5, 0), (0, 0, 3)\}$；

(c) $S_3=\left\{(1, 0, 0), \left(0, \frac{1}{3}, 0\right), (0, 0, 2), \left(\frac{1}{3}, 0, \frac{2}{3}\right)\right\}$；

(d) $S_4=\{(0, 1, 0), (2, 3, -4), (1, 0, 0), (0, 0, 1)\}$。

5.5　证明下面的每个向量集都不能张成$\mathbb{R}^3$。

(a) $S_4=\{(1, 2, 3), (3, 2, 1)\}$；

(b) $S_5=\{(1, 2, 3), (3, -2, -1), (-1, 6, 7)\}$。

5.6　证明：欧氏三维空间里，两个线性相关向量位于同一条过原点的直线上。同时证明：若欧氏三维空间中的两个向量线性无关，则它们指向不同的方向，且二者之间有非零夹角。用图解和数字实例补充你的证明。

5.7　令 $\boldsymbol{A}=\begin{bmatrix}1 & -2\\2 & -4\end{bmatrix}$，$\boldsymbol{B}=\begin{bmatrix}2 & 1\\-1 & 0\end{bmatrix}$。验证 $\rho(\boldsymbol{A})=1$，$\rho(\boldsymbol{B})=2$。

5.8　运用矩阵表示法导出方程（5.78）的结论。

5.9　考虑$\mathbb{R}^3$。运用格莱姆-施密特法将基向量 $\boldsymbol{u}_1=(1, 1, 1)$，$\boldsymbol{u}_2=(1, 2, 0)$和 $\boldsymbol{u}_3=(2, 0, 0)$转换为一组标准正交基$\{\boldsymbol{v}_1, \boldsymbol{v}_2, \boldsymbol{v}_3\}$。

5.10　用图形阐述式（5.85）和式（5.86）的结论。

5.11　找到由 $S=\{(1,0),(0,1)\}$ 到 $S^*=\{(1,1),(2,1)\}$ 的变换矩阵。

5.12　令 $\boldsymbol{u}$，$\boldsymbol{v}$ 和 $\boldsymbol{w}$ 为二维或三维空间中的向量，k 为一个标量。证明如下结论：

(a) $\boldsymbol{u}\cdot\boldsymbol{v}=\boldsymbol{v}\cdot\boldsymbol{u}$；

(b) $\boldsymbol{u}\cdot(\boldsymbol{v}+\boldsymbol{w})=\boldsymbol{u}\cdot\boldsymbol{v}+\boldsymbol{u}\cdot\boldsymbol{w}$；

(c) $k(\boldsymbol{u}\cdot\boldsymbol{v})=(k\boldsymbol{u})\cdot\boldsymbol{v}=\boldsymbol{u}\cdot(k\boldsymbol{v})$；

(d) 若 $\boldsymbol{v}\neq 0$，则 $\boldsymbol{v}\cdot\boldsymbol{v}>0$，若 $\boldsymbol{v}=0$，则 $\boldsymbol{v}\cdot\boldsymbol{v}=0$。

5.13　定义 $\boldsymbol{u}$ 正交于 $\boldsymbol{v}$ 的向量分量，并推导它的长度的表达式。

5.14　证明式（5.48），式（5.49）和式（5.51）。

5.15　令 W 为向量空间 V 的一个子集，并假设 $\boldsymbol{u}_i\in W$ 和 $k_i\in\mathbb{R}$，$i=1,2,\cdots,n$。证明：$\sum_{i=1}^{n}k_i\boldsymbol{u}_i\in W\Leftrightarrow W$ 是 V 的子空间。（提示：用 2.4 节中介绍的归纳法证明。）

5.16　令 V 为一个向量空间，$\boldsymbol{v}_1,\boldsymbol{v}_2,\cdots,\boldsymbol{v}_r\in V$。证明定理 5.4.4：

(a) 所有 $\boldsymbol{v}_1,\boldsymbol{v}_2,\cdots,\boldsymbol{v}_r$ 的线性组合构成的集合 W，即 $W=\text{lin}\{\boldsymbol{v}_1,\boldsymbol{v}_2,\cdots,\boldsymbol{v}_r\}$，是 V 的一个子空间。

(b) W 是 V 的包含 $\boldsymbol{v}_1,\boldsymbol{v}_2,\cdots,\boldsymbol{v}_r$ 的最小子空间，即所有其他包含 $\boldsymbol{v}_1,\boldsymbol{v}_2,\cdots,\boldsymbol{v}_r$ 的子空间一定包含 W。

当包含无限多个向量时，你的证明仍然成立吗？

5.17　证明：若 $S=\{\boldsymbol{v}_1,\boldsymbol{v}_2,\cdots,\boldsymbol{v}_n\}$ 是向量空间 V 的一组基，则所有包含多于 n 个向量的 V 的子集是线性相关的。

5.18　令 V 为一个 n 维向量空间。证明以下结论（定理 5.4.7）：

(a) 若 $S=\{\boldsymbol{v}_1,\boldsymbol{v}_2,\cdots,\boldsymbol{v}_n\}$ 是包含 V 中 n 个线性无关向量的集合，则 S 是 V 的一组基。

(b) 若 $S=\{\boldsymbol{v}_1,\boldsymbol{v}_2,\cdots,\boldsymbol{v}_n\}$ 是包含 n 个向量的向量集，且它张成 V，则 S 是 V 的一组基。

5.19　完成定理 5.4.9 的证明，即当且仅当 b 在 A 的列空间中时，$m\times n$ 线性方程组 $\boldsymbol{Ax}=\boldsymbol{b}$ 是一致的。

5.20　令 $\boldsymbol{Q}$ 为一个 $m\times n$ 阶矩阵。证明：$\boldsymbol{QQ}^{\mathrm{T}}=I_m$ 意味着 $m\leqslant n$；$\boldsymbol{Q}^{\mathrm{T}}\boldsymbol{Q}=I_n$ 意味着 $n\leqslant m$。见 59 页注释②。

5.21　验证 $\mathbb{R}^3$ 的标准基 $S=\{\boldsymbol{e}_1,\boldsymbol{e}_2,\boldsymbol{e}_3\}$ 是一组标准正交基，其中 $\boldsymbol{e}_1=(1,0,0)$，$\boldsymbol{e}_2=(0,1,0)$，$\boldsymbol{e}_3=(0,0,1)$，回顾定理 5.4.11。

5.22　证明定理 5.4.12。

5.23　在二维空间中重复定理 5.4.15 的证明过程，并用图形表示。

5.24　证明：若 $\boldsymbol{P}$ 是由一组标准正交基到另一组标准正交基的变换矩阵，则 $\boldsymbol{P}^{-1}=\boldsymbol{P}^{\mathrm{T}}$，即 $\boldsymbol{P}$ 是正交的。回顾定理 5.4.17。

5.25　证明：有某向量集，如果同时包含 $n\times n$ 阶矩阵 $\boldsymbol{A}$ 关于某特征值 λ（可能重复）的所有特征向量和零向量，则该向量集是 $\mathbb{R}^n$ 的一个向量子空间。

常常称这个子空间为 $\boldsymbol{A}$ 关于 λ 所对应的**特征空间**。

5.26

(a) 两个向量子空间的交集是向量子空间吗?

(b) 两个向量子空间的并集是向量子空间吗?

5.27 考虑$\mathbb{R}^3$中的 x 轴和 y 轴，$S_1 \equiv \mathbb{R} \times \{0\} \times \{0\}$，$S_2 \equiv \{0\} \times \mathbb{R} \times \{0\}$。

(a) 下列哪一个是$\mathbb{R}^3$的向量子空间：S_1，S_2，$S_1 \cap S_2$，$S_1 \cup S_2$?

(b) 哪些属于向量子空间，它们的维数是多少?

(c) 向量子空间 $\mathrm{lin} S_1$，$\mathrm{lin} S_2$，$\mathrm{lin}(S_1 \cap S_2)$和 $\mathrm{lin}(S_1 \cup S_2)$的维数是多少?

(d) $S_1 \oplus S_2$ 有良好定义吗? 如果是，它的维数是多少?

第 6 章　线性变换

6.1　引言

在这一章，我们将给出线性变换的概念，讲解相关思想，并与前几章提到的概念关联起来。（向量）变量的（向量）值函数的线性变换构成了特殊的函数类，在经济和金融中有广泛应用。这一章从一个定义和几个例子开始，以使基本概念更清晰。接下来本章解释了一些相关概念，来讨论更一般的线性方程组（相对于我们在第 1、2 和 3 章中遇到的二次方程组）的解法，讨论从 $\mathbb{R}^n$ 到 $\mathbb{R}^m$ 的变换，然后讨论矩阵的变换和矩阵相似等内容。

6.2 定义和例证

6.2.1 定义

假设读者已经熟悉单变量的实值函数，例如：$\mathbb{R}\to\mathbb{R}$，见定义 0.0.1。现在将这个概念拓展到向量空间中的函数，并且定义一些相关的术语和符号。

定义 6.2.1 上域（co-domain）为欧氏向量空间的子集的函数是**向量值函数**，例如 f：$X\to Y$，其中 $Y\subseteq\mathbb{R}^n$。一个这样的函数含有 n 个实值**分量函数**，常记为（用上标）f^1，f^2，…，f^n：$X\to\mathbb{R}$。

定义 6.2.2 **多元函数**是定义域为一个(有限维的)向量空间的子集的函数。向量 $\boldsymbol{x}$ 的分量称为 $f(\boldsymbol{x})$ 的**自变量**。

定义 6.2.3 令 T：$U\to V$ 为一个从向量空间 U 到向量空间 V 的映射，那么 T 是一个**线性变换**当且仅当：

(a) 对所有 $\boldsymbol{u}_1$，$\boldsymbol{u}_2\in U$，$T(\boldsymbol{u}_1+\boldsymbol{u}_2)=T(\boldsymbol{u}_1)+T(\boldsymbol{u}_2)$；

(b) 对所有 $\boldsymbol{u}\in U$ 以及所有标量 k，$T(k\boldsymbol{u})=kT(\boldsymbol{u})$（即，$T$ 是一次齐次的，见定义 0.0.9）。

用与练习 5.15 中证明定理 5.4.3 相似地归纳法可以证明，定义 6.2.3 意味着多元向量值函数是一个线性变换当且仅当它保留任意线性组合性质。下述定理阐述了这一推广。

定理 6.2.1 令 T：$U\to V$ 为一个从向量空间 U 到向量空间 V 的映射，那么 T 是一个线性变换当且仅当对于所有 $\boldsymbol{u}_i\in U$、所有标量 k_i 和所有正整数 n，有

$$T\left(\sum_{i=1}^{n}k_i\boldsymbol{u}_i\right)=k_i\sum_{i=1}^{n}T(\boldsymbol{u}_i) \tag{6.1}$$

定义 6.2.4 若映射 T：$U\to V$ 对于所有 $\boldsymbol{u}\in U$ 满足 $T(\boldsymbol{u})=\boldsymbol{0}$，则称这个映射为零变换。

零变换是一个线性变换。如果给定 $T(\boldsymbol{u}_1+\boldsymbol{u}_2)=\boldsymbol{0}$，$T(\boldsymbol{u}_1)=\boldsymbol{0}$，$T(\boldsymbol{u}_2)=\boldsymbol{0}$ 和 $T(k\boldsymbol{u}_1)=\boldsymbol{0}$，那么容易得到 $T(\boldsymbol{u}_1+\boldsymbol{u}_2)=T(\boldsymbol{u}_1)+T(\boldsymbol{u}_2)$和 $T(k\boldsymbol{u}_1)=kT(\boldsymbol{u}_1)$，即证明了这一点。这种情况下的 $T(\boldsymbol{u})=\boldsymbol{0}$ 的维数与 V 的维数相等，也可能与 U 的维数相等。

定义 6.2.5 若映射 T：$U\to V$ 对于所有 $\boldsymbol{u}\in U$ 满足 $T(\boldsymbol{u})=\boldsymbol{u}$，则这个映射被称为**恒等变换**。

恒等变换是一个线性变换，证明留作练习，见练习 6.6。

定义 6.2.6 一个向量空间 U 映射到它本身的线性变换称为**线性算子**（linear operators）。

恒等变换是线性算子的一个例子。

6.2.2 例证

从 $\mathbb{R}^2$ 到 $\mathbb{R}^3$ 的映射

令 T：$\mathbb{R}^2 \to \mathbb{R}^3$，对于所有（$x$，$y$）$\in \mathbb{R}^2$ 有 $T(x, y)=(x, y, x+y)\in \mathbb{R}^3$。对于任意给定的一对实数，这个函数与三个实数关联，即三个数中的第一个数字与原实数对中的第一个数字相等，三个数中的第二个数字与原实数对中的第二个数字相等，第三个数字等于原实数对中两个数字的和。如果令 $\boldsymbol{u}_1=(x_1, y_1)$，$\boldsymbol{u}_2=(x_2, y_2)$，那么根据向量的定义有 $\boldsymbol{u}_1+\boldsymbol{u}_2=(x_1+x_2, y_1+y_2)$。所以根据 $T(\boldsymbol{u})$ 的定义，有 $T(\boldsymbol{u}_1+\boldsymbol{u}_2)=(x_1+x_2, y_1+y_2, x_1+x_2+y_1+y_2)$。根据标量加法的交换律和向量加法的定义，容易看出：

$$\begin{aligned}T(\boldsymbol{u}_1+\boldsymbol{u}_2)&=(x_1+x_2, y_1+y_2, x_1+x_2+y_1+y_2)\\&=(x_1+x_2, y_1+y_2, x_1+y_1+x_2+y_2)\\&=(x_1, y_1, x_1+y_1)+(x_2, y_2, x_2+y_2)\\&=T(\boldsymbol{u}_1)+T(\boldsymbol{u}_2)\end{aligned}\tag{6.2}$$

另外，利用向量数乘（标量乘法）的定义 $k\boldsymbol{u}_1=(kx_1, ky_1)$，有

$$\begin{aligned}T(k\boldsymbol{u}_1)&=(kx_1, ky_1, kx_1+ky_1)\\&=k(x_1, y_1, x_1+y_1)\\&=kT(\boldsymbol{u}_1)\end{aligned}\tag{6.3}$$

因此，T 是一个线性变换。

下一个例子与前一章中大量使用的矩阵乘法概念有关。

矩阵乘法

设 $\boldsymbol{A}$ 是一个 $m\times n$ 阶矩阵，对 $\mathbb{R}^n$ 和 $\mathbb{R}^m$ 中的向量使用矩阵符号，定义函数 T：$\mathbb{R}^n\to\mathbb{R}^m$ 为 $T(\boldsymbol{x})=\boldsymbol{A}\boldsymbol{x}$，其中 $\boldsymbol{x}\in\mathbb{R}^n$，$T(\boldsymbol{x})\in\mathbb{R}^m$，根据矩阵运算，得

$$T(\boldsymbol{x}_1+\boldsymbol{x}_2)=\boldsymbol{A}(\boldsymbol{x}_1+\boldsymbol{x}_2)=\boldsymbol{A}\boldsymbol{x}_1+\boldsymbol{A}\boldsymbol{x}_2=T(\boldsymbol{x}_1)+T(\boldsymbol{x}_2)\tag{6.4}$$

和

$$T(k\boldsymbol{x}_1)=\boldsymbol{A}(k\boldsymbol{x}_1)=k(\boldsymbol{A}\boldsymbol{x}_1)=kT(\boldsymbol{x}_1)\tag{6.5}$$

因此，T 是线性变换。

我们称这种包含矩阵乘法的线性变换为**矩阵变换**。

线性算子

如果 U 是一个向量空间，k 是任意标量，由 $T(\boldsymbol{u})=k\boldsymbol{u}$ 定义 T：$U\to U$，那么

T 是一个线性算子。证明这个结论非常简单，见练习 6.7。同时也要注意，对于不同的 k，T 对 $\boldsymbol{u}$ 的作用，比如 $k<1$，$k>1$ 以及 $k<0$，回顾定义 5.2.7 的几何解释，也应注意特征方程（3.1）右边与 $k\boldsymbol{u}$ 的相似性。

正交投影

令 U 为一个向量空间，V 为包含正交基 $S=\{\boldsymbol{v}_1, \boldsymbol{v}_2, \cdots, \boldsymbol{v}_r\}$ 的 U 的子集，并且 $T: U\to V$ 是将每个向量 $\boldsymbol{u}\in U$ 映射到它在 V 上的正交投影的函数，即

$$T(\boldsymbol{u})\equiv \mathrm{proj}_V\boldsymbol{u}=(\boldsymbol{u}\cdot\boldsymbol{v}_1)\boldsymbol{v}_1+(\boldsymbol{u}\cdot\boldsymbol{v}_2)\boldsymbol{v}_2+\cdots+(\boldsymbol{u}\cdot\boldsymbol{v}_r)\boldsymbol{v}_r \tag{6.6}$$

映射 T 的线性由点乘的性质得到：

$$\begin{aligned}
&T(\boldsymbol{u}_1+\boldsymbol{u}_2)\\
&\quad=((\boldsymbol{u}_1+\boldsymbol{u}_2)\cdot\boldsymbol{v}_1)\boldsymbol{v}_1+((\boldsymbol{u}_1+\boldsymbol{u}_2)\cdot\boldsymbol{v}_2)\boldsymbol{v}_2+\cdots+((\boldsymbol{u}_1+\boldsymbol{u}_2)\cdot\boldsymbol{v}_r)\boldsymbol{v}_r\\
&\quad=(\boldsymbol{u}_1\cdot\boldsymbol{v}_1+\boldsymbol{u}_2\cdot\boldsymbol{v}_1)\boldsymbol{v}_1+(\boldsymbol{u}_1\cdot\boldsymbol{v}_2+\boldsymbol{u}_2\cdot\boldsymbol{v}_2)\boldsymbol{v}_2+\cdots+(\boldsymbol{u}_1\cdot\boldsymbol{v}_r+\boldsymbol{u}_2\cdot\boldsymbol{v}_r)\boldsymbol{v}_r\\
&\quad=(\boldsymbol{u}_1\cdot\boldsymbol{v}_1)\boldsymbol{v}_1+(\boldsymbol{u}_2\cdot\boldsymbol{v}_1)\boldsymbol{v}_1+(\boldsymbol{u}_1\cdot\boldsymbol{v}_2)\boldsymbol{v}_2+(\boldsymbol{u}_2\cdot\boldsymbol{v}_2)\boldsymbol{v}_2+\cdots+(\boldsymbol{u}_2\cdot\boldsymbol{v}_r)\boldsymbol{v}_r\\
&\quad=(\boldsymbol{u}_1\cdot\boldsymbol{v}_1)\boldsymbol{v}_1+(\boldsymbol{u}_1\cdot\boldsymbol{v}_2)\boldsymbol{v}_2+\cdots+(\boldsymbol{u}_1\cdot\boldsymbol{v}_r)\boldsymbol{v}_r+(\boldsymbol{u}_2\cdot\boldsymbol{v}_1)\boldsymbol{v}_1+\cdots+(\boldsymbol{u}_2\cdot\boldsymbol{v}_r)\boldsymbol{v}_r\\
&\quad=T(\boldsymbol{u}_1)+T(\boldsymbol{u}_2)
\end{aligned} \tag{6.7}$$

证明 $T(k\boldsymbol{u}_1)=kT(\boldsymbol{u}_1)$ 也是相似地，留作练习，见练习 6.8。通过检验一个特例，可以拓展这个例子，见练习 6.1。这两个练习的结果会证实刚才得到的一般结论，并能给出图形解释。

其他线性变换

从单变量微积分的课程中，读者将熟悉微分和积分的基本性质，例如：

- 和的导数等于导数的和。

$$(f+g)'(x)=f'(x)+g'(x) \tag{6.8}$$

- 标量与函数乘积的导数等于标量乘以此函数的导数。

$$(kf)'(x)=k(f'(x)) \tag{6.9}$$

- 和的积分等于积分的和。

$$\int(f(x)+g(x))\mathrm{d}x=\int f(x)\mathrm{d}x+\int g(x)\mathrm{d}x \tag{6.10}$$

- 标量与函数乘积的积分等于标量乘以此函数的积分。

$$\int kf(x)\mathrm{d}x=k\int f(x)\mathrm{d}x \tag{6.11}$$

如果我们视所有可微函数的空间为一个无穷维的向量空间，那么前两个性质仅仅说明了微分算子在空间上是一个线性变换。相似地，如果我们视所有可积函数为一个无穷维的向量空间，那么后两个性质说明了积分算子在空间上是一个线性变换。[①] 在第 9 章，这些概念会从单变量实数函数扩展到多元函数。在 13.6 节中，我

① 然而应当注意，可微函数的向量空间不同于可积函数的向量空间：不是所有的可微函数都是可积的，并且不是所有可积函数都是可微的。既可微又可积的函数的向量空间是一种特殊的向量空间。

们会遇到另一种无限维向量空间上的线性变换，即随机变量空间上的算子。

6.3 线性变换的性质

在这一节，我们总结一些线性变换的性质，并阐明线性变换的核和值域的概念。

定理 6.3.1 如果 $T: U \to V$ 是一个线性变换，那么

(a) $T(\mathbf{0})=\mathbf{0}$，其中两个零向量有相同的维数；

(b) 对于所有 $\boldsymbol{u} \in U$，有 $T(-\boldsymbol{u})=-T(\boldsymbol{u})$；

(c) 对于所有 $\boldsymbol{u}_1$，$\boldsymbol{u}_2 \in U$，有 $T(\boldsymbol{u}_1-\boldsymbol{u}_2)=T(\boldsymbol{u}_1)-T(\boldsymbol{u}_2)$。

证明：对于所有 $\boldsymbol{u} \in U$，我们有：

(a) 由于 $\mathbf{0}\boldsymbol{u}=\mathbf{0}$，故

$$T(\mathbf{0})=T(0\boldsymbol{u})=0T(\boldsymbol{u})=\mathbf{0} \tag{6.12}$$

(b) 由于 $-\boldsymbol{u}=(-1)\boldsymbol{u}$，故对于所有 $\boldsymbol{u}_1$ 和 $\boldsymbol{u}_2 \in U$，有

$$T(-\boldsymbol{u})=T((-1)\boldsymbol{u})=(-1)T(\boldsymbol{u})=-T(\boldsymbol{u}) \tag{6.13}$$

(c) 由于 $\boldsymbol{u}_1-\boldsymbol{u}_2=\boldsymbol{u}_1+(-1)\boldsymbol{u}_2$，利用前面的结论，有

$$\begin{aligned}T(\boldsymbol{u}_1-\boldsymbol{u}_2)&=T(\boldsymbol{u}_1+(-1)\boldsymbol{u}_2)=T(\boldsymbol{u}_1)+T((-1)\boldsymbol{u}_2)\\&=T(\boldsymbol{u}_1)+(-1)T(\boldsymbol{u}_2)=T(\boldsymbol{u}_1)-T(\boldsymbol{u}_2)\end{aligned} \tag{6.14}$$

定理 6.3.2 一个线性变换 $T: U \to V$ 完全由其在一个基上的值（像（image））确定。

证明：令 $\{\boldsymbol{u}_1, \boldsymbol{u}_2, \cdots, \boldsymbol{u}_n\}$ 为向量空间 U 的基，令 $T: U \to V$ 为一个线性变换，并假设已知基向量 $\boldsymbol{v}_i=T(\boldsymbol{u}_i)$，$i=1, 2, \cdots, n$。因为任何 $\boldsymbol{u} \in U$ 都可以写为：

$$\boldsymbol{u}=k_1\boldsymbol{u}_1+k_2\boldsymbol{u}_2+\cdots+k_n\boldsymbol{u}_n \tag{6.15}$$

那么我们可以得到

$$\begin{aligned}T(\boldsymbol{u})&=T(k_1\boldsymbol{u}_1+k_2\boldsymbol{u}_2+\cdots+k_n\boldsymbol{u}_n)\\&=T(k_1\boldsymbol{u}_1)+T(k_2\boldsymbol{u}_2)+\cdots+T(k_n\boldsymbol{u}_n)\\&=k_1T(\boldsymbol{u}_1)+k_2T(\boldsymbol{u}_2)+\cdots+k_nT(\boldsymbol{u}_n)\\&=k_1\boldsymbol{v}_1+k_2\boldsymbol{v}_2+\cdots+k_n\boldsymbol{v}_n\end{aligned} \tag{6.16}$$

6.3.1 核与值域

我们先给出核与值域的正式定义、符号和一个定理，然后给出两个例子，最后是两个补充定理，其中第二个补充定理有重要的实际意义。

令 $T: U\to V$ 为一个线性变换，那么我们有以下定义。

定义 6.3.1 U 中向量的集合通过 T 映射到 $\mathbf{0}$，称为 T 的**核**（kernel）（或者**零空间**（null space）），记作 $\ker(T)$。

这个定义与 5.4.2 节所给的矩阵方程解空间的定义类似。

我们注意到 $\ker(T)=\{\boldsymbol{u}\in U: T(\boldsymbol{u})=\mathbf{0}\}\subseteq U$，即 T 的核是定义域的子集。

定义 6.3.2 V 中的向量（U 中至少一个向量在 T 下的像）的集合称为 T 的**值域**，记作 $R(T)$（或者采用函数的值域记法，$T(U)$）。

这个定义是从线性变换的角度重新定义 0.0.4。

我们也注意到 $R(T)=\{\boldsymbol{v}\in V$：对某些 $\boldsymbol{u}\in U$ 有 $\boldsymbol{v}=T(\boldsymbol{u})\}\subseteq V$，即 T 的值域是上域的子集。值域不一定与上域相等，这种情况我们会在随后的例子中看到。

下述定理将给出更强的结论：核和值域分别是定义域和上域的子集。

定理 6.3.3 如果 $T: U\to V$ 是一个线性变换，那么

(a) $\ker(T)$ 是 U 的子空间；

(b) $R(T)$ 是 V 的子空间。

证明：

(a) 我们需要证明 $\ker(T)$ 对加法和数乘（标量乘法）（回顾定理 5.4.2）是封闭的。所以令 $\boldsymbol{u}_1$，$\boldsymbol{u}_2\in\ker(T)$，$k$ 为一个标量。那么 $T(\boldsymbol{u}_1+\boldsymbol{u}_2)=T(\boldsymbol{u}_1)+T(\boldsymbol{u}_2)=\mathbf{0}+\mathbf{0}=\mathbf{0}$。因此 $\boldsymbol{u}_1+\boldsymbol{u}_2\in\ker(T)$。又 $T(k\boldsymbol{u}_1)=kT(\boldsymbol{u}_1)=k\mathbf{0}=\mathbf{0}$，因此 $k\boldsymbol{u}_1\in\ker(T)$，且 $\ker(T)$ 是 U 的子空间。

(b) 令 $\boldsymbol{v}_1$，$\boldsymbol{v}_2\in R(T)$。我们需要证明 $\boldsymbol{v}_1+\boldsymbol{v}_2$ 和 $k\boldsymbol{v}_1$ 也属于 $R(T)$，即我们必须在 U 中找到向量 $\boldsymbol{u}$ 和 $\boldsymbol{u}^*$ 使得 $T(\boldsymbol{u})=\boldsymbol{v}_1+\boldsymbol{v}_2$，$T(\boldsymbol{u}^*)=k\boldsymbol{v}_1$。因为 $\boldsymbol{v}_1$，$\boldsymbol{v}_2\in R(T)$，存在向量 $\boldsymbol{u}$ 和 $\boldsymbol{u}^*\in U$ 使得 $T(\boldsymbol{u}_1)=\boldsymbol{v}_1$，$T(\boldsymbol{u}_2)=\boldsymbol{v}_2$。因此，令 $\boldsymbol{u}=\boldsymbol{u}_1+\boldsymbol{u}_2$，$\boldsymbol{u}^*=k\boldsymbol{u}_1$，则 $T(\boldsymbol{u})=T(\boldsymbol{u}_1+\boldsymbol{u}_2)=T(\boldsymbol{u}_1)+T(\boldsymbol{u}_2)=\boldsymbol{v}_1+\boldsymbol{v}_2$，$T(\boldsymbol{u}^*)=T(k\boldsymbol{u}_1)=kT(\boldsymbol{u}_1)=k\boldsymbol{v}_1$。

定义 6.3.3

(a) $\ker(T)$ 的维数称为 T 的**零度**（nullity）。

(b) $R(T)$ 的维数称为 T 的**秩**（rank）。

例 6.3.1 令 $T: U\to V$ 表示前面定义的零变换。因为 T 将 U 中的所有向量映射到 $\mathbf{0}$，故 $\ker(T)=U$。因为 $\mathbf{0}$ 是这种情况中在 T 下唯一可能的像，故 $R(T)=\{\mathbf{0}\}$。从这个例子中可以看出值域不一定和上域相等，即不是所有的线性变换都是满射的。我们也注意到这种情况下 T 的零度和空间 U 的维数是一样的，T 的秩为 0。

例 6.3.2 令 T：$\mathbb{R}^n\to\mathbb{R}^m$ 是定义为 $T(\boldsymbol{x})=\boldsymbol{A}\boldsymbol{x}$ 的矩阵变换，这里 $\boldsymbol{A}$ 为 $m\times n$ 阶矩阵，$\boldsymbol{x}\in\mathbb{R}^n$。那么 $\ker(T)$ 包含齐次方程组 $\boldsymbol{A}\boldsymbol{x}=\mathbf{0}$ 的所有解向量 $\boldsymbol{x}=[x_1 \quad x_2 \quad \cdots \quad x_n]^{\mathrm{T}}$，即 $\ker(T)$ 是 $\boldsymbol{A}\boldsymbol{x}=\mathbf{0}$ 的解空间。同时 $R(T)$ 包含使得方程 $\boldsymbol{A}\boldsymbol{x}=\boldsymbol{b}$ 是一致的所有向量 $\boldsymbol{b}=[b_1 \quad b_2 \quad \cdots \quad b_n]^{\mathrm{T}}$，因此它至少有一个解。根据定理 5.4.9，要使方程组 $\boldsymbol{A}\boldsymbol{x}=\boldsymbol{b}$ 一致，$\boldsymbol{b}$ 必须位于 $\boldsymbol{A}$ 的列空间中，所以 $R(T)$ 是矩阵 $\boldsymbol{A}$ 的列空间。因此，在这个例子中我们得到 T 的零度等于 $\boldsymbol{A}\boldsymbol{x}=\mathbf{0}$ 的解空间的维数，并且 T 的秩等于 $\boldsymbol{A}$ 的列空间的维数，即 $\boldsymbol{A}$ 的秩 $\rho(\boldsymbol{A})$。

例 6.3.1 对于下一节中的一些材料很重要。接下来马上要讲的一个有趣的定

理与零度和秩有关。

定理 6.3.4 如果 T：$U \to V$ 是从 n 维向量空间 U 到向量空间 V 的一个线性变换，那么

$$T\text{ 的零度} + T\text{ 的秩} = n \tag{6.17}$$

证明：这个定理的证明超出本书的范围，但是可以在其他一些书中找到，例如 Anton 和 Rorres（2011，p. 239）。

对于 $U=\mathbb{R}^n$，$V=\mathbb{R}^m$ 和 T：$U\to V$：$\boldsymbol{x} \mapsto \boldsymbol{Ax}$ 的例子，这个定理非常有用。在这种情况下

$$T\text{ 的零度} = n - T\text{ 的秩} \tag{6.18}$$

或者，从例子 6.3.1 的角度，

$$T\text{ 的零度} = n - \boldsymbol{A}\text{ 的秩} \tag{6.19}$$

6.3.2 一般线性方程组的解法

在接下来的定理中我们将更正式地阐述前述结果，作为一个特例，其证明用到了前面章节的矩阵结果。重要的是，这个证明也提供了一般齐次线性方程组的解法，而不仅局限于第 2 章遇到的能够使用克莱姆（Cramer）定理的方阵方程组。

定理 6.3.5 如果 $\boldsymbol{A}$ 是 $m\times n$ 阶矩阵，那么 $\boldsymbol{Ax}=\boldsymbol{0}$ 的解空间的维数是 $n-\rho(\boldsymbol{A})$。

证明：令 $\boldsymbol{A}$ 是秩为 $\rho(\boldsymbol{A})=r$ 的 $m\times n$ 阶矩阵，令 $\boldsymbol{x}\equiv(x_1, x_2, \cdots, x_r, x_{r+1}, \cdots, x_n)$ 为一个 $n\times 1$ 向量，并且 $\boldsymbol{Ax}=\boldsymbol{0}$ 分块为

$$\begin{bmatrix} \boldsymbol{A}_{11} & \boldsymbol{A}_{12} \\ \boldsymbol{A}_{21} & \boldsymbol{A}_{22} \end{bmatrix}\begin{bmatrix} \boldsymbol{x}_1 \\ \boldsymbol{x}_2 \end{bmatrix} = \begin{bmatrix} \boldsymbol{0}_r \\ \boldsymbol{0}_{n-r} \end{bmatrix} \tag{6.20}$$

如果需要的话可以重新命名变量或者方程，使 $\boldsymbol{A}_{11}$ 是 $r\times r$ 阶方阵并且是非奇异的，$\boldsymbol{A}_{12}$ 是 $r\times(n-r)$ 阶的，$\boldsymbol{A}_{21}$ 是 $(m-r)\times r$ 阶的，$\boldsymbol{A}_{22}$ 是 $(m-r)\times(n-r)$ 的，并且 $\boldsymbol{x}_1$，$\boldsymbol{x}_2$，$\boldsymbol{0}_r$ 和 $\boldsymbol{0}_{n-r}$ 与 $\boldsymbol{x}$ 和 $\boldsymbol{0}$ 分块同型。

因为最后 $m-r$ 行是与前 r 行线性相关的，因此是多余的，我们考虑

$$\boldsymbol{A}_{11}\boldsymbol{x}_1 + \boldsymbol{A}_{12}\boldsymbol{x}_2 = \boldsymbol{0}_r \tag{6.21}$$

$\boldsymbol{A}_{11}$ 的非奇异性意味着

$$\boldsymbol{x}_1 = -\boldsymbol{A}_{11}^{-1}\boldsymbol{A}_{12}\boldsymbol{x}_2 \tag{6.22}$$

这里 $\boldsymbol{x}_2$ 是任意一个 $n-r$ 维向量。反过来意味着所有式（6.20）的解可以写成

$$\boldsymbol{x} = \begin{bmatrix} \boldsymbol{x}_1 \\ \boldsymbol{x}_2 \end{bmatrix} = \begin{bmatrix} -\boldsymbol{A}_{11}^{-1}\boldsymbol{A}_{12}\boldsymbol{x}_2 \\ \boldsymbol{x}_2 \end{bmatrix}$$

$$=\begin{bmatrix}-\boldsymbol{A}_{11}^{-1}\boldsymbol{A}_{12}\\ \boldsymbol{I}_{n-r}\end{bmatrix}\boldsymbol{x}_2 \tag{6.23}$$

定义

$$\boldsymbol{B}_{n\times(n-r)}\equiv\begin{bmatrix}-\boldsymbol{A}_{11}^{-1}\boldsymbol{A}_{12}\\ \boldsymbol{I}_{n-r}\end{bmatrix} \tag{6.24}$$

我们可以将式（6.23）的解记为

$$\boldsymbol{x}=\boldsymbol{B}\boldsymbol{x}_2=x_{r+1}\boldsymbol{b}_1+x_{r+2}\boldsymbol{b}_2+\cdots+x_n\boldsymbol{b}_{n-r} \tag{6.25}$$

这里 $\boldsymbol{b}_i$ 是 $\boldsymbol{B}$ 的列，$i=1,2,\cdots,(n-r)$。这样 $\boldsymbol{b}_1$，$\boldsymbol{b}_2$，…，$\boldsymbol{b}_{n-r}$张成了解空间。给定 $\boldsymbol{B}$ 的 $\boldsymbol{I}_{n-r}$分块（$\boldsymbol{I}_{n-r}$分量分块），我们立刻发现 $\rho(\boldsymbol{B})=n-r$ 并且 $\boldsymbol{b}_i$ 是线性无关的；$\boldsymbol{B}$ 列满秩。因此，$\boldsymbol{b}_1$，$\boldsymbol{b}_2$，…，$\boldsymbol{b}_{n-r}$构成解空间的基，并且解空间的维数 $n-r=n-\rho(\boldsymbol{A})$。

这个定理的直接结果在接下来的推论中可以看到，参考定理 5.4.6 的证明。

推论 6.3.6 未知变量个数大于方程数的齐次线性方程组有无数个解。

例 6.3.3 求下列方程组的数值解 $\boldsymbol{x}_i$，$i=1,2,3$：

$$5x_1-3x_3=0 \tag{6.26}$$

$$x_1-4x_2-6x_3=0 \tag{6.27}$$

这两个方程可用矩阵表示为

$$\boldsymbol{A}\boldsymbol{x}=\begin{bmatrix}5&0&-3\\1&-4&-6\end{bmatrix}\begin{bmatrix}x_1\\x_2\\x_3\end{bmatrix}=\begin{bmatrix}0\\0\end{bmatrix} \tag{6.28}$$

$\boldsymbol{A}$ 的秩很容易确定：$\rho(\boldsymbol{A})=r=2$，因此根据定理 6.3.5，解空间的维数是 $n-\rho(\boldsymbol{A})=3-2=1$。鉴于此，我们可以写成式（6.21）的分块形式

$$\boldsymbol{A}_{11}\boldsymbol{x}_1+\boldsymbol{A}_{12}\boldsymbol{x}_2=\begin{bmatrix}5&0\\1&-4\end{bmatrix}\begin{bmatrix}x_1\\x_2\end{bmatrix}+\begin{bmatrix}-3\\-6\end{bmatrix}x_3=\begin{bmatrix}0\\0\end{bmatrix} \tag{6.29}$$

得到解

$$\boldsymbol{x}_1=-\boldsymbol{A}_{11}^{-1}\boldsymbol{A}_{12}\boldsymbol{x}_2=-\begin{bmatrix}5&0\\1&-4\end{bmatrix}^{-1}\begin{bmatrix}-3\\-6\end{bmatrix}x_3$$

$$=-\begin{bmatrix}\frac{1}{5}&0\\ \frac{1}{20}&-\frac{1}{4}\end{bmatrix}\begin{bmatrix}-3\\-6\end{bmatrix}x_3$$

$$=\begin{bmatrix}\frac{3}{5}\\ -\frac{27}{20}\end{bmatrix}x_3 \tag{6.30}$$

选择任意 $x_3\in\mathbb{R}$，得到一个数值特解，回顾式（6.25），这个特解是下述向

量的数乘（标量乘法）：

$$\boldsymbol{b}_1=\begin{bmatrix}\frac{3}{5}\\-\frac{27}{20}\\1\end{bmatrix} \tag{6.31}$$

例如，令 $x_3=1$

$$\boldsymbol{x}=\begin{bmatrix}\boldsymbol{x}_1\\\boldsymbol{x}_2\end{bmatrix}=\begin{bmatrix}\frac{3}{5}\\-\frac{27}{20}\\1\end{bmatrix} \tag{6.32}$$

当 $x_3=\frac{5}{3}$时有

$$\boldsymbol{x}=\begin{bmatrix}\boldsymbol{x}_1\\\boldsymbol{x}_2\end{bmatrix}=\begin{bmatrix}1\\-\frac{9}{4}\\\frac{5}{3}\end{bmatrix} \tag{6.33}$$

将一个特解代入原方程组，容易验证它是原方程组的解。

练习 6.3 根据定理 6.3.5 给出另一种略微复杂的求数值解的方法。

6.4 从$\mathbb{R}^n$到$\mathbb{R}^m$的线性变换

在这一节，我们会证明每个从$\mathbb{R}^n$到$\mathbb{R}^m$的线性变换都是一个矩阵变换。即，如果 T：$\mathbb{R}^n\to\mathbb{R}^m$是任意一个线性变换，那么存在一个 $m\times n$ 阶矩阵 $\boldsymbol{A}$ 使得 T 可以表示为包含 $\boldsymbol{A}$ 的乘积。

令 $\boldsymbol{e}_1$，$\boldsymbol{e}_2$，…，$\boldsymbol{e}_n$ 为$\mathbb{R}^n$的标准基，令 $\boldsymbol{A}$ 为 $m\times n$ 阶矩阵，列是 $T(\boldsymbol{e}_1)$，$T(\boldsymbol{e}_2)$，…，$T(\boldsymbol{e}_n)$。例如，如果 T：$\mathbb{R}^2\to\mathbb{R}^2$为

$$T(\boldsymbol{x})=T\left(\begin{bmatrix}x_1\\x_2\end{bmatrix}\right)=\begin{bmatrix}x_1+2x_2\\x_1-x_2\end{bmatrix} \tag{6.34}$$

那么

$$T(\boldsymbol{e}_1)=T\left(\begin{bmatrix}1\\0\end{bmatrix}\right)=\begin{bmatrix}1\\1\end{bmatrix} \tag{6.35}$$

$$T(\boldsymbol{e}_2)=T\left(\begin{bmatrix}0\\1\end{bmatrix}\right)=\begin{bmatrix}2\\-1\end{bmatrix} \tag{6.36}$$

从而我们有

$$\boldsymbol{A}=\begin{bmatrix}1 & 2\\1 & -1\end{bmatrix} \tag{6.37}$$

在这个简单的例子中很容易验证

$$T(\boldsymbol{x})=T\left(\begin{bmatrix}x_1\\x_2\end{bmatrix}\right)=\begin{bmatrix}1 & 2\\1 & -1\end{bmatrix}\begin{bmatrix}x_1\\x_2\end{bmatrix}=\boldsymbol{Ax} \tag{6.38}$$

更一般地，我们定义

$$\boldsymbol{A}=[\boldsymbol{a}_1\quad \boldsymbol{a}_2\quad \cdots\quad \boldsymbol{a}_n]=[T(\boldsymbol{e}_1)\quad T(\boldsymbol{e}_2)\quad \cdots\quad T(\boldsymbol{e}_n)] \tag{6.39}$$

其中 $\boldsymbol{A}$ 的列用 $\boldsymbol{a}_i\equiv T(\boldsymbol{e}_i)$ 表示。

任意 $\boldsymbol{x}\in\mathbb{R}^n$，例如 $\boldsymbol{x}=[x_1\quad x_2\quad \cdots\quad x_n]^{\mathrm{T}}$，可以写为

$$\boldsymbol{x}=x_1\boldsymbol{e}_1+x_2\boldsymbol{e}_2+\cdots+x_n\boldsymbol{e}_n \tag{6.40}$$

因此，根据 T 的线性，我们有

$$T(\boldsymbol{x})=x_1T(\boldsymbol{e}_1)+x_2T(\boldsymbol{e}_2)+\cdots+x_nT(\boldsymbol{e}_n) \tag{6.41}$$

同时有

$$\begin{aligned}\boldsymbol{Ax}&=x_1\boldsymbol{a}_1+x_2\boldsymbol{a}_2+\cdots+x_n\boldsymbol{a}_n\\&=x_1T(\boldsymbol{e}_1)+x_2T(\boldsymbol{e}_2)+\cdots+x_nT(\boldsymbol{e}_n)\end{aligned} \tag{6.42}$$

比较式（6.41）和式（6.42）得到 $T(\boldsymbol{x})=\boldsymbol{Ax}$，即 T 为 $\boldsymbol{A}$ 的乘积。

定义 6.4.1 称矩阵 $\boldsymbol{A}$ 为 T 的**标准矩阵**。

下述例子给出了用三维向量的元素进行线性变换的标准矩阵。

例 6.4.1 令 T：$\mathbb{R}^3\to\mathbb{R}^4$ 并定义 T 为

$$T\left(\begin{bmatrix}x_1\\x_2\\x_3\end{bmatrix}\right)=\begin{bmatrix}x_1+x_2\\x_1-x_2\\x_3\\x_1\end{bmatrix} \tag{6.43}$$

因为

$$T(\boldsymbol{e}_1)=T\left(\begin{bmatrix}1\\0\\0\end{bmatrix}\right)=\begin{bmatrix}1+0\\1-0\\0\\1\end{bmatrix}=\begin{bmatrix}1\\1\\0\\1\end{bmatrix} \tag{6.44}$$

对 $T(\boldsymbol{e}_2)$ 和 $T(\boldsymbol{e}_3)$ 也是类似的，

故这个例子中 T 的标准矩阵为

$$\boldsymbol{A}=[T(\boldsymbol{e}_1)\quad T(\boldsymbol{e}_2)\quad T(\boldsymbol{e}_3)]=\begin{bmatrix}1 & 1 & 0\\1 & -1 & 0\\0 & 0 & 1\\1 & 0 & 0\end{bmatrix} \tag{6.45}$$

在矩阵变换的情况下，线性变换 T 定义为 $T(\boldsymbol{x}) = \boldsymbol{A}\boldsymbol{x}$，$T$ 的标准矩阵就是 $\boldsymbol{A}$。这揭示了看待矩阵的一种很有趣的角度，即任意一个 $m\times n$ 阶矩阵 $\boldsymbol{A}$ 可以看作将 $\mathbb{R}^n$ 的标准基映射到 $\boldsymbol{A}$ 的列向量的线性变换的标准矩阵。

6.5 线性变换矩阵

通过认真观察，略带一点技巧，可以发现，任意有限维线性空间之间的线性变换 T：$U\to V$ 都可以看作是矩阵变换。方法是选择 U 和 V 的基，并研究与这些基相对应的坐标矩阵，而非向量本身。

假设 U 是 n 维的，V 是 m 维的。如果我们为 U 和 V 选择基 B 和 B^*，那么任意 $\boldsymbol{u}\in U$ 会有一个坐标矩阵 $[\boldsymbol{u}]_B\in\mathbb{R}^n$，并且坐标矩阵 $[T(\boldsymbol{u})]_{B^*}$ 会是 $\mathbb{R}^m$ 的向量。这样在从 $\boldsymbol{u}\in U$ 到 $T(\boldsymbol{u})$ 的映射中，线性变换 T 产生了一个从 $\mathbb{R}^n$ 到 $\mathbb{R}^m$ 的映射中。这可以通过证明这个映射是线性变换来证明。因此，可以用变换的标准矩阵 $\boldsymbol{A}$ 来证明，即

$$\boldsymbol{A}[\boldsymbol{u}]_B=[T(\boldsymbol{u})]_{B^*} \tag{6.46}$$

如果 $\boldsymbol{A}$ 可以被找到，$T(\boldsymbol{u})$ 可以立刻得到。

为了找到满足式（6.46）的 $\boldsymbol{A}$，假设 $B=\{\boldsymbol{u}_1, \boldsymbol{u}_2, \cdots, \boldsymbol{u}_n\}$，$B^*=\{\boldsymbol{v}_1, \boldsymbol{v}_2, \cdots, \boldsymbol{v}_m\}$。这样，我们希望 $\boldsymbol{A}[\boldsymbol{u}_1]_B=[T(\boldsymbol{u}_1)]_{B^*}$。但是 $[\boldsymbol{u}_1]_B=[1\quad 0\quad \cdots\quad 0]^{\mathrm{T}}$，因此 $\boldsymbol{A}[\boldsymbol{u}_1]_B=\boldsymbol{a}_1$，这意味着 $T[\boldsymbol{u}_1]_{B^*}=\boldsymbol{a}_1$，即 $\boldsymbol{A}$ 的第一列是向量 $T(\boldsymbol{u}_1)$ 关于基 B^* 的坐标矩阵；对 $\boldsymbol{A}$ 的其他列也是类似的。因此矩阵 $\boldsymbol{A}$ 的第 j 列是向量 $T(\boldsymbol{u}_j)$ 关于基 B^* 的坐标矩阵。这个唯一的 $\boldsymbol{A}$ 被称为 **T 关于基 B 和 B^* 的矩阵**。用符号表示为

$$\boldsymbol{A}=[[T(\boldsymbol{u}_1)]_{B^*}\quad [T(\boldsymbol{u}_2)]_{B^*}\quad \cdots\quad [T(\boldsymbol{u}_n)]_{B^*}] \tag{6.47}$$

下列两点值得注意：

1. 如果 T：$\mathbb{R}^n\to\mathbb{R}^m$ 是一个线性变换，B 和 B^* 分别是 $\mathbb{R}^n$ 和 $\mathbb{R}^m$ 的标准基，那么 T 关于 B 和 B^* 的矩阵就是 T 的标准矩阵，见前面的定义。

2. 在 $V=U$ 的特殊情况下（这样 T：$U\to V$ 是一个线性算子），在构造 T 的矩阵时经常令 $B=B^*$。这时我们称其为 T 关于 B 的矩阵。

例 6.5.1 令 T：$\mathbb{R}^2\to\mathbb{R}^2$ 为

$$T\left(\begin{bmatrix}x_1\\x_2\end{bmatrix}\right)=\begin{bmatrix}x_1+x_2\\-2x_1+4x_2\end{bmatrix} \tag{6.48}$$

所定义的线性算子，找出 T 关于基 $B=\{\boldsymbol{u}_1, \boldsymbol{u}_2\}$ 的矩阵，这里 $\boldsymbol{u}_1=[1\quad 1]^{\mathrm{T}}$，$\boldsymbol{u}_2=[1\quad 2]^{\mathrm{T}}$。

从 T 的定义我们有

$$T(\boldsymbol{u}_1)=\begin{bmatrix}2\\2\end{bmatrix}=2\boldsymbol{u}_1,\quad T(\boldsymbol{u}_2)=\begin{bmatrix}3\\6\end{bmatrix}=3\boldsymbol{u}_2 \tag{6.49}$$

因此

$$T(\boldsymbol{u}_1)=2\boldsymbol{u}_1+0\boldsymbol{u}_2,\quad T(\boldsymbol{u}_2)=0\boldsymbol{u}_1+3\boldsymbol{u}_2 \tag{6.50}$$

因此

$$[T(\boldsymbol{u}_1)]_B=\begin{bmatrix}2\\0\end{bmatrix},\quad [T(\boldsymbol{u}_2)]_B=\begin{bmatrix}0\\3\end{bmatrix} \tag{6.51}$$

T 关于 B 的矩阵是

$$\boldsymbol{A}=\begin{bmatrix}2&0\\0&3\end{bmatrix} \tag{6.52}$$

可以将这个简单的对角矩阵与 T 的标准矩阵（式（6.53））进行比较

$$\begin{bmatrix}1&1\\-2&4\end{bmatrix} \tag{6.53}$$

线性算子 T：$U\to U$ 的矩阵依赖于 U 的基的选择。不幸的是，一个简单的基，例如标准基，并不能得到 T 的最简矩阵。因此，为了简化 T 的矩阵需要考虑更换基。有关这个问题我们可以应用接下来的结论。

定理 6.5.1 令 T：$U\to U$ 为有限维向量空间 U 上的一个线性算子。如果 $\boldsymbol{A}$ 是 T 关于 B 的矩阵，$\boldsymbol{A}^*$ 是 T 关于 B^* 的矩阵，那么 $\boldsymbol{A}^*=\boldsymbol{P}^{-1}\boldsymbol{AP}$，其中 $\boldsymbol{P}$ 是从 B 到 B^* 的变换矩阵。

证明：根据定理和 T 的矩阵的定义，

$$\boldsymbol{A}[\boldsymbol{u}]_B=[T(\boldsymbol{u})]_B,\quad \boldsymbol{A}^*[\boldsymbol{u}]_{B^*}=[T(\boldsymbol{u})]_{B^*} \tag{6.54}$$

另外，由变换矩阵的性质（见定理 5.4.15）可知，

$$[\boldsymbol{u}]_B=\boldsymbol{P}[\boldsymbol{u}]_{B^*},\quad [T(\boldsymbol{u})]_{B^*}=\boldsymbol{P}^{-1}[T(\boldsymbol{u})]_B \tag{6.55}$$

因此，有

$$\boldsymbol{A}[\boldsymbol{u}]_B=\boldsymbol{AP}[\boldsymbol{u}]_{B^*}=[T(\boldsymbol{u})]_B \tag{6.56}$$

和

$$\boldsymbol{P}^{-1}[T(\boldsymbol{u})]_B=\boldsymbol{P}^{-1}\boldsymbol{AP}[\boldsymbol{u}]_{B^*}=[T(\boldsymbol{u})]_{B^*} \tag{6.57}$$

这样可以清楚地知道 $\boldsymbol{A}^*=\boldsymbol{P}^{-1}\boldsymbol{AP}$。

注意，如果 $\boldsymbol{A}$ 和 $\boldsymbol{A}^*$ 是关于不同基的同一线性变换矩阵，那么它们是相似矩阵，见 3.5 节。

例 6.5.2 回顾在前面例子中用过的线性算子，T：$\mathbb{R}^2\to\mathbb{R}^2$，这里

$$T\left(\begin{bmatrix}x_1\\x_2\end{bmatrix}\right)=\begin{bmatrix}x_1+x_2\\-2x_1+4x_2\end{bmatrix} \tag{6.58}$$

给定 $B=\{\boldsymbol{e}_1,\boldsymbol{e}_2\}$，其中 $\boldsymbol{e}_1=[1\quad 0]^{\mathrm{T}}$，$\boldsymbol{e}_2=[1\quad 0]^{\mathrm{T}}$。$T$ 关于 B 的矩阵（即标准基）为

$$\begin{bmatrix} 1 & 1 \\ -2 & 4 \end{bmatrix} \tag{6.59}$$

根据定理 6.5.1，找出 T 关于 $B^* = \{\boldsymbol{u}_1, \boldsymbol{u}_2\}$ 的矩阵，其中 $\boldsymbol{u}_1 = [1 \quad 1]^{\mathrm{T}}$，$\boldsymbol{u}_2 = [1 \quad 2]^{\mathrm{T}}$。

首先，我们找出从 B 到 B^* 的变换矩阵 $\boldsymbol{P}$。为此我们需要 B^* 基向量关于基 B 的坐标矩阵。

$$\boldsymbol{u}_1 = \boldsymbol{e}_1 + \boldsymbol{e}_2 \tag{6.60}$$

$$\boldsymbol{u}_2 = \boldsymbol{e}_1 + 2\boldsymbol{e}_2 \tag{6.61}$$

因此

$$[\boldsymbol{u}_1]_B = \begin{bmatrix} 1 \\ 1 \end{bmatrix}, \quad [\boldsymbol{u}_2]_B = \begin{bmatrix} 1 \\ 2 \end{bmatrix} \tag{6.62}$$

所以

$$\boldsymbol{P} = \begin{bmatrix} 1 & 1 \\ 1 & 2 \end{bmatrix}, \quad \boldsymbol{P}^{-1} = \begin{bmatrix} 2 & -1 \\ -1 & 1 \end{bmatrix} \tag{6.63}$$

根据定理 6.5.1，有

$$\begin{aligned} \boldsymbol{A}^* &= \boldsymbol{P}^{-1}\boldsymbol{A}\boldsymbol{P} \\ &= \begin{bmatrix} 2 & -1 \\ -1 & 1 \end{bmatrix} \begin{bmatrix} 1 & 1 \\ -2 & 4 \end{bmatrix} \begin{bmatrix} 1 & 1 \\ 1 & 2 \end{bmatrix} \\ &= \begin{bmatrix} 2 & 0 \\ 0 & 3 \end{bmatrix} \end{aligned} \tag{6.64}$$

这样证实了例 6.5 中采用直接法得到的结果。

我们发现在最后的例题中标准基没有生成 T 的最简矩阵。对角矩阵非常简洁并且有我们所需要的一些性质，参见第 1 章内容。比如，假如所有 d_i 均不为零，那么对角矩阵 $\boldsymbol{D} = [d_i\delta_{ij}] = \mathrm{diag}[d_i]$ 的逆矩阵也是对角矩阵：$\boldsymbol{D}^{-1} = [(1/d_i)\delta_{ij}] = \mathrm{diag}[1/d_i]$。另外，$\boldsymbol{D}$ 的所有幂都是对角矩阵：$\boldsymbol{D}^k = [d_i\delta_{ij}]^k = [d_i^k\delta_{ij}] = \mathrm{diag}[d_i^k]$。

练　习

6.1　令 $U = \mathbb{R}^3$，V 是基向量 $\boldsymbol{v}_1 = (1, 0, 0)$，$\boldsymbol{v}_2 = (0, 1, 0)$ 的水平面（即 xy 平面）；定义任意两个向量 $\boldsymbol{u}_1 = (x_1, y_1, z_1)$ 和 $\boldsymbol{u}_2 = (x_2, y_2, z_2)$。利用式 (6.6) 中 T 的定义，求 $T(\boldsymbol{u}_1)$，$T(\boldsymbol{u}_2)$，$T(\boldsymbol{u}_1 + \boldsymbol{u}_2)$ 和 $T(k\boldsymbol{u}_1)$，并画出草图来说明你的结果。

6.2　令 T：$\mathbb{R}^5 \to \mathbb{R}^3$ 表示用下述矩阵

$$\boldsymbol{A} = \begin{bmatrix} -2 & 3 & 0 & -3 & 4 \\ 5 & -8 & -3 & 2 & -13 \\ 1 & -2 & 3 & -4 & 5 \end{bmatrix}$$

乘 5 维向量，确定 T 的秩与零度。

6.3　回顾定理 6.3.5，应用式（6.23）求方程组的一个数值解 x_i，$i=1$，2，3，4。

$$x_1-x_2-3x_3-5x_4=0$$
$$2x_1-2x_2-3x_3+4x_4=0$$

6.4　令 T：$\mathbb{R}^2\to\mathbb{R}^3$ 是由下式确定的线性变换

$$T\left(\begin{bmatrix}x_1\\x_2\end{bmatrix}\right)=\begin{bmatrix}x_1+x_2\\x_1-x_2\\3x_1+2x_2\end{bmatrix}$$

(a) 找到 T 的标准矩阵。

(b) 找到 T 在 $\mathbb{R}^2$ 中关于基 $B^*=\{\boldsymbol{u}_1, \boldsymbol{u}_2\}$ 的矩阵和 $\mathbb{R}^3$ 中的标准基，其中 $\boldsymbol{u}_1=[-1\quad 1]^{\mathrm{T}}$，$\boldsymbol{u}_2=[1\quad -2]^{\mathrm{T}}$。

6.5　证明定理 6.2.1。

6.6　验证由 $T(\boldsymbol{u})=\boldsymbol{u}$ 确定的恒等变换 T：$U\to U$，对于所有 $\boldsymbol{u}\in U$ 是一个线性变换。

6.7　令 U 为一个线性空间，k 为任意标量，T：$U\to U$ 定义为 $T(\boldsymbol{u})=k\boldsymbol{u}$。证明 T 为一个线性算子。

6.8　令 U 为一个线性空间，V 为一个含标准正交基 $S=\{\boldsymbol{v}_1, \boldsymbol{v}_2, \cdots, \boldsymbol{v}_r\}$ 的 U 的子空间，T：$U\to V$ 是将向量 $\boldsymbol{u}\in U$ 映射到 V 上的正交投影函数，即

$$T(\boldsymbol{u})=(\boldsymbol{u}\cdot\boldsymbol{v}_1)\boldsymbol{v}_1+(\boldsymbol{u}\cdot\boldsymbol{v}_2)\boldsymbol{v}_2+\cdots+(\boldsymbol{u}\cdot\boldsymbol{v}_r)\boldsymbol{v}_r$$

证明 $T(k\boldsymbol{u}_1)=kT(\boldsymbol{u}_1)$，这补充了 6.2.2 节关于正交投影的内容。

第 7 章 向量微积分基础

7.1 引言

本章选定的议题与两方面有关：一是向量空间的子集，二是比定义在向量空间中的线性变换更加一般化的函数。本章有两个目的，即加强读者对线性代数理解和把握的同时，为第 9 章多元微积分的应用作好准备。

可以通过两种方式强化前面章节中学到的线性代数知识。其一是（本章）推广我们熟悉的二维或三维空间几何学；其二是（第 9 章）根据基本的单变量微积分推广多变量或向量微积分。

7.2 节和 7.3 节将引入仿射组合、仿射集、仿射包、仿射函数及其凸等值的概念，这些都是前面几节线性代数中引入的相关概念的自然引申。

7.4 节进一步讨论了 n 维空间子集，并向读者介绍不同子集的性质，包括熟悉的对象，如圆形、球形、正方形和矩形的高维类似物。部分集合将在本节的后半部分及其他经济和金融应用章节中再次讲解。

7.5 节是对拓扑、拓扑空间和度量空间的基本介绍。7.6 节将介绍支持超平面定理与分离超平面定理。7.7 节和 7.8 节是对函数、极值及连续性的基本知识点的回顾。最后，在 7.9 节中我们将回顾单变量微积分的基本定理。

7.2 仿射组合、仿射集合、仿射包及仿射函数

定义 5.4.3 已经向读者介绍了一个线性组合 $\sum_{i=1}^{r} k_i \boldsymbol{v}_i$ 的概念，其中 $\boldsymbol{v}_1$，$\boldsymbol{v}_2$，…，$\boldsymbol{v}_r$ 为向量，k_1，k_2，…，k_r 为任意标量。我们现在来定义一种特殊的线性组合。

定义 7.2.1 向量组 $\boldsymbol{v}_1$，$\boldsymbol{v}_2$，…，$\boldsymbol{v}_r$ 的一个**仿射组合**定义为

$$k_1\boldsymbol{v}_1+k_2\boldsymbol{v}_2+\cdots+k_r\boldsymbol{v}_r=\sum_{i=1}^{r} k_i\boldsymbol{v}_i \tag{7.1}$$

其中 r 为任意正整数，k_1，k_2，…，k_r 为标量且 $\sum_{i=1}^{r} k_i = 1$ 。

注意标量 k_i 的符号没有限制，前提是它们的和等于 1。因此，举一个例子，四个向量 $\boldsymbol{u}$，$\boldsymbol{v}$，$2\boldsymbol{u}-\boldsymbol{v}$ 和 $(\boldsymbol{u}+\boldsymbol{v})/2$ 都是向量 $\boldsymbol{u}$ 和 $\boldsymbol{v}$ 的仿射组合。任意仿射组合都是线性组合，但并非任意线性组合都是仿射组合。

定理 5.4.3 中提到，向量空间的子集是一个子空间，当且仅当它对线性组合的运算是封闭的。现在，我们来定义一个更加一般化的向量空间的子集类。

定义 7.2.2 向量空间的子集合 A 是**仿射集**，当且仅当 A 对仿射组合封闭；即，若 k_1，k_2，…，k_r 为标量，且 $\sum_{i=1}^{r} k_i = 1$ ，向量 $\boldsymbol{v}_1$，$\boldsymbol{v}_2$，…，$\boldsymbol{v}_r \in A$，那么 $\sum_{i=1}^{r} k_i\boldsymbol{v}_i \in A$ ；或者等价地，$\boldsymbol{x}$ 和 $\boldsymbol{x}'$ 是集合 $\boldsymbol{A}$ 中向量，对任意标量 λ，有 $\lambda\boldsymbol{x}+(1-\lambda)\boldsymbol{x}'\in \boldsymbol{A}$。

定义中给出的关于封闭性的两种描述是等价的，这与定理 5.4.3 的逻辑类似。推导的具体细节留作练习，见练习 7.1。

例如，仅有一个向量的集合是仿射集。第二小的仿射集是一条直线。事实上，在任意向量空间中，仿射集 $L=\{\lambda\boldsymbol{x}+(1-\lambda)\boldsymbol{x}':\lambda\in\mathbb{R}\}$ 是一条从 $\boldsymbol{x}'$(当 $\lambda=0$ 时) **到** $\boldsymbol{x}$(当 $\lambda=1$ 时) **的直线**。称参数 λ 将直线 L **参数化**。任意包含两个不同点的仿射集也必定包含连接这两个点的整条直线。

所有向量空间的子空间都是仿射集，但反之不真。例如，一维的子空间是通过原点或零向量的直线。另一方面，不通过原点的直线是仿射集，但却不是子空间。

正如两点集的仿射组合能生成一条直线一样，不共线的三个点的集合的仿射组合将生成一个空间，并且高维情况也是如此。

事实上，若 A 是向量空间 V 中的一个仿射集，$\boldsymbol{a}$ 是 A 中的任意向量，那么集合

$$A-\{\boldsymbol{a}\}\equiv\{\boldsymbol{x}-\boldsymbol{a}:\boldsymbol{x}\in A\} \tag{7.2}$$

是 V 的一个子空间，见练习 7.2。我们可以将仿射集合的**维数**视为这个向量子空间的维数。实际上，任何仿射集都是从原点平移的向量子空间。

回顾 5.4.2 节的内容，含 n 个未知数 m 个方程的齐次线性方程组 $\mathbf{Ax}=\mathbf{0}$ 的解空间是 $\mathbb{R}^n$ 的一个向量子空间，也是 $\mathbf{A}$ 的零空间或核。非齐次线性方程组 $\mathbf{Ax}=\boldsymbol{b}$ 对应的解集同样也是一个仿射集。若向量子空间 $W\subseteq\mathbb{R}^n$ 是齐次线性方程组的解空间，且 $\boldsymbol{x}^*$ 是非齐次线性方程组的一个特解，那么仿射集

$$W+\{\boldsymbol{x}^*\}\equiv\{\boldsymbol{x}+\boldsymbol{x}^*:\boldsymbol{x}\in W\} \tag{7.3}$$

是非齐次性方程组的解集。

定义 5.4.5 介绍了由一组向量（典型有限的）张成或者生成的向量空间的概念，这些向量只是生成向量的线性组合。现在我们来定义一个基于仿射组合的相似概念。

定义 7.2.3 向量空间的子集 S 的**仿射包**（affine hull），记为 $\boldsymbol{aff}(S)$，即

$$\left\{\sum_{i=1}^{r}k_i\boldsymbol{x}_i:\boldsymbol{x}_i\in S,k_i\in\mathbb{R},i=1,2,\cdots,r;\sum_{i=1}^{r}k_i=1;r=1,2,\cdots\right\} \tag{7.4}$$

即 S 中向量的所有仿射组合构成的集合。

例如，共线点集合的仿射包是它们所在的整条直线。共面点的仿射包是它们所在的整个平面。

定义 6.2.3 介绍了线性变换的概念，定理 6.2.1 则说明线性变换是一个函数，保留了线性组合的性质，因此是一次齐次的。我们再次基于仿射组合定义了一个相似地概念。

定义 7.2.4 多变量的一个向量值函数 f：$U\rightarrow V$，若保留仿射组合的性质，则函数为**仿射函数**；即，对于任意满足 $\sum_{i=1}^{r}k_i=1$ 的标量 k_1，k_2，…，k_r 和 U 内的向量 $\boldsymbol{v}_1$，$\boldsymbol{v}_2$，…，$\boldsymbol{v}_r$，有

$$f\left(\sum_{i=1}^{r}k_i\boldsymbol{v}_i\right)=\sum_{i=1}^{r}k_if(\boldsymbol{v}_i) \tag{7.5}$$

换句话说，若对于任意的标量 λ，有

$$f(\lambda\boldsymbol{x}+(1-\lambda)\boldsymbol{x}')=\lambda f(\boldsymbol{x})+(1-\lambda)f(\boldsymbol{x}') \tag{7.6}$$

成立，其中 $\boldsymbol{x}$ 和 $\boldsymbol{x}'$ 都是 U 中向量。

用以建立式（7.5）与式（7.6）间的等价关系的归纳法现在应当熟练掌握。

定理 7.2.1 若 f：$\mathbb{R}^n\rightarrow\mathbb{R}^m$ 是一个仿射函数，那么存在唯一的 $m\times n$ 阶矩阵 $\mathbf{A}$ 和 m 维空间的唯一向量 $\boldsymbol{b}$，使得

$$f(\boldsymbol{x})=\mathbf{Ax}+\boldsymbol{b},\ \forall\,\boldsymbol{x}\in\mathbb{R}^n \tag{7.7}$$

证明：首先，函数 g：$\mathbb{R}^n\rightarrow\mathbb{R}^m$：$x\mapsto f(\boldsymbol{x})-f(\mathbf{0})$ 是一个线性变换。

为了证明这一点，令 k_1，k_2，…，k_r 为任意标量，$\boldsymbol{v}_1$，$\boldsymbol{v}_2$，…，$\boldsymbol{v}_r$ 为 $\mathbb{R}^n$ 中任意向量。那么

$$g\left(\sum_{i=1}^{r} k_i \boldsymbol{v}_i\right) = f\left(\sum_{i=1}^{r} k_i \boldsymbol{v}_i\right) - f(\boldsymbol{0})$$

$$= f\left(\sum_{i=1}^{r} k_i \boldsymbol{v}_i + \left(1 - \sum_{i=1}^{r} k_i\right)\boldsymbol{0}\right) - f(\boldsymbol{0}) \tag{7.8}$$

在函数自变量中添加的项并没有改变参数的值。因为 $\sum_{i=1}^{r} k_i + \left(1 - \sum_{i=1}^{r} k_i\right) = 1$，且上述 f 的自变量是 $\mathbb{R}^n$ 中元素的仿射组合，又因为 f 是一个仿射函数，故式（7.8）可化为

$$f\left(\sum_{i=1}^{r} k_i \boldsymbol{v}_i + \left(1 - \sum_{i=1}^{r} k_i\right)\boldsymbol{0}\right) - f(\boldsymbol{0}) = \sum_{i=1}^{r} k_i f(\boldsymbol{v}_i) + \left(1 - \sum_{i=1}^{r} k_i\right) f(\boldsymbol{0}) - f(\boldsymbol{0})$$

$$= \sum_{i=1}^{r} k_i \left(f(\boldsymbol{v}_i) - f(\boldsymbol{0})\right)$$

$$= \sum_{i=1}^{r} k_i g(\boldsymbol{v}_i) \tag{7.9}$$

这证明了我们的说法。

从 6.4 节我们知道，任何线性变换都是矩阵变换，因此存在唯一的 $m \times n$ 阶矩阵 $\boldsymbol{A}$ 使得对于所有的 $\boldsymbol{x} \in \mathbb{R}^n$，都有 $g(\boldsymbol{x}) = \boldsymbol{A}\boldsymbol{x}$。若我们令 $f(\boldsymbol{0}) \equiv \boldsymbol{b}$，则有

$$f(\boldsymbol{x}) = g(\boldsymbol{x}) + f(\boldsymbol{0}) = \boldsymbol{A}\boldsymbol{x} + \boldsymbol{b}, \ \forall \boldsymbol{x} \in \mathbb{R}^n \tag{7.10}$$

得证。

因此，每一个仿射函数都是一个线性变换（用矩阵 $\boldsymbol{A}$ 来表示）和平移（用向量 $\boldsymbol{b}$ 来表示）的组合。线性变换是仿射函数无变换或向量 $\boldsymbol{b}$ 为零向量时的特例。

“线性函数”这一术语一直以来都粗略地表示线性变换和仿射函数。为了避免混淆，当严格指定义 6.2.3 的概念时我们才用术语“线性变换”。事实上，“线性函数”这一术语早在该书的第 1 章中就已用过。

在 1.2.2 节介绍的公式中，若 $f(\boldsymbol{x}) = \boldsymbol{A}\boldsymbol{x} - \boldsymbol{b}$，方程组 $f(\boldsymbol{x}) = \boldsymbol{0}$ 为齐次的，当且仅当 $\boldsymbol{b} = \boldsymbol{0}$，当且仅当 f 为线性函数，当且仅当函数 f 是一次齐次的；方程组 $f(\boldsymbol{x}) = \boldsymbol{0}$ 为非齐次的当且仅当 $\boldsymbol{b} \neq \boldsymbol{0}$，这时 f 为仿射函数。换句话说，齐次线性方程组和非齐次线性方程组的区别，可由线性变化与仿射函数的区别类推得到。广义上“线性方程”这一术语整体包含了齐次与非齐次线性方程组，如 8.2.4 节中不同方程的分类；而“仿射方程”这一术语则很少见。

最后，应注意，当线性变换为一次齐次的时，仿射变换一般都不是齐次的。

7.3 凸组合、凸集、凸包及凸函数

定义 5.4.3 和定义 7.2.1 分别介绍了线性组合的一般概念和仿射组合的特例。现在我们进一步介绍仿射组合的特殊类型。

定义 7.3.1 对于向量 $\boldsymbol{x}$，$\boldsymbol{x}'$ 和 $\lambda \in [0, 1]$，称 $\lambda \boldsymbol{x} + (1-\lambda)\boldsymbol{x}'$ 为 $\boldsymbol{x}$ 和 $\boldsymbol{x}'$ 的

凸组合。

更一般地，向量 $\boldsymbol{v}_1$，$\boldsymbol{v}_2$，…，$\boldsymbol{v}_r$ 的一个凸组合定义为

$$k_1\boldsymbol{v}_1+k_2\boldsymbol{v}_2+\cdots+k_r\boldsymbol{v}_r=\sum_{i=1}^{r}k_i\boldsymbol{v}_i \tag{7.11}$$

其中 r 为任意正整数，k_1，k_2，…，k_r 为非负标量，且 $\sum_{i=1}^{r}k_i=1$。

重复上一节的例子，$\boldsymbol{x}$，$\boldsymbol{y}$ 和 $(\boldsymbol{x}+\boldsymbol{y})/2$ 是向量 $\boldsymbol{x}$ 和 $\boldsymbol{y}$ 的凸组合，但 $2\boldsymbol{x}-\boldsymbol{y}$ 不是，因为 $\boldsymbol{y}$ 的系数是负的。任意凸组合都是仿射组合，但仿射组合并不都是凸组合。

我们将发现求两个等式或不等式的仿射或凸组合有助于证明，例如定理 10.2.4 的证明。

我们知道子空间是对线性组合运算封闭的集合，仿射集是对仿射组合运算封闭的集合。接下来的定义是这个概念的自然延伸。

定义 7.3.2 当且仅当 X 中元素的任意凸组合都仍属于 X 时，向量空间的子集 X 是一个凸集；换言之，对所有的 $\boldsymbol{x}$，$\boldsymbol{x}'\in X$ 以及所有的 $\lambda\in[0,1]$，$\lambda\boldsymbol{x}+(1-\lambda)\boldsymbol{x}'\in X$；或等价地，对任意满足 $\sum_{i=1}^{r}k_i=1$ 的非负标量 k_1，k_2，…，k_r 和 $\boldsymbol{v}_1$，$\boldsymbol{v}_2$，…，$\boldsymbol{v}_r\in X$，有 $\sum_{i=1}^{r}k_i\boldsymbol{v}_i\in X$。

定义中给出的封闭性的两种描述是等价的，这与定理 5.4.3 的逻辑类似。推导的具体细节留作练习，见练习 7.3。

举例来说，含有一个向量的集合就是一个凸集，第二小的凸集是一条线段。事实上，在任意向量空间中，$L=\{\lambda\boldsymbol{x}+(1-\lambda)\boldsymbol{x}':\lambda\in[0,1]\}$ 是从 $\boldsymbol{x}'$（当 $\lambda=0$ 时）到 $\boldsymbol{x}$（当 $\lambda=1$ 时）的线段。

每个仿射集都是凸集，但反过来却不真。如，一个线段是凸集，却不是仿射集。

定理 7.3.1 凸集的和

$$X+Y\equiv\{\boldsymbol{x}+\boldsymbol{y}:\boldsymbol{x}\in X,\ \boldsymbol{y}\in Y\} \tag{7.12}$$

仍然是凸集。

证明：该结论的证明留作练习，见练习 7.4。

正如我们所定义的，由一个向量集 X 产生的子空间是 X 中向量的所有线性组合形成的集合，X 的仿射包是 X 中向量的所有仿射组合形成的集合，所以我们可以定义 X 的凸包为 X 中向量的所有凸组合形成的集合。

定义 7.3.3 若 X 是一个实向量空间的子集，则 X 的凸包是

$$\{\lambda\boldsymbol{x}+(1-\lambda)\boldsymbol{x}':\lambda\in[0,1],\ \boldsymbol{x},\boldsymbol{x}'\in X\} \tag{7.13}$$

下一个定义与前述定义并不完全类似，因为它包含了一个不等式，读者可能会以为是等式。

定义 7.3.4 令 f: $X\to Y$，其中 X 是实向量空间的凸子集，$Y\subseteq\mathbb{R}$，则 f 是**凸函数**当且仅当对于所有的 $\boldsymbol{x}\neq\boldsymbol{x}'\in X$，对任意 $\lambda\in(0,1)$，有

$$f(\lambda\boldsymbol{x}+(1-\lambda)\boldsymbol{x}')\leqslant\lambda f(\boldsymbol{x})+(1-\lambda)f(\boldsymbol{x}') \tag{7.14}$$

需注意的是，线性变换和仿射函数的定义意味着这类运算的定义域必须是整个向量空间，但是凸函数需要定义在一个向量空间的凸子集内。例如，许多常见的凸函数仅仅定义在欧氏空间的正象限$\mathbb{R}^n_{++}$中。同样需要注意的是，线性变换和仿射函数是向量值运算，而凸运算常常是实数值运算。

凸函数的特征和性质将会在 10.2.1 节中讲解，其介绍会更深入。下面我们将讲解 n 维空间中的子集，对每个例题判断它们是仿射集还是凸集。

7.4 *n* 维空间中的子集

7.4.1 超平面

通过 5.4.1 节读者已经对向量子空间的概念非常熟悉。n 维向量空间的一维子空间是一条过原点或零向量 $\mathbf{0}_n$ 的直线；二维子空间是一个过原点的平面；更一般地，$\mathbb{R}^n$的$(n-1)$维子空间是一个特殊的例子，我们称之为超平面，仍然过原点。现在正式定义超平面。

定义 7.4.1

(a) $\mathbb{R}^n$中的**（仿射）超平面**是任意形如$\{\boldsymbol{x}\in\mathbb{R}^n:\ \boldsymbol{p}^{\mathrm{T}}\boldsymbol{x}=c\}$的集合，其中 $\boldsymbol{p}$ 是$\mathbb{R}^n$的一个向量，c 是标量。

(b) 对于$\mathbb{R}^n$中的任意两个向量 $\boldsymbol{x}^*$ 和 $\boldsymbol{p}\neq\mathbf{0}$，集合$\{\boldsymbol{x}\in\mathbb{R}^n:\ \boldsymbol{p}^{\mathrm{T}}\boldsymbol{x}=\boldsymbol{p}^{\mathrm{T}}\boldsymbol{x}^*\}$是**过 $\boldsymbol{x}^*$、法向量为 $\boldsymbol{p}$ 的仿射超平面**。

例 7.4.1 $\mathbb{R}^2$中表达式为 $x_1+x_2=1$ 的直线（或一维超平面），以 45°角切割坐标轴，过两个标准单位基向量（1，0）和（0，1）。任意形如 $\lambda\mathbf{1}_2=(\lambda,\lambda)(\lambda\neq0)$的向量垂直于这个超平面。

这条直线可以被描述成，法向量为(1，1)的过点(1，0)的超平面；或法向量为(2，2)的过点(0，1)的超平面；或法向量为(−1，−1)的过点(0，1)的超平面。可以证实，在定义 7.4.1 的第二部分中，分别对每个例子中的 $\boldsymbol{p}$ 和 $\boldsymbol{x}^*$ 做恰当的替换，可以得到相同的方程 $x_1+x_2=1$，见练习 7.8。

一个仿射超平面是一个仿射集，见练习 7.9。

定义 7.4.1 的第一部分，仅仅是低维空间中常见概念的延伸。在二维空间中，一个仿射超平面是方程为 $p_1x_1+p_2x_2=c$ 的直线；在三维空间中，它是方程为 $p_1x_1+p_2x_2+p_3x_3=c$ 的平面。在 n 维空间中，若它包含零向量，则它是一个$(n-1)$维子空间。否则，它是从原点平移得到的$(n-1)$维子空间。

定义 7.4.1 的第二部分在图 7—1 中阐述。向量 $\boldsymbol{p}$ 垂直于超平面，对于超平面中的任意两个向量 $\boldsymbol{x}$ 和 $\boldsymbol{x}^*$，向量 $\boldsymbol{x}-\boldsymbol{x}^*$ 垂直或正交于向量 $\boldsymbol{p}$，因为根据定义，它们的点乘 $\boldsymbol{p}^{\mathrm{T}}(\boldsymbol{x}-\boldsymbol{x}^*)$为零。超平面中的任意点可代替 $\boldsymbol{x}^*$。

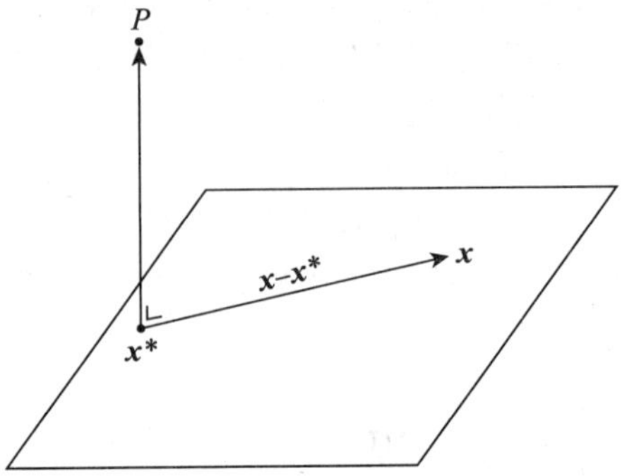

图 7—1　法向量为 p 且过 x^* 的超平面

直线不是$\mathbb{R}^3$中的仿射超平面，却是$\mathbb{R}^2$中的仿射超平面。一个仿射超平面由一个方程定义。在$\mathbb{R}^2$中，一条直线由一个（标量）方程定义，但在$\mathbb{R}^3$中，一条直线由两个方程定义，每个方程设定一个平面，直线是两个平面的交集。类似地，$\mathbb{R}^3$中的一个平面由一个方程定义，它是$\mathbb{R}^3$的一个仿射超平面。

若$\mathbb{R}^n$中的仿射超平面过原点（使它成为一个$(n-1)$维向量子空间），则称它为**线性超平面**。根据定义 7.4.1，对于一个线性超平面，在前一个例子中要求 $c=0$，在第二个例子中要求 $\boldsymbol{p}^{\mathrm{T}}\boldsymbol{x}^*=0$。

法向量 $\boldsymbol{p}$ 对数乘（标量乘法）是不变的；换言之，若 $\boldsymbol{p}$ 垂直于一个给定仿射超平面，则对于任意 $\lambda\in\mathbb{R}$，$\lambda\boldsymbol{p}$ 也垂直于该超平面（当然 $\lambda=0$ 的情况除外）。

欧氏空间$\mathbb{R}^n$是任意线性超平面和它的法向量生成的一维子空间的直和。因此，常常称一个线性超平面的**余维数**（codimension）为 1。

在本书的剩余部分，我们将仿射超平面简称为超平面。术语超平面本身指 n 维空间的 k 维仿射子集，甚至当 $k<n-1$ 时。术语仿射超平面仅指余维数为 1 的集合，但是正式场合下低维变量是仿射集（也是凸集），在非正式场合下为超平面。$(n-1)$维仿射超平面与低维的超平面不同，因为低维时不可能绕过它却不穿过。举例来讲，在$\mathbb{R}^3$ 中可以绕过一条直线到达另一边，但是无法绕过一个平面到达另一边。这是分离超平面定理（定理 7.6.1）背后的基本逻辑。

7.4.2　单纯形与超平行六面体

定义 7.4.2　$\mathbb{R}^n$中的**单位单纯形**，也被称为$\mathbb{R}^n$中的**标准单纯形**（standard simplex），是非负象限$\mathbb{R}^n_+$与过$(1/n)\mathbf{1}_n$、法向量为 $\mathbf{1}_n$ 的超平面的交集，即

$$S^{n-1}\equiv\left\{\boldsymbol{p}\in\mathbb{R}^n_+:\boldsymbol{p}^{\mathrm{T}}\mathbf{1}_n=\sum_{i=1}^{n}p_i=1\right\}\tag{7.15}$$

图 7—2 和图 7—3 分别表示了$\mathbb{R}^2$和$\mathbb{R}^3$中的单位单纯形。图 7—2 是例 7.4.1 中考虑的超平面与非负象限的交集。

定义 7.4.3　更一般地，一个**单纯形**是有限点集的凸包，这些点称为单纯形

的顶点。

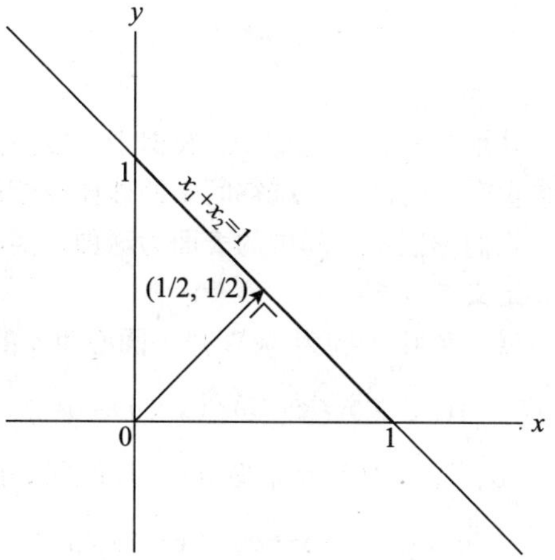

图 7—2　$\mathbb{R}^2$ 中的单位或标准单纯形

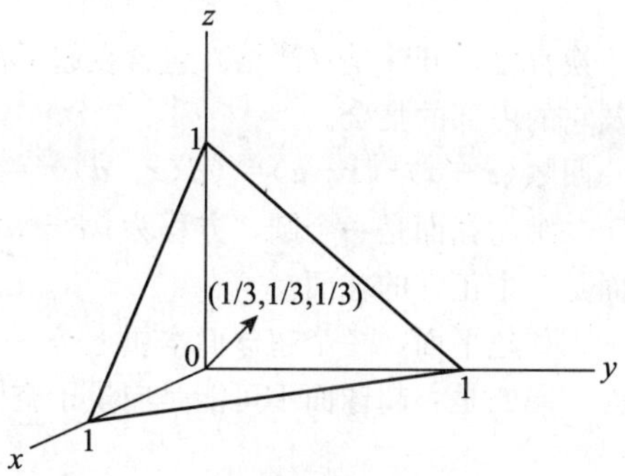

图 7—3　$\mathbb{R}^3$ 中的单位或标准单纯形

$\mathbb{R}^n$ 中的单位单纯形的 n 个顶点就是标准基向量，$\boldsymbol{e}_1$，$\boldsymbol{e}_2$，…，$\boldsymbol{e}_n$。

有两个顶点的单纯形是连接两点间的线段，有三个顶点的单纯形是一个三角形，以此类推。

定义 7.4.4　$\mathbb{R}^n$ 中边为向量 $\boldsymbol{x}_1$，$\boldsymbol{x}_2$，…，$\boldsymbol{x}_m$ 的 m 维**超平行六面体**（hyper-parallelepiped）是下述集合

$$\left\{\sum_{i=1}^{m} k_i \boldsymbol{x}_i : k_i \in [0,1],\ i=1,\ 2,\cdots,\ m\right\} \tag{7.16}$$

事实上，一个超平行六面体仅仅是单纯形的特殊形式，见练习 7.10。一个超平行六面体也是一个凸集，见练习 7.11。

当 $m=3$ 时，超平行六面体称为**平行六面体**。当 $m=2$ 时，超平行六面体仅仅是**平行四边形**。当 $m=1$ 时，它仅仅是单个向量或一条线段。

7.4.3 超球面

高维空间中的超平面、类似于二维空间中的直线或三维空间中的平面，因此二维空间中的圆、三维空间中的球体或球面的概念可以拓展到 n 维。为了避免混淆，我们称三维空间中的表面为**球面**，实心的部分称为**球**。

定义 7.4.5

(a) $\mathbb{R}^n$ 中**半径为** $r(\geqslant 0)$、**圆心为** $\boldsymbol{a}$ **的超球面**是下述集合：

$$\{\boldsymbol{x}\in\mathbb{R}^n:(\boldsymbol{x}-\boldsymbol{a})^{\mathrm{T}}(\boldsymbol{x}-\boldsymbol{a})=r^2\} \tag{7.17}$$

(b) $\mathbb{R}^n$ 中**半径为** $r(\geqslant 0)$、**圆心为** $\boldsymbol{a}$ **的开球**是下述集合：

$$\{\boldsymbol{x}\in\mathbb{R}^n:(\boldsymbol{x}-\boldsymbol{a})^{\mathrm{T}}(\boldsymbol{x}-\boldsymbol{a})<r^2\} \tag{7.18}$$

(c) $\mathbb{R}^n$ 中**半径为** $r(\geqslant 0)$、**圆心为** $\boldsymbol{a}$ **的闭球**是下述集合：

$$\{\boldsymbol{x}\in\mathbb{R}^n:(\boldsymbol{x}-\boldsymbol{a})^{\mathrm{T}}(\boldsymbol{x}-\boldsymbol{a})\leqslant r^2\} \tag{7.19}$$

换言之，开球是（严格）包含在超平面内部的集合，而闭球则是包含超平面以及它的内部的集合。

回顾 $(\boldsymbol{x}-\boldsymbol{a})^{\mathrm{T}}(\boldsymbol{x}-\boldsymbol{a})=(d(\boldsymbol{x},\boldsymbol{a}))^2=\|\boldsymbol{x}-\boldsymbol{a}\|^2$。

二维超球面是一个圆，方程为 $(x_1-a_1)^2+(x_2-a_2)^2=r^2$。类似地，三维超球面是一个正常的球面。

正如超平面，一个超球面本质上是一个维数低于它所在的空间的集合。与超平面不同的是，超球面不可能是向量子空间或仿射集。而开球和闭球是凸集。

7.4.4 超立方体和超矩形

平面中各边平行于坐标轴系，角为 (a_1,a_2)，(a_1,b_2)，(b_1,a_2) 和 (b_1,b_2) 的闭矩形是笛卡儿积 $[a_1,b_1]\times[a_2,b_2]$。（它也是一个单纯形，四个顶点为矩形的角。）类似的开矩形是笛卡儿积 $(a_1,b_1)\times(a_2,b_2)$。[①]

$\mathbb{R}^n$ 中的一个闭**超矩形**是闭矩形在多维情况下的类似，即 n 维闭区间的笛卡儿积 $\prod_{i=1}^n[a_i,b_i]$。若边长 b_i-a_i 是相等的，则我们称之为**超立方体**。一个闭超立方体或闭超矩形是有 2^n 个顶点的单纯形。[②]

类似地，$\mathbb{R}^n$ 中的一个开超矩形是 n 维开区间的笛卡儿积。这个超矩形的体积，不管是开还是闭，都等于 $\prod_{i=1}^n(b_i-a_i)$。超立方体和超矩形都是凸集，不

① 注意，根据上下文可以使下列问题更清楚，(a_1,a_2) 表示二维向量，但是 (a_1,b_1) 表示一个开区间，等等。

② 一些作者，例如 Simmons (1963) 和 Spivak (1965)，在更高维时只是使用术语“立方”和“矩形”，而我们使用“超立方体”和“超矩形”。

管是开还是闭。

开超立方体或超矩形的概念有时候与开球的概念同样重要，关于二者的联系见练习 7.15。后面定理 7.8.1 的证明会涉及将超矩形放入开球的问题。

一个顶点在原点的超矩形是角为直角的超平行六面体的特殊情况。下一个定理表明，计算一个超平行六面体的体积比计算超矩形的体积稍有难度。

定理 7.4.1 $\mathbb{R}^n$中，边为 $\boldsymbol{x}_1$，$\boldsymbol{x}_2$，…，$\boldsymbol{x}_n$ 的 m 维超平行六面体的体积为 $\sqrt{\det(\boldsymbol{X}^{\mathrm{T}}\boldsymbol{X})}$，其中 $\boldsymbol{X}$ 是列为 $\boldsymbol{x}_1$，$\boldsymbol{x}_2$，…，$\boldsymbol{x}_n$ 的 $n\times m$ 阶矩阵。

证明：通过归纳法可以证明。

当 $m=1$ 时，超平行六面体只有一个边 $\boldsymbol{x}_1\in\mathbb{R}^n$，体积仅仅是这个边的长度，因为 $\boldsymbol{x}_1^{\mathrm{T}}\boldsymbol{x}_1$ 仅仅是一个非负标量，故 $\|\boldsymbol{x}_1\|=\sqrt{\boldsymbol{x}_1^{\mathrm{T}}\boldsymbol{x}_1}=\sqrt{\det(\boldsymbol{x}_1^{\mathrm{T}}\boldsymbol{x}_1)}$。

当 $m>1$ 时，超平行六面体的体积等于它的底面积乘以它的高。例如，$m=2$ 时，这个超平行六面体（在本例中是平行四边形）的面积等于一边的长度乘上它到对边的垂直距离。当 $m=3$ 时，超平行六面体的体积是一面的面积乘以该面到另一面的垂直距离，依此类推至多维的情形。

一般地，若 $S\equiv\mathrm{lin}\{\boldsymbol{x}_1,\ \boldsymbol{x}_2,\ \cdots,\ \boldsymbol{x}_{m-1}\}$，则 m 维超平行六面体 P 的体积是边为 $\boldsymbol{x}_1$，$\boldsymbol{x}_2$，…，$\boldsymbol{x}_{m-1}$的$(m-1)$维超平行六面体的体积乘以 $\boldsymbol{x}_m$ 正交于 S 的分量的长度，这个长度等于 $\|\boldsymbol{x}_m-\mathrm{proj}_S\boldsymbol{x}_m\|$。

现在我们假设 $m-1$ 维时的结论是正确的，令 $\boldsymbol{X}^*$ 表示将 $\boldsymbol{X}$ 的最后一列（$\boldsymbol{x}_m$）替换为 $\boldsymbol{x}_m^*\equiv\boldsymbol{x}_m-\mathrm{proj}_S\boldsymbol{x}_m$ 得到的矩阵。

若 $\mathrm{proj}_S\boldsymbol{x}_m=\sum_{i=1}^{m-1}\lambda_i\boldsymbol{x}_i$，则 $\boldsymbol{X}^*=\boldsymbol{X}\boldsymbol{E}$，其中

$$\boldsymbol{E}\equiv\begin{bmatrix}1 & 0 & \cdots & 0 & -\lambda_1\\ 0 & 1 & \cdots & 0 & -\lambda_2\\ \vdots & \vdots & & \vdots & \vdots\\ 0 & 0 & \cdots & 1 & -\lambda_{m-1}\\ 0 & 0 & \cdots & 0 & 1\end{bmatrix}\tag{7.20}$$

因为 $\boldsymbol{E}$ 是主对角线上元素为 1 的上三角矩阵，$\det(\boldsymbol{E})=\det(\boldsymbol{E}^{\mathrm{T}})=1$，

$$\begin{aligned}\det((\boldsymbol{X}^*)^{\mathrm{T}}\boldsymbol{X}^*)&=\det((\boldsymbol{X}\boldsymbol{E})^{\mathrm{T}}\boldsymbol{X}\boldsymbol{E})\\&=\det(\boldsymbol{E}^{\mathrm{T}}\boldsymbol{X}^{\mathrm{T}}\boldsymbol{X}\boldsymbol{E})\\&=\det(\boldsymbol{E}^{\mathrm{T}})\det(\boldsymbol{X}^{\mathrm{T}}\boldsymbol{X})\det(\boldsymbol{E})\\&=\det(\boldsymbol{X}^{\mathrm{T}}\boldsymbol{X})\end{aligned}\tag{7.21}$$

如果我们将 $\boldsymbol{X}^*$ 分块为$[\boldsymbol{X}_- \quad \boldsymbol{x}_m^*]$，则

$$\begin{aligned}(\boldsymbol{X}^*)^{\mathrm{T}}\boldsymbol{X}^*&=\begin{bmatrix}\boldsymbol{X}_-^{\mathrm{T}}\boldsymbol{X}_- & \boldsymbol{X}_-^{\mathrm{T}}\boldsymbol{x}_m^*\\ (\boldsymbol{x}_m^*)^{\mathrm{T}}\boldsymbol{X}_- & (\boldsymbol{x}_m^*)^{\mathrm{T}}\boldsymbol{x}_m^*\end{bmatrix}\\&=\begin{bmatrix}\boldsymbol{X}_-^{\mathrm{T}}\boldsymbol{X}_- & \boldsymbol{0}_{m-1}\\ \boldsymbol{0}_{m-1}^{\mathrm{T}} & \|\boldsymbol{x}_m^*\|^2\end{bmatrix}\end{aligned}\tag{7.22}$$

因此，对最后一行（或最后一列）按代数余子式展开，得

$$\det(\boldsymbol{X}^{\mathrm{T}}\boldsymbol{X})=\det((\boldsymbol{X}^{*})^{\mathrm{T}}\boldsymbol{X}^{*})=\det(\boldsymbol{X}_{-}^{\mathrm{T}}\boldsymbol{X}_{-})\times\|\boldsymbol{x}_{m}^{*}\|^{2} \tag{7.23}$$

恰好是超平行六面体的底的面积（根据归纳假设）乘以它的高所得结果的平方，即得证。

下述推论的证明留作练习，见练习 7.13。

推论 7.4.2 超平行六面体的边线性相关时，体积为零。

推论 7.4.3 $\mathbb{R}^n$ 中，n 个边是矩阵 $\boldsymbol{X}$ 的列的超平行六面体，其体积为 $|\det(\boldsymbol{X})|$。

推论 7.4.4 若 $m>n$，则 $\mathbb{R}^n$ 中 m 维超平行六面体的体积为零。

推论 7.4.5 若 P 是 $\mathbb{R}^n$ 中体积为 $\sqrt{\det(\boldsymbol{X}^{\mathrm{T}}\boldsymbol{X})}$ 的超平行六面体，T：$\mathbb{R}^n\to\mathbb{R}^p$ 是线性变换，对应 $p\times n$ 阶矩阵 $\boldsymbol{A}$，则 $T(P)$ 是 $\mathbb{R}^p$ 中体积为 $\sqrt{\det((\boldsymbol{AX})^{\mathrm{T}}\boldsymbol{AX})}$ 的超平行六面体。

特别地，若 $n=m=p$，那么，由于 $\boldsymbol{A}$ 和 $\boldsymbol{X}$ 是方阵，从而线性变换 T 使超平行六面体 P 的体积变为原来的 $|\det(\boldsymbol{A})|$ 倍。

7.4.5 曲线与超曲面

我们已经熟知，$\mathbb{R}^2$ 中的直线或 $\mathbb{R}^3$ 中的平面由一个方程定义。在 $\mathbb{R}^3$ 中，一条直线由两个无关的线性方程定义，每个方程定义了一个平面，直线则是两个（非共面）平面的交集。

更一般地，$\mathbb{R}^2$ 中的曲线由单个方程定义，通常不是线性的。（例如，4.2 节中讨论的各种圆锥曲线）。类似地，$\mathbb{R}^3$ 中的一个曲面由单个方程定义，同样是非线性的。而 $\mathbb{R}^3$ 中的曲线，通常由两个线性无关的（并且经常是非线性的）方程定义，每个方程定义了一个曲面，曲线是两个曲面的交集。线性无关（独立）的概念，自然地推广到非线性方程。

正如一个 n 元线性方程定义了一个仿射超平面，一个 n 元（非线性）方程定义了一个**超曲面**。

更一般地，k 个（无关的）n 元方程定义了一个解集，可以粗略描述为 $n-k$ 维的。若方程是线性的（因此线性相关），根据第 136 页，则解集是一个 $n-k$ 维的仿射集。

7.5 拓扑学基础

线性代数是研究向量空间的，而**拓扑学**是研究拓扑空间的，见定义 7.5.4。这一部分简单地回顾度量空间。度量空间是一种带有附加结构的特殊拓扑空间，见定义 7.5.1。我们将会看到，每个标量乘积空间同时又是度量空间。不是所有的度量空间都是标量乘积空间，也不是所有的拓扑空间都是向量空间。本书中讨论的所有的拓扑空间都是度量空间，并且事实上是实向量空间。为了完备性，我们讲解拓扑空间的一般定义。

本书中将会用大家熟悉的实数的性质（特别是标准的“$\epsilon-\sigma$”（epsilon-delta）法）来证明所需的拓扑学结论。对拓扑学的彻底了解，可以为这些证明提供更简单、更漂亮也更一般地方法。可以只用拓扑的概念证明数理经济学中一些极其重要的定理，特别是布劳威尔（Brouwer）不动点定理（定理 12.5.5），角谷静夫（Kakutani）不动点定理（定理 12.5.6）。因此，强烈建议那些有志于将数理经济学研究到更高水平的读者，选择一本拓扑学标准教科书，如 Simmons（1963）或 Mendelson（1975）。Chiang 和 Wainwright（2005，pp. 64-5），从经济学的视角涵盖了有关的议题。

本节的目的是介绍拓扑学的知识，为 7.6 节支持超平面定理和分离超平面定理以及 7.8 节函数和对应的连续性服务。

下述第一个定义推广了定义 5.2.13 中的距离概念。

定义 7.5.1　度量空间是定义了度量的非空集 X，**度量**是一个距离函数 d：$X\times X\rightarrow\mathbb{R}_+$，满足以下条件：

(a) $d(\boldsymbol{x},\boldsymbol{y})=0\Rightarrow\boldsymbol{x}=\boldsymbol{y}$；

(b) 对于所有的 $\boldsymbol{x}$，$\boldsymbol{y}\in X$，有 $d(\boldsymbol{x},\boldsymbol{y})=d(\boldsymbol{y},\boldsymbol{x})$；

(c) 三角不等式成立，即

$$d(\boldsymbol{x},\boldsymbol{z})+d(\boldsymbol{z},\boldsymbol{y})\geqslant d(\boldsymbol{x},\boldsymbol{y}),\quad\forall\,\boldsymbol{x},\boldsymbol{y},\boldsymbol{z}\in X\tag{7.24}$$

正如 5.4.9 节注解中提到的，给定一个正定的 $n\times n$ 阶矩阵（比如 $\boldsymbol{A}$），任意有限维向量空间（比如 $\mathbb{R}^n$）可以通过定义下述标量乘积转化为一个标量乘积空间：

$$(\boldsymbol{x}|\boldsymbol{y})\equiv\boldsymbol{x}^{\mathrm{T}}\boldsymbol{A}\boldsymbol{y}\tag{7.25}$$

反过来，给定一个标量乘积空间，也可以通过下式构造度量空间：

$$d(\boldsymbol{x},\boldsymbol{y})\equiv\|\boldsymbol{x}-\boldsymbol{y}\|\equiv\sqrt{(\boldsymbol{x}-\boldsymbol{y}|\boldsymbol{x}-\boldsymbol{y})}\tag{7.26}$$

d 具有一个度量的所有性质。满足三角不等式的证明留作练习，见练习 7.16。证明满足三角不等式时需注意

$$\begin{aligned}\|t\boldsymbol{x}+\boldsymbol{y}\|^2&=(t\boldsymbol{x}+\boldsymbol{y}|t\boldsymbol{x}+\boldsymbol{y})\\&=t^2(\boldsymbol{x}|\boldsymbol{x})+2t(\boldsymbol{x}|\boldsymbol{y})+(\boldsymbol{y}|\boldsymbol{y})\\&\geqslant 0\quad\forall\,t\end{aligned}\tag{7.27}$$

通过 $\boldsymbol{A}$ 的正定性可以证明它满足三角不等式。

因此式（7.27）右边关于 t 的二次式没有实根（除了可能的一个重根外）。运用标准二次方程公式得到

$$t=\frac{-2(\boldsymbol{x}|\boldsymbol{y})\pm\sqrt{4(\boldsymbol{x}|\boldsymbol{y})^2-4(\boldsymbol{x}|\boldsymbol{x})(\boldsymbol{y}|\boldsymbol{y})}}{2(\boldsymbol{x}|\boldsymbol{x})}\tag{7.28}$$

因为不可能存在两个不同实根，平方根符号下的符号一定是非正的，（在开

平方后）得到**柯西-施瓦茨不等式**（Cauchy-Schwarz inequality）[1]，

$$|(\boldsymbol{x}|\boldsymbol{y})| \leqslant \|\boldsymbol{x}\| \times \|\boldsymbol{y}\| \tag{7.29}$$

在这个点乘的例子中，因为对于所有 θ，$|\cos\theta| \leqslant 1$，故柯西-施瓦茨不等式实际上是由定义 5.2.15 得到的。

因此，

$$\begin{aligned} d(\boldsymbol{x},\boldsymbol{y})^2 &= (\boldsymbol{x}-\boldsymbol{y}|\boldsymbol{x}-\boldsymbol{y}) \\ &= (\boldsymbol{x}-\boldsymbol{z}+\boldsymbol{z}-\boldsymbol{y}|\boldsymbol{x}-\boldsymbol{z}+\boldsymbol{z}-\boldsymbol{y}) \\ &= \|\boldsymbol{x}-\boldsymbol{z}\|^2 + \|\boldsymbol{z}-\boldsymbol{y}\|^2 + 2(\boldsymbol{x}-\boldsymbol{z}|\boldsymbol{z}-\boldsymbol{y}) \\ &\leqslant \|\boldsymbol{x}-\boldsymbol{z}\|^2 + \|\boldsymbol{z}-\boldsymbol{y}\|^2 + 2\|\boldsymbol{x}-\boldsymbol{z}\| \times \|\boldsymbol{z}-\boldsymbol{y}\| \\ &= (\|\boldsymbol{x}-\boldsymbol{z}\| + \|\boldsymbol{z}-\boldsymbol{y}\|)^2 \\ &= (d(\boldsymbol{x},\boldsymbol{z}) + d(\boldsymbol{z},\boldsymbol{y}))^2 \end{aligned} \tag{7.30}$$

其中式（7.30）中的不等式根据柯西-施瓦茨不等式得出。取式（7.30）的平方根，得到所需的三角不等式。

在 13.6.3 节中将会看到，一个方差—协方差矩阵是一个正定矩阵，可以定义标量乘积（协方差）和度量（标准差），并且两个向量间夹角的余弦等价于相关性度量。

下一个定义描述了度量空间中有特殊性质的子集。

定义 7.5.2 令 A 为度量空间 X 的子集。

(a) 一个**开球**是 X 中形如下式的子集

$$B_\epsilon(\boldsymbol{x}) = \{\boldsymbol{y} \in X : d(\boldsymbol{y},\boldsymbol{x}) < \epsilon\} \tag{7.31}$$

换句话说，在度量空间中，所有与开球圆心 $\boldsymbol{x}$ 的距离小于 ϵ 的点组成的集合。

(b) 当且仅当对所有 $\boldsymbol{x} \in A$，存在 $\epsilon > 0$ 使得 $B_\epsilon(\boldsymbol{x}) \subseteq A$ 时，A **是开的**。

(c) A 的**内集**，记为 $\operatorname{int} A$，定义为

$$对一些\ \epsilon > 0,\ \boldsymbol{x} \in \operatorname{int} A \Leftrightarrow B_\epsilon(\boldsymbol{x}) \subseteq A \tag{7.32}$$

(d) 若对于所有的 $\epsilon > 0$，$B_\epsilon(\boldsymbol{x})$ 包含 A 和它的补集 $X \setminus A$ 中的点，则称 $\boldsymbol{x}$ 为 A 的**边界点**。

定义 7.5.2 的第一部分把定义 7.4.5 从欧氏空间 $\mathbb{R}^n$ 推广到任意度量空间。开集中的每个点都在集合内，或者说开集不包含任何边界点。

研究开集意味着，在分析极限和连续性时，我们无须关注边界点；反过来，当运用微积分寻找极大值和极小值时，我们需要使用其他手段检查优化问题的边界解。

定义 7.5.3 当且仅当存在 $\boldsymbol{x}$，$K > 0$，使得 $A \subseteq B_K(\boldsymbol{x})$ 时，称 A 是**有界的**。

注意，K 通常表示一个大数，而 ϵ 通常表示一个小数。

度量空间是更一般的拓扑空间概念的特殊例子。

---

① 柯西-施瓦茨不等式是以法国数学家 Augustin Louis Cauchy（1789—1857）和德国数学家 Karl Hermann Amandus Schwarz（1843—1921）的名字命名的。本书中杨格定理（定理 9.7.2）有时也被称为施瓦茨定理，见第 9 章 213 页的注释。

定义 7.5.4 一个**拓扑空间**是集合 X 与 τ 组成的集合，τ 是 X 的子集所组成的集合，满足下述公理：

(a) 空集和 X 都在 τ 中。

(b) τ 中任意集合的并集也包含在 τ 中。

(c) τ 的任意有限个集合的交集也包含在 τ 中。

称集合 τ 为 X 的**拓扑**。通常称 X 的元素为点，尽管它们可能为任意数学对象（包括向量）。

若 X 是一个度量空间，τ 是 X 中所有开集的集合，则 τ 是 X 的拓扑，这个结论的证明留作练习，见练习 7.17。因此，无论 X 是不是一个度量空间，都称集合 τ 中的元素为拓扑的**开集**。

定义 7.5.5 令 X 为一个拓扑空间，且 $A \subseteq X$，则当且仅当 $X \setminus A$ 为开时，A 是**闭的**。

注意，度量空间的一些子集以及更一般的拓扑空间的一些子集既不是开的也不是闭的。

出于完整性考虑，我们引入最后两个定义。

定义 7.5.6 拓扑空间 X 中，点 $\boldsymbol{x}$ 的**邻域**是一个包含 $\boldsymbol{x}$ 的开集。

定义 7.5.7 令 X 为一个度量空间，则当且仅当 A 既闭又有界时，$A \subseteq X$ 是**紧的**。

7.6 支持超平面定理与分离超平面定理

这些定理是证明第二福利定理（定理 12.6.2）所需要的。它们也可以用来提供詹森不等式（定理 13.10.1）的另一种证明方法。在 7.4 节中介绍了超平面的概念。在本节中，我们将讨论细节。Berger（1993，5.2.5 节）和 Rockafellar（1970，11 节）全面地讨论了这些定理。

注意，任意超平面将 $\mathbb{R}^n$ 分割为两个闭的半空间，

$$\{\boldsymbol{x} \in \mathbb{R}^n : \boldsymbol{p}^{\mathrm{T}}\boldsymbol{x} \leqslant \boldsymbol{p}^{\mathrm{T}}\boldsymbol{x}^*\} \tag{7.33}$$

和

$$\{\boldsymbol{x} \in \mathbb{R}^n : \boldsymbol{p}^{\mathrm{T}}\boldsymbol{x} \geqslant \boldsymbol{p}^{\mathrm{T}}\boldsymbol{x}^*\} \tag{7.34}$$

两个闭的半空间的交集是超平面本身。

定义 7.6.1 令 X 和 Y 为 $\mathbb{R}^n$ 的子集，令 $\boldsymbol{z}^* \in \mathbb{R}^n$，则过 $\boldsymbol{z}^*$、法向量为 $\boldsymbol{p}$ 的仿射超平面为：

(a) X 的一个**支持超平面**，若 $\boldsymbol{z}^*$ 是 X 的边界点，且对于所有的 $\boldsymbol{x} \in X$ 有 $\boldsymbol{p}^{\mathrm{T}}\boldsymbol{x} \geqslant \boldsymbol{p}^{\mathrm{T}}\boldsymbol{z}^*$；

(b) X 和 Y 的一个**分离超平面**，若对所有的 $\boldsymbol{x} \in X$ 有 $\boldsymbol{p}^{\mathrm{T}}\boldsymbol{x} \geqslant \boldsymbol{p}^{\mathrm{T}}\boldsymbol{z}^*$，且对所有的 $\boldsymbol{y} \in Y$ 有 $\boldsymbol{p}^{\mathrm{T}}\boldsymbol{y} \leqslant \boldsymbol{p}^{\mathrm{T}}\boldsymbol{z}^*$。

换句话说，一个集合完全位于支持超平面相应的某一个闭半空间中，而两个

集合分别完全位于分离超平面相应的两个闭半空间上。

支持超平面定理背后的思想非常明确：如果取一个凸集中的任意边界点，则可以找到一个经过这些点的支持超平面。可以认为这个支持超平面是相切于它支持的集合的。

定理 7.6.1 （支持超平面定理） 若 Z 是 $\mathbb{R}^n$ 的一个凸子集，且 $\boldsymbol{z}^* \in Z$，$\boldsymbol{z}^* \notin \operatorname{int} Z$，则 $\mathbb{R}^n$ 中存在 $\boldsymbol{p}^* \neq \boldsymbol{0}$，使得对于任意 $\boldsymbol{z} \in Z$，$\boldsymbol{p}^{*\mathrm{T}}\boldsymbol{z}^* \leqslant \boldsymbol{p}^{*\mathrm{T}}\boldsymbol{z}$，或者说 Z 包含于与过 $\boldsymbol{z}^*$、法向量为 $\boldsymbol{p}^*$ 的超平面对应的一个闭半空间中。

证明：此定理的证明超过了本书的范围，证明见 Berger（1993，p. 341）。

定理 7.6.2 （分离超平面定理） 若 X 和 Y 是 $\mathbb{R}^n$ 中不相交的凸子集，则存在向量 $\boldsymbol{p} \in \mathbb{R}^n$，使得

$$\boldsymbol{p}^{\mathrm{T}}\boldsymbol{x} \geqslant \boldsymbol{p}^{\mathrm{T}}\boldsymbol{y}, \forall \boldsymbol{x} \in X, \boldsymbol{y} \in Y \tag{7.35}$$

如果定义 $c \equiv \sup\{\boldsymbol{p}^{\mathrm{T}}\boldsymbol{y}: \boldsymbol{y} \in Y\}$，则超平面 $\{\boldsymbol{x} \in \mathbb{R}^n: \boldsymbol{p}^{\mathrm{T}}\boldsymbol{x} = c\}$ 分离了 X 和 Y。

证明：这个定理的证明超出了本书的范围，证明见 Berger（1993，p. 342）。

有些作者称定理 7.6.1 为分离超平面定理。

7.7 多变量函数的可视化

在 6.2 节中，我们介绍了一些术语，描述包含 n 个变量的实值函数或者对应。至少有三种非常有用的方法可以使这些函数或者对应可视化，即

1. 图像，即 $\mathbb{R}^{n+1}$ 中的 n 维表面（见定义 7.7.1）；
2. 用经济学术语表示为无差异曲线的集合（见定义 7.7.2）；
3. $\mathbb{R}^n$ 中受直线约束的集合（见 9.5 节）。

定义 7.7.1 每一个运算或对应（correspondence）f：$X \to Y$，$X \subseteq \mathbb{R}^n$，$Y \subseteq \mathbb{R}$ 有一个**图像**，对于函数，定义为

$$G_f = \{(\boldsymbol{x}, y) \in X \times Y: y = f(\boldsymbol{x})\} \tag{7.36}$$

对于对应，定义为

$$G_f = \{(\boldsymbol{x}, y) \in X \times Y: y \in f(\boldsymbol{x})\} \tag{7.37}$$

一个或两个变量的单值函数的图像的概念，容易用二维图表示，许多读者可能很熟悉。定义 7.7.1 将这个思想拓展到 n 维。在 n 维空间中将这类图形可视化非常困难，因此需要使用其他方法。

对应的图像的概念非常重要，不仅仅是与对应的连续性有关，在 12.5.4 节对应的不动点问题也会用到。

定义 7.7.2 考虑实值函数 f：$X \to \mathbb{R}$。

(a) f 的**上水平集**（上等值集）是集合 $\{\boldsymbol{x} \in X: f(\boldsymbol{x}) \geqslant \alpha\}$（$\alpha \in \mathbb{R}$）。

(b) f 的**水平集**或**无差异曲线**是集合 $\{\boldsymbol{x} \in X: f(\boldsymbol{x}) = \alpha\}$（$\alpha \in \mathbb{R}$）。

(c) f 的**下水平集**（下等值集）是集合 $\{\boldsymbol{x} \in X: f(\boldsymbol{x}) \leqslant \alpha\}$（$\alpha \in \mathbb{R}$）。

在定义 7.2.2 中，X 不一定是一个向量空间。若 $X=\mathbb{R}^2$，则可以将无差异曲线绘制在一个图像内，通常称为无差异图。一个例子是在 1.2.3 节中遇到的等产量图。另一个生活中常见的例子是许多天气预报中的等压线。还有一些例子会在之后的章节中遇到，例如图 9—2、图 12—2 和图 12—4。

对于函数 $f: X\rightarrow\mathbb{R}$，则 $\boldsymbol{x}R\boldsymbol{y}\Leftrightarrow f(\boldsymbol{x})=f(\boldsymbol{y})$定义了一个关于 X 的等价关系。f 的水平集是这个关系的等价类。

此外，f 的水平集在对 f 进行递增变换或标量变换时不变，甚至非线性变换下也不变。换言之，若 $g: \mathbb{R}\rightarrow\mathbb{R}$ 是严格（单调）递增函数，则 f 和 $g\circ f$ 有同样的水平集。

12.2 节讨论效用函数和 16.4 节讨论期望效用函数时，这个概念非常关键。

7.8 极限与连续

定义 7.8.1 实值运算 $f: X\rightarrow Y(X\subseteq\mathbb{R}^n, Y\subseteq\mathbb{R})$当 $\boldsymbol{x}\rightarrow\boldsymbol{x}^*$ 时趋近于**极限** y^*，当且仅当，对于所有的 $\epsilon>0$，存在 $\delta>0$，使得 $\|\boldsymbol{x}-\boldsymbol{x}^*\|<\delta\Rightarrow|f(\boldsymbol{x})-y^*|<\epsilon$。

换句话说，在接近 $\boldsymbol{x}^*$ 的领域内，向量的函数值无穷接近于 y^*。

记为

$$\lim_{\boldsymbol{x}\rightarrow\boldsymbol{x}^*} f(\boldsymbol{x})=y^* \tag{7.38}$$

定义 7.8.2 函数 $f: X\rightarrow Y(X\subseteq\mathbb{R}^n, Y\subseteq\mathbb{R})$在 $\boldsymbol{x}^*$ **连续**，当且仅当，对于所有的 $\epsilon>0$，存在 $\delta>0$，使得 $\|\boldsymbol{x}-\boldsymbol{x}^*\|<\delta\Rightarrow|f(\boldsymbol{x})-f(\boldsymbol{x}^*)|<\epsilon$。

这个定义说明，若

$$\lim_{\boldsymbol{x}\rightarrow\boldsymbol{x}^*} f(\boldsymbol{x})=f(\boldsymbol{x}^*) \tag{7.39}$$

则 f 在 $\boldsymbol{x}^*$ 是连续的。

定义 7.8.3 实值函数 $f: X\rightarrow Y(X\subseteq\mathbb{R}^n, Y\subseteq\mathbb{R})$是**连续**的当且仅当对定义域内每个点都是连续的。

称向量值函数或矩阵值函数是连续的，当且仅当每个实值函数分量是连续的。

常见的函数大多是连续的。在某一点**不连续**的（或间断的）函数的例子有

$$f:\mathbb{R}\rightarrow\mathbb{R}: x\mapsto\begin{cases}1/x, & 若\ x\neq 0\\ 0, & 若\ x=0\end{cases} \tag{7.40}$$

因为 1/0 是未定义的（实际上，它是无穷的），需要以其他方式定义 $f(0)$。因为 $\lim_{x\rightarrow 0} f(x)$不存在，因此，使 f 成为一个连续函数的定义不存在。

一个有自然奇异点但连续的例子是：

$$g:\mathbb{R}\rightarrow\mathbb{R}: x\mapsto\begin{cases}\dfrac{\sin x}{x}, & 若\ x\neq 0\\ 1, & 若\ x=0\end{cases} \tag{7.41}$$

随着 $x\to 0$，$\sin x/x\to 0/0$，因此我们需要以其他方式定义 $g(0)$。实际上，洛必达（l'Hôpital）法则告诉我们

$$\lim_{x\to 0}g(x)=\lim_{x\to 0}\frac{\cos x}{1}=1 \tag{7.42}$$

使奇异点的值恰好等于 1，使得函数连续。

实践中一个不连续函数的例子是某些地方大学奖学金的金额与父母收入的函数。有时，当父母收入低于或者降低到某一阈值水平时，可以授予全额奖学金；当父母收入超过这一阈值水平时不能领取奖学金。因此这个函数在收入阈值处是不连续的。政府慢慢意识到这个规定的不公平性，并且逐渐取消了这条规定。

这里不加证明地给出一个结论：连续函数的和、差分、乘积、反函数也为连续函数。相似地，如果函数取值不为零，那么连续函数的倒数也是连续函数。其中，函数取零的情况未定义。

给定一个定义在向量空间中的连续函数以及标量 λ，我们定义函数 λf 为 $(\lambda f)(\boldsymbol{x})\equiv\lambda(f(\boldsymbol{x}))$，则 λf 是一个连续函数。因为两个（或更多个）连续函数的和是连续的，且连续函数的标量倍也连续，那么，给定定义域上的所有连续函数组成的集合是一个向量空间，通常称作**函数空间**。这个向量空间通常不是有限维的。

注意，二次型是连续的。因此，如果向量 $\boldsymbol{x}$ 的二次型是正的，则它在 $\boldsymbol{x}$ 的某一邻域内也是正的。类似地，若矩阵值函数在 $\boldsymbol{x}$ 有正的有限值，则它在 $\boldsymbol{x}$ 的邻域内也有正的有限值。

定义 7.8.4 实值函数 $f: X\to Y(X\subseteq\mathbb{R}^n, Y\subseteq\mathbb{R})$ 是**一致连续**的，当且仅当对于所有的 $\epsilon>0$，存在 $\delta>0$，使得对于所有 $\boldsymbol{x}, \boldsymbol{x}'\in X$，有 $\|\boldsymbol{x}-\boldsymbol{x}'\|<\delta\Rightarrow |f(\boldsymbol{x})-f(\boldsymbol{x}')|<\epsilon$。

连续性本身是函数的局部（或更准确些，逐点）性质，即一个函数 f 在某一个特定点是否连续。当说一个函数在它的定义域内的子集上连续时，仅仅表示对那个子集的每个点连续。在 $\boldsymbol{x}^*$ 处的连续性的定义（定义 7.8.2）中，δ 将同时取决于选择的 ϵ 和点 $\boldsymbol{x}^*$。

相反，一致连续性是 f 的全局性质，就意义而言，定义 7.8.4 涉及的是点对，而定义 7.8.2 涉及的是单个点。在一致连续性的定义中，δ 的值一定对所有的 $\boldsymbol{x}$ 和 $\boldsymbol{x}^*$ 成立。

许多定义在 $\mathbb{R}$ 或 $\mathbb{R}_{++}$ 上的函数是连续的，但不是一致连续的。例如，在 $\mathbb{R}_{++}$ 上的 $x\mapsto 1/x$，以及在 $\mathbb{R}$ 上的 $x\mapsto e^x$ 和 $x\mapsto x^2$。

三角正切函数，定义为 $(1+2n)\pi/2$，n 为任意整数，在开超矩形 $(-\pi/2, \pi/2)$ 上是连续的，但不是一致连续的，在此区间内它有好的定义。

所有这些陈述的证实留作练习，见练习 7.20。

定理 7.8.1 （HEINE-CANTOR 定理） 若函数 f 在闭超矩形 $X=\prod_{i=1}^{n}[a_i, b_i]\subset\mathbb{R}^n$ 上是连续的，则它在 X 上一致连续。[①]

---

① 这个定理是以德国数学家 Heinrich Eduard Heine（1821—1881）和俄罗斯出生的数学家 Georg Ferdinand Ludwig Phillip Cantor（1845—1918）的名字命名的。

证明：选定 $\epsilon>0$。

X 可以被分割为子超矩形，使得 $\boldsymbol{x}$ 和 $\boldsymbol{x}'$ 位于同一子超矩形内，$|f(\boldsymbol{x})-f(\boldsymbol{x}')|<\epsilon$。可以用反证法证明这一点。

将每一段间隔$[a_i, b_i]$二等分，这样将 X 分为 2^n 个子超矩形。通过假设，我们可以选取一个子超矩形，在这个子超超矩形中存在 $\boldsymbol{x}$ 和 $\boldsymbol{x}'$，使得 $|f(\boldsymbol{x})-f(\boldsymbol{x}')|\geqslant\epsilon$ 成立。对这个子超矩形进一步二等分。

随着这个过程的进行，这个超矩形序列的顶点收敛到同一个极限，即向量 $\boldsymbol{x}^*\in\mathbb{R}^n$。因为 f 在 X 内连续，所以它在 $\boldsymbol{x}^*$ 上连续，因此存在 $\delta>0$ 使得 $\|\boldsymbol{x}-\boldsymbol{x}^*\|<\delta\Rightarrow|f(\boldsymbol{x})-f(\boldsymbol{x}^*)|<\epsilon/2$。因此，对于 $\boldsymbol{x}$，$\boldsymbol{x}'\in B_\delta(\boldsymbol{x}^*)$，根据三角不等式，有 $|f(\boldsymbol{x})-f(\boldsymbol{x}')|<\epsilon$。

重复二等分过程，最终将达到一个结果，即子超矩形完全在 $B_\delta(\boldsymbol{x}^*)$内。若 k 足够大，子空间对角线的长度小于 δ 或

$$\sqrt{\sum_{i=1}^{n}\left(\frac{b_i-a_i}{2^k}\right)^2}<\delta \tag{7.43}$$

这个结论将出现在 k 次二等分之后。

由这个不等式可以解出 k，为

$$k>\frac{\ln\sqrt{\sum_{i=1}^{n}(b_i-a_i)^2}-\ln\delta}{\ln 2} \tag{7.44}$$

现在我们已经建立了所需的反证，因此，根据假设，在这第 k 个子超矩形中存在 $\boldsymbol{x}$ 和 $\boldsymbol{x}'$，使得 $|f(\boldsymbol{x})-f(\boldsymbol{x}')|\geqslant\epsilon$，但是根据 δ 的定义，对于所有第 k 个子超矩形中存在 $\boldsymbol{x}$ 和 $\boldsymbol{x}'$，有 $|f(\boldsymbol{x})-f(\boldsymbol{x}')|<\epsilon$。

可以使用类似的方法来证明一致连续。

再次选择 $\epsilon>0$。

将 X 分为子超矩形，使得对同一个子超矩形中的 $\boldsymbol{x}$ 和 $\boldsymbol{x}'$，有 $|f(\boldsymbol{x})-f(\boldsymbol{x}')|<\epsilon/2$，令 δ 为这些子超矩形的最长边的长度。

距离小于 δ 的任意两个向量 $\boldsymbol{x}$ 和 $\boldsymbol{x}'$ 要么位于同一个子超矩形内，要么在两个具有相同顶点（比如 $\boldsymbol{x}^*$）的子超矩形中。前一种情况，我们有 $|f(\boldsymbol{x})-f(\boldsymbol{x}')|<\epsilon/2$，因此 $|f(\boldsymbol{x})-f(\boldsymbol{x}')|<\epsilon$。后一种情况，我们有 $|f(\boldsymbol{x})-f(\boldsymbol{x}^*)|<\epsilon/2$ 和 $|f(\boldsymbol{x}')-f(\boldsymbol{x}^*)|<\epsilon/2$，因此根据三角不等式，有 $|f(\boldsymbol{x})-f(\boldsymbol{x}')|<\epsilon$。

证毕。

一致连续性可以用来证明莱布尼兹积分法（定理 9.7.4），而无需使用富比尼定理（定理 9.7.1），其证明超出了本书的范围。

通过之前的课程，大多数读者对函数连续性的表示很熟悉。但推广到对应的连续性时，却未必熟悉。比如消费者理论、一般均衡理论以及微观经济学。回顾一下，在经济学中，偏好理论中术语对应指多值函数，见定义 0.0.3。

定义 7.8.5

(a) 对于每个包含集合 $f(\boldsymbol{x}^*)$的开集 N，当且仅当存在 $\delta>0$ 使得 $\|\boldsymbol{x}-\boldsymbol{x}^*\|<$

$\delta \Rightarrow f(\boldsymbol{x}) \subseteq N$，则对应 f：$X \to Y(X \subseteq \mathbb{R}^n$，$Y \subseteq \mathbb{R})$是**上半连续**[①]的。

(b) 对于每个与集合 $f(\boldsymbol{x}^*)$相交的开集 N，当且仅当存在 $\delta > 0$ 使得 $\|\boldsymbol{x} - \boldsymbol{x}^*\| < \delta \Rightarrow f(\boldsymbol{x})$与 N 相交，则对应 f：$X \to Y(X \subseteq \mathbb{R}^n$，$Y \subseteq \mathbb{R})$是**下半连续**的。

(c) 对应 f：$X \to Y(X \subseteq \mathbb{R}^n$，$Y \subseteq \mathbb{R})$在 $\boldsymbol{x}^*$ 是**连续**的，当且仅当它同时上半连续和下半连续（在 $\boldsymbol{x}^*$）。

上半连续意味着，对应的图像是闭的连通集，或者说当 $\boldsymbol{x}$ 发生微小变化时，集合 $f(\boldsymbol{x})$不会突然变得很大（爆炸）。类似地，下半连续意味着图像不会突然内爆。

在图 7—4 中解释了这些概念。图 7—4 表示了一个对应 f：$X \to Y$ 的图像。在 x_1，x_3 和 x_5，f 同时是上半连续和下半连续的。在 x_2，f 是上半连续的，但不是下半连续的。在 x_4，f 是下半连续的，但不是上半连续的。

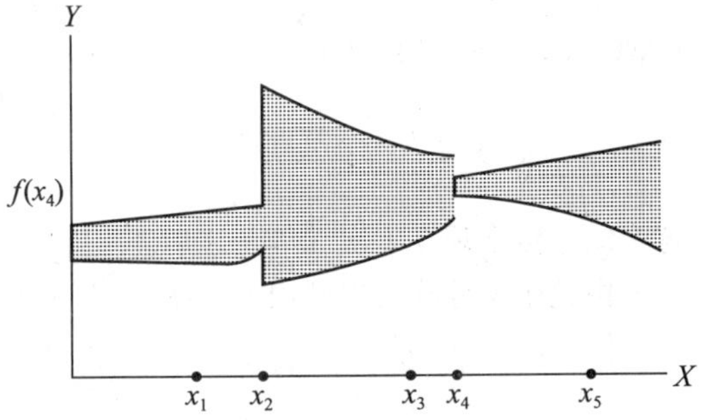

图 7—4　对应的上半连续和下半连续

对于单值对应（即函数），下半连续性、上半连续性和连续性是等价的。

我们会在定理 10.5.4 和定理 12.5.6 中再次讨论对应的连续性。[②]

7.9　微积分基本定理

我们以单变量函数中一个重要的结论结束本章，该结论会在之后被频繁用到，但对于多变量函数却没有一个直接的类似形式。这个定理给出了去除积分和微分运算的规则。

注意，本定理的第一部分与积分的上极限相对应。

定理 7.9.1（微积分基本定理） 下述情况中微分和积分运算是互逆运算：

---

① 一些作者（例如 Berge（1997））使用术语 semi-continuous 对应，而不是 hemi-continuous 对应，Hildenbrand 和 Kirman（1988，pp. 260—1）更建议使用后者。

② 本书中，我们只对实向量空间上的函数的连续性感兴趣。这些性质都可以推广到一般度量空间和拓扑空间，这是对连续最本质和一般化的设定。如需进一步阅读其他等价的连续定义，见 Simmons（1963，p. 76）。如需进一步阅读对应的连续性，可参考 de la Fuente（2000，第 2 章）或者 Hildenbrand 和 Kirman（1988，数学附录Ⅲ）。Hildenbrand（1974）给出了更完整的分析。

(a)

$$\frac{\mathrm{d}}{\mathrm{d}b}\int_a^b f(x)\,\mathrm{d}x = f(b) \tag{7.45}$$

(b)

$$\int_a^b g'(x)\,\mathrm{d}x = g(b) - g(a) \tag{7.46}$$

证明：该定理两部分的证明分别在图 7—5 和图 7—6 中以图像的形式说明。

(a) 图 7—5 表示函数 f 的图像，阴影部分 A 表示式（7.45）中的积分，因为积分可以用来计算曲线下的面积。浅色阴影部分 $\Delta A \approx f(b) \times \Delta b$ 表示积分上限从 b 变化为 $b+\Delta b$ 时，区域面积的增长。式（7.45）的导数为

$$\lim_{\Delta b \to 0}\frac{\Delta A}{\Delta b} = \lim_{\Delta b \to 0}\frac{f(b)\Delta b}{\Delta b} = f(b) \tag{7.47}$$

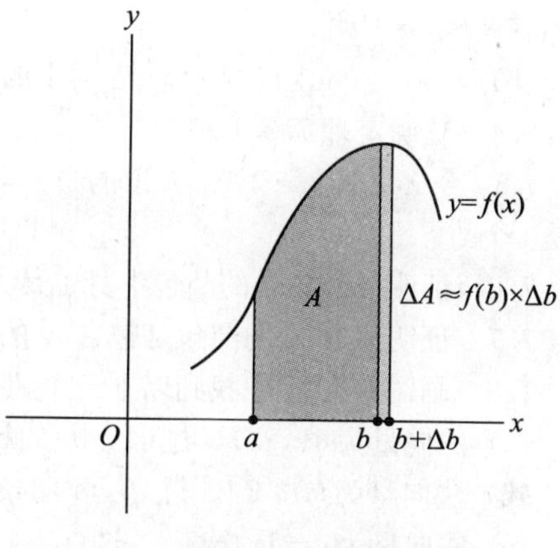

图 7—5　微积分基本定理的推导（a）

(b) 类似地，图 7—6 表示导数 g' 的图像，阴影部分表示式（7.46）中的积分。

该定理的两部分的全面证明，见 Binmore（1982，pp. 126－8）。

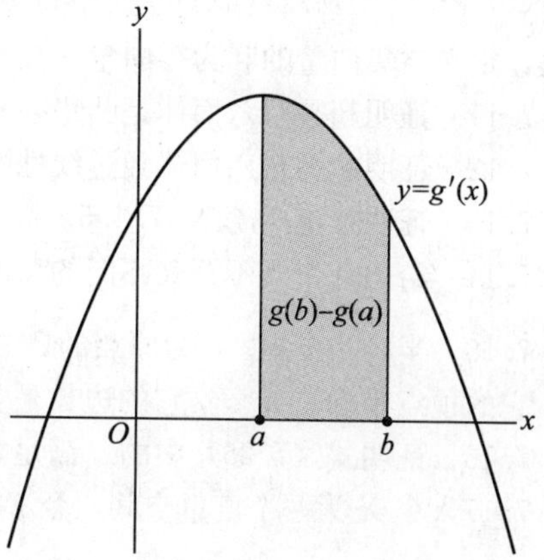

图 7—6　微积分基本定理的推导（b）

练　习

7.1　证明以下陈述是等价的：

(a) 若 k_1，k_2，…，k_r 是标量，$\sum_{i=1}^{r} k_i = 1$，且 $\boldsymbol{v}_1$，$\boldsymbol{v}_2$，…，$\boldsymbol{v}_r \in X$，则 $\sum_{i=1}^{r} k_i \boldsymbol{v}_i \in X$；

(b) 若 λ 是标量，$\boldsymbol{x}$ 和 $\boldsymbol{x}'$ 是 X 中的向量，则 $\lambda\boldsymbol{x}+(1-\lambda)\boldsymbol{x}' \in X$。

7.2　令 A 为向量空间 X 中的仿射集，$\boldsymbol{a}$ 为 A 中的任意向量。证明集合

$$A-\{\boldsymbol{a}\}\equiv\{\boldsymbol{x}-\boldsymbol{a}: \boldsymbol{x}\in A\}$$

是 X 的向量子空间。

7.3　证明下列陈述是等价的：

(a) 若 k_1，k_2，…，k_r 是非负标量，$\sum_{i=1}^{r} k_i = 1$，且 $\boldsymbol{v}_1$，$\boldsymbol{v}_2$，…，$\boldsymbol{v}_r \in X$，则 $\sum_{i=1}^{r} k_i \boldsymbol{v}_i \in X$；

(b) 若 $\lambda\in[0, 1]$，$\boldsymbol{x}$ 和 $\boldsymbol{x}'$ 是 X 中的向量，则 $\lambda\boldsymbol{x}+(1-\lambda)\boldsymbol{x}' \in X$。

7.4　证明定理 7.3.1。

7.5　令 X_1，X_2，…，X_k 为 $\mathbb{R}^n$ 的凸子集。证明这 k 个集的交集 $X_1\cap X_2\cap\cdots\cap X_k$ 也是一个凸集。

7.6　证明任意集合的凸包本身也是一个凸集。

7.7　证明集合 X 的凸包是包含 X 的最小凸集。

7.8　画图并在 $\mathbb{R}^2$ 中找到以下三个超平面的方程：

(a) 法向量为(1，1)、过(1，0)的超平面；

(b) 法向量为(2，2)、过(0，1)的超平面；

(c) 法向量为(−1，−1)、过(0，1)的超平面。

7.9　证明定义 7.4.1 中定义的超平面既是仿射集又是凸集。

7.10　证明以下两项是相同的：

(a) 有 m 个边 $\boldsymbol{x}_1$，$\boldsymbol{x}_2$，…，$\boldsymbol{x}_m$ 的超平行六面体；

(b) 有 2^m 个顶点，形如 $\sum_{i\in I}\boldsymbol{x}_i$ 的单纯形，其中 I 是$\{1, 2, \cdots, m\}$的任意子集，定义空集向量的和为零向量。

7.11　证明超平行六面体是凸集。

7.12　证明超平行六面体经过线性变换仍然是一个超平行六面体。

7.13　证明推论 7.4.2～7.4.5。

7.14　给出一个既不开又不闭的 $\mathbb{R}$ 的子集的例子。

7.15　半径为 ϵ、圆心为原点的 $\mathbb{R}^n$ 的开球，可以装入的最大开超立方体是什么？它的顶点坐标是什么？它的边长是多少？它的体积是多少？

7.16　证明式 (7.26) 中的 d 满足定义 7.5.1 中度量的一切性质。

7.17　令 X 为一个度量空间，令 τ 为 X 中所有开集的集合。证明 τ 是 X 的拓扑。

7.18　令 f：$X\rightarrow Y$($X\subseteq\mathbb{R}^n$，$Y\subseteq\mathbb{R}$)，$\boldsymbol{x}^*\in X$。证明：f 在 $\boldsymbol{x}^*$ 处连续的下

述定义是等价的：

(a) 对于所有 $\epsilon>0$，$\exists\delta>0$，使得 $\|\boldsymbol{x}-\boldsymbol{x}^*\|<\delta\Rightarrow|f(\boldsymbol{x})-f(\boldsymbol{x}^*)|<\epsilon$；

(b) 对于每个中心在 $f(\boldsymbol{x}^*)$ 的开球 $B_\epsilon(f(\boldsymbol{x}^*))$，存在中心在 $\boldsymbol{x}^*$ 的开球 $B_\delta(\boldsymbol{x}^*)$，使得 $f(B_\delta(\boldsymbol{x}^*))\subseteq B_\epsilon(f(\boldsymbol{x}^*))$；

(c) 当 B（在 Y）是开的时，$f^{-1}(B)$（在 X）也是开的。

（提示：见符号和预备知识 p. 3 有关定义）

7.19 令 f：$X\to\mathbb{R}$，g：$X\to\mathbb{R}$ 为连续函数且 $\lambda\in\mathbb{R}$。

对于所有的 $x\in X$，定义 h：$X\to\mathbb{R}$ 为 $h(x)=f(x)+g(x)$；对于所有的 $x\in X$，定义 k：$X\to\mathbb{R}$ 为 $k(x)=\lambda f(x)$。

证明 h 和 k 是连续函数，从而所有定义在 X 上的连续函数组成的集合是实向量空间。

7.20 证明下述函数不是一致连续的：

(a) f：$\mathbb{R}\to\mathbb{R}$：$x\mapsto e^x$；

(b) g：$\mathbb{R}_{++}\to\mathbb{R}_{++}$：$x\mapsto 1/x$；

(c) h：$\mathbb{R}\to\mathbb{R}$：$x\mapsto x^2$；

(d) k：$(-\pi/2, \pi/2)\to\mathbb{R}$：$x\mapsto\tan x$。

7.21 考虑所有复数的集合$\mathbb{C}$。

(a) 证明当定义了复数的加法与数乘（乘以一个实数）时，$\mathbb{C}$是一个实向量空间。

(b) 这个实向量空间的维数是多少？

(c) 给出两个$\mathbb{C}$的基的例子。

(d) 复数与标量的乘法属于这个实向量空间吗？

(e) 若定义两个复数的距离为它们差的绝对值，即 $d(y, z)\equiv|y-z|$，那么$\mathbb{C}$是度量空间吗？

(f) 证明$\mathbb{C}$中的共轭函数是线性函数。

(g) 根据 (c) 中答案，找到关于每个基的共轭运算的矩阵。

第 8 章　差分方程

8.1　引言

我们主要关注的是经济和金融变量、方程组的性质，特别是它们对政策改变、国内国际冲击的反应。考虑到个别变量（例如汇率、利率、失业、国民收入和其他宏观经济变量），以及方程组（例如市场或者整个经济）的调整进程，我们需要研究动态行为（时间显含在内）。

对于动态的数学处理主要是建立差分方程或者微分方程——同其他数学工具一样——关键是看时间是离散的还是连续的。实证分析中观测往往是有限的，因此是离散时间问题。理论分析则可以在高深的水平上处理连续时间问题。经济变量往往以离散的时间间隔来度量和报告：例如，每个月（比如消费者价格指数）、每个季度（比如失业和贸易序列）或者年度（比如一些经济中国民账户的主要宏观经济变量）。在金融学中，可以获得（近似）连续数据，然而它们仍然是以很短的时间间隔呈现的，比如每秒或者每天。因此离散时间模型以及差分方程常用于实证分析，连续时间模型和微分方程则更多地用于理论分析。

本章讲述了差分方程的数学基础。8.2 节给出了定义、分类和例子。接下来的两节讨论线性差分方程的细节，8.3 节关注一阶差分方程，8.4 节关注高阶差分方程，主要是二阶线性自治差分方程。8.5 节讨论线性差分方程组，从一般线性方程组开始，然后到一阶线性自治方程组。同时提供了一些例子，主要应用留到第 14 章再作介绍。

8.2 定义与分类

1.2.1 节首次介绍经济学中的时间序列的例子，研究的序列是随机的。本节研究的仅仅是非随机的时间序列，随机时间序列将在 14.4 节讲解。在这一节我们从时间序列（非随机的）的一个正式定义开始，接下来讲差分方程的分类和求解，然后给出一些有用的算子的定义。

8.2.1 非随机时间序列

定义 8.2.1 一个**非随机时间序列**是一个按时间排列的变量的值（与时间相关联）的集合，记为$\{y_t\}$。

所有形如$\{y_t: t\in T\}$的时间序列构成一个向量空间。下标集合 T 是一个典型的自然数集$\mathbb{N}$，或者整数集$\mathbb{Z}$。除非特殊说明，否则，我们假设 $t=1, 2, \cdots$。

1.2.1 节我们使用下标来标记特定变量的值对时间的依赖，特别是式（1.6）和式（1.7）。

8.2.2 滞后算子和差分算子

令 y_t 表示我们感兴趣的变量在时期 t 的值。使用滞后算子很容易处理 y_t 的前几期或者滞后几期值。

定义 8.2.2 **滞后算子** L 是离散时间序列向量空间上的线性算子，定义为

$$Ly_t \equiv y_{t-1} \tag{8.1}$$

注意 $L(x_t+y_t)=Lx_t+Ly_t$，$L(cy_t)=cLy_t$，其中 c 是标量，因此 L 是线性算子。

滞后算子满足如下性质：

1. $L^0 y_t=y_t$ 对于所有的 t 成立，或者 L^0 是恒等算子，记为 1。在 8.4.1 节中很容易看出来。

2. 如果 $y_t=y^*$ 对所有的 t 成立，也就是说$\{y_t\}$是一个常数序列，那么 $Ly_t=Ly^*=1y^*=y^*=y_t$ 对于所有的 t 成立。

3. $L^i y_t = y_{t-i}$。

4. $(L^i + L^j) y_t = L^i y_t + L^j y_t = y_{t-i} + y_{t-j}$。

5. $(L^i L^j) y_t = L^i (L^j y_t) = L^i y_{t-j} = y_{t-i-j} = L^{i+j} y_t$。

6. $L^{-i} y_t = y_{t+i}$。

7. 如果 $C(x) = c_0 + c_1 x + c_2 x^2 + \cdots + c_p x^p$ 是 x 的一个 p 次多项式，那么对应的线性算子为 $C(L) = \sum_{i=0}^{p} c_i L^i$，称为滞后算子多项式或者**滞后多项式**。① 常数序列 $\{y_t\}$ 对于所有 t 满足 $y_t = y^*$，那么有 $C(L) y_t = c_0 y_t + c_1 y_{t-1} + c_2 y_{t-2} + \cdots + c_p y_{t-p} = (c_0 + c_1 + c_2 + \cdots + c_p) y^* = C(1) y^*$。

8. 对于 $|c| < 1$，$(1 + cL + c^2 L^2 + c^3 L^3 + \cdots) y_t = (1 - cL)^{-1} y_t$，也记为 $y_t / (1 - cL)$。

9. $(1 + (cL)^{-1} + (c^2 L^2)^{-1} + (c^3 L^3)^{-1} + \cdots) y_t = -cLy_t / (1 - cL) = -cy_{t-1} / (1 - cL)$ 对 $|c| < 1$ 成立。

得到滞后算子，y_t 在 $t-1$ 和 t 两个邻近的时间段的变化或者差分可以用一种相对简单的算子来表示，称为**差分算子**。

定义 8.2.3　一阶差分算子，用 Δ 表示，定义为

$$\Delta y_t \equiv (1 - L) y_t = y_t - L y_t = y_t - y_{t-1} \tag{8.2}$$

我们把一阶差分算子推广到 p **阶差分算子** $\Delta_p \equiv 1 - L^p$，这里 p 是比 1 大的整数，并且

$$\Delta_p y_t \equiv (1 - L^p) y_t = y_t - L^p y_t = y_t - y_{t-p} \tag{8.3}$$

表示 p 期后的变化。因此，Δ 得到一期差分（下标 $p=1$ 不标注），Δ_2 得到二期差分：

$$\Delta_2 y_t \equiv (1 - L^2) y_t = y_t - L^2 y_t = y_t - y_{t-2} \tag{8.4}$$

更高 p 值下的差分也可以类似得到。例如，某些国家发布的年度通胀率等于月度消费者价格指数的 12 期（12 个月）差分。

区分 Δ_p 和 Δ^p 的本质很重要。例如，对比

$$\Delta^2 y_t = \Delta\Delta y_t = (1 - L)(1 - L) y_t = (1 - 2L + L^2) y_t = y_t - 2L y_t + L^2 y_t = y_t - 2y_{t-1} + y_{t-2} \tag{8.5}$$

与式（8.4）。

8.2.3　差分方程

一个差分方程是指任何包含形如 $\Delta_p y_t = y_t - y_{t-p}$ 的项的方程，但 p 期改变不

---

① 性质 7，性质 8，性质 9 中滞后算子多项式在某些应用中非常重要，我们之后会看到。性质 8 和性质 9 中出现的无穷级数的和是很常见的结果，见式（8.39）和练习 8.5。

需要明确写出来。例如，假设 y_t 表示 t 时期的货币供给，货币当局有一项政策，每时期以固定比例 θ 增加货币供给。那么货币供给从一期到下一期可以用简单的差分方程表示为

$$\Delta y_t = y_t - y_{t-1} = \theta y_{t-1}, \; t=2, 3, \cdots, \; \theta>0 \tag{8.6}$$

把 y_{t-1} 加到式（8.6）的两边，得

$$y_t = (\theta+1) y_{t-1} \equiv \phi y_{t-1}, \; t=2, 3, \cdots, \; \phi \equiv \theta+1>1 \tag{8.7}$$

式（8.6）和式（8.7）是描述差分方程的两种不同方式，第一个明确包含了 Δy_t，第二个间接包含了一阶差分。

考虑宏观经济学中著名的竞争市场蛛网模型的一种简化形式：

$$\text{需求：} Q_t = \alpha + \beta P_t \tag{8.8}$$

$$\text{供给：} Q_t = \gamma + \delta P_{t-1} \tag{8.9}$$

Q_t 和 P_t 是内生变量，价格随时间 t 变化，α，β，γ，δ 是供给函数、需求函数的参数。如果需求等于供给，我们可以用式（8.8）、式（8.9）的右侧建立等式，得

$$\alpha + \beta P_t = \gamma + \delta P_{t-1} \tag{8.10}$$

重新排列，得

$$P_t = \mu + \phi P_{t-1} \tag{8.11}$$

其中 $\mu=(\gamma-\alpha)/\beta$，$\phi=\delta/\beta$。这个差分方程包含价格，价格变化隐含在内。我们把式（8.11）两边同时减去 P_{t-1}，得到价格变化或者一阶差分

$$P_t - P_{t-1} = \mu + (\phi-1) P_{t-1} \tag{8.12}$$

或者

$$\Delta P_t = \mu + \theta P_{t-1} \tag{8.13}$$

其中 $\theta \equiv \phi - 1$。

8.2.4 分类与求解

传统意义上根据差分方程的函数形式对其进行分类，而不论它们是否明确依赖于时间。回顾一下，它们包含 $\Delta_p y_t = y_t - y_{t-p}$，$p$ 为方程中时期间隔的最大值。一个更重要的区别是看它们是否包含不为 0 的常数项或者截距项。

如果一个差分方程关于 y_{t-i}，$i=0, 1, \cdots, p (p \geqslant 1)$ 是线性的，则称这个差分方程是**线性的**；否则称它是**非线性的**。如果一个差分方程并不明确地把时间 t 作为一个变量（注意与下标相区别），那么称它是**自治的**；否则称它是**非自治的**。一个差分方程所包含的 p 的最大值定义了它的**阶**。最后，如果一个差分方程不包含常数项（也就是说某一项独立于 t），那么称它是**齐次的**。如果包含非零的常数项，那么称它是**非齐次的**。

例如，式（8.7）和式（8.11）都是一阶线性自治差分方程。式（8.7）是齐次的，而式（8.11）因为有常数 μ（假设 $\mu\neq 0$），从而是非齐次的，类似地，

$$y_t = 0.5 y_{t-2} \tag{8.14}$$

以及

$$y_t = \phi_0 + \phi_1 y_{t-1} + \phi_2 y_{t-2} \tag{8.15}$$

都是二阶线性自治差分方程，式（8.14）是齐次的，并且如果 $\phi_0 \neq 0$，那么式（8.15）是非齐次的。方程

$$y_t = 1/t + e^t y_{t-1} \tag{8.16}$$

是一阶齐次线性非自治差分方程，方程

$$y_t = 2\log y_{t-1} + t \tag{8.17}$$

和

$$y_t = \phi y_{t-1} y_{t-2} \tag{8.18}$$

是齐次非线性差分方程，式（8.17）是一阶非自治的，而式（8.18）是二阶自治的。

差分方程的分类很简单。更多的例子在练习中，见练习 8.1。相比之下，差分方程的求解并不直接，一般来说非线性差分方程没有解析解。任意阶的线性差分方程是可解的。然而，它们的解并不唯一，除非可以获得某些初始值信息，特别是一阶差分方程中的初始值 y_1。

考虑式（8.7），用一个一阶齐次线性自治差分方程描述货币供给。替换 y_{t-1} 得

$$y_t = \phi y_{t-1} = \phi\phi y_{t-2} = \phi^2 y_{t-2} \tag{8.19}$$

替换 y_{t-2}，得

$$y_t = \phi^2 y_{t-2} = \phi^2 \phi y_{t-3} = \phi^3 y_{t-3} \tag{8.20}$$

一直替换滞后项，最后得

$$y_t = \phi^{t-1} y_1,\ t=1,\ 2,\ \cdots \tag{8.21}$$

表明 y_t 的解依赖于增长因子 ϕ 和初始的货币供给 y_1，后者取决于货币当局。对于一个给定的值 ϕ，可以得到无穷多个解，这些解依赖于初始值 y_1。

我们称式（8.21）为式（8.7）的**通解**，称 y_1 为差分方程的**初始条件**。如果 y_1 已知，那么方程就有**特解**。因为式（8.6）中 $\theta>0$，因此 $\phi\equiv\theta+1>1$，在这个例子中，对任意的正值 y_1，货币供给是逐期增长的，也是无界的。如果 $y_1=0$，那么 $y_t=0$ 对所有的 t 都成立。因此这个零值被称作 y_t 的**稳态值**或者**稳态解**。

尽管我们在一阶齐次线性自治差分方程中引入了上述不同的解的概念，但这些概念不仅限于此，它们同样适用于一般的差分方程。特解（写成初始条件的形式）与通解（y_1 可以取任何值）的区别，类似于 5.4.2 节含 n 个未知量和 m 个

方程的非齐次线性方程组。如果稳态解存在，则它不一定等于 0 或者等于 y_1，它可能是常数 y^*，我们将在下一节中介绍。

本书中，我们重点介绍线性差分方程，因为这些在经济和金融差分方程中运用得最广泛。在接下来的章节中，我们讨论一阶非齐次线性自治差分方程的通解，一阶线性非自治差分方程和二阶线性自治差分方程以及线性差分方程组的解。如前所述，一个重要应用将在 14.4 节介绍。

8.3 一阶线性差分方程

在这一节中，我们考虑一阶线性自治差分方程和一阶线性非自治差分方程，重点关注求解和动态性质。

8.3.1 自治情况

在 8.2.3 节的式（8.7）和式（8.11）中有一阶线性自治差分方程的例子。这种方程记为

$$y_t=\phi_0+\phi_1 y_{t-1},\ t=2,\ 3,\ \cdots \tag{8.22}$$

如果 $\phi_0=0$，则为齐次情形；如果 $\phi_0\neq 0$，则为非齐次情形。我们首先考虑非齐次差分方程的解。

解

在前述章节中，连续替换式（8.22）右边的滞后值得到

$$\begin{aligned} y_t&=\phi_0+\phi_0\phi_1+\phi_0\phi_1^2+\cdots+\phi_0\phi_1^{t-2}+\phi_1^{t-1}y_1 \\ &=\phi_0\sum_{i=0}^{t-2}\phi_1^i+\phi_1^{t-1}y_1 \end{aligned} \tag{8.23}$$

这个结果经 $t-2$ 次替换后得到，对于任意 $t\geqslant 2$ 成立。式（8.23）中的最后一项和式（8.21）相似，其他项源于前例中的非齐次性。式（8.23）是 y_t 的解，可以这样检验：用它替换式（8.22）中的 y_t，y_{t-1}，差分方程不变。等价的，式（8.23）对所有的 t 值成立，我们得到

$$y_{t-1}=\phi_0\sum_{i=0}^{t-3}\phi_1^i+\phi_1^{t-2}y_1 \tag{8.24}$$

于是

$$\begin{aligned} \phi_0+\phi_1 y_{t-1}&=\phi_0+\phi_1(\phi_0\sum_{i=0}^{t-3}\phi_1^i+\phi_1^{t-2}y_1) \\ &=\phi_0+\phi_0\sum_{i=1}^{t-2}\phi_1^i+\phi_1^{t-1}y_1 \end{aligned}$$

$$= \phi_0 \sum_{i=0}^{t-2} \phi_1^i + \phi_1^{t-1} y_1$$
$$= y_t \tag{8.25}$$

证明了式（8.22）。

y_t 通解可以写成另一种方式，即式（8.23）中截距项的和的形式。根据符号和预备知识第 2 页中几何级数的和的公式，当 $\phi_1=1$ 时，改写式（8.23）为

$$y_t = \phi_0(t-1) + y_1 \tag{8.26}$$

当 $\phi_1 \neq 1$ 时，改写式（8.23）为

$$y_t = \phi_0 \frac{1-\phi_1^{t-1}}{1-\phi_1} + \phi_1^{t-1} y_1 \tag{8.27}$$

式（8.26）的解很有意思，因为当 $\phi_1=1$ 时，y_t 的值关于 t 作图是一条直线，截距是 $y_1-\phi_0$，斜率是 ϕ_0，这条线叫做**线性时间趋势**。

接下来的例子使用了式（8.23）和式（8.27）来得到初始条件 y_1 已知时的特解。

例 8.3.1 如果储户每年年初存入€500，每年赚得 5%的利息，投资五年后价值是多少？也就是说，在第六年年初是多少？

这个问题可以写为差分方程形式

$$y_t = \phi_0 + \phi_1 y_{t-1}$$
$$= 500 + 1.05 y_{t-1} \tag{8.28}$$

y_t 表示在第 t 年初存款后投资的价值。第一次结算在第一年初，也就是说，$t=1$，在第六年初（$t=6$）有结果。在第二年初，个人拥有 1.05×€500＝€525，再增加€500，继续如此。利用式（8.23），我们有

$$y_6 = \phi_0 \sum_{i=0}^{6-2} \phi_1^i + \phi_1^{6-1} y_1$$
$$= 500 \sum_{i=0}^{4} 1.05^i + 1.05^5 \times 500$$
$$= 500(1 + 1.05 + 1.05^2 + 1.05^3 + 1.05^4) + 1.05^5 \times 500 \tag{8.29}$$

由式（8.29）保留到两位小数可以解出 $y_6 \approx$€3 400.89。代入式（8.27），得

$$y_6 = \phi_0 \frac{1-\phi_1^{6-1}}{1-\phi_1} + \phi_1^{6-1} y_1$$
$$= 500 \times \frac{1-1.05^5}{1-1.05} + 1.05^5 \times 500 \tag{8.30}$$

可得相同的数字结果，$y_6 \approx$€3 400.89。注意，这个结果包括了在第六年初的新增存款。

从例 8.3.1 我们可以发现，相较于式（8.23）在实际中可能更倾向于用式（8.27）。因为计算更有效率，特别是当 t 很大时。同时应注意，与前一节货币供给例子相似，如果时间轴超过五年，y_t（存款）的值将持续地增长。我们可以研

究 y_t 的动态行为，任何一个差分方程都隐含着动态行为。

动态行为

如果变量 y_t 的行为可以用一个一阶线性自治差分方程来描述，那么回答这个变量的动态行为就很直接。一般地，变量值将随着时间改变，但是知道这个变化的本质非常重要。变量值随时间单调递增（$y_t>y_{t-1}$ 对所有 t 成立）吗（例如前述货币供给的例子和例 8.3.1 中关于某个投资计划中的储蓄水平）？或者变量值随时间单调递减吗（$y_t<y_{t-1}$ 对所有 t 成立）？或者是自然摆动的时间路径？如果是摆动的，随着时间的推移，有收敛或发散的趋势吗？所有这些问题都能用通解来回答。

关键是参数 ϕ_1 的值。首先，从式（8.27）中可以清晰地看出，如果 $\phi_1=0$，那么一般地，$y_t=\phi_0$ 对所有的 t 成立，随时间的变化，y_t 的值始终为 ϕ_0。若 $\phi_1=1$，y_t（线性）单调递增或（线性）单调递减，这依赖于 ϕ_0 的正负。事实上，y_t 的动态行为可以用一个确定的线性时间趋势描述（前面提到过），因此变化没有趋向于任何特定值。然而，y_t 的时间轨迹是以常数速率 ϕ_0 发散的。经济金融理论[①]中 $\phi_1=1$ 很重要，对包含单位根和协整[②]的经济工作也很重要。如果 $\phi_1=-1$，那么 y_t 的时间路径是在两个值间不停地摆动，原因在于

$$y_t=\begin{cases}\phi_0-y_1, & t\text{ 为偶数}\\ y_1, & t\text{ 为奇数}\end{cases}\tag{8.31}$$

在 $y_1=\phi_0/2$ 时出现例外，这时对所有 t 有 $y_t=\phi_0/2$ 成立。

其次，当 $\phi_1\neq1$ 时，对式（8.27）进行整理，得

$$y_1=\frac{\phi_0}{1-\phi_1}+\phi_1^{t-1}\left(y_1-\frac{\phi_0}{1-\phi_1}\right)\tag{8.32}$$

这表明当 $|\phi_1|>1$ 时也为发散的，假设 $y_1\neq\frac{\phi_0}{1-\phi_1}$，在这种情况下，发散不是线性的，因为当 $t\to\infty$ 时，ϕ_1^{t-1} 的绝对值呈几何增长趋势。更重要的是，发散的本质基本上是不同的，依赖于 $y_1-\frac{\phi_0}{1-\phi_1}$ 和 ϕ_1。例如，如果（$y_1-\frac{\phi_0}{1-\phi_1}$）$>0$ 且 $\phi_1>1$，则 y_t 的值从初始值开始单调递增，然而如果（$y_1-\frac{\phi_0}{1-\phi_1}$）$>0$ 且 $\phi_1<-1$，则 y_t 发散的值是摆动的，也就是说，改变值轮流向上和向下阶跃。当（$y_1-\frac{\phi_0}{1-\phi_1}$）是负数时，其他可能情况的判定，留作练习，见练习 8.4。例 8.3.1 揭示了变量的不同动态可能性。

第三，和先前的两个例子对比，从式（8.32）我们得出，当 $|\phi_1|<1$ 且 $y_1\neq$

① 关于有效市场假说和随机游走的讨论见 16.6 节。

② 在 3.4 节中介绍过方阵的特征多项式的单位特征值和单位根的思想。单位根可能是高阶差分方程的特征方程的解，这在 8.4 节中介绍。单位根和协整的概念将会在 14.4.1 节中涉及。

$\frac{\phi_0}{1-\phi_1}$时，y_t 是收敛的，随着时间趋向于固定值。这个收敛可能会是这样的：单调递增收敛于某一个常数，单调递减收敛于某一个常数，或者以摆动的形式趋近于一个确定值。同样，收敛的精确模式依赖于 ϕ_1。举个例子，如果 $(y_1-\frac{\phi_0}{1-\phi_1})>0$ 且$0<\phi_1<1$，那么 ϕ_1^{t-1}对于有限的 t 值为正，当 $t\to\infty$时趋于 0。因此，y_t 单调递减收敛于$\frac{\phi_0}{1-\phi_1}$。如果 $(y_1-\frac{\phi_0}{1-\phi_1})>0$ 且$-1<\phi_1<0$，那么 ϕ_1^{t-1}随着 t 的增加而变小，但是符号会不断改变。因此收敛是摆动的，那么 y_t 的后续值时而小于$\frac{\phi_0}{1-\phi_1}$，时而又大于该值。随着 $t\to\infty$，有 $y_t\to\frac{\phi_0}{1-\phi_1}$。如果 $y_1=\frac{\phi_0}{1-\phi_1}$且 $\phi_1\neq1$，那么 $y_t=\frac{\phi_0}{1-\phi_1}$对所有 t 成立，那么$\frac{\phi_0}{1-\phi_1}$是稳态值（y_t 的稳态解在前面章节中已介绍过）。

在经济和金融理论中，平稳的概念与均衡的思想巧合；当$|\phi_1|<1$ 时，收敛到均衡，这种情况非常重要。动态模型中均衡的概念暗含着这么一种状态：一旦达到，将会维持下去。因此，暗示了当$|\phi_1|\neq1$ 时可以用另外一种方法来求稳态解。设 y^* 为 y_t 的稳态值，那么在平稳状态，$y_t=y_{t-1}=y^*$ 对所有 t 成立，从而

$$y^*=\phi_0+\phi_1 y^* \tag{8.33}$$

因此

$$y^*=\frac{\phi_0}{1-\phi_1} \tag{8.34}$$

和式（8.32）是一致的。

使用滞后算子也可以求解稳态解

$$y_t=\phi_0+\phi_1 y_{t-1}=\phi_0+\phi_1 L y_t \tag{8.35}$$

所以我们可以写为

$$\phi(L)y_t=(1-\phi_1 L)y_t=\phi_0 \tag{8.36}$$

其中 $\phi(L)\equiv1-\phi_1 L$ 是包含一阶滞后算子的多项式。记这个多项式的逆为$\phi^{-1}(L)\equiv\frac{1}{1-\phi_1 L}$，因此 $\phi(L)\phi^{-1}(L)$ 是恒等变换，其逆可以写为$(\phi(L))^{-1}$。如果逆存在，那么对任意 t，有

$$y_t=\phi^{-1}(L)\phi_0=\frac{\phi_0}{1-\phi_1} \tag{8.37}$$

同式（8.34）。

如果$|\phi_1|<1$，则可以保证 $\phi^{-1}(L)$ 存在，且为滞后算子的无穷多项式形式，类似于 8.2.2 节中滞后算子的性质 8，即

$$\phi^{-1}(L)=\frac{1}{1-\phi_1 L}=\sum_{i=0}^{\infty}\phi_1^i L^i \tag{8.38}$$

通过下式很容易验证这一点（见练习 8.5）

$$(1-\phi_1 L)(1+\phi_1 L+\phi_1^2 L^2+\phi_1^3 L^3+\cdots)=1 \tag{8.39}$$

因此，假设$|\phi_1|<1$，替换式（8.37）中 $\phi^{-1}(L)$，得

$$\begin{aligned} y_t &= (1+\phi_1 L+\phi_1^2 L^2+\phi_1^3 L^3+\cdots)\phi_0 \\ &= (1+\phi_1+\phi_1^2+\phi_1^3+\cdots)\phi_0 \\ &= \frac{\phi_0}{1-\phi_1}=y^* \end{aligned} \tag{8.40}$$

因为给定 ϕ_0 是常数，$L^i\phi_0=\phi_0$ 对所有 i 成立。这种分析方法中，始于 y_1 的 t 趋于无穷时的记法，用生成 y_t 的过程来表示，这个过程始于无穷远（$t\to-\infty$），隐含在 $\phi^{-1}(L)$ 的无穷滞后多项式中。

滞后多项式 $\phi(L)$ 也提供了另一种研究收敛条件的方式。$\phi(z)=1-\phi_1 z=0$ 的根的绝对值必须大于 1。因为 $\phi(z)=0$ 的解是 $z=1/\phi_1$，要求$|\phi_1|<1$ 表明$|z|>1$，因此等价。

我们可以用下述定理总结一阶线性自治差分方程中变量的动态行为。

定理 8.3.1　令 $y_t=\phi_0+\phi_1 y_{t-1}$，那么

(a) 当且仅当 $\phi_1\neq1$ 时存在一个稳态解 $y^*=\dfrac{\phi_0}{1-\phi_1}$。

(b) 当且仅当$|\phi_1|<1$ 成立时，对任意 y_1，y_t 收敛到稳态解 y^*。当且仅当 $0<\phi_1<1$时收敛是单调的，当且仅当$-1<\phi_1<0$ 时收敛是摆动的。

(c) 当且仅当 $\phi_1\geqslant1$ 成立时 y_t 从初始值 y_1 单调发散。当且仅当 $\phi_1<-1$ 时 y_t 从初始值开始递增地摆动（振荡）发散。

(d) 当且仅当 $\phi_1=-1$ 时，y_t 从初始值起既不收敛也不发散；其值在 y_1 和 ϕ_0-y_1 两者之间间隔取值（前提是 $y_1\neq\phi_0/2$）。

(e) 当 $\phi_1=0$ 时，或者 $y_1=\phi_0/2$ 且 $\phi_1=-1$ 时，y_t 对所有 t 是恒定的。

下一个例子从数字上、几何上讲述了一些可能的动态。其他可能留作练习，见练习 8.6。

例 8.3.2　给定差分方程

$$y_t=1+\phi_1 y_{t-1} \tag{8.41}$$

对不同的值 $\phi_1=2$，-2，$1/2$，$-1/2$ 和初始值 $y_1=1$，判定 y_t 的平稳状态和动态行为。

首先，对于 $\phi_1=2$，我们有

$$y^*=\frac{\phi_0}{1-\phi_1}=\frac{1}{1-2}=-1 \tag{8.42}$$

因为 $\phi_1=2>1$，随着 t 的增长，y_t 的值是单调递增的。

特别地，我们有

$$y_2=1+\phi_1 y_1=1+2\times1=3 \tag{8.43}$$

$$y_3=1+\phi_1 y_2=1+2\times3=7 \tag{8.44}$$

$$y_4 = 1 + \phi_1 y_3 = 1 + 2 \times 7 = 15 \quad (8.45)$$

对所有 $t>4$ 继续下去。图 8—1 展示了从 $t=1$ 到 $t=8$，y_t 发散（单调递增）的时间路径。

其次，对于 $\phi_1=-2$，我们有

$$y^* = \frac{\phi_0}{1-\phi_1} = \frac{1}{1-(-2)} = \frac{1}{3} \quad (8.46)$$

因为 $\phi_1=-2<-1$，随着 t 的增长，y_t 是摆动（振荡）的，绝对值是递增的。特别地，我们有

$$y_2 = 1 + \phi_1 y_1 = 1 + (-2) \times 1 = -1 \quad (8.47)$$

$$y_3 = 1 + \phi_1 y_2 = 1 + (-2) \times (-1) = 3 \quad (8.48)$$

$$y_4 = 1 + \phi_1 y_3 = 1 + (-2) \times 3 = -5 \quad (8.49)$$

$$y_5 = 1 + \phi_1 y_4 = 1 + (-2) \times (-5) = 11 \quad (8.50)$$

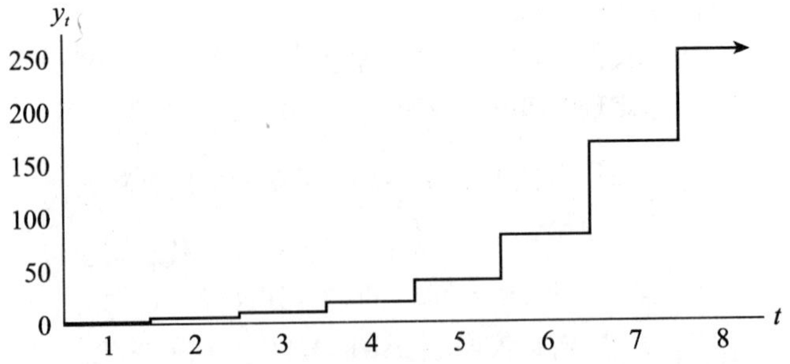

图 8—1　发散的时间路径：$y_t=1+2y_{t-1}$，$y_1=1$

$t>5$ 的值类推。在这种情况下，图 8—2 显示了 y_t 从 $t=1$ 到 $t=8$ 的摆动的时间路径。

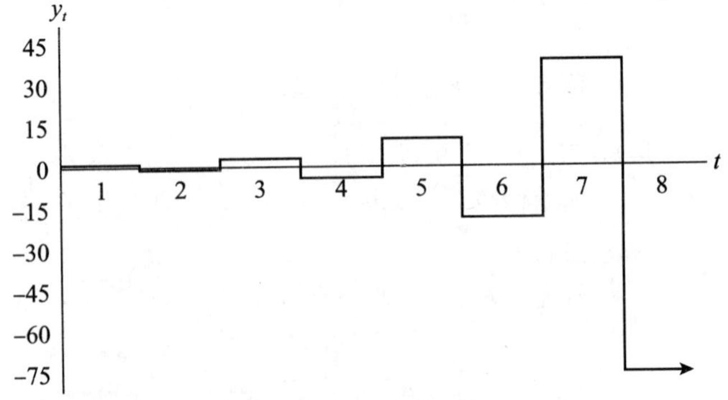

图 8—2　发散的时间路径：$y_t=1-2y_{t-1}$，$y_1=1$

再者，对于 $\phi_1=1/2$，我们有

$$y^* = \frac{\phi_0}{1-\phi_1} = \frac{1}{1-(1/2)} = 2 \quad (8.51)$$

因为 $0<\phi_1<1$，随着 t 的增长，y_t 向 y^* 收敛。特别地，

$$y_2=1+\phi_1 y_1=1+(1/2)\times 1=3/2 \tag{8.52}$$

$$y_3=1+\phi_1 y_2=1+(1/2)\times(3/2)=7/4 \tag{8.53}$$

$$y_4=1+\phi_1 y_3=1+(1/2)\times(7/4)=15/8 \tag{8.54}$$

$t>4$ 的情况类似。y_t 收敛到 $y^*=2$ 的单调性通过这些数值可以明显看出。图 8—3 表示从 $t=1$ 到 $t=8$ 时 y_t 从初始值到稳态值的路径。

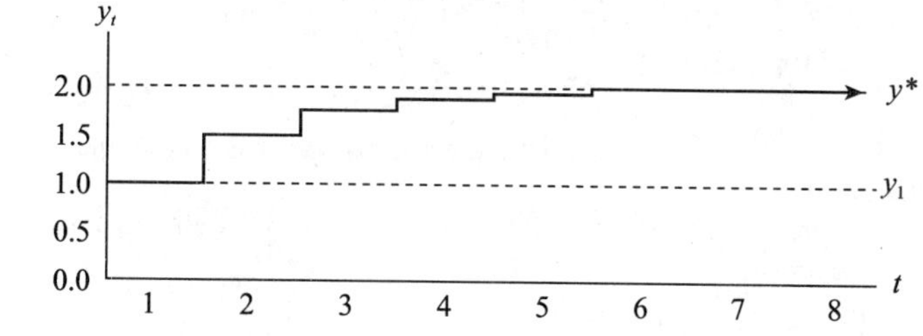

图 8—3　收敛的时间路径：$y_t=1+\frac{1}{2}y_{t-1}$，$y_1=1$，$y^*=2$

最后，因为 $\phi_1=-1/2$，我们有

$$y^*=\frac{\phi_0}{1-\phi_1}=\frac{1}{1-(-1/2)}=2/3 \tag{8.55}$$

计算类似于前例，得到 $y_2=1/2$，$y_3=3/4$，$y_4=5/8$，$y_5=11/16$，等等。从 $t=1$ 到 8，y_t 摆动收敛到 $y^*=2/3$，见图 8—4。

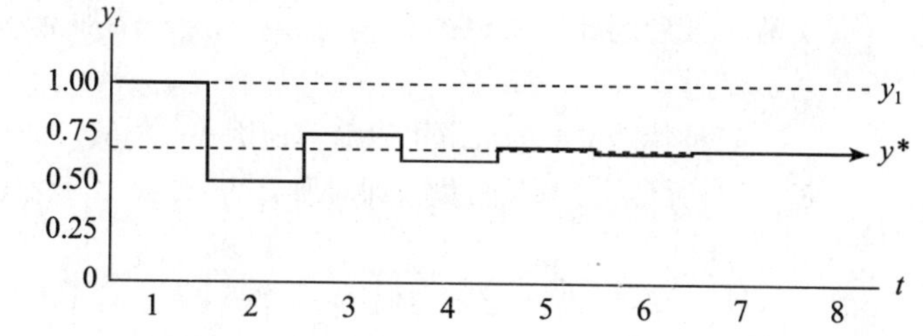

图 8—4　收敛的时间路径：$y_t=1-\frac{1}{2}y_{t-1}$，$y_1=1$，$y^*=\frac{2}{3}$

8.3.2　非自治情况

推广式（8.22）可以得到一阶线性非自治差分方程的一般表达形式。设变量、截距和斜率都依赖于时间。通常用下标来标注时间依赖性，我们有

$$y_t=\phi_{0(t-1)}+\phi_{1(t-1)}y_{t-1},\ t=2,\ 3,\ \cdots \tag{8.56}$$

一个特别地例子是式（8.16）。式（8.56）包含了一些特殊情况。首先，

$\phi_{0(t-1)}$对所有 t 不变，而非 $\phi_{1(t-1)}$；其次，$\phi_{1(t-1)}$对所有的 t 不变，而非 $\phi_{0(t-1)}$；再者，是线性自治情况，$\phi_{0(t-1)}$和 $\phi_{1(t-1)}$对所有 t 不变。现在我们考虑最一般的情况。

与自治情况类似，式（8.56）的通解可以通过连续替代方程右边的滞后值得到；如果初始值 y_1 是已知的，那么可以写出特解。前几项代换难度不大。

$$y_2=\phi_{01}+\phi_{11}y_1 \tag{8.57}$$

$$\begin{aligned}y_3&=\phi_{02}+\phi_{12}y_2=\phi_{02}+\phi_{12}(\phi_{01}+\phi_{11}y_1)\\&=\phi_{02}+\phi_{12}\phi_{01}+\phi_{12}\phi_{11}y_1\end{aligned} \tag{8.58}$$

$$\begin{aligned}y_4&=\phi_{03}+\phi_{13}y_3=\phi_{03}+\phi_{13}(\phi_{02}+\phi_{12}\phi_{01}+\phi_{12}\phi_{11}y_1)\\&=\phi_{03}+\phi_{13}\phi_{02}+\phi_{13}\phi_{12}\phi_{01}+\phi_{13}\phi_{12}\phi_{11}y_1\end{aligned} \tag{8.59}$$

等等，但是随着 t 的增大，代数计算变得很冗杂。当 t 很大时，y_t 的结果可以写为

$$y_t=\phi_{0(t-1)}+\phi_{0(t-2)}\phi_{1(t-1)}+\phi_{0(t-3)}\prod_{i=t-2}^{t-1}\phi_{1i}+\cdots+\phi_{01}\prod_{i=2}^{t-1}\phi_{1i}+y_1\prod_{i=1}^{t-1}\phi_{1i} \tag{8.60}$$

或者

$$y_t=\phi_{0(t-1)}+\sum_{j=1}^{t-2}\phi_{0j}\prod_{i=j+1}^{t-1}\phi_{1i}+y_1\prod_{i=1}^{t-1}\phi_{1i} \tag{8.61}$$

式（8.61）的证明是 y_t 在非自治情况下的求解。与自治情况的解式（8.23）相似。我们可以用式（8.61）来替换式（8.56）中的 y_t 和 y_{t-1}，证明其满足差分方程，或者用式（8.61）改写 $\phi_{1(t-1)}y_{t-1}$，添加 $\phi_{0(t-1)}$来证实 y_t 的结果，见练习 8.7。

三种特殊情况的求解可以简单地用式（8.61）来解释。特别地，如果 $\phi_{0(t-1)}$和 $\phi_{1(t-1)}$对所有的 t 都是常量，即对所有的 t，$\phi_{0(t-1)}=\phi_0$，$\phi_{1(t-1)}=\phi_1$，那么我们有

$$\begin{aligned}y_t&=\phi_0+\sum_{j=1}^{t-2}\phi_{0j}\prod_{i=j+1}^{t-1}\phi_{1i}+y_1\prod_{i=1}^{t-1}\phi_{1i}\\&=\phi_0+\phi_0\phi_1^{t-2}+\phi_0\phi_1^{t-3}+\cdots+\phi_0\phi_1+y_1\phi_1^{t-1}\\&=\phi_0\sum_{i=0}^{t-2}\phi_1^i+\phi_1^{t-1}y_1\end{aligned} \tag{8.62}$$

即自治情况式（8.23）的解。在练习 8.8 中我们考虑两个特殊情况下式（8.61）的形式。

例 8.3.3 给定

$$y_t=\frac{t-1}{10}+\left(\frac{1}{2}\right)^{t-1}y_{t-1}\text{ 和 }y_1=16 \tag{8.63}$$

计算 y_5，当 $t\to\infty$时求 y_t 的极限形式。

在这个例子中，y_t 由一阶线性非自治差分方程确定，并且 $\phi_{0(t-1)}=(t-1)/10$，$\phi_{1(t-1)}=(1/2)^{t-1}$；因此由式（8.61）可以直接得到：

$$
\begin{aligned}
y_5 &= \phi_{04} + \sum_{j=1}^{5-2} \phi_{0j} \prod_{i=j+1}^{5-1} \phi_{1i} + y_1 \prod_{i=1}^{5-1} \phi_{1i} \\
&= \frac{4}{10} + \frac{3}{10}\left(\frac{1}{2}\right)^4 + \frac{2}{10}\left(\frac{1}{2}\right)^3\left(\frac{1}{2}\right)^4 + \frac{1}{10}\left(\frac{1}{2}\right)^2\left(\frac{1}{2}\right)^3\left(\frac{1}{2}\right)^4 \\
&\quad + 16\left(\frac{1}{2}\right)\left(\frac{1}{2}\right)^2\left(\frac{1}{2}\right)^3\left(\frac{1}{2}\right)^4 \\
&= \frac{4}{10} + \frac{3}{10}\frac{1}{2^4} + \frac{2}{10}\frac{1}{2^7} + \frac{1}{10}\frac{1}{2^9} + 16\,\frac{1}{2^{10}}
\end{aligned} \tag{8.64}
$$

简单的算术运算可以得到精确到小数点后四位结果 $y_5=\frac{2\ 233}{5\ 120}\approx-0.436\ 1$。注意，此值比初始值 $y_1=16$ 小很多。无论是直接用式（8.64）计算还是对原来的差分方程进行连续代换，中间值 y_2、y_3、y_4 将很容易算出。然而，现在的问题是 y_t 的极限行为，即 $t\to\infty$时它的趋势。显然，当 $t\to\infty$时 $\phi_{0(t-1)}=(t-1)/10\to\infty$，而当 $t\to\infty$时 $\phi_{1(t-1)}=(1/2)^{t-1}\to 0$。我们得出结论：$y_t$ 随着 t 的增大无穷增大：其极限为无穷大。然而，我们注意到，这种增加并不是从初始值开始单调增加的。进一步检查 y_t 的时间路径，留给读者，见练习 8.9。

这个例子说明了如何分析系数 $\phi_{0(t-1)}$ 和 $\phi_{1(t-1)}$ 对变量随时间变化的影响。一般说来，结合解式（8.61），可分析变量 y_t 的动态行为。

8.4 高阶线性自治差分方程

8.4.1 p 阶线性自治差分方程

一阶差分方程很容易推广，但解决的问题变得更加复杂。我们主要讨论自治情况，当线性差分方程的阶数为 p 时

$$y_t=\phi_0+\phi_1 y_{t-1}+\phi_2 y_{t-2}+\cdots+\phi_p y_{t-p} \tag{8.65}$$

或者，使用滞后算子多项式，

$$\phi(L)y_t=\phi_0 \tag{8.66}$$

其中

$$\phi(L)=1-\phi_1 L-\phi_2 L^2-\cdots-\phi_p L^p \tag{8.67}$$

称为式（8.65）的滞后多项式。

我们考虑如何对式（8.65）求解 y_t，根据上一节的内容我们注意到两个要点。首先，从式（8.32）可见，一阶线性自治差分方程的通解由两部分组成。其一是特解，即稳态解 $y^*=\frac{\phi_0}{1-\phi_1}$，另一个是形如 $A\phi_1^{t-1}$ 的分量，其中，$A=y_1-$

$\frac{\phi_0}{1-\phi_1}$取决于初始值 y_1。其次，$A\phi_1^{t-1}$ 刚好是式（8.7）的解式（8.21），它描述了 $\phi_0=0$ 时（即齐次差分方程）货币供给量的调整过程。因此，我们可以称通解式（8.32）由一阶线性自治差分方程的特解和对应的齐次方程的通解组成。

有几个直接求解高阶差分（或微分）方程的方法。往往最简单的方法是试错法。根据类似的简单方程的经验，我们猜想一个含多个任意参数的解。然后，我们把猜想的解代入原方程，得到隐含的关于参数的约束条件。鉴于此，我们猜想，式（8.65）的解可以写成一阶情况下的特解和对应的齐次方程的通解形式。

稳态特解可以直接计算。根据前面的方法，但采用滞后多项式的形式，我们得到

$$\phi(L)y^*=\phi(1)y^*=\phi_0 \tag{8.68}$$

所以

$$y^*=\frac{\phi_0}{\phi(1)}=\frac{\phi_0}{1-\phi_1-\phi_2-\cdots-\phi_p} \tag{8.69}$$

当然，假设 $\sum_{i=1}^{p}\phi_i\neq 1$ 。

现在我们看到，为什么时间序列向量空间的恒等算子记为 1，而不是 I。在式（8.68）中，$\phi(L)$是一个线性算子，取而代之的 $\phi(1)$也是一个线性算子，但用于不变时间序列$\{y^*\}$，或者作为时间序列 $y^*\in\mathbb{R}$ 的不变值所乘的一个标量。只有后一种解释，我们才能对式（8.69）做除法运算和替换。

下一步更加棘手。式（8.65）对应的齐次方程为 $\phi(L)y_t=0$ 或

$$y_t-\phi_1y_{t-1}-\phi_2y_{t-2}-\cdots-\phi_py_{t-p}=0 \tag{8.70}$$

与一阶齐次情况类似，假设通解的形式为 $y_t^{\mathrm{h}}=As^{t-1}$，其中上标“h”表示相应的齐次方程的解，$A$ 是任意的非零常数，s 是未知的。那么

$$As^{t-1}-\phi_1As^{t-2}-\phi_2As^{t-3}-\cdots-\phi_pAs^{t-p-1}=0 \tag{8.71}$$

提出公因子 As^{t-p-1}，得

$$As^{t-p-1}(s^p-\phi_1s^{p-1}-\phi_2s^{p-2}-\cdots-\phi_p)=0 \tag{8.72}$$

消除平凡解，即 $s=0$ 和 $A=0$，我们可能找到不平凡的解，通过 p 阶线性自治差分方程的**特征方程**可以求解

$$s^p-\phi_1s^{p-1}-\phi_2s^{p-2}-\cdots-\phi_p=0 \tag{8.73}$$

注意滞后多项式（8.67）和特征方程（8.73）的异同。特别地，$s=s^*$（$\neq 0$）是特征方程的一个解，当且仅当$L=\frac{1}{s^*}$是滞后多项式的一个根，见练习 8.10。式（8.73）与 3.3.1 节中讨论的特征值问题的特征多项式极其相似。在 3.3.1 节中讨论过的特征多项式的根的个数和类型，同样适用于式（8.73）。

把式（8.73）中的 p 个根记为 s_j，$j=1$，2，…，p，其中包括可能出现的复根和多于一个的重根。那么 $y_t=A_js_j^{t-1}$ 对每个 $j=1$，2，…，p 满足式（8.70），下式

$$y_t^{\mathrm{h}} = \sum_{j=1}^{p} A_j s_j^{t-1} \tag{8.74}$$

也如此，其中，A_1，A_2，…，A_p 是任意常数。而且，时间函数的一些子集可能线性相关，可以得出式（8.70）的通解。最简单的情况是所有的 s_j 为不同的实根。其他情况下，需要修改式（8.74），具体如下：

1. 如果一个实根 s_j 有 $k>1$ 个重根，则 s_j^{t-1}，$(t-1)s_j^{t-1}$，…，$(t-1)^{k-1}s_j^{t-1}$ 是线性无关（独立）的解，其线性组合是通解。

2. 如果有一组复根 $s_j=a\pm bi$，每个根没有多重根，则 $r^{t-1}\cos(t-1)\theta$ 和 $r^{t-1}\sin(t-1)\theta$是特解，其中 $r=\sqrt{a^2+b^2}$，角度 $\theta=\tan^{-1}(b/a)$。

3. 如果对一个复根 $s_j=a\pm bi$ 有 $m>1$ 个重根，则 $r^{t-1}\cos(t-1)\theta$，$r^{t-1}\sin(t-1)\theta$，$(t-1)r^{t-1}\cos(t-1)\theta$，$(t-1)r^{t-1}\sin(t-1)\theta$，…，$(t-1)^{m-1}r^{t-1}\cos(t-1)\theta$和$(t-1)^{m-1}r^{t-1}\sin(t-1)\theta$ 是特解，其中 r 和 θ 的定义同第 2 点。

式（7.3）表明齐次和非齐次线性方程组的解空间，分别是$\mathbb{R}^n$中的向量子空间和仿射子集，类似地，可以看出，p 阶线性齐次自治差分方程的解空间，如式(8.70)，通常是相应时间序列向量空间的 p 维子空间。例如，如果特征方程有 p 个不同的实根s_1，s_2，…，$s_p\in\mathbb{R}$，且$\{y_t\}$被定义为$t\in\mathbb{Z}$，那么式（8.74）的解空间为

$$V\equiv\mathrm{lin}\{\{s_1^t:t\in\mathbb{Z}\},\{s_2^t:t\in\mathbb{Z}\},\cdots,\{s_p^t:t\in\mathbb{Z}\}\} \tag{8.75}$$

如果 y^* 是相应的非齐次方程（8.65）的稳态解式（8.69），那么集合

$$V+\{y^*\}\equiv\{\{y_t^{\mathrm{h}}+y^*:t\in\mathbb{Z}\}:\{y_t^{\mathrm{h}}:t\in\mathbb{Z}\}\in V\} \tag{8.76}$$

是非齐次方程的解，是用 $t\in\mathscr{Z}$标记的时间序列向量空间的一个仿射子集。

原则上，齐次方程的通解加上稳态解，得到总体的通解：$y_t=y^*+y_t^{\mathrm{h}}$。但是，处理高阶差分方程时其复杂性会增加。因此，我们详细讨论 $p=2$ 的特殊情况，而不直接使用式（8.70）验证上述结果。

8.4.2 二阶线性自治差分方程

二阶线性自治差分方程

$$y_t=\phi_0+\phi_1 y_{t-1}+\phi_2 y_{t-2} \tag{8.77}$$

的稳态解为

$$y^*=\frac{\phi_0}{1-\phi_1-\phi_2} \tag{8.78}$$

假设 $\phi_1+\phi_2\neq1$，相应的齐次方程为

$$y_t-\phi_1 y_{t-1}+\phi_2 y_{t-2}=0 \tag{8.79}$$

式（8.79）相应的特征方程是一元二次方程

$$s^2-\phi_1 s-\phi_2=0 \tag{8.80}$$

这很容易求解，得

$$s_1=\frac{\phi_1}{2}+\frac{1}{2}\sqrt{\phi_1^2+4\phi_2}\text{和 } s_2=\frac{\phi_1}{2}-\frac{1}{2}\sqrt{\phi_1^2+4\phi_2} \tag{8.81}$$

有三种可能性，取决于 $\phi_1^2+4\phi_2$ 的值：

1. 当 $\phi_1^2+4\phi_2>0$ 时，式（8.80）有两个不等的实根 s_1 和 s_2，根据式（8.81）可以求得式（8.79）的通解是

$$y_t^{\mathrm{h}}=A_1 s_1^{t-1}+A_2 s_2^{t-1} \tag{8.82}$$

2. 当 $\phi_1^2+4\phi_2=0$ 时，式（8.80）有一个二重实根 $s_1=\frac{\phi_1}{2}$，所以，式（8.79）的通解是

$$y_t^{\mathrm{h}}=[A_1+A_2(t-1)]s_1^{t-1} \tag{8.83}$$

3. 当 $\phi_1^2+4\phi_2<0$ 时，式（8.80）有一对共轭复根

$$s_1=\frac{\phi_1}{2}+\frac{i}{2}\sqrt{-(\phi_1^2+4\phi_2)}\equiv a+bi\equiv r(\cos\theta+i\sin\theta) \tag{8.84}$$

$$s_2=\frac{\phi_1}{2}-\frac{i}{2}\sqrt{-(\phi_1^2+4\phi_2)}\equiv a-bi\equiv r(\cos\theta-i\sin\theta) \tag{8.85}$$

其中，$r\equiv\sqrt{a^2+b^2}\equiv\sqrt{\frac{1}{4}\phi_1^2-\frac{1}{4}(\phi_1^2+4\phi_2)}=\sqrt{-\phi_2}$，$\theta\equiv\tan^{-1}\left(\frac{b}{a}\right)=\tan^{-1}\left[\frac{\sqrt{-(\phi_1^2+4\phi_2)}}{\phi_1}\right]$。在这个情况下，使用棣莫弗（Moivre）定理（见符号和预备知识第 3 页），式（8.79）的通解是

$$\begin{aligned}y_t^{\mathrm{h}}&=r^{t-1}[A_1\cos(t-1)\theta+A_2\sin(t-1)\theta]\\&=Ar^{t-1}\cos[(t-1)\theta+\omega]\end{aligned} \tag{8.86}$$

其中 A 和 ω 是任意常数。式（8.86）的第二个方程的推导见练习 8.11。

在 $\phi_1+\phi_2=1$ 的情况下，稳态解不存在，这意味着，特征方程（8.80）有一个单位根。这很容易验证，把 $\phi_1=1-\phi_2$ 代入方程 $s^2-\phi_1 s-\phi_2=0$ 的左边，因式分解得

$$(s+\phi_2)(s-1)=0 \tag{8.87}$$

这表明有单位根。同样，滞后多项式方程 $\phi(z)=0$ 的根是 1。在这种情况下，因式分解得

$$(1+\phi_2 z)(1-z)=0 \tag{8.88}$$

对式（8.77）进行改写，得

$$(1+\phi_2 L)(1-L)y_t=\phi_0 \tag{8.89}$$

或者

$$(1+\phi_2 L)\Delta y_t=\phi_0 \tag{8.90}$$

因此，y_t 的变化是由下述一阶差分方程来描述的

$$\Delta y_t=\phi_0-\phi_2\Delta y_{t-1} \tag{8.91}$$

线性独立和解的验证

在上述三种情况下，容易验证单个解的线性独立性。$t=1$、$t=2$ 的情况可以把解的值看作是二维向量，这些向量是线性无关的。回顾定理 3.6.2，得到 2×2 阶矩阵的行列式不为零。

考虑第一种情况，其中 s_1 和 s_2 是两个不同的实根。那么，注意到 $t=1$ 时 $s_1^{t-1}=s_1^0=1$，$t=2$ 时 $s_1^{t-1}=s_1^1=s_1$，s_2^{t-1} 有类似的解，我们检查行列式

$$\begin{vmatrix}1 & 1\\ s_1 & s_2\end{vmatrix}=s_2-s_1 \tag{8.92}$$

这是非零的，因为 s_1 和 s_2 在第一种情况下是不同的实数。

第二种情况可以采用相似地方法，第二种情况有一个二重实根 $s_1=\frac{\phi_1}{2}$，相应的解为 s_1^{t-1} 和 $(t-1)s_1^{t-1}$，得到行列式

$$\begin{vmatrix}1 & 0\\ s_1 & s_1\end{vmatrix}=s_1 \tag{8.93}$$

可见这是非零的，除非 $\phi_1=0$（这将意味着 $\phi_2=0$，因为在这种情况下，$\phi_1^2+4\phi_2=0$）。

第三种情况下，根据式（8.84）得到行列式

$$\begin{vmatrix}1 & 0\\ r\cos\theta & r\sin\theta\end{vmatrix}=r\sin\theta=\sqrt{-\frac{1}{4}(\phi_1^2+4\phi_2)} \tag{8.94}$$

给定 $\phi_1^2+4\phi_2<0$，行列式仍然非零，因此单个解是线性独立的。

同样，可以直接验证齐次方程的三种可能情况下的通解。在每一种情况下，用 y_t、y_{t-1} 和 y_{t-2} 替换方程（8.79）的左侧，得到所需的零值。我们仅说明第二种情况，第一种情况和第三种情况留作练习，见练习 8.12。

第二种情况下，有二重实根，根据式（8.83），式（8.79）的通解为 $y_t^h=[A_1+A_2(t-1)]s_1^{t-1}$，该处 $s_1=\frac{\phi_1}{2}$。因此，式（8.79）的左边为

$$\begin{aligned}&y_t-\phi_1 y_{t-1}-\phi_2 y_{t-2}\\&=[A_1+A_2(t-1)]s_1^{t-1}-\phi_1[A_1+A_2(t-2)]s_1^{t-2}-\phi_2[A_1+A_2(t-3)]s_1^{t-3}\\&=A_1[s_1^{t-1}-\phi_1 s_1^{t-2}-\phi_2 s_1^{t-3}]+A_2[(t-1)s_1^{t-1}-\phi_1(t-2)s_1^{t-2}-\phi_2(t-3)s_1^{t-3}]\end{aligned} \tag{8.95}$$

对式（8.95）最后一行中两个方括号部分的处理相似，所以在这里我们只分析稍微复杂一些的第二个式子。对第二个方括号中的表达式，把公因子 s_1^{t-3} 提到外面来替换 s_1，得

$$A_2 s_1^{t-3}[(t-1)s_1^2-\phi_1(t-2)s_1-(t-3)\phi_2]$$
$$=A_2 s_1^{t-3}\left[(t-1)\frac{\phi_1^2}{4}-\phi_1(t-2)\frac{\phi_1}{2}-(t-3)\phi_2\right]$$
$$=A_2 s_1^{t-3}\left[(t-1)\frac{\phi_1^2}{4}-2(t-2)\frac{\phi_1^2}{2}-(t-3)\phi_2\right] \tag{8.96}$$

因为这种情况下 $\phi_1^2+4\phi_2=0$，从而我们有 $\phi_2=-\frac{\phi_1^2}{4}$。因此，式（8.96）可以写成

$$A_2 s_1^{t-3}\left[(t-1)\frac{\phi_1^2}{4}-2(t-2)\frac{\phi_1^2}{4}+(t-3)\frac{\phi_1^2}{4}\right]$$
$$=A_2 s_1^{t-3}\frac{\phi_1^2}{4}[t-1-2t+4+t-3]$$
$$=0 \tag{8.97}$$

式（8.95）中第一个方括号的代数处理类似，加在一起也等于 0。因此，$A_1 s_1^{t-1}$ 和 $A_2(t-1)s_1^{t-1}$ 是式（8.79）的解，因此，$y_t^h=[A_1+A_2(t-1)]s_1^{t-1}$ 也是其解。

三种情况下，如果 y_1 和 y_2 已知，通过确定常数 A_i，$i=1$，2，可以得到式（8.79）的特解。y_1 和 y_2 构成二阶线性自治差分方程的初始条件。举个例子，第一种情况下，式（8.79）的通解为 $y_t^h=A_1 s_1^{t-1}+A_2 s_2^{t-1}$，那么

$$y_1=A_1+A_2,\ y_2=A_1 s_1+A_2 s_2 \tag{8.98}$$

其中 s_1 和 s_2 是由式（8.81）得到的两个实根。根据这两个联立方程可以解出 A_1 和 A_2，使用第 2 章中的方法（如 2.5.1 节讲述的克莱姆法则），其他两种情况下，也可以类似地求解 A_1 和 A_2，只不过解的形式有所不同。

动态行为

二阶线性自治差分方程中任何变量 y_t 的动态行为，都可以根据上面列出的三种可能情况来分析。特别是，我们感兴趣的往往是平稳情况，相应的齐次差分方程的通解 y_t^h 在 $t\to\infty$ 时收敛到稳态解 0，因此，初始条件的影响随着时间的推移消失。这被称为**渐近平稳性**，举个例子，对第一种情况，这要求特征方程有两个不同的实根 s_1 和 s_2，随着 $t\to\infty$，$A_1 s_1^{t-1}\to 0$，$A_2 s_2^{t-1}\to 0$。如果满足这一点，那么假设存在一个稳态解，对于 A_1 和 A_2 的所有值，y_t 将随着时间的推移收敛到稳态解 y^*。

对第一种情况，根据式（8.82），$y_t^h\to 0$ 当且仅当 $|s_1|<1$ 和 $|s_2|<1$。对第二种情况，特征方程有一个二重实根 s_1，根据式（8.83）得到 $y_t^h\to 0$ 当且仅当 $|s_1|<1$。对第三种情况，特征方程有两个复根，$s_1=r(\cos\theta+i\sin\theta)$ 和 $s_2=r(\cos\theta-i\sin\theta)$，解式（8.86）意味着 $y_t^h\to 0$ 当且仅当 $r<1$，其中 r 是两个复根的模。我们还注意到，复根意味着 y_t 的值随着时间的推移振荡，当 $r<1$ 时，是**阻尼振荡**。

实数的模等于实数的绝对值，下面的定理总结了这些收敛条件。

定理 8.4.1 二阶线性自治差分方程 $y_t=\phi_0+\phi_1 y_{t-1}+\phi_2 y_{t-2}$ 是渐近平稳的，当且仅当特征方程 $s^2-\phi_1 s-\phi_2=0$ 的根的模严格小于 1。

定理 8.4.1 中“模严格小于 1”的另一种说法是“位于单位圆内”。这种说法经常在差分方程的讨论和应用中遇到。练习 8.14 中下述两个条件与定理中的平稳性条件是等价的：

1. $|\phi_1|<1-\phi_2$，$-\phi_2<1$；

2. 差分方程相应的滞后多项式 $\phi(z)=1-\phi_1 z-\phi_2 z^2=0$ 的根的模严格大于 1 或者落在单位圆外。

当特征方程的根大于或等于单位根，即它位于单位圆上或在单位圆外，或者等价地，滞后多项式 $\phi(L)$ 的根位于单位圆上或在单位圆内，那么变量 y_t 是发散的，随着时间的推移不会收敛。正如 3.4 节以及 14.4.1 节所述，单位根情况比较特殊，根的模等于 1，因此，在单位圆上。这里需要注意，如果关于 y_t 的二阶线性自治差分方程的特征方程的一个根位于单位圆上，另外一个根在单位圆内，那么 y_t 是非平稳的，从而一阶差分 Δy_t 满足渐近平稳的一阶线性自治差分方程的条件，见练习 8.15。下面给出了前述理论结果的数值例子。

例 8.4.1 找出二阶线性自治差分方程 $y_t-2.5y_{t-1}+y_{t-2}=0$ 的通解，评价变量的动态行为。

这是一个齐次差分方程。对应的特征方程为

$$s^2-2.5s+1=0 \tag{8.99}$$

使用式（8.81）可以得到解。但事实上，对方程（8.99）的左边*进行因式分解，得

$$(s-2)\left(s-\frac{1}{2}\right)=0 \tag{8.100}$$

因此，直接得到 $s_1=2$ 和 $s_2=\frac{1}{2}$。回顾式（8.82），代入这两个不同的实数解，得到通解为

$$y_t^{\text{h}}=A_1 s_1^{t-1}+A_2 s_2^{t-1}=A_1 2^{t-1}+A_2\left(\frac{1}{2}\right)^{t-1} \tag{8.101}$$

鉴于根 $s_1=2>1$，收敛条件不满足，可以推断，y_t^{h} 随着时间的推移发散。这也很明显，虽然 $t\to\infty$ 时 $A_2\left(\frac{1}{2}\right)^{t-1}\to 0$，但随着 $t\to\infty$，$A_1 2^{t-1}\to\infty$。根据相应滞后多项式 $\phi(L)=1-2.5L+L^2$ 的根，同样可以得出非平稳的结论。

8.4.3 推广

p 阶线性自治差分方程的解和动态行为，建立在我们讨论的二阶线性自治

---

* 译者注：原书为“右边”，可能有误。

差分方程之上。因此，除了通解式（8.74）和上面介绍的各种修改，首先我们还需要注意，相应的 p 阶特征方程（8.73）的单个解之间是相互独立的，要求 $p\times p$ 阶矩阵具有非零的行列式。例如，当特征方程有 p 个不同的实根 s_j，$j=1$，2，…，p 时，必须有

$$\begin{vmatrix} 1 & 1 & \cdots & 1 \\ s_1 & s_2 & \cdots & s_p \\ \vdots & \vdots & & \vdots \\ s_1^{p-1} & s_2^{p-1} & \cdots & s_p^{p-1} \end{vmatrix} \neq 0 \tag{8.102}$$

其次，渐近平稳性或收敛的动态行为要求特征方程所有的 p 个根落在单位圆内，其模严格小于 1。当 $p=2$（见定理 8.4.1）时，可以根据特征方程的系数得出所需要的条件。有关结果称为舒尔（Schur）定理[①]，有兴趣的读者可以参考 Sydsæter 等（2008，11.5 节）。同样，平稳的条件也可以用滞后多项式的根的形式来表示。因此，$\phi(z)=1-\phi_1 z-\cdots-\phi_p z^p=0$ 的所有解必须位于单位圆外。一个必要条件是 $\sum_{i=1}^{p}\phi_i<1$，充分条件是 $\sum_{i=1}^{p}|\phi_i|<1$。如果 $\sum_{i=1}^{p}\phi_i=1$，那么滞后多项式至少有一个根是单位根。如果特征方程（或滞后多项式）有一个单位根，那么可以用 $p-1$ 阶线性差分方程来刻画变化 Δy_t。更一般地，如果特征方程（或滞后多项式）有 k（$k=1$，2，…，p）个单位根，则可以用 $p-k$ 阶线性差分方程来刻画变化 $\Delta^k y_t$。p 阶差分方程的进一步详情，见 Hamilton（1994 年，1.2 节和附录 1.A）。

8.5 线性差分方程组

前面 1.2.2 和 1.2.3 节分别讲述了简单的凯恩斯宏观经济模型和一个里昂惕夫投入产出模型，我们需要考虑的一个重要的事实是，许多变量是联合依赖的，因此需要同时被确定下来。如果这些变量之间的关系是动态的，那么差分方程组问题应运而生。在第Ⅱ部分，本书将讨论涉及这些方程组的两个重要应用。一个是动态宏观经济结构模型，另外一个是在计量经济学中广泛应用的向量自回归模型。在本节中，我们勾勒出一些数学背景，集中讨论一阶情况，一些细节留到应用中讨论。

8.5.1 一般线性自治差分方程组

假设关注重点是 m 个变量。到目前为止，我们已处理标量时间系列 $\{y_t\}$，

① 舒尔（Schur）定理是以俄国出生的数学家 Issai Schur（1875—1941）的名字命名的。

对所有 t 满足 $y_t \in \mathbb{R}$。现在，我们处理向量时间序列 $\{\boldsymbol{y}_t\}$，对所有 t 满足 $\boldsymbol{y}_t \in \mathbb{R}^m$。滞后算子也自然推广到向量时间序列滞后算子 $L\boldsymbol{y}_t \equiv \boldsymbol{y}_{t-1}$，差分算子也类似。那么一般的 p 阶线性自治差分方程组，用矩阵符号可以记为

$$\boldsymbol{y}_t = \boldsymbol{\Phi}_0 + \boldsymbol{\Phi}_1 \boldsymbol{y}_{t-1} + \boldsymbol{\Phi}_2 \boldsymbol{y}_{t-2} + \cdots + \boldsymbol{\Phi}_p \boldsymbol{y}_{t-p} \tag{8.103}$$

或者

$$\boldsymbol{\Phi}(L)\boldsymbol{y}_t = \boldsymbol{\Phi}_0 \tag{8.104}$$

其中，$\boldsymbol{y}_t = [y_{it}]$是时刻 t，m 个不同变量组成的 m 维向量的值，$\boldsymbol{\Phi}_0 = [\phi_{0_i}]$是一个 m 维常数向量，$\boldsymbol{\Phi}_i$，$i=1, 2, \cdots, p$，是 $m \times m$ 阶矩阵参数

$$\boldsymbol{\Phi}(L) = \boldsymbol{I}_m - \boldsymbol{\Phi}_1 L - \boldsymbol{\Phi}_2 L^2 - \cdots - \boldsymbol{\Phi}_p L^p \tag{8.105}$$

是滞后算子多项式矩阵，并且

$$\boldsymbol{\Phi}_i L^i = [\phi_{i_{jk}}] L^i = [\phi_{i_{jk}} L^i]_{m \times m} \tag{8.106}$$

我们须注意，矩阵 $\boldsymbol{\Phi}_i$ 的典型元素为 $\phi_{i_{jk}}$（第 jk 个），用滞后算子右乘 $\boldsymbol{\Phi}_i$ 与矩阵的标量乘法是一样的。

在式（8.103）中，对 m 个变量中的每一个都有一个方程，在一般情况下，所有变量的前 p 个滞后项同时出现在所有这些方程中。为了说明这一点，假设 $m=p=2$。那么

$$\boldsymbol{y}_t = \begin{bmatrix} y_{1t} \\ y_{2t} \end{bmatrix}, \boldsymbol{\Phi}_0 = \begin{bmatrix} \phi_{0_1} \\ \phi_{0_2} \end{bmatrix}, \boldsymbol{\Phi}_1 = \begin{bmatrix} \phi_{1_{11}} & \phi_{1_{12}} \\ \phi_{1_{21}} & \phi_{1_{22}} \end{bmatrix}, \boldsymbol{\Phi}_2 = \begin{bmatrix} \phi_{2_{11}} & \phi_{2_{12}} \\ \phi_{2_{21}} & \phi_{2_{22}} \end{bmatrix} \tag{8.107}$$

将这些矩阵代入式（8.103），运用矩阵加法和乘法运算，得到以下标量形式的线性方程组：

$$\begin{aligned} y_{1t} &= \phi_{0_1} + \phi_{1_{11}} y_{1(t-1)} + \phi_{1_{12}} y_{2(t-1)} + \phi_{2_{11}} y_{1(t-2)} + \phi_{2_{12}} y_{2(t-2)} \\ y_{2t} &= \phi_{0_2} + \phi_{1_{21}} y_{1(t-1)} + \phi_{1_{22}} y_{2(t-1)} + \phi_{2_{21}} y_{1(t-2)} + \phi_{2_{22}} y_{2(t-2)} \end{aligned} \tag{8.108}$$

在实际应用中，一些系数 $\phi_{i_{jk}}$ 可能为零，所以，并非所有的滞后项同时出现在所有公式中。

8.5.2 一阶线性自治差分方程组

含 m 个变量时，式（8.104）的一阶形式是

$$\boldsymbol{\Phi}(L)\boldsymbol{y}_t = (\boldsymbol{I}_m - \boldsymbol{\Phi}_1 L)\boldsymbol{y}_t = \boldsymbol{\Phi}_0 \tag{8.109}$$

或者使用式（8.103），为

$$\boldsymbol{y}_t = \boldsymbol{\Phi}_0 + \boldsymbol{\Phi}_1 \boldsymbol{y}_{t-1} \tag{8.110}$$

或者，写成全标量形式，

$$y_{1t} = \phi_{0_1} + \phi_{1_{11}} y_{1(t-1)} + \phi_{1_{12}} y_{2(t-1)} + \cdots + \phi_{1_{1m}} y_{m(t-1)}$$

$$y_{2t}=\phi_{0_2}+\phi_{1_{21}}y_{1(t-1)}+\phi_{1_{22}}y_{2(t-1)}+\cdots+\phi_{1_{2m}}y_{m(t-1)} \tag{8.111}$$

$$\vdots$$

$$y_{mt}=\phi_{0_m}+\phi_{1_{m1}}y_{1(t-1)}+\phi_{1_{m2}}y_{2(t-1)}+\cdots+\phi_{1_{mm}}y_{m(t-1)}{}^{*}$$

与单方程线性自治差分方程中的情况类似，完整的通解由齐次线性方程组的通解和线性方程组的稳态解构成，即 $\boldsymbol{y}_t=\boldsymbol{y}_t^{\mathrm{h}}+\boldsymbol{y}^*$。还像以前那样，假设稳态解存在，很容易得出稳态解 $\boldsymbol{y}^*$，这比求解一般齐次线性方程组的通解 $\boldsymbol{y}_t^{\mathrm{h}}$ 要简单。

如果有稳态解 $\boldsymbol{y}^*$，那么根据式（8.109），我们有，

$$\boldsymbol{\Phi}(L)\boldsymbol{y}^*=(\boldsymbol{I}-\boldsymbol{\Phi}_1L)\boldsymbol{y}^*=\boldsymbol{\Phi}_0 \tag{8.112}$$

和

$$\boldsymbol{y}^*=\boldsymbol{\Phi}^{-1}(L)\boldsymbol{\Phi}_0=\boldsymbol{\Phi}^{-1}(1)\boldsymbol{\Phi}_0=(\boldsymbol{I}-\boldsymbol{\Phi}_1)^{-1}\boldsymbol{\Phi}_0 \tag{8.113}$$

其中，$\boldsymbol{\Phi}^{-1}(L)$表示逆矩阵$[\boldsymbol{\Phi}(L)]^{-1}=(\boldsymbol{I}-\boldsymbol{\Phi}_1)^{-1}$，并假设 $m\times m$ 阶矩阵$\boldsymbol{I}-\boldsymbol{\Phi}_1$ 是非奇异的，因此有逆矩阵。当我们考虑到线性方程组的渐近平稳性时，我们还会回来讨论稳态解的存在性和 $\boldsymbol{I}-\boldsymbol{\Phi}_1$ 的逆矩阵等相关问题。目前，我们考虑齐次形式 $\boldsymbol{\Phi}_0=\boldsymbol{0}_{m\times1}$的线性方程组的解。

单方程情况下齐次方程解的形式为 As^{t-1}，通过类比，我们假设齐次线性方程组 $\boldsymbol{y}_t=\boldsymbol{\Phi}_1\boldsymbol{y}_{t-1}$的解的形式为 $\boldsymbol{a}s^{t-1}$，其中 $\boldsymbol{a}$ 为 m 维的常数向量，s 是一个标量。那么，代入齐次方程组，我们有

$$\boldsymbol{a}s^{t-1}=\boldsymbol{\Phi}_1\boldsymbol{a}s^{t-2} \tag{8.114}$$

式（8.114）两侧同时除以 s^{t-2}得到 $\boldsymbol{a}s=\boldsymbol{\Phi}_1\boldsymbol{a}$，因此

$$\boldsymbol{\Phi}_1\boldsymbol{a}-\boldsymbol{a}s=(\boldsymbol{\Phi}_1-s\boldsymbol{I})\boldsymbol{a}=0 \tag{8.115}$$

回顾第 3 章中的讨论，式（8.115）可以看成是一个特征方程，这里 s 是一个特征值，$\boldsymbol{a}$ 是与矩阵 $\boldsymbol{\Phi}_1$ 对应的特征向量，根据 3.3.1 节讲过的特征值和特征向量的计算方法和引用，可以得到相应的解。计算中最重要的是特征方程

$$|\boldsymbol{\Phi}_1-s\boldsymbol{I}|=0 \tag{8.116}$$

得到 m 个值 s（比如，s_1，s_2，…，s_m）。把这些特征值代入式（8.115），根据式（8.115）可以求解相应的特征向量（比如，$\boldsymbol{a}_1$，$\boldsymbol{a}_2$，…，$\boldsymbol{a}_m$）。很容易验证 $A_1\boldsymbol{a}_1$，$A_2\boldsymbol{a}_2$，…，$A_m\boldsymbol{a}_m$（其中 A_i，$i=1, 2, \cdots, m$ 是任意非零常数）也是 $\boldsymbol{\Phi}_1$ 的特征向量：同时代入特征值 s_i 和相应的 $A_i\boldsymbol{a}_i$，满足式（8.115）。因此，齐次方程组的通解为

$$\boldsymbol{y}_t^{\mathrm{h}}=\sum_{i=1}^{m}A_i\boldsymbol{a}_is_i^{t-1} \tag{8.117}$$

完整的通解为

$$\boldsymbol{y}_t=\boldsymbol{y}^*+\boldsymbol{y}_t^{\mathrm{h}}=(I-\boldsymbol{\Phi}_1)^{-1}\boldsymbol{\Phi}_0+\sum_{i=1}^{m}A_i\boldsymbol{a}_is_i^{t-1} \tag{8.118}$$

---

* 译者注：原书的第一个方程的最后一个参数为 ϕ_{1m}，可能有误。

式（8.117）与式（8.74）有相同的形式。如果有多重根或是共轭复根，或是既有重根又有复根，公式应适当修改，与式（8.74）一样。

从式（8.118）可以看出，当所有的 s_i 的模严格小于 1 时，那么当 $t\to\infty$ 时有 $\boldsymbol{y}_t^{\mathrm{h}}\to 0$ 且 $\boldsymbol{y}_t\to\boldsymbol{y}^*=(\boldsymbol{I}-\boldsymbol{\Phi}_1)^{-1}\boldsymbol{\Phi}_0$。这些特征值条件保证了线性差分方程组收敛到平稳状态，称其为渐近平稳性条件，因此非常重要。

通过研究方程组的收敛，可以用另外一个方法给出完整的解。类似 8.3.1 节中获得式（8.23）的方法，我们以同样的方式反复代换式（8.110）的右侧，得

$$\begin{aligned}\boldsymbol{y}_t&=\boldsymbol{\Phi}_0+\boldsymbol{\Phi}_1\boldsymbol{\Phi}_0+\boldsymbol{\Phi}_1^2\boldsymbol{\Phi}_0+\cdots+\boldsymbol{\Phi}_1^{t-2}\boldsymbol{\Phi}_0+\boldsymbol{\Phi}_1^{t-1}\boldsymbol{y}_1\\&=(\boldsymbol{I}+\boldsymbol{\Phi}_1+\boldsymbol{\Phi}_1^2+\cdots+\boldsymbol{\Phi}_1^{t-2})\boldsymbol{\Phi}_0+\boldsymbol{\Phi}_1^{t-1}\boldsymbol{y}_1\end{aligned}\tag{8.119}$$

给定初始条件，即向量的值 $\boldsymbol{y}_1$，如果 $t\to\infty$ 时，$\boldsymbol{\Phi}_1^{t-1}\to 0$，那么 $t\to\infty$ 时 $\boldsymbol{\Phi}_1^{t-1}\boldsymbol{y}_1\to 0$。下面的定理表明，这受限于 $\boldsymbol{\Phi}_1$ 的约束条件，这种情况当且仅当 $\boldsymbol{\Phi}_1$ 的所有特征值的模都严格小于 1，即当且仅当渐近平稳性的条件得到满足。这个定理的证明需要用到第 3 章中矩阵对角化的知识。

定理 8.5.1 设 $\boldsymbol{A}$ 是一个 $n\times n$ 阶方阵，是可对角化矩阵（即假定 $\boldsymbol{A}$ 有 n 个线性无关的特征向量），那么 $j\to\infty$ 时 $\boldsymbol{A}^j\to\boldsymbol{0}$，当且仅当对所有的 i 有 $|\lambda_i|<1$，其中 λ_i 是 $\boldsymbol{A}$ 的第 i 个特征值。

证明： 设 $\boldsymbol{P}$ 是 $n\times n$ 阶矩阵，它的列是 $\boldsymbol{A}$ 的特征向量，根据定理 3.6.1，我们知 $\boldsymbol{P}$ 存在，并且 $\boldsymbol{P}$ 是可逆的。那么有

$$\boldsymbol{P}^{-1}\boldsymbol{A}\boldsymbol{P}=\boldsymbol{\Lambda}=\mathrm{diag}[\lambda_i]\tag{8.120}$$

和

$$(\boldsymbol{P}^{-1}\boldsymbol{A}\boldsymbol{P})(\boldsymbol{P}^{-1}\boldsymbol{A}\boldsymbol{P})=\boldsymbol{P}^{-1}\boldsymbol{A}^2\boldsymbol{P}=\boldsymbol{\Lambda}^2\tag{8.121}$$

同样，对于所有的 j，

$$\boldsymbol{P}^{-1}\boldsymbol{A}^j\boldsymbol{P}=\boldsymbol{\Lambda}^j=\mathrm{diag}[\lambda_i^j]\tag{8.122}$$

因此，

$$\boldsymbol{A}^j=\boldsymbol{P}\boldsymbol{\Lambda}^j\boldsymbol{P}^{-1}\tag{8.123}$$

因为乘积的极限等于极限的乘积这一结果对矩阵和标量同样成立，那么有 $\lim_{j\to\infty}\boldsymbol{A}^j=\boldsymbol{P}\lim_{j\to\infty}\boldsymbol{\Lambda}^j\boldsymbol{P}^{-1}$ 和 $\lim_{j\to\infty}\boldsymbol{\Lambda}^j=\boldsymbol{P}^{-1}\lim_{j\to\infty}\boldsymbol{A}^j\boldsymbol{P}$。因此，当 $j\to\infty$ 时 $\boldsymbol{\Lambda}^j$ 趋于 $\boldsymbol{0}$ 当且仅当 $\boldsymbol{A}^j\to 0$。但 $\boldsymbol{\Lambda}^j\to\boldsymbol{0}$ 当且仅当对所有 i 有 $\lambda_i^j\to 0$。这就是当且仅当对所有的 i 有 $|\lambda_i|<1$ 成立。

现在我们来看当 $t\to\infty$ 并且渐近平稳性的充要条件得到满足时，式（8.119）右侧的其他项会有什么情况。需要注意的是，首先，几何级数前 $t-1$ 项和的公式（符号和预备知识第 2 页）的矩阵形式为

$$(\boldsymbol{I}+\boldsymbol{\Phi}_1+\boldsymbol{\Phi}_1^2+\cdots+\boldsymbol{\Phi}_1^{t-2})(\boldsymbol{I}-\boldsymbol{\Phi}_1)=\boldsymbol{I}-\boldsymbol{\Phi}_1^{t-1}\tag{8.124}$$

将式（8.124）的左侧乘积展开得到所需结果。其次，注意，若假设 $\boldsymbol{\Phi}_1$ 的所有特征值的模都小于 **1**，则单位根不是 $\boldsymbol{\Phi}_1$ 的特征值。那么 $(\boldsymbol{I}-\boldsymbol{\Phi}_1)\neq\boldsymbol{0}$ 且 $\boldsymbol{I}-\boldsymbol{\Phi}_1$ 是非奇异的，因此存在逆。式（8.124）的两端同时乘上 $\boldsymbol{I}-\boldsymbol{\Phi}_1$ 的逆矩阵得

$$(\boldsymbol{I}+\boldsymbol{\Phi}_1+\boldsymbol{\Phi}_1^2+\cdots+\boldsymbol{\Phi}_1^{t-2})=(\boldsymbol{I}-\boldsymbol{\Phi}_1^{t-1})(\boldsymbol{I}-\boldsymbol{\Phi}_1)^{-1} \tag{8.125}$$

从式（8.125）我们可以看出，$\boldsymbol{\Phi}_1$ 的所有特征值的模都小于 1，根据定理 8.5.1，当 $t\to\infty$ 时 $\boldsymbol{\Phi}_1^{t-1}$ 趋近于零，$t\to\infty$ 时**矩阵级数展开式**为 $\boldsymbol{I}+\boldsymbol{\Phi}_1+\boldsymbol{\Phi}_1^2+\cdots+\boldsymbol{\Phi}_1^{t-2}\to(\boldsymbol{I}-\boldsymbol{\Phi}_1)^{-1}$。因此式（8.119）右侧的前几项趋于稳态值 $\boldsymbol{y}^*=(\boldsymbol{I}-\boldsymbol{\Phi}_1)^{-1}\boldsymbol{\Phi}_0$。我们得出结论：要使 $(\boldsymbol{I}-\boldsymbol{\Phi}_1)^{-1}$ 存在，同时也是渐近平稳的并且收敛到稳态解，$\boldsymbol{\Phi}_1$ 的所有特征值的模必须严格大于 **1**。

下面的定理对判断给定矩阵的特征值的模是否都小于 **1** 非常有用。

定理 8.5.2 设 $\mathbf{A}=[a_{ij}]_{m\times m}$，假设 $\mathbf{A}$ 中每行的所有元素的绝对值之和小于 **1**，即对所有 $i=1, 2, \cdots, m$ 有 $\sum_{j=1}^{m}|a_{ij}|<1$，那么 $\mathbf{A}$ 的所有特征值的模严格小于 **1**。

证明：令 $|\lambda|$ 是 $\mathbf{A}$ 的特征值的绝对值的最大值，$|x_i|$ 是 λ 对应的特征向量 $\boldsymbol{x}$ 的元素的绝对值的最大值，则特征方程 $\mathbf{A}\boldsymbol{x}=\lambda\boldsymbol{x}$ 的第 i 个分量满足

$$|\lambda x_i|=|\lambda||x_i|=|\boldsymbol{a}_i^{\mathrm{T}}\boldsymbol{x}| \tag{8.126}$$

其中，$\boldsymbol{a}_i^{\mathrm{T}}$ 表示 $\mathbf{A}$ 的第 i 行，令 $|\boldsymbol{a}_i|$ 和 $|\boldsymbol{x}|$ 分别表示 $\boldsymbol{a}_i$ 和 $\boldsymbol{x}$ 中的元素取绝对值得到的向量，除以 $|x_i|$，得

$$|\lambda|=\left|\boldsymbol{a}_i^{\mathrm{T}}\left(\frac{1}{|x_i|}\boldsymbol{x}\right)\right|\leqslant|\boldsymbol{a}_i|^{\mathrm{T}}\left(\frac{1}{|x_i|}|\boldsymbol{x}|\right) \tag{8.127}$$

其中不等式是根据三角不等式推广得到的。

把 $\frac{|\boldsymbol{x}|}{|x_i|}$ 的每个分量用 **1** 替换，我们得到

$$|\boldsymbol{a}_i|^{\mathrm{T}}\left(\frac{1}{|x_i|}|\boldsymbol{x}|\right)\leqslant|\boldsymbol{a}_i|^{\mathrm{T}}\mathbf{1}=\sum_{j=1}^{m}|a_{ij}| \tag{8.128}$$

由此可见，

$$|\lambda|\leqslant\sum_{j=1}^{m}|a_{ij}| \tag{8.129}$$

因此，如果对所有的 i 有 $\sum_{j=1}^{m}|a_{ij}|<1$，那么结果成立。

事实上，我们有更一般的结果：方阵 $\mathbf{A}$ 的特征值的绝对值的最大值小于等于 $\mathbf{A}$ 中的元素取绝对值后的行和的最大值。①

因为 $\mathbf{A}$ 和 $\mathbf{A}^{\mathrm{T}}$ 具有相同的特征值，因此定理 8.5.2 也可以写成 $\mathbf{A}$ 的列和的形式，对应于 $\mathbf{A}^{\mathrm{T}}$ 的行和。

当令 $\boldsymbol{\Phi}_0$ 等于**0**时，由式（8.119）得到齐次方程的解，即

$$\boldsymbol{y}_t^{\mathrm{h}}=\boldsymbol{\Phi}_1^{t-1}\boldsymbol{y}_1 \tag{8.130}$$

这与式（8.118）解的形式完全一致。根据式（8.117），我们有 $\boldsymbol{y}_1=\sum_{i=1}^{m}A_i\boldsymbol{a}_i s_i^0=\sum_{i=1}^{m}A_i\boldsymbol{a}_i$。代入式（8.130），得

① 这个证明基于 Barankin（1945）的证明。另外一种证明方法，见 Woods（1978，定理 67）。

$$\boldsymbol{y}_t^{\mathrm{h}}=\boldsymbol{\Phi}_1^{t-1}\sum_{i=1}^{m}A_i\boldsymbol{a}_i=\boldsymbol{\Phi}_1^{t-2}\sum_{i=1}^{m}\boldsymbol{\Phi}_1A_i\boldsymbol{a}_i=\boldsymbol{\Phi}_1^{t-2}\sum_{i=1}^{m}A_i\boldsymbol{a}_is_i \tag{8.131}$$

因为 $A_i\boldsymbol{a}_i$ 是特征值 s_i 关于 $\boldsymbol{\Phi}_1$ 的特征向量。重复此过程得

$$\boldsymbol{y}_t^{\mathrm{h}}=\boldsymbol{\Phi}_1^{t-2}\sum_{i=1}^{m}A_i\boldsymbol{a}_is_i=\boldsymbol{\Phi}_1^{t-3}\sum_{i=1}^{m}\boldsymbol{\Phi}_1A_i\boldsymbol{a}_is_i=\boldsymbol{\Phi}_1^{t-3}\sum_{i=1}^{m}A_i\boldsymbol{a}_is_i^2 \tag{8.132}$$

最终得到

$$\boldsymbol{y}_t^{\mathrm{h}}=\sum_{i=1}^{m}\boldsymbol{\Phi}_1A_i\boldsymbol{a}_is_i^{t-2}=\sum_{i=1}^{m}A_i\boldsymbol{a}_is_i^{t-1} \tag{8.133}$$

因此，$\sum_{i=1}^{m}A_i\boldsymbol{a}_is_i^{t-1}=\boldsymbol{\Phi}_1^{t-1}\boldsymbol{y}_1=\boldsymbol{y}_t^{\mathrm{h}}$。

8.5.3 标量方法

最后，我们注意到，当线性方程组中方程的个数 m 很小时，只使用标量代数可以得到通解和稳态解。其主要思想是，通过适当的代换，齐次线性方程组可以转化为单个 m 阶线性自治差分方程，然后利用 8.4.2 节中描述的方法可以求解。

举例来说，假设 $m=2$，线性差分方程组可写为

$$y_{1t}=\delta_1+\phi_{1_{11}}y_{1(t-1)}+\phi_{1_{12}}y_{2(t-1)} \tag{8.134}$$

$$y_{2t}=\delta_2+\phi_{1_{21}}y_{1(t-1)}+\phi_{1_{22}}y_{2(t-1)} \tag{8.135}$$

如果稳态解存在，那么有

$$y_1^*=\delta_1+\phi_{1_{11}}y_1^*+\phi_{1_{12}}y_2^* \tag{8.136}$$

$$y_2^*=\delta_2+\phi_{1_{21}}y_1^*+\phi_{1_{22}}y_2^* \tag{8.137}$$

$$(1-\phi_{1_{11}})y_1^*=\delta_1+\phi_{1_{12}}y_2^* \tag{8.138}$$

$$(1-\phi_{1_{22}})y_2^*=\delta_2+\phi_{1_{21}}y_1^* \tag{8.139}$$

这两个联立方程组很容易求解，得

$$y_1^*=\frac{(1-\phi_{1_{22}})\delta_1+\phi_{1_{12}}\delta_2}{(1-\phi_{1_{11}})(1-\phi_{1_{22}})-\phi_{1_{12}}\phi_{1_{21}}} \tag{8.140}$$

$$y_2^*=\frac{\phi_{1_{21}}\delta_1+(1-\phi_{1_{11}})\delta_2}{(1-\phi_{1_{11}})(1-\phi_{1_{22}})-\phi_{1_{12}}\phi_{1_{21}}} \tag{8.141}$$

y_1^* 和 y_2^* 是否存在取决于式（8.140）和式（8.141）的分母是否为零。这个分母就是两个变量情况下矩阵（$\boldsymbol{I}-\boldsymbol{\Phi}_1$）的行列式，根据前面的分析我们已经知道，稳态解存在时分母必须非零。读者可以验证，结果与使用一般公式（8.113）（$m=2$）算出的结果相等。

为了求解齐次线性差分方程组的解，即

$$y_{1t}=\phi_{1_{11}}y_{1(t-1)}+\phi_{1_{12}}y_{2(t-1)} \tag{8.142}$$

$$y_{2t}=\phi_{1_{21}}y_{1(t-1)}+\phi_{1_{22}}y_{2(t-1)} \tag{8.143}$$

我们进行如下操作。首先，用式（8.143）替换式（8.142）中的 $y_{2(t-1)}$，得

$$y_{1t}=\phi_{1_{11}}y_{1(t-1)}+\phi_{1_{12}}(\phi_{1_{21}}y_{1(t-2)}+\phi_{1_{22}}y_{2(t-2)}) \tag{8.144}$$

其次，用式（8.144）替换式（8.142）中的 $y_{2(t-2)}$

$$y_{2(t-2)}=\frac{y_{1(t-1)}-\phi_{1_{11}}y_{1(t-2)}}{\phi_{1_{12}}} \tag{8.145}$$

假设 $\phi_{1_{12}}\neq 0$。那么，我们有

$$\begin{aligned}y_{1t}&=\phi_{1_{11}}y_{1(t-1)}+\phi_{1_{22}}y_{1(t-1)}+\phi_{1_{12}}\phi_{1_{21}}y_{1(t-2)}-\phi_{1_{11}}\phi_{1_{22}}y_{1(t-2)}\\&=(\phi_{1_{11}}+\phi_{1_{22}})y_{1(t-1)}+(\phi_{1_{12}}\phi_{1_{21}}-\phi_{1_{11}}\phi_{1_{22}})y_{1(t-2)}\end{aligned} \tag{8.146}$$

这是一个二阶齐次线性自治差分方程，使用 8.4.2 节的结果可以求解变量。

特别地，我们注意到，式（8.146）的特征方程是相关的。回顾式（8.80），特征方程为

$$s^2-(\phi_{1_{11}}+\phi_{1_{22}})s-(\phi_{1_{12}}\phi_{1_{21}}-\phi_{1_{11}}\phi_{1_{22}})=0 \tag{8.147}$$

这种类型的方程的两个解有三种可能性，见式（8.82）、式（8.83）和式（8.86）。以第一种情况为例来说明，y_{1t}有两个不同的实根，为

$$y_{1t}^{h}=A_1 s_1^{t-1}+A_2 s_2^{t-1} \tag{8.148}$$

利用式（8.145），代入这一结果，我们可以找到 y_{2t}的解，为

$$y_{2t}^{h}=\frac{A_1 s_1^{t}+A_2 s_2^{t}-\phi_{1_{11}}(A_1 s_1^{t-1}+A_2 s_2^{t-1})}{\phi_{1_{12}}} \tag{8.149}$$

或整理后得到

$$y_{2t}^{h}=\frac{(s_1-\phi_{1_{11}})A_1 s_1^{t-1}+(s_2-\phi_{1_{11}})A_2 s_2^{t-1}}{\phi_{1_{12}}} \tag{8.150}$$

另外两种可能情况下，即有两个相等实根和有一对共轭复根时的情况，留作练习，见练习 8.16。

利用式（8.140）和式（8.148）代入 $y_{1t}=y_1^*+y_{1t}^{h}$右侧，得到完整的通解，利用式（8.141）和式（8.150）代入 $y_{2t}=y_2^*+y_{2t}^{h}$右侧，得到另一个完整的通解。如果给定初始值 y_{11} 和 y_{21}，那么按照前面描述的类似方法可以求解常数 A_1 和 A_2。

例 8.5.1 分别使用矩阵方法和直接替代法，求解线性差分方程组

$$y_{1t}=1+y_{1(t-1)}+\frac{1}{2}y_{2(t-1)} \tag{8.151}$$

$$y_{2t}=2+4y_{1(t-1)}+3y_{2(t-1)} \tag{8.152}$$

在 $y_{11}=2$ 和 $y_{21}=1$ 时求完整的特解，并评论方程组随时间的动态行为。

使用矩阵符号，线性差分方程组可写为 $\boldsymbol{y}_t=\boldsymbol{\Phi}_0+\boldsymbol{\Phi}_1\boldsymbol{y}_{t-1}$，在参数矩阵里

$$\boldsymbol{\Phi}_0=\begin{bmatrix}1\\2\end{bmatrix},\ \boldsymbol{\Phi}_1=\begin{bmatrix}1 & \frac{1}{2}\\ 4 & 3\end{bmatrix} \tag{8.153}$$

使用直接法，稳态解存在，因为$(\boldsymbol{I}-\boldsymbol{\Phi}_1)=-2$，$(\boldsymbol{I}-\boldsymbol{\Phi}_1)$非奇异，得

$$\boldsymbol{y}^*=(\boldsymbol{I}-\boldsymbol{\Phi}_1)^{-1}\boldsymbol{\Phi}_0=\begin{bmatrix}0 & -\frac{1}{2}\\ -4 & -2\end{bmatrix}^{-1}\begin{bmatrix}1\\2\end{bmatrix}$$

$$=-\frac{1}{2}\begin{bmatrix}-2 & \frac{1}{2}\\ 4 & 0\end{bmatrix}\begin{bmatrix}1\\2\end{bmatrix}=\begin{bmatrix}\frac{1}{2}\\ -2\end{bmatrix}=\begin{bmatrix}y_1^*\\ y_2^*\end{bmatrix} \tag{8.154}$$

齐次线性差分方程组的通解需要用到 $\boldsymbol{\Phi}_1$ 的特征值和特征向量。特征值可以通过求解特征方程$(\boldsymbol{\Phi}_1-s\boldsymbol{I})=0$得到，或者通过求解下式得到。

$$(1-s)(3-s)-2=s^2-4s+1=0 \tag{8.155}$$

使用普通二次方程的求解公式，得

$$s_1=2+\sqrt{3},\ s_2=2-\sqrt{3} \tag{8.156}$$

依次将这两个实根代入方程$(\boldsymbol{\Phi}_1-s\boldsymbol{I})\boldsymbol{a}=\boldsymbol{0}$。求解 $\boldsymbol{a}$，得到相应的特征向量

$$\boldsymbol{a}_1=\begin{bmatrix}1\\ 2+2\sqrt{3}\end{bmatrix},\ \boldsymbol{a}_2=\begin{bmatrix}1\\ 2-2\sqrt{3}\end{bmatrix} \tag{8.157}$$

因此，根据式（8.117），我们得到齐次线性差分方程组的通解为

$$\begin{aligned}\boldsymbol{y}_t^{\mathrm{h}}&=\sum_{i=1}^{2}A_i\boldsymbol{a}_i s_i^{t-1}=A_1\begin{bmatrix}1\\ 2+2\sqrt{3}\end{bmatrix}(2+\sqrt{3})^{t-1}+A_2\begin{bmatrix}1\\ 2-\sqrt{3}\end{bmatrix}(2-\sqrt{3})^{t-1}\\ &=\begin{bmatrix}A_1(2+\sqrt{3})^{t-1}\\ A_1(2+2\sqrt{3})(2+\sqrt{3})^{t-1}\end{bmatrix}+\begin{bmatrix}A_2(2-\sqrt{3})^{t-1}\\ A_2(2-2\sqrt{3})(2-\sqrt{3})^{t-1}\end{bmatrix}=\begin{bmatrix}y_{1t}^{\mathrm{h}}\\ y_{2t}^{\mathrm{h}}\end{bmatrix}\end{aligned} \tag{8.158}$$

那么，根据式（8.118），完整的通解是

$$\boldsymbol{y}_t=\boldsymbol{y}^*+\boldsymbol{y}_t^{\mathrm{h}}=\begin{bmatrix}\frac{1}{2}\\ -2\end{bmatrix}+\begin{bmatrix}A_1(2+\sqrt{3})^{t-1}\\ A_1(2+2\sqrt{3})(2+\sqrt{3})^{t-1}\end{bmatrix}+\begin{bmatrix}A_2(2-\sqrt{3})^{t-1}\\ A_2(2-2\sqrt{3})(2-\sqrt{3})^{t-1}\end{bmatrix} \tag{8.159}$$

然后使用直接替换的方法求解，根据式（8.140）和式（8.141）得到特解

$$\begin{aligned}y_1^*&=\frac{(1-\phi_{1_{22}})\delta_1+\phi_{1_{12}}\delta_2}{(1-\phi_{1_{11}})(1-\phi_{1_{22}})-\phi_{1_{12}}\phi_{1_{21}}}=\frac{(1-3)+\left(\frac{1}{2}\times 2\right)}{(1-1)(1-3)-\left(\frac{1}{2}\times 4\right)}\\ &=\frac{-1}{-2}=\frac{1}{2}\end{aligned} \tag{8.160}$$

和

$$y_2^* = \frac{\phi_{1_{21}}\delta_1 + (1-\phi_{1_{11}})\delta_2}{(1-\phi_{1_{11}})(1-\phi_{1_{22}}) - \phi_{1_{12}}\phi_{1_{21}}} = \frac{4+[(1-1)\times 2]}{(1-1)(1-3)-\left(\frac{1}{2}\times 4\right)} = \frac{4}{-2} = -2 \tag{8.161}$$

这与式（8.154）结论一致。式（8.147）给出齐次差分方程组的下述特征方程：

$$\begin{aligned} & s^2-(\phi_{1_{11}}+\phi_{1_{22}})s-(\phi_{1_{12}}\phi_{1_{21}}+\phi_{1_{11}}\phi_{1_{22}}) \\ &= s^2-(1+3)s-\left(\frac{1}{2}\times 4-1\times 3\right) \\ &= s^2-4s+1=0 \end{aligned} \tag{8.162}$$

我们注意到，这与前面计算特征值用到的特征方程（8.155）是相同的。因此，式（8.156）已经给出所需的根，代入式（8.148）和式（8.150）可以得到齐次情况下的单个通解

$$y_{1t}^{\mathrm{h}} = A_1 s_1^{t-1} + A_2 s_2^{t-1} = A_1(2+\sqrt{3})^{t-1} + A_2(2-\sqrt{3})^{t-1} \tag{8.163}$$

和

$$\begin{aligned} y_{2t}^{\mathrm{h}} &= \frac{(s_1-\phi_{1_{11}})A_1 s_1^{t-1} + (s_2-\phi_{1_{11}})A_2 s_2^{t-1}}{\phi_{1_{12}}} \\ &= \frac{(2+\sqrt{3}-1)A_1(2+\sqrt{3})^{t-1} + (2-\sqrt{3}-1)A_2(2-\sqrt{3})^{t-1}}{1/2} \\ &= A_1(2+2\sqrt{3})(2+\sqrt{3})^{t-1} + A_2(2-2\sqrt{3})(2-\sqrt{3})^{t-1} \end{aligned} \tag{8.164}$$

这些结果与式（8.158）相同。

将$\sqrt{3}$精确到小数点后五位，完整通解变成

$$y_{1t} = y_1^* + y_{1t}^{\mathrm{h}} \approx 0.5 + A_1(3.732\,05)^{t-1} + A_2(0.267\,95)^{t-1} \tag{8.165}$$

$$\begin{aligned} y_{2t} &= y_2^* + y_{2t}^{\mathrm{h}} \\ &\approx -2 + 5.464\,10A_1(3.732\,05)^{t-1} - 1.464\,10A_2(0.267\,95)^{t-1} \end{aligned} \tag{8.166}$$

根据初始条件 $y_{11}=2$ 和 $y_{21}=1$，利用式（8.158）或式（8.163）和式（8.164），得

$$y_{11} = A_1 + A_2 = 2 \tag{8.167}$$

$$y_{21} = (2+2\sqrt{3})A_1 + (2-2\sqrt{3})A_2 = 1 \tag{8.168}$$

求解这两个联立方程得 $A_1 = 1-\frac{\sqrt{3}}{4} \approx 0.566\,99$ 和 $A_2 = 1+\frac{\sqrt{3}}{4} \approx 1.433\,01$。把这两个值代入式（8.165）和式（8.166），得到线性差分方程组的完整特解。

因为 $\boldsymbol{\Phi}_1$ 的两个特征值中，有一个特征值的绝对值大于 1，即 $s_1 = 2+\sqrt{3} \approx 3.732\,05$，此方程组不是渐近平稳的，因此，从初始状态 $y_{11}=2$ 和 $y_{21}=1$ 出发，

不会收敛到平稳状态。当 $t\to\infty$ 时，y_{1t} 和 y_{2t} 都将发散，越来越大，绘制前几期的时间路径图留作练习，见练习 8.17。

练　习

8.1　对下列差分方程进行分类：

(a) $y_t=2y_{t-1}+\sqrt[3]{t}$

(b) $y_t=\dfrac{1}{y_{t-1}}+2y_{t-3}$

(c) $y_t=\phi_0+\phi_1 y_{t-1}+\phi_2 y_{t-2}^2$

(d) $y_t=\phi_0+\phi_1 y_{t-1}+\cdots+\phi_p y_{t-p}$

(e) $\Delta_k y_t=5y_{t-k+1}+t$

8.2　考虑下面一阶差分方程：

(a) $y_t=2y_{t-1}$

(b) $y_t=1+y_{t-1}$

(c) $y_t=0.1-0.5y_{t-1}$

(d) $y_t=3y_{t-1}-1$

对每一种情况，(i) 写出变化 Δy_t 的解析方程，(ii) 推导方程的通解，(iii) 找出初始条件 $y_1=5$ 下的特解，(iv) 计算 $t=10$ 的特解。

8.3　假设你存入€500，月利率为 0.25%。你的投资在下列时期后的价值分别是多少？(a) 2 年，(b) 5 年，(c) 十年。

需要多少个月，才能使你的投资的价值超过 1 000 €？

8.4　当 $y_1-\dfrac{\phi_0}{1-\phi_1}$ 是负值，且 (a) $\phi_1>1$ 和 (b) $\phi_1<-1$ 时，使用方程 (8.32) 判断 y_t 的动态行为并绘制草图以说明。

8.5　设 $C(L)=1-\phi_1 L$ 和 $D(L)=1+\phi_2 L$，其中 L 是滞后算子，$|\phi_i|<1$，$i=1$，2。

(a) 验证 $C^{-1}(L)=(1+\phi_1 L+\phi_1^2 L^2+\phi_1^3 L^3+\cdots)$；

(b) 求滞后多项式的逆 $D^{-1}(L)$。

8.6　考虑差分方程 $y_t=\phi_0+\phi_1 y_{t-1}$。假设 $\phi_0=2$，研究下述情况下 y_t 的动态行为并绘制草图 (a) $\phi_1=-1$，(b) $\phi_1=-\dfrac{1}{4}$，(c) $\phi_1=0$，(d) $\phi_1=\dfrac{1}{4}$ 和 (e) $\phi_1=1$。每一种情况下，如果稳态解存在就找出 y_t 的稳态解。假设 $\phi_0=-2$，再重复上述练习。

8.7　对于一阶线性非自治差分方程 $y_t=\phi_{0(t-1)}+\phi_{1(t-1)}y_{t-1}$，初始值为 y_1，证明 $y_t(t=2,3,\cdots)$的解为

$$y_t=\phi_{0(t-1)}+\sum_{j=1}^{t-2}\phi_{0j}\prod_{i=j+1}^{t-1}\phi_{1i}+y_1\prod_{i=1}^{t-1}\phi_{1i}$$

现在，假设 $\phi_{0(t-1)}=\dfrac{1}{t-1}$、$\phi_{1(t-1)}=\dfrac{2}{t-1}$ 和 $y_1=1$，计算 y_2 到 y_7 的值，将这

些值关于时间绘图，如果稳态解存在，评论这个稳态解。

8.8　使用方程（8.61）（在练习 8.7 转载过），当

(a) $\phi_{0(t-1)}$ 关于 t 是常数，但 $\phi_{1(t-1)}$ 关于 t 不是常数，

(b) $\phi_{1(t-1)}$ 关于 t 是常数，但 $\phi_{0(t-1)}$ 关于 t 不是常数，

找到 $y_t(t=2, 3, \cdots)$ 的解。

假定对所有的 t 有 $\phi_{0(t-1)}=2$，且 $\phi_{1(t-1)}=t-1$，研究从 $t=2$ 到 $t=5$ 时 y_t 的时间路径。

8.9　考虑例 8.3.2 中一阶线性非自治差分方程，即

$$y_t=\frac{t-1}{10}+\left(\frac{1}{2}\right)^{t-1}y_{t-1}$$

初始条件 $y_1=16$。

(a) 计算 y_2，y_3，y_4，y_6，y_7，y_8 的解（例 8.3.2 中已经计算过 y_5 的值）。

(b) 经过多少期，y_t 达到其极小值？

(c) 经过多少期，y_t 超过其初始值？

(d) 阐述 (b)、(c) 中的答案，绘制 y_t 时间路径的草图。

8.10　精确到小数点后四位，找到差分方程 $y_t=0.5y_{t-1}+0.25y_{t-2}$ 的滞后多项式的特征方程的根，评论两根之间的关系。

8.11　对二阶齐次线性自治差分方程，证明方程（8.86）中第一行给出的解

$$y_t^{\mathrm{h}}=r^{t-1}[A_1\cos(t-1)\theta+A_2\sin(t-1)\theta]$$

也可以写成 $y_t^{\mathrm{h}}=Ar^{t-1}\cos[(t-1)\theta+\omega]$ 的形式，其中 A 和 w 是任意常数。

8.12　s_1 和 s_2 见式（8.81），当 $\phi_1^2+4\phi_2>0$ 时，验证 $y_t^{\mathrm{h}}=A_1s_1^{t-1}+A_2s_2^{t-1}$ 是齐次方程 $y_t-\phi_1y_{t-1}-\phi_2y_{t-2}=0$ 的解。

当 $\phi_1^2+4\phi_2<0$ 时，验证 $y_t^{\mathrm{h}}=r^{t-1}[A_1\cos(t-1)\theta+A_2\sin(t-1)\theta]$ 也是该齐次差分方程的解。

8.13　找出下列差分方程的通解：

(a) $y_t=0.8y_{t-1}+0.2y_{t-2}$；

(b) $y_t=1+y_{t-1}-0.25y_{t-2}$。

给定初始条件 $y_1=0.5$ 和 $y_2=1$，求出每种情况下的特解。

比较在这两种情况下 y_t 的动态行为。

8.14　二阶线性自治差分方程的平稳性条件是特征方程 $s^2-\phi_1s-\phi_2=0$ 的根落在单位圆内，即模严格小于 **1**。回顾定理 8.4.1，证明下述每个条件与上述条件是等价的。

(a) $|\phi_1|<1-\phi_2$ 且 $-\phi_2<1$。

(b) 差分方程的相应滞后多项式 $\phi(z)=1-\phi_1z-\phi_2z^2=0$ 的根（即解）落在单位圆外，即所有模严格大于 1。

8.15　证明：差分方程 $y_t=0.75y_{t-1}+0.25y_{t-2}$ 的相应滞后多项式的两个根中，一个根是单位根，另一个根的模大于 1。对比差分方程的特征方程的根与滞后多项式的特征根并作出评价。利用滞后多项式因子，导出 Δy_t 的渐近平稳的差分方程。

8.16 对于双变量的一阶差分方程式（8.134）和式（8.135），当相应的齐次差分方程的特征方程分别有

（a）两个相等的实根，

（b）一对共轭复根，

时，分别计算相应齐次方程的通解。

8.17 根据例 8.5.3 中的方程组和完整特解，绘制 y_{1t} 和 y_{2t} 的时间路径。

8.18 求解下述差分方程组，并对解的动态进行评价

（a）$y_{1t}=0.5y_{2(t-1)}$

$y_{2t}=y_{1(t-1)}$

（b）$y_{1t}=1+0.5y_{1(t-1)}-0.5y_{2(t-1)}$

$y_{2t}=2+0.5y_{1(t-1)}+y_{2(t-1)}$

初始条件为 $y_{11}=y_{21}=1$。

（c）$y_{1t}=1+0.5y_{1(t-1)}-0.5y_{2(t-1)}+0.2y_{3(t-1)}$

$y_{2t}=0.5+0.6y_{2(t-1)}-0.4y_{3(t-1)}$

$y_{3t}=1.25+0.75y_{3(t-1)}$

初始条件为 $y_{11}=2$，$y_{21}=2.5$，$y_{31}=3$。

第 9 章 向量微积分

9.1 引言

本章涵盖多元微积分或向量微积分的部分内容，有两个目的，其一是加强读者对前面章节（包括线性代数）的理解，其二是为运用这些知识解决经济金融问题做准备。

正如在符号和预备知识中提到的，我们希望读者已熟练掌握单变量微积分的理论与计算。

从一个经济学的角度来看，我们现在要介绍的一些概念和技术，将会在后续章节的经济和金融应用中用到。9.2 节扩展了微分的概念，从单变量推广到多变量，并提供了矩阵表示的微分例子。9.3 节给出了链式法则和乘积法则的矩阵推广。9.4 节介绍了弹性的概念，许多学过经济学入门课程的读者会感到十分熟悉，本概念也将作为方向导数在 9.5 节详细展开。有了以上知识作为基础，我们在 9.6 节将介绍泰勒定理的矩阵形式的推广。

在 9.7 节中，我们将继续学习重积分知识，同时给出改变微分和积分顺序的重要结论。最后一节主要阐述隐函数定理。

本章中所得的结果将被广泛应用于本书后半部分的经济和金融问题中。

9.2 偏导数与全导数

我们经常需要对多变量函数、向量值函数和矩阵形式表示的函数求微分。本节将把大家熟悉的单变量微积分概念推广到多变量形式。

我们将从偏导数的概念开始。简而言之，偏导数是指保持其他变量不变的情况下，多变量函数的改变相对于某一变量的变化速度。接下来我们将介绍雅可比矩阵、梯度向量与海塞矩阵。梯度向量与海塞矩阵用于优化理论中，可以判定多变量实值函数的极大值和极小值，这些将在下一章中再次遇到。在这里，本节结尾部分给出了一些例子。

读者应该注意单变量情形（$n=1$）与多变量情形（$n>1$）在记号上的细微区别。在单变量计算中的陈述与记法用于多变量计算时必须适当修改。

9.2.1 定义

定义 9.2.1 含 n 个变量的实值函数 f：$\mathbb{R}^n\rightarrow\mathbb{R}$ 在定义域内向量 $\boldsymbol{x}$ 处的第 j 个**一阶偏导数**，是把其他 $n-1$ 个变量当作常量时，在该点关于第 j 个变量的导数，记为

$$\frac{\partial f}{\partial x_j}(\boldsymbol{x}) \tag{9.1}$$

定义 9.2.2 含 n 个变量的实值函数 f：$\mathbb{R}^n\rightarrow\mathbb{R}$ 在定义域内向量 $\boldsymbol{x}$ 处的第 jk 个**二阶偏导数**，是把除了第 j 个变量外其他变量当作常量时，在该点第 k 个一阶偏导数关于第 j 个变量的导数，记为

$$\frac{\partial^2 f}{\partial x_j\partial x_k}(\boldsymbol{x}) \tag{9.2}$$

向量值函数的偏导数是它的实值分量函数的偏导数。

定义 9.2.3 含 n 个变量的实值函数 f：$\mathbb{R}^n\rightarrow\mathbb{R}$ 在定义域内向量 $\boldsymbol{x}$ 处的**（全）导数**，是它在 $\boldsymbol{x}$ 处的一阶偏导数构成的 n 维行向量，记为

$$f'(\boldsymbol{x})\equiv\left[\frac{\partial f}{\partial x_j}(\boldsymbol{x})\right]_{1\times n} \tag{9.3}$$

在 $\mathbb{R}^m$ 上取值的向量值函数的（全）导数是一个 $m\times n$ 阶偏导数矩阵，该偏导数矩阵的第 i 行是关于第 i 个分量函数的全导数，记为

$$f'(\boldsymbol{x})\equiv\left[\frac{\partial f^i}{\partial x_j}(\boldsymbol{x})\right]_{m\times n} \tag{9.4}$$

全导数常常被称为函数的**雅可比**或者**雅可比矩阵**。[①]

全导数也可以用极限法来定义，类似于单变量函数中导数的极限法定义。有兴趣的读者可以参考 Binmore（1982，pp. 203 - 6）深入了解细节。

雅可比矩阵对本书中的向量微积分结果非常重要。

定义 9.2.4 含 n 个变量的实值函数 f：$\mathbb{R}^n \to \mathbb{R}$ 在定义域内向量 $\boldsymbol{x}$ 处的**梯度**或者**梯度向量**，是转置全导数或雅可比所得的列向量。记为

$$\nabla f(\boldsymbol{x}) \equiv \mathrm{grad} f(\boldsymbol{x}) \equiv f'(\boldsymbol{x})^{\mathrm{T}} \equiv \frac{\partial f}{\partial \boldsymbol{x}}(\boldsymbol{x}) \equiv \left[\frac{\partial f}{\partial x_i}(\boldsymbol{x})\right]_{n\times 1} \tag{9.5}$$

既然 $f'(\boldsymbol{x})^{\mathrm{T}} \equiv [f'(\boldsymbol{x})]^{\mathrm{T}}$，即转置符号适用于偏导数向量而不是计算偏导数的向量 $\boldsymbol{x}$。对于实值函数（$n=1$），

$$f'(x) = \frac{\mathrm{d}f}{\mathrm{d}x}(x) = \frac{\partial f}{\partial x}(x) = \nabla f(x) = \mathrm{grad} f(x) = f'(x)^{\mathrm{T}}$$

因为所有这些量都是标量（1×1 阶向量）。

定义 9.2.5 如果多元实值函数或多元向量值函数 f：$X \to Y$（$X \subseteq \mathbb{R}^n$，$Y \subseteq \mathbb{R}^m$）的所有一阶偏导数在 $\boldsymbol{x}$ 处存在，则称它在 **$\boldsymbol{x}$ 处可微**。

定义 9.2.6 函数 f：$X \to Y$（$X \subseteq \mathbb{R}^n$，$Y \subseteq \mathbb{R}^m$）是：

(a) **可微的**当且仅当它在定义域 X 内的每一点都可微；

(b) **连续可微**（C^1）的当且仅当它在定义域 X 内的每一点都可微并且它的导函数是一个连续函数；

(c) **二阶连续可微**（C^2）当且仅当 f' 存在并且满足 C^1。

定义 9.2.7 一个多元实值函数的**海塞矩阵**[②]或**海塞**，是其二阶偏导数的方阵，记为

$$f''(\boldsymbol{x}) \equiv \frac{\partial^2 f}{\partial \boldsymbol{x} \partial \boldsymbol{x}^{\mathrm{T}}}(\boldsymbol{x}) \equiv \left[\frac{\partial^2 f}{\partial x_j \partial x_k}(\boldsymbol{x})\right]_{n\times n} \tag{9.6}$$

后面我们将看到（定理 9.7.2），海塞矩阵一般情况下是一个对称矩阵。

注意，$\frac{\partial f}{\partial x_j}$ 和 $\frac{\partial^2 f}{\partial x_j \partial x_k}$ 是与 f 有相同定义域的实值函数，j，$k=1$，2，…，n，并且 f' 和 f'' 是与 f 有相同定义域的矩阵值函数。

注意，如果 f：$\mathbb{R}^n \to \mathbb{R}$，那么严格地说，$f$ 的二阶导数（海塞）是向量值函数的导数

$$(f')^{\mathrm{T}} : \mathbb{R}^n \to \mathbb{R}^n : \boldsymbol{x} \mapsto f'(\boldsymbol{x})^{\mathrm{T}} = \nabla f(\boldsymbol{x}) = \mathrm{grad} f(\boldsymbol{x}) \tag{9.7}$$

在下一章中我们将看到，海塞矩阵的正定性、负定性及半定性对优化理论非常重要。

---

① 雅可比矩阵是以普鲁士出生的数学家 Carl Gustav Jacob Jacobi（1804—1851）的名字命名的，他在 1841 年写了一部长自传并给出了这个议题。

② 海塞矩阵是以普鲁士出生的数学家 Ludwig Otto Hesse（1811—1874）的名字命名的，他是雅可比的学生。

我们整理了一些极大化和极小化的定义与记号。我们用 $\max_{x\in X} f(\boldsymbol{x})$ 表示 f 在集合 X 上取得的极大值，用 $\min_{x\in X} f(\boldsymbol{x})$ 表示 f 在集合 X 上取得的极小值。

我们也需要用符号表示函数取得极大值或者极小值时 $\boldsymbol{x}$ 的取值。分别记为 $\operatorname{argmax}_{x\in X} f(\boldsymbol{x})$ 和 $\operatorname{argmin}_{x\in X} f(\boldsymbol{x})$。

$$\max_{x\in X} f(\boldsymbol{x}) = f(\operatorname*{argmax}_{x\in X} f(\boldsymbol{x})) \tag{9.8}$$

和

$$\min_{x\in X} f(\boldsymbol{x}) = f(\operatorname*{argmin}_{x\in X} f(\boldsymbol{x})) \tag{9.9}$$

9.2.2 例子

本节用矩阵方法求解微分问题，给出了一些有用的结论。我们先讨论矩阵微分的线性形式，然后讨论矩阵微分的二次型。

线性形式

令 $\boldsymbol{a}$ 和 $\boldsymbol{x}$ 为 $n\times 1$ 阶矩阵，考虑：

$$\boldsymbol{a}^{\mathrm{T}}\boldsymbol{x} = a_1x_1 + a_2x_2 + \cdots + a_nx_n \tag{9.10}$$

式 (9.10) 中的表示既可以看作是一个关于 $\boldsymbol{x}$ 的函数 $f(\boldsymbol{x})$（把 $\boldsymbol{a}$ 看作常数向量），也可以看作是关于 $\boldsymbol{a}$ 的函数 $g(\boldsymbol{a})$（把 $\boldsymbol{x}$ 看作常数向量）。使用前一种解释，有

$$\text{对所有 } \boldsymbol{x},\ \frac{\partial(\boldsymbol{a}^{\mathrm{T}}\boldsymbol{x})}{\partial x_1} = a_1,\ \frac{\partial(\boldsymbol{a}^{\mathrm{T}}\boldsymbol{x})}{\partial x_2} = a_2,\ \cdots \tag{9.11}$$

因此典型的一阶偏导数为 $\frac{\partial(\boldsymbol{a}^{\mathrm{T}}\boldsymbol{x})}{\partial x_i} = a_i$，重新排列 n 个偏导数，看成是 $n\times 1$ 阶矩阵的元素，得

$$f'(\boldsymbol{x})^{\mathrm{T}} = \frac{\partial(\boldsymbol{a}^{\mathrm{T}}\boldsymbol{x})}{\partial \boldsymbol{x}} = \left[\frac{\partial(\boldsymbol{a}^{\mathrm{T}}\boldsymbol{x})}{\partial x_j}\right] = \boldsymbol{a} \tag{9.12}$$

所有二阶偏导数是 0，可以看成是零矩阵的元素。因此我们可以将海塞矩阵写为：

$$f''(\boldsymbol{x}) = \frac{\partial^2(\boldsymbol{a}^{\mathrm{T}}\boldsymbol{x})}{\partial \boldsymbol{x}\partial \boldsymbol{x}^{\mathrm{T}}} = \left[\frac{\partial^2(\boldsymbol{a}^{\mathrm{T}}\boldsymbol{x})}{\partial x_j\partial x_k}\right] = \boldsymbol{0}_{n\times n} \tag{9.13}$$

换一种解释（$\boldsymbol{a}$ 是变量，$\boldsymbol{x}$ 是常量），我们可以得到相似结论：

$$g'(\boldsymbol{a})^{\mathrm{T}} = \frac{\partial(\boldsymbol{a}^{\mathrm{T}}\boldsymbol{x})}{\partial \boldsymbol{a}} = \left[\frac{\partial(\boldsymbol{a}^{\mathrm{T}}\boldsymbol{x})}{\partial a_j}\right] = \boldsymbol{x} \tag{9.14}$$

$$g''(\boldsymbol{a}) = \frac{\partial^2(\boldsymbol{a}^{\mathrm{T}}\boldsymbol{x})}{\partial \boldsymbol{a}\partial \boldsymbol{a}^{\mathrm{T}}} = \left[\frac{\partial^2(\boldsymbol{a}^{\mathrm{T}}\boldsymbol{x})}{\partial a_j\partial a_k}\right] = \boldsymbol{0}_{n\times n} \tag{9.15}$$

矩阵的线性形式的二阶偏导数为 0，说明这样的函数曲率为 0。一个非线性函数的二阶导数的符号与取值将提供曲率的性质与大小信息。在 9.6 节讨论泰勒定理和 10.2 节讨论凹函数和凸函数时我们会重新解释这些。

二次型

首先，对下述二次型

$$\boldsymbol{x}^{\mathrm{T}}\boldsymbol{A}\boldsymbol{x}=a_{11}x_1^2+a_{22}x_2^2+\cdots+a_{nn}x_n^2+2a_{12}x_1x_2 \\ +\cdots+2a_{1n}x_1x_n+\cdots+2a_{(n-1)n}x_{(n-1)}x_n \tag{9.16}$$

考虑这种简单形式的非线性函数的导数与曲率。因为 $\boldsymbol{A}$ 是对称的 $n\times n$ 阶矩阵，所以我们可以利用 $a_{12}=a_{21}$ 来展开。

再次，式 (9.16) 既可以看作是一个关于 $\boldsymbol{x}$ 的函数（把 $\boldsymbol{A}$ 看作常数向量），也可以看作是关于 $\boldsymbol{A}$ 的函数（把 $\boldsymbol{x}$ 看作常数向量）。我们使用前一种解释，有

$$\frac{\partial(\boldsymbol{x}^{\mathrm{T}}\boldsymbol{A}\boldsymbol{x})}{\partial x_1}=2(a_{11}x_1+a_{12}x_2+\cdots+a_{1n}x_n) \tag{9.17}$$

$$\frac{\partial(\boldsymbol{x}^{\mathrm{T}}\boldsymbol{A}\boldsymbol{x})}{\partial x_2}=2(a_{21}x_1+a_{22}x_2+\cdots+a_{2n}x_n) \tag{9.18}$$

以此类推。这种情况下典型的一阶偏导数是

$$\frac{\partial(\boldsymbol{x}^{\mathrm{T}}\boldsymbol{A}\boldsymbol{x})}{\partial x_j}=2\sum_{k=1}^{n}a_{jk}x_k \tag{9.19}$$

叠加所有一阶偏导数，构成一个 $n\times 1$ 阶矩阵，为

$$\frac{\partial(\boldsymbol{x}^{\mathrm{T}}\boldsymbol{A}\boldsymbol{x})}{\partial \boldsymbol{x}}=\left[\frac{\partial(\boldsymbol{x}^{\mathrm{T}}\boldsymbol{A}\boldsymbol{x})}{\partial x_j}\right]=2\boldsymbol{A}\boldsymbol{x} \tag{9.20}$$

将 $\frac{\partial(\boldsymbol{x}^{\mathrm{T}}\boldsymbol{A}\boldsymbol{x})}{\partial \boldsymbol{x}}$ 中 n 个偏导数分别关于 x_k 求微分可得 n^2 个二阶偏导数。微分的细节部分留给有兴趣的读者自己练习，见练习 9.3。把结果所得的二阶偏导数作为元素放置在 $n\times n$ 阶矩阵中，可得

$$\frac{\partial^2(\boldsymbol{x}^{\mathrm{T}}\boldsymbol{A}\boldsymbol{x})}{\partial \boldsymbol{x}\partial \boldsymbol{x}^{\mathrm{T}}}=\left[\frac{\partial^2(\boldsymbol{x}^{\mathrm{T}}\boldsymbol{A}\boldsymbol{x})}{\partial x_j\partial x_k}\right]=2\boldsymbol{A} \tag{9.21}$$

在 $\boldsymbol{A}$ 是不对称的情况下，有

$$\frac{\partial(\boldsymbol{x}^{\mathrm{T}}\boldsymbol{A}\boldsymbol{x})}{\partial \boldsymbol{x}}=(\boldsymbol{A}+\boldsymbol{A}^{\mathrm{T}})\boldsymbol{x} \text{ 和 } \frac{\partial^2(\boldsymbol{x}^{\mathrm{T}}\boldsymbol{A}\boldsymbol{x})}{\partial \boldsymbol{x}\partial \boldsymbol{x}^{\mathrm{T}}}=(\boldsymbol{A}+\boldsymbol{A}^{\mathrm{T}}) \tag{9.22}$$

与我们把一个向量变量的函数关于这个向量变量求微分一样，我们也可以把一个有矩阵变量的函数关于这个矩阵变量求微分，虽然符号上会有一点麻烦。

因此我们可得如下结果：

$$\frac{\partial(\boldsymbol{x}^{\mathrm{T}}\boldsymbol{A}\boldsymbol{x})}{\partial \boldsymbol{A}}=\left[\frac{\partial(\boldsymbol{x}^{\mathrm{T}}\boldsymbol{A}\boldsymbol{x})}{\partial a_{ij}}\right]=[x_ix_j]_{n\times n}=\boldsymbol{x}\boldsymbol{x}^{\mathrm{T}} \tag{9.23}$$

在本例中，我们控制矩阵其他元素不变来对 a_{ij} 进行微分，特别是 a_{ji} 为常数，

这样做矩阵 **A** 不再具有对称性限制。注意式（9.23）的结果正是练习 1.9 中所讨论的向量的外积。

9.3 链式法则与乘积法则

9.3.1 单变量链式法则

我们可以回忆一下，在标量微积分运算中，如果 $z=f(y)$ 且 $y=g(x)$ 是标量函数，则有 $z=f(g(x))=f\circ g(x)$，那么有

$$\frac{\mathrm{d}z}{\mathrm{d}x}=\frac{\mathrm{d}z}{\mathrm{d}y}\frac{\mathrm{d}y}{\mathrm{d}x} \tag{9.24}$$

这称为微积分运算的链式法则，证明可参考 Binmore（1982，p. 99）。

例 9.3.1 设 $z=2y$，$y=x^3$，则 $\frac{\mathrm{d}z}{\mathrm{d}y}=2$ 且 $\frac{\mathrm{d}y}{\mathrm{d}x}=3x^2$，因此

$$\frac{\mathrm{d}z}{\mathrm{d}x}=\frac{\mathrm{d}z}{\mathrm{d}y}\frac{\mathrm{d}y}{\mathrm{d}x}=2(3x^2)=6x^2 \tag{9.25}$$

很容易通过这个简单的例子验证链式法则，只需在 z 中替换 y，再对 z 关于 x 求微分即可：

$$\frac{\mathrm{d}z}{\mathrm{d}x}=\frac{\mathrm{d}(2x^3)}{\mathrm{d}x}=6x^2 \tag{9.26}$$

9.3.2 偏导数链式法则

如果 $\boldsymbol{z}=f(\boldsymbol{y})$ 和 $\boldsymbol{y}=g(\boldsymbol{x})$ 是向量，则 $\boldsymbol{z}\equiv h(\boldsymbol{x})=f(g(\boldsymbol{x}))=f\circ g(\boldsymbol{x})$，因此链式法则可以推广。特别当 $\boldsymbol{z}$ 是 $p\times1$、$\boldsymbol{y}$ 是 $m\times1$、$\boldsymbol{x}$ 是 $n\times1$ 维向量时，我们可以得到偏导的链式法则（$i=1, 2, \cdots, p$ 且 $j=1, 2, \cdots, n$）：

$$\begin{aligned}\frac{\partial h^i}{\partial x_j}(\boldsymbol{x})&=\sum_{k=1}^{m}\frac{\partial f^i}{\partial y_k}(\boldsymbol{y})\frac{\partial g^k}{\partial x_j}(\boldsymbol{x})\\&=\frac{\partial f^i}{\partial y_1}(\boldsymbol{y})\frac{\partial g^1}{\partial x_j}(\boldsymbol{x})+\frac{\partial f^i}{\partial y_2}(\boldsymbol{y})\frac{\partial g^2}{\partial x_j}(\boldsymbol{x})+\cdots+\frac{\partial f^i}{\partial y_m}(\boldsymbol{y})\frac{\partial g^m}{\partial x_j}(\boldsymbol{x})\end{aligned} \tag{9.27}$$

本结论的证明超出了本书的范畴，有兴趣的读者可以参考 Binmore（1982，pp. 213－14）。

例 9.3.2 令 f：$\mathbb{R}^2\rightarrow\mathbb{R}^2$ 和 g：$\mathbb{R}\rightarrow\mathbb{R}^2$ 定义为：

$$\mathbf{z}=\begin{bmatrix} z_1 \\ z_2 \end{bmatrix}=\begin{bmatrix} y_1+y_2 \\ y_1 y_2 \end{bmatrix}=f(\mathbf{y}) \text{ 且 } \mathbf{y}=\begin{bmatrix} y_1 \\ y_2 \end{bmatrix}=\begin{bmatrix} x \\ x^2 \end{bmatrix}=g(x) \tag{9.28}$$

其中 $h\equiv f\circ g$，那么

$$\begin{aligned}\frac{\partial h^1}{\partial x}(x)&=\frac{\partial f^2}{\partial y_1}(\mathbf{y})\frac{\partial g^1}{\partial x}(x)+\frac{\partial f^1}{\partial y_2}(\mathbf{y})\frac{\partial g^2}{\partial x}(x)\\&=1\times1+1\times2x=1+2x\end{aligned} \tag{9.29}$$

$$\begin{aligned}\frac{\partial h^2}{\partial x}(x)&=\frac{\partial f^2}{\partial y_1}(\mathbf{y})\frac{\partial g^1}{\partial x}(x)+\frac{\partial f^2}{\partial y_2}(\mathbf{y})\frac{\partial g^2}{\partial x}(x)\\&=y_2\times1+y_1\times2x=x^2+2x^2=3x^2\end{aligned} \tag{9.30}$$

该解很容易直接验证。

$$z_1=y_1+y_2=x+x^2 \quad \therefore \frac{\mathrm{d}z_1}{\mathrm{d}x}=1+2x \tag{9.31}$$

$$z_2=y_1 y_2=x(x^2)=x^3 \quad \therefore \frac{\mathrm{d}z_2}{\mathrm{d}x}=3x^2 \tag{9.32}$$

9.3.3 全导数链式法则

所有的偏导数的结果式 (9.27) 写成矩阵形式，我们可以得出以下定理。

定理 9.3.1（链式法则） 令 f：$\mathbb{R}^m\to\mathbb{R}^p$ 和 g：$\mathbb{R}^n\to\mathbb{R}^m$ 为连续可微函数，令 h：$\mathbb{R}^n\to\mathbb{R}^p$ 定义为：

$$h(\boldsymbol{x})=f(g(\boldsymbol{x})) \tag{9.33}$$

那么有

$$\underbrace{h'(\boldsymbol{x})}_{p\times n}\equiv\underbrace{f'(g(\boldsymbol{x}))}_{p\times m}\underbrace{g'(\boldsymbol{x})}_{m\times n} \tag{9.34}$$

证明： 由偏导数链式法则可简单证明，见练习 9.9。

例 9.3.3 回到例 9.3.2，

$$f'(\mathbf{y})=\begin{bmatrix} 1 & 1 \\ y_2 & y_1 \end{bmatrix},\ g'(x)=\begin{bmatrix} 1 \\ 2x \end{bmatrix} \tag{9.35}$$

因此，由全导数链式法则，有

$$\begin{aligned}h'(\boldsymbol{x})=f'(\mathbf{y})g'(x)&=\begin{bmatrix} 1 & 1 \\ y_2 & y_1 \end{bmatrix}\begin{bmatrix} 1 \\ 2x \end{bmatrix}=\begin{bmatrix} 1+2x \\ y_2+2xy_1 \end{bmatrix}\\&=\begin{bmatrix} 1+2x \\ x^2+2xx \end{bmatrix}=\begin{bmatrix} 1+2x \\ 3x^2 \end{bmatrix}\end{aligned} \tag{9.36}$$

与标量微积分的偏导数刚好相等。

链式法则的一个最普遍的应用就是以下推论。

推论 9.3.2 令 f：$\mathbb{R}^{m+n}\to\mathbb{R}^p$ 和 g：$\mathbb{R}^n\to\mathbb{R}^m$ 为连续可微函数，并令 $\boldsymbol{x}\in$

$\mathbb{R}^n$，定义 h：$\mathbb{R}^n \to \mathbb{R}^p$ 为

$$h(\boldsymbol{x}) \equiv f(g(\boldsymbol{x}),\boldsymbol{x}) \tag{9.37}$$

把 f 的全导数按前 m 列和后 n 列分块为两个子矩阵，记为

$$\underbrace{f'(\cdot)}_{p\times(m+n)} = \left[\underbrace{D_g f(\cdot)}_{p\times m} \quad \underbrace{D_x f(\cdot)}_{p\times n}\right] \tag{9.38}$$

那么有

$$h'(\boldsymbol{x}) = D_g f(g(\boldsymbol{x}),\boldsymbol{x})g'(\boldsymbol{x}) + D_x f(g(\boldsymbol{x}),\boldsymbol{x}) \tag{9.39}$$

证明：根据偏导数的链式法则可计算 $\dfrac{\partial h^i}{\partial x_j}(\boldsymbol{x})$，写成 f 和 g 的偏导数形式（$i=1,2,\cdots,p$，$j=1,2,\cdots,n$）：

$$\frac{\partial h^i}{\partial x_j}(\boldsymbol{x}) = \sum_{k=1}^{m}\frac{\partial f^i}{\partial x_k}(g(\boldsymbol{x}),\boldsymbol{x})\frac{\partial g^k}{\partial x_j}(\boldsymbol{x}) + \sum_{k=m+1}^{m+n}\frac{\partial f^i}{\partial x_k}(g(\boldsymbol{x}),\boldsymbol{x})\frac{\partial x^{k-m}}{\partial x_j}(\boldsymbol{x}) \tag{9.40}$$

注意：

$$\frac{\partial x^l}{\partial x_j}(\boldsymbol{x}) = \delta_{lj} \equiv \begin{cases} 1, & l=j \\ 0, & \text{其他} \end{cases} \tag{9.41}$$

这是 1.5.2 节中定义的克罗内克德尔塔（Kronecker delta），因此式（9.40）第二个求和项消去后只剩下一项。可写为

$$\frac{\partial h^i}{\partial x_j}(\boldsymbol{x}) = \sum_{k=1}^{m}\frac{\partial f^i}{\partial x_k}(g(\boldsymbol{x}),\boldsymbol{x})\frac{\partial g^k}{\partial x_j}(\boldsymbol{x}) + \frac{\partial f^i}{\partial x_{m+j}}(g(\boldsymbol{x}),\boldsymbol{x}) \tag{9.42}$$

把这些标量等式整理为矩阵形式，并对所得结果进行因式分解：

$$\begin{aligned}
&\begin{bmatrix} \dfrac{\partial h^1}{\partial x_1}(\boldsymbol{x}) & \cdots & \dfrac{\partial h^1}{\partial x_n}(\boldsymbol{x}) \\ \vdots & \ddots & \vdots \\ \dfrac{\partial h^p}{\partial x_1}(\boldsymbol{x}) & \cdots & \dfrac{\partial h^p}{\partial x_n}(\boldsymbol{x}) \end{bmatrix} \\
&= \begin{bmatrix} \dfrac{\partial f^1}{\partial x_1}(g(\boldsymbol{x}),\boldsymbol{x}) & \cdots & \dfrac{\partial f^1}{\partial x_m}(g(\boldsymbol{x}),\boldsymbol{x}) \\ \vdots & \ddots & \vdots \\ \dfrac{\partial f^p}{\partial x_1}(g(\boldsymbol{x}),\boldsymbol{x}) & \cdots & \dfrac{\partial f^p}{\partial x_m}(g(\boldsymbol{x}),\boldsymbol{x}) \end{bmatrix} \begin{bmatrix} \dfrac{\partial g^1}{\partial x_1}(\boldsymbol{x}) & \cdots & \dfrac{\partial g^1}{\partial x_n}(\boldsymbol{x}) \\ \vdots & \ddots & \vdots \\ \dfrac{\partial g^m}{\partial x_1}(\boldsymbol{x}) & \cdots & \dfrac{\partial g^m}{\partial x_n}(\boldsymbol{x}) \end{bmatrix} \\
&\quad + \begin{bmatrix} \dfrac{\partial f^1}{\partial x_{m+1}}(g(\boldsymbol{x}),\boldsymbol{x}) & \cdots & \dfrac{\partial f^1}{\partial x_{m+n}}(g(\boldsymbol{x}),\boldsymbol{x}) \\ \vdots & \ddots & \vdots \\ \dfrac{\partial f^p}{\partial x_{m+1}}(g(\boldsymbol{x}),\boldsymbol{x}) & \cdots & \dfrac{\partial f^p}{\partial x_{m+n}}(g(\boldsymbol{x}),\boldsymbol{x}) \end{bmatrix}
\end{aligned} \tag{9.43}$$

现在我们可以根据式（9.43）将全微分 $h'(\boldsymbol{x})$ 写成分块矩阵的乘积形式：

$$h'(\boldsymbol{x})=D_g f(g(\boldsymbol{x}), \boldsymbol{x})g'(\boldsymbol{x})+D_x f(g(\boldsymbol{x}), \boldsymbol{x}) \tag{9.44}$$

即得证。

例 9.3.4 设想一个简单的例子：$m=n=p$，令 $f(\boldsymbol{x}, \boldsymbol{y})=\boldsymbol{x}-\boldsymbol{y}$ 且 $g(\boldsymbol{x})=\boldsymbol{Gx}$，$\boldsymbol{G}$ 是 $n\times n$ 阶矩阵，则有

$$h(\boldsymbol{x})\equiv f(g(\boldsymbol{x}), \boldsymbol{x})=\boldsymbol{Gx}-\boldsymbol{x} \tag{9.45}$$

对所有 $\boldsymbol{x}$，$\boldsymbol{y}$，我们有 $f'(\boldsymbol{x}, \boldsymbol{y})=[\boldsymbol{I} \quad -\boldsymbol{I}]$，$D_g f=\boldsymbol{I}$，$D_x f=-\boldsymbol{I}$（所有单位矩阵都是 n 维的）。

因此，

$$h'(\boldsymbol{x})=D_g f g'(\boldsymbol{x})+D_x f=\boldsymbol{IG}-\boldsymbol{I}=\boldsymbol{G}-\boldsymbol{I} \tag{9.46}$$

当然，这个结果可由式（9.45）直接计算而得。

9.3.4 乘积法则

多元等价乘积法则或莱布尼兹法则（Leibniz）的公式有两种形式。[①]

定理 9.3.3（向量微积分的乘积法则） 下面两种形式都成立。

(a) 令 f，g：$\mathbb{R}^m\to\mathbb{R}^n$，定义 h：$\mathbb{R}^m\to\mathbb{R}$ 为

$$\underbrace{h(\boldsymbol{x})}_{1\times 1}\equiv\underbrace{f(\boldsymbol{x})^{\mathrm{T}}}_{1\times n}\underbrace{g(\boldsymbol{x})}_{n\times 1} \tag{9.47}$$

那么

$$\underbrace{h'(\boldsymbol{x})}_{1\times m}=\underbrace{g(\boldsymbol{x})^{\mathrm{T}}}_{1\times n}\underbrace{f'(\boldsymbol{x})}_{n\times m}+\underbrace{f(\boldsymbol{x})^{\mathrm{T}}}_{1\times n}\underbrace{g'(\boldsymbol{x})}_{n\times m} \tag{9.48}$$

(b) 令 f：$\mathbb{R}^m\to\mathbb{R}$，$g$：$\mathbb{R}^m\to\mathbb{R}^n$，定义 h：$\mathbb{R}^m\to\mathbb{R}^n$ 为

$$\underbrace{h(\boldsymbol{x})}_{n\times 1}\equiv\underbrace{f(\boldsymbol{x})}_{1\times 1}\underbrace{g(\boldsymbol{x})}_{n\times 1} \tag{9.49}$$

那么

$$\underbrace{h'(\boldsymbol{x})}_{n\times m}=\underbrace{g(\boldsymbol{x})}_{n\times 1}\underbrace{f'(\boldsymbol{x})}_{1\times m}+\underbrace{f(\boldsymbol{x})}_{1\times 1}\underbrace{g'(\boldsymbol{x})}_{n\times m} \tag{9.50}$$

证明： 先根据单变量的乘积法则计算出相应偏导数，再将结果整理成矩阵形式，就可以得以证明。更多的细节留作练习，见练习 9.10 和 9.11。

例 9.3.5 令 $f(\boldsymbol{x})=(\boldsymbol{x}\cdot\boldsymbol{x})^{-\frac{1}{2}}=\dfrac{1}{\|\boldsymbol{x}\|}$，$g(\boldsymbol{x})=\boldsymbol{x}$ 且 $h(\boldsymbol{x})=\dfrac{\boldsymbol{x}}{\|\boldsymbol{x}\|}=f(\boldsymbol{x})g(\boldsymbol{x})$。换句话说，$h(\boldsymbol{x})$ 是与 $\boldsymbol{x}$ 同向的单位向量。

那么，使用链式法则，有

① 莱布尼兹法则和莱布尼兹积分公式（定理 9.7.4 和定理 9.7.5）是以德国出生的数学家 Gottfried Wilhelm Leibniz（1646—1716）的名字命名的。

$$\frac{\partial f}{\partial x_i}(\boldsymbol{x})=-\frac{1}{2}\frac{2x_i}{(\sqrt{\boldsymbol{x}\cdot\boldsymbol{x}})^3} \tag{9.51}$$

和

$$f'(\boldsymbol{x})=-\frac{1}{\|\boldsymbol{x}\|^3}\boldsymbol{x}^{\mathrm{T}} \tag{9.52}$$

对所有 $\boldsymbol{x}$ 有 $g'(\boldsymbol{x})=\boldsymbol{I}$，所以由乘积法则，可得

$$h'(\boldsymbol{x})=-\frac{1}{\|\boldsymbol{x}\|^3}\boldsymbol{x}\boldsymbol{x}^{\mathrm{T}}+\frac{1}{\|\boldsymbol{x}\|}\boldsymbol{I} \tag{9.53}$$

9.4 弹性

定义 9.4.1 令 f：$X\to\mathbb{R}_{++}$ 是定义在 $X\subseteq\mathbb{R}^k_{++}$ 上的正函数，因此对 $i=1$，2，…，k 及 $\boldsymbol{x}^*\in X$，f 在 $\boldsymbol{x}^*$ 处关于 x_i 的弹性是

$$\frac{x_i^*}{f(\boldsymbol{x}^*)}\frac{\partial f}{\partial x_i}(\boldsymbol{x}^*) \tag{9.54}$$

简单地说，使用链式法则我们会看到，弹性就是 $\frac{\partial \ln f}{\partial \ln x_i}$，见练习 9.12，弹性是函数在 log-log 图上的斜率。因为只有正数才有实对数，所以定义中需要限定为正值变量的正值函数。

定义 9.4.2 当弹性的绝对值小于 1 时我们称此函数是**缺乏弹性**的；当弹性的绝对值大于 1 时我们称此函数为**有弹性**的。临界情况时称这个函数是**单位弹性**的。

注意，一个函数可以在它的一部分定义域里是有弹性的，但在另一部分定义域里是缺乏弹性的。

例 9.4.1 经济学学生可能很熟悉弹性的一个应用，那就是总收益。总收益函数是反需求函数 $P(Q)$ 的函数，反需求函数表示要销售数量为 Q 的商品时商品的最高价格 P。使用标量微分的乘积法则，我们可以得到总收益 $P\times Q$ 关于销售数量 Q 的导数或者说是**边际收益**，其为

$$\frac{\mathrm{d}P(Q)Q}{\mathrm{d}Q}=Q\frac{\mathrm{d}P}{\mathrm{d}Q}+P \tag{9.55}$$

$$=P\left(1+\frac{1}{\eta}\right) \tag{9.56}$$

其中，

$$\eta\equiv\frac{P}{Q}\frac{\mathrm{d}Q}{\mathrm{d}P} \tag{9.57}$$

表示需求数量 Q 关于价格 P 的弹性。

根据单变量微积分我们可知，在导数为正时总收益随着 Q 的增加而增加，在导数为负时总收益随着 Q 的增加而减少。导数为 0 时总收益不变或者取到极值。

因此，弹性为－1 时总收益不变或者取到极值；弹性小于－1 时总收益随着 Q 的增加而增加（即需求是有弹性的）；弹性在 0 与－1 之间时总收益随着 Q 的增加而减少（即需求是缺乏弹性的）。

注意，$P-Q$ 空间中总收益函数的无差异曲线是等轴双曲线（直角双曲线）$PQ=k$，所有 $k>0$。

例 9.4.2 一个含 n 个变量的函数在经济模型中有广泛应用，也就是**柯布—道格拉斯函数**。① 其一般形式为：

$$f(\boldsymbol{x})=\prod_{i=1}^{n} x_i^{\alpha_i} \tag{9.58}$$

在一般应用中都假定所有分量 x_i 和参数 α_i 为正，f 是 $\sum_{i=1}^{n}\alpha_i$ 阶齐次的 。

假设 x_i 为正，在式（9.58）的两边取自然对数，得

$$\ln f(\boldsymbol{x})=\sum_{i=1}^{n}\alpha_i \ln x_i \tag{9.59}$$

因此，

$$\frac{\partial \ln f}{\partial \ln x_i}=\alpha_i,\ \forall\, i=1,\ 2,\ \cdots,\ n \tag{9.60}$$

换句话说，每一个 α_i 都是柯布—道格拉斯函数关于 x_i 的弹性。

9.5 方向导数与切超平面

现在我们将讨论含 n 个变量的函数的第三种图像化的方法（7.7 节中提到过）。下面对一个（$n+1$）维的函数图形沿着定义域中的任意一条直线，在二维截面中进行可视化。

定义 9.5.1 令 X 表示一个实向量空间，令 $\boldsymbol{x}\neq\boldsymbol{x}'\in X$，并设 L 为包含 $\boldsymbol{x}$ 和 $\boldsymbol{x}'$ 的线。

(a) 直线 L 约束下的函数 f：$X\rightarrow\mathbb{R}$ 是下述函数：

$$f|_L:\ \mathbb{R}\rightarrow\mathbb{R}:\ \lambda\mapsto f(\lambda\boldsymbol{x}+(1-\lambda)\boldsymbol{x}') \tag{9.61}$$

(b) 如果 f 是可微函数，那么沿着从 $\boldsymbol{x}'$ 到 $\boldsymbol{x}$ 的方向，f 在 $\boldsymbol{x}'$ 的**方向导数**

① 根据 Neary（1997，p. 102），柯布—道格拉斯生产函数最先由瑞典数学家和经济学家 Johan Gustaf Knut Wicksell（1851—1926）提出的，但是它确实以美国经济学家 Charles Wiggans Cobb（1875—1949）和 Senator Paul Howard Douglas（1892—1976）的名字命名的，他们最先从统计上进行了检验。

是$f|'_L(0)$。

根据链式法则，有

$$f|'_L(\lambda)=f'(\lambda\boldsymbol{x}+(1-\lambda)\boldsymbol{x}')(\boldsymbol{x}-\boldsymbol{x}') \tag{9.62}$$

因此，方向导数化简为①

$$f|'_L(0)=f'(\boldsymbol{x}')(\boldsymbol{x}-\boldsymbol{x}') \tag{9.63}$$

注意，根据第一条原理，有

$$f|'_L(0)=\lim_{\lambda\to 0}\frac{f(\boldsymbol{x}'+\lambda(\boldsymbol{x}-\boldsymbol{x}'))-f(\boldsymbol{x}')}{\lambda} \tag{9.64}$$

有时候写成 $\boldsymbol{x}-\boldsymbol{x}'\equiv\boldsymbol{h}$，显得更整齐。根据链式法则，我们可以证明 $f|_L$ 的二阶导数是（见练习 9.15）：

$$f|''_L(\lambda)=\boldsymbol{h}^{\mathrm{T}}f''(\boldsymbol{x}'+\lambda\boldsymbol{h})\boldsymbol{h} \tag{9.65}$$

和

$$f|''_L(0)=\boldsymbol{h}^{\mathrm{T}}f''(\boldsymbol{x}')\boldsymbol{h} \tag{9.66}$$

我们尽可能严格遵守惯例，$\boldsymbol{x}'$表示求导数的点，$\boldsymbol{x}$ 表示测量方向上的点。

定义 7.3.4 中我们实际上已经接触到线性约束。因为式（7.14）表明，如果定义域内多变量函数所受的每一个线段约束都是单变量凸函数，则这个多变量函数是凸的，这时可以用二维图来表示。

当 $\boldsymbol{e}_i$ 是第 i 个标准基向量时，我们称 f 在 $\boldsymbol{x}$ 的第 i 个偏导数是 f 在 $\boldsymbol{x}$ 处的方向导数（沿着从 $\boldsymbol{x}$ 到 $\boldsymbol{x}+\boldsymbol{e}_i$ 的方向）。换句话说，偏导数是方向导数的特例，方向导数是偏导数的推广。

例 9.5.1 考虑下述函数：

$$f: \mathbb{R}^2\to\mathbb{R}: (x, y)\mapsto x^2+y^2 \tag{9.67}$$

若这个函数受到 xy 平面上的直线约束，则得到一条抛物线。若受到平行于 xy 平面的截面的约束，则得到圆。

定义 9.5.2 函数 f: $\mathbb{R}^n\to\mathbb{R}$ 在 $\mathbb{R}^{n+1}$ 的图像，在 $\boldsymbol{x}'$ 的切超平面是 $\mathbb{R}^{n+1}$ 中过 $(\boldsymbol{x}', f(\boldsymbol{x}'))$、法向量为 $(f'(\boldsymbol{x}'), -1)$ 的超平面。

切超平面的方程由超平面上一个典型点 $(\boldsymbol{x}, y)$ 的正交条件给出，为

$$(f'(\boldsymbol{x}'), -1)^{\mathrm{T}}((\boldsymbol{x}, y)-(\boldsymbol{x}', f(\boldsymbol{x}')))=0 \tag{9.68}$$

化简为

$$y=f(\boldsymbol{x}')+f'(\boldsymbol{x}')(\boldsymbol{x}-\boldsymbol{x}') \tag{9.69}$$

---

① 一些作者用单位向量的方向来定义 f 在 $\boldsymbol{x}'$ 的方向导数，例如，把 $\boldsymbol{u}\equiv(\boldsymbol{x}-\boldsymbol{x}')/\|\boldsymbol{x}-\boldsymbol{x}'\|$，当作 $f'(\boldsymbol{x}')\boldsymbol{u}$。定义 9.5.1 扩展了这个定义，可以包含任意 $\boldsymbol{u}$，即使 $\|\boldsymbol{u}\|\neq 1$。

图 9—1 表示单变量函数图像的切超平面，即与图像上的点 P 相切的一条线。根据图中的坐标，可以得到切线的斜率为

$$\tan\theta=\frac{f'(x')(x-x')}{x-x'} \tag{9.70}$$

显然在单变量情况下可以简化为 $f'(x')$。

图 9—1 同样可以看作是含 n 个变量的函数的图像的一个截面图，也可以表示向量 $\boldsymbol{x}$ 处改变一个小的标量 x 时对应的切超平面。标为 L 的水平坐标轴，表示函数定义域内任意一条直线，这条直线用 λ 参数化（在 $\boldsymbol{x}'$ 处等于 0，在 $\boldsymbol{x}$ 处等于 1）。粗线的高度是 $f'(\boldsymbol{x}')(\boldsymbol{x}-\boldsymbol{x}')$，根据式（9.61）它表示 f 在 $\boldsymbol{x}'$ 处沿着 $\boldsymbol{x}$ 方向的方向导数。

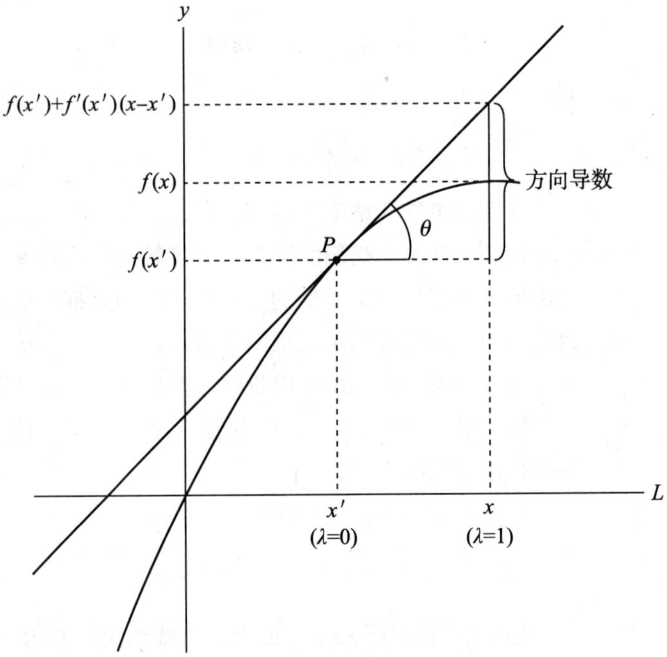

图 9—1　单变量函数图形的切超平面

切超平面截面的斜率是：

$$\frac{f'(\boldsymbol{x}')(\boldsymbol{x}-\boldsymbol{x}')}{\|\boldsymbol{x}-\boldsymbol{x}'\|} \tag{9.71}$$

与式（9.70）中的标量情况不同，式（9.71）中分子和分母中的向量并不能相互消去。表达式（9.71）表示的是 f 在 $\boldsymbol{x}'$ 处沿着单位向量 $\frac{\boldsymbol{x}-\boldsymbol{x}'}{\|\boldsymbol{x}-\boldsymbol{x}'\|}$ 方向的方向导数。这可以解释为偏导数的列向量与这个单位向量的点乘。从定义 5.2.15 可知，这等于 $\|f'(\boldsymbol{x}')^{\mathrm{T}}\|$ 乘上这两个向量间夹角的余弦值。因此，当全导数（转置后）和单位向量垂直时，截面斜率为 0；当二者共线时，截面斜率取得极

大值。

例 9.5.2 回到例 9.5*，$f'(x, y)=[2x, 2y]$，把这些点画在图 9—2 中。我们可以得出结论，沿着直线 M 且过原点和(x, y)的截面，是所有过(x, y)的截面中最陡峭的截面。沿着直线 L 且过(x, y)的截面，有水平的切线。在无差异图中，L 与 f 在(x, y)的无差异曲线相切，并且 f 与这条无差异曲线相切时的值是 f 沿 L 所能取得的极小值。平行于 L 的直线簇是 f 在(x, y)的图像的切超平面的等水平线。

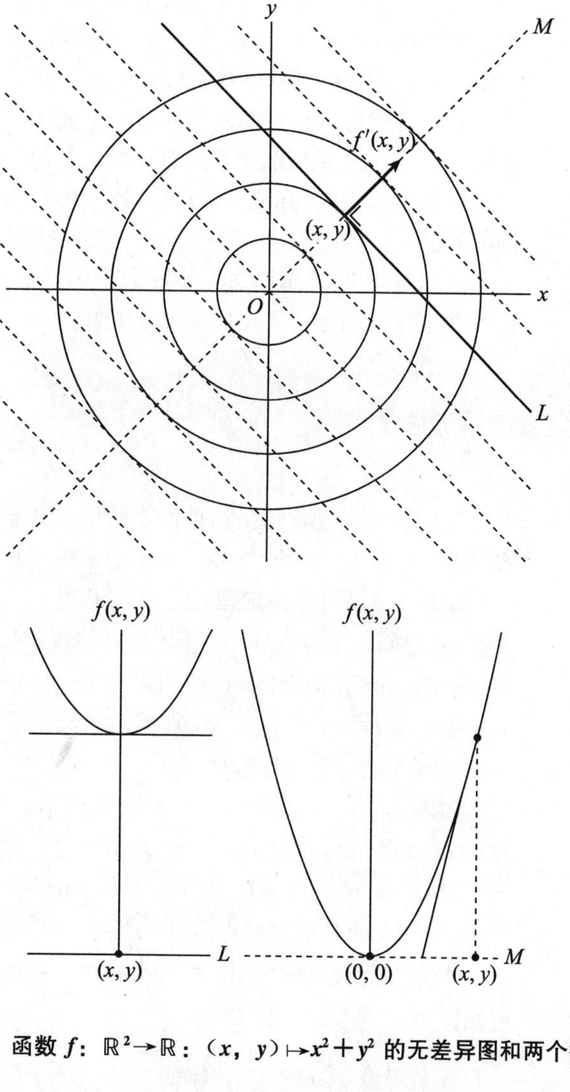

图 9—2 函数 f：$\mathbb{R}^2\to\mathbb{R}$：$(x, y)\mapsto x^2+y^2$ 的无差异图和两个截面

* 译者注：应该是例 9.5.1。

9.6 泰勒定理：确定形式

泰勒定理和它的诸多变化形式有很高的理论和实践价值。这些定理本质上说明了可以依靠线性函数和低阶多项式方程来对绝大多数函数进行近似。这个结论本身也是计量经济学和其他实证数据分析的合理性所在。用线性代数来表述，该定理表明，低阶多项式有限维的子空间是无限维函数空间的代表。读者可能很熟悉如何用线性函数来近似一般函数。泰勒定理表明，线性函数不能恰当拟合的情况下，较高阶的多项式往往有较好的拟合。①

泰勒定理可以从更理论化的层面上证明下一章中最优化的一些结论。更准确地说，为了提供一个连续可微函数在某点的近似值，泰勒展开式使用了多项式表达式和它在其他点的低阶导数值。该多项式表达式的系数包含了函数在其他点的函数值。

我们将在 13.9 节中进一步深入学习，后面的实际应用包括使用泰勒定理分析不确定性下的选择理论中的风险偏好。

9.6.1 单变量泰勒定理

我们将从泰勒定理最简单的零阶形式开始讨论，即介值定理，然后是一阶形式（即，仅仅包含一阶导数）的中值定理。这些定理的解释见图 9—3。

定理 9.6.1（介值定理） 如果函数 f：$\mathbb{R}\to\mathbb{R}$ 在$[a, b]$上连续，λ 在$f(a)$和 $f(b)$之间，则存在 $x^*\in[a, b]$，使得 $f(x^*)=\lambda$。

证明： 证明基于 Goursat（1959，pp. 144 - 5）。

令 $\phi(x)\equiv f(x)-\lambda$。因为 f 是连续的，故 ϕ 也是连续的，我们需要证明，存在 $x^*\in[a, b]$，使得 $\phi(x^*)=0$。

如果 $f(b)=\lambda$ 或者 $f(a)=\lambda$，结果不需要证明。因此，不失一般性，假定 $f(b)>\lambda>f(a)$，因此 $\phi(b)>0>\phi(a)$。

设 $A=\{y\in[a, b]: \phi(y)>0\}$，那么 A 非空，因为它至少包含 b。我们证明 $x^*=\inf A$ 就是要求的点。

注意，由 A 和 x^* 的定义，对 $h>0$，有 $\phi(x^*-h)\leqslant 0$，因此，由 ϕ 的连续性可知，$\phi(x^*)\leqslant 0$。

现在假设 $\phi(x^*)<0$，比如 $\phi(x^*)=-\epsilon$ 。我们将会推导出矛盾。

根据 ϕ 的连续性，存在 $\delta>0$，使得

① 泰勒定理和泰勒展开式是以英国数学家 Brook Taylor（1685—1731）的名字命名的，他在 1712 年的一封信中首次提到这个结果。

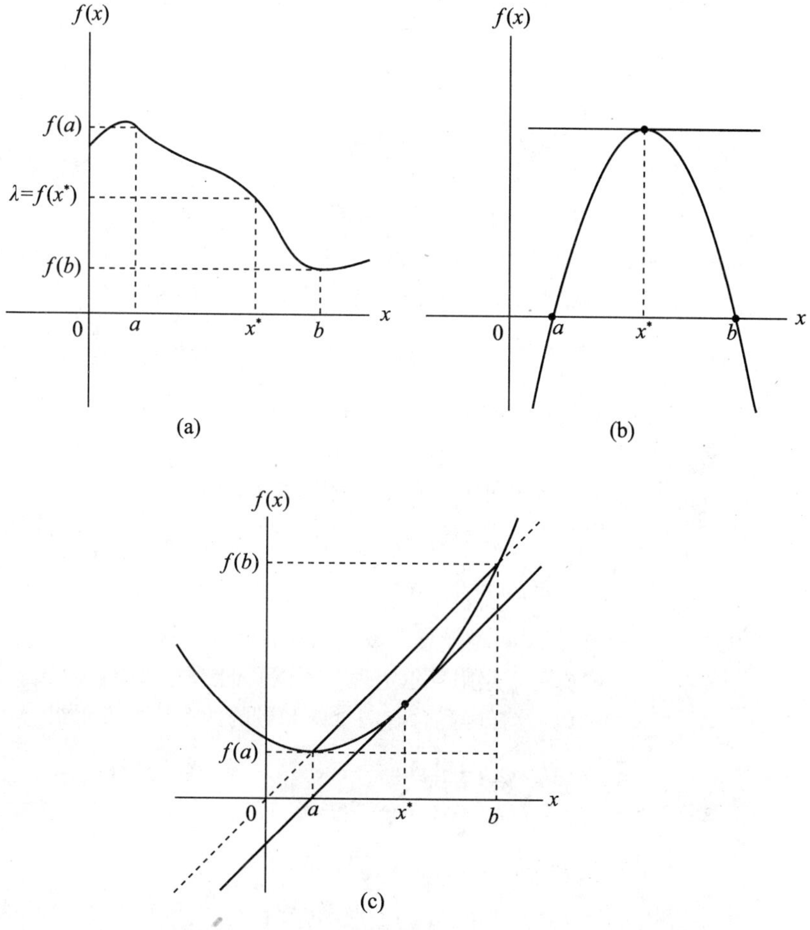

图 9—3　(a) 介值定理；(b) 罗尔定理；(c) 中值定理

$$|z-x^*|<\delta \Rightarrow |\phi(z)-\phi(x^*)|<\epsilon \Rightarrow \phi(z)<0 \Rightarrow z\notin A \tag{9.72}$$

事实上这个值的范围包括了 x^* 本身和它两边的值，但不在 A 中。这就与 $x^*=\inf A$ 矛盾。

所以，必须有 $\phi(x^*)=0$。

在学习泰勒定理的一阶形式——中值定理之前，我们先了解罗尔定理。①

定理 9.6.2（罗尔定理）　如果函数 f：$\mathbb{R}\rightarrow\mathbb{R}$ 在 $[a, b]$ 上连续且在 (a, b) 上可微，并有 $f(a)=f(b)=0$，则存在 $x^*\in(a, b)$ 使得 $f'(x^*)=0$。

证明： 证明基于 Goursat（1959，pp. 7 - 8）。

注意到当 f 一直为 0 时罗尔定理成立。不失一般性，我们设 f 在 (a, b) 上的某个点严格为正。

设 $x^*\equiv\mathrm{argmax}_{(a,b)} f(x)$，那么

① 这个定理是以法国数学家 Michel Rolle（1652—1719）的名字命名的，他在 1691 年发表了这个定理。

$$\text{当 } h>0 \text{ 时，} \frac{f(x^*+h)-f(x^*)}{h} \leqslant 0 \tag{9.73}$$

和

$$\text{当 } h<0 \text{ 时，} \frac{f(x^*+h)-f(x^*)}{h} \geqslant 0 \tag{9.74}$$

令 $h \to 0$，前一个不等式就化为 $f'(x^*) \leqslant 0$，后一个不等式就化为 $f'(x^*) \geqslant 0$。所以必有 $f'(x^*)=0$。

定理 9.6.3（中值定理） 如果函数 f：$\mathbb{R} \to \mathbb{R}$ 在 $[a, b]$ 上连续且在 (a, b) 上可微，则存在 $x^* \in (a, b)$，使得 $f'(x^*)=\frac{f(b)-f(a)}{b-a}$。

证明： 证明基于 Goursat（1959，p. 8）。这里我们将给出一个更一般的结论，中值定理仅仅是它的一个特例。

设 ϕ 为另外一个与 f 有相同性质的函数。

定义第三个函数 ψ：

$$\psi(y) \equiv Af(y)+B\phi(y)+C \tag{9.75}$$

其中 A，B，C 是任意实数，函数 ψ 同样在 $[a, b]$ 上连续且在 (a, b) 上可微。

需要对 ψ 应用罗尔定理，所以我们通过选择合适的 A、B、C 来保证 $\psi(a)=\psi(b)=0$。这样得到含有三个未知数的两个线性方程组：

$$Af(a)+B\phi(a)+C=0 \tag{9.76}$$

$$Af(b)+B\phi(b)+C=0 \tag{9.77}$$

或写成矩阵形式：

$$\begin{bmatrix} f(a) & \phi(a) \\ f(b) & \phi(b) \end{bmatrix} \begin{bmatrix} A \\ B \end{bmatrix} = -\begin{bmatrix} C \\ C \end{bmatrix} \tag{9.78}$$

如果我们令 C 等于左边 2×2 阶矩阵的行列式，可以得到更简洁的结果：

$$\begin{bmatrix} A \\ B \end{bmatrix} = -\begin{bmatrix} \phi(b) & -\phi(a) \\ -f(b) & f(a) \end{bmatrix} \begin{bmatrix} 1 \\ 1 \end{bmatrix} \tag{9.79}$$

或

$$A=\phi(a)-\phi(b) \tag{9.80}$$

$$B=f(b)-f(a) \tag{9.81}$$

$$C=f(a)\phi(b)-f(b)\phi(a) \tag{9.82}$$

注意，即使 $C=0$，式（9.80）～式（9.82）依然可解式（9.76）与式（9.77）。

现在由罗尔定理，存在 $x^* \in (a, b)$ 使得 $\psi'(x^*)=0$ 或

$$(\phi(a)-\phi(b))f'(x^*)+(f(b)-f(a))\phi'(x^*)=0 \tag{9.83}$$

称式（9.83）为广义中值定理，如果我们设 $\phi(y) \equiv y$，然后重新排列，可得

$$f'(x^*)=\frac{f(b)-f(a)}{b-a} \tag{9.84}$$

即得证。

重新整理中值定理，可以得到

$$f(b)=f(a)+(b-a)f'(x^*) \tag{9.85}$$

这样看起来类似泰勒定理的一阶形式，见下文。

在给出泰勒定理 n 阶形式的一般表述之前，先考虑一个单变量函数的简单例子，说明我们讨论泰勒定理的原因，然后给出一个例子。

假如 $f(x_0)$ 与 $\frac{\mathrm{d}f(x_0)}{\mathrm{d}x}$ 已知，当 x 趋近于 $f(x)$ 时我们想要得到 $f(x)$ 的近似值。受中值定理的启发，我们可以得到 $f(x)$ 的粗略近似为：

$$A=f(x_0)+\frac{\mathrm{d}f}{\mathrm{d}x}(x_0)(x-x_0) \tag{9.86}$$

如图 9—4 中所示。

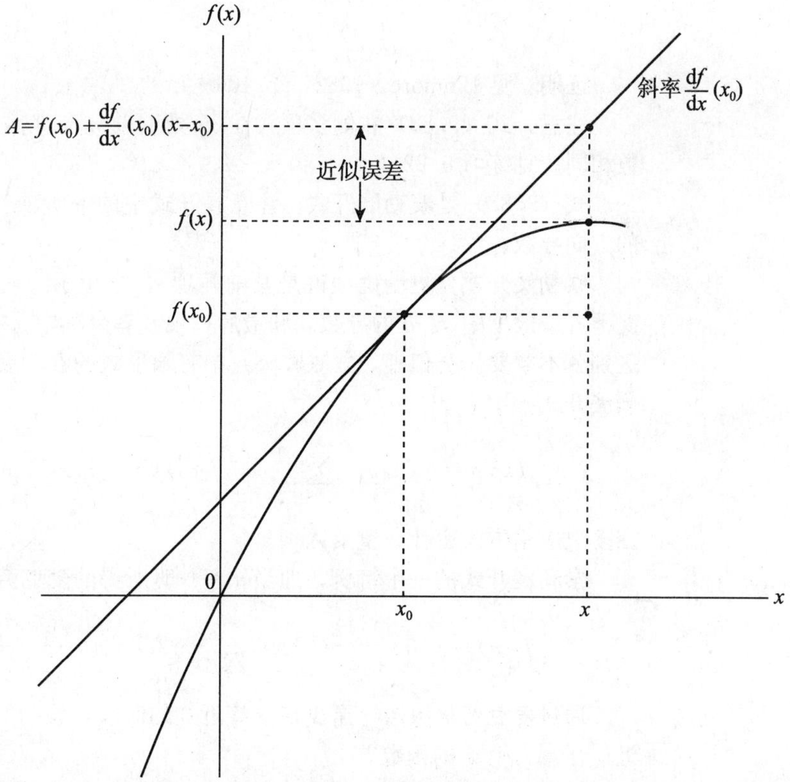

图 9—4　泰勒近似

由草图可知，A 的值是 $f(x)$ 的过高估计，因为忽略了函数的曲率。根据泰勒定理，更好的近似是

$$A^* = A + \frac{1}{2!}\frac{\mathrm{d}^2 f}{\mathrm{d}x^2}(x_0)(x-x_0)^2$$

$$= f(x_0) + \frac{\mathrm{d}f}{\mathrm{d}x}(x_0)(x-x_0) + \frac{1}{2!}\frac{\mathrm{d}^2 f}{\mathrm{d}x^2}(x_0)(x-x_0)^2 \tag{9.87}$$

在这里，$\frac{\mathrm{d}^2 f(x_0)}{\mathrm{d}x^2}$是负的。因为$\frac{\mathrm{d}f}{\mathrm{d}x}$是递减的，并且$(x-x_0)^2$是正的，所以$A^* < A$。$\frac{1}{2!}$表示给定一阶项时对新增加的二阶项赋予一个较小的权重。如果添加更多项效果会更好，例如$\frac{1}{3!}\frac{\mathrm{d}^3 f}{\mathrm{d}x^3}(x_0)(x-x_0)^3$等。作为练习，请读者使用定理证明对于二次函数$f(x)=ax^2+bx+c$，$A^*=f(x)$，见练习 9.21。

定理 9.6.4（单变量泰勒定理） 如果$f(x)$是$[x_0, x]$上n阶连续可导的函数，则存在$x^* \in (x_0, x)$，使得

$$f(x) = f(x_0) + \frac{\mathrm{d}f}{\mathrm{d}x}(x_0)(x-x_0) + \frac{1}{2!}\frac{\mathrm{d}^2 f}{\mathrm{d}x^2}(x_0)(x-x_0)^2 + \cdots + \frac{1}{(n-1)!}\frac{\mathrm{d}^{n-1} f}{\mathrm{d}x^{n-1}}(x_0)(x-x_0)^{n-1} + \frac{1}{n!}\frac{\mathrm{d}^n f}{\mathrm{d}x^n}(x^*)(x-x_0)^n \tag{9.88}$$

证明：见 Binmore（1982，pp. 106－7）。

注意，式（9.88）右侧多项式在x_0处的前$n-1$阶导数与f的前$n-1$阶导数相同，见练习 9.22。

式（9.88）是**泰勒展开式**。注意展开式中的一阶项就是f在x_0处沿x方向的方向导数。

泰勒展开式（更精确地说是其前几项），常用于隐函数值的近似。在这种情况下，一般项中x_0处的导数，和最后一项或者余项中x^*处的导数，两者之间的区别就不重要。类似地，式（9.88）中有限形式的泰勒展开式，与无限形式的泰勒展开式

$$f(x) = f(x_0) + \sum_{k=1}^{\infty}\frac{1}{k!}\frac{\mathrm{d}^k f}{\mathrm{d}x^k}(x_0)(x-x_0)^k \tag{9.89}$$

在多数应用中没有什么重要区别。

泰勒展开式的一个特例，即当$x_0=0$时所得的**麦克劳林级数**：①

$$f(x) = f(0) + \frac{\mathrm{d}f}{\mathrm{d}x}(0)x + \frac{1}{2!}\frac{\mathrm{d}^2 f}{\mathrm{d}x^2}(0)x^2 + \cdots + \frac{1}{k!}\frac{\mathrm{d}^k f}{\mathrm{d}x^k}(0)x^k + \cdots \tag{9.90}$$

通过麦克劳林级数，至少在x接近 0 的时候，我们能直接使用x的多项式来近似任意一个x的函数。

关于隐函数的泰勒展开式和麦克劳林级数，其收敛速度的深入研究并不在本书的讨论范围内。但是，需注意，泰勒展开式的无限形式（9.89）并不一定收

① 麦克劳林级数和相关的近似法是以苏格兰数学家 Colin Maclaurin（1698—1746）的名字命名的，Maclaurin（1742）发表了这个结论。

敛，或者说不一定收敛到 $f(x)$。若收敛的话称函数为**解析**函数。Binmore (1982，练习 15.6(6)) 中给出了一个非解析函数的例子。

在实践中，**泰勒近似与麦克劳林近似**大多只使用前三项或者我们需要使用的展开式的任意部分。

例 9.6.1 设 $f(x)=(2+x)^2$，由泰勒展开式或者麦克劳林形式，可得

$$f(x)=(2+x)^2 \quad \therefore f(0)=4 \tag{9.91}$$

$$\frac{\mathrm{d}f}{\mathrm{d}x}(x)=2(2+x) \quad \therefore \frac{\mathrm{d}f}{\mathrm{d}x}(0)=4 \tag{9.92}$$

$$\frac{\mathrm{d}^2 f}{\mathrm{d}x^2}(x)=2(2+x)^0=2, \quad \forall x \tag{9.93}$$

$$\frac{\mathrm{d}^3 f}{\mathrm{d}x^3}(x)=0, \quad \forall x \tag{9.94}$$

因此，我们可得

$$\begin{aligned} f(x)&=f(0)+\frac{\mathrm{d}f}{\mathrm{d}x}(0)x+\frac{1}{2!}\frac{\mathrm{d}^2 f}{\mathrm{d}x^2}(0)x^2+\frac{1}{3!}\frac{\mathrm{d}^3 f}{\mathrm{d}x^3}(0)x^3+\cdots \\ &=4+4x+\frac{1}{2}2x^2+\frac{1}{6}0x^3+\cdots \end{aligned} \tag{9.95}$$

即

$$(2+x)^2=4+4x+x^2+0+\cdots \tag{9.96}$$

通过这个例子我们可以看到，从第四项起的高阶项都为 0。麦克劳林级数的前三项实际上等于精确结果 $(2+x)^2=4+4x+x^2$。

麦克劳林近似法应用的另一个例子，见练习 15.6。

9.6.2 多变量泰勒定理

泰勒定理更容易推广到多变量函数。对于单变量泰勒定理，我们可以通过施加含 n 个变量的函数的线性约束，来推导出多变量形式的泰勒定理。

定理 9.6.5（多变量泰勒定理） 设 $f\colon X\to\mathbb{R}$ 二阶可微，其中 $X\subseteq\mathbb{R}^n$ 为开集。那么对任意 $\boldsymbol{x}$，$\boldsymbol{x}'\in X$，存在 $\lambda\in(0,1)$，使得

$$f(\boldsymbol{x})=f(\boldsymbol{x}')+f'(\boldsymbol{x}')(\boldsymbol{x}-\boldsymbol{x}')+\frac{1}{2}(\boldsymbol{x}-\boldsymbol{x}')^{\mathrm{T}}f''(\boldsymbol{x}'+\lambda(\boldsymbol{x}-\boldsymbol{x}'))(\boldsymbol{x}-\boldsymbol{x}') \tag{9.97}$$

注意式 (9.97) 右边的第二项是 $\boldsymbol{x}-\boldsymbol{x}'$ 的线性形式（更准确地说是方向导数），而第三项是 $\boldsymbol{x}-\boldsymbol{x}'$ 的二次形式。

证明： 设 L 为从 $\boldsymbol{x}'$ 到 $\boldsymbol{x}$ 的一条直线。

单变量泰勒定理表明存在 $\lambda\in(0,1)$，满足

$$f|_L(1)=f|_L(0)+f|_L'(0)+\frac{1}{2}f|_L''(\lambda) \tag{9.98}$$

因为 $f|_L(1)=f(\boldsymbol{x})$，$f|_L(0)=f(\boldsymbol{x}')$，$f|'_L(0)=f'(\boldsymbol{x}')(\boldsymbol{x}-\boldsymbol{x}')$，且 $f|''_L(\lambda)=(\boldsymbol{x}-\boldsymbol{x}')^{\mathrm{T}}f''(\boldsymbol{x}'+\lambda(\boldsymbol{x}-\boldsymbol{x}'))(\boldsymbol{x}-\boldsymbol{x}')$，通过适当的替换我们可以得到多变量泰勒定理。

原则上，多变量泰勒定理可以拓展到任意阶，但是矩阵记号难处理。用标量法表示时，含 n 个变量的函数的泰勒展开式的（第 k 个）典型项为

$$\frac{1}{k!}\sum_{i_1=1}^{n}\sum_{i_2=1}^{n}\cdots\sum_{i_k=1}^{n}\frac{\partial^k f}{\partial x_{i_1}\partial x_{i_2}\cdots\partial x_{i_k}}(\boldsymbol{x}')\prod_{j=1}^{k}(x_{i_j}-x'_{i_j}) \tag{9.99}$$

证明定理 10.3.4 时，我们将用到单变量泰勒展开式的高阶形式，以检验单变量函数的最优化问题。

例 9.6.2 设 $y=f(\boldsymbol{x})=x_1^3+2x_1x_2^2$，我们写下 y 在 $\boldsymbol{x}'=(1,0)$ 附近的泰勒展开式。直接微分得

$$f'(x_1,x_2)=\begin{bmatrix}3x_1^2+2x_2^2 & 4x_1x_2\end{bmatrix},\ f''(x_1,x_2)=\begin{bmatrix}6x_1 & 4x_2\\ 4x_2 & 4x_1\end{bmatrix} \tag{9.100}$$

（注意 $f''(x_1,x_2)$ 是对称矩阵。）因此，

$$f'(1,0)=\begin{bmatrix}3 & 0\end{bmatrix},\ f''(1,0)=\begin{bmatrix}6 & 0\\ 0 & 4\end{bmatrix} \tag{9.101}$$

而

$$f(1,0)=1,\ \boldsymbol{x}-\boldsymbol{x}'=\begin{bmatrix}x_1-1\\ x_2\end{bmatrix} \tag{9.102}$$

把 $\lambda=0$ 代入式（9.97）中可得下面的近似：

$$\begin{aligned}f(\boldsymbol{x})&\approx 1+\begin{bmatrix}3 & 0\end{bmatrix}\begin{bmatrix}x_1-1\\ x_2\end{bmatrix}+\frac{1}{2!}\begin{bmatrix}x_1-1 & x_2\end{bmatrix}\begin{bmatrix}6 & 0\\ 0 & 4\end{bmatrix}\begin{bmatrix}x_1-1\\ x_2\end{bmatrix}\\ &=1+3x_1-3+\frac{1}{2}(6x_1^2-12x_1+6+4x_2^2)\\ &=3x_1^2+2x_2^2-3x_1+1\end{aligned} \tag{9.103}$$

因此，我们把一个关于 x_2 为二次和关于 x_1 为三次的函数，用一个关于这两个变量都为二次的函数来近似。用一个接近 $\boldsymbol{x}'=(1,0)$ 的 $\boldsymbol{x}$ 来检验，我们可以知道近似精度的思想。举例来说，对 $\boldsymbol{x}'$ 本身来说，近似给予了一个完全正确的值，$f(\boldsymbol{x})=1$。事实上，对 $x_1=1$，近似公式总能给出一个完全正确的结果 $1+2x_2^2$，因为原函数与近似函数关于 x_2 都是二次的。

然而，当 $\boldsymbol{x}=(1.1,0.1)$ 时，近似结果为 1.35，但是原函数结果为 $f(\boldsymbol{x})=1.353$，产生了一个 -0.003 的近似误差。

$\boldsymbol{x}$ 与 $\boldsymbol{x}'$ 之间越远，精确度就越低。举例来说，当 $\boldsymbol{x}=(0.8,0.2)$，近似误差是 0.024，而当 $\boldsymbol{x}=(0,0)$ 时，近似误差为 1.000。

本书中接下来讲解的泰勒定理的应用包括：

- 对詹森不等式的大小进行量化（见式（13.86））；
- 对债券价格和贴现率的关系，推导出线性和二次近似（见 15.4.5 节）；

● 使用均值—方差效用函数来近似表示具有期望效用性质的偏好（见 16.8 节）。

9.7 重积分

9.7.1 定义与记号

前面我们将多变量函数的偏导数定义为关于某个变量的导数，而假设其他变量不变。同样地，我们可以将多变量函数（**被积函数**）的**重积分**定义为，每一步都将其他变量看作常数时关于某一个变量的积分。

不是所有单变量函数都可积，同样地，不是所有多变量函数都可积。

两个变量的积分极限都为常数的最简单的二重积分，表示在一个矩形域上的积分。现在我们来讨论这种情况。

例 9.7.1 按照传统方法从内到外计算下面的重积分。

$$\begin{aligned}\int_a^b\int_c^d \mathrm{d}y\mathrm{d}x &\equiv \int_a^b\left(\int_c^d \mathrm{d}y\right)\mathrm{d}x \\ &= \int_a^b (d-c)\mathrm{d}x \\ &= (d-c)\int_a^b \mathrm{d}x \\ &= (d-c)(b-a)\end{aligned} \tag{9.104}$$

例 9.7.1 展示了重积分很多重要性质：

● 重积分里常数也可以像单变量积分一样提到积分号外面，例如式（9.104）第三行对 $d-c$ 的处理。

● 我们把单变量积分看作曲线下的面积，相信读者对此也很熟悉。类似地，二重积分表示表面下的一块体积。对其他重积分也能得到更高维的类似结论。

● 特别地，例 9.7.1 表示以矩形 $[a, b]\times[c, d]$（当然等于矩形的面积）为底的单位高度的区块的体积。如果 $f: A\rightarrow\mathbb{R}: \boldsymbol{x}\mapsto 1$ 表示在任意集合 $A\subseteq\mathbb{R}^n$ 上恒取 1 的常值函数，那么利用下式我们可以计算体积：

$$V(A)=\iint\cdots\int_A f(\boldsymbol{x})\mathrm{d}x_1\mathrm{d}x_2\cdots\mathrm{d}x_n \tag{9.105}$$

● 省略号表明 $\iint\cdots\int_A$ 可以随意定义。这将在下节的富比尼（Fubini）定理中详细介绍。

● 二重积分可以表示表面以下、以 xy 平面上任意（非矩形）区域为底的体积，比如在本节结尾例子中的圆。

例 9.7.2 考虑函数 $f(x, y)=\sqrt{1-x^2-y^2}$，此函数仅在 xy 平面上单位圆内取到实数值：

$$C\equiv\{(x,y)\in\mathbb{R}^2: -1\leqslant x\leqslant 1, -\sqrt{1-x^2}\leqslant y\leqslant\sqrt{1-x^2}\} \tag{9.106}$$

在单位圆外，函数 f 取虚值。以原点为圆心，单位长度为半径的半球方程为 $z=f(x, y)=\sqrt{1-x^2-y^2}$。这个半球与 xy 平面所围的体积可以用二重积分表示：

$$\begin{aligned} V &\equiv \int_{-1}^{1}\int_{-\sqrt{1-x^2}}^{\sqrt{1-x^2}} f(x,y)\,\mathrm{d}y\mathrm{d}x \\ &= \int_{-1}^{1}\int_{-\sqrt{1-x^2}}^{\sqrt{1-x^2}} \sqrt{1-x^2-y^2}\,\mathrm{d}y\mathrm{d}x \end{aligned} \tag{9.107}$$

要计算这个式子，我们必须使用三角恒等式（见符号和预备知识）来代换。保持 x 不变，我们先计算最内层的积分

$$A\equiv\int_{-\sqrt{1-x^2}}^{\sqrt{1-x^2}} \sqrt{1-x^2-y^2}\,\mathrm{d}y \tag{9.108}$$

积分 A 就是过 x 且与 yz 面平行的平面与半球的横截面的面积，这个横截面是半径为 $\sqrt{1-x^2}$ 的半圆。为简化，我们表示为半径 $r\equiv\sqrt{1-x^2}$，并且作替换 $y=r\sin\theta$。接下来，因为我们保持 x 不变，所以 r 不变，可得 $\mathrm{d}y=r\cos\theta\mathrm{d}\theta$。通过使用符号和预备知识中基本的三角恒等式，被积函数化为 $\sqrt{1-x^2-y^2}=\sqrt{r^2-y^2}=r\cos\theta$。当 $y=r$ 时 $\sin\theta=1$，即 $\theta=\frac{\pi}{2}$。类似地，当 $y=-r$ 时 $\theta=-\frac{\pi}{2}$。因此，

$$\begin{aligned} A &= \int_{-r}^{r} \sqrt{r^2-y^2}\,\mathrm{d}y \\ &= \int_{-\frac{\pi}{2}}^{\frac{\pi}{2}} r\cos\theta r\cos\theta\mathrm{d}\theta \\ &= r^2\int_{-\frac{\pi}{2}}^{\frac{\pi}{2}} \cos^2\theta\mathrm{d}\theta \end{aligned} \tag{9.109}$$

使用倍角公式，有

$$\begin{aligned} A &= r^2\int_{-\frac{\pi}{2}}^{\frac{\pi}{2}} \frac{1}{2}(\cos 2\theta+1)\mathrm{d}\theta = \frac{r^2}{2}\left[\frac{1}{2}\sin 2\theta+\theta\right]_{-\frac{\pi}{2}}^{\frac{\pi}{2}} \\ &= \frac{r^2}{2}\left[\frac{1}{2}\times 0+\frac{\pi}{2}-\left(\frac{1}{2}\times 0+\left(-\frac{\pi}{2}\right)\right)\right] \\ &= \frac{\pi r^2}{2} \end{aligned} \tag{9.110}$$

这与半径 $r=\sqrt{1-x^2}$ 的半圆面积公式刚好相同。

将本结果代入式（9.107）中，得

$$\begin{aligned}V&=\frac{\pi}{2}\int_{-1}^{1}(1-x^2)\mathrm{d}x=\frac{\pi}{2}\left[x-\frac{x^3}{3}\right]_{-1}^{1}\\&=\frac{\pi}{2}\left[1-\frac{1}{3}-\left(-1-\frac{(-1)^3}{3}\right)\right]\\&=\frac{\pi}{2}\left[1-\frac{1}{3}+1-\frac{1}{3}\right]\\&=\frac{2\pi}{3}\end{aligned}\tag{9.111}$$

如果该半球体积为 $\frac{2\pi}{3}$，则可得整个球体的体积为 $\frac{4\pi}{3}$。

9.7.2 富比尼定理

在定义偏导数与重积分时，尽管已暗示这两种情况下微积分的顺序并不重要，但我们对于多变量微积分顺序的陈述仍十分谨慎。接下来我们通过一系列定理（定理 9.7.1，定理 9.7.2 及定理 9.7.4）来给出某些微积分顺序可以互换的条件。我们先从富比尼定理开始，该定理与重积分的积分顺序有关。①

定理 9.7.1（富比尼定理） 如果被积函数是一个连续有界的函数，且它是绝对可积的，则它的重积分的值与积分顺序无关。例如，

$$\int_a^b\int_c^d f(x,y)\mathrm{d}y\mathrm{d}x=\int_c^d\int_a^b f(x,y)\mathrm{d}x\mathrm{d}y\tag{9.112}$$

证明： 该定理的完整证明超过了本书的范围。有兴趣的读者可以参考 Spivak（1965，pp. 58－9）。

本节将用富比尼定理证明杨格（Young）定理和莱布尼兹积分法则。事实上，这三个定理本质上是等价的。富比尼定理也在之后用于证明斯坦（Stein）引理（定理 13.7.1）。

可以根据富比尼定理，表示 f 在矩形 $R\equiv[a,b]\times[c,d]$ 上的二重积分，也可以表示特定集合上的任意二重积分，如

$$\iint_R f(x,y)\mathrm{d}y\mathrm{d}x\tag{9.113}$$

例如，式（9.107）中定义的半球体积可以记为

$$\iint_C \sqrt{1-x^2-y^2}\mathrm{d}y\mathrm{d}x\tag{9.114}$$

① 这个标准定理归功于意大利数学家 Guido Fubini（1879—1943），它出现在富比尼（Fubini）死后的选集中，在一篇以意大利文写的名为“Sugli integrali multipli”的文章中出现（Fubini，1958，pp. 243－9）。

前提是集合 $A\subseteq\mathbb{R}^n$ 的体积是有限的，根据式（9.105）中给出的 A 的体积的表达式可以看出这一点，因此可以使用富比尼定理。

例 9.7.3 根据定理 7.4.1 可知，如果 P 是 $\mathbb{R}^n$ 上的超平行六面体，它的边是矩阵 $\boldsymbol{X}$ 的列，那么有

$$\iint\cdots\int_P 1\mathrm{d}x_1\mathrm{d}x_2\cdots\mathrm{d}x_n=\sqrt{\det(\boldsymbol{X}^{\mathrm{T}}\boldsymbol{X})} \tag{9.115}$$

我们举一个反例来说明，如果不满足富比尼定理的假定会出现什么后果。

例 9.7.4 考虑二重积分

$$\int_0^1\int_0^1\frac{x^2-y^2}{(x^2+y^2)^2}\mathrm{d}y\mathrm{d}x \tag{9.116}$$

由富比尼定理可知，若被积函数的绝对值的积分是有限的，那么积分的顺序不影响结果。我们先对 x 积分再对 y 积分或者先对 y 积分再对 x 积分所得结果都是一样的。

但是注意这个例子中，因为被积函数具有反对称性，改变积分顺序所得结果会乘上 -1（积分结果为 0 时除外）。我们将会证明式（9.116）中积分的值不等于 0，然后验证是否符合富比尼定理的假设条件——被积函数的绝对值的积分是无限的。

首先，我们从最里层的积分开始，

$$\begin{aligned}\int\frac{x^2-y^2}{(x^2+y^2)^2}\mathrm{d}y&=\int\frac{x^2+y^2-2y^2}{(x^2+y^2)^2}\mathrm{d}y\\&=\int\frac{1}{x^2+y^2}\mathrm{d}y+\int\frac{-2y^2}{(x^2+y^2)^2}\mathrm{d}y\\&=\int\frac{1}{x^2+y^2}\mathrm{d}y+\int y\left(\frac{\mathrm{d}}{\mathrm{d}y}\frac{1}{x^2+y^2}\right)\mathrm{d}y\\&=\int\frac{1}{x^2+y^2}\mathrm{d}y+\left(\frac{y}{x^2+y^2}-\int\frac{1}{x^2+y^2}\mathrm{d}y\right)\text{（分部积分）}\\&=\frac{y}{x^2+y^2}+C\end{aligned} \tag{9.117}$$

其中 C 是一个任意的积分常数。因此，

$$\int_0^1\frac{x^2-y^2}{(x^2+y^2)^2}\mathrm{d}y=\left[\frac{y}{x^2+y^2}\right]_{y=0}^1=\frac{1}{1+x^2} \tag{9.118}$$

处理好里层关于 y 的积分后，我们开始对外层求关于 x 的积分。

$$\int_0^1\frac{1}{1+x^2}\mathrm{d}x=[\tan^{-1}(x)]_{x=0}^1=\tan^{-1}(1)-\tan^{-1}(0)=\frac{\pi}{4} \tag{9.119}$$

因此，我们有

$$\int_0^1\int_0^1\frac{x^2-y^2}{(x^2+y^2)^2}\mathrm{d}y\mathrm{d}x=\frac{\pi}{4} \tag{9.120}$$

然后，由反对称性得

$$\int_0^1\int_0^1 \frac{x^2-y^2}{(x^2+y^2)^2}\mathrm{d}x\mathrm{d}y=-\frac{\pi}{4} \tag{9.121}$$

本例中不满足富比尼定理，因此富比尼定理的假设条件必然也不满足。接下来检验被积函数的绝对值的积分是否是有限的。很容易看出，当 $x=y$ 时，被积函数为 0；$x>y$ 时，被积函数大于 0；$x<y$ 时，被积函数小于 0。所以我们可以将积分区域划分为两个子区域，再次使用式 (9.117)，有

$$\begin{aligned}
\int_0^1\int_0^1 \left|\frac{x^2-y^2}{(x^2+y^2)^2}\right|\mathrm{d}y\mathrm{d}x &= \int_0^1\left[\int_0^x \frac{x^2-y^2}{(x^2+y^2)^2}\mathrm{d}y+\int_x^1 \frac{y^2-x^2}{(x^2+y^2)^2}\mathrm{d}y\right]\mathrm{d}x \\
&= \int_0^1\left[\left[\frac{y}{x^2+y^2}\right]_{y=0}^{x}+\left[\frac{y}{x^2+y^2}\right]_{y=1}^{x}\right]\mathrm{d}x \\
&= \int_0^1\left[\frac{1}{2x}-0+\frac{1}{2x}-\frac{1}{1+x^2}\right]\mathrm{d}x \\
&= \int_0^1\left[\frac{1}{x}-\frac{1}{1+x^2}\right]\mathrm{d}x \\
&= [\ln x]_{x=0}^1-[\tan^{-1}(x)]_{x=0}^1 \\
&= 0-(-\infty)-\left(\frac{\pi}{4}-0\right) \\
&= \infty
\end{aligned} \tag{9.122}$$

这验证了我们根据富比尼定理作出的推断。因为两个累次积分不同，从而绝对值的积分一定是∞。

9.7.3 杨格定理

富比尼定理给出了重积分的积分顺序可自由改变的充分条件。这自然地引入了一个新问题，对于高阶混合偏导数，其微分顺序是否有类似结论。在一些条件下，对偏导数的重积分使用富比尼定理可知，微分的顺序也可以自由改变。这个结论被称为克莱劳 (Clairaut) 定理、施瓦茨 (Schwarz) 定理或者杨格 (Young) 定理。它给出二阶导数具有对称性（或者说混合偏导数的对等性）的条件。① 我们称之为杨格定理。细心的读者可以发现，目前为止我们所遇到的所有例子和练习都体现了对称性。

定理 9.7.2（杨格定理） 如果含 n 个变量的实值函数在 $\mathbf{x}$ 处的第 ij 个二阶偏导数和第 ji 个二阶偏导数都存在且连续，那么这两个二阶偏导数在 $\mathbf{x}$ 处相等。

若此条件对所有的 i，$j=1$，2，…，n 都满足，则函数的海塞矩阵在 $\mathbf{x}$ 处是对称的。

不失一般性，我们将注意力集中在 $n=2$ 的情况。根据 Spivak (1965，Prob-

① 这个定理的历史，见 Higgins (1940)。法国数学家 Alexis Claude Clairaut (1713—1765) 似乎是第一个试图给出混合偏导数方程的人；德国数学家 Karl Hermann Amandus Schwarz (1843—1921) 也共同参与到柯西-施瓦茨不等式（式 (7.29)）的研究中（见第 7 章注释），并给出了第一个可接受的证明；英国数学家 William Henry Young (1863—1942) 提供了一个弱的充分条件集。

lem 3 - 28)，杨格定理的证明使用了以下引理。

引理 9.7.3 设函数 f 的二阶偏导数在矩形$[a, b]\times[c, d]$上连续，那么

$$\begin{aligned}&\int_c^d\int_a^b \frac{\partial^2 f}{\partial x_1 \partial x_2}(x_1, x_2)\mathrm{d}x_1\mathrm{d}x_2\\ &= f(b, d)-f(a, d)-f(b, c)+f(a, c)\\ &= \int_a^b\int_c^d \frac{\partial^2 f}{\partial x_2 \partial x_1}(x_1, x_2)\mathrm{d}x_2\mathrm{d}x_1\end{aligned} \tag{9.123}$$

该引理与富比尼定理有很大的相似之处，但其实是完全不同的命题。因为（到现在为止）我们并不知道式（9.123）两边的被积函数是否相等。

引理证明：下面证明$\frac{\partial^2 f}{\partial x_1 \partial x_2}$。而$\frac{\partial^2 f}{\partial x_2 \partial x_1}$的证明将作为练习留给读者，见练习 9.25。

使用微积分基本定理计算内层积分

$$\int_c^d\int_a^b \frac{\partial^2 f}{\partial x_1 \partial x_2}(x_1, x_2)\mathrm{d}x_1\mathrm{d}x_2 = \int_c^d \left(\frac{\partial f}{\partial x_2}(b, x_2)-\frac{\partial f}{\partial x_2}(a, x_2)\right)\mathrm{d}x_2 \tag{9.124}$$

再次使用微积分基本定理计算外层积分

$$\begin{aligned}&\int_c^d \left(\frac{\partial f}{\partial x_2}(b, x_2)-\frac{\partial f}{\partial x_2}(a, x_2)\right)\mathrm{d}x_2\\ &= (f(b,d)-f(a,d))-(f(b,c)-f(a,c))\end{aligned} \tag{9.125}$$

移除式（9.125）右边的括号即得证。

表达式 $f(b, d)-f(a, d)-f(b, c)+f(a, c)$表示函数 f 的值沿矩形顶部（从 (a, d) 到 (b, d)）的增加值和沿矩形底部（从 (a, c) 到 (b, c)）的增加值的差值。通过互换两个中间项，可以得到新式子。该式的含义可以看作是函数 f 沿着矩形右边的增加值与沿着左边的增加值的差值。这个简单的几何观察就是杨格定理的基本原理。

杨格定理证明：通过反证法证明。我们假设在某一点(z, t)二阶偏导数不同，那么

$$\frac{\partial^2 f}{\partial x_1 \partial x_2}(z, t)-\frac{\partial^2 f}{\partial x_2 \partial x_1}(z, t)=h \tag{9.126}$$

其中 $h\neq 0$。如果需要满足 $h>0$，我们可以改变变量的顺序。

由二阶偏导数的连续性，存在(z, t)的邻域，满足

$$\frac{\partial^2 f}{\partial x_1 \partial x_2}(x_1, x_2)-\frac{\partial^2 f}{\partial x_2 \partial x_1}(x_1, x_2)\geqslant\frac{h}{2} \tag{9.127}$$

我们可以在这个邻域中选择一个矩形$[a, b]\times[c, d]$。

当我们对不等式（9.127）左右两边求积分时，不等号不变：

$$\int_c^d\int_a^b \left(\frac{\partial^2 f}{\partial x_1 \partial x_2}(x_1,x_2)-\frac{\partial^2 f}{\partial x_2 \partial x_1}(x_1,x_2)\right)\mathrm{d}x_1\mathrm{d}x_2$$

$$\geqslant \int_c^d \int_a^b \frac{h}{2} \mathrm{d}x_1 \mathrm{d}x_2 \tag{9.128}$$

根据富比尼定理和引理 9.7.3，不等式左边的积分抵消了。不等式右边的被积函数是常数，所以积分只是体积$\frac{h(b-a)\times(d-c)}{2}$，这为正值，导出矛盾。

引理 9.7.3 可以直接推广到高维情况，杨格定理的证明也可以直接推广到更高维情况。因此，相关偏导数存在且连续的情况下，高阶求导的微分顺序可以互换。

9.7.4 积分中的微分

在后面应用中，我们将频繁地用各种方法对积分进行微分，而不仅仅是对积分的上限求微分。例如微积分基本定理（定理 7.9.1）情况。我们需要更一般化的结果。互换积分上下限（当我们需要关于积分下限进行微分时）和使用链式法则（当积分限是相关变量的函数时）就足够了。

就像我们通过富比尼定理知道是否可以改变积分顺序或者通过杨格定理知道是否可以改变微分顺序一样，更一般地，我们需要知道当一个表达式中同时出现积分和微分的时候，在什么条件下积分与微分的顺序可以互换。在讲解给出换序条件的定理前，我们要用一个反例说明随意换序确实会导致错误的产生，以说明定理给出的判定条件的意义。

例 9.7.5 设

$$F(\alpha)=\int_0^\infty \frac{\sin \alpha x}{x} \mathrm{d}x, \quad \alpha>0 \tag{9.129}$$

我们的目的是计算 $F'(\alpha)$，换句话说，对这个积分关于某变量求微分，这个变量在积分号下以常数形式出现。在积分号下关于 α 求微分可得

$$\begin{aligned} F'(\alpha) &= \int_0^\infty \frac{\cos \alpha x}{x} x \mathrm{d}x \\ &= \int_0^\infty \cos \alpha x \mathrm{d}x \\ &= \left[\frac{\sin \alpha x}{\alpha}\right]_{x=0}^\infty \end{aligned} \tag{9.130}$$

固定 α 不变，$x\rightarrow\infty$时，方括号中的表达式并不收敛，而是在 $-1/\alpha$ 和 $+1/\alpha$ 之间摆动。

现在考虑一种方法，对式（9.129）进行微分。先作代换 $y=\alpha x$，所以 $\mathrm{d}y=\alpha \mathrm{d}x$。那么，对所有 α 有

$$F(\alpha)=\int_0^\infty \frac{\sin y}{y} \mathrm{d}y \tag{9.131}$$

换句话说，函数 F 的值与 α 无关。就像一个常数函数，对所有 α，有$F'(\alpha)=0$。

实际上，F 是一个**正弦积分函数**，定义为：①

$$\mathrm{Si}(z)=\int_0^z \frac{\sin y}{y}\mathrm{d}y \tag{9.132}$$

我们可以看到对所有 α，$F(\alpha)$ 为 $\frac{\pi}{2}$，见练习 9.27。

这个例子告诉我们，要在积分中进行微分，我们必须保证原函数的积分和它导数的积分在积分范围中存在。本例中，前者存在而后者不存在。

9.7.5 莱布尼兹积分法则

一个完整的积分课程将包含许多关于在积分号下如何微分的定理。在这里，我们仅仅讲述双变量函数的两种莱布尼兹（Leibniz）积分法则。每种情况我们分别提供两种证明方法：一种根据富比尼定理（我们未证明），另一种比较完整的证明方法则假定偏导数一致连续。

定理 9.7.4（固定积分限的莱布尼兹积分法则） 设函数 $f:[x_0,x_1]\times[y_0,y_1]\to\mathbb{R}$ 有连续偏导数 $\frac{\partial f}{\partial x}$，定义 $F:[x_0,x_1]\to\mathbb{R}$ 为

$$F(x)=\int_{y_0}^{y_1} f(x,y)\mathrm{d}y \tag{9.133}$$

对 $x\in(x_0,x_1)$，F 在 x 可微且

$$F'(x)=\int_{y_0}^{y_1}\frac{\partial f}{\partial x}(x,y)\mathrm{d}y \tag{9.134}$$

成立的条件之一是下述条件之一得以满足。

(a) $\partial f/\partial x$ 有界且对所有 $x^*\in(x_0,x_1)$ 有

$$\int_{x_0}^{x^*}\int_{y_0}^{y_1}\left|\frac{\partial f}{\partial x}(x,y)\right|\mathrm{d}y\mathrm{d}x$$

或

(b) $\partial f/\partial x$ 在 $[x_0,x_1]$ 上一致连续。

证明：

(a) 第一个假设将允许我们使用富比尼定理，对 $x^*\in(x_0,x_1)$，令

$$I(x^*)\equiv\int_{x_0}^{x^*}\int_{y_0}^{y_1}\frac{\partial f}{\partial x}(x,y)\mathrm{d}y\mathrm{d}x \tag{9.135}$$

根据微积分基本定理的第一部分，得

$$I'(x^*)=\int_{y_0}^{y_1}\frac{\partial f}{\partial x}(x^*,y)\mathrm{d}y \tag{9.136}$$

① 被积函数在 $y=0$ 处没有定义；假设它取值为 1，这是当 $y\to 0$ 时它的极限值（见 7.8 节）。

根据富比尼定理和前述假定条件，我们可以交换式（9.135）中的积分顺序，得

$$I(x^*)=\int_{y_0}^{y_1}\int_{x_0}^{x^*}\frac{\partial f}{\partial x}(x, y)\mathrm{d}x\mathrm{d}y \tag{9.137}$$

根据微积分基本定理的第一部分计算内层积分

$$\begin{aligned}I(x^*)&=\int_{y_0}^{y_1}(f(x^*, y)-f(x_0, y))\mathrm{d}y\\&=\int_{y_0}^{y_1}f(x^*, y)\mathrm{d}y-\int_{y_0}^{y_1}f(x_0, y)\mathrm{d}y\\&=F(x^*)-F(x_0)\end{aligned} \tag{9.138}$$

x^*的取值是任意的。对式（9.138）关于x^*求微分，得

$$I'(x^*)=F'(x^*), \ \forall x^*\in(x_0, x_1) \tag{9.139}$$

因此，由式（9.136），知

$$F'(x)=\int_{y_0}^{y_1}\frac{\partial f}{\partial x}(x, y)\mathrm{d}y, \ \forall x\in(x_0, x_1) \tag{9.140}$$

即得证。

注意，虽然定理中关于y的积分的上下限是有限的，但是证明本身也适用于积分上下限是无限的情况。

(b) 如果$\dfrac{\partial f}{\partial x}$在$[x_0, x_1]$上一致连续，我们不使用富比尼定理就可以证明结论。

根据定义，回到第一原理，

$$F'(x)=\lim_{h\to 0}\frac{F(x+h)-F(x)}{h} \tag{9.141}$$

将式（9.133）中F的定义代入式（9.141），根据积分算子的线性，得

$$\begin{aligned}F'(x)&=\lim_{h\to 0}\frac{\int_{y_0}^{y_1}f(x+h, y)\mathrm{d}y-\int_{y_0}^{y_1}f(x, y)\mathrm{d}y}{h}\\&=\lim_{h\to 0}\frac{\int_{y_0}^{y_1}(f(x+h, y)-f(x, y))\mathrm{d}y}{h}\\&=\lim_{h\to 0}\int_{y_0}^{y_1}\frac{f(x+h, y)-f(x, y)}{h}\mathrm{d}y\end{aligned} \tag{9.142}$$

我们给出下述命题：

$$\lim_{h\to 0}\int_{y_0}^{y_1}\left(\frac{f(x+h, y)-f(x, y)}{h}-\frac{\partial f}{\partial x}(x, y)\right)\mathrm{d}y=0 \tag{9.143}$$

我们现在证明这个命题。由中值定理（定理 9.6.3）可知，对每个x和h，存在一个数$\theta(x, h)\in[0, 1]$，满足

$$\frac{f(x+h, y)-f(x, y)}{h}=\frac{\partial f}{\partial x}(x+\theta(x, h)h, y) \quad (9.144)$$

所以我们需要验证

$$\lim_{h\to 0}\int_{y_0}^{y_1}\left(\frac{\partial f}{\partial x}(x+\theta(x, h)h, y)-\frac{\partial f}{\partial x}(x, y)\right)\mathrm{d}y=0 \quad (9.145)$$

现在对任意 $\epsilon>0$，由偏导数的一致连续性，必然存在 $\delta>0$，使得对任意 $|h|<\delta$，有下式成立：

$$\left|\frac{\partial f}{\partial x}(x+h, y)-\frac{\partial f}{\partial x}(x, y)\right|<\frac{\epsilon}{y_1-y_0} \quad (9.146)$$

特别地

$$\left|\frac{\partial f}{\partial x}(x+\theta(x, h)h, y)-\frac{\partial f}{\partial x}(x, y)\right|<\frac{\epsilon}{y_1-y_0} \quad (9.147)$$

因为式（9.145）中被积函数的绝对值小于$\frac{\epsilon}{y_1-y_0}$，积分的值小于

$$(y_1-y_0)\times\frac{\epsilon}{y_1-y_0}=\epsilon \quad (9.148)$$

即证明了式（9.143）。

结合式（9.142）和式（9.143），再次使用积分算子的线性，我们得到了莱布尼兹积分法则。

与前一个证明相同，关于 y 的积分的上下限是无限的情况下证明仍然成立。

注意，当 x_0、x_1、y_0 和 y_1 是有限的时，根据海涅—康托尔（Heine-Cantor）定理，可以放宽$\frac{\partial f}{\partial x}$是一致连续的假设，因为这种情况下，$\frac{\partial f}{\partial x}$的连续性意味着一致连续性。

结合微积分基本定理的第一部分和下述莱布尼兹积分法则可以得到一个更广泛的结论。

定理 9.7.5（变积分限的莱布尼兹积分法则） 设函数 f：$[x_0, x_1]\times[y_0, y_1]\to\mathbb{R}$ 有一致连续的偏导数 $\partial f/\partial x$，定义

$$F(x)=\int_{a(x)}^{b(x)}f(x, y)\mathrm{d}y \quad (9.149)$$

其中 a，b 是 (x_0, x_1) 上连续可微的函数。对 $x\in(x_0, x_1)$，我们有

$$F'(x)=b'(x)f(x, b(x))-a'(x)f(x, a(x))+\int_{a(x)}^{b(x)}\frac{\partial f}{\partial x}f(x, y)\mathrm{d}y \quad (9.150)$$

证明： 本结果的证明需要使用链式法则，留给读者作为练习，见练习 9.28。

9.7.6 换元

上述例 9.7.1 和例 9.7.4 中，我们使用了换元技术来简化单变量积分。现在不加证明地给出结论：换元法对多变量积分仍然适用。

定理 9.7.6 令 A，$B\subseteq\mathbb{R}^n$，f：$B\rightarrow\mathbb{R}$ 是实值函数，我们求该函数在 B 上的积分。令 g：$A\rightarrow B$ 为可逆的多变量向量值函数。那么

$$\iint\cdots\int_B f(\boldsymbol{y})\mathrm{d}y_1\mathrm{d}y_2\cdots\mathrm{d}y_n=\iint\cdots\int_A f(g(\boldsymbol{x}))\,|\det(g'(\boldsymbol{x}))|\,\mathrm{d}x_1\mathrm{d}x_2\cdots\mathrm{d}x_n \tag{9.151}$$

证明：该定理的完整证明超过了本书的范围。有兴趣的读者可以参考 Spivak (1965，pp. 67 - 72)。

这一节用定理 9.7.6 的符号重新讲解大家很熟悉的两个例子。

例 9.7.6 设 $A=B=\mathbb{R}_+$，$f(y)\equiv\dfrac{\sin\alpha y}{y}$，$g(x)\equiv\dfrac{x}{\alpha}$，其中 $\alpha>0$。那么 $|\det(g'(x))|=g'(x)=\dfrac{1}{\alpha}$，则式 (9.151) 化为

$$\int_0^\infty\frac{\sin\alpha y}{y}\mathrm{d}y=\int_0^\infty\frac{\sin x}{\frac{x}{\alpha}}\frac{1}{\alpha}\mathrm{d}x=\int_0^\infty\frac{\sin x}{x}\mathrm{d}x \tag{9.152}$$

这就是例 9.7.4 中的换元法，只是在表述上有细微的不同。

例 9.7.7 设 A 是 $\mathbb{R}^n$ 上的单位立方 $[0, 1]^n$，设 g 为线性变换，变换矩阵为 $\boldsymbol{T}$，使得 $B=g(A)$ 是 $\mathbb{R}^n$ 上的超平行六面体。它的边是矩阵 $\boldsymbol{T}$ 的列。对所有 $\boldsymbol{y}\in\boldsymbol{B}$，令 $f(\boldsymbol{y})\equiv 1$。因为对所有 $\boldsymbol{x}\in A$，有 $g(\boldsymbol{x})=\boldsymbol{T}\boldsymbol{x}$，$g'(\boldsymbol{x})=\boldsymbol{T}$，故式 (9.151) 化为

$$\begin{aligned}V(B)&=\iint\cdots\int_B 1\mathrm{d}y_1\mathrm{d}y_2\cdots\mathrm{d}y_n\\&=\iint\cdots\int_A|\det(\boldsymbol{T})|\,\mathrm{d}x_1\mathrm{d}x_2\cdots\mathrm{d}x_n\\&=|\det(\boldsymbol{T})|\iint\cdots\int_A\mathrm{d}x_1\mathrm{d}x_2\cdots\mathrm{d}x_n\\&=|\det(\boldsymbol{T})|\prod_{i=1}^n\int_0^1\mathrm{d}x_i\\&=|\det(\boldsymbol{T})|\end{aligned} \tag{9.153}$$

根据定理 7.4.1 倒数第二行乘积中的积分都等于 1。如果 $\boldsymbol{T}$ 为方阵，则例 9.7.2 是其特例。

我们将在 13.6 节和余下章节中多次遇到重积分。

9.8 隐函数定理

隐函数定理给出连续可微时求解 n 个变量、m 个方程的方程组（$n>m$）的条件，将前 m 个未知变量写成后 $n-m$ 个未知变量的函数形式。定理本身只说明解的存在和如何计算它的导数，它没有告诉我们如何得到封闭形式的解。有兴趣的读者可以参考 Chiang 和 Wainwright（2005，8.5 节）了解深入的细节。

定理 9.8.1（隐函数定理） 令 $g: X\rightarrow\mathbb{R}^m$，其中 $X\subseteq\mathbb{R}^n$ 且 $m<n$。考虑含 n 个变量、m 个方程的方程组 $g(\boldsymbol{x}^*)=\boldsymbol{0}_m$。

把 n 维向量 $\boldsymbol{x}$ 分块为（$\boldsymbol{y}$，$\boldsymbol{z}$），其中 $\boldsymbol{y}=(x_1, x_2, \cdots, x_m)$ 是 m 维的，$\boldsymbol{z}=(x_{m+1}, x_{m+2}, \cdots, x_n)$ 是 $n-m$ 维的，类似地，把 g 在 $\boldsymbol{x}^*$ 的全导数分块为

$$\underset{(m\times n)}{g'(\boldsymbol{x}^*)}=\left[\underset{(m\times n)}{D_y g}\quad\underset{(m\times(n-m))}{D_z g}\right] \tag{9.154}$$

[我们的目的是对这些方程组求解前 m 个变量 $\boldsymbol{y}$，把 $\boldsymbol{y}$ 写成关于 $\boldsymbol{z}$（剩余的 $n-m$ 个变量）的函数形式 $h(\boldsymbol{z})$。]

设 g 在 $\boldsymbol{x}^*$ 的邻域上连续可微，那么 $m\times m$ 阶矩阵

$$D_y g\equiv\begin{bmatrix}\frac{\partial g^1}{\partial x_1}(\boldsymbol{x}^*) & \cdots & \frac{\partial g^1}{\partial x_m}(\boldsymbol{x}^*)\\ \vdots & \ddots & \vdots\\ \frac{\partial g^m}{\partial x_1}(\boldsymbol{x}^*) & \cdots & \frac{\partial g^m}{\partial x_m}(\boldsymbol{x}^*)\end{bmatrix} \tag{9.155}$$

由 g 在 $\boldsymbol{x}^*$ 的全导数（非奇异）的前 m 列构成。

存在 $\boldsymbol{y}^*$ 的邻域 Y 和 $\boldsymbol{z}^*$ 的邻域 Z，使得 $Y\times Z\subseteq X$，有连续可微函数 $h: Z\rightarrow Y$，使得

(a) $\boldsymbol{y}^*=h(\boldsymbol{z}^*)$，

(b) 对所有 $\boldsymbol{z}\in Z$，$g(h(\boldsymbol{z}), \boldsymbol{z})=\boldsymbol{0}$，

(c) $h'(\boldsymbol{z}^*)=-(D_y g)^{-1}D_z g$。

证明： 完整的证明超出了本书的范围，有兴趣的读者可以参考 Spivak（1965，pp. 40-3）。但是，定理的（c）部分可由 9.3 节中的内容简单得出。我们的目的是通过链式法则，把全导数 $h'(\boldsymbol{z}^*)$ 写成 g 的偏导数的形式。

由（b）可知，

$$f(\boldsymbol{z})\equiv g(h(\boldsymbol{z}), \boldsymbol{z})=\boldsymbol{0}_m,\quad \forall\,\boldsymbol{z}\in Z \tag{9.156}$$

因此

$$f'(\boldsymbol{z})\equiv\boldsymbol{0}_{m\times(n-m)},\quad \forall\,\boldsymbol{z}\in Z \tag{9.157}$$

特别是在 $\boldsymbol{z}^*$。但是，由推论 9.3.2 可知

$$f'(\boldsymbol{z})=D_y g h'(\boldsymbol{z})+D_z g \tag{9.158}$$

因此

$$D_y g h'(\boldsymbol{z}) + D_z g = \mathbf{0}_{m\times(n-m)} \tag{9.159}$$

因为定理要求 $D_y g$ 可逆，故我们有

$$h'(\boldsymbol{z}^*) = -(D_y g)^{-1} D_z g \tag{9.160}$$

例 9.8.1 考虑方程 $g(x, y) \equiv x^2 + y^2 - 1 = 0$。

因此有 $m=1$ 和 $n=2$。注意 $g'(x, y) = [2x \quad 2y]$。

因此有 $h(y) = \sqrt{1-y^2}$ 或 $h(y) = -\sqrt{1-y^2}$，它们都是 $(-1, 1)$ 上的单值可微函数。在 $(x, y) = (0, 1)$ 有 $\partial g / \partial x = 0$，$h(y)$ 在任何 $y=1$ 的邻域上是无定义的（$y>1$ 时）或者对应多个值（$y<1$ 时）。

例 9.8.2 考虑含 n 个变量 m 个方程的方程组。$g(\boldsymbol{x}) \equiv \boldsymbol{Bx} = \mathbf{0}$，其中 $\boldsymbol{B}$ 是 $m\times n$ 阶矩阵。

对于所有 $\boldsymbol{x}$，有 $g'(\boldsymbol{x}) = \boldsymbol{B}$。只要方程是线性无关的，或者说矩阵 $\boldsymbol{B}$ 的秩为 $m(m<n)$，隐函数定理就适用。

如果我们把 $\boldsymbol{x}$ 分块为 $(\boldsymbol{y}, \boldsymbol{z})$，把 $\boldsymbol{B}$ 分块为类似的 $[\boldsymbol{C} \quad \boldsymbol{D}]$，这样我们就能求解前 m 个变量 $\boldsymbol{y}$，把 $\boldsymbol{y}$ 写成关于 $\boldsymbol{z}$（剩余的 $n-m$ 个变量）的函数形式：

$$\boldsymbol{y} = -\boldsymbol{C}^{-1}\boldsymbol{Dz} \tag{9.161}$$

前提条件是 $\boldsymbol{C}$ 的前 m 列是线性无关的。

这与 5.4.6 节中得到的结果一致。

下一个定理可以看作是隐函数定理的一个特殊情况。

定理 9.8.2（反函数定理） 令 $f: X \to \mathbb{R}^m$，其中 $X \subseteq \mathbb{R}^m$。考虑含 $2m$ 个变量的 m 个标量方程构成的方程组，得 $g(\boldsymbol{y}, \boldsymbol{z}) = f(\boldsymbol{y}) - \boldsymbol{z} = \mathbf{0}_m$。

g 的全导数可以被分块为

$$\underset{(m\times 2m)}{g'(\boldsymbol{y}, \boldsymbol{z})} = [\underset{(m\times m)}{f'(\boldsymbol{y})} \quad \underset{(m\times m)}{-\boldsymbol{I}_m}] \tag{9.162}$$

[我们的目的是对这些方程组求解前 m 个变量 $\boldsymbol{y}$，把 $\boldsymbol{y}$ 写成关于 $\boldsymbol{z}$（剩余的 m 个变量）的函数形式 $h(\boldsymbol{z})$。这里，$h = f^{-1}$。]

设 f 在 $\boldsymbol{y}^*$ 的邻域内连续可微，且 $m\times m$ 阶矩阵 $f'(\boldsymbol{y}^*)$ 是非奇异的。

那么存在 $\boldsymbol{y}^*$ 的邻域 Y 和 $\boldsymbol{z}^*$ 的邻域 Z，使得 $Y \subseteq X$，有连续可微函数 $h: Z \to Y$，使得

(a) $\boldsymbol{y}^* = h(\boldsymbol{z}^*)$，

(b) 对所有 $\boldsymbol{z} \in Z$，$f(h(\boldsymbol{z})) = \boldsymbol{z}$，

(c) $h'(\boldsymbol{z}^*) = (f'(\boldsymbol{y}^*))^{-1}$。

证明：该证明作为练习留给读者，见练习 9.29。

反函数定理表明，如果雅可比矩阵 $f'(\boldsymbol{y}^*)$ 是非奇异的，那么 f 在 $\boldsymbol{y}^*$ 附近局部可逆。反推不真。

为了验证这一点，考虑一个单变量函数 $f(x) = x^3$，它的反函数为 $f^{-1}(y) = \sqrt[3]{y}$。但是，$f'(0) = 0$，f 在 $x=0$ 时有一个**拐点**。所以可逆函数也可能有奇异的雅可比矩阵。

练　习

9.1　写出函数 $f: \mathbb{R}^3_{++} \to \mathbb{R}: (x_1, x_2, x_3) \mapsto x_1^3 + x_1^2 \ln x_2 - 3x_3$ 的全导数和海塞矩阵。$f''(x_1, x_2, x_3)$是否是半定的？请说明理由。

9.2　设二次函数 $f: \mathbb{R}^2 \to \mathbb{R}: (x_1, x_2) \mapsto ax_1^2 + 2bx_1x_2 + cx_2^2$，其中 a，b，c 为实数。

(a) 把 $f(x_1, x_2)$写成向量 $\boldsymbol{x} = \begin{bmatrix} x_1 \\ x_2 \end{bmatrix}$和 2×2 阶实对称矩阵的形式；

(b) 使用标量法计算 f 在点(x_1, x_2)的全导数 $f'(x_1, x_2)$以及海塞矩阵 $f''(x_1, x_2)$。

9.3　当 $\boldsymbol{x}$ 是 $n\times 1$ 阶矩阵，$\boldsymbol{A}$ 是 $n\times n$ 阶对称矩阵时，使用标量微分，证明 $\dfrac{\partial^2(\boldsymbol{x}^{\mathrm{T}}\boldsymbol{A}\boldsymbol{x})}{\partial \boldsymbol{x}\,\partial \boldsymbol{x}^{\mathrm{T}}} = 2\boldsymbol{A}$。

9.4　当 λ 是标量，$\mathbf{1}$是所有元素都为 1 的 $n\times 1$ 阶矩阵，$\boldsymbol{a}$ 和 $\boldsymbol{x}$ 都是 $n\times 1$ 阶矩阵，$\boldsymbol{A}$ 是 $n\times n$ 阶矩阵时，将下列式子关于 $\boldsymbol{x}$ 微分：

(a) $\mathbf{1}^{\mathrm{T}}\boldsymbol{x}$，

(b) $\lambda\boldsymbol{a}^{\mathrm{T}}\boldsymbol{x}$，

(c) $\boldsymbol{x}^{\mathrm{T}}\boldsymbol{x}$，

(d) $\boldsymbol{x}^{\mathrm{T}}\boldsymbol{A}\boldsymbol{x}$，

(e) $2\boldsymbol{A}\boldsymbol{x}$，

(f) $2\lambda + 3\ \boldsymbol{x}^{\mathrm{T}}\boldsymbol{A}\boldsymbol{x}$。

9.5　当 $\boldsymbol{a}$ 和 $\boldsymbol{x}$ 都是 $n\times 1$ 阶矩阵，$\boldsymbol{A}$ 是 $n\times n$ 阶矩阵时，函数 $f(\boldsymbol{x}) = 10 + 20\boldsymbol{a}^{\mathrm{T}}\boldsymbol{x} + 30\boldsymbol{x}^{\mathrm{T}}\boldsymbol{A}\boldsymbol{x}$ 的全导数 $f'(\boldsymbol{x})$和海塞矩阵 $f''(\boldsymbol{x})$分别是什么？

9.6　（本题包含一些将在后面学习的基本知识。读者可以在学习第 13 章和 15.2 节后再复习这道题）一个投资者将她的财富按比例 $\boldsymbol{a} = (a_1, a_2, \cdots, a_N)$ 分配到含 N 个可能投资项目的投资组合中。每种资产的单位收益（总回报率，或简单地称为总回报）是一个（随机）向量 $\tilde{\boldsymbol{r}} = (\tilde{r}_1, \tilde{r}_2, \cdots, \tilde{r}_N)$。

(a) 写出投资者在投资组合上的总回报的矩阵表达式。

(b) 假设 $\tilde{\boldsymbol{r}}$ 有平均值 $\boldsymbol{e}$ 和方差—协方差矩阵 $\boldsymbol{V}$，计算总回报的平均值和方差。

(c) 计算该投资组合总回报的雅可比矩阵和海塞矩阵（看成是关于投资组合比例 $\boldsymbol{a}$ 的函数）。

(d) 你怎么看海塞矩阵的定性或半定性？

9.7　计算下述函数的一阶偏导数和二阶偏导数

$$f: \mathbb{R}^2 \to \mathbb{R}: (x, y) \mapsto \begin{cases} \dfrac{xy(x^2 - y^2)}{x^2 + y^2}, & (x, y) \neq (0, 0) \\ 0, & (x, y) = (0, 0) \end{cases}$$

函数的二阶混合偏导数在（0，0）存在吗？函数的二阶混合偏导数是否连续？是否相等？

9.8 当收入增加，税收所占的比例提高时，称它是**累进税**；当收入增加，税收所占的比例下降时，称它是**累退税**。

设税收是收入 Y 的函数 $t=f(Y)$。证明当 f 具有弹性时，税收是累进的；当 f 缺乏弹性时，税收是累退的。

9.9 证明定理 9.3.1。

9.10 设 f, g：$\mathbb{R}^m\to\mathbb{R}^n$，定义 h：$\mathbb{R}^m\to\mathbb{R}$ 为

$$\underbrace{h(\boldsymbol{x})}_{1\times 1}\equiv\underbrace{(f(\boldsymbol{x}))^{\mathrm{T}}}_{1\times n}\underbrace{g(\boldsymbol{x})}_{n\times 1}$$

证明

$$\underbrace{h'(\boldsymbol{x})}_{1\times m}=\underbrace{(g(\boldsymbol{x}))^{\mathrm{T}}}_{1\times n}\underbrace{f'(\boldsymbol{x})}_{n\times m}+\underbrace{(f(\boldsymbol{x})^{\mathrm{T}})}_{1\times n}\underbrace{g'(\boldsymbol{x})}_{n\times m}。$$

（这是向量微积分的乘积法则的第一种形式，见定理 9.3.3。）

9.11 令 f：$\mathbb{R}^m\to\mathbb{R}$，$g$：$\mathbb{R}^m\to\mathbb{R}^n$，定义 h：$\mathbb{R}^m\to\mathbb{R}^n$ 为

$$\underbrace{h(\boldsymbol{x})}_{n\times 1}\equiv\underbrace{f(\boldsymbol{x})}_{1\times 1}\underbrace{g(\boldsymbol{x})}_{n\times 1}$$

证明：

$$\underbrace{h'(\boldsymbol{x})}_{n\times m}=\underbrace{g(\boldsymbol{x})}_{n\times 1}\underbrace{f'(\boldsymbol{x})}_{1\times m}+\underbrace{f(\boldsymbol{x})}_{1\times 1}\underbrace{g'(\boldsymbol{x})}_{n\times m}。$$

（这是向量微积分的乘积法则的第二种形式，见定理 9.3.3。）

9.12 使用链式法则证明

$$\frac{x_i^*}{f(\boldsymbol{x}^*)}\frac{\partial f}{\partial x_i}(\boldsymbol{x}^*)=\frac{\partial \ln f}{\partial \ln x_i}(\boldsymbol{x}^*)。$$

并进一步证明

$$\frac{x_i^*}{f(\boldsymbol{x}^*)}\frac{\partial f}{\partial x_i}(\boldsymbol{x}^*)=\frac{\partial \log f}{\partial \log x_i}(\boldsymbol{x}^*)。$$

这里的对数取任何底数都不影响结果。

9.13 设 f：$\mathbb{R}^l\to\mathbb{R}^m$ 及 g：$\mathbb{R}^m\to\mathbb{R}^n$ 都是连续可微函数。写出 f、g 和 $h\equiv(g\circ f)$ 求导的链式法则的矩阵形式。

9.14 令 f：$\mathbb{R}^3\to\mathbb{R}^2$ 及 g：$\mathbb{R}^2\to\mathbb{R}^3$ 定义为

$$f(\boldsymbol{y})\equiv\begin{bmatrix} y_1+y_2+y_3 \\ y_1-y_2y_3 \end{bmatrix}$$

和

$$g(\boldsymbol{x})\equiv\begin{bmatrix} x_1+x_2 \\ x_1x_2 \\ x_1-x_2^2 \end{bmatrix}$$

写出雅可比矩阵 $f'(\boldsymbol{y})$ 和 $g'(\boldsymbol{x})$，用链式法则得出 $(f\circ g)'(\boldsymbol{x})$。写出实值分

量函数 f^2 相应的梯度向量和海塞矩阵。

9.15 设 f：$\mathbb{R}^n \to \mathbb{R}$，$L$ 是从 $\boldsymbol{x}'$ 到 $\boldsymbol{x}$ 的一条线。回顾定义 9.5.1 中直线 L 约束下函数 f 的定义 $f|_L$：$\mathbb{R} \to \mathbb{R}$。

使用链式法则计算 λ 取任意值时 $f|_L$ 的二阶导数，再计算 $\lambda=0$ 时 $f|_L$ 的二阶导数。

9.16 计算下述（双变量）柯布-道格拉斯函数

$$f: \mathbb{R}^2 \to \mathbb{R}: (x, y) \mapsto x^{\alpha} y^{1-\alpha}$$

在向量 (x, y) 处沿着向量 $(\mu x, \mu y)$ 方向的方向导数（即，相关直线 L 过原点）。

9.17 证明当 $\alpha=0.5$ 时，上题中的柯布-道格拉斯函数的无差异曲线是一个等轴双曲线（直角双曲线）簇。

9.18 推导受直线约束的（含 n 个变量的）二次函数的一般形式。这种函数的方向导数的一般形式又是什么样的？

9.19 函数 f 在 $\boldsymbol{x}$ 以 $\boldsymbol{x}'$ 为方向的方向导数与以 $\frac{\boldsymbol{x}+\boldsymbol{x}'}{2}$ 为方向的方向导数之间有什么关系？与以 $\lambda\boldsymbol{x}+(1-\lambda)\boldsymbol{x}'$ 为方向的方向导数之间又是什么关系？用图像表示并做出说明。

9.20 说明当重新调整相关直线 L 的参数时如何解释在某一点的方向导数。

9.21 证明：二次函数 $f(x)=ax^2+bx+c$ 的近似 A^*（式 (9.87)）精确地与 $f(x)$ 相等。

9.22 式 (9.88) 右边多项式在 x_0 处的前 $n-1$ 阶导数与 f 的前 $n-1$ 阶导数相同。

9.23 随意选择记号法，写出多变量函数的泰勒展开式的一般形式。

使用泰勒展开式的前三项来给出函数

$$x_1 x_2^2 + x_2^2 \ln x_3^2$$

在 $\boldsymbol{x}=(x_1, x_2, x_3)=(1, 1, 1)$ 附近的近似。

9.24 对下列积分关于 x 进行微分。

(a) $\int_x^y f(t)\,\mathrm{d}t$，

(b) $\int_0^{x^2} \sin t\,\mathrm{d}t$，

(c) $\int_{-\infty}^{\infty} (x^2 y + x y^2)\,\mathrm{d}y$，

(d) $\int_{-\infty}^{\infty} u(wr + x(s-r))\,\mathrm{d}r$，

(e) $\int_a^b (c + dt + ft^2)\,\mathrm{d}t$，

(f) $\int_{-\infty}^{x} \mathrm{e}^t\,\mathrm{d}t$。

9.25 证明：

$$\int_a^b\int_c^d \frac{\partial^2 f}{\partial x_2 \partial x_1}(x_1, x_2)\mathrm{d}x_2\mathrm{d}x_1 = f(b, d)-f(a, d)-f(b, c)+f(a, c)$$

（即，引理 9.7.3 的第二部分）

9.26 对于含三个变量的函数，陈述并证明引理 9.7.3 的等价定理。

9.27 证明

$$\int_0^\infty \frac{\sin y}{y}\mathrm{d}y = \frac{\pi}{2}$$

9.28 证明定理 9.7.5。

9.29 把反函数定理当作隐函数定理的特例来推导。

第 10 章　凸性与最优化

10.1　引言

大多数经济学和决策论都在试图作出一个最优选择。这就要求根据决策者的目标设定（一个或者多个）选择变量（决策变量）的数学函数。最优化数学理论告诉我们，决策制定者的问题是是否存在一个解或多个解，如果存在，我们应该如何寻找这个解。这一章的目的就是提供求解最优化问题的必要工具，以求解经济学或者金融学里可能遇到的问题。

本章从凸性与凹性的扩展讨论开始，这些概念对优化问题的某个解是否存在或者是否唯一有重要作用。接下来的三节讨论最优化问题的解。首先，所有选择变量在什么时候能够独立变化；其次，这些选择变量在什么时候受到等式约束；最后，什么时候存在不等约束。本章最后一节讨论了下述两个问题的对偶问题：即约束条件下的目标函数的极大化问题与目标函数取特定值时约束函数的极小化问题。

Chiang 和 Wainwright（2005，11～13 章）面向初级水平读者介绍了本章提到的部分内容。De la Fuente（2000，第 6 章）和 Takayama（1994）两本书中有更详细的介绍。

10.2 凸性和凹性

10.2.1 凸函数和凹函数

我们已经在 7.3.4 节遇到过凸函数的概念。概括地说，如果含 n 个变量的函数的图像以上部分的集合是 $\mathbb{R}^{n+1}$ 的一个凸子集，则这个函数是凸函数。含 n 个变量的函数的图像以下部分的集合是 $\mathbb{R}^{n+1}$ 的一个凸子集，则这个函数是凹函数。从这种概括的描述来看，我们应该清楚凸函数和凹函数的概念应该是大致类似的。然而，我们必须记住根本就没有凹集合。因此，数学的这个分支通常称之为凸性而不是凹性。所以，只有“凸性”这个词出现在了本章的题目和以下的各节中。

我们可以从三个角度分析多变量凸函数和凹函数的特征。正式的定义是函数受到定义域中的一条线段的约束，其他特征仅仅适用于可微的凹函数或者凸函数。第二个特征基于函数的一阶导数的性质（参阅定理 10.2.4）；第三个特征基于函数的二阶导数或者海塞（参阅定理 10.2.5）矩阵的性质。

定义 10.2.1 令 f：$X \to Y$，X 是实向量空间的一个凸子集，$Y \subseteq \mathbb{R}$。f 是一个凹函数当且仅当对于所有的 $\boldsymbol{x} \neq \boldsymbol{x}' \in X$ 和 $\lambda \in (0, 1)$，有

$$f(\lambda\boldsymbol{x}+(1-\lambda)\boldsymbol{x}') \geqslant \lambda f(\boldsymbol{x})+(1-\lambda)f(\boldsymbol{x}') \tag{10.1}$$

读者需要注意以下有关定义 7.3.4 和定义 10.2.1 的几个重要的知识点。

- 当且仅当 $-f$ 是凹函数时，函数 f 是凸函数。因为每一个凸函数都是一个凹函数的映像，反之亦然，故对凸（凹）函数导出的结论对于凹（凸）函数都有一个推论。通常来说，我们在这本书中只考虑凹函数，对凸函数的推论留作练习。

- 一个定义在 n 维向量空间 V 的函数是凸函数当且仅当这个函数受空间 V 中的任意线段 L 的约束都是凸的，并且对于凹函数来说是类似的（严格凹函数和严格凸函数的定义我们马上会讲，见定义 10.2.2）。

- 对所有的 $\boldsymbol{x}$，$\boldsymbol{x}' \in X$ 和 $\lambda \in [0, 1]$来说，要求条件（7.14）成立和要求条件（10.1）成立是等价的，因为当 $\boldsymbol{x}=\boldsymbol{x}'$、$\lambda=0$ 和 $\lambda=1$ 时，这两个条件是等价的。

- 条件（7.14）和条件（10.1），按照与线性变换定义（定义 6.2.3）中向量组的等价条件类似的方法，可以分别写成 k 个向量的形式：

$$f\Big(\sum_{i=1}^{r} k_i\boldsymbol{v}_i\Big) \leqslant \sum_{i=1}^{r} k_i f(\boldsymbol{v}_i) \tag{10.2}$$

和

$$f\left(\sum_{i=1}^{r}k_i\boldsymbol{v}_i\right)\geqslant\sum_{i=1}^{r}k_if(\boldsymbol{v}_i) \tag{10.3}$$

这两种情况下，$\boldsymbol{v}_1$，$\boldsymbol{v}_2$，…，$\boldsymbol{v}_r\in X$，k_1，k_2，…，k_r 为满足 $\sum_{i=1}^{r}k_i=1$ 的非负标量。

定理 10.2.1 令 f：$A\to Y$，A 是实向量空间中的一个仿射子集，并且 $Y\subseteq\mathbb{R}$。那么 f 是一个仿射函数当且仅当 f 既是凸函数又是凹函数。

证明： 式（7.14）和式（10.1）的不等式同时成立，当且仅当

$$f(\lambda\boldsymbol{x}+(1-\lambda)\boldsymbol{x}')=\lambda f(\boldsymbol{x})+(1-\lambda)f(\boldsymbol{x}') \tag{10.4}$$

如果 f 是一个仿射函数，那么对所有的 $\lambda\in\mathbb{R}$，特别是 $\lambda\in[0,1]$，这个等式和两个不等式都同时成立。

如果函数 f 既是凹的又是凸的，那么对任意 $\lambda\in[0,1]$，不等式和等式都成立。必须说明的是它同样适用于 $\lambda<0$ 和 $\lambda>1$ 的情况。

现在来考虑 $\lambda<0$ 的情况。

我们知道，对一切标量 $\mu\in[0,1]$、向量 $\boldsymbol{x}$ 和 $\boldsymbol{x}''\equiv\lambda\boldsymbol{x}+(1-\lambda)\boldsymbol{x}'\in A$，不等式（等式也如此）都成立，可以写为

$$f(\mu\boldsymbol{x}+(1-\mu)\boldsymbol{x}'')=\mu f(\boldsymbol{x})+(1-\mu)f(\boldsymbol{x}'') \tag{10.5}$$

当 $\lambda<0$ 时，$\frac{\lambda}{\lambda-1}\in[0,1]$，在式（10.5）中令 $\mu=\frac{\lambda}{\lambda-1}$，得

$$f\left(\frac{\lambda}{\lambda-1}\boldsymbol{x}+\left(1-\frac{\lambda}{\lambda-1}\right)\boldsymbol{x}''\right)=\frac{\lambda}{\lambda-1}f(\boldsymbol{x})+\left(1-\frac{\lambda}{\lambda-1}\right)f(\boldsymbol{x}'') \tag{10.6}$$

代换 $\boldsymbol{x}''$，得

$$\begin{aligned}&f\left(\frac{\lambda}{\lambda-1}\boldsymbol{x}+\left(1-\frac{\lambda}{\lambda-1}\right)(\lambda\boldsymbol{x}+(1-\lambda)\boldsymbol{x}')\right)\\&=\frac{\lambda}{\lambda-1}f(\boldsymbol{x})+\left(1-\frac{\lambda}{\lambda-1}\right)f(\lambda\boldsymbol{x}+(1-\lambda)\boldsymbol{x}')\end{aligned} \tag{10.7}$$

乘以 $\lambda-1$，整理得

$$(\lambda-1)f(\boldsymbol{x}')=\lambda f(\boldsymbol{x})-f(\lambda\boldsymbol{x}+(1-\lambda)\boldsymbol{x}') \tag{10.8}$$

或者

$$f(\lambda\boldsymbol{x}+(1-\lambda)\boldsymbol{x}')=\lambda f(\boldsymbol{x})+(1-\lambda)f(\boldsymbol{x}') \tag{10.9}$$

对 $\lambda>1$ 情况下的证明，留作练习，见练习 10.1（e）。

接下来的定理讨论了在上水平集（上等值集）和下水平集（下等值集）上凸函数和凹函数的性质，参见定义 7.7.2。

定理 10.2.2 一个凹函数的上水平集 $\{\boldsymbol{x}\in X:f(\boldsymbol{x})\geqslant\alpha\}$ 是凸集。

证明： 这个定理的证明留作练习，参见练习 10.2。

这个结论会在以后的消费者理论中遇到，参见定理 12.3.5。熟悉中级经济

学中的两商品消费者问题的读者会发现，根据定理 10.2.2，无差异曲线对应的是凹的效用函数。

同时需要注意的是，一个函数的凹性是其上水平集为凸集的一个充分非必要条件。例如，任何一个增函数 $f: \mathbb{R} \to \mathbb{R}$ 具有凸的上水平集。

定理 10.2.3 设 $f: X \to \mathbb{R}$ 和 $g: X \to \mathbb{R}$ 都是凹函数，那么有：

(a) 如果 a，$b>0$，那么 $af+bg$ 是凹的；

(b) 如果 $a<0$，那么 af 是凸的；

(c) $\min\{f, g\}$ 是凹的。

证明： 上面的性质以及它们的推论留作练习，见练习 10.2。

定义 10.2.2 再次令 $f: X \to Y$，其中 X 是向量空间里的一个凸集且 $Y \subseteq \mathbb{R}$。那么我们可以得到：

(a) f 是一个**严格凸函数**当且仅当对于所有的 $\boldsymbol{x} \neq \boldsymbol{x}' \in X$ 和 $\lambda \in (0, 1)$，

$$f(\lambda \boldsymbol{x} + (1-\lambda)\boldsymbol{x}') < \lambda f(\boldsymbol{x}) + (1-\lambda) f(\boldsymbol{x}') \tag{10.10}$$

(b) f 是一个**严格凹函数**当且仅当对于所有的 $\boldsymbol{x} \neq \boldsymbol{x}' \in X$ 和 $\lambda \in (0, 1)$，

$$f(\lambda \boldsymbol{x} + (1-\lambda)\boldsymbol{x}') > \lambda f(\boldsymbol{x}) + (1-\lambda) f(\boldsymbol{x}') \tag{10.11}$$

注意在这个定义中，当 $\boldsymbol{x}=\boldsymbol{x}'$ 或者 $\lambda=0$ 或者 $\lambda=1$ 时是没有意义的。

我们前面提到过的凹函数和凸函数之间的关系，大多数同样适用于严格凹函数和严格凸函数之间的关系。

10.2.2 凸性与可微性

在这一节里，我们将揭示，对于可微函数，以上关于凹函数和凸函数的定义是和函数的一阶导数或者雅可比（定理 10.2.4）以及二阶导数或海塞（定理 10.2.5）等价的。如前所述，可以等价地描述凸函数，这里我们给出讨论。

如果函数和它的一阶差分不是定义在同一个 $\boldsymbol{x}$ 的开邻域（$B_\epsilon(\boldsymbol{x})$）内，这个函数在 $\boldsymbol{x}$ 的一阶差分的极限就没有意义。在本节我们必须假定，函数的定义域是开的凸集。

定理 10.2.4（可微函数的凹性的判定准则） 假定 $f: X \to \mathbb{R}$ 是可微的，$X \subseteq \mathbb{R}^n$ 是一个开的凸集。那么 f 是（严格）凹函数，当且仅当对于所有的 $\boldsymbol{x} \neq \boldsymbol{x}' \in X$，

$$f(\boldsymbol{x})(<)\leqslant f(\boldsymbol{x}') + f'(\boldsymbol{x}')(\boldsymbol{x}-\boldsymbol{x}') \tag{10.12}$$

定理 10.2.4 表明，一个函数是凹的，当且仅当在任何一点它的切超平面都在函数的图像之上，或者说切超平面是 $\mathbb{R}^{n+1}$ 中函数图形下方的集合的支持超平面。

关于定理 10.2.4 的另外一个解释是，一个函数是凹函数，当且仅当对于定义域中的任意两个不同点，在某一个点处沿另一个点方向的方向导数的值超过这两个点处函数值的改变量。关于方向导数的定义参阅 9.5 节。

证明：

⇒我们首先证明不严格的不等式对于凹性是必须的，并且，严格不等式对于严格凹性也是必需的。

令 $\boldsymbol{x}$，$\boldsymbol{x}'\in X$。

(a) 假定 f 是凹函数。

那么，对于 $\lambda\in(0,1)$，根据式 (10.1)，可得

$$f(\boldsymbol{x}'+\lambda(\boldsymbol{x}-\boldsymbol{x}'))\geqslant f(\boldsymbol{x}')+\lambda(f(\boldsymbol{x})-f(\boldsymbol{x}')) \tag{10.13}$$

从不等式两边同时减去 $f'(\boldsymbol{x})$，并同时除以 λ，得

$$\frac{f(\boldsymbol{x}'+\lambda(\boldsymbol{x}-\boldsymbol{x}'))-f(\boldsymbol{x}')}{\lambda}\geqslant f(\boldsymbol{x})-f(\boldsymbol{x}') \tag{10.14}$$

现在考虑当 $\lambda\to 0$ 时不等式两边的极限。根据方向导数的定义，不等式左边趋近于 $f'(\boldsymbol{x}')(\boldsymbol{x}-\boldsymbol{x}')$，见式 (9.63) 和式 (9.64)。不等式右边关于 λ 是独立的，没有改变。根据凹函数的相关性质很容易得出这个结果。

这个证明通过图 10—1 可以详细地说明。这个图说明了 $\mathbb{R}^{n+1}$ 的一个截面沿着线 L 从点 $\boldsymbol{x}'$（$\lambda=0$ 时）移动到点 $\boldsymbol{x}$（$\lambda=1$ 时）的情况。曲线表示 f 的一个截面图，直线表示在点 $\boldsymbol{x}'$ 处的切超平面的一个截面图，并且这条直线在 P 处和曲线相切。这个定理表明，f 是凹的当且仅当对于每一个这样的图，点 A 都在点 B 之上。同样地，点 $\boldsymbol{x}'$ 处沿 $\boldsymbol{x}$ 方向的方向导数（AC 的高度）超过点 $\boldsymbol{x}$ 和 $\boldsymbol{x}'$ 处函数值的变化（BC 的高度）。凹性的定义表明点 D 在点 E 的上方。条件 (10.14) 表明，对于弧 PB 上的任意一点 D，PB 的斜率小于或者等于 PD 的斜率。证明的第一部分的思路是，当 $\lambda\to 0$ 时，PD 的斜率趋近于 PA 的斜率。

然而，即使 f 是一个严格凹函数，式 (10.14) 仍然是一个弱不等式。

(b) 现在假定 f 是严格凹的，并且 $\boldsymbol{x}\neq\boldsymbol{x}'$。

因为 f 也是凹的，故我们可以把刚才证明得到的结果应用于 $\boldsymbol{x}'$ 和 $\boldsymbol{x}''\equiv\frac{1}{2}(\boldsymbol{x}+\boldsymbol{x}')$，由此得到

$$f'(\boldsymbol{x}')(\boldsymbol{x}''-\boldsymbol{x}')\geqslant f(\boldsymbol{x}'')-f(\boldsymbol{x}') \tag{10.15}$$

根据严格凹性的定义，或者在式 (10.13) 的严格不等式中取 $\lambda=1/2$，得

$$f(\boldsymbol{x}'')-f(\boldsymbol{x}')>\frac{1}{2}(f(\boldsymbol{x})-f(\boldsymbol{x}')) \tag{10.16}$$

结合这两个不等式，同乘以 2，重新整理得到所需结果。

⇐相反地，假定导数满足不等式 (10.12)。我们现在讨论凹性。严格凹性的情况下要证明定理，只需将所有的弱不等式（$\geqslant$）换作严格不等式（$>$）即可。

令 $\boldsymbol{x}''=\lambda\boldsymbol{x}+(1-\lambda)\boldsymbol{x}'$。那么，根据假设，对 $\boldsymbol{x}$ 和 $\boldsymbol{x}''$，以及 $\boldsymbol{x}'$ 和 $\boldsymbol{x}''$ 有

$$f(\boldsymbol{x})\leqslant f(\boldsymbol{x}'')+f'(\boldsymbol{x}'')(\boldsymbol{x}-\boldsymbol{x}'') \tag{10.17}$$

和

$$f(\boldsymbol{x}')\leqslant f(\boldsymbol{x}'')+f'(\boldsymbol{x}'')(\boldsymbol{x}'-\boldsymbol{x}'') \tag{10.18}$$

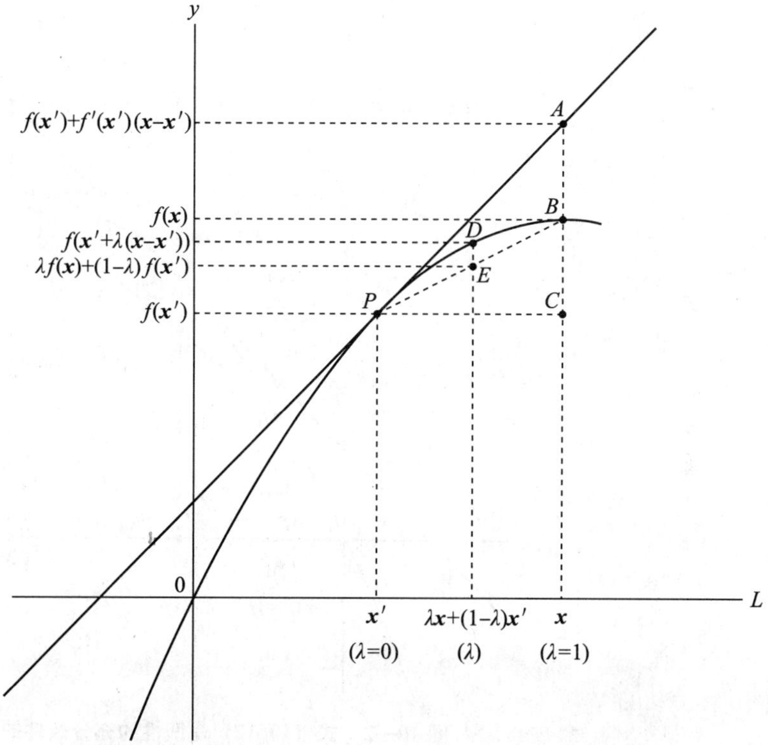

图 10—1　式（10.12）是凹性的必要条件的图形解释

同前面向量的凸组合一样，我们也可以得到不等式（10.17）和（10.18）的凸组合，为

$$\lambda f(\boldsymbol{x})+(1-\lambda)f(\boldsymbol{x}')\leqslant f(\boldsymbol{x}'')+f'(\boldsymbol{x}'')(\lambda(\boldsymbol{x}-\boldsymbol{x}'')+(1-\lambda)(\boldsymbol{x}'-\boldsymbol{x}''))$$
$$=f(\boldsymbol{x}'') \tag{10.19}$$

因为

$$\lambda(\boldsymbol{x}-\boldsymbol{x}'')+(1-\lambda)(\boldsymbol{x}'-\boldsymbol{x}'')=\lambda\boldsymbol{x}+(1-\lambda)\boldsymbol{x}'-\boldsymbol{x}''=\boldsymbol{0}_n \tag{10.20}$$

不等式（10.19）就是我们要求的凹性的定义。

图 10—2 可以解释这个证明。条件（10.17）说明 RS 的高度小于或者等于 RT 的高度。条件（10.18）说明 MN 的高度小于或者等于 MQ 的高度。凸组合（10.19）说明 UV 的高度小于或者等于 UW 的高度，这正是凹性的定义。①

定理 10.2.5（二阶可微函数的凹性的判定准则）　令 f：$X\to\mathbb{R}$ 二阶连续可微（C^2），$X\subseteq\mathbb{R}$ 是开的凸集。那么，

(a) f 是凹的，当且仅当，对于所有的 $\boldsymbol{x}\in X$，海塞矩阵 $f''(\boldsymbol{x})$ 是半负定的；

(b) 如果 $f''(\boldsymbol{x})$ 对于所有的 $\boldsymbol{x}\in X$ 是负定的，那么 f 是严格凹的。

这个定理第二部分的条件是凹性的充分非必要条件，这个事实促使我们去寻

① 这个证明基于 Roberts 和 Varberg（1973，p. 98）。

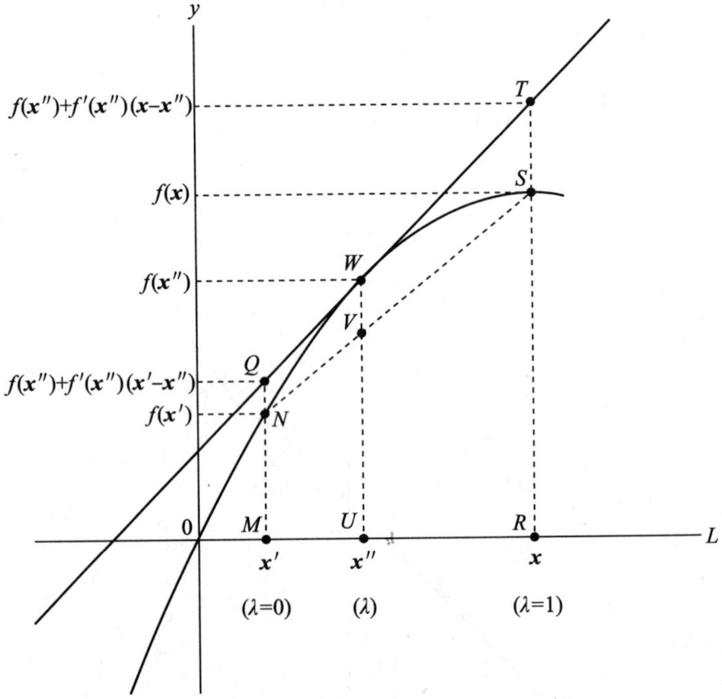

图 10—2 式（10.12）是凹性的充分条件的图形解释

找一个反例。换句话说，是寻找一个严格凹函数，但是其二阶导数是半负定的而不是负定的。一个标准的反例是，对于 $n>1$ 的任何整数，$f(x)=-x^{2n}$ 在 $x=0$ 时的情况。

证明：我们首先利用泰勒定理（定理 9.6.5）来证明海塞矩阵条件的充分性。然后我们用微积分基本定理（定理 7.9.1）和反证法来证明 $n=1$ 时这个条件对凹性的必要性。接下来我们用这个结果和链式法则来证明 $n>1$ 时的必要性。最后，对于单变量函数，我们阐明如何改变变量，以便换一种方法证明充分性。

(a) 首先假定 $f''(\boldsymbol{x})$ 对于所有的 $\boldsymbol{x}\in X$ 是半负定的。再次运用泰勒定理，有 $f(\boldsymbol{x})\leqslant f(\boldsymbol{x}')+f'(\boldsymbol{x}')(\boldsymbol{x}-\boldsymbol{x}')$。

定理 10.2.4 说明 f 是凹的。对半负定海塞和严格凹函数有类似的证明。

(b) 为了证明必要性，我们必须首先考虑单变量函数情况，然后是多变量函数情况。

(i) 首先考虑一个单变量函数。我们不是直接证明对于所有的 $x\in X$，凹的 f 意味着半负定（即非正）的二阶导数，而是通过反证法来证明。换句话说，我们将要证明，如果存在某 $x^*\in X$ 使得二阶导数为正，那么 f 在 x^* 附近是局部严格凸的，即不会是凹的。

假定 $f''(x^*)>0$，那么，因为 f 是二阶连续可微，对 x^* 的邻域（比如 (a,b)）内的任意 x，有 $f''(x)>0$，那么 f' 在 (a,b) 上是递增函数。再考虑 (a,b) 内的两个点 $x<x'$，令 $x''=\lambda x+(1-\lambda)x'\in X$，其中 $\lambda\in(0,1)$。根据微

积分基本定理，知

$$f(x'')-f(x)=\int_{x}^{x''}f'(t)\mathrm{d}t<f'(x'')(x''-x) \tag{10.21}$$

和

$$f(x')-f(x'')=\int_{x''}^{x'}f'(t)\mathrm{d}t>f'(x'')(x'-x'') \tag{10.22}$$

重新排列这两个不等式，得到

$$f(x)>f(x'')+f'(x'')(x-x'') \tag{10.23}$$

和

$$f(x')>f(x'')+f'(x'')(x'-x'') \tag{10.24}$$

这两个是式（10.17）和式（10.18）的单变量结果的变形。同定理 10.2.4 的证明一样，这些不等式的凸组合可以变为

$$f(x'')<\lambda f(x)+(1-\lambda)f(x') \tag{10.25}$$

因此，在(a, b)上 f 是局部严格凸的。

(ii) 现在考虑多变量函数。假定 f 是一个凹函数，并且 $\boldsymbol{x}\in X$，$\boldsymbol{h}\in\mathbb{R}^n$。（我们用 $\boldsymbol{x}$，$\boldsymbol{x}+\boldsymbol{h}$ 来代替 $\boldsymbol{x}$，$\boldsymbol{x}'$，这是为了和负定矩阵的定义保持一致。）那么，至少对于足够小的 λ，$f|_L(\lambda)\equiv f(\boldsymbol{x}+\lambda\boldsymbol{h})$ 也同样定义了一个凹函数（单变量的），即 f 受到一条线段约束，这条线段从 $\boldsymbol{x}$ 开始，沿着从 $\boldsymbol{x}$ 到 $\boldsymbol{x}+\boldsymbol{h}$ 的方向。因此，根据我们刚刚证明过的单变量函数的结果，$f|_L$没有非正的二阶导数。但是从式（9.66）我们可以知道 $f|''_L(0)=\boldsymbol{h}^{\mathrm{T}}f''(\boldsymbol{x}')\boldsymbol{h}$，因此 $f''(\boldsymbol{x})$是半负定的。

(c) 对于单变量函数来说，可以换一种方法，不使用泰勒定理就可以证明充分性。详细证明留作练习，见练习 10.5。

事实上，我们有以下结论：

(a, b)上 $f''(x)<0\Rightarrow(a, b)$上 f 是局部严格凹的

(a, b)上 $f''(x)\leqslant 0\Rightarrow(a, b)$上 f 是局部凹的

(a, b)上 $f''(x)>0\Rightarrow(a, b)$上 f 是局部严格凸的

(a, b)上 $f''(x)\geqslant 0\Rightarrow(a, b)$上 f 是局部凸的

我们刚才已经证明了区间(a, b)上结论成立，证明同样适用于整个定义域 X（当它是$\mathbb{R}$的一个开的凸子集时，它也是一个开区间）

注意表 10—1 中列出的不同种类函数中的层次关系（在练习 10.7 中再次考虑）。

表 10—1　　凹函数与相关函数的层次

海塞矩阵负定⊂严格凹⊂凹＝海塞矩阵半负定⊂ $\begin{cases}\text{凸的上水平集}\\ \text{方向导数一致}\end{cases}$

我们想知道在多大程度上，这些性质是定性的而非定量的。换句话说，在多

大程度上，尺度变换或者在不同严格递增的变换下，其性质不变。在经济学中，这一点非常重要，因为，当测度效用或者幸福程度或者满意度时，我们发现排序相对比较直观，但是测量排序的尺度的选择常常比较武断。下面的定理是我们目前能做到的最大限度。

定理 10.2.6 一个二阶可微的凹函数（多变量），经过非减的二阶可微凹变换，仍然是凹的。

证明：详细步骤留作练习，见练习 10.8。

定理 10.2.6 说明凹性在非减的凹变换和递增凹变换下是不变的。在定义 7.7.2 的讨论中已经提过，一个函数的等水平集在所有的递增变换下是不变的。在下一小节中我们会介绍，实值函数的另一个与凹性相近的性质，在所有递增变换下是不变的。

上述二阶条件让人联想到最优化的二阶条件，并且暗示了凹函数或者凸函数将会对优化理论有很大用处。事实上，存在着一大类有用函数，需要我们进一步介绍其定义。

10.2.3 拟凸函数与拟凹函数

令 $X\subseteq\mathbb{R}^n$ 是一个凸集，f：$X\rightarrow\mathbb{R}$ 是一个定义在 X 上的实值函数。

为了和先前的表示法保持一致，我们按照惯例用向量 $\boldsymbol{x}$ 和 $\boldsymbol{x}'$ 来表示，$f'(\boldsymbol{x})\leqslant f(\boldsymbol{x})$。

定义 10.2.3 令 $C(\alpha)=\{\boldsymbol{x}\in X:f(\boldsymbol{x})\geqslant\alpha\}$ 是函数 f：$X\rightarrow\mathbb{R}$ 的一个上水平集。那么 f 是拟凹函数当且仅当对于所有的 $\alpha\in\mathbb{R}$，$C(\alpha)$ 是一个凸集。

这里定义的拟凹性，是 f 为凹函数的一个必要非充分条件。

拟凹函数的例子有：f：$\mathbb{R}_{++}\rightarrow\mathbb{R}$：$x\mapsto\ln x$ 和 f：$\mathbb{R}\rightarrow\mathbb{R}_{++}$：$x\mapsto e^x$。

这些例子中的第一个是凹函数，它同时也是拟凹的，这并不奇怪。但是第二个例子是凸的和拟凹的。

定理 10.2.7 下面的陈述和拟凹性质的定义是等价的：

(a) 对于所有的 $\boldsymbol{x}$，$\boldsymbol{x}'\in X$ 和所有的 $\lambda\in(0,1)$，有 $f(\lambda\boldsymbol{x}+(1-\lambda)\boldsymbol{x}')\geqslant\min\{f(\boldsymbol{x}),f(\boldsymbol{x}')\}$ 成立；

(b) 对于所有满足 $f(\boldsymbol{x}')\leqslant f(\boldsymbol{x})$ 的 $\boldsymbol{x}$，$\boldsymbol{x}'\in X$ 和所有的 $\lambda\in(0,1)$，有 $f(\lambda\boldsymbol{x}+(1-\lambda)\boldsymbol{x}')\geqslant f(\boldsymbol{x}')$ 成立；

(c) 对于所有满足 $f(\boldsymbol{x})-f(\boldsymbol{x}')\geqslant 0$ 的 $\boldsymbol{x}$，$\boldsymbol{x}'\in X$，有 $f'(\boldsymbol{x}')(\boldsymbol{x}-\boldsymbol{x}')\geqslant 0$ 成立（前提是 X 是开集，且 f 是可微的）。

证明：

(a) 我们先入手证明定义和第一个条件的等价性。

(i) 首先，假设上水平集是凸的。令 $\boldsymbol{x}$，$\boldsymbol{x}'\in X$，$\alpha=\min\{f(\boldsymbol{x}),f(\boldsymbol{x}')\}$。那么 $\boldsymbol{x}$ 和 $\boldsymbol{x}'$ 在 $C(\alpha)$ 中。按照凸性的假定，对于任意 $\lambda\in(0,1)$，$\lambda\boldsymbol{x}+(1-\lambda)\boldsymbol{x}'\in C(\alpha)$。得到我们所期望的结果。

(ii) 现在假定条件 (a) 有效。为了证明 $C(\alpha)$ 是一个凸集，我们取 $\boldsymbol{x}$，$\boldsymbol{x}'\in$

$C(\alpha)$，研究 $\lambda\boldsymbol{x}+(1-\lambda)\boldsymbol{x}'\in C(\alpha)$是否成立。但是，由（a）知

$$f(\lambda\boldsymbol{x}+(1-\lambda)\boldsymbol{x}')\geqslant\min\{f(\boldsymbol{x}),\ f(\boldsymbol{x}')\}\geqslant\alpha \tag{10.26}$$

其中，式子中最后的不等式成立是因为 $\boldsymbol{x}$ 和 $\boldsymbol{x}'$属于 $C(\alpha)$。

（b）可以直接证明条件（b）和（a）是等价的。

（i）首先假设条件（a）成立。这时 $f'(\boldsymbol{x})\geqslant f(\boldsymbol{x})$或者 $f(\boldsymbol{x}')=\min\{f(\boldsymbol{x}),\ f(\boldsymbol{x}')\}$，不需要证明。否则，我们能够交换 $\boldsymbol{x}$ 和 $\boldsymbol{x}'$的位置。条件（b）中的陈述对于 $\boldsymbol{x}=\boldsymbol{x}'$或者 $\lambda=0$ 或者 $\lambda=1$ 的情况为真，即使 f 不是拟凹函数。

（ii）反过来证明更直截了当，留作练习，见练习 10.9。

（c）证明条件（c）和一个可微函数的拟凹性质等价（通过证明它和条件（a）、（b）等价）是一个最关键的证明步骤。

（i）首先，假设 f 满足条件（a）和（b）。首先要证明条件（c）是拟凹的必要条件。不失一般性，取 $\boldsymbol{x}$，$\boldsymbol{x}'\in X$ 满足 $f'(\boldsymbol{x})\leqslant f(\boldsymbol{x})$。由拟凹性得

$$f(\lambda\boldsymbol{x}+(1-\lambda)\boldsymbol{x}')\geqslant f(\boldsymbol{x}'),\ \forall\lambda\in(0,\ 1) \tag{10.27}$$

考虑下述函数：

$$f|_L(\lambda)=f(\lambda\boldsymbol{x}+(1-\lambda)\boldsymbol{x}')=f(\boldsymbol{x}'+\lambda(\boldsymbol{x}-\boldsymbol{x}')) \tag{10.28}$$

我们需要证明方向导数满足

$$f|'_L(0)=f'(\boldsymbol{x}')(\boldsymbol{x}-\boldsymbol{x}')\geqslant 0 \tag{10.29}$$

但是

$$f|'_L(0)=\lim_{\lambda\to 0}\frac{f(\boldsymbol{x}'+\lambda(\boldsymbol{x}-\boldsymbol{x}'))-f(\boldsymbol{x}')}{\lambda} \tag{10.30}$$

因为当 λ 取较小的正值（$\lambda<1$）时右边的分子和分母都为非负的，故导数也一定非负。

（ii）现在是最难的一步——用反证法证明条件（c）是拟凹的充分条件。

假设条件（c）已经满足，但是 f 不是拟凹的，因此并不符合条件（a）。换句话说，存在 $\boldsymbol{x}$，$\boldsymbol{x}'\in X$ 和 $\lambda^*\in(0,\ 1)$，令 $\boldsymbol{x}^*\equiv\lambda^*\boldsymbol{x}+(1-\lambda^*)\boldsymbol{x}'$使得

$$f(\boldsymbol{x}^*)<\min\{f(\boldsymbol{x}),\ f(\boldsymbol{x}')\} \tag{10.31}$$

其中，不失一般性，假设 $f(\boldsymbol{x}')\leqslant f(\boldsymbol{x})$。将条件（c）应用于 $\boldsymbol{x}$ 和 $\boldsymbol{x}^*$，然后应用于 $\boldsymbol{x}'$和 $\boldsymbol{x}^*$，得

$$f'(\boldsymbol{x}^*)(\boldsymbol{x}-(\lambda^*\boldsymbol{x}+(1-\lambda^*)\boldsymbol{x}'))\geqslant 0 \tag{10.32}$$

$$f'(\boldsymbol{x}^*)(\boldsymbol{x}'-(\lambda^*\boldsymbol{x}+(1-\lambda^*)\boldsymbol{x}'))\geqslant 0 \tag{10.33}$$

或者

$$(1-\lambda^*)f'(\boldsymbol{x}^*)(\boldsymbol{x}-\boldsymbol{x}')\geqslant 0 \tag{10.34}$$

$$-\lambda^*f'(\boldsymbol{x}^*)(\boldsymbol{x}-\boldsymbol{x}')\geqslant 0 \tag{10.35}$$

式（10.34）两边同时除以$(1-\lambda^*)$，式（10.35）两边同时除以 λ^*，得出一组不等式。两个不等式同时满足，当且仅当下式成立

$$f'(\boldsymbol{x}^*)(\boldsymbol{x}-\boldsymbol{x}')=0 \tag{10.36}$$

换句话说，$f|'_L(\lambda^*)=0$；我们已知

$$f|_L(\lambda^*) < f|_L(0) \leqslant f|_L(1) \tag{10.37}$$

因为 f 是可微的，它和 $f|_L$ 都是连续的，所以在 λ^* 附近存在某个区间，比如$(\lambda^*-\epsilon, \lambda^*+\epsilon)$，使得 $f|_L(\lambda)<\min\{f|_L(0), f|_L(1)\}$。通过上述分析，在这整个区间中，有 $f|_L(\lambda)=0$，因此 $f|_L$在区间上是常数。

令 $A=\{\lambda\in(0, 1): f|_L(\lambda)=f|_L(\lambda^*)\}$。因为 $\lambda^*\in A$，故 A 非空。因为 $f|_L$是连续的，所以 A 是闭的。令 $\lambda^{**}=\sup A$。由式（10.37）和 $f|_L$的连续性，我们得出 $\lambda^{**}<1$。

前面分析 λ^* 的方法用到 λ^{**}，我们找到一个 $\epsilon'>0$，使得 $\lambda^{**}+\epsilon'\in A$，因此 $\lambda^*\neq\sup A$，这就得出矛盾。

定理 10.2.7 的条件（c）说明，只要一个可微的拟凹函数在 $\boldsymbol{x}$ 处的值比在 $\boldsymbol{x}'$ 的值大，或者两点的值相等，那么 f 在 $\boldsymbol{x}'$处沿 $\boldsymbol{x}$ 方向的方向导数就为非负的。为了便于理解，考虑 $n=1$ 的情况，分 $x>x'$和 $x<x'$两种情况进行讨论。

定理 10.2.8 设 $f: X\rightarrow\mathbb{R}$ 是拟凹函数，$g: \mathbb{R}\rightarrow\mathbb{R}$ 是增函数。那么 $g\circ f$ 是拟凹函数。

证明： 这由定义很容易得到。详细证明留作练习，见练习 10.16。

效用理论定理 12.3.4 中，我们还会讨论定理 10.2.8 的含义。到时我们会发现，如果偏好可以用一个拟凹的效用函数表示，那么它们只能用拟凹效用函数来表示。

10.2.4 其他凸性

再次令 $X\subseteq\mathbb{R}^n$ 表示一个凸集。

定义 10.2.4 函数 $f: X\rightarrow\mathbb{R}$ 是**严格拟凹函数**，当且仅当，对于所有满足 $f(\boldsymbol{x})\geqslant f(\boldsymbol{x}')$的 $\boldsymbol{x}\neq\boldsymbol{x}'\in X$ 和所有 $\lambda\in(0, 1)$，有 $f(\lambda\boldsymbol{x}+(1-\lambda)\boldsymbol{x}')>f(\boldsymbol{x}')$成立。

定义 10.2.5 函数 $f: X\rightarrow\mathbb{R}$ 是**（严格）拟凸函数**，当且仅当$-f$ 是（严格）拟凹的。

定义 10.2.6 函数 $f: X\rightarrow\mathbb{R}$ 是**伪凹函数**，当且仅当 f 是可微的和拟凹的，同时

$$f(\boldsymbol{x})-f(\boldsymbol{x}')>0\Rightarrow f'(\boldsymbol{x}')(\boldsymbol{x}-\boldsymbol{x}')>0 \tag{10.38}$$

同样，函数 f 是**伪凸函数**当且仅当函数$-f$ 是伪凹的。

注意，最后一个定义，稍微修改了定理 10.2.7 中的条件（c），这与可微函数的拟凹性是等价的。

伪凹性质将在等式约束优化的二阶条件中出现。

例 10.2.1 考虑下述有趣的仿射函数

$$f: \mathbb{R}^n \to \mathbb{R}: \boldsymbol{x} \mapsto M - \boldsymbol{p}^{\mathrm{T}}\boldsymbol{x} \tag{10.39}$$

其中，$M\in\mathbb{R}^n$ 并且 $\boldsymbol{p}\in\mathbb{R}^n$。这个函数同时是凹的和凸的，但既不是严格凹的也不是严格凸的。此外，

$$\begin{aligned} f(\lambda\boldsymbol{x}+(1-\lambda)\boldsymbol{x}') &= \lambda f(\boldsymbol{x})+(1-\lambda)f(\boldsymbol{x}') \\ &\geqslant \min\{f(\boldsymbol{x}),\ f(\boldsymbol{x}')\} \end{aligned} \tag{10.40}$$

并且

$$\begin{aligned} (-f)(\lambda\boldsymbol{x}+(1-\lambda)\boldsymbol{x}') &= \lambda(-f)(\boldsymbol{x})+(1-\lambda)(-f)(\boldsymbol{x}') \\ &\geqslant \min\{(-f)(\boldsymbol{x}),\ (-f)(\boldsymbol{x}')\} \end{aligned} \tag{10.41}$$

所以 f 同时是拟凹的和拟凸的，但在两种情况中既不是严格拟凹的也不是严格拟凸的。然而函数 f 是伪凹的（和伪凸的），因为

$$\begin{aligned} f(\boldsymbol{x})>f(\boldsymbol{x}') &\Leftrightarrow \boldsymbol{p}^{\mathrm{T}}\boldsymbol{x}<\boldsymbol{p}^{\mathrm{T}}\boldsymbol{x}' \\ &\Leftrightarrow \boldsymbol{p}^{\mathrm{T}}(\boldsymbol{x}-\boldsymbol{x}')<0 \\ &\Leftrightarrow -f'(\boldsymbol{x}')(\boldsymbol{x}-\boldsymbol{x}')<0 \\ &\Leftrightarrow f'(\boldsymbol{x}')(\boldsymbol{x}-\boldsymbol{x}')>0 \end{aligned} \tag{10.42}$$

10.3 无约束优化

利用前几节中关于凸性的知识，我们可以继续分析最简单的优化问题，这里所有的选择变量都是自由独立变化的，没有约束。

定义 10.3.1 设 $X\subseteq\mathbb{R}^n$，$f: X\to\mathbb{R}$。那么我们说：

(a) f 在 $\boldsymbol{x}^*$ 处有一个**（严格的）全局（或绝对）极大值**，当且仅当对于所有满足 $\boldsymbol{x}\neq\boldsymbol{x}^*$ 的 $\boldsymbol{x}\in X$，有 $f(\boldsymbol{x})(<)\leqslant f(\boldsymbol{x}^*)$成立；

(b) f 在 $\boldsymbol{x}^*$ 处有一个**（严格的）局部（或相对）极大值**，当且仅当存在 $\epsilon>0$,使得对于所有满足 $\boldsymbol{x}\neq\boldsymbol{x}^*$ 的 $\boldsymbol{x}\in B_\epsilon(\boldsymbol{x}^*)$（正如定义 7.5.2 中介绍的），有 $f(\boldsymbol{x})(<)\leqslant f(\boldsymbol{x}^*)$成立；

(c) f 在 $\boldsymbol{x}^*$ 处有一个**（严格的）全局（或绝对）极小值**，当且仅当对于所有满足 $\boldsymbol{x}\neq\boldsymbol{x}^*$ 的 $\boldsymbol{x}\in X$，有 $f(\boldsymbol{x})(>)\geqslant f(\boldsymbol{x}^*)$成立；

(d) f 在 $\boldsymbol{x}^*$ 处有一个**（严格的）局部（或相对）极小值**，当且仅当存在 $\epsilon>0$，使得对于所有满足 $\boldsymbol{x}\neq\boldsymbol{x}^*$ 的 $\boldsymbol{x}\in B_\epsilon(\boldsymbol{x}^*)$，有 $f(\boldsymbol{x})(>)\geqslant f(\boldsymbol{x}^*)$成立。

定理 10.3.1 一个连续的实值函数，在 $\mathbb{R}^n$ 的一个紧子集上能够取得一个全局极大值和一个全局极小值。

证明：直观上这个定理说明了，一个函数，如果不能漂移到无穷，那么一定有界。因为函数值一定要保持有限，并且在它的定义域内有良好的定义，故定理的条件排除了漂移到无穷的情况。连续性排除了函数在它的定义域内趋于无穷的情况。完整的证明参阅 Mendelson（1975，p. 161）。

我们往往在开的定义域上讨论微积分。对于定义在紧集定义域上的函数来说，这是一个漂亮的结果。

本节接下来的部分和以下两节分别围绕着以下三个定理来展开：

1. 给出优化问题解的必要条件或者一阶条件的定理（定理 10.3.2，定理 10.4.1 和定理 10.5.1）；

2. 给出满足原始优化问题一阶条件的解的充分条件或者二阶条件的定理（定理 10.3.3，定理 10.4.2 和定理 10.5.2）。

3. 给出已知优化问题的解是唯一解的条件的定理（定理 10.3.5，定理 10.4.3 和定理 10.5.3）。

这些结果通常用来求解极大化问题。然而，通过对极小化问题的目标函数取负号，任何极小化问题都很容易转化为极大化问题。

本节中我们讨论下述无约束优化问题

$$\max_{x\in X} f(\boldsymbol{x}) \tag{10.43}$$

其中 $X\subseteq\mathbb{R}^n$，f：$X\to\mathbb{R}$ 是一个多变量实值函数，即，找出问题（10.43）的目标函数 f 取得极大值时变量 $\boldsymbol{x}$ 的值。

例 10.3.1 在继续探讨前面的定理之前，让我们考虑问题（10.43）的一个简单情况：$n=1$ 并且 $f(x)=-x^2$。通过对这个函数绘图，我们可以看出，函数在 $x=0$时取得极大值 0。当 $x<0$ 时，函数是递增的，它的一阶导数 $f'(x)=-2x>0$。当 $x>0$ 时，函数是递减的，它的一阶导数 $f'(x)<0$。在它的最优点 $x=0$处，一阶导数 $f'(x)$等于 0。我们会看到，多变量函数的偏导数有同样的规律。

在这个例子中，二阶导数 $f''(x)=-2$，并且对于所有的 x 来说都是负的，特别是在 $x=0$ 处。这是因为一阶导数 $f'(x)=-2x$ 在 x 上是递减的。同样结果的另一个表述是，1×1 阶海塞矩阵 $f''(x)$是负定的。我们会看到，多变量函数的海塞矩阵有同样的规律。

最后需要注意，这个例子中的目标函数是严格拟凹的，并且有唯一一个全局极大值。

定理 10.3.2（无约束极大化和极小化的必要（或者一阶）条件） 设 $X\subseteq\mathbb{R}^n$ 是一个开集，令 f：$X\to\mathbb{R}$ 在 $\boldsymbol{x}^*\in X$ 处是可微的，并且有一个局部极大值或者极小值。那么 $f'(\boldsymbol{x}^*)=\boldsymbol{0}^{\mathrm{T}}$，或者 f 在 $\boldsymbol{x}^*$ 处有一个驻点。

证明： 不失一般性，假定函数在 $\boldsymbol{x}^*$ 处有一个局部极大值。那么存在 $\epsilon>0$ 使得对任意 $\|\boldsymbol{h}\|<\epsilon$，有

$$f(\boldsymbol{x}^*+\boldsymbol{h})-f(\boldsymbol{x}^*)\leqslant 0 \tag{10.44}$$

由此得出结论，在 $0<h<\epsilon$ 时，

$$\frac{f(\boldsymbol{x}^*+h\boldsymbol{e}_i)-f(\boldsymbol{x}^*)}{h}\leqslant 0 \tag{10.45}$$

（其中 $\boldsymbol{e}_i$ 表示第 i 个标准基向量），因此，

$$\frac{\partial f}{\partial x_i}(\boldsymbol{x}^*)=\lim_{h\to 0}\frac{f(\boldsymbol{x}^*+h\boldsymbol{e}_i)-f(\boldsymbol{x}^*)}{h}\leqslant 0 \tag{10.46}$$

类似地，对于 $0>h>-\epsilon$，有

$$\frac{f(\boldsymbol{x}^*+h\boldsymbol{e}_i)-f(\boldsymbol{x}^*)}{h}\geqslant 0 \tag{10.47}$$

因此，

$$\frac{\partial f}{\partial x_i}(\boldsymbol{x}^*)=\lim_{h\to 0}\frac{f(\boldsymbol{x}^*+h\boldsymbol{e}_i)-f(\boldsymbol{x}^*)}{h}\geqslant 0 \tag{10.48}$$

结合式（10.46）和式（10.48）便得到我们想要的结果。

一阶条件对于确认目标函数在定义域内的局部最优解有用：定理 10.3.2 仅仅适用于定义域 X 是开集的函数。对于定义在非开集合上的目标函数，我们还需要检查最优化问题的角解或者边界解是否存在。

定理 10.3.3（无约束极大化和极小化的充分条件（二阶条件）） 设 $X\subseteq\mathbb{R}^n$ 是一个开集，并且令 f：$X\to\mathbb{R}$ 表示一个二阶连续可微的函数，$f'(\boldsymbol{x}^*)=\boldsymbol{0}$ 和 $f''(\boldsymbol{x}^*)$ 是负定的。那么 f 在 $\boldsymbol{x}^*$ 处有一个严格局部极大值。

类似情况下，如果海塞矩阵是正定的，得到局部极小值。

证明： 考虑二阶泰勒展开式（9.97），我们略作修改。对于任何 $\boldsymbol{x}\in X$，存在 $s\in(0,1)$，使得

$$\begin{aligned}f(\boldsymbol{x})=&f(\boldsymbol{x}^*)+f'(\boldsymbol{x}^*)(\boldsymbol{x}-\boldsymbol{x}^*)\\&+\frac{1}{2}(\boldsymbol{x}-\boldsymbol{x}^*)^{\mathrm{T}}f''(\boldsymbol{x}^*+s(\boldsymbol{x}-\boldsymbol{x}^*))(\boldsymbol{x}-\boldsymbol{x}^*)\end{aligned} \tag{10.49}$$

或者，因为 f 的一阶导数在 $\boldsymbol{x}^*$ 处为 0，故

$$f(\boldsymbol{x})=f(\boldsymbol{x}^*)+\frac{1}{2}(\boldsymbol{x}-\boldsymbol{x}^*)^{\mathrm{T}}f''(\boldsymbol{x}^*+s(\boldsymbol{x}-\boldsymbol{x}^*))(\boldsymbol{x}-\boldsymbol{x}^*) \tag{10.50}$$

因为 f'' 是连续的，$f''(\boldsymbol{x}^*+s(\boldsymbol{x}-\boldsymbol{x}^*))$ 在 $\boldsymbol{x}^*$ 的某个开邻域内的 $\boldsymbol{x}$ 处也是负定的。因此，对于该邻域内的 $\boldsymbol{x}$，$f(\boldsymbol{x})<f(\boldsymbol{x}^*)$，那么 f 在 $\boldsymbol{x}^*$ 处有一个严格的局部极大值。

这个结果的弱形式并不成立。换句话说，在 $\boldsymbol{x}^*$ 处的海塞矩阵的半定性不能充分保证 f 在 $\boldsymbol{x}^*$ 处有任何形式的极大值。例如，如果 $f(x)=x^3$，那么在 $x=0$ 处海塞是半负定的，但是函数在此处并没有局部极大值。它在此有一个拐点。

那么对于 $f(x)=-x^4$ 是怎么样的呢？在 $x=0$ 处，二阶条件不满足，但是 f 有一个严格的局部极大值。

对于单变量函数来说，受这一点启发，我们给出一个更广义的定理。

定理 10.3.4（单变量函数极大值和极小值的 n 阶导数判定法） 设 $X\subseteq\mathbb{R}^n$ 是一个开集，令 f：$X\to\mathbb{R}$ 表示一个可微函数，$f'(x^*)=0$。如果连续评估 f 在 x^* 处的导数时，碰到的第一个非零值是 $f^{(n)}(x^*)$，并且 n 阶导数是连续的，那么，

(a) 如果 n 是偶数且 $f^{(n)}(x^*)<0$，那么 f 在 x^* 处有一个局部极大值；

(b) 如果 n 是偶数且 $f^{(n)}(x^*)>0$，那么 f 在 x^* 处有一个局部极小值；

(c) 如果 n 是奇数，那么 f 在 x^* 处有一个拐点。

证明：对于在 x 和 x^* 之间的某个 x^{**}，f 在 x^* 处的 n 阶泰勒展开式可以写成：

$$f(x)=f(x^*)+\frac{1}{n!}f^{(n)}(x^{**})(x-x^*)^n \tag{10.51}$$

因为所有的中间项都是 0。

如果 n 是偶数，那么最后一个因式的符号等于在 x^{**} 处的 n 阶导数的符号，根据连续性，x^{**} 处的 n 阶导数的符号和 x^* 处的符号是相同的。很容易得到前两个结果。

如果 n 是奇数，那么 x 在 x^* 的一侧，$f(x)$ 比 $f(x^*)$ 大，但是 x 在 x^* 的另一侧时 $f(x)$ 小于 $f(x^*)$。所以在 x^* 处既没有极大值也没有极小值。换句话说，x^* 是一个拐点。

正如我们见过的，对于多变量函数来说：

● 如果海塞矩阵在某个点处是正定或者负定的，那么这个驻点对应的分别是极小值点和极大值点。

● 如果海塞矩阵在某个点处是半定的，那么这个点是一个拐点。

● 对于驻点 $\boldsymbol{x}^*$，如果海塞矩阵 $\boldsymbol{A}\equiv f''(\boldsymbol{x}^*)$ 是不定的，那么驻点 $\boldsymbol{x}^*$ 叫作鞍点；这种情况下，存在向量 $\boldsymbol{h}$ 和 $\boldsymbol{k}$，满足 $\boldsymbol{h}^{\mathrm{T}}\boldsymbol{A}\boldsymbol{h}<0$ 和 $\boldsymbol{k}^{\mathrm{T}}\boldsymbol{A}\boldsymbol{k}>0$。

通过 9.5 节我们知道，f 受从 $\boldsymbol{x}^*$ 到 $\boldsymbol{x}^*+\boldsymbol{h}$ 的直线约束，其一阶导数和二阶导数分别是 $f'(\boldsymbol{x}^*)\boldsymbol{h}$ 和 $\boldsymbol{h}^{\mathrm{T}}\boldsymbol{A}\boldsymbol{h}$。因此，约束的一阶导数等于零，二阶导数在 $\boldsymbol{x}^*$ 处为负。相似地，在 $\boldsymbol{x}^*$ 处沿着 $\boldsymbol{x}^*+\boldsymbol{k}$ 方向的方向导数也为零，但是这时二阶导数为正。因此，从 $\boldsymbol{h}$ 的方向看函数达到局部极大值，从 $\boldsymbol{k}$ 的方向看达到局部极小值。因此，函数图像看上去像是马鞍，这就是“鞍点”的得名。

例 10.3.2 具有鞍点的一个简单函数是二次型 $f\colon \mathbb{R}^2\to\mathbb{R}\colon \boldsymbol{x}\mapsto\boldsymbol{x}^{\mathrm{T}}\boldsymbol{A}\boldsymbol{x}$，其中

$$\boldsymbol{A}\equiv\begin{bmatrix}0 & \frac{1}{2}\\ \frac{1}{2} & 0\end{bmatrix} \tag{10.52}$$

这里，$f(\boldsymbol{x})=x_1x_2$，$f'(\boldsymbol{x})=[x_2\quad x_1]$，$f''(\boldsymbol{x})=2\boldsymbol{A}$。有一个驻点，即原点。由于 $\boldsymbol{h}^{\mathrm{T}}\boldsymbol{A}\boldsymbol{h}=h_1h_2$，故海塞矩阵不是半定的，当 h_1 和 h_2 的符号相同时海塞矩阵为正，当 h_1 和 h_2 的符号相反时海塞矩阵为负。

这个函数的水平集关于原点和关于坐标轴都是对称的，包括四个等轴双曲线（直角双曲线）集，渐近线为坐标轴。

另外一个有鞍点的函数的例子，见练习 10.18。

定理 10.3.5（无约束极大化解的唯一性） 如果

(a) $\boldsymbol{x}^*$ 是问题（10.43）的解，

(b) f 是严格拟凹的（假定 X 是凸集），

那么 $\boldsymbol{x}^*$ 是唯一的（全局）极大值。

证明： 用反证法证明。假定 $\boldsymbol{x}^*$ 不唯一，即假设存在 $x=x^*$，使得 $f(x)=f(x^*)$成立。

那么，对于任意 $\alpha\in(0,1)$，由严格拟凹性可知

$$f(\alpha\boldsymbol{x}+(1-\alpha)\boldsymbol{x}^*)>\min\{f(\boldsymbol{x}),f(\boldsymbol{x}^*)\}=f(\boldsymbol{x}^*) \tag{10.53}$$

所以 f 在 $\boldsymbol{x}$ 或者在 $\boldsymbol{x}^*$ 处都没有极大值。

这推出矛盾，所以极大值一定是唯一的。

下面给出的是定理 10.3.3 的推论，但并不完全正确：

- 任何一个二阶连续可微严格凹函数的驻点是一个严格的全局极大值点。
- 任何一个二阶连续可微严格凸函数的驻点是一个严格的全局极小值点。
- 任何一个这样的函数，最多有一个驻点。

若函数的海塞矩阵在任何点都是负定的或者正定的，那么这些结论为真。根据定理 10.2.5 我们知道，海塞矩阵为负定或者正定时，函数分别是严格凹的或者是严格凸的，但是反之不真。

对于一个函数，当海塞矩阵在任何点都是正定的或者负定的时，定理 10.3.3 的证明同样适用于 $\boldsymbol{x}\in X$，而不仅限于 $\boldsymbol{x}\in B_\epsilon(\boldsymbol{x}^*)$。如果存在某些点，在这些点处海塞矩阵仅仅是半定的，那么这个证明就失败了。

注意，一些严格凹的或者严格凸的函数没有驻点，例如：

$$f:\mathbb{R}\to\mathbb{R}: x\mapsto \mathrm{e}^x \tag{10.54}$$

10.4 等式约束优化

10.4.1 拉格朗日乘子定理

在经济学中，优化问题经常受到资源约束。例如，个人对一篮子商品的消费总是受到预算约束，包括消费的数量、每件商品的价格和支出的金额约束。选择变量并不是独立自由取值的。一般来说，求解的程序如下：根据约束的数量减少选择变量的数量，找出减少后的选择变量集的最优解，然后根据约束条件求得剩余的选择变量的最优解。

这一节我们讨论等式约束优化问题：

$$\max_{x\in X} f(\boldsymbol{x}) \quad \text{s.t.} \quad g(\boldsymbol{x})=\boldsymbol{0}_m \tag{10.55}$$

其中 $X\subseteq\mathbb{R}^n$，f：$X\to\mathbb{R}$ 是一个多变量实值函数，它是问题（10.55）的目标函数，并且 g：$X\to\mathbb{R}^m$ 是一个多变量向量值函数，称为问题（10.55）的**约束函数**；或者等价地，对于 $j=1,2,\cdots,m$，g^j：$X\to\mathbb{R}$ 是实值函数。换句话说，存在 m 个标量约束方程，或者简称为约束，可以用一个单一向量约束方程表示为

$$\begin{bmatrix} g^1(\boldsymbol{x}) \\ g^2(\boldsymbol{x}) \\ \vdots \\ g^m(\boldsymbol{x}) \end{bmatrix} = \begin{bmatrix} 0 \\ 0 \\ \vdots \\ 0 \end{bmatrix} \tag{10.56}$$

X 中向量的集合满足所有的 m 个约束

$$\{\boldsymbol{x} \in X: g(\boldsymbol{x}) = \boldsymbol{0}_m\} \tag{10.57}$$

称为问题（10.55）的**可行集**或者**约束集**。

我们将会介绍并且使用拉格朗日乘子法则①，这适用于含有等式约束条件的约束优化问题。在适当的时候我们假定，目标函数 f 和 m 个约束函数 g^1，g^2，…，g^m 都是一阶连续可微或者二阶连续可微的。

这里所有讨论都是针对极大化问题的，但是也同样可以通过对目标函数取负号转化为极小化问题。同时需要注意，改变约束函数的符号不影响问题的求解。然而，我们会看到，这样会改变**拉格朗日乘子**的符号。从正式结果中可以看到其意义。我们以三个定理的形式给出这些结果，分别是必要性定理、充分性定理和唯一性定理。

定理 10.4.1（等式约束优化的一阶（或必要）条件） 考虑问题（10.55）或者相应的极小化问题。如果

(a) $\boldsymbol{x}^*$ 是这个问题的解（意味着 $g(\boldsymbol{x}^*)=\boldsymbol{0}$），

(b) f 和 g 是连续可微的，

(c) $m \times n$ 阶矩阵

$$g'(\boldsymbol{x}^*) = \begin{bmatrix} \frac{\partial g^1}{\partial x_1}(\boldsymbol{x}^*) & \cdots & \frac{\partial g^1}{\partial x_n}(\boldsymbol{x}^*) \\ \vdots & \ddots & \vdots \\ \frac{\partial g^m}{\partial x_1}(\boldsymbol{x}^*) & \cdots & \frac{\partial g^m}{\partial x_n}(\boldsymbol{x}^*) \end{bmatrix} \tag{10.58}$$

满秩，秩为 m（即不存在多余的约束，说明约束的个数比变量少，约束条件是"独立"的）②，那么存在一个拉格朗日乘子向量 $\boldsymbol{\lambda}^* \in \mathbb{R}^m$ 使得 $f'(\boldsymbol{x}^*) + \boldsymbol{\lambda}^{*\mathrm{T}} g'(\boldsymbol{x}^*) = \boldsymbol{0}^{\mathrm{T}}$（即，在 $\mathbb{R}^n$ 中，$f'(\boldsymbol{x}^*)$ 位于 m 个向量 $g^{1'}(\boldsymbol{x}^*)$，$g^{2'}(\boldsymbol{x}^*)$，…，$g^{m'}(\boldsymbol{x}^*)$ 生成的 m 维子空间中）。

一种很常见的做法是用字母 λ 同时表示凸组合参数和拉格朗日乘子。为了避免混淆，在此节中，我们用 α 表示凸组合参数。

证明： 思路是对 m 个变量求解 $g(\boldsymbol{x}^*)=\boldsymbol{0}$，写成其他 $n-m$ 个变量的函数的形式，并把这个解代入到目标函数中，转化为含 $n-m$ 个变量的无约束问题。

我们需要使用隐函数定理（定理 9.8.1）来证明。要使用隐函数定理，我们必须找到 m 个权重 λ_1，λ_2，…，λ_m 来证明 $f'(\boldsymbol{x}^*)$ 是 $g^{1'}(\boldsymbol{x}^*)$，$g^{2'}(\boldsymbol{x}^*)$，…，

① 拉格朗日乘子和有关拉格朗日的表述是以意大利出生的数学家 Joseph Louis Lagrange（1736—1813）的名字命名的。

② 更精确地说，拉格朗日乘子的约束条件可以被描述成局部线性无关的。

$g^{m'}(\boldsymbol{x}^*)$的一个线性组合。

不失一般性，我们假定 $g'(\boldsymbol{x}^*)$的前 m 列是线性无关的（如果不是，我们就可以对变量重新命名，使前 m 列线性无关）。

现在把 $\boldsymbol{x}^*$ 分块为$(\boldsymbol{y}^*, \boldsymbol{z}^*)$，其中 $\boldsymbol{y}^* \in \mathbb{R}^m$，$\boldsymbol{z}^* \in \mathbb{R}^{n-m}$，根据隐函数定理的注释，找到 $\boldsymbol{z}^*$ 的一个邻域 Z 和定义在 Z 上的一个函数 h，使得

$$g(h(\boldsymbol{z}), \boldsymbol{z}) = \boldsymbol{0}, \quad \forall \boldsymbol{z} \in Z \tag{10.59}$$

并且，

$$h'(\boldsymbol{z}^*) = -(D_y g)^{-1} D_z g \tag{10.60}$$

现在定义一个新的目标函数 F：$Z \to \mathbb{R}$

$$F(\boldsymbol{z}) \equiv f(h(\boldsymbol{z}), \boldsymbol{z}) \tag{10.61}$$

因为 $\boldsymbol{x}^*$ 是问题$\max\limits_{\boldsymbol{x} \in X} f(\boldsymbol{x})$在约束 $g(\boldsymbol{x}) = \boldsymbol{0}$下的解，那么 $\boldsymbol{z}^*$ 是无约束优化问题$\max\limits_{\boldsymbol{z} \in Z} F(\boldsymbol{z})$的解（见练习 10.19）。

因此，$\boldsymbol{z}^*$ 满足 F 的无约束极大值的一阶条件，即

$$F'(\boldsymbol{z}^*) = \boldsymbol{0}^{\mathrm{T}} \tag{10.62}$$

根据推论 9.3.2 得到下述方程：

$$F'(\boldsymbol{z}^*) = D_y f h'(\boldsymbol{z}^*) + D_z f = \boldsymbol{0}^{\mathrm{T}} \tag{10.63}$$

其中 $f'(\boldsymbol{x}^*) \equiv [D_y f \quad D_z f]$。代入 $h'(\boldsymbol{z}^*)$，得

$$D_y f (D_y g)^{-1} D_z g = D_z f \tag{10.64}$$

也可以以$(D_y g)^{-1} D_y g$ 的形式插入单位矩阵，来对 $f'(\boldsymbol{x}^*)$进行分块，得

$$[D_y f (D_y g)^{-1} D_y g \quad D_z f] \tag{10.65}$$

替换第二个子矩阵，得

$$\begin{aligned} f'(\boldsymbol{x}^*) &= [D_y f (D_y g)^{-1} D_y g \quad D_y f (D_y g)^{-1} D_z g] \\ &= D_y f (D_y g)^{-1} [D_y g \quad D_z g] \\ &= -\boldsymbol{\lambda}^{\mathrm{T}} g'(\boldsymbol{x}^*) \end{aligned} \tag{10.66}$$

其中，我们定义

$$\boldsymbol{\lambda} \equiv -D_y f (D_y g)^{-1} \tag{10.67}$$

定理 10.4.2（等式约束极大化的二阶（充分或者凹性）条件） 如果

(a) f 和 g 都是可微的，

(b) $f'(\boldsymbol{x}^*) + \boldsymbol{\lambda}^{*\mathrm{T}} g'(\boldsymbol{x}^*) = \boldsymbol{0}^{\mathrm{T}}$（即，在 $\boldsymbol{x}^*$ 处满足一阶条件），

(c) 对于 $j=1, 2, \cdots, m$，$\lambda_j^* \geqslant 0$，

(d) f 是伪凹函数，

(e) 对于 $j=1, 2, \cdots, m$，g^j 是拟凹函数，

那么 $\boldsymbol{x}^*$ 为约束极大化问题的解。

注意，对于这个等式约束最优化问题，非负的拉格朗日乘子和拟凹约束函数可以分别替换为非正的拉格朗日乘子和拟凸约束函数，并得到另一组二阶条件集。

证明： 假定满足二阶条件，但是 $\boldsymbol{x}^*$ 不是一个含约束的极大值。我们会推出矛盾。

因为 $\boldsymbol{x}^*$ 不是一个极大值，故存在 $\boldsymbol{x} \neq \boldsymbol{x}^*$ 使得 $g(\boldsymbol{x})=\mathbf{0}$，但是 $f(\boldsymbol{x})>f(\boldsymbol{x}^*)$。

由伪凹性质可知，$f(\boldsymbol{x})-f(\boldsymbol{x}^*)>0$ 意味着 $f'(\boldsymbol{x}^*)(\boldsymbol{x}-\boldsymbol{x}^*)>0$。

因为在 $\boldsymbol{x}$ 和 $\boldsymbol{x}^*$ 处都满足约束条件，故我们得到 $g(\boldsymbol{x}^*)=g(\boldsymbol{x})=\mathbf{0}$。

由约束函数的拟凹性（见定理 10.2.7 的最后一部分）可知，$g^j(\boldsymbol{x})-g^j(\boldsymbol{x}^*)=0$ 意味着 $g^{j\prime}(\boldsymbol{x}^*)(\boldsymbol{x}-\boldsymbol{x}^*)\geqslant 0$。

按照假设，所有的拉格朗日乘子都非负，所以

$$f'(\boldsymbol{x}^*)(\boldsymbol{x}-\boldsymbol{x}^*)+\boldsymbol{\lambda}^{*\mathrm{T}}g'(\boldsymbol{x}^*)(\boldsymbol{x}-\boldsymbol{x}^*)>0 \tag{10.68}$$

整理，得

$$(f'(\boldsymbol{x}^*)+\boldsymbol{\lambda}^{*\mathrm{T}}g'(\boldsymbol{x}^*))(\boldsymbol{x}-\boldsymbol{x}^*)>0 \tag{10.69}$$

但是一阶条件保证了这个不等式的左边是 0（非正），这就得出矛盾。

也可以得出各种略微不同的二阶条件——例如，如果 f 是拟凹函数，g^j 是伪凹函数，并且至少有一个 λ_j^* 处 g^j 严格为正，那么式（10.69）将会再次推导出一个矛盾。

定理 10.4.3（等式约束极大值的唯一性条件） 如果

(a) $\boldsymbol{x}^*$ 是一个解，

(b) f 是严格拟凹的，

(c) 对于 $j=1, 2, \cdots, m$，g^j 是一个仿射函数，

那么 $\boldsymbol{x}^*$ 是一个唯一的（全局）极大值。

证明： 这个唯一性结论也可以用反证法证明。注意它并没有要求任何可微性假设。

(a) 我们首先证明可行集是一个仿射集（并且因此是一个凸集）。假定 $\boldsymbol{x} \neq \boldsymbol{x}^*$ 是两个不同的向量，满足约束条件且 $\alpha \in \mathbb{R}$。考虑到这两个向量的仿射组合，$\boldsymbol{x}_\alpha \equiv \alpha\boldsymbol{x}+(1-\alpha)\boldsymbol{x}'$。因为每个 g^j 都是仿射函数，并且 $g^j(\boldsymbol{x}')=g^j(\boldsymbol{x})=0$，故得

$$g^j(\boldsymbol{x}_\alpha)=\alpha g^j(\boldsymbol{x})+(1-\alpha)g^j(\boldsymbol{x}')=0 \tag{10.70}$$

换句话说，$\boldsymbol{x}_\alpha$ 也同样满足约束条件。

(b) 为了完成证明，我们需要推出矛盾。

现在假定 $\boldsymbol{x} \neq \boldsymbol{x}^*$ 是两个不同的向量，都是最优化问题的解且 $\alpha \in (0, 1)$。考虑这两个向量的凸组合 $\boldsymbol{x}_\alpha \equiv \alpha\boldsymbol{x}+(1-\alpha)\boldsymbol{x}'$。因为 f 是严格的拟凹函数并且 $f(\boldsymbol{x}')=f(\boldsymbol{x})$，所以必定有 $f(\boldsymbol{x}_\alpha)>f(\boldsymbol{x})$ 和 $f(\boldsymbol{x}_\alpha)>f(\boldsymbol{x}')$。

但是，由证明的第一部分可知，$\boldsymbol{x}_\alpha$ 满足约束条件，所以 $\boldsymbol{x}$ 或 $\boldsymbol{x}'$ 都不是解，因此只可能存在一个解，即得证。

对于极小化问题，可以给出一个推论，留作练习，见练习 10.20。

10.4.2 求解方法

前 n 个一阶条件或者拉格朗日条件说明，f 在 $\boldsymbol{x}$ 处的全导数（或梯度）是约束函数在 $\boldsymbol{x}$ 处的全导数（或梯度）的一个线性组合。

考虑 $n=2$ 和 $m=1$ 时的一个图，见图 10—3。因为沿切线方向到等水平集或者无差异曲线的方向导数在切点 $\boldsymbol{x}$（函数沿切线存在一个极大值或者极小值）处是 0，或者 $f'(\boldsymbol{x})(\boldsymbol{x}'-\boldsymbol{x})=0$，所以梯度向量 $f'(\boldsymbol{x})^{\mathrm{T}}$ 一定和切线方向 $\boldsymbol{x}'-\boldsymbol{x}$ 垂直。

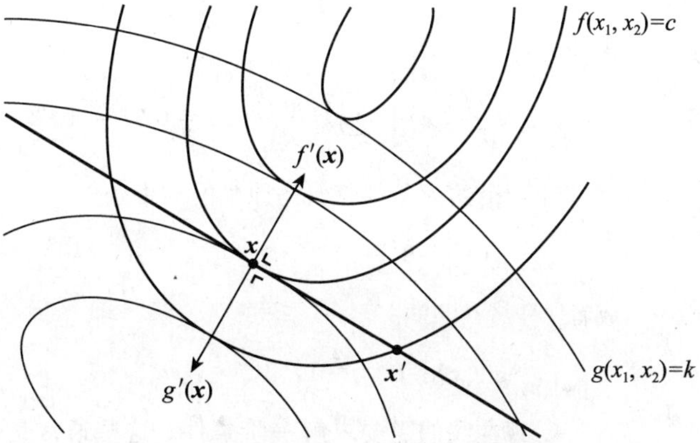

图 10—3 含两个变量和一个约束条件的约束优化

在最优点处，f 和 g 的等水平集有一个相同的切线，所以 $f'(\boldsymbol{x})$ 和 $g'(\boldsymbol{x})$ 是共线的，或者说 $f'(\boldsymbol{x})=-\lambda g'(\boldsymbol{x})$。这个结论也同样可以从下面这一点看出：因为解是一个局部的含约束极大值，所以如果 g 是拟凹函数，那么 λ 一定是正数，或者，如果 g 是拟凸函数，那么 λ 一定是负数（在两种情况下，约束曲线都是一个凸集的边界）。

如果 $\boldsymbol{x}^*$ 是问题（10.55）的一个解，那么存在拉格朗日乘子[①] $\boldsymbol{\lambda}\equiv(\lambda_1, \lambda_2, \cdots, \lambda_m)$，使得

$$f'(\boldsymbol{x}^*)+\boldsymbol{\lambda}^{\mathrm{T}}g'(\boldsymbol{x}^*)=\boldsymbol{0}_n^{\mathrm{T}} \tag{10.71}$$

因此，为了找到含约束最优解，等价于优化下述拉格朗日（函数）：

$$L(\boldsymbol{x}, \boldsymbol{\lambda})\equiv f(\boldsymbol{x})+\boldsymbol{\lambda}^{\mathrm{T}}g(\boldsymbol{x}) \tag{10.72}$$

注意：

- 当 $g=\boldsymbol{0}$ 时 $L=f$；
- 当 L 关于 $\boldsymbol{\lambda}$ 最优时，$g=\boldsymbol{0}$。

这就是 f 的含约束优化问题对应于 L 的最优化问题的原因。

① 正如符号 1.2.3 中的定义，用圆括号括起来并用逗号区分的一行数用来表示列向量。

拉格朗日乘子法求解包含以下几个步骤：

1. 引入 m 个拉格朗日乘子，$\boldsymbol{\lambda} \equiv (\lambda_1, \lambda_2, \cdots, \lambda_m)$。

2. 定义拉格朗日（函数）L：$X \times \mathbb{R}^m \to \mathbb{R}$，其中

$$X \times \mathbb{R}^m \equiv \{(\boldsymbol{x}, \boldsymbol{\lambda}): \boldsymbol{x} \in X, \boldsymbol{\lambda} \in \mathbb{R}^m\} \tag{10.73}$$

那么拉格朗日（函数）为

$$L(\boldsymbol{x}, \boldsymbol{\lambda}) \equiv f(\boldsymbol{x}) + \boldsymbol{\lambda}^{\mathrm{T}} g(\boldsymbol{x}) \tag{10.74}$$

3. 找到拉格朗日驻点，即，令 $L'(\boldsymbol{x}, \boldsymbol{\lambda}) = \mathbf{0}^{\mathrm{T}}$。拉格朗日是包含 $n+m$ 个变量的函数，这就给出了 $n+m$ 个一阶条件。前 n 个一阶条件是

$$f'(\boldsymbol{x}) + \boldsymbol{\lambda}^{\mathrm{T}} g'(\boldsymbol{x}) = \mathbf{0}^{\mathrm{T}} \tag{10.75}$$

或者

$$\frac{\partial f}{\partial x_i}(\boldsymbol{x}) + \sum_{i=1}^{m} \lambda_j \frac{\partial g^j}{\partial x_i}(\boldsymbol{x}) = 0,\ i = 1, 2, \cdots, n \tag{10.76}$$

后 m 个约束条件仅仅是原来的约束条件，

$$g(\boldsymbol{x}) = \mathbf{0} \tag{10.77}$$

或者

$$g^j(\boldsymbol{x}) = 0,\ j = 1, 2, \cdots, m \tag{10.78}$$

4. 现在我们需要求解一阶条件，这些通常是一些高阶非线性方程组。比较有效的方法是：

(a) 求解前 n 个一阶条件，得到 $\boldsymbol{x}$ 的初始解，初始解中含 $\boldsymbol{\lambda}$。

(b) 将初始解代入约束方程中，得到含 m 个方程的方程组，方程组中仅包含 m 个拉格朗日乘子。

(c) 求出 $\boldsymbol{\lambda}$。

(d) 将 $\boldsymbol{\lambda}$ 代入初始解中，得到 $\boldsymbol{x}$ 的封闭解。

5. 最后，一定要核对二阶条件和唯一性条件。

例 10.4.1 最常见的等式约束优化问题是受预算约束的柯布-道格拉斯效用函数的极大化问题。假定消费者有柯布一道格拉斯效用函数：

$$u(x, y) = x^{0.5} y^{0.5} \tag{10.79}$$

其中，x 和 y 是消费两种商品的数量。

我们假定消费者将他每一期的所有收入 M 全部用于这两种商品的消费。他可以分别以 p_x 和 p_y 的价格购买（对于消费者来说两种商品的价格是常量）。

那么消费者的目标是

$$\max_{x,y} x^{0.5} y^{0.5} \tag{10.80}$$

同时受等式预算约束 $p_x x + p_y y = M$。拉格朗日为

$$L(x, y, \lambda) \equiv x^{0.5} y^{0.5} + \lambda(M - p_x x - p_y y) \tag{10.81}$$

一阶条件是

$$\frac{\partial L}{\partial x}(x, y, \lambda)=0.5x^{0.5-1}y^{0.5}-\lambda p_x=0 \tag{10.82}$$

$$\frac{\partial L}{\partial y}(x, y, \lambda)=0.5x^{0.5}y^{0.5-1}-\lambda p_y=0 \tag{10.83}$$

加上预算约束条件。将式（10.82）乘上 x，将式（10.83）乘上 y，再相加得

$$(0.5+0.5)x^{0.5}y^{0.5}-\lambda(p_x x+p_y y)=0 \tag{10.84}$$

因此

$$\lambda=\frac{x^{0.5}y^{0.5}}{p_x x+p_y y}=\frac{x^{0.5}y^{0.5}}{M} \tag{10.85}$$

将该式代入一阶条件中，重新排列得

$$x^*(p_x, p_y, M)=0.5\frac{M}{p_x} \tag{10.86}$$

$$y^*(p_x, p_y, M)=0.5\frac{M}{p_y} \tag{10.87}$$

对这个优化问题，需要验证二阶条件是否满足，同时检验其变化，见练习 10.21 和练习 10.22。

另一个经常遇到的等式约束优化问题是二次型 $\boldsymbol{x}^{\mathrm{T}}\boldsymbol{A}\boldsymbol{x}$ 在线性约束 $g(\boldsymbol{x})=\boldsymbol{G}\boldsymbol{x}=\boldsymbol{\alpha}$ 下的优化问题。这个问题在 14.3 节中讨论。

10.4.3 包络定理

这一节的最后，我们研究目标函数的最优值如何受可能包含在目标函数中的外生变量的影响。这个议题常被称为**比较静态分析**。

定理 10.4.4（极大化问题的包络定理） 考虑一下变形后的含约束极大化问题

$$\max_{\boldsymbol{x}} f(\boldsymbol{x}, \boldsymbol{\alpha}) \quad \text{s.t.} \quad g(\boldsymbol{x}, \boldsymbol{\alpha})=0 \tag{10.88}$$

其中，$\boldsymbol{x}\in\mathbb{R}^n$，$\boldsymbol{\alpha}\in\mathbb{R}^q$，$f$：$\mathbb{R}^{n+q}\to\mathbb{R}$ 和 g：$\mathbb{R}^{n+q}\to\mathbb{R}^m$（即，通常 f 是一个实值目标函数，g 是 m 个实值约束函数组成的向量，f 和 g 中有一个或者两个都依赖于外生变量或**控制变量** $\boldsymbol{\alpha}$ 和内在变量或者**选择变量** $\boldsymbol{x}$）。

假定使用拉格朗日乘子定理的标准条件（定理 10.4.1，定理 10.4.2 和 10.4.3）得到满足。

令 $\boldsymbol{x}^*(\boldsymbol{\alpha})$ 表示给定 $\boldsymbol{\alpha}$ 的情况下 $\boldsymbol{x}$ 的最优选择（称 $\boldsymbol{x}^*$：$\mathbb{R}^q\to\mathbb{R}^n$ 为**最优响应函数**）并且令 $M(\boldsymbol{\alpha})$ 表示给定 $\boldsymbol{\alpha}$ 时，f 所能达到的极大值（称 M：$\mathbb{R}^q\to\mathbb{R}$ 为**包络**

函数)。[①]

那么在 $\boldsymbol{x}$ 的最优解处，M 关于 α_i 的偏导数等于相应拉格朗日函数 $f+\boldsymbol{\lambda}^{\mathrm{T}}g$ 关于 α_i 的偏导数。在计算拉格朗日函数 $f+\boldsymbol{\lambda}^{\mathrm{T}}g$ 关于 α_i 的偏导数时，拉格朗日乘子向量 $\boldsymbol{\lambda}$ 对向量 $\boldsymbol{\alpha}$ 的依赖可以忽略。

证明：包络定理可以由以下几步来证明。

(a) 写下关于函数 M、f 和 $\boldsymbol{x}^*$ 的恒等式：

$$M(\boldsymbol{\alpha})\equiv f(\boldsymbol{x}^*(\boldsymbol{\alpha}),\ \boldsymbol{\alpha}) \tag{10.89}$$

(b) 根据推论 9.3.2 得到用 f 和 $\boldsymbol{x}^*$ 来表示的 M 的偏导数 $\partial M/\partial\alpha_i$：

$$M'(\boldsymbol{\alpha})=D_x f(\boldsymbol{x}^*(\boldsymbol{\alpha}),\ \boldsymbol{\alpha})\boldsymbol{x}^{*\prime}(\boldsymbol{\alpha})+D_{\boldsymbol{\alpha}} f(\boldsymbol{x}^*(\boldsymbol{\alpha}),\ \boldsymbol{\alpha}) \tag{10.90}$$

(c) 含约束优化的一阶（必要）条件说明

$$D_x f(\boldsymbol{x}^*(\boldsymbol{\alpha}),\ \boldsymbol{\alpha})=-\boldsymbol{\lambda}(\boldsymbol{\alpha})^{\mathrm{T}}D_x g(\boldsymbol{x}^*(\boldsymbol{\alpha}),\ \boldsymbol{\alpha}) \tag{10.91}$$

我们可以消除式（10.90）中的 $\partial f/\partial x_i$。

(d) 对恒等式 $g(\boldsymbol{x}^*,\ \boldsymbol{\alpha})=\boldsymbol{0}_m$ 再次使用推论 9.3.2，得

$$D_x g(\boldsymbol{x}^*(\boldsymbol{\alpha}),\ \boldsymbol{\alpha})\boldsymbol{x}^{*\prime}(\boldsymbol{\alpha})+D_{\boldsymbol{\alpha}} g(\boldsymbol{x}^*(\boldsymbol{\alpha}),\ \boldsymbol{\alpha})=\boldsymbol{0}_{m\times q} \tag{10.92}$$

最终，根据这个结果可以消除式（10.91）中的 $\partial g/\partial x_i$。

结合所有这些结果，得

$$M'(\boldsymbol{\alpha})=D_{\boldsymbol{\alpha}} f(\boldsymbol{x}^*(\boldsymbol{\alpha}),\ \boldsymbol{\alpha})+\boldsymbol{\lambda}(\boldsymbol{\alpha})^{\mathrm{T}}D_{\boldsymbol{\alpha}} g(\boldsymbol{x}^*(\boldsymbol{\alpha}),\ \boldsymbol{\alpha}) \tag{10.93}$$

这就是我们想要的结果。

分析上述效用极大化问题的拉格朗日函数式（10.81）可知，该优化问题拉格朗日乘子本身等于最优效用关于收入 M 的变化率。无论效用函数的函数形式是什么，这个结果都成立。

定理 10.4.5（极小化问题的包络定理） 考虑变形后的含约束极小化问题：

$$\min_x f(\boldsymbol{x},\ \boldsymbol{\alpha})\quad \text{s.t. } g(\boldsymbol{x},\ \boldsymbol{\alpha})=\boldsymbol{0} \tag{10.94}$$

其中，$\boldsymbol{x}\in\mathbb{R}^n$，$\boldsymbol{\alpha}\in\mathbb{R}^q$，$f$：$\mathbb{R}^{n+q}\to\mathbb{R}$ 和 g：$\mathbb{R}^{n+q}\to\mathbb{R}^m$。

假定使用拉格朗日乘子定理的标准条件（定理 10.4.1，定理 10.4.2 和 10.4.3）得到满足。

令 $\boldsymbol{x}^*(\boldsymbol{\alpha})$ 表示给定 $\boldsymbol{\alpha}$ 的情况下 $\boldsymbol{x}$ 的最优选择，同时令 $M(\boldsymbol{\alpha})$ 表示给定 $\boldsymbol{\alpha}$ 时，f 所能达到的极大值（再次称 m：$\mathbb{R}^q\to\mathbb{R}$ 为**包络函数**）

那么在 $\boldsymbol{x}$ 的最优解处，m 关于 α_i 的偏导数等于相应的拉格朗日函数 $f-\boldsymbol{\lambda}^{\mathrm{T}}g$ 关于 α_i 的偏导数。在计算拉格朗日函数 $f-\boldsymbol{\lambda}^{\mathrm{T}}g$ 关于 α_i 的偏导数时，拉格朗日乘

---

① 一些作者，例如 de la Fuente（2000，第 7 章），称包络函数为**值函数**，这个术语常用于动态最优化，而我们这本书并不考虑。注意，我们通常用斜体字母（如 f、g 等）表示函数（包括向量值函数），我们将用相同的黑体字母（$\boldsymbol{x}$）来表示最优响应函数，同时也可以用来表示选择变量的向量。在应用中，我们有时也用一个黑体字母来表示最优响应函数，例如超额需求函数。

子向量 $\boldsymbol{\lambda}$ 对向量 $\boldsymbol{\alpha}$ 的依赖可以忽略。

证明： 把这个问题看作是求 $-f$ 的极大值问题而不是求 f 的极小值问题。两个问题的包络函数通过 $m=-M$ 相关联。根据包络定理的第一种形式，可知：

$$\frac{\partial M}{\partial \alpha_i}=\frac{\partial(-f)}{\partial \alpha_i}+\sum_{j=1}^{m}\lambda_j\frac{\partial g^j}{\partial \alpha_i} \tag{10.95}$$

两边同时乘以 -1，得

$$\frac{\partial m}{\partial \alpha_i}=\frac{\partial f}{\partial \alpha_i}-\sum_{j=1}^{m}\lambda_j\frac{\partial g^j}{\partial \alpha_i} \tag{10.96}$$

我们将会在本章余下的几节中再次见到包络函数。它们也会在本书的后续章节中出现，例如，间接效用函数（12.4.4 节）、支出函数（12.4.5 节）、典型代理人的效用函数（12.6.6 节）和投资组合前沿（17.4 节）。

在应用经济学中，常见的等式约束优化问题，往往需要作出充分的假定以保证：

1. 对每个 $\lambda_i\geqslant 0$，$\boldsymbol{x}^*$ 满足一阶条件，
2. 海塞矩阵 $f''(\boldsymbol{x}^*)$ 是一个负定矩阵，
3. g 是一个仿射函数，

以使 $\boldsymbol{x}^*$ 为等式约束优化问题的唯一解。

10.5 不等约束优化

10.5.1 库恩-塔克（Kuhn-Tucker）定理

在之前的章节中，假设选择变量的不同约束同时成立并且精确取等号。在实际中，许多约束条件都是不等式形式的。例如，支出的金额可以少于所赚得的收入，但一定不能多于收入。有时会有很多不等约束条件，其中一些约束条件会在最优点是**紧约束**（**起作用**的约束），一些为**非紧约束**（**不起作用**的约束）。本节中，我们会拓展前面的分析来研究这种情况。

本节我们处理下述不等约束优化问题

$$\max_{x\in X} f(\boldsymbol{x}) \quad \text{s.t. } g^i(\boldsymbol{x})\geqslant 0,\ i=1,2,\cdots,m \tag{10.97}$$

其中，$\boldsymbol{x}\in\mathbb{R}^n$，$f$：$X\to\mathbb{R}$ 是一个多变量的实值函数（问题（10.97）的目标函数），g：$X\to\mathbb{R}^m$ 是一个多变量的向量值函数（问题（10.97）的约束函数）。在给出问题（10.97）的一般性结论之前，我们先看看两个特殊情况。

第一个特殊情况是 $m=n=1$，即，受到非负约束的单变量函数的极大化：

$$\max_x f(x) \quad \text{s. t.} \quad x \geqslant 0 \tag{10.98}$$

这种情况下的一阶条件可以表述成

$$f'(x^*) \leqslant 0 \tag{10.99}$$

$$f'(x^*) = 0, \text{若 } x^* > 0 \tag{10.100}$$

第二种特殊情况，设约束函数是

$$g(\boldsymbol{x}, \boldsymbol{\alpha}) = \boldsymbol{\alpha} - h(\boldsymbol{x}) \tag{10.101}$$

仍然假定 f 是一个拟凹函数，h^i 是拟凸函数或者（等价地）g^i 是拟凹函数。对于这种不等约束问题，我们继续用 $M(\boldsymbol{\alpha})$ 表示不等约束问题的包络函数。

图 10—4 解释了 $n=1$ 和 $m=1$ 的情况下，α 取不同值时这个问题的解。该图提供了拉格朗日乘子法的生动解释。事实上，我们后面就会将这种不等约束问题中类似拉格朗日乘子的乘子称为**库恩-塔克**（Kuhn-Tucker）**乘子**。①

这个问题的等式约束形式的拉格朗日函数是

$$L(\boldsymbol{x}, \boldsymbol{\lambda}) = f(\boldsymbol{x}) + \boldsymbol{\lambda}^{\mathrm{T}}(\boldsymbol{\alpha} - h(\boldsymbol{x})) \tag{10.102}$$

因此，根据包络定理（定理 10.4.4），容易看到，等式约束问题的包络函数 $M(\boldsymbol{\alpha})$ 关于第 i 个潜在约束函数 h^i 的水平的变化率为

$$\frac{\partial M}{\partial \alpha_i} = \frac{\partial L}{\partial \alpha_i} = \lambda_i \tag{10.103}$$

在图 10—4 的上半部分，圆圈表示目标函数 f 的无差异曲线，直线表示约束函数 h 的无差异曲线。实线表示紧约束（其中拉格朗日乘子或者库恩-塔克乘子 λ 是正的）；粗线表示刚好紧约束（其中 $\lambda=0$）；虚线表示非紧约束（其中 $\lambda<0$）。切点，如 $\boldsymbol{x}^*(\alpha_1)$ 表示等式约束和不等约束优化问题的解。

对于 $\alpha>\alpha_5$，图 10—4 中的不等约束为非紧约束；对于 $\alpha=\alpha_5$，它是刚好紧约束。换句话说，对于任何 $\alpha\geqslant\alpha_5$，$\boldsymbol{x}^*(\alpha_5)$ 是不等约束优化问题（10.97）的解。

图 10—4 的下半部分表示和图的上半部分五个紧约束线相对应的包络函数的值与 α 值之间的关系。对于 $\alpha>\alpha_5$，约束非紧，所以等式约束和不等约束问题的包络函数是不同的。对于等式约束问题，包络函数在 α_5 处达到无约束极大值 $f(\boldsymbol{x}^*(\alpha_5))$，但是随即下降，正如虚线所表示的那样。对于不等约束问题，只要 $\alpha\geqslant\alpha_5$，包络函数就等于无约束极大值 $f(\boldsymbol{x}^*(\alpha_5))$，见水平线。在任何一点，不等约束问题的包络函数的斜率等于与 α 值对应的库恩-塔克乘子；并且类似地，等式约束问题的包络函数的斜率等于相应的拉格朗日乘子。

我们现在归纳随着 α_i 的变化（如图 10—4 所示，α_i 和 λ_i 之间的关系是负的），不等约束

① 库恩-塔克（Kuhn-Tucker）乘子是以加拿大数学家 Albert William Tucker（1905—1995）和他的美国毕业生 Harold William Kuhn（b. 1925）的名字命名的。但是 Kjeldsen（2000）和其他人认为这个成果的荣誉应该归属于 Karush（1939），他的作品比 Kuhn 和 Tucker（1950）出版的早。

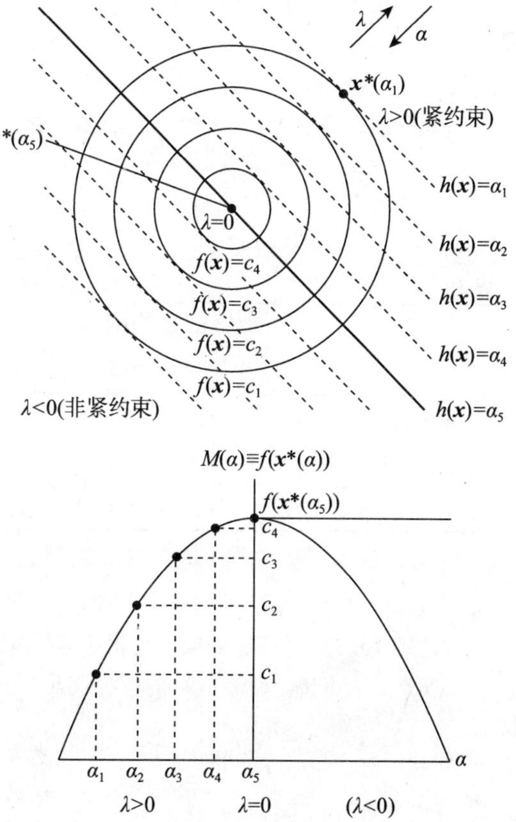

图 10—4　拉格朗日乘子和库恩-塔克乘子的解释

$$h^i(\boldsymbol{x})\leqslant\alpha_i \tag{10.104}$$

（或者 $g^i(\boldsymbol{x},\boldsymbol{\alpha})\geqslant 0$）的性质：

- 对于使得拉格朗日乘子 $\lambda_i=0$ 的 α_i 的值，约束是紧的；
- 对于使得拉格朗日乘子 $\lambda_i>0$ 的 α_i 的值，约束是严格紧的；
- 对于使得拉格朗日乘子 $\lambda_i<0$ 的 α_i 的值，约束为非紧的。

因此，更一般地，我们可以说：

1. 只要拉格朗日乘子 $\lambda_i=0$，等式约束问题的包络函数便取得它的极大值，即目标函数取得它的无约束极大值，并且第 i 个不等约束为刚好紧约束。

2. 只要拉格朗日或者库恩-塔克乘子 $\lambda_i>0$，等式约束问题的包络函数便是递增的，并且第 i 个不等约束是严格紧约束。

3. 只要拉格朗日乘子 $\lambda_i<0$，等式约束问题的包络函数便是递减的，但是相对应的库恩-塔克乘子是 0，不等约束问题的包络函数在它极大值处是常数，并且第 i 个不等约束为非紧约束。

因此，我们会发现，以下两个条件之一是库恩-塔克乘子非负的一个必要条件。（对于等式约束优化问题，仅在处理二阶条件时符号的正负才很重要。）

对于图 10—4 的情形，

$$\frac{\partial^2 M}{\partial \alpha_i^2}=\frac{\partial \lambda_i}{\partial \alpha_i}<0 \tag{10.105}$$

使得等式约束问题的包络函数关于每一个参数都是严格凹的。不等约束问题的包络函数在约束条件是严格紧的定义域内关于每一个参数都是严格凹的，但是在可取得无约束最优值的定义域内包络函数是常数。

不同情况下的符号条件见表 10—2。

表 10—2　　不等约束优化的符号条件

约束类型	式（10.98）中目标函数的导数	式（10.97）中的约束函数	式（10.97）中的库恩-塔克乘子	拉格朗日乘子
紧约束（起作用）	$f'(x^*)\leqslant 0$	$g(\boldsymbol{x}^*)=0$	$\lambda\geqslant 0$	$\lambda\geqslant 0$
刚好紧约束	$f'(x^*)=0$	$g(\boldsymbol{x}^*)=0$	$\lambda=0$	$\lambda=0$
非紧约束（不起作用）	$f'(x^*)=0$	$g(\boldsymbol{x}^*)>0$	$\lambda=0$	$\lambda<0$

根据上述讨论，我们给出一个正式定理。

定理 10.5.1（不等约束优化的必要（或一阶）条件）　如果

（a）$\boldsymbol{x}^*$ 是问题（10.97）的解，满足

$$g^i(\boldsymbol{x}^*)=0,\ i=1,\ 2,\ \cdots,\ b \tag{10.106}$$

和

$$g^i(\boldsymbol{x}^*)>0,\ i=b+1,\ b+2,\ \cdots,\ m \tag{10.107}$$

（换句话说，前 b 个约束条件在 $\boldsymbol{x}^*$ 处是紧约束，最后的 $m-b$ 个约束条件在 $\boldsymbol{x}^*$ 处为非紧约束，可以对这些约束条件重新排列以满足这一点）；

（b）f 和 g 是连续可微的；

（c）$g'(\boldsymbol{x}^*)$的 $b\times n$ 阶子阵

$$\begin{bmatrix} \frac{\partial g^1}{\partial x_1}(\boldsymbol{x}^*) & \cdots & \frac{\partial g^1}{\partial x_n}(\boldsymbol{x}^*) \\ \vdots & \ddots & \vdots \\ \frac{\partial g^b}{\partial x_1}(\boldsymbol{x}^*) & \cdots & \frac{\partial g^b}{\partial x_n}(\boldsymbol{x}^*) \end{bmatrix} \tag{10.108}$$

是满轶矩阵，且秩为 b（即，不存在多余的紧约束，说明两点：紧约束的数量少于变量个数，紧约束是独立的）；

那么存在库恩-塔克乘子 $\boldsymbol{\lambda}\in\mathbb{R}^m$，使得 $f'(\boldsymbol{x}^*)+\boldsymbol{\lambda}^{\mathrm{T}}g'(\boldsymbol{x}^*)=\boldsymbol{0}$，其中对于 $i=1$，2，…，m，有 $\lambda_i\geqslant 0$，并且，如果 $\lambda_i>0$，那么 $g^i(\boldsymbol{x}^*)=0$。

证明：对于等式约束情况，这个定理的证明和定理 10.4.1 的证明是类似的。可以分成 7 个步骤。

（a）假定 $\boldsymbol{x}^*$ 是问题（10.97）的解。

我们首先限定在邻域 $B_\epsilon(\boldsymbol{x}^*)$上分析，在 $\boldsymbol{x}^*$ 处非紧的约束条件，在这个邻域

内仍然为非紧约束，即：

$$g^i(\boldsymbol{x})>0,\ \forall\, \boldsymbol{x}\in B_\epsilon(\boldsymbol{x}^*),\ i=b+1,\ b+2,\ \cdots,\ m \tag{10.109}$$

之所以存在这样一个邻域，是因为约束函数是连续的。因为假定了 $\boldsymbol{x}^*$ 是问题（10.97）的解，所以它同样是下述问题的解：

$$\max_{x\in B_\epsilon(\boldsymbol{x}^*)} f(\boldsymbol{x})>0 \quad \text{s.t. } g^i(\boldsymbol{x})\geqslant 0,\ i=1,\ 2,\ \cdots,\ b \tag{10.110}$$

换句换说，通过上述构造，使得在 $\boldsymbol{x}^*$ 处非紧的约束对于所有 $\boldsymbol{x}\in B_\epsilon(\boldsymbol{x}^*)$ 仍然为非紧的。那么，如果把极大化问题的解限定在这个邻域内，我们就可以忽略这些非紧约束。在这个证明中的最后一步我们还会回到非紧约束上来，但是那时 g 仅指 b 个紧约束函数向量，$\boldsymbol{\lambda}$ 是与这些紧约束相对应的 b 个库恩-塔克乘子向量。

(b) 我们现在引入松弛变量 $\boldsymbol{s}\equiv(s_1,\ s_2,\ \cdots,\ s_b)$，每一个松弛变量都对应于一个紧约束，考虑下面的等式约束极大化问题

$$\max_{x\in B_\epsilon(\boldsymbol{x}^*),\ s\in \mathbb{R}^b_+} f(\boldsymbol{x}) \quad \text{s.t. } G(\boldsymbol{x},\ \boldsymbol{s})=\boldsymbol{0}_b \tag{10.111}$$

其中 G：$X\times\mathbb{R}^b\to\mathbb{R}^b$ 定义为 $G^i(\boldsymbol{x},\ \boldsymbol{s})\equiv g^i(\boldsymbol{x})-s_i$，$i=1,\ 2,\ \cdots,\ b$。因为 $\boldsymbol{x}^*$ 是问题（10.110）的解，并且这个问题的所有 b 个约束在 $\boldsymbol{x}^*$ 处都是紧约束，故可以看出，$(\boldsymbol{x}^*,\ \boldsymbol{0}_b)$ 是这个新问题的解。为了符号表示的一致，我们定义 $\boldsymbol{s}^*\equiv\boldsymbol{0}_b$。

(c) 与拉格朗日情形一样，我们继续讨论问题（10.111）。换句话说，我们用隐函数定理求解含 $n+b$ 个未知变量的 b 个方程构成的方程组

$$G(\boldsymbol{x},\ \boldsymbol{s})=\boldsymbol{0}_b \tag{10.112}$$

解限定在 $B_\epsilon(\boldsymbol{x}^*)\times\mathbb{R}^b$ 上，把前 b 个变量表示为最后的 n 个变量的形式。为了实现这一点，我们将选择向量和松弛变量分块成三部分：

$$(\boldsymbol{x},\ \boldsymbol{s})\equiv(\boldsymbol{y},\ \boldsymbol{z},\ \boldsymbol{s}) \tag{10.113}$$

其中 $\boldsymbol{y}\in\mathbb{R}^b$，$\boldsymbol{z}\in\mathbb{R}^{n-b}$，并且在最优点处，相应分块矩阵的偏导数矩阵为

$$\begin{aligned} G'(\boldsymbol{y}^*,\ \boldsymbol{z}^*,\ \boldsymbol{s}^*)&=G'(\boldsymbol{x}^*,\ \boldsymbol{s}^*)\\ &=[D_yG \quad D_{z,s}G]\\ &=[D_yG \quad D_zG \quad D_sG]\\ &=[D_yg \quad D_zg \quad -\boldsymbol{I}_b] \end{aligned} \tag{10.114}$$

秩条件允许我们根据隐函数定理分别找到 $(\boldsymbol{z}^*,\ \boldsymbol{s}^*)$ 的一个邻域 $Z\subseteq\mathbb{R}^n$ 和 $\boldsymbol{y}^*$ 的邻域 $Y\subseteq\mathbb{R}^b$，使得 $Y\times Z\subseteq B_\epsilon(\boldsymbol{x}^*)\times\mathbb{R}^b$，还可以找到一个函数 h：$Z\to Y$，使得 $\boldsymbol{y}=h(\boldsymbol{z},\ \boldsymbol{s})$ 是 $G(\boldsymbol{y},\ \boldsymbol{z},\ \boldsymbol{s})=\boldsymbol{0}$ 的解，满足

$$h'(\boldsymbol{z}^*,\ \boldsymbol{s}^*)=-(D_yg)^{-1}D_{z,s}G \tag{10.115}$$

也可以对方程（10.115）进行分块，得

$$D_z h = -(D_y g)^{-1} D_z G = -(D_y g)^{-1} D_z g \tag{10.116}$$

和

$$D_s h = -(D_y g)^{-1} D_s G = (D_y g)^{-1} \boldsymbol{I}_b = (D_y g)^{-1} \tag{10.117}$$

(d) 将这个解代入原始的目标函数 f 中，得到一个新的目标函数 F，其定义为

$$F(\boldsymbol{z}, \boldsymbol{s}) \equiv f(h(\boldsymbol{z}, \boldsymbol{s}), \boldsymbol{z}) \tag{10.118}$$

同时得到另一个新的极大化问题，其中只存在（隐含的）非负约束：

$$\max_{\boldsymbol{z} \in B_\epsilon(\boldsymbol{z}^*), \boldsymbol{s} \in \mathbb{R}_+^b} F(\boldsymbol{z}, \boldsymbol{s}) \tag{10.119}$$

需要注意，$\boldsymbol{z}^*$、$\boldsymbol{0}_b$ 是问题（10.119）的解。问题（10.119）的一阶条件是：F 关于剩余的 $n-b$ 个选择变量的偏导数等于 0（根据无约束优化的一阶条件得出），F 关于 b 个松弛变量的偏导数小于等于 0。

(e) 与拉格朗日情形一样，可以准确求出库恩-塔克乘子。现在我们知道

$$D_z F = D_y f D_z h + D_z f \boldsymbol{I}_{n-b} = \boldsymbol{0}_{n-b}^{\mathrm{T}} \tag{10.120}$$

根据式（10.116）替换 $D_z h$，得

$$D_y f (D_y g)^{-1} D_z g = D_z f \tag{10.121}$$

我们也可以将 $f'(\boldsymbol{x}^*)$ 分块为

$$[D_y f (D_y g)^{-1} D_y g \quad D_z f] \tag{10.122}$$

替换第二个子阵，得

$$\begin{aligned} f'(\boldsymbol{x}^*) &= [D_y f (D_y g)^{-1} D_y g \quad D_y f (D_y g)^{-1} D_z g] \\ &= D_y f (D_y g)^{-1} [D_y g \quad D_z g] \\ &\equiv -\boldsymbol{\lambda}^{\mathrm{T}} g'(\boldsymbol{x}^*) \end{aligned} \tag{10.123}$$

其中，$\boldsymbol{\lambda}$ 是与紧约束相对应的库恩-塔克乘子，定义为

$$\boldsymbol{\lambda} \equiv -D_y f (D_y g)^{-1} \tag{10.124}$$

(f) 下面，我们计算 F 关于松弛变量的偏导数，同时证明偏导数不大于 0 当且仅当与紧约束对应的库恩-塔克乘子不小于 0。将式（10.118）两边同时关于 $\boldsymbol{s}$ 求微分，可以看出这一点：

$$\begin{aligned} D_s F &= D_y f D_s h + D_z f \, \boldsymbol{0}_{(n-b)\times b} \\ &= D_y f (D_y g)^{-1} \\ &= -\boldsymbol{\lambda} \end{aligned} \tag{10.125}$$

其中我们用到了式（10.117）和式（10.124）。

(g) 最后，令非紧约束的库恩-塔克乘子等于 0。

定理 10.5.2（不等约束优化的二阶（充分或凹性）条件） 如果

(a) f 和 g 都是可微的；

(b) $\boldsymbol{\lambda}\in\mathbb{R}^m$ 使得 $f'(\boldsymbol{x}^*)+\lambda^{\mathrm{T}}g'(\boldsymbol{x}^*)=\mathbf{0}$，其中对于 $i=1, 2, \cdots, m$，有 $\lambda_i\geqslant 0$，并且，如果 $\lambda_i>0$，那么 $g^i(\boldsymbol{x}^*)=0$（即，在 $\boldsymbol{x}^*$ 处满足一阶条件）；

(c) f 是伪凹函数；

(d) 对于 $i=1, 2, \cdots, b$，有 $g^i(\boldsymbol{x}^*)=0$；对于 $i=b+1, b+2, \cdots, m$，有 $g^i(\boldsymbol{x}^*)>0$；对于 $j=1, 2, \cdots, b$，g^j 是拟凹函数（即，紧约束函数是拟凹函数）。

那么 $\boldsymbol{x}^*$ 是约束极大化问题的解。

证明： 只需要将一阶条件化简为

$$f'(\boldsymbol{x}^*)+\sum_{i=1}^{b}\lambda_i g^{i\prime}(\boldsymbol{x}^*)=\mathbf{0} \tag{10.126}$$

即可证明。这本质上和拉格朗日情况是相同的，留作练习，见练习 10.23。

定理 10.5.3（不等约束优化的唯一性条件） 如果

(a) $\boldsymbol{x}^*$ 是一个解；

(b) f 是严格拟凹的；

(c) 对于 $j=1, 2, \cdots, m$，g^j 是拟凹函数；

那么 $\boldsymbol{x}^*$ 是唯一的（全局）最优解。

证明： 同样，这个证明和拉格朗日情况类似，留作练习，见练习 10.23。这次值得注意的是，如果约束函数是仿射的，那么等式约束的可行集是凸集；更一般地，如果约束函数是拟凹的，那么不等约束的可行集是凸集。这是因为可行集（所有不等约束条件都同时满足时）是 m 个拟凹函数的上水平集的交集，或者说是 m 个凸集的交集。

10.5.2 极大化定理

关于优化的最后一个结果（极大化定理），是和包络定理密切相关的。这个定理给出了最优响应 $\boldsymbol{x}^*(\boldsymbol{\alpha})$ 关于参数 $\boldsymbol{\alpha}$ 连续变化的充分条件，这一点为经济行为的分析提供了极大便利。在讲述这个定理之前，读者可能需要复习一下定义 7.8.5。

定理 10.5.4（极大化定理） 考虑变形后的不等约束优化问题：

$$\max_{\boldsymbol{x}} f(\boldsymbol{x}, \boldsymbol{\alpha}) \quad \text{s.t.}\ g^i(\boldsymbol{x}, \boldsymbol{\alpha}),\ i=1, 2, \cdots, m \tag{10.127}$$

其中，$\boldsymbol{x}\in\mathbb{R}^n$，$\boldsymbol{\alpha}\in\mathbb{R}^q$，$f$：$\mathbb{R}^{n+q}\to\mathbb{R}$ 和 g：$\mathbb{R}^{n+q}\to\mathbb{R}^m$。

令 $\boldsymbol{x}^*(\alpha)$ 表示给定 $\boldsymbol{\alpha}$ 下 $\boldsymbol{x}$ 的最优选择（$\boldsymbol{x}^*$：$\mathbb{R}^q\to\mathbb{R}^n$），令 $M(\boldsymbol{\alpha})$ 表示给定 $\boldsymbol{\alpha}$ 下 f 可取得的极大值（M：$\mathbb{R}^q\to\mathbb{R}$）。

如果

(a) f 是连续的；

(b) 约束集（可行集）

$$G(\boldsymbol{\alpha})\equiv\{\boldsymbol{x}\in\mathbb{R}^n: g^i(\boldsymbol{x}, \boldsymbol{\alpha})\geqslant 0,\ i=1, 2, \cdots, m\} \tag{10.128}$$

是关于 $\boldsymbol{\alpha}$ 的一个非空的紧值的[1]连续对应（correspondence），那么

(a) M 是一个连续的（单值）函数；

(b) $\boldsymbol{x}^*$ 是一个非空的紧值的上半连续的对应，而且，如果它是一个（单值）函数（例如，如果定理 10.5.3 中的唯一性条件满足），那么它还是连续的。

证明：这个定理的证明超出了本书的范围，但是可以在 de la Fuente（2000，pp. 301－3）中找到。这个极大化定理最原始的版本应该归功于 Berge（1959），他的原始证明的英文翻译版本见 Berge（1997，第 VI 章，第 3 节）。然而，注意，包络函数 M 的存在性是通过定理 10.3.1 来保证的。[2]

定理 10.5.4 将用于消费者理论，来证明需求函数的连续性是由连续效用函数极大化导出的，等等。

10.5.3　例

下述两个例子是经济学中库恩-塔克定理常见的应用。（计算留作练习，见练习 10.21 和 10.25。）

1. 在预算约束和非负约束下，极大化柯布—道格拉斯效用函数。后续章节中这个问题的应用包括确定性下的选择问题，不确定性下具有对数效用（参数重新解释为概率）的选择问题，斯通-格瑞（Stone-Geary）偏好关系的推广（见练习 12.3）和对数效用下的跨期选择问题（参数被重新解释为时间折现因子）。

2. 典型的二次规划问题，在 14.3 节中将专门讨论，因为它在经济学、计量经济学和金融学中有很多应用。

更深入的练习涉及前述问题的对偶问题，这属于我们马上要讨论的对偶的范畴。

10.6　对偶

设 $X \subseteq \mathbb{R}^n$ 是一个凸集，f，g：$X \to \mathbb{R}$ 分别是伪凹函数和伪凸函数。考虑不等约束问题的对偶所定义的包络函数：

$$M(\alpha) \equiv \max_{x \in X} f(\boldsymbol{x}) \quad \text{s. t.} \quad g(\boldsymbol{x}) \leqslant \alpha \tag{10.129}$$

和

$$N(\beta) \equiv \min_{x \in X} g(\boldsymbol{x}) \quad \text{s. t.} \quad f(\boldsymbol{x}) \geqslant \beta \tag{10.130}$$

---

① 称 G 为非空的、紧值的对应，意思是集合 $G(\boldsymbol{\alpha})$ 是对于所有的 $\boldsymbol{\alpha} \in \mathbb{R}^q$ 成立的非空紧集。

② 在 Varian（1992，p. 506）给出的极大值定理（没有证明）中，假设目标函数有“紧的值域”。这个约束对于经济学的重要应用（有严格单调偏好的消费者的无界的效用函数，见 12.3 节）是不太现实的。

假定这些问题都有一个唯一解，分别记为 $\boldsymbol{x}^*(\alpha)$ 和 $\boldsymbol{x}^\dagger(\beta)$，并且约束条件在这些点是紧约束的。相应的库恩-塔克乘子分别记为 $\lambda(\alpha)$ 和 $\mu(\beta)$。

两类问题的一阶条件分别是

$$f'(\boldsymbol{x})-\lambda(\alpha)g'(\boldsymbol{x})=\boldsymbol{0}^{\mathrm{T}} \tag{10.131}$$

和

$$-g'(\boldsymbol{x})+\mu(\beta)f'(\boldsymbol{x})=\boldsymbol{0}^{\mathrm{T}} \tag{10.132}$$

因此，如果 $\boldsymbol{x}^*$ 和 $\lambda^*\neq 0$ 是式（10.131）的解，那么 $\boldsymbol{x}^*$ 和 $\mu^*\equiv\frac{1}{\lambda^*}$ 是式（10.132）的解。

进一步地，如果 $\boldsymbol{x}^*$ 是原始问题（问题（10.129））的解，那么它同时也是问题（10.130）的解，它同时也应满足约束条件，或者 $f(\boldsymbol{x}^*)=\beta$。然而我们知道，$f(\boldsymbol{x}^*)=M(\alpha)$。由此可以推出 $M(\alpha)=\beta$。类似地，$N(\beta)=\alpha$。

结合这些等式得出了以下结论：

$$\alpha=N(M(\alpha)) \tag{10.133}$$

和

$$\beta=M(N(\beta)) \tag{10.134}$$

同时有

$$\boldsymbol{x}^*(\alpha)=\boldsymbol{x}^\dagger(M(\alpha)) \tag{10.135}$$

和

$$\boldsymbol{x}^\dagger(\beta)=\boldsymbol{x}^*(N(\beta)) \tag{10.136}$$

换句话说，这两个对偶问题的包络函数是反函数（在库恩-塔克乘子非零的定义域内，即在约束条件为紧约束时）。因此，无论 α 或 β，或者无论 λ 或 μ，都可以将这两类问题参数化。

我们会在本书的第Ⅱ篇中看到，许多例子都使用了这些原理。特别是12.4.8节消费者理论的应用中会详细讨论对偶的细节知识。

练　习

10.1　假设 A 是一个仿射集并且对于所有的 $\lambda\in[0,1]$ 和所有的 $\boldsymbol{x}\in A$，有

$$f(\lambda\boldsymbol{x}+(1-\lambda)\boldsymbol{x}')=\lambda f(\boldsymbol{x})+(1-\lambda)f(\boldsymbol{x}')$$

证明这个等式对 $\lambda<0$ 和 $\lambda>1$ 同样适用。

10.2　令 X 表示一个凸集，令 $f^1: X\to\mathbb{R}$，$f^2: X\to\mathbb{R}$，…，$f^m: X\to\mathbb{R}$ 是凹函数。证明：

(a) 如果 a，$b>0$，那么 af^1+bf^2 也是凹的；

(b) 如果 $k_1>0$，$k_2>0$，…，$k_m>0$，那么 $\sum_{i=1}^m k_if^i$ 是凹的；

(c) 如果 $a<0$，那么 af^1 是凸的；

(d) $\min\{f^1, f^2, \cdots, f^m\}$ 是凹的；

(e) 集合 $\{\boldsymbol{x}\in X: f^1(\boldsymbol{x})\geqslant\alpha\}$ 是凸的（即定理 10.2.2）。

10.3 如果 $f^1: X\to\mathbb{R}$，$f^2: X\to\mathbb{R}$，…，$f^m: X\to\mathbb{R}$ 是凸函数，写下练习 10.2 中成立的性质。

10.4 令 $X, Y\subseteq\mathbb{R}$ 是凸集，证明：

(a) 一个严格递增凹函数的反函数 $f: X\to Y$ 是凸函数；

(b) 一个严格递减凹函数的反函数 $g: X\to Y$ 是凹函数。

推导严格递增凸函数和严格递减凸函数的性质，对于这四种情况分别给出一个例子。

10.5 不用泰勒定理证明，如果 $f: \mathbb{R}\to\mathbb{R}$ 对所有 $x\in\mathbb{R}$ 满足 $f''(x)\leqslant 0$，那么 f 是一个凹函数。

10.6 对下述各类可微函数 $f: \mathbb{R}\to\mathbb{R}$ 绘制草图：

(a) 凹的，但不是严格拟凹的；

(b) 严格凹的；

(c) 凹的，并且是严格拟凹的，但不是严格凹的；

(d) 伪凹的，并且是严格拟凹的，但不是凹的；

(e) 严格拟凹的，但不是伪凹的；

(f) 拟凹的，但既不是伪凹的也不是严格拟凹的；

(g) 伪凹的，但既不是凹的也不是严格拟凹的。

将每个函数的定义写成如下形式：

$$x\mapsto\begin{cases}f_1(x), & \text{如果}\cdots\\ f_2(x), & \text{如果}\cdots\\ \cdots, & \text{如果}\cdots\end{cases}$$

（提示，用分段线性/仿射函数和/或分段二次函数。）

10.7 画出表 10.2.2 中不同类函数层次结构的维恩图，在下一章中将增加另一类函数。

10.8 证明：二阶可微（多变量）凹函数的一个二阶可微非减凹变换是凹的（定理 10.2.6）。

10.9 假设对于所有的 $\boldsymbol{x}, \boldsymbol{x}'\in X$ 和任意 $\lambda\in(0, 1)$，满足 $f(\boldsymbol{x}')\leqslant f(\boldsymbol{x})$，并且，

$$f(\lambda\boldsymbol{x}+(1-\lambda)\boldsymbol{x}')\geqslant f(\boldsymbol{x}')$$

证明：对于所有 $\boldsymbol{x}, \boldsymbol{x}'\in X$ 以及任意 $\lambda\in(0, 1)$，有

$$f(\lambda\boldsymbol{x}+(1-\lambda)\boldsymbol{x}')\geqslant\min\{f(\boldsymbol{x}), f(\boldsymbol{x}')\}$$

10.10 证明 $f: \mathbb{R}\to\mathbb{R}: x\mapsto -x^{2n}$ 定义了一个严格凹函数（尽管凹性的二阶充分条件在 $x=0$ 不能满足）。

10.11 考虑下述函数定义的二次型

$$f: \mathbb{R}^2 \to \mathbb{R}: (x_1, x_2) \mapsto x_1^2 + 2bx_1x_2 + cx_2^2$$

其中 b 和 c 是实数（即练习 9.2 中 $a=1$ 时的特殊情况）。令

$$\boldsymbol{A} \equiv \begin{bmatrix} 1 & b \\ b & c \end{bmatrix}$$

(a) 当 b 和 c 取什么值（如果存在）时矩阵 $\boldsymbol{A}$ 为

(i) 正定的；

(ii) 半正定的；

(iii) 负定的；

(iv) 半负定的。

在 bc 平面中画出各种情况下的相关取值。

(b) 当 b 和 c 取什么值（如果存在）时函数 f 是

(i) 凹的；

(ii) 凸的。

(c) 找出 x_1x_2 平面中的两条直线方程，使得 $b=3$，$c=5$ 时，f 的值是 0，并且画出这两条直线。

(d) 证明：x_1x_2 平面中存在一条直线，使得 $b=3$，$c=5$ 时，f 受这条直线的约束得到一个凹函数。

10.12　考虑一般二次型

$$f: \mathbb{R}^n \to \mathbb{R}: \boldsymbol{x} \mapsto \boldsymbol{x}^{\mathrm{T}}\boldsymbol{A}\boldsymbol{x}$$

其中 $\boldsymbol{A}$ 是任意 $n \times n$ 阶实对称矩阵。

(a) 计算 f 在点 $\boldsymbol{x}$ 的全导数 $f'(\boldsymbol{x})$ 和海塞矩阵 $f''(\boldsymbol{x})$。

(b) 给定 f 在 $\boldsymbol{A}$ 处的下述充分条件：

(i) 是一个凹函数；

(ii) 是一个严格凹函数；

(iii) 是一个凸函数；

(iv) 是一个严格凸函数。

对每种情况，分别判断该条件是否为必要条件。

10.13　考虑柯布—道格拉斯函数：

$$f: \mathbb{R}^2_{++} \to \mathbb{R}_{++}: (x, y) \mapsto x^\alpha y^{1-\alpha}$$

其中 $\mathbb{R}_{++} \equiv (0, \infty)$。

(a) 计算 f 在点 (x_0, y_0) 的全导数 $f'(x_0, y_0)$ 和海塞矩阵 $f''(x_0, y_0)$。

(b) 计算矩阵 $f''(x_0, y_0)$ 的行列式、特征值和特征向量。

(c) α 取什么值时 f 是：

(i) 一个凹函数？

(ii) 一个严格凹函数？

10.14　使用练习 10.13 或者其他方法，证明

$$h: \mathbb{R}^2_{++} \to \mathbb{R}_{++}: (x, y) \mapsto \alpha \ln x + (1-\alpha)\ln y$$

对于 $0<\alpha<1$ 是一个凹函数。这个函数是严格凹的吗?

10.15 找出 a 的值，使得函数 $f: \mathbb{R} \to \mathbb{R}: x \mapsto e^{ax}$ 和 $g: \mathbb{R} \to \mathbb{R}: x \mapsto -e^{ax}$ 是

(a) 凹的;

(b) 凸的;

(c) 拟凹的;

(d) 拟凸的。

10.16 令 $f: X \to \mathbb{R}$ 为拟凹函数，$g: \mathbb{R} \to \mathbb{R}$ 是递增的函数。证明 $g \circ f$ 是一个拟凹函数（定理 10.2.8)。

10.17 考虑**不变替代弹性**（CES）函数:

$$f: \mathbb{R}^2_{++} \to \mathbb{R}_{++}: (x, y) \mapsto (\alpha x^{\rho} + \beta y^{\rho})^{1/\rho}$$

要使这个函数关于两个变量都是递增的且凹的，对于参数 α、β 和 ρ 的值，你能找到的最一般的充分条件是什么?

关于这些参数，还需要什么附加条件才能使函数是拟凹的?

认真思考当 $\rho \to 0$、1、$+\infty$ 和 $-\infty$ 时函数的极限行为。(学习过生产理论的读者会很熟悉这个函数，更多细节参见 Varian (1992, pp. 19 - 21)。)

10.18 已知函数 $f: \mathbb{R}^2 \to \mathbb{R}: (x, y) \mapsto x^3 - 3x^2 - 4y^2$，求出这个函数的驻点，并且对每个驻点判断是极大值点、极小值点、拐点还是鞍点。

同时，绘制这个函数的无差异曲线图。

10.19 假设 $\boldsymbol{x}^*$ 是问题 (10.55) 的解。把 $\boldsymbol{x}^*$ 分块为 $(\boldsymbol{y}^*, \boldsymbol{z}^*)$，其中 $\boldsymbol{y}^* \in \mathbb{R}^m$，$\boldsymbol{z}^* \in \mathbb{R}^{n-m}$。定义一个新的目标函数 $F: Z \to \mathbb{R}$ 为

$$F(\boldsymbol{z}) \equiv f(h(\boldsymbol{z}), \boldsymbol{z})$$

其中 h 是满足下述条件的一个函数（h 的存在性是由隐函数定理保证的):

$$g(h(\boldsymbol{z}), \boldsymbol{z}) = \boldsymbol{0}, \ \forall \boldsymbol{z} \in Z$$

用反证法证明，$\boldsymbol{z}^*$ 是无约束问题 $\max\limits_{\boldsymbol{z} \in Z} F(\boldsymbol{z})$ 的解。

10.20 对于等式约束下的极小化问题，陈述并且证明定理 10.4.1、定理 10.4.2 和定理 10.4.3 的等价形式。

10.21 考虑柯布—道格拉斯函数:

$$f: \mathbb{R}^2_{++} \to \mathbb{R}_{++}: (x, y) \mapsto x^{\alpha} y^{1-\alpha}$$

其中 $\mathbb{R}_{++} \equiv (0, \infty)$。找出 f 在以下约束条件下取得的极大值:

(a) $px + qy = M$

(b) $px + qy \leqslant M$

其中 p、q 和 M 都是常数。

10.22 一个消费者的效用函数定义如下:

$$u(x,\ y)=x^{\alpha}y^{\beta}$$

其中 x 和 y 是消费两种商品的数量。

(a) 假设消费者总是花光他每期所有的收入 M，推导他效用极大化时对两种商品的消费，写成两个商品价格 p_x、p_y 和收入的函数形式。

(b) 证明等式约束极大化的二阶条件可以满足。

(c) 解出拉格朗日乘子的值，写成两个商品价格 p_x、p_y 和 M 的函数形式，并且证明它等于 $\partial u^*/\partial M$ 的值，其中 u^* 是极大效用，表示为 p_x、p_y 和 M 的函数形式。

(d) 如果消费者的效用函数是由下面的式子给出：

$$v(x,\ y)=\alpha\ln x+\beta\ln y$$

那么他的极大效用是多少？

10.23　证明定理 10.5.2 和定理 10.5.3。

10.24　设目标函数为 F：$\mathbb{R}^{p+q}\to\mathbb{R}$，约束函数为 G：$\mathbb{R}^{p+q}\to\mathbb{R}^r$，满足拉格朗日乘子定理的假设，同时定义

$$M:\ \mathbb{R}^q\to\mathbb{R}$$
$$:\ \boldsymbol{a}\mapsto \max_{\{\boldsymbol{x}\in\mathbb{R}^p:G^i(\boldsymbol{x},\boldsymbol{a})=0,i=1,2,\cdots,r\}} F(\boldsymbol{x},\ \boldsymbol{a})$$

陈述并且证明偏导数 $\partial M/\partial a_j$、F 和 G 的偏导数以及拉格朗日乘子 λ_1，λ_2，…，λ_r 之间的关系（即包络定理）。

10.25　考虑下述典型的二次规划问题。

找出 m 个线性不等约束 $\boldsymbol{g}^{i\mathrm{T}}\boldsymbol{x}\geqslant\alpha_i$ 下二次型 $\boldsymbol{x}^{\mathrm{T}}\boldsymbol{A}\boldsymbol{x}$ 的极大化问题的解向量 $\boldsymbol{x}\in\mathbb{R}^n$，其中 $\boldsymbol{A}$ 是一个 $n\times n$ 阶负定矩阵，$m<n$，并且对于 $i=1,\ 2,\ \cdots,\ m$ 有 $\boldsymbol{g}^i\in\mathbb{R}^n$。

证明目标函数可以改写为对称（负定）矩阵的二次型形式，并求解这个问题。

（第 14 章中我们会详细讨论这个问题。）

10.26　对于下列几组不等约束下的优化问题的对偶问题，推导包络函数公式并绘制草图：

(a) (i) $\min_{\boldsymbol{x}}\boldsymbol{x}^{\mathrm{T}}\boldsymbol{A}\boldsymbol{x}$　s. t.　$\boldsymbol{e}^{\mathrm{T}}\boldsymbol{x}\geqslant\mu$，

(ii) $\max_{\boldsymbol{x}}\boldsymbol{e}^{\mathrm{T}}\boldsymbol{x}$　s. t.　$\boldsymbol{x}^{\mathrm{T}}\boldsymbol{A}\boldsymbol{x}\leqslant\sigma^2$，

其中 $\boldsymbol{e}$，$\boldsymbol{x}\in\mathbb{R}^n$，$\boldsymbol{e}\neq\boldsymbol{0}$，$\boldsymbol{A}\in\mathbb{R}^{n\times n}$是正定的，并且 μ，$\sigma\in\mathbb{R}$；

(b) (i) $\max_{x_1,x_2,\cdots,x_n}\sum_{i=1}^{n}\alpha_i\ln x_i$　s. t.　$\sum_{i=1}^{n}p_ix_i\leqslant M$，

(ii) $\min_{x_1,x_2,\cdots,x_n}\sum_{i=1}^{n}p_ix_i$　s. t.　$\sum_{i=1}^{n}\alpha_i\ln x_i\geqslant u$，

其中对于 $i=1,\ 2,\ \cdots,\ n$，有 α_i，$x_i\in\mathbb{R}_{++}$，$M\in\mathbb{R}_{++}$，并且 $u\in\mathbb{R}$。

如果

(a) $\boldsymbol{A}$ 不是正定的，或者

(b) 对于某个 i，$\alpha_i\leqslant0$，

你的解会如何改变？

第Ⅱ篇

应 用

导　论

本书的第Ⅰ篇已经介绍了（尽管不详细）大量与经济和金融方面的理论和实证工作相关的数学知识。给出大量例子以阐释一些数学方法，特别是第 1 章和第 10 章。这些例子表明了使用特定的数学符号的益处，展示了如何用数学公式来表达各种各样的问题。同时也要求我们全面了解某些相关数学运算，以求解这些问题。本书的第Ⅱ篇，在掌握了这些数学知识的前提下，我们开始转向应用和研究——以足够严格的数学来分析宏观经济学、微观经济学、计量经济学和金融问题中的特定问题。

第 11 章主要关于矩阵代数学，这一章讨论了动态线性宏观经济学模型和投入产出模型。这些模型是第 1 章介绍的两个简单模型的推广。这些分析包括几个矩阵定理的应用，并且得出了有重要经济学解释的结果。

第 12 章我们把焦点转向了微观经济学，在这一章中，我们详细探究了消费者理论、一般均衡理论以及福利经济学。使用的主要数学工具是向量微积分、凸性和最优化分析，这些工具很多来自线性代数。这些议题会涉及效用、需求函数和支出函数以及它们的性质，不动点定理和均衡的存在性，以及福利定理、完备市场和典型代理人方法。

第 13 章介绍了一些基本的概率统计理论，主要为后面的金融和计量经济学应用服务，也直接应用于诸如彩票、期权、点差交易、互相博彩和匹配下注等问题。后面会用到的重要结论还包括（特别是）随机变量的向量空间、泰勒定理的随机形式以及詹森不等式。第 14 章中介绍计量经济学的应用。依据一些统计学知识，以及矩阵方面的材料、向量几何学和差分方程，这一章主要解决一般二次规划问题，普通最小二乘法的几何和代数学，受限最小二乘法，以及单变量和多变量自回归过程。

第 15 章主要讨论确定性下跨期决策的制订。这一章以第 12 章中讨论的确定性下单期选择问题为基础，将均衡理论扩展到跨期一般均衡理论，并使用大量算术方法，讨论回报率的度量、利率期限结构以及债券的久期、波动性和凸性。

第 16 章和第 17 章进一步讨论了大量金融应用的相关问题。第 16 章讨论不确定性下的单期选择，例如状态依存事件的定价问题、完全市场、期望效用、风险规避、套利、风险中性和均值—方差分析范式。这些讨论使用了相当多的向量空间数学、凸性和凹性以及统计学的方法和结果。最后，第 17 章详细讨论了最优投资组合理论相关的重要议题，包括均值—方差投资组合前沿，市场均衡和资本资产定价模型。其处理方法也使用了向量空间的思想和统计学，以及二次规划技术。

第 11 章 宏观经济学应用

11.1 引言

这一章的宏观经济学应用已经在第 1 章介绍过了。1.2.2 节给出了一个封闭经济的简单模型：

$$C=f(Y)=\alpha_1+\alpha_2 Y \tag{11.1}$$

$$I=g(Y, R)=\beta_1+\beta_2 Y+\beta_3 R \tag{11.2}$$

$$Y=C+I+G \tag{11.3}$$

其中 C，I 和 Y 分别是内生变量：消费、投资和国民收入，R 和 G 分别是外生变量：利率和政府支出。在这个例子中，目的是要依据外生变量求解内生变量。因此，需要对线性方程组的解进行分析。

1.2.3 节介绍了里昂惕夫投入产出系统，并提出了一些其他求解问题和解决方案，即求解下述方程组：

$$f_i+a_{i1}x_1+a_{i2}x_2+\cdots+a_{in}x_n=x_i,\ i=1,\ 2,\ \cdots,\ n \tag{11.4}$$

其中，x_i 是总的行业产出，f_i 表示对产出 i 的最终消费需求，$a_{ij}x_j$ 表示对这个行业的中间需求。a_{ij} 是投入产出技术系数，表示 j 行业 1 单位的产出所需 i 的投入。

在这一章，我们要讨论这些应用的细节。并且，根据第 8 章的差分方程材料，我们将从不同方面来推广这些例子。在一般意义下讨论求解问题，并得出大量数学结果和经济学解释。

11.2 动态线性宏观经济学模型

这一节通过对宏观经济学模型的一般化分析，扩展 1.2.2 节中的例子。多年来宏观经济学建模一直非常重要，不仅仅是为了检测经济学理论，也为了政策模拟，特别是预测。宏观经济学模型的使用可以追溯到丁伯根（Tinbergen）的早期工作（1937，1939），现在模型的应用已经十分普遍。例如克莱因和戈德堡（Klein 和 Goldberger）简单模型（1955），美国经济的布鲁金斯（Brookings）模型，英国的国库券模型和伦敦商学院模型，以及爱尔兰中央银行的金融、经济和社会调查部模型。

大多数宏观经济学模型的基础是凯恩斯主义理论，经济表现为商品市场、劳动力市场和货币市场。典型的商品市场包括了消费、投资、出口（X）和进口（M）函数，以及国民收入恒等式（$Y=C+I+G+X-M$）。劳动力市场可能包含一个生产函数（即劳动供给函数）和一个边际生产力条件，而货币市场本质上需要建立 IS 函数（投资和储蓄均衡）、LM 函数（流动性偏好和货币供给均衡）和一个均衡条件。相似地，1.2.2 节中讨论的模型，本质上可以看作是凯恩斯主义模型。

定义一个静态的宏观经济学模型如下：

$$\boldsymbol{Ax}=\boldsymbol{Bz} \tag{11.5}$$

其中 $\boldsymbol{A}$ 是与 m 个内生变量相对应的结构参数方阵（比如，$m\times m$ 阶），$\boldsymbol{B}$ 是与 n 个外生变量相对应的结构参数矩阵（比如，$m\times n$ 阶）。式（11.5）被称作这个系统的**结构式**。$\boldsymbol{A}$ 是方阵的含义是：有多少个内生变量就有多少个方程式。这样的系统被称作是**完整的**。正如前面所提到的，我们关心的是方程组是否有解，即用外生变量 $\boldsymbol{z}$ 解出内生变量 $\boldsymbol{x}$。由第 2 章的讨论我们知道，如果 $\boldsymbol{A}$ 是非奇异的，那么解存在。

然而，我们希望能够通过考虑一个完全动态的（而不是静态的）系统来推广我们的结论。为了简化，封闭经济用下面这个模型来表示：

$$C_t=f(Y_t)=\alpha_1+\alpha_2 Y_t \tag{11.6}$$

$$I_t=g(Y_{t-1},\ R_t)=\beta_1+\beta_2 Y_{t-1}+\beta_3 R_t \tag{11.7}$$

$$Y_t=C_t+I_t+G_t \tag{11.8}$$

变量定义同前，下标表示时间。因此，Y_{t-1}表示国民收入的一期滞后值，其他所有变量取本期值。尽管与先前的模型非常相似，但是不同之处非常重要。内生变量的滞后值作为解释变量出现在一个方程式中，把动态成分引入模型，它有十分重要的行为结果。在下列所述中，我们区别内生变量的滞后值和外生变量，尽管本期滞后值已经由这个系统先前的运算确定。术语**前定变量**包含滞后的内生变量和外生变量。

我们可以改写式（11.6）～式（11.8）为如下形式：

$$\begin{bmatrix}1 & 0 & -\alpha_2\\ 0 & 1 & 0\\ -1 & -1 & 1\end{bmatrix}\begin{bmatrix}C_t\\ I_t\\ Y_t\end{bmatrix}+\begin{bmatrix}0 & 0 & 0\\ 0 & 0 & -\beta_2\\ 0 & 0 & 0\end{bmatrix}\begin{bmatrix}C_{t-1}\\ I_{t-1}\\ Y_{t-1}\end{bmatrix}$$

$$=\begin{bmatrix}\alpha_1 & 0 & 0\\ \beta_1 & \beta_3 & 0\\ 0 & 0 & 1\end{bmatrix}\begin{bmatrix}1\\ R_t\\ G_t\end{bmatrix} \tag{11.9}$$

或者，更简洁地写为

$$\boldsymbol{A}_0\boldsymbol{x}_t+\boldsymbol{A}_1\boldsymbol{x}_{t-1}=\boldsymbol{B}\boldsymbol{z}_t \tag{11.10}$$

因此，如果 $\boldsymbol{A}_0$ 是非奇异的，那么解为

$$\boldsymbol{x}_t=-\boldsymbol{A}_0^{-1}\boldsymbol{A}_1\boldsymbol{x}_{t-1}+\boldsymbol{A}_0^{-1}\boldsymbol{B}\boldsymbol{z}_t\equiv\boldsymbol{\Pi}_1\boldsymbol{x}_{t-1}+\boldsymbol{\Pi}_0\boldsymbol{z}_t \tag{11.11}$$

这是动态系统的**简化式**，矩阵 $\boldsymbol{\Pi}_0$ 和 $\boldsymbol{\Pi}_1$ 包含简化式参数，简化式参数是结构参数的函数。

矩阵 $\boldsymbol{\Pi}_0$ 包含外生变量的单位变化导致内生变量直接变化的系数。例如，$\pi_{0_{33}}$（$\boldsymbol{\Pi}_0$ 中第三行的第三个元素）是 $\partial Y/\partial G$，$\pi_{0_{12}}$ 是 $\partial C/\partial R$。这样的参数称作**影响乘数**，因此，$\boldsymbol{\Pi}_0$ 称为**影响乘数矩阵**。

如果在时间 t 外生变量有一单位的持续性改变，那么我们就能够得出在随后的时期内对内生变量的影响。在 t 期，有

$$\boldsymbol{x}_t=\boldsymbol{\Pi}_1\boldsymbol{x}_{t-1}+\boldsymbol{\Pi}_0\boldsymbol{z}_t \tag{11.12}$$

其中直接影响由 $\boldsymbol{\Pi}_0$ 中的影响乘数给出。方程式（11.12）是一个关于 $\boldsymbol{x}_t$ 的一阶非齐次线性自治差分方程组。在 $t+1$ 期，有

$$\begin{aligned}\boldsymbol{x}_{t+1}&=\boldsymbol{\Pi}_1\boldsymbol{x}_t+\boldsymbol{\Pi}_0\boldsymbol{z}_{t+1}\\&=\boldsymbol{\Pi}_1(\boldsymbol{\Pi}_1\boldsymbol{x}_{t-1}+\boldsymbol{\Pi}_0\boldsymbol{z}_t)+\boldsymbol{\Pi}_0\boldsymbol{z}_{t+1}\\&=\boldsymbol{\Pi}_1^2\boldsymbol{x}_{t-1}+\boldsymbol{\Pi}_1\boldsymbol{\Pi}_0\boldsymbol{z}_t+\boldsymbol{\Pi}_0\boldsymbol{z}_{t+1}\end{aligned} \tag{11.13}$$

所以一个时期后的影响为

$$\boldsymbol{\Pi}_1\boldsymbol{\Pi}_0+\boldsymbol{\Pi}_0=(\boldsymbol{\Pi}_1+\boldsymbol{I})\boldsymbol{\Pi}_0 \tag{11.14}$$

在 $t+2$ 期，有

$$\begin{aligned}\boldsymbol{x}_{t+2}&=\boldsymbol{\Pi}_1\boldsymbol{x}_{t+1}+\boldsymbol{\Pi}_0\boldsymbol{z}_{t+2}\\&=\boldsymbol{\Pi}_1(\boldsymbol{\Pi}_1^2\boldsymbol{x}_{t-1}+\boldsymbol{\Pi}_1\boldsymbol{\Pi}_0\boldsymbol{z}_t+\boldsymbol{\Pi}_0\boldsymbol{z}_{t+1})+\boldsymbol{\Pi}_0\boldsymbol{z}_{t+2}\end{aligned}$$

$$= \boldsymbol{\Pi}_1^3 \boldsymbol{x}_{t-1} + \boldsymbol{\Pi}_1^2 \boldsymbol{\Pi}_0 \boldsymbol{z}_t + \boldsymbol{\Pi}_1 \boldsymbol{\Pi}_0 \boldsymbol{z}_{t+1} + \boldsymbol{\Pi}_0 \boldsymbol{z}_{t+2} \tag{11.15}$$

两个时期后的影响为

$$\boldsymbol{\Pi}_1^2 \boldsymbol{\Pi}_0 + \boldsymbol{\Pi}_1 \boldsymbol{\Pi}_0 + \boldsymbol{\Pi}_0 = (\boldsymbol{\Pi}_1^2 + \boldsymbol{\Pi}_1 + \boldsymbol{I}) \boldsymbol{\Pi}_0 \tag{11.16}$$

以此类推，经过 j 个时期后对内生变量的影响将由下式确定：

$$(\boldsymbol{\Pi}_1^j + \cdots + \boldsymbol{\Pi}_1^2 + \boldsymbol{\Pi}_1 + \boldsymbol{I}) \boldsymbol{\Pi}_0 = \left(\sum_{i=0}^{j} \boldsymbol{\Pi}_1^i\right) \boldsymbol{\Pi}_0 \equiv \boldsymbol{D}_j \tag{11.17}$$

不同的 $j>0$ 时的影响称为**动态乘数**。我们可以把 $\boldsymbol{D}_j$ 称为 j 阶**动态乘数矩阵**。其元素度量 j 期外生变量的单位持续性改变所导致的内生变量改变量的大小。例如，$d_{j_{33}}$ 是 $\partial Y_{t+j} / \partial G_t$。

如果矩阵 $\boldsymbol{\Pi}_1$ 满足 $j \to \infty$ 时 $\boldsymbol{\Pi}_1^j \to \boldsymbol{0}$，那么将达到均衡，对内生变量的总的长期影响等于下述矩阵的相应元素：

$$\left(\sum_{i=0}^{\infty} \boldsymbol{\Pi}_1^i\right) \boldsymbol{\Pi}_0 = (\boldsymbol{I} - \boldsymbol{\Pi}_1)^{-1} \boldsymbol{\Pi}_0 \equiv \boldsymbol{E} \tag{11.18}$$

该矩阵称为**均衡乘数**矩阵。矩阵 $\boldsymbol{E}$ 是 $j \to \infty$ 时 $\boldsymbol{D}_j$ 的极限。其中一部分可以看作下述几何级数的和的矩阵推广：

$$\sum_{i=0}^{\infty} \boldsymbol{\Pi}_1^i = (\boldsymbol{I} - \boldsymbol{\Pi}_1)^{-1} \tag{11.19}$$

8.5.2 节中已阐述和证明微分方程系统逆矩阵存在所需的收敛条件及其动态性质。目前，如果假设条件满足，我们可以通过另一种方式来得出结果，见下文。

如果这个系统趋于稳态均衡，并且对所有的 t 都有 $\boldsymbol{x}_t = \boldsymbol{x}^*$，$\boldsymbol{z}_t = \boldsymbol{z}^*$，那么

$$\boldsymbol{x}^* = \boldsymbol{\Pi}_1 \boldsymbol{x}^* + \boldsymbol{\Pi}_0 \boldsymbol{z}^* \tag{11.20}$$

从而有

$$\boldsymbol{x}^* - \boldsymbol{\Pi}_1 \boldsymbol{x}^* = \boldsymbol{\Pi}_0 \boldsymbol{z}^* \tag{11.21}$$

$$(\boldsymbol{I} - \boldsymbol{\Pi}_1) \boldsymbol{x}^* = \boldsymbol{\Pi}_0 \boldsymbol{z}^* \tag{11.22}$$

$$\boldsymbol{x}^* = (\boldsymbol{I} - \boldsymbol{\Pi}_1)^{-1} \boldsymbol{\Pi}_0 \boldsymbol{z}^* \tag{11.23}$$

假设 $(\boldsymbol{I} - \boldsymbol{\Pi}_1)$ 是非奇异的。长期的或者均衡乘数影响为 $\partial \boldsymbol{x}^* / \partial \boldsymbol{z}^* = (\boldsymbol{I} - \boldsymbol{\Pi}_1)^{-1} \boldsymbol{\Pi}_0 \equiv \boldsymbol{E}$。$\boldsymbol{E}$ 中的每个元素表示外生变量中单位持久性改变导致的内生变量均衡水平的改变量。

回顾定理 8.5.1，$j \to \infty$ 时 $\boldsymbol{\Pi}_1^j \to 0$ 的条件是：$\boldsymbol{\Pi}_1$ 的特征值的绝对值小于 1（或者复特征值的模小于 1）。而且，这些特征值的符号和大小决定了收敛到均衡的速度，以及趋近是单调的还是摆动的。

如果保持收敛条件不变，可以得出宏观经济学模型的另一种形式，即**最终式**。正如式（8.119）中所做的那样，通过对式（11.11）右边的滞后内生变量进行重复代换，模型可以化为

$$x_t = \Pi_0 z_t + \Pi_1 \Pi_0 z_{t-1} + \Pi_1^2 \Pi_0 z_{t-2} + \cdots = \sum_{j=0}^{\infty} \Pi_1^j \Pi_0 z_{t-j} \tag{11.24}$$

因此，最终式给出了每个内生变量的现值，这个现值仅仅是外生变量现值和过去值的函数，最终式与简化式形成对比，简化式等式的右边有滞后期内生变量和外生变量。在最终式中矩阵 $\Pi_1^j \Pi_0$（$j \geqslant 1$）与个体变量有关，其元素给出过去 j 期外生变量的非持续性改变对内生变量当前值的效应。文献中称 $\Pi_1^j \Pi_0$ 为**瞬时乘数**（interim multiplier）矩阵。通过式（11.17）可以看出，动态乘数 D_j 是影响乘数 Π_0 和瞬时乘数 $\Pi_1^i \Pi_0$，$i=1, 2, \cdots, j$ 的和。

例 11.2.1 回顾在式（11.6）、式（11.7）和式（11.8）中定义的封闭经济的简单宏观经济学模型。假设这个方程组的参数已知，如下：

$$C_t = 5 + 0.6 Y_t \tag{11.25}$$

$$I_t = 3 + 0.4 Y_{t-1} - 0.2 R_t \tag{11.26}$$

$$Y_t = C_t + I_t + G_t \tag{11.27}$$

那么对应式（11.10）中的结构式 $A_0 x_t + A_1 x_{t-1} = B z_t$，我们有

$$\begin{bmatrix} 1 & 0 & -0.6 \\ 0 & 1 & 0 \\ -1 & -1 & 1 \end{bmatrix} \begin{bmatrix} C_t \\ I_t \\ Y_t \end{bmatrix} + \begin{bmatrix} 0 & 0 & 0 \\ 0 & 0 & -0.4 \\ 0 & 0 & 0 \end{bmatrix} \begin{bmatrix} C_{t-1} \\ I_{t-1} \\ Y_{t-1} \end{bmatrix} = \begin{bmatrix} 5 & 0 & 0 \\ 3 & -0.2 & 0 \\ 0 & 0 & 1 \end{bmatrix} \begin{bmatrix} 1 \\ R_t \\ G_t \end{bmatrix}$$

因此

$$A_0^{-1} = \frac{1}{0.4} \begin{bmatrix} 1 & 0.6 & 0.6 \\ 0 & 0.4 & 0 \\ 1 & 1 & 1 \end{bmatrix} \tag{11.28}$$

求解式（11.11）中的简化式 $x_t = \Pi_1 x_{t-1} + \Pi_0 z_t$，得影响乘数矩阵

$$\Pi_0 = A_0^{-1} B = \begin{bmatrix} 17 & -0.3 & 1.5 \\ 3 & -0.2 & 0 \\ 20 & -0.5 & 2.5 \end{bmatrix} \tag{11.29}$$

和矩阵

$$\Pi_1 = -A_0^{-1} A_1 = \begin{bmatrix} 0 & 0 & 0.6 \\ 0 & 0 & 0.4 \\ 0 & 0 & 1 \end{bmatrix} \tag{11.30}$$

对不同的 j 值可以计算瞬时乘数和动态乘数。

例如，由式（11.29）可知

$$\pi_{0_{33}} = \frac{\partial Y}{\partial G} = 2.5 \tag{11.31}$$

它给出了政府支出的单位变化对国民收入的总体影响，包括当前时期总的相互影响。同样地，我们可以把瞬时乘数 $\Pi_1^j \Pi_0$ 用 N_j，$j=1, 2, \cdots$，来表示

$$n_{1_{33}}=2.5 \tag{11.32}$$

$$n_{1_{33}}+\pi_{0_{33}}=d_{1_{33}}=5 \tag{11.33}$$

式（11.32）给出政府开支对国民收入影响的单期瞬时乘数，式（11.33）给出了政府开支对国民收入影响的单期动态乘数。长期瞬时乘数和动态乘数的计算留作练习，见练习 11.2。

然而，在这个例子中，均衡乘数不存在。$\boldsymbol{I}-\boldsymbol{\Pi}_1$ 是奇异的且 $\boldsymbol{\Pi}_1^2=\boldsymbol{\Pi}_1$，读者可以当作练习来验证这两点，见练习 11.3。因此矩阵 $\boldsymbol{\Pi}_1$ 是幂等的，随着幂的增长（$j\to\infty$时）它也不收敛到$\mathbf{0}_{3\times3}$。因为 $\boldsymbol{\Pi}_1$ 是一个上三角矩阵，故它的特征值是它的对角元素，$\lambda_1=0$，$\lambda_2=0$，$\lambda_3=1$，这是幂等矩阵常见的性质，回顾练习 3.20。

11.3 投入产出分析

正如第 1 章提到的，与凯恩斯宏观经济学模型不同，投入产出分析提供了另外一种方法来描述和分析经济，例如上一节我们讨论的模型。投入产出方法的背景以及符号的定义已经在第 1 章中给出，并在式（11.4）中以矩阵形式再次提到：

$$\boldsymbol{f}+\boldsymbol{A}\boldsymbol{x}=\boldsymbol{x} \tag{11.34}$$

其中

$$\boldsymbol{f}=[f_i]_{n\times1}，\boldsymbol{A}=[a_{ij}]_{n\times n}，\boldsymbol{x}=[x_i]_{n\times1} \tag{11.35}$$

我们要对 n 维总行业产出向量 $\boldsymbol{x}$ 求解，并表示为 n 维最终消费需求 $\boldsymbol{f}$ 和投入产出系数矩阵 $\boldsymbol{A}$ 的形式。

前面我们已经注意到，对所有的 i 有 $f_i\geqslant0$，对所有的 i，j 有 $a_{ij}\geqslant0$。因此，对所有的 i 有 $x_i\geqslant0$ 是合理的。而且，要保证所有行业净产值非负（净产值是指行业对于它们自身产出的需求），我们要求

$$x_i-a_{ii}x_i\geqslant0，\ \forall i \tag{11.36}$$

因此，

$$(1-a_{ii})x_i\geqslant0，(1-a_{ii})\geqslant0 \tag{11.37}$$

意味着对所有的 i 有 $0\leqslant a_{ii}\leqslant1$。

在 $\boldsymbol{A}$ 中任一列的投入产出系数，比如第 j 列，表示行业 j 单位产出所需要的投入量。因此，它们描述的是行业 j 的线性生产过程。

在对投入产出系统求解时，我们可以使用矩阵运算将式（11.34）改写成

$$\boldsymbol{f}=\boldsymbol{x}-\boldsymbol{A}\boldsymbol{x}=\boldsymbol{I}\boldsymbol{x}-\boldsymbol{A}\boldsymbol{x}=(\boldsymbol{I}-\boldsymbol{A})\boldsymbol{x} \tag{11.38}$$

在式（11.38）中我们关注的是向量（$\boldsymbol{I}-\boldsymbol{A}$）$\boldsymbol{x}$ 的典型项：

$$x_i - a_{ii}x_i - a_{i1}x_1 - \cdots - a_{i(i-1)}x_{i-1} - a_{i(i+1)}x_{i+1} - \cdots - a_{in}x_n \tag{11.39}$$

它表示商品 i 中，扣除各个行业（包括第 i 个行业本身）为了生产目的所消耗的量，剩下那部分留给最终消费者消费的量。对于 $f_i>0$，最终消费者可得到一些商品 i，因此式（11.39）一定是正的。

求解很明确。如果 $\boldsymbol{I}-\boldsymbol{A}$ 是非奇异的，那么

$$\boldsymbol{x}=(\boldsymbol{I}-\boldsymbol{A})^{-1}\boldsymbol{f}\equiv\boldsymbol{B}\boldsymbol{f}\equiv f_1\boldsymbol{b}_1+f_2\boldsymbol{b}_2+\cdots+f_n\boldsymbol{b}_n \tag{11.40}$$

其中 $\boldsymbol{b}_i$ 是 $(\boldsymbol{I}-\boldsymbol{A})^{-1}$ 的列向量。我们观察到解向量属于 $(\boldsymbol{I}-\boldsymbol{A})^{-1}$ 的列空间，即，$\boldsymbol{x}\in\operatorname{lin}\{\boldsymbol{b}_1, \boldsymbol{b}_2, \cdots, \boldsymbol{b}_n\}=\mathbb{R}^n$。同时也应注意到，$(\boldsymbol{I}-\boldsymbol{A})^{-1}$ 的列可以解释为最终需求的“乘数”向量。例如，

$$\boldsymbol{b}_j=\frac{\partial\boldsymbol{x}}{\partial f_j}=\left[\frac{\partial x_i}{\partial f_j}\right]_{n\times 1} \tag{11.41}$$

它包含了最终消费者对商品 j 的需求的单位改变导致各行业总产出的改变量，包括行业之间的中间需求。然而，我们必须仔细研究这个解，尤其是检查 $\boldsymbol{I}-\boldsymbol{A}$ 的非奇异性所要求的条件。

可以用另一种有用的方式来表示式（11.40）的解。通过对式（11.34）中的 $\boldsymbol{x}$ 进行迭代，我们得到

$$\begin{aligned}\boldsymbol{f}+\boldsymbol{A}\boldsymbol{x}&=\boldsymbol{f}+\boldsymbol{A}(\boldsymbol{f}+\boldsymbol{A}\boldsymbol{x})=\boldsymbol{f}+\boldsymbol{A}\boldsymbol{f}+\boldsymbol{A}^2\boldsymbol{x}\\&=\boldsymbol{f}+\boldsymbol{A}\boldsymbol{f}+\boldsymbol{A}^2(\boldsymbol{f}+\boldsymbol{A}\boldsymbol{x})=\boldsymbol{f}+\boldsymbol{A}\boldsymbol{f}+\boldsymbol{A}^2\boldsymbol{f}+\boldsymbol{A}^3\boldsymbol{x}\end{aligned} \tag{11.42}$$

重复迭代 n 次，我们得到

$$\begin{aligned}\boldsymbol{x}&=\boldsymbol{f}+\boldsymbol{A}\boldsymbol{f}+\boldsymbol{A}^2\boldsymbol{f}+\boldsymbol{A}^3\boldsymbol{f}+\cdots+\boldsymbol{A}^n\boldsymbol{f}+\boldsymbol{A}^{n+1}\boldsymbol{x}\\&=(\boldsymbol{I}+\boldsymbol{A}+\boldsymbol{A}^2+\boldsymbol{A}^3+\cdots+\boldsymbol{A}^n)\boldsymbol{f}+\boldsymbol{A}^{n+1}\boldsymbol{x}\end{aligned} \tag{11.43}$$

因此，如果 $n\to\infty$ 时 $\boldsymbol{A}^{n+1}\to\boldsymbol{0}$，那么有

$$\boldsymbol{x}=(\boldsymbol{I}+\boldsymbol{A}+\boldsymbol{A}^2+\boldsymbol{A}^3+\cdots)\boldsymbol{f} \tag{11.44}$$

将这个解与式（11.40）中的初始解进行比较，我们得出

$$\boldsymbol{x}=(\boldsymbol{I}-\boldsymbol{A})^{-1}\boldsymbol{f}=(\boldsymbol{I}+\boldsymbol{A}+\boldsymbol{A}^2+\boldsymbol{A}^3+\cdots)\boldsymbol{f} \tag{11.45}$$

因此

$$(\boldsymbol{I}-\boldsymbol{A})^{-1}=(\boldsymbol{I}+\boldsymbol{A}+\boldsymbol{A}^2+\boldsymbol{A}^3+\cdots)=\sum_{i=0}^{\infty}\boldsymbol{A}^i \tag{11.46}$$

这是逆矩阵 $(\boldsymbol{I}-\boldsymbol{A})^{-1}$ 的矩阵级数展开式，我们在 8.5.2 节中第一次遇到过。逆矩阵存在的关键是 $i\to\infty$ 时 $\boldsymbol{A}^i\to\boldsymbol{0}$。但这与我们以前分析的应用问题（包括动态线性模型和矩阵 $\boldsymbol{\Pi}_1$），在本质上具有相同的条件。见式（11.19）和定理 8.5.1。验证 $\boldsymbol{I}-\boldsymbol{A}$ 非奇异的充要条件是 $\boldsymbol{A}$ 的所有特征值都小于 1，留作练习，这也是投入产出问题的解有意义的充要条件，见练习 11.4。①

① Woods（1978）非常详细地讨论了这种矩阵的性质。

例 11.3.1 考虑下面两个行业的例子，其中投入产出系数是

$$A=\begin{bmatrix}0.2 & 0.3\\0.4 & 0.1\end{bmatrix} \tag{11.47}$$

这里，比如，行业 1 要生产 1 单位的产出，需要使用 0.2 单位本行业的产品和 0.4 单位行业 2 的产品。注意，这两个数字所暗含的生产过程、生产函数和等产量曲线的线性性质。**A** 中第二列的数字也有相似地解释。

因此，有

$$I-A=\begin{bmatrix}0.8 & -0.3\\-0.4 & 0.9\end{bmatrix} \tag{11.48}$$

由此，使用式（11.39）并假设每个行业生产同样数量的产出，我们得出，考虑到行业需求，行业 1 的 1 单位产出中，有 0.5 单位用于最终消费。行业 2 也有 0.5 单位用于最终消费。

更进一步，我们有行列式 $\det(I-A)=0.6$，

$$\operatorname{adj}(I-A)=\begin{bmatrix}0.9 & 0.3\\0.4 & 0.8\end{bmatrix} \tag{11.49}$$

以及

$$(I-A)^{-1}=\begin{bmatrix}\frac{3}{2} & \frac{1}{2}\\[4pt]\frac{2}{3} & \frac{4}{3}\end{bmatrix} \tag{11.50}$$

这个矩阵给出了产出乘数。举个例子，如果最终消费者对商品 1 的需求增加 1 单位，那么行业 1 的总产出需要增加 $\partial x_1/\partial f_1=1\frac{1}{2}$单位，才能满足最终消费需求和所有相关行业的中间需求。同样地，我们有

$$\frac{\partial x_1}{\partial f_2}=\frac{1}{2},\ \frac{\partial x_2}{\partial f_1}=\frac{2}{3},\ \frac{\partial x_2}{\partial f_2}=\frac{4}{3} \tag{11.51}$$

给定最终需求，式（11.50）中的矩阵也可以导出解向量 $\boldsymbol{x}$。例如，假设需要给消费者提供 $f_1=10$，$f_2=20$ 单位的两种商品，那么这两个行业将需要生产下述数量的产品：

$$\boldsymbol{x}=(I-A)^{-1}\boldsymbol{f}=\begin{bmatrix}\frac{3}{2} & \frac{1}{2}\\[4pt]\frac{2}{3} & \frac{4}{3}\end{bmatrix}\begin{bmatrix}10\\20\end{bmatrix}=\begin{bmatrix}25\\[4pt]\frac{100}{3}\end{bmatrix} \tag{11.52}$$

由行业 1 生产的 25 单位产品中，$a_{11}x_1=0.2\times 25=5$ 单位将被行业 1 消费，$a_{12}x_2=0.3\times\frac{100}{3}=10$ 单位被行业 2 消费，使得中间行业总需求为 15，剩下的 10 单位留给最终消费者。相似地，行业 2 生产的$\frac{100}{3}$单位产出也按照类似方法分解。

前面已经阐明了 $\boldsymbol{I}-\boldsymbol{A}$ 的非奇异性和解的存在性，因此，$\boldsymbol{A}$ 的特征值条件一定是满足的。特征值留作练习，可以检验特征方程：

$$|\boldsymbol{A}-\lambda\boldsymbol{I}|=0 \tag{11.53}$$

对应的二次方程式为

$$\lambda^2-0.3\lambda-0.1=0 \tag{11.54}$$

由此可以得出特征值为

$$\lambda_1=-0.2,\ \lambda_2=0.5 \tag{11.55}$$

这两者的绝对值都小于 1，见练习 11.5。

最后，由这些特征值和 $\boldsymbol{I}-\boldsymbol{A}$ 的非奇异性，可知收敛，可以通过直接计算 $\boldsymbol{A}$ 的幂来研究收敛性。例如，

$$\boldsymbol{A}^2=\begin{bmatrix}0.16 & 0.09\\ 0.12 & 0.13\end{bmatrix} \tag{11.56}$$

以及

$$\boldsymbol{A}^3=\begin{bmatrix}0.068 & 0.057\\ 0.076 & 0.049\end{bmatrix} \tag{11.57}$$

$(\boldsymbol{I}-\boldsymbol{A})^{-1}$ 的矩阵级数展开式收敛到零矩阵的速度很容易得出。

练　习

11.1　区别动态线性方程组的结构式、简化式和最终式。从简化式（11.11）导出最终式。

11.2　考虑由式（11.6）、式（11.7）和式（11.8）给出的方程组。

(a) 求国民收入 Y 关于政府支出 G 的两期和三期动态乘数；

(b) 求消费 C 关于利率 R 的单期和两期动态乘数；

(c) 找出方程组的均衡乘数存在的结构参数条件。

11.3　证明例 11.2 中的宏观经济学模型的均衡乘数不存在。

11.4　记 $\boldsymbol{A}$ 表示投入产出系数矩阵。假设特征值是实数，试从理论上验证，$\boldsymbol{I}-\boldsymbol{A}$ 的非奇异性以及投入产出问题解的存在性的条件是 $\boldsymbol{A}$ 的特征值的绝对值都小于 1。

11.5　考虑方程（11.47）给出的投入产出矩阵

$$\boldsymbol{A}=\begin{bmatrix}0.2 & 0.3\\ 0.4 & 0.1\end{bmatrix}$$

(a) 描绘行业 1 和行业 2 的投入产出矩阵所隐含的等产量线，即函数 g_i 的无差异曲线图，其中 $g_i(x_1,\ x_2)$ 表示利用 x_1 单位的商品 1 和 x_2 单位的商品 2 所能

生产的第 i 种商品的最大数量，$i=1$，2。

(b) 最终消费需求 $f_1=15$，$f_2=30$ 时，分别找出行业 1 和行业 2 所使用的商品 2 的数量。

(c) 计算下列变化时每个行业的产出的改变量：

(i) f_1 从 15 增加到 20；

(ii) f_2 从 30 降低到 25。

(d) 计算矩阵 $\mathbf{A}$ 的特征值。

第 12 章　确定性下的单期选择

12.1　引言

经济决策往往可以转化为优化问题。但现实经济中决策不可避免要受到资源约束。本章我们将详细讨论基本的例子——单期无风险或无不确定性条件下，单个消费者的支出决策。在之后的章节中，我们将放宽这些假设，考虑不确定性下的跨期决策。这些决策的制定属于金融和金融经济学领域，是微观经济学的一个特殊分支。在消费者决策问题中的目标函数称为效用函数，常假定是拟凹函数或者凹函数。我们首先利用消费者行为公理来讨论效用函数的性质。

12.2　定义

12.2.1　经济

我们分析两种类型的经济：

● **纯交换经济**：每个家庭直接拥有商品（禀赋），但是没有厂商，没有产品，经济活动仅限于加总初始**禀赋**的纯交换；

● **产品经济**：每个家庭间接拥有禀赋，每个家庭可以进行交换，与厂商共享利润和损失，厂商可以将部分初始加总禀赋（如劳动禀赋）投入到生产过程，产出既可以用于交易也可以用于消费。

这些经济可以简单表示为：

● H 个**家庭、代理人、消费者或投资者**（后文），或者仅仅是个人，用下标 h 表示；

● N 个**物品**或者**商品**，用上标 n 表示；

● F 个**厂商**（仅限于产品经济情形），用 f 来标记。

本章主要讨论消费者最优选择理论和纯交换经济均衡。最优生产决策理论和产品经济均衡在数学方面相似；数学细节参考 Varian（1992）或者 Takayama（1994）。

可以从以下几个方面区分不同的商品（价值和生产成本方面）：

1. 通过物理特征来区分，比如苹果或者橘子。

2. 通过消费的时间加以区分，比如在圣诞节前或者圣诞节后投递的圣诞装饰品或者礼物，还有在复活节前后投递的复活节彩蛋。[①]

3. 通过消费的状态加以区分，比如在雨天或者晴天使用雨伞。

本章将着重讨论第 1 种区分，其余的两种区分在后面章节中讨论。

12.2.2 价格

为了交易商品，消费者和供应商必须在**价格**和价格单位上达成一致。在纯交换经济或者**以物易物**交换经济中，A 物品对 B 物品的**相对价格**表示为一单位 B 物品能换取的 A 物品的单位数，比如一个橘子可以换取 2.5 个苹果。在**货币**经济中，我们可以用**绝对价格**来表示，即一单位物品所需货币单位的数量，比如每个凤梨 2.40 欧元。

在纯交换经济中，为了把寻找绝对价格问题简化为寻找相对价格问题，我们仅仅选择一件或者一个商品束作为一个**价值标准（计价标准）**（numeraire），并将所有价格用这个计价标准来表示。

在纯交换经济中不涉及货币。货币既是交易的媒介，也是记价的一个单位。

● 在纯商品交换经济中没有特殊的交换媒介；

● 计价标准商品就是一个计价单位。

12.2.3 消费者和效用函数

消费者 h 的重要特征是他（她）面临一个选择，从（凸闭）**消费集** $\mathcal{X}_h$ 中选

---

① 模型中所有的交易同时发生，消费可以扩展到多期。

择**消费向量**、**消费计划**或者**消费束** $x_h=(x_h^1, x_h^2, \cdots, x_h^N)$。典型的是$\mathcal{X}_h=\mathbb{R}_+^N$。更一般地，消费者 h 的消费集可能需要包含具体商品的消费，比如水，排除$\mathbb{R}_+^N$中的某些无法满足要求的点。消费者的禀赋用 $e_h\in\mathcal{X}_h$ 表示，并且可以用来交易。劳动就是大多数消费者具有的一种禀赋。

在产品经济中，消费者持有厂商的股份用 $c_h\in\mathbb{R}^F$ 表示，股份可以为负（卖空，参考定义 13.3.1）。

一个消费者的**净需求**、**超额需求**或所需商品向量用 $z_h\equiv x_h-e_h\in\mathbb{R}^N$ 表示。

假设每个消费者都有消费集$\mathcal{X}_h$上二元的（**弱**）**偏好关系**或者**偏好顺序**，参考定义 0.0.10 和 0.0.11，了解二元关系及 Varian（1992，第 7 章）中关于消费理论的应用。

因为每个消费者有不同的偏好，故我们用$\succeq_h$表示消费者 h 的偏好，当仅考虑单个消费者时下标会省略。同样地，我们假设每个消费者在同一个消费集$\mathcal{X}$中做出选择，尽管这并不是必要的。

无差异关系$\sim$和**严格偏好关系**$\succ$可以从偏好关系得出：

1. $x\succ y$ 表示 $x\succeq y$，但是 $y\succeq x$ 不成立；
2. $x\sim y$ 表示 $x\succeq y$ 且 $y\succeq x$。

如果满足

$$u(\boldsymbol{x})\geqslant u(\boldsymbol{y}) \Leftrightarrow \boldsymbol{x}\succeq \boldsymbol{y} \tag{12.1}$$

则**效用函数** u：$\mathcal{X}\to\mathbb{R}$ 表示偏好关系$\succeq$。

如果 f：$\mathbb{R}\to\mathbb{R}$ 是一个单调递增的函数，u 表示偏好关系$\succeq$，那么 $f\circ u$ 也表示$\succeq$，因为

$$f(u(\boldsymbol{x}))\geqslant f(u(\boldsymbol{y})) \Leftrightarrow u(\boldsymbol{x})\geqslant u(\boldsymbol{y}) \Leftrightarrow \boldsymbol{x}\succeq \boldsymbol{y} \tag{12.2}$$

进一步地，u 和 $f\circ u$ 有相同的水平集（等值集），在消费者理论中，通常称它们为无差异曲线，参考定义 7.7.2。

如果$\mathcal{X}$是一个可数集，那么在$\mathcal{X}$上存在一个表示偏好关系的效用函数。为了证明这点，仅需要在$\mathcal{X}$中按偏好写出消费计划，并用数字编号，用相同的数字来表示无差异的消费计划。

如果$\mathcal{X}$是一个不可数集，那么可能不存在表示$\mathcal{X}$中偏好关系的效用函数。

12.3 节和 12.4 节将在确定性或者完全预见的条件下，分析单个消费者的最优选择。12.5 节和 12.6 节将讨论消费者之间的交集。

12.3 公理

确定性下消费者选择理论中常假定偏好关系满足六个公理，现在我们来讨论这六个公理。16.4.3 节**不确定性下消费者选择**分析中，为了简化分析我们进一步增加一些公理。在每个公理的定义后，我们将对它的使用做出一个简明的

阐述。

公理 1（完备性）　（弱）偏好关系是完备的。

完备性意味着消费者永远不会满足。

公理 2（自反性）　（弱）偏好关系是自反的。

自反性意味着每一个消费束至少与它自己一样好。

公理 3（传递性）　（弱）偏好关系是可以传递的。

传递性意味着偏好是合理的并且一致的。

这三个公理是二元关系（0.0.11 定义）四个性质中的三个。值得注意的是剩余的性质——对称性，对偏好关系来说，不是一个很合理的公理，因为对称性意味着对消费者而言所有可能的消费束无差异。

公理 4（连续性）　偏好关系$\succeq$是**连续的**。换言之，对所有的消费向量$\mathbf{y}\in\mathcal{X}$，集合$B_y\equiv\{\mathbf{x}\in\mathcal{X};\ \mathbf{x}\succeq\mathbf{y}\}$和集合$W_y=\{\mathbf{x}\in\mathcal{X};\ \mathbf{y}\succeq\mathbf{x}\}$（分别包含至少与消费向量$\mathbf{y}$一样好、至少不比消费向量$\mathbf{y}$好的消费向量）都是闭集。

图 12—1 表示$N=2$时连续偏好关系的无差异曲线。集合B_y和W_y都包含无差异曲线，无差异曲线组成了它们共同的边界，W_y同时包含坐标轴。我们马上会看到，如果效用函数存在，那么B_y和W_y分别是它的上水平集（上等值集）和下水平集（下等值集）。

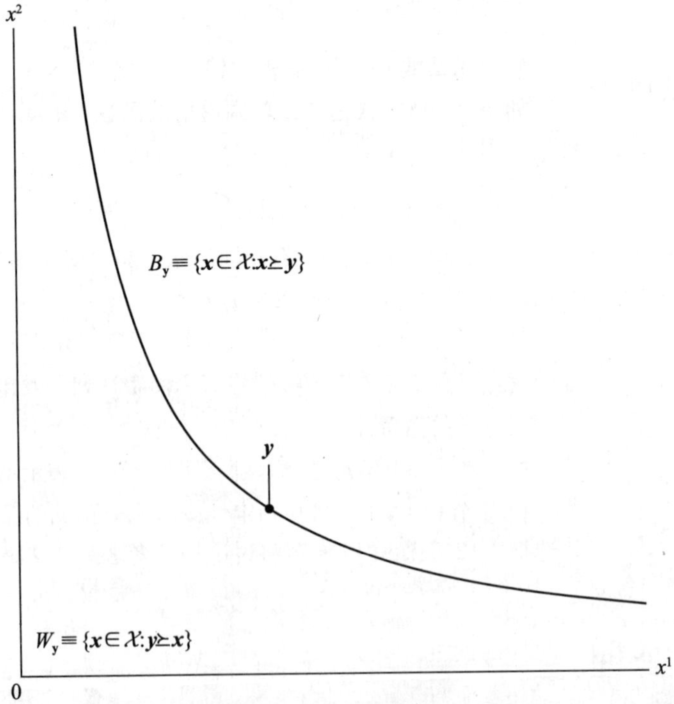

图 12—1　$N=2$ 时的连续性偏好

图 12—2 表示**字母顺序偏好**（lexicographic preferences），它违反了连续性公理。一个拥有这种偏好的消费者，无论别的商品有多少，都会更偏好商品 1；当

面对含有相同数量商品 1 的两个消费向量时，偏好更多商品 2。

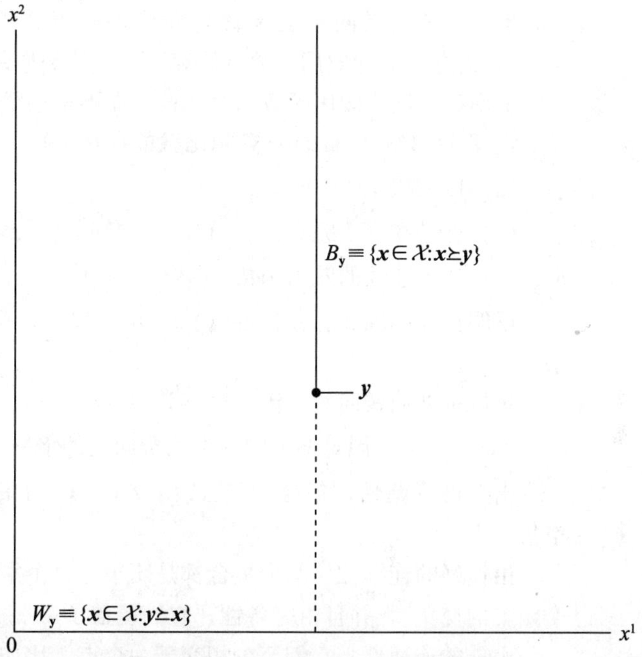

图 12—2　$N=2$ 时的字母顺序偏好

在图 12—2 中，消费向量 $\boldsymbol{y}$ 是唯一一个同时属于下水平集 W_y 和上水平集 B_y 的消费向量。然而，对任意 ϵ，在 $\boldsymbol{y}$ 处半径为 ϵ 的开球 $B_\epsilon(\boldsymbol{y})$，不完全落在 W_y 中。因此，下水平集不是开集，上水平集不是闭集。

Debreu（1959，pp. 55 - 9）仅用公理 1～公理 4 证明了连续效用函数存在性定理（也见 Debreu（1964）），Varian（1992，p. 97）通过增加一个公理来证明存在性定理，但变得更简单。

定理 12.3.1（Debreu：效用函数的存在性）　如果

（a）消费集 $\mathcal{X}$ 是一个凸闭集，

（b）$\succeq$ 是一个 $\mathcal{X}$ 上完备的、自反的、传递的和连续的偏好关系，

那么存在一个表示 $\succeq$ 的连续效用函数 u：$\mathcal{X} \rightarrow \mathbb{R}$。

证明：参考 Debreu（1959，pp. 56 - 9）。

公理 5（贪婪性）　消费者行为的贪婪性是指以下任意一种假设：

（a）**强单调性**——如果 $\mathcal{X}=\mathbb{R}_+^N$，那么 $\succeq$ 是**强单调的**，当且仅当对任何 n、$\boldsymbol{x} \neq \boldsymbol{y}$（$\boldsymbol{x}=(x^1, x^2, \cdots, x^N)$）和 $x^n \geqslant y^n$，有 $\boldsymbol{x} \succ \boldsymbol{y}$ 成立。

弱单调性更常见。

（b）**局部非饱和性**——对任意 $\boldsymbol{x} \in \mathcal{X}$，$\epsilon>0$，存在 $\boldsymbol{x}' \in B_\epsilon(\boldsymbol{x})$，使得 $\boldsymbol{x}' \succ \boldsymbol{x}$。

定理 12.3.2　如果偏好是严格单调的，那么偏好表现出局部非饱和性。

证明：可以从以上定义看出。

偏好中严格单调公理比局部非饱和性公理约束更强。但是，它简化了效用函数存在性定理的证明。

值得注意的是两种关于贪婪性公理的表述都可以排除**极大幸福点**（bliss points）的存在，即效用函数（假定存在）达到局部极大值时的消费向量。

下面我们证明效用函数的存在性（而不是连续性）弱定理。

定理 12.3.3（Varian：效用函数的存在性） 如果

(a) $\mathcal{X}=\mathbb{R}_{+}^{N}$，

(b) $\succeq$是在$\mathcal{X}$上完备的、自反的、传递的、连续的和严格单调的偏好关系，那么存在一个连续的效用函数 u：$\mathcal{X}\to\mathbb{R}$，代表$\succeq$。

证明：我们仅证明存在性（Varian 1992，p. 97）；连续性的证明已经超出本书的范围。

选取基准消费向量，例如$\mathbf{1}\equiv(1, 1, \cdots, 1)$。

$\boldsymbol{x}$ 的效用是$\mathcal{X}$同等偏好的基准消费向量的倍数。

由严格单调性，集合$\{t\in\mathbb{R}_{+}: t\mathbf{1}\succeq\boldsymbol{x}\}$与集合$\{t\in\mathbb{R}_{+}: \boldsymbol{x}\succeq t\mathbf{1}\}$都是非空集。

由偏好的连续性，两个集合都是闭集（每个集合都是从原点出发的射线与一个闭集的交集），并且由完备性，它们覆盖了$\mathbb{R}_{+}$。

由$\mathbb{R}$的连通性，它们至少相交于一个点，比如$u(\boldsymbol{x})$，并且$\boldsymbol{x}\sim u(\boldsymbol{x})\mathbf{1}$。

那么有：

$$\boldsymbol{x}\succeq\boldsymbol{y}\Leftrightarrow u(\boldsymbol{x})\mathbf{1}\succeq u(\boldsymbol{y})\mathbf{1}\Leftrightarrow u(\boldsymbol{x})\geqslant u(\boldsymbol{y}) \tag{12.3}$$

第一个等式通过偏好的传递性得出，第二个等式通过严格单调性得出。

在证明效用函数的存在性中，并没有使用偏好的自反性假定，所以我们可以推断，它在证明连续性时有用。

常见的偏好关系的例子可以用下面的效用函数来表示，详情参考各练习。其中，$\boldsymbol{x}=(x^1, x^2, \cdots, x^N)$表示消费向量。

- 两种商品的二次线性偏好（见练习 12.2）：

$$u(x^1, x^2)\equiv x^2+\alpha x^1+\beta(x^1)^2 \quad (\beta>0) \tag{12.4}$$

- 柯布—道格拉斯（Cobb-Douglas）偏好（见式（9.58））：

$$u(\boldsymbol{x})\equiv\prod_{u=1}^{N}(x^n)^{\beta^n} \quad (0<\beta^n, n=1, 2, \cdots, N) \tag{12.5}$$

这仅在$\mathbb{R}_{++}^{N}$上有良好定义。

- **斯通-格瑞**（Stone-Geary）**偏好**（见练习 12.3）：[1]

---

[1] 这个函数是以英国经济学家及诺贝尔奖获得者 John Richard Nicholas Stone（1913—1991）和爱尔兰统计学家 Robert Charles（Roy）Geary（1896—1983）的名字命名的。关于这个效用函数是怎样被贴上“Stone-Geary”标签的全过程，见 Neary（1997）。这个函数实际上是 Geary（1950）和 Stone（1954）提出的。但是 Geary 和 Samuelson（1947）只是在评论一本 Klein 和 Rubin（1947）的早期出版物时提到过，或许 Klein 和 Rubin 也应得一部分荣誉。

$$u(\boldsymbol{x}) = \sum_{n=1}^{N} \beta^n \ln(x^n - \alpha^n) \qquad (12.6)$$

其中 α^n 和 β^n 都是正常数，且 $\sum_{n=1}^{N} \beta^n = 1$。柯布—道格拉斯偏好是斯通-格瑞偏好中 $\boldsymbol{\alpha}=\mathbf{0}_N$ 的一个特例。

● 不变替代弹性偏好（CES）（见练习 10.17）：

$$u(\boldsymbol{x}) = (\sum_{n=1}^{N} \alpha^n (x^n)^{\rho})^{1/\rho} \qquad (12.7)$$

● 里昂惕夫（Leontief）偏好（见练习 12.4）：

$$u(\boldsymbol{x}) = \min_{n=1}^{N} \{\beta^n x^n\} \qquad (12.8)$$

（注意，和 1.2.3 节提到的里昂惕夫生产函数相似。）

我们已经见过字母顺序偏好，并说明了它们不能用实值效用函数表示。

当偏好可以用一个效用函数表示时，偏好与效用便可以相互交换使用。举个例子，我们可以说一个消费者有“线性二次偏好”或有“线性二次效用”。

消费者行为的法则是从可接受的方案（**预算集**）中选择最偏好的消费束。也就是说，在**预算约束**下使效用函数（如果存在）极大化。如果效用函数连续，并且预算集是有界闭集，那么最优选择存在。

如果效用函数可微，我们可以进一步用微分法来找到极大值。所以我们通常假设它是可微的。

如果 u 是一个凹的效用函数，f 是一个单调递增的函数，那么表示同样偏好关系的 $f \circ u$ 不一定是凹函数（除非 f 本身是一个凸函数）。换句话说，效用函数的凹性是特殊表达式的性质而不是本质的偏好。尽管这样，偏好的凸性仍然很重要，正如应用所揭示的那样，下面几个公理中，每一个公理都是关于偏好关系本身的，而不是关于选取的特定效用函数的。

公理 6（凸性） 凸性保证了消费者最优决策的存在性，这个公理有两种表达形式：

(a) **凸性**——偏好关系 $\succeq$ 是**凸的**，当且仅当

$$\boldsymbol{x} \succeq \boldsymbol{y} \Rightarrow \lambda\boldsymbol{x} + (1-\lambda)\boldsymbol{y} \succeq \boldsymbol{y}, \ \forall \lambda \in (0, 1) \qquad (12.9)$$

(a) **严格凸性**——偏好关系 $\succeq$ 是**严格凸的**，当且仅当

$$\boldsymbol{x} \succeq \boldsymbol{y} \Rightarrow \lambda\boldsymbol{x} + (1-\lambda)\boldsymbol{y} \succ \boldsymbol{y}, \ \forall \lambda \in (0, 1) \qquad (12.10)$$

注意，严格凸的偏好关系也是凸的。两种凸性公理的区别本质上在于，严格凸性排除了线性无差异曲线的情况。

严格凸性偏好下，消费者问题通常有唯一解，可以导出（单值）的需求函数。而凸性偏好下，消费者问题可能有许多解，我们可能需要处理（多值）需求对应问题。

定理 12.3.4 偏好关系 $\succeq$ 是（严格）凸的，当且仅当每个表示 $\succeq$ 的效用函数是（严格）拟凹函数。

证明：无论是凸性公理的哪一种形式，都有

$$u(\boldsymbol{x})\geqslant u(\boldsymbol{y})\Rightarrow u(\lambda\boldsymbol{x}+(1-\lambda)\boldsymbol{y})\geqslant(>)u(\boldsymbol{y}),\ \forall\lambda\in(0,1) \tag{12.11}$$

定理 12.3.5 表示凸偏好的效用函数的所有上水平集都是凸集（严格单调、凸性偏好时无差异曲线凸向原点）。

证明：这个结论通过定理 10.2.2 得出。

可以看出，偏好的凸性是中级微观经济学中两种商品**边际替代率**递减的推广。

上述公理仍然不足以保证消费者问题的优良性质。在某些情况下，我们常假定效用函数还满足另外两个性质，这两个性质用偏好关系很难表述。

1. 第一个性质是由**稻田**（Inada）**条件**组成：①

$$\lim_{x_i\to 0}\frac{\partial u}{\partial x_i}=\infty \tag{12.12}$$

和

$$\lim_{x_i\to\infty}\frac{\partial u}{\partial x_i}=0 \tag{12.13}$$

稻田（Inada）条件可以排除消费者问题中的角解。直观地说，无差异曲线趋近于坐标轴，但永不会相交。

2. 效用函数的拟凹性，也是一种很好的性质，由此可以使用库恩-塔克（Kuhn-Tucker）二阶条件并能导出消费者问题的对偶问题。

注意，拟凹函数的增函数变换可能不再具有拟凹性（例如，定义在$\mathbb{R}$上的拟凹函数 x 和非拟凹函数 x^3）。

12.4 消费者问题和对偶

12.4.1 完全竞争和瓦尔拉斯拍卖商

假设商品交易在完全竞争的环境下进行。这意味着对某一特定商品所有消费者面对相同的价格。不允许非线性价格（例如，某商品买得多就打折）也不允许价格歧视。实际上，因为有大量的买家和卖家，这使得共谋或制定垄断价格很困难，而使得消费者很容易挑选价格更适合的厂商。

假设（瓦尔拉斯，Walrasian②）拍卖商报价，并询问消费者在不同价格下愿

① 日本经济学家 Ken-Ichi Inada（1925—2002）在不同的文献中给出了生产函数相似地条件（Inada，1963）。

② 本章中介绍的瓦尔拉斯拍卖者、瓦尔拉斯均衡和瓦尔拉斯法则是以法国数理经济学家 Marie-Esprit-Léon Walras（1834—1910）的名字命名的。

意买多少商品，直到得出完全需求函数或者消费计划。为了得到均衡，常假定这个过程一直持续到全部 N 个市场同时出清。

12.4.2 求解

一个消费者具有消费集$\mathcal{X}_h$、禀赋向量 $\boldsymbol{e}_h \in \mathcal{X}_h$、厂商股份 $\boldsymbol{c}_h \in \mathbb{R}^F$，偏好顺序$\succeq_h$ 用效用函数 u_h 来表示，愿意以价格 $\boldsymbol{p} \in \mathbb{R}_+^N$ 来出售其禀赋，其面临一个不等约束优化问题：

$$\max_{x \in \mathcal{X}_h} u_h(\boldsymbol{x})$$
$$\text{s. t. } \boldsymbol{p}^{\mathrm{T}}\boldsymbol{x} \leqslant \boldsymbol{p}^{\mathrm{T}}\boldsymbol{e}_h + \boldsymbol{c}_h^{\mathrm{T}}\boldsymbol{\Pi}(\boldsymbol{p}) \equiv M_h \tag{12.14}$$

其中，$\boldsymbol{\Pi}(\boldsymbol{p})$ 表示 F 个厂商在价格 $\boldsymbol{p}$ 下的极大化利润向量。

限定 $\boldsymbol{x}$ 位于消费集中，即对问题施加非负约束。因为使用了稻田（Inada）条件，故这些非负约束很少成为紧约束。

限定 $\boldsymbol{x}$ 满足不等式：

$$\boldsymbol{p}^{\mathrm{T}}\boldsymbol{x} \leqslant \boldsymbol{p}^{\mathrm{T}}\boldsymbol{e}_h + \boldsymbol{c}_h^{\mathrm{T}}\boldsymbol{\Pi}(\boldsymbol{p}) \tag{12.15}$$

这是预算约束，非常重要。预算约束常常变为紧约束。消费向量集满足预算约束（有时称为预算集），是以超平面（有时也称为**预算超平面**）方程

$$\boldsymbol{p}^{\mathrm{T}}\boldsymbol{x} = \boldsymbol{p}^{\mathrm{T}}\boldsymbol{e}_h + \boldsymbol{c}_h^{\mathrm{T}}\boldsymbol{\Pi}(\boldsymbol{p}) \tag{12.16}$$

为边界的半空间与$\mathcal{X}_h$ 的交集。

从数学的角度来看，这与住户收入的来源无关，特别地，也与纯交换经济和产品经济的区别无关。因此，无论哪种情况，收入都可以用 M_h 表示，因为这与变量 $\boldsymbol{x}$ 的选择无关。

关于消费者问题有下面的定理。

定理 12.4.1（解的存在性） 如果消费集是$\mathbb{R}_+^N$，那么对于所有价格向量 $\boldsymbol{p} \in \mathbb{R}_{++}^N$ 和收入水平 $M_h \in \mathbb{R}_+$，消费者问题至少存在一个解。因此，存在一个有良好定义的需求对应：

$$\boldsymbol{x}_h^*: \mathbb{R}_{++}^N \times \mathbb{R}_{++} \to \mathbb{R}_+^N: (\boldsymbol{p}, M_h) \mapsto \boldsymbol{x}_h^*(\boldsymbol{p}, M_h) \tag{12.17}$$

证明：这是预算集为有界闭集的情形。因为效用函数是连续的，故由定理 10.3.1 知，可以在预算集内得到极大值。极大值可能不唯一，因此只能说存在一个需求对应，还需要一些其他条件才能保证单值需求函数的存在性。

对于需求函数，我们常省略表示最优响应函数的 * 号，简记为 $\boldsymbol{x}_h(\boldsymbol{p}, M_h)$。

上述定理确定了消费者问题解的存在性，我们现在分析对应的最优响应对应或函数（如果我们能证明它们是单值函数）。

定理 12.4.2（需求函数的单值性）

(a) 如果潜在偏好关系是**严格凸**的，并能用效用函数 u_h 来表示，那么消费

者问题（12.14）有**唯一**解。对应的最优响应函数 $\boldsymbol{x}_h$，称为**马歇尔需求函数**（Marshallian demand function）。[1]

（b）如果潜在偏好关系是**凸**的，并能用效用函数 u_h 来表示，那么消费者问题（12.14）有**多个**解。对应的最优响应，称为**马歇尔需求对应**（Marshallian demand correspondence）。

通过下面的讨论可以清晰地理解这些定理。我们将分别讨论消费者问题的二阶条件、一阶条件和唯一性条件。

1. 因为约束函数关于选择变量 $\boldsymbol{x}$ 线性，在效用函数 u_h 拟凹时，库恩-塔克二阶条件（定理 10.5.2）适用。

2. 一阶条件识别极大值点，由拉格朗日法（Lagrangian），对预算约束乘上乘子 λ，对非负约束乘上 $\boldsymbol{\mu}\in\mathbb{R}^N$，得

$$u_h(\boldsymbol{x})+\lambda(M_h-\boldsymbol{p}^{\mathrm{T}}\boldsymbol{x})+\boldsymbol{\mu}^{\mathrm{T}}\boldsymbol{x} \tag{12.18}$$

一阶条件得到（N 维）向量方程：

$$u_h'(\boldsymbol{x})+\lambda(-\boldsymbol{p}^{\mathrm{T}})+\boldsymbol{\mu}^{\mathrm{T}}=\boldsymbol{0}_N^{\mathrm{T}} \tag{12.19}$$

符号条件 $\lambda\geqslant 0$，如果预算约束为紧约束，则 $\lambda>0$。$\boldsymbol{\mu}=\boldsymbol{0}_N$，除非某个非负约束成为紧约束，但稻田条件（见 282 页）排除了这种可能性。

对每个 $\boldsymbol{p}\in\mathbb{R}_{++}^N$（除了**低劣品**，即负价格的商品[2]，甚至是免费的商品），$\boldsymbol{e}_h\in\mathcal{X}_h$ 和 $\boldsymbol{c}_h\in\mathbb{R}^F$，或者每个 $\boldsymbol{p}$ 与 M_h 的组合，存在消费者效用极大化问题的对应解，记为 $\boldsymbol{x}_h(\boldsymbol{p},\boldsymbol{e}_h,\boldsymbol{c}_h)$ 或者 $\boldsymbol{x}_h(\boldsymbol{p},M_h)$。后一个函数（对应）$\boldsymbol{x}_h$ 称为马歇尔需求函数（对应）。

3. 如果效用函数是严格拟凹的（即，偏好是严格凸的），那么满足库恩-塔克定理的唯一性条件（定理 10.5.3）。这时，消费者问题对任意给定的价格和收入有唯一解，因此最优响应对应是单值需求函数。另一方面，弱凸性公理允许需求对应有多个解。

12.4.3 马歇尔需求函数的性质

马歇尔需求函数的性质见下文。前三个性质不需要贪婪性公理，但剩余的性质需要该公理假定。

1. 如果偏好是严格凸的，那么马歇尔需求函数是单值函数。

2. 需求函数 $\boldsymbol{x}_h(\boldsymbol{p},M_h)$ 与消费者问题中表示潜在偏好关系 $\succeq_h$ 的 u_h 无关。

3. 需求函数 $\boldsymbol{x}_h$ 关于价格 $\boldsymbol{p}$ 和 M_h 零次齐次。换句话说，如果价格和收入同时乘以 $\alpha>0$，需求不变：

$$\boldsymbol{x}_h(\alpha\boldsymbol{p},\alpha M_h)=\boldsymbol{x}_h(\boldsymbol{p},M_h) \tag{12.20}$$

---

① 马歇尔需求函数是以英国经济学家 Alfred Marshall（1842—1924）的名字命名的，他使得它的应用得到推广。

② 关于真实世界的负价格商品的一个例子是，报废的汽车，环境处理成本太高，从而使汽车的市场价值为负。

4. 马歇尔需求函数是连续的。这由极大化定理（定理 10.5.4）和 10.5.2 节最后的讨论部分可以看出。价格或者收入的小的改变将会导致需求量的较小的改变。

5. 如果偏好表现出局部非饱和性，那么预算约束成为紧约束。这是因为由于其附近的消费向量更可取，并且预算上可以承受，预算集内部的任何消费向量都不能极大化效用。在预算超平面上的最优点，其附近的更可取的消费向量在预算上不可接受。这条性质对 12.4.5 节对偶分析有用。

6. 偏好严格单调情况，如果 $\boldsymbol{p}$ 包含零价格（对某些 n 有 $p^n=0$），那么 $\boldsymbol{x}_h(\boldsymbol{p}, M_h)$ 可能没有良好定义。因为消费者会获取并消费无穷多的免费商品，效用会无穷增加。因此马歇尔需求函数仅仅定义在 $\mathbb{R}^N$ 的正象限上，即 $\mathbb{R}^N_{++}$。

7. $\boldsymbol{x}_h(\boldsymbol{p}, M_h)$ 的分量关于收入 M_h 可以是递增的，也可以是递减的。在收入范围内，如果马歇尔需求函数关于收入递增，那么该商品称为**正常商品**；如果马歇尔需求函数关于收入递减，那么该商品为**低劣商品**，17.3.2 节讨论了金融市场的正常商品和低劣商品。

12.4.4 间接效用函数

与消费者问题对应的包络函数称为**间接效用函数**，记为

$$v_h(\boldsymbol{p}, M) \equiv u_h(\boldsymbol{x}_h(\boldsymbol{p}, M)) \tag{12.21}$$

下面是间接效用函数的性质：

1. 由极大化定理（定理 10.5.4），间接效用函数关于正的价格和收入连续。

2. 间接效用函数关于 $\boldsymbol{p}$ 非增，关于 M 非减。

3. 间接效用函数关于价格拟凸。为了验证这点，记 $B(\boldsymbol{p})$ 表示价格为 $\boldsymbol{p}$ 时的预算集，令 $\boldsymbol{p}_\lambda \equiv \lambda\boldsymbol{p}+(1-\lambda)\boldsymbol{p}'$。

命题：$B(\boldsymbol{p}_\lambda) \subseteq (B(\boldsymbol{p}) \cup B(\boldsymbol{p}'))$。

证明：假定不成立，即，对某些 $\boldsymbol{x}$，有 $\boldsymbol{p}_\lambda^{\mathrm{T}}\boldsymbol{x} \leqslant M$，但 $\boldsymbol{p}^{\mathrm{T}}\boldsymbol{x} > M$ 且 $\boldsymbol{p}'^{\mathrm{T}}\boldsymbol{x} > M$。由后面两个不等式的凸组合得

$$\lambda\boldsymbol{p}^{\mathrm{T}}\boldsymbol{x}+(1-\lambda)\boldsymbol{p}'^{\mathrm{T}}\boldsymbol{x} > M \tag{12.22}$$

这与第一个不等式矛盾。

那么子集 $B(\boldsymbol{p}_\lambda)$ 上 $u_h(\boldsymbol{x})$ 的极大值小于等于其在超集 $B(\boldsymbol{p}) \cup B(\boldsymbol{p}')$ 上的极大值。

用间接效用函数来表示，有

$$v_h(\boldsymbol{p}_\lambda, M) \leqslant \max\{v_h(\boldsymbol{p}, M), v_h(\boldsymbol{p}', M)\} \tag{12.23}$$

或者说 v_h 是拟凸的。

4. 间接效用函数关于 $\boldsymbol{p}$ 和 M 零次齐次，或写为

$$v_h(\lambda\boldsymbol{p}, \lambda M) = v_h(\boldsymbol{p}, M) \tag{12.24}$$

12.4.5 对偶问题

现在考虑（对偶）支出极小化问题：

$$\min_{\boldsymbol{x}} \boldsymbol{p}^{\mathrm{T}}\boldsymbol{x}$$

$$\text{s. t. } u_h(\boldsymbol{x}) \geqslant \bar{u} \tag{12.25}$$

$\bar{u}$ 表示希望得到的效用水平。换句话说，在给定效用水平 $\bar{u}$ 的约束下，支出极小化时会怎样？

其解（最优响应函数）称为**希克斯**（Hicksian）[①] **需求函数**或者**补偿需求函数**（或**对应**），常记为 $\boldsymbol{h}_h(\boldsymbol{p}, \bar{u})$。

如果局部非饱和公理成立，那么无论是效用极大化问题还是支出极小化问题，约束都为紧约束，可以导出一些对偶关系。特别地，给定价格向量 $\boldsymbol{p}$，存在收入 M 与效用 $\bar{u}$ 之间的一一对应关系。

与对偶问题相对应的包络函数称为**支出函数**：

$$e_h(\boldsymbol{p}, \bar{u}) \equiv \boldsymbol{p}^{\mathrm{T}}\boldsymbol{h}_h(\boldsymbol{p}, \bar{u}) \tag{12.26}$$

那么支出函数与间接效用函数将起到反包络函数的作用，建立从效用水平到收入水平的映射，反之亦然。

下面的对偶关系（或基本等式，Varian（1992，p. 106））在后文中非常有用：

$$e(\boldsymbol{p}, v(\boldsymbol{p}, M)) = M \tag{12.27}$$

$$v(\boldsymbol{p}, e(\boldsymbol{p}, \bar{u})) = \bar{u} \tag{12.28}$$

$$\boldsymbol{x}(\boldsymbol{p}, M) = \boldsymbol{h}(\boldsymbol{p}, v(\boldsymbol{p}, M)) \tag{12.29}$$

$$\boldsymbol{h}(\boldsymbol{p}, \bar{u}) = \boldsymbol{x}(\boldsymbol{p}, e(\boldsymbol{p}, \bar{u})) \tag{12.30}$$

这只是式（10.133）～式（10.166）在消费者问题中的应用。

消费者问题，其对偶问题及伴随的最优响应函数和包络函数见表 12—1。

表 12—1　消费者问题及其对偶

问题	效用极大化	支出极小化
目标函数	$u_h(\boldsymbol{x})$	$\boldsymbol{p}^{\mathrm{T}}\boldsymbol{x}$
约束	$\boldsymbol{p}^{\mathrm{T}}\boldsymbol{x} \leqslant \boldsymbol{p}^{\mathrm{T}}\boldsymbol{e}_h + \boldsymbol{c}_h^{\mathrm{T}}\boldsymbol{\Pi}(\boldsymbol{p}) \equiv M_h$	$u_h(\boldsymbol{x}) \geqslant \bar{u}$
最优响应函数	马歇尔需求： $\boldsymbol{x}_h(\boldsymbol{p}, M)$	希克斯需求： $\boldsymbol{h}_h(\boldsymbol{p}, \bar{u})$
包络函数	间接效用： $v_h(\boldsymbol{p}, M) \equiv u_h(\boldsymbol{x}_h(\boldsymbol{p}, M))$	支出： $e_h(\boldsymbol{p}, \bar{u}) \equiv \boldsymbol{p}^{\mathrm{T}}\boldsymbol{h}_h(\boldsymbol{p}, \bar{u})$

① 希克斯函数是以英国经济学家 John Richard Hicks（1904—1989）的名字命名的。

12.4.6 希克斯需求的性质

希克斯需求的性质有：

1. 希克斯需求对潜在偏好的特定表示是具体的。

2. 希克斯需求关于价格是零次齐次的：

$$\boldsymbol{h}_h(\alpha \boldsymbol{p},\ \bar{u})=\boldsymbol{h}_h(\boldsymbol{p},\ \bar{u}) \tag{12.31}$$

3. 与马歇尔需求分析相同，如果偏好是严格凸的，那么任何支出极小化问题的解是唯一的，并且，希克斯需求是有良好定义的单值函数。

回顾 284 页的唯一性证明和解释，如果两个不同的消费向量都能极小化支出，那么两个消费向量支出相同，并且这两个消费向量的任意凸组合所对应的支出也都相同。但在严格凸性下，凸组合得到更高的效用，那么由连续性可知，凸组合附近存在这么一个消费向量，能达到效用水平 $\bar{u}$ 而支出更少。

如果偏好不是严格凸的，那么希克斯需求可能是对应，而不是函数。

4. 由极大化定理（定理 10.5.4），希克斯需求是连续的。

12.4.7 支出函数的性质

希克斯需求的性质有：

1. 由极大化定理（定理 10.5.4），支出函数是连续的。

2. 支出函数本身关于价格非单调递减，这是因为提高一个商品的价格而保持其他商品价格不变不能降低要达到固定效用水平所需的最少支出。

提高无需求商品的价格，支出不变，所以我们不能说支出函数一定关于价格严格递增。一个反例见线性二次效用函数，或者高价下需求为零的任何效用函数。

3. 支出函数关于价格是凹的。为了揭示这一点，我们固定两个价格向量 $\boldsymbol{p}$ 和 $\boldsymbol{p}'$，考虑凸组合 $\boldsymbol{p}_\lambda \equiv \lambda \boldsymbol{p}+(1-\lambda)\boldsymbol{p}'$ 的支出函数值：

$$\begin{aligned} e(\boldsymbol{p}_\lambda,\ \bar{u}) &= (\boldsymbol{p})_\lambda^{\mathrm{T}} \boldsymbol{h}(\boldsymbol{p}_\lambda,\ \bar{u}) \\ &= \lambda \boldsymbol{p}^{\mathrm{T}} \boldsymbol{h}(\boldsymbol{p}_\lambda,\ \bar{u}) + (1-\lambda)(\boldsymbol{p}')^{\mathrm{T}} \boldsymbol{h}(\boldsymbol{p}_\lambda,\ \bar{u}) \\ &\geqslant \lambda \boldsymbol{p}^{\mathrm{T}} \boldsymbol{h}(\boldsymbol{p},\ \bar{u}) + (1-\lambda)(\boldsymbol{p}')^{\mathrm{T}} \boldsymbol{h}(\boldsymbol{p}',\ \bar{u}) \\ &= \lambda e(\boldsymbol{p},\ \bar{u}) + (1-\lambda) e(\boldsymbol{p}',\ \bar{u}) \end{aligned} \tag{12.32}$$

不等式成立是因为给定价格下次优消费束的成本不小于该价格下最优消费向量的成本。

4. 支出函数关于价格一次齐次：

$$e_h(\alpha \boldsymbol{p},\ \bar{u})=\alpha e_h(\boldsymbol{p},\ \bar{u}) \tag{12.33}$$

有时我们会遇到相关的两个函数：

● **货币度量效应函数**

$$m_h(\boldsymbol{p}, \boldsymbol{x}) \equiv e_h(\boldsymbol{p}, u_h(\boldsymbol{x})) \tag{12.34}$$

表示价格 $\boldsymbol{p}$ 下至少不比消费向量 $\boldsymbol{x}$ 差的（最小）成本。

● **货币度量间接效用函数**

$$\mu_h(\boldsymbol{p}; \boldsymbol{q}, M) \equiv e_h(\boldsymbol{p}, v_h(\boldsymbol{q}, M)) \tag{12.35}$$

表示价格 $\boldsymbol{p}$ 下至少不比价格 $\boldsymbol{q}$ 和收入 M 下的效用差的（最小）成本。

12.4.8 消费者理论的其他结论

本节中，我们讨论与需求函数和包络函数相关的 4 个重要定理。根据**谢法德**（Shephard）引理可以从支出函数恢复希克斯需求。[①] 相似地，根据**罗伊**（Roy）**恒等式**可以从间接效用函数恢复马歇尔需求。[②] **斯卢茨基**（Slutsky）**对称条件**和**斯卢茨基方程**为研究消费者需求的性质提供了新的视野。[③]

定理 12.4.3（谢法德引理） 支出函数关于价格的偏导函数与希克斯需求函数相对应，即

$$\frac{\partial \boldsymbol{e}_h}{\partial \boldsymbol{p}^n}(\boldsymbol{p}, \bar{u}) = h_h^n(\boldsymbol{p}, \bar{u}) \tag{12.36}$$

证明： 把支出函数关于第 n 个商品的价格求偏导数，应用包络定理（定理 10.4.4），得

$$\frac{\partial e_h}{\partial p^n}(\boldsymbol{p}, \bar{u}) = \frac{\partial}{\partial p^n}(\boldsymbol{p}^{\mathrm{T}}\boldsymbol{x} + \lambda(u_h(\boldsymbol{x}) - \bar{u})) \tag{12.37}$$

$$= x^n \tag{12.38}$$

在最优点处等于 $h_h^n(\boldsymbol{p}, \bar{u})$，即得证。

（应用包络定理，可以转化为等式约束优化问题；但是，如果我们假定局部非饱和，预算约束或者效用约束常会成为紧约束，那么不等约束支出极小化问题实际上是一个等式约束问题。）

定理 12.4.4（罗伊恒等式） 马歇尔需求可利用间接效用函数由下式恢复：

① 生产理论中的谢法德引理和等价结果是以美国数学家、经济学家、工程师 Ronald William Shephard（1912—1982）的名字命名的。这个生产理论的结论出现在 Shephard（1953）。Takayama（1994，p. 135）建议把定理 12.4.3 称为 Shephard-McKenzie 引理，因为消费者理论中等价的结论首先出现在 McKenzie（1957，p. 188）。相似地成果在 1953 年前已被熟知，Shephard 真正的贡献是说明了它们能在不涉及潜在的效用函数和生产函数的情况下得到这个结果。对谢法德引理的证明，我们使用了基于包络定理的较简单的证明，现在这种方法已经很流行。

② 罗伊恒等式是以法国经济学家 Rene Francois Joseph Roy（1894—1977）（Roy，1947）的名字命名的。

③ 这些成果最先是由俄国数理统计学家和经济学家 Evgenii Evgen' evich Slutsky（或 Slutskii）（1880—1948）以意大利文（Slutsky，1915）发表的。根据 Barnett（2004，p. 6），Allen（1936）最先介绍了斯卢茨基（Slutsky）在消费者行为上的研究，引起英语语种的经济学家们的注意，在斯卢茨基之后的几年（但是是在他发现斯卢茨基的研究之前），他曾独立地提出了一些相同的观点。

$$x^n(\boldsymbol{p}, M)=-\frac{\partial v(\boldsymbol{p}, M)/\partial p^n}{\partial v(\boldsymbol{p}, M)/\partial M} \tag{12.39}$$

证明：罗伊恒等式的证明见 Varian (1992, pp. 106 - 7)。

对对偶问题式 (12.28) 求微分，得

$$v(\boldsymbol{p}, e(\boldsymbol{p}, \bar{u}))=\bar{u} \tag{12.40}$$

由链式法则，关于 p^n 求偏微分，得

$$\frac{\partial v}{\partial p^n}(\boldsymbol{p}, e(\boldsymbol{p}, \bar{u}))+\frac{\partial v}{\partial M}(\boldsymbol{p}, e(\boldsymbol{p}, \bar{u}))\frac{\partial e}{\partial p^n}(\boldsymbol{p}, \bar{u})=0 \tag{12.41}$$

由谢法德引理可知，

$$\frac{\partial v}{\partial p^n}(\boldsymbol{p}, e(\boldsymbol{p}, \bar{u}))+\frac{\partial v}{\partial M}(\boldsymbol{p}, e(\boldsymbol{p}, \bar{u}))\boldsymbol{h}^n(\boldsymbol{p}, \bar{u})=0 \tag{12.42}$$

因此，

$$\boldsymbol{h}^n(\boldsymbol{p}, \bar{u})=-\frac{\partial v(\boldsymbol{p}, e(\boldsymbol{p}, \bar{u}))/\partial p^n}{\partial v(\boldsymbol{p}, e(\boldsymbol{p}, \bar{u}))/\partial M} \tag{12.43}$$

把效用值 $\bar{u}$ 用相应的相对收入水平 M 来表示，得

$$\boldsymbol{x}^n(\boldsymbol{p}, M)=-\frac{\partial v(\boldsymbol{p}, M)/\partial p^n}{\partial v(\boldsymbol{p}, M)/\partial M} \tag{12.44}$$

定理 12.4.5（斯卢茨基对称条件） 所有的交叉价格替代效应都是对称的：

$$\frac{\partial h_h^n}{\partial p^m}=\frac{\partial h_h^m}{\partial p^n} \tag{12.45}$$

证明：由谢法德引理可以轻易导出这些条件，假定支出函数是二阶连续可微的，由杨格（Young）定理（定理 9.7.2）有

$$\frac{\partial^2 e_h}{\partial p^m\,\partial p^n}=\frac{\partial^2 e_h}{\partial p^n\,\partial p^m} \tag{12.46}$$

因为 $h_h^m=\frac{\partial e_h}{\partial p^m}$，$h_h^n=\frac{\partial e_h}{\partial p^n}$，得出结论。

下文将要讨论的结论没有特定的名称。

定理 12.4.6 因为支出函数关于价格是凹的（见 287 页），故相应的海塞矩阵是半负定的（定理 10.2.5）。特别地，对角元素非负，或者

$$\frac{\partial^2 e_h}{\partial (p^n)^2}\leqslant 0,\ n=1, 2, \cdots, N \tag{12.47}$$

由谢法德引理可知，

$$\frac{\partial h_h^n}{\partial p^n}\leqslant 0,\ n=1, 2, \cdots, N \tag{12.48}$$

换句话说，希克斯需求函数，不像马歇尔需求函数那样，关于自身价格递减。换句话说，自身价格的替代效应为负。

定理 12.4.7（斯卢茨基方程） 价格变化对（马歇尔）需求的影响的总效应 $\frac{\partial x^m(\boldsymbol{p}, M)}{\partial p^n}$ 可以分解为替代效应 $\frac{\partial h^m}{\partial p^n}(\boldsymbol{p}, \bar{u})$ 和收入效应 $-\frac{\partial x^m}{\partial M}(\boldsymbol{p}, M)h^n(\boldsymbol{p}, \bar{u})$。

$$\frac{\partial x^m(\boldsymbol{p}, M)}{\partial p^n}=\frac{\partial h^m}{\partial p^n}(\boldsymbol{p}, \bar{u})-\frac{\partial x^m}{\partial M}(\boldsymbol{p}, M)h^n(\boldsymbol{p}, \bar{u}) \tag{12.49}$$

其中，$\bar{u}\equiv v(\boldsymbol{p}, M)$。

在证明定理之前，我们先讨论斯卢茨基方程各项的符号和在两商品例子（见图 12—3）中表示的含义。图 12—3 表示 x^1x^2 空间中效用函数的一条无差异曲线，比如 $u_h(x^1, x^2)=\bar{u}$，和三条预算线。保持收入 M 不变，第 1 件商品的价格从 p^1 下降到 $p^{1\prime}$，导致预算线从 L_1 移动到 L_2。虚线预算线 L_3 表示新的相对价格下要维持初始的效用水平 $\bar{u}$ 所需的支出。

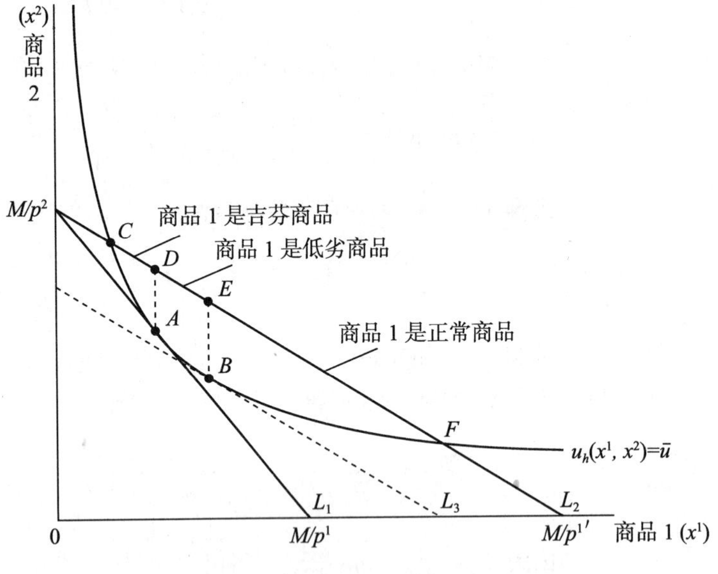

图 12—3 斯卢茨基方程的符号

点 A 表示初始价格下效用极大化问题的最优解。点 B 表示新价格下要达到初始效用水平时支出极小化问题的最优解。新价格下效用极大化问题的最优解位于线段 CF 上，有三种情况需要分别讨论。由定理 12.4.6 可知，沿着无差异曲线从点 A 移动到点 B，相应的自身价格的替代效应都是非负的。价格变化的总效应使最优解从点 A 沿着线段 CF 移动，价格变化的收入效应使最优解从点 B 沿着线段 CF 移动。

1. 如果最优解位于线段 CD 上，那么收入效应大于替代效应，商品 1 价格下降的总效应是减少了商品 1 的需求。因此，斯卢茨基方程表明可能存在**吉芬**

(Giffen) **商品**，即马歇尔需求关于其自身价格递增的商品。① 但是，没有哪本标准微观经济学教材给出导致吉芬商品的具有良好性质的效用函数。

2. 如果最优解位于线段 DE 上，那么收入效应抵消了部分替代效应，但是商品 1 价格下降的总效应是增加了商品 1 的需求。具有这种性质的商品（包括吉芬商品）被称为低劣商品。

3. 最后，如果最优解位于线段 EF 上，那么收入效应加强了替代效应，从而商品 1 在这里是正常商品。

注意，在一个价格向量下商品是正常商品、低劣商品或者吉芬商品，但是在其他价格向量下可能有不同的性质。

下面我们讨论 N 种商品情况下斯卢茨基方程的代数证明。

斯卢茨基方程证明： 根据基本恒等式（12.30），有

$$\boldsymbol{h}(\boldsymbol{p},\ \bar{u})=\boldsymbol{x}(\boldsymbol{p},\ e(\boldsymbol{p},\ \bar{u})) \tag{12.50}$$

对其右侧的第 m 个分量关于 p^n 求偏导数，得

$$\frac{\partial h^m}{\partial p^n}(\boldsymbol{p},\ \bar{u})=\frac{\partial x^m}{\partial p^n}(\boldsymbol{p},\ e(\boldsymbol{p},\ \bar{u}))+\frac{\partial x^m}{\partial M}(\boldsymbol{p},\ e(\boldsymbol{p},\ \bar{u}))\frac{\partial e}{\partial p^n}(\boldsymbol{p},\ \bar{u}) \tag{12.51}$$

或

$$\frac{\partial x^m}{\partial p^n}(\boldsymbol{p},\ e(\boldsymbol{p},\ \bar{u}))=\frac{\partial h^m}{\partial p^n}(\boldsymbol{p},\ \bar{u})-\frac{\partial x^m}{\partial M}(\boldsymbol{p},\ e(\boldsymbol{p},\ \bar{u}))\frac{\partial e}{\partial p^n}(\boldsymbol{p},\ \bar{u}) \tag{12.52}$$

由 $M\equiv e(\boldsymbol{p},\ \bar{u})$（因为 $\bar{u}\equiv v(\boldsymbol{p},\ M)$）和谢法德定理，得出式（12.49）。

12.5 一般均衡理论

12.5.1 定义

这里讨论的一般均衡将仅限于纯交换经济。

定义 12.5.1 分配指经济中所有个人的消费向量的集合：

$$\boldsymbol{X}\equiv[\boldsymbol{x}_1\quad \boldsymbol{x}_2\quad \cdots\quad \boldsymbol{x}_h\quad \cdots\quad \boldsymbol{x}_H] \tag{12.53}$$

因为有 N 个商品，故 $\boldsymbol{X}$ 是一个 $N\times H$ 阶矩阵。

定义 12.5.2 给定禀赋 $\boldsymbol{e}_1$，$\boldsymbol{e}_2$，…，$\boldsymbol{e}_H$，如果满足

① 吉芬商品是以苏格兰统计学家和经济学家 Robert Giffen（1837—1910）的名字命名的。正如 Mason（1989）指出的那样，Alfred Marshall 在 1895 年写到，这种物品存在的可能性归功于吉芬，但是后续研究并没能找出吉芬在哪些段落中提到过这些。

$$\sum_{h=1}^{H} x_h^n \leqslant \sum_{h=1}^{H} e_h^n,\ \forall n \tag{12.54}$$

则称分配是**可行**的。

换句话说，一个分配是可行的，并不要求用于第 n 个商品的分配多于加总禀赋，或者说，给定商品的加总禀赋，如果加总禀赋的再分配可以实现，那么这个分配是可行的。

定义 12.5.3 给定禀赋 $\boldsymbol{e}_1$，$\boldsymbol{e}_2$，…，$\boldsymbol{e}_H$，如果满足

$$\sum_{h=1}^{H} x_h^n = \sum_{h=1}^{H} e_h^n,\ \forall n \tag{12.55}$$

则称分配是**市场出清**的。

定义 12.5.4 给定禀赋 $\boldsymbol{e}_1$，$\boldsymbol{e}_2$，…，$\boldsymbol{e}_H$，如果满足以下几个性质：

(a) 对任意 $n=1, 2, \cdots, N$，有 $p^n \geqslant 0$，对一些 n，有 $p^n > 0$（换句话说，所有价格非负，但不是所有商品都是免费的），

(b) 对所有的 $h=1, 2, \cdots, H$，给定价格 $\boldsymbol{p}$，$\boldsymbol{X}$ 的第 h 列 $\boldsymbol{x}_h$ 极大化了个人 h 的效用，

(c) $\boldsymbol{X}$ 是一个可行分配，

则称价格—分配对$(\boldsymbol{p}, \boldsymbol{X})$是**竞争均衡**（常称为**瓦尔拉斯均衡**，或者**均衡**）。

注意，均衡中我们并不要求市场完全出清，允许一个或者多个商品供给过剩。均衡是一种状态：没有商品有超额需求。

同时注意，如果价格—分配对$(\boldsymbol{p}, \boldsymbol{X})$是竞争均衡，那么对任意正标量 λ，$(\lambda\boldsymbol{p}, \boldsymbol{X})$也是竞争均衡。因此，不失一般性，我们可以把寻找均衡价格限定在单位单纯形 S^{N-1}，见定义 7.4.2。

如果 $\boldsymbol{q}$ 是任意一个均衡价格向量，那么价格向量

$$\boldsymbol{p} \equiv \frac{1}{\boldsymbol{q}^{\mathrm{T}}\boldsymbol{1}}\boldsymbol{q} \tag{12.56}$$

也是一个均衡价格向量（具有相同的均衡分配 $\boldsymbol{X}$）。由定义，不是所有商品都是免费的，即 $\boldsymbol{q}^{\mathrm{T}}\boldsymbol{1} > 0$，因此没有除以 0 的风险。

后面会进一步讨论消费者问题，需要说明的是，绝对均衡价格并不是唯一确定的。甚至相对均衡价格也不能唯一确定，下面将会说明这一点。

为了直观，可以选取特定商品（如黄金）作为价值标准（计价标准），消费向量包含一单位的所有商品，或记为$\boldsymbol{1}$，这样在数学处理上更方便。均衡价格的求解限定在单位单纯形时，分析更有效。

为了简化，在纯交换经济下，给定禀赋，在价格 $\boldsymbol{p}$ 下个人 h 的需求 $\boldsymbol{x}_h(\boldsymbol{p}, \boldsymbol{p}^{\mathrm{T}}\boldsymbol{e}_h)$记为 $\boldsymbol{x}_h(\boldsymbol{p})$。那么定义**加总需求**为 $\boldsymbol{x}(\boldsymbol{p}) \equiv \sum_{h=1}^{H} \boldsymbol{x}_h(\boldsymbol{p})$。类似地，**加总禀赋**向量定义为 $\boldsymbol{e} \equiv \sum_{h=1}^{H} \boldsymbol{e}_h$，**加总超额需求**向量记为 $\boldsymbol{z}(\boldsymbol{p}) \equiv \sum_{h=1}^{H} \boldsymbol{z}_h(\boldsymbol{p})$。

12.5.2 瓦尔拉斯定律

定理 12.5.1（瓦尔拉斯(Walras)定律） 对所有价格向量，加总超额需求的价值是非正的，即

$$\boldsymbol{p}^{\mathrm{T}}\boldsymbol{z}(\boldsymbol{p})\leqslant 0,\ \forall\, \boldsymbol{p}\in S^{N-1} \tag{12.57}$$

证明： 瓦尔拉斯定律实质上是加总预算约束。

个人 h 的预算约束保证了

$$\boldsymbol{p}^{\mathrm{T}}\boldsymbol{x}_h(\boldsymbol{p})\leqslant\boldsymbol{p}^{\mathrm{T}}\boldsymbol{e}_h,\ \forall\, h,\ \boldsymbol{p} \tag{12.58}$$

对所有个人加总预算约束，得

$$\sum_{h=1}^{H}\boldsymbol{p}^{\mathrm{T}}\boldsymbol{x}_h(\boldsymbol{p})\leqslant\sum_{h=1}^{H}\boldsymbol{p}^{\mathrm{T}}\boldsymbol{e}_h,\ \forall\, \boldsymbol{p} \tag{12.59}$$

或者

$$\boldsymbol{p}^{\mathrm{T}}\boldsymbol{x}(\boldsymbol{p})\leqslant\boldsymbol{p}^{\mathrm{T}}\boldsymbol{e},\ \forall\, \boldsymbol{p} \tag{12.60}$$

也可以用超额需求来表示：

$$\boldsymbol{p}^{\mathrm{T}}\boldsymbol{z}(\boldsymbol{p})\leqslant\boldsymbol{0},\ \forall\, \boldsymbol{p} \tag{12.61}$$

关于瓦尔拉斯定律有很多推论，见下文。第一个推论是很明显的。

推论 12.5.2 如果个人偏好表现出局部非饱和性，那么个人预算约束和瓦尔拉斯定律取等号。

$$\boldsymbol{p}^{\mathrm{T}}\boldsymbol{z}(\boldsymbol{p})=\boldsymbol{0},\ \forall\, \boldsymbol{p} \tag{12.62}$$

推论 12.5.3 如果个人偏好表现出局部非饱和性，并且在价格 $\boldsymbol{p}$ 下，$N-1$ 个市场出清，那么第 N 个市场也会出清，或者第 N 个商品是免费的。

证明： 假定

$$x^n(\boldsymbol{p})=e^n,\ n=1,\ 2,\ \cdots,\ N-1 \tag{12.63}$$

把每个方程乘以 p^n 并加总，得

$$\sum_{n=1}^{N-1}p^n x^n(\boldsymbol{p})=\sum_{n=1}^{N-1}p^n e^n \tag{12.64}$$

对瓦尔拉斯定律式（12.62）进行整理，得

$$\boldsymbol{p}^{\mathrm{T}}\boldsymbol{x}(\boldsymbol{p})=\boldsymbol{p}^{\mathrm{T}}\boldsymbol{e} \tag{12.65}$$

最后，从式（12.65）中减去式（12.64），得

$$p^N x^N(\boldsymbol{p})=p^N e^N \tag{12.66}$$

可以得出，$x^N(\boldsymbol{p})=e^N$（第 N 个市场出清），或者 $p^N=0$（第 N 种商品是免费的）。

推论 12.5.4 如果个人偏好表现出局部非饱和性，并且 $\boldsymbol{p}$ 是均衡价格向量，那么：

(a) 当价格为正时，相应的市场出清（即，$p^n>0\Rightarrow z^n(\boldsymbol{p})=0$）。

(b) 超额供给的商品是免费的（即，$z^n(\boldsymbol{p})<0\Rightarrow p^n=0$）。

证明：

由均衡价格的定义，对所有的 n 有 $p^n\geqslant 0$ 成立，并且因为均衡分配必须是可行的，对所有的 n 有 $z^n(\boldsymbol{p})\leqslant 0$。因此，对所有的 n，乘积 $p^nz^n(\boldsymbol{p})\leqslant 0$。由局部非饱和性，瓦尔拉斯定律取等号：

$$\sum_{n=1}^{N} p^n z^n(\boldsymbol{p})=0 \tag{12.67}$$

局部非饱和项的和等于零的唯一可能是每个单项都等于零，或者

$$p^n z^n(\boldsymbol{p})=0,\qquad \forall n \tag{12.68}$$

对任意 $p^n>0$ 的商品，$z^n(\boldsymbol{p})=0$ 成立；换句话说，对价格为正的商品，市场完全出清。相似地，对任意 $z^n(\boldsymbol{p})<0$ 的商品，$p^n=0$；换句话说，超额供给的商品是免费的。

本节中，我们没有假定个人需求或者加总需求是单值的。

归纳一下，瓦尔拉斯定律的两种形式说明了以下几点：

● 加总超额需求满足：

$$\boldsymbol{p}^{\mathrm{T}}\boldsymbol{z}(\boldsymbol{p})\leqslant 0 \tag{12.69}$$

● 如果个人偏好满足局部非饱和公理，那么加总超额需求满足：

$$\boldsymbol{p}^{\mathrm{T}}\boldsymbol{z}(\boldsymbol{p})=0 \tag{12.70}$$

12.5.3 方程计数

对于线性方程组，方程计数技术（证明单个方程的个数等于待求解未知变量的个数）足以证明唯一解的存在性。但对于竞争均衡，方程往往是非线性的，单个方程的个数等于待求解未知变量的个数既不是唯一解存在的充分条件也不是必要条件。注意：

(a) 有 $N\times H+N-1$ 个未知参数，包括：

(i) $N\times H$ 个分配 x_h^n；

(ii) $N-1$ 个相对价格（假定存在计价标准，其价格为 1）；

(b) 有 $N\times H+N-1$ 个方程，包括：

(i) $N\times H$ 个效用极大化一阶条件；

(ii) $N-1$ 个不相关的市场出清方程（由上述推论 12.5.3 知第 N 个是多余的）。

12.5.4 不动点定理

如果单值需求函数存在，那么布劳威尔（Brouwer）不动点定理可以用来识别均衡的存在性。① 对于多值需求对应，可以使用角谷静夫（Kakutani）不动点定理。②

定理 12.5.5（布劳威尔不动点定理） 设 X 是 $\mathbb{R}^n$ 上非空的有界凸闭子集，并且 f：$X \to X$ 是从 X 到自身的连续函数映射，那么 f 存在一个不动点，即存在某个 $\boldsymbol{x}^* \in X$，使得 $f(\boldsymbol{x}^*)=\boldsymbol{x}^*$。

证明： 本定理的完整证明超出了本书的范围。事实上，该定理常被当作角谷静夫不动点定理的引理来证明（定理 12.5.6）。

当 $X=S^1$ 时，$\mathbb{R}^2$ 中的单位单纯形可以由介值定理（定理 9.6.1）直接得出证明。单位单纯形 S^1 只是一个封闭的线段，等同于单位闭区间 $[0, 1]$。

定义一个新的连续函数 g：$[0, 1] \to [-1, 1]$：$x \mapsto f(x)-x$。那么有

$$g(0)=f(0)-0 \geqslant 0 \tag{12.71}$$

并且

$$g(1)=f(1)-1 \leqslant 0 \tag{12.72}$$

介值定理中取 $\lambda=0$，并且注意到 λ 位于 $g(0)$ 和 $g(1)$ 之间，可以得出，存在 $x^* \in [0, 1]$，使得 $g(x^*)=0$，即 $f(x^*)=x^*$，即得证。

现在阐明 X 为什么必须是闭集。考虑连续函数 f：$(0, 1) \to (0, 1)$：$x \mapsto x^2$。因为对任意 $x \in (0, 1)$，$x > x^2$，故该方程不存在不动点。然而，扩展定义域到闭区间 $[0, 1]$，那么存在两个不动点 0 和 1。

现在阐明 X 为什么必须是有界的。考虑连续函数 f：$\mathbb{R} \to \mathbb{R}$：$x \mapsto x+1$，不存在不动点。

现在阐明 X 为什么必须是凸的。考虑连续函数 f：$\left[0, \frac{1}{3}\right] \cup \left[\frac{2}{3}, 1\right] \to \left[0, \frac{1}{3}\right] \cup \left[\frac{2}{3}, 1\right]$：$x \mapsto 1-x$。这个函数不存在不动点。然而，扩展定义域到闭区间 $[0, 1]$，那么存在一个不动点 $\frac{1}{2}$。

现在阐明 X 为什么必须连续。考虑下面的函数：

---

① 布劳威尔不动点定理是以荷兰数学家 Luitzen Egbertus Jan Brouwer（1881—1966）的名字命名的。

② 角谷静夫不动点定理是以日本数学家 Shizuo Kakutani（1911—2004）的名字命名的。

$$f:[0,1]\to[0,1]: x\mapsto\begin{cases}\frac{2}{3}, & x<\frac{1}{2}\\ \frac{1}{3}, & x\geqslant\frac{1}{2}\end{cases} \tag{12.73}$$

这个函数不存在不动点。

定理 12.5.6（角谷静夫不动点定理） 设 X 是 $\mathbb{R}^n$ 上非空的有界凸闭子集，并且 $f: X\to X$ 是从 X 映射到自身的凸值对应，那么 f 存在一个**不动点**，即存在某个 $\boldsymbol{x}^*\in X$，使得 $f(\boldsymbol{x}^*)=\boldsymbol{x}^*$。

证明： 同样，本定理的完整证明超出了本书的范围，更多细节参阅 Hildenbrand 和 Kirman（1988，p. 277），完整证明参阅 Berge（1997，pp. 174－6）。

12.5.5 均衡的存在性

定理 12.5.7（纯交换经济均衡的存在性） 如果

(a) 加总超额需求函数 $\boldsymbol{z}$ 是连续的（单值）函数（其充分条件是偏好的严格凸性），

(b) 对所有价格 $\boldsymbol{p}$，瓦尔拉斯定律等号成立，或者 $\boldsymbol{p}^{\mathrm{T}}\boldsymbol{z}(\boldsymbol{p})=0$（充分条件是偏好有局部非饱和性），

那么存在 $\boldsymbol{p}^*\in S^{N-1}$，使得 $z^n(\boldsymbol{p}^*)\leqslant 0$ 对一切 $n=1, 2, \cdots, N$ 成立，即存在一个均衡价格向量。

证明： 证明基于 Varian（1992，pp. 321－2）。

定义一个向量值函数 $\boldsymbol{f}: S^{N-1}\to S^{N-1}$：

$$\boldsymbol{p}\mapsto\frac{1}{\mathbf{1}_N^{\mathrm{T}}(\boldsymbol{p}+\max\{\mathbf{0}_N, \boldsymbol{z}(\boldsymbol{p})\})}(\boldsymbol{p}+\max\{\mathbf{0}_N, \boldsymbol{z}(\boldsymbol{p})\}) \tag{12.74}$$

其中，$\max\{\boldsymbol{x}, \boldsymbol{y}\}$表示两个向量各个分量的极大值。

由定义知 $\mathbf{1}_N^{\mathrm{T}}\boldsymbol{f}(\boldsymbol{p})=1$，且对一切 $n=1, 2, \cdots, N$ 有 $f^n(\boldsymbol{p})\geqslant 0$，因此 $\boldsymbol{f}(\boldsymbol{p})\in S^{N-1}$。

而且，$\boldsymbol{f}$ 是连续函数。因为我们假定 $\boldsymbol{z}$ 是连续函数，那么连续函数的和、比率和极大值都是连续函数，除非分母为 0，而通过构造，可使在 S^{N-1} 上分母都是正的。

那么，布劳威尔不动点定理的所有条件得到满足，$\boldsymbol{f}$ 存在一个不动点，比如 $\boldsymbol{p}^*$，满足

$$\boldsymbol{p}^*=\frac{1}{\mathbf{1}_N^{\mathrm{T}}(\boldsymbol{p}^*+\max\{\mathbf{0}_N, \boldsymbol{z}(\boldsymbol{p}^*)\})}(\boldsymbol{p}^*+\max\{\mathbf{0}_N, \boldsymbol{z}(\boldsymbol{p}^*)\}) \tag{12.75}$$

由 $\mathbf{1}_N^{\mathrm{T}}\boldsymbol{p}^*=1$（由于 $\boldsymbol{p}^*\in S^{N-1}$），交叉相乘，得

$$(1+\mathbf{1}_N^{\mathrm{T}}\max\{\mathbf{0}_N, \boldsymbol{z}(\boldsymbol{p}^*)\})\boldsymbol{p}^*=\boldsymbol{p}^*+\max\{\mathbf{0}_N, \boldsymbol{z}(\boldsymbol{p}^*)\} \tag{12.76}$$

消去方程两边的 $\boldsymbol{p}^*$，得

$$(\mathbf{1}_N^{\mathrm{T}}\max\{\mathbf{0}_N, \boldsymbol{z}(\boldsymbol{p}^*)\})\boldsymbol{p}^* = \max\{\mathbf{0}_N, \boldsymbol{z}(\boldsymbol{p}^*)\} \tag{12.77}$$

方程两边同时乘上 $\boldsymbol{z}(\boldsymbol{p}^*)$，得

$$(\mathbf{1}_N^{\mathrm{T}}\max\{\mathbf{0}_N, \boldsymbol{z}(\boldsymbol{p}^*)\})\boldsymbol{p}^{*\mathrm{T}}\boldsymbol{z}(\boldsymbol{p}^*) = \max\{\mathbf{0}_N, \boldsymbol{z}(\boldsymbol{p}^*)\}^{\mathrm{T}}\boldsymbol{z}(\boldsymbol{p}^*) \tag{12.78}$$

由假定，瓦尔拉斯定律等式成立，方程的左边等于 0，右边是 N 项的和。和式中，如果 $z^n(\boldsymbol{p}^*)\leqslant 0$，那么第 n 项等于 0，否则严格为正。非负项的和等于 0，当且仅当每一项都等于 0，或者对所有的 $n=1, 2, \cdots, N$ 有 $z^n(\boldsymbol{p}^*)\leqslant 0$。换句话说，在价格 $\boldsymbol{p}^*$ 下所有市场出清，$\boldsymbol{p}^*$ 就是所需的均衡价格向量。

对于产品经济，$\boldsymbol{z}$ 表示超额需求函数，上述证明不变。

12.5.6 无套利原理

定义 12.5.5 套利机会指：可以在一个价格下直接或者间接地获得一个消费向量或其分量，然后以高价直接或者间接地出售这一消费向量或其分量。

定理 12.5.8 (无套利原理) 如果至少有一个代理人的偏好是局部非饱和的，那么经济均衡时不存在套利机会。①

证明：如果套利机会存在，那么具有局部非饱和性偏好的个人会寻找和利用这个机会无穷地增加财富，去除预算约束。因为局部非饱和性去除了极大幸福点(bliss points)，个人效用也可以无穷增加。因此，个人对套利机会的分量的马歇尔需求没有良好定义，即不是有限的。

经济中只要有一个代理人的偏好是局部非饱和的，那么存在套利机会的价格导致市场不能出清。

反过来，如果经济达到均衡，市场必须出清，所有商品的需求必须是有限的，或者没有套利机会，或者所有个人都达到极大幸福点，但只要有一个人的偏好是局部非饱和的，这种情况就不可能出现。

无套利原理最有用的应用可能是在金融市场。本书将会讨论这方面的一些应用。一些应用于跨期（多期），例如，定义利率的期限结构，见 15.4 节。无套利原理最有说服力的应用是期权定价公式的推导，因为期权等同于基础证券和无风险证券的不同组合，见 16.2 节。事实上，无套利原理本身与"无风险证券"有关，因为它排除了这么一种可能性：特定货币度量下，具有不同的无风险收益率的不同的无风险证券同时存在。

利用套利机会的简单原则是"低（价）买，高（价）卖"。以利率和货币为例，其计算并不琐碎。

例 12.5.1 无套利原理的一个常见应用是**抛补利率平价理论**（covered interest rate parity）。②

---

① 无套利原理也被称为无免费午餐原理或者单一价格法则。

② 在相关的国际标准（ISO 4217：2008）中，用含三个字母的代码来表示货币，这个国际标准是由国际标准化组织（ISO）出版的。对于这个例子和相似地例子，EUR 表示欧元，GBP 表示英镑。

假定个人可以对 EUR 和 GBP 进行单期无风险投资，对应的利率分别是 i_{EUR} 和 i_{GBP}。S_t 表示 GBP/EUR 当前即期汇率，F_t 表示 GBP/EUR 当前单期汇率。

可以采用下面两种方式中的任意一种进行无风险投资，收益用欧元表示：

(a) 用本金投资，比如 1 欧元（EUR），进行欧元的无风险投资，收益为 $1+i_{\mathrm{EUR}}$；

(b) 把本金转化为 S_t 英镑（GBP），进行英镑的无风险投资，收益为 $S_t(1+i_{\mathrm{GBP}})$，然后把收益换为欧元$\frac{S_t}{F_t}(1+i_{\mathrm{GBP}})$。

如果这些收益不同，那么就存在套利机会。因此，在均衡时，远期汇率由下式给出：

$$F_t=S_t\frac{1+i_{\mathrm{GBP}}}{1+i_{\mathrm{EUR}}} \tag{12.79}$$

用 1 单位英镑（GBP）进行投资的结果是一样的。

换句话说，当不同货币市场的利率不等时，货币市场上显而易见的收益将导致外汇市场的损失。或者换句话说，货币市场上的高利率将导致该货币相对于低利率的货币贬值，至少目前比较货币远期和即期汇率时是这样的。

然而，抛补利率平价却没有讨论当前单期远期汇率 F_t 和未知的期货即期汇率 $\tilde{S}_{t+1}$ 之间的关系。这两者之间的关系我们后面会讨论，见 13.10.2 节和 16.7 节。

16.6 节中我们可以看出下面三个概念之间有很强的平行关系：

- 无套利原理，
- 风险中性世界，
- 有效市场假说。

12.6 福利定理

12.6.1 埃奇沃思（Edgeworth）盒状图

我们现在考虑最简单的纯交换经济，$N=H=2$，即两个商品两个消费者。市场出清的分配可以表示为图 12—4 中的点，盒状图的长宽分别为$(e_1^1+e_2^1)\times(e_1^2+e_2^2)$。**埃奇沃思盒状图**（有时候也称为 Edgeworth-Bowley 盒状图）① 中每个点相对于左下角（原点）的坐标表示消费者 1 的消费向量，每个点相对于右上角的坐标表示消费者 2 的消费向量。图中同时包含每个消费者的（凸的）无差异曲

① 埃奇沃思盒状图的概念是由爱尔兰经济学家和统计学家 Francis Ysidro Edgeworth（1845—1926）提出的。不久后由英国经济学家和统计学家 Arthur Lyon Bowley（1869—1957）推广（Bowley，1924），他的名字有时也被添加到这一概念中。

线，详细的计算见练习 12.9。在埃奇沃思盒状图中的一个典型点，如 A，存在一个棱镜状的（阴影）区域，该区域中两个消费者都可以获得高于 A 点处的效用。在 A 点本身，消费者之间可以进行交换，从而使两者的境况得到改善。但是在 B 点处，消费者 1 的无差异曲线与消费者 2 的无差异曲线相切，因此，从该点移动将导致至少一个消费者的境况变差。

可以看出，均衡分配只可能出现在无差异曲线的切点处，如 B，均衡价格比等于两个无差异曲线切线斜率的绝对值。这些均衡点的集合称为**契约曲线**（contract curve）。前面均衡的存在性证明揭示了，对于埃奇沃思盒状图中任意的初始分配，至少存在一个预算线交于契约曲线并与契约曲线垂直（即，两条无差异曲线的切线交于该点）。

契约曲线上的分配集有特殊性质，现在我们考虑推广到 N 个商品和 H 个住户的情形。

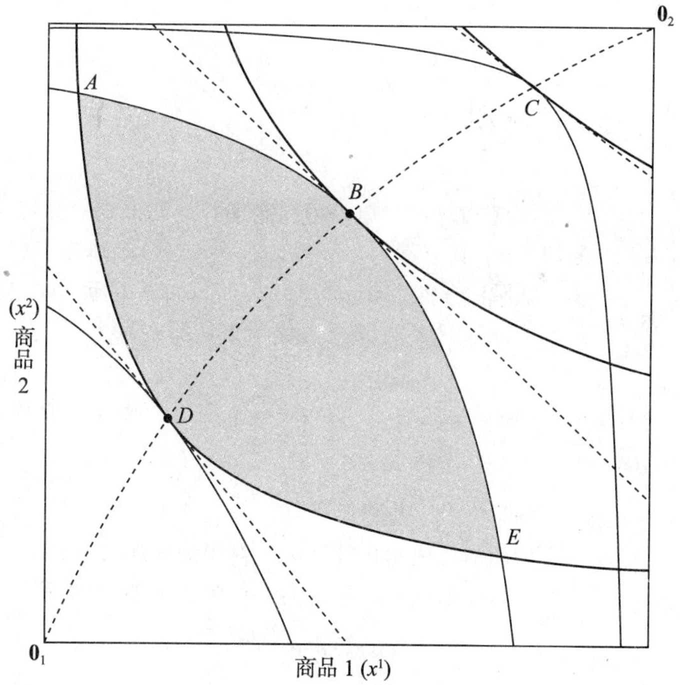

图 12—4　埃奇沃思盒状图

12.6.2　帕累托（Pareto）最优

我们已经提到一个事实，对契约曲线上的任意点，也仅有契约曲线上的点，在其他人的境况不变差的情况下，不可能使某一个消费者的境况（以效用来表示）改进。为了研究这一点，我们给出了更一般化的定义。

定义 12.6.1 给定初始禀赋 $\boldsymbol{e}_1$，$\boldsymbol{e}_2$，…，$\boldsymbol{e}_H$，如果当 $\sum_{h=1}^{H}\boldsymbol{e}_h$ 保持不变的情况下，不存在其他任何**可行**的再分配方法，使得在不损害其他个人的境况下使某个人的境况变好，则称这个可行分配 $\boldsymbol{X}=[\boldsymbol{x}_1 \quad \boldsymbol{x}_2 \quad \cdots \quad \boldsymbol{x}_H]$是**帕累托最优**的。①

定义 12.6.2 给定 $\sum_{h=1}^{H}\boldsymbol{x}_h=\sum_{h=1}^{H}\boldsymbol{x}'_h$，如果对所有 h 有 $\boldsymbol{x}'_h \succeq_h \boldsymbol{x}_h$，至少存在一个 h 有 $\boldsymbol{x}'_h \succ_h \boldsymbol{x}_h$，则称分配 $\boldsymbol{X}'=[\boldsymbol{x}'_1 \quad \boldsymbol{x}'_2 \quad \cdots \quad \boldsymbol{x}'_H]$**帕累托占优**于$\boldsymbol{X}=[\boldsymbol{x}_1 \quad \boldsymbol{x}_2 \quad \cdots \quad \boldsymbol{x}_H]$。

例如，图 12—4 中，阴影区域中的任意点**帕累托占优于**点 A。从点 A 移动到阴影区域中的任何点，都是**帕累托有效的**，或者**分配有效的**。从该点移动到契约曲线上的某个点，称为帕累托改进。

读者需要区别本书中讨论的不同效率，包括计算效率（见 2.4 节）、统计效率（见 14.3 节）、信息效率（见 13.10.2 节）、均值—方差效率（见 17.4 节和 17.5 节）和帕累托效率或者分配效率。分配效率和信息效率在经济学和金融学中的地位都是很重要的。

12.6.3 第一福利定理

定理 12.6.1（第一福利定理） 如果($\boldsymbol{p}$，$\boldsymbol{X}$)是一个均衡（给定局部非饱和的偏好$\succeq_h$ 和禀赋 $\boldsymbol{e}_h$，$h=1$，2，…，H），则 $\boldsymbol{X}$ 是帕累托最优分配。

证明：参照 Varian（1992，17.6 节）的证明，采用反证法。假定 $\boldsymbol{X}$ 是均衡分配，可行分配 $\boldsymbol{X}'$帕累托占优于 $\boldsymbol{X}$，那么每个个人 h，在 $\boldsymbol{X}'$时境况或者严格好于 $\boldsymbol{X}$，或者与 $\boldsymbol{X}$ 无差异。

(a) 如果每个个人 h 在 $\boldsymbol{X}'$下境况严格好，或者 $\boldsymbol{x}'_h \succ_h \boldsymbol{x}_h$，那么在均衡价格 $\boldsymbol{p}$ 下，个人 h 消费不起 $\boldsymbol{x}'_h$或者

$$\boldsymbol{p}^{\mathrm{T}}\boldsymbol{x}'_h > \boldsymbol{p}^{\mathrm{T}}\boldsymbol{x}_h=\boldsymbol{p}^{\mathrm{T}}\boldsymbol{e}_h \tag{12.80}$$

后面的等式是预算约束，在假定局部非饱和时，预算约束是紧约束。

(b) 类似地，如果个人 h 在 $\boldsymbol{X}'$时与 $\boldsymbol{X}$ 无差异，或者 $\boldsymbol{x}'_h \sim_h \boldsymbol{x}_h$，那么

$$\boldsymbol{p}^{\mathrm{T}}\boldsymbol{x}'_h \geqslant \boldsymbol{p}^{\mathrm{T}}\boldsymbol{x}_h=\boldsymbol{p}^{\mathrm{T}}\boldsymbol{e}_h \tag{12.81}$$

因为，$\boldsymbol{x}'_h$的支出严格小于 $\boldsymbol{x}_h$，那么，由局部非饱和性，附近的一些消费向量（足够接近 $\boldsymbol{x}'_h$而成本小于 $\boldsymbol{x}_h$）相对于 $\boldsymbol{x}_h$ 更可取。因此，给定预算约束下 $\boldsymbol{x}_h$ 没有极大化效用。

对所有住户加总式（12.80）和式（12.81）（至少有一个住户属于式（12.80）一类），得

$$\boldsymbol{p}^{\mathrm{T}}\sum_{h=1}^{H}\boldsymbol{x}'_h > \boldsymbol{p}^{\mathrm{T}}\sum_{h=1}^{H}\boldsymbol{x}_h=\boldsymbol{p}^{\mathrm{T}}\sum_{h=1}^{H}\boldsymbol{e}_h \tag{12.82}$$

① 帕累托最优、帕累托占优和帕累托效率都是以法国出生的意大利工程师、社会学家、经济学家和哲学家 Vilfredo Federico Damaso Pareto（1848—1923）的名字命名的。

其中等式实质上是瓦尔拉斯定律。

但因为 $\boldsymbol{X}'$ 是可行的，故对每个商品 n，

$$\sum_{h=1}^{H} x_h'^{n} \leqslant \sum_{h=1}^{H} e_h^n \tag{12.83}$$

因此，乘上价格（非负的），并对所有的商品进行加总，得

$$\boldsymbol{p}^{\mathrm{T}} \sum_{h=1}^{H} \boldsymbol{x}_h' \leqslant \boldsymbol{p}^{\mathrm{T}} \sum_{h=1}^{H} \boldsymbol{e}_h \tag{12.84}$$

式（12.84）中弱不等式与式（12.82）中的严格不等式相矛盾，故帕累托占优的分配 $\boldsymbol{X}_h'$ 不存在。

12.6.4 第二福利定理

第一福利定理表明，每一个竞争性均衡分配都是帕累托最优的。在本节中，我们引入第二福利定理，表明每一个帕累托最优分配都是竞争性均衡分配。为了证明该定理，我们做了更强的假定，这些假定并不是必须的，只是使证明简化。

定理 12.6.2（第二福利定理） 如果所有个人的偏好都是凸的、连续的、严格单调的，并且 $\boldsymbol{X}^*$ 是使所有住户都分配到正数量的商品（$x_h^{*n}>0$，$n=1, 2, \cdots, N$，$h=1, 2, \cdots, H$）的帕累托最优分配，那么加总初始禀赋的再分配将会在分配 $\boldsymbol{X}^*$ 处实现均衡。

证明： 参照 Varian（1992，17.7 节）的证明，该定理证明包含四个主要步骤：

(a) 首先，构建一个效用增强**禀赋扰动**（endowment perturbations）集，这样我们可以根据支持超平面定理（定理 7.6.1）来找到不能承受这种禀赋扰动的价格。

拟凹效用函数的上水平集是个凸集，可以使用支持超平面定理。我们可以把支持超平面看作预算超平面，把法向量看作价格向量，那么在这些价格下，没有哪个点能比可接受的边界点提供更高的效用。

凸集的和，如

$$X+Y \equiv \{\boldsymbol{x}+\boldsymbol{y}: \boldsymbol{x}\in X, \boldsymbol{y}\in Y\} \tag{12.85}$$

也是一个凸集，见定理 7.3.1。

给定隐含的加总初始禀赋 $\boldsymbol{x}^* = \sum_{h=1}^{H} \boldsymbol{x}_h^*$，形如 $\boldsymbol{z} = \sum_{h=1}^{H} \boldsymbol{x}_h - \boldsymbol{x}^*$ 的向量解释为禀赋扰动。现在分析不使其他人的境况变差的前提下改变加总禀赋的方法的集合：

$$Z \equiv \{\boldsymbol{z}\in \mathbb{R}^N: \exists x_h^n \geqslant 0, \forall n, h \ \text{ s.t. } u_h(\boldsymbol{x}_h) \geqslant u_h(\boldsymbol{x}_h^*), \boldsymbol{z} = \sum_{h=1}^{H} \boldsymbol{x}_h - \boldsymbol{x}^*\} \tag{12.86}$$

集合 Z 是下列凸集的集合：

$$Z=\sum_{h=1}^{H}X_h-\{\boldsymbol{x}^*\} \tag{12.87}$$

其中，

$$X_h\equiv\{\boldsymbol{x}_h: u_h(\boldsymbol{x}_h)\geqslant u_h(\boldsymbol{x}_h^*)\},\ h=1,\ 2,\ \cdots,\ H \tag{12.88}$$

这也是一个凸集，因为 u_h 是一个拟凹的效用函数，代表着凸偏好。

(b) 下一步，我们需要揭示，零向量属于集合 Z，而不是包含在集合 Z 的内部。

为了证明 $\mathbf{0}\in Z$，只需要令 $\boldsymbol{x}_h=\boldsymbol{x}_h^*$，便可以得出 $\mathbf{0}=\sum_{h=1}^{H}\boldsymbol{x}_h^*-\boldsymbol{x}^*$ 。

然而，零向量不是包含在集合 Z 的内部，Z 可以包含一些所有分量都严格非负的向量，如 $\boldsymbol{z}^*$。换句话说，我们可以拿走一些加总禀赋，而使每个人的境况至少不比分配 $\boldsymbol{X}^*$ 差。然后把 $-\boldsymbol{z}^*$ 给某一个人，那么他或者她的境况将会改善，而同时其他人的境况没有变差，在偏好是严格单调的情况下，这与帕累托最优相矛盾。

因此，应用支持超平面定理，取 $\boldsymbol{z}^*=\mathbf{0}$，得到一个价格向量 $\boldsymbol{p}^*$，使得 $0=\boldsymbol{p}^{*T}\mathbf{0}\leqslant\boldsymbol{p}^{*T}\boldsymbol{z}$ 对任意 $\boldsymbol{z}\in Z$ 成立。因为偏好有严格单调性，故集合 Z 必须包含所有的标准单位向量（(1，0，0，…，0)，(0，1，0，…，0)，…)。这表明，$\boldsymbol{p}^*$ 的所有分量是非负的，可以把它解释为均衡价格向量，这一点非常重要。

(c) 接着，我们选择一个方法，对初始禀赋进行再分配，以使价格和分配成为竞争性均衡。我们需要做的是按照均衡价格对禀赋进行估值，再对每个商品的加总禀赋按照加总财富的比例分配给每一个消费者。

(d) 最后，我们需要证明：在这些价格下，给出的帕累托最优分配 $\boldsymbol{X}^*$ 能够实现效用极大化。同样，证明采用反证法，细节留作练习，见练习 12.10 。

12.6.5 完备竞争市场和完全竞争市场

第一福利定理告诉我们，如果市场是**完备**的，那么竞争性均衡分配是帕累托最优的。完备市场是指这么一个市场：每个商品都可以表现为效用函数中的变量。如果缺乏这样的市场，称市场是**非完备**的，那么，竞争性交易可能无法实现帕累托最优分配。

我们可以使用埃奇沃思盒状图（见图 12—4）来解释这一原理的简化形式：两个商品，一个市场，第一种商品可以交换第二种商品。交换使两个住户从不在契约曲线上的某个初始禀赋点，沿着契约曲线移动到契约曲线上的某竞争性均衡点。但是，如果交换是不可能的，那么两个住户不得不维持在初始禀赋点，而这个点往往不是帕累托有效的。(尽管可能性不大，但仍然存在初始禀赋点碰巧落在契约曲线上的可能性。)

如果商品仅仅按照物理特性来区分，那么完备市场这一隐含假定是合理的。

后面几章我们将进一步讨论不确定性下的选择，在不确定性下，商品也可以由消费时的状态来区分，这时市场的完备性只是例外，而非常必然。

与完备竞争市场假定类似，完全竞争市场假定也隐含于目前我们所讨论的内容。很多现代微观经济学和产业经济学讨论非完全竞争情况和若干住户或厂商拥有市场影响力的情况。本书将不讨论这些情况，但后面章节还会继续讨论完备市场和非完备市场。

12.6.6 典型代理人方法

考虑一个纯交换经济，N 件商品的加总禀赋用向量 $\boldsymbol{e}\in\mathbb{R}_{+}^{N}$ 来表示，H 个代理人具有严格凸偏好，用效用函数 u_h，$h=1，2，\cdots，H$ 来表示，假定效用函数是局部非饱和的。严格凸偏好确保消费者问题有唯一解，局部非饱和性保证预算约束在唯一解处是严格紧约束。

在这个框架下，我们定义**典型代理人**如下：

定义 12.6.3 加总禀赋 $\boldsymbol{e}$ 下，典型代理人 $\boldsymbol{\theta}$ 的效用函数定义为 $M(\boldsymbol{\theta}, \boldsymbol{e})$，其中 M 是下列问题的包络函数：

$$\max_{\{x_h^n:\, h=1,2,\cdots,H;\, n=1,2,\cdots,N\}} \sum_{h=1}^{H}\theta_h u_h(\boldsymbol{x}_h)$$
$$\text{s.t.}\ \sum_{h=1}^{H}\boldsymbol{x}_h=\boldsymbol{e} \tag{12.89}$$

参数向量 $\boldsymbol{\theta}\in\mathbb{R}_{++}^{H}$ 是正权重。[①]

$\boldsymbol{\theta}$ 取不同值表示不同的代理人。

相应的最优响应函数用标准符号表示为 $\boldsymbol{X}^*(\boldsymbol{\theta}, \boldsymbol{e})$。典型代理人的差异体现在问题（12.89）中不同个人效用函数的权重 θ_h 的差异。注意，包络函数 M 关于正的权重 $\boldsymbol{\theta}$ 是一次齐次的，而最优响应函数关于正的权重 $\boldsymbol{\theta}$ 是零次齐次的。因此，不失一般性，我们只需要讨论权重，使其满足 $\sum_{h=1}^{H}\theta_h=1$。

注意，$\boldsymbol{X}^*(\boldsymbol{\theta}, \boldsymbol{e})$ 常是帕累托最优分配，否则存在这么一种可能性：通过对初始禀赋 $\boldsymbol{e}$ 进行再分配，增加一些 $u_h(\boldsymbol{x}_h)$ 的值，而不减少其他 $u_h(\boldsymbol{x}_h)$ 或者加权和 $\sum_{h=1}^{H}\theta_h u_h(\boldsymbol{x}_h)$ 的值，可以增加问题（12.89）中目标函数的值。现在我们详细分析帕累托最优分配与问题（12.89）的解集之间的对应关系。

把拉格朗日公式关于 x_h^n 求偏导，可以得出问题（12.89）关于 x_h^n 的一阶条件：

$$\theta_h\frac{\partial u_h}{\partial x_h^n}(\boldsymbol{x}_h)-\phi^n=0,\ h=1，2，\cdots，H；n=1，2，\cdots，N \tag{12.90}$$

① 关于不确定性下的二期选择的等价讨论，见 Huang 和 Lizenberger（1988，第 5 章）。

其中，ϕ^1，ϕ^2，…，ϕ^N 表示非负的库恩-塔克乘子。我们的目的是证明这$N\times H$个方程可以解出$N\times H$个变量 x_h^n（用乘子 ϕ^1，ϕ^2，…，ϕ^N 来表示）。

现在我们来考虑第 h 个人面临的效用极大化问题：

$$\begin{aligned}&\max_{\{x_h^n:\ n=1,2,\cdots,N\}} u_h(\boldsymbol{x}_h)\\ &\text{s.t.}\ \sum_{n=1}^{N} p^n x_h^n \leqslant \sum_{n=1}^{N} p^n e_h^n\end{aligned} \tag{12.91}$$

前面已经提到，对每一个代理人，问题（12.91）都有唯一解。由定理12.5.7可知，存在一个均衡价格 $\boldsymbol{p}^* \in \mathbb{R}_+^N$，使得市场出清。

将个人 h 的拉格朗日公式关于 x_h^n 求偏导，可以得出问题（12.91）关于 x_h^n 的一阶条件：

$$\frac{\partial u_h}{\partial x_h^n}(\boldsymbol{x}_h)-\lambda_h p^n=0,\ h=1,\ 2,\ \cdots,\ H;\ n=1,\ 2,\ \cdots,\ N \tag{12.92}$$

其中，λ_h 是个人 h 效用极大化问题的非负的库恩-塔克乘子。

因为已经假定局部非饱和性，故问题（12.89）和问题（12.91）中的约束都是紧约束。因此，由10.5.1节的分析可知，λ_h 是严格正的，因此可以用每个人的一阶条件集除以乘子，得

$$\frac{1}{\lambda_h}\frac{\partial u_h}{\partial x_h^n}(\boldsymbol{x}_h)-p^n=0,\ h=1,\ 2,\ \cdots,\ H;\ n=1,\ 2,\ \cdots,\ N \tag{12.93}$$

注意，方程组（12.90）与方程组（12.93）之间的对等性或者对偶性。如果我们选择典型代理人的效用函数的权重等于相应均衡库恩-塔克乘子的倒数$\left(\theta_h=\dfrac{1}{\lambda_h}\right)$，那么 $\boldsymbol{X}^*(\boldsymbol{\theta},\ \boldsymbol{e})$等于相应的均衡分配，并且典型代理人问题的库恩-塔克乘子等于相应的均衡价格（$\phi^n=p^{n*}$）。

相反，如果我们设定价格等于典型代理人问题的库恩-塔克乘子，并对初始禀赋进行合适地再分配，那么市场将出清，并且个人问题的库恩-塔克乘子等于典型代理人效用函数的权重的倒数。

换句话说，给定加总禀赋 $\boldsymbol{e}$，初始分配的权重向量 $\boldsymbol{\theta}$ 与均衡分配 $\boldsymbol{X}^*$ 之间存在直接对应关系。

给定均衡分配 $\boldsymbol{X}^*$，我们可以找到对应的市场出清价格 $\boldsymbol{p}^*$，并计算相应的库恩-塔克乘子 λ_h。如果我们让典型代理人的效用函数分配权重等于库恩-塔克乘子的倒数，那么由典型代理人最优响应函数得出的分配等于均衡分配。

反过来，给定权重向量 $\boldsymbol{\theta}$，我们可以根据最优响应函数找到分配 $\boldsymbol{X}^*(\boldsymbol{\theta},\ \boldsymbol{e})$。如果对初始禀赋进行再分配，设定价格等于典型代理人问题的库恩-塔克乘子（$p^n\phi^n$），那么个人之间不会再交易，市场达到均衡，个人库恩-塔克乘子等于相应权重的倒数。

12.6.7 帕累托最优分配的性质总结

帕累托最优分配有四个等价的性质，见下述定理。

定理 12.6.3 加总初始禀赋 $\sum_{h=1}^{H} \boldsymbol{e}_h$ 不变时，关于帕累托最优分配集的性质的下述描述是等价的：

(a) 由定义，帕累托最优分配集是这么一个可行分配：不存在其他一种可行分配，使得至少一个人的效用严格增加时其他人的效用不减少；

(b) 由福利定理，帕累托最优分配集是加总初始禀赋不变时所有可能分配中的均衡分配；

(c) 在二维情况下，帕累托最优分配位于埃奇沃思盒状图中的契约曲线上；

(d) 当涉及典型代理人时，对所有可能权重向量 $\boldsymbol{\theta} \in S^{H-1}$，帕累托最优分配集是问题 (12.89) 中最优响应函数给出的分配。

注意，与每个帕累托最优和均衡分配相对应，至少存在：

1. 问题 (12.89) 的一个均衡价格向量，同时也是库恩-塔克乘子向量；

2. 典型代理人的一个正的权重向量，同时也是个人效用极大化问题均衡时库恩-塔克乘子的倒数向量。

粗略地讲，分配给每个人 h 的权重 θ_h 确定了均衡时个人分配加总禀赋的比例。

练　习

12.1 考虑一个人消费两种商品的问题。设 x 表示消费第一种商品的数量，y 表示消费第二种商品的数量。假定对所有可能的组合 (x, y)，个人偏好满足柯布—道格拉斯效用函数：

$$U(x, y) = x^{\alpha} y^{1-\alpha}$$

其中，$0 < \alpha < 1$。设 M 表示个人财富，p 和 q 是两种商品的价格。

(a) 对于以效用极大化为目标的个人，写下对应的等式约束最优化问题。

(b) 求解 (a) 中的优化问题。

(c) 在草图上描绘个人无差异曲线和预算约束线，并阐述你的解。

(d) 如果效用函数为下式，结果会怎样？

(i) $V(x, y) = xy$;

(ii) $W(x, y) = \ln x + \ln y$;

(iii) $Z(x, y) = x^{\beta} + y^{\gamma}$，其中，$\beta$ 和 γ 是正实数。

12.2 在经济中，常假定特定商品的需求函数是自身价格的线性函数（给定收入和其他商品的价格时）。换句话说，在两商品情况下，对第一种商品的需求函数为：

$$x_1(p_1, p_2, M)=a(p_2, M)+b(p_2, M)p_1$$

由消费者问题的一阶条件，找出满足上述需求函数的两商品效用函数，并求解商品 2 的需求函数。

你的效用函数，可以满足哪些偏好关系标准公理？

12.3 一个消费者有斯通-格瑞效用函数，定义如下：

$$u(\boldsymbol{x})=\sum_{j=1}^{n}\beta_j\ln(x_j-\alpha_j)$$

其中，$\boldsymbol{x}=(x_1, x_2, \cdots, x_n)$是其消费向量，$\alpha_j$ 和 β_j 是正常数，$\sum_{j=1}^{n}\beta_j=1$。

证明：极大化预算约束下的效用，可以得到需求函数：

$$x_i(\boldsymbol{p},M)=\alpha_i+\frac{\beta_i}{p_i}\Big(M-\sum_{j=1}^{n}\alpha_j p_j\Big),i=1,2,\cdots,n$$

其中，$\boldsymbol{p}=(p_1, p_2, \cdots, p_n)$是价格向量，$M$ 是收入。

上述需求函数称为**线性支出系统**，试解释其基本原理。

12.4 $N=2$ 时，绘制里昂惕夫偏好（式（12.8））对应的无差异曲线草图，并与练习 11.5 中绘制的里昂惕夫生产函数对应的等产量图进行比较。

12.5 绘制 12.5.4 节布劳威尔不动点定理反例中各函数的图形。

12.6 考虑纯交换经济，三个消费者，初始禀赋为三种商品，对应 3×3 阶矩阵 $\boldsymbol{E}$，$\boldsymbol{E}$ 中第 i 行第 j 列的元素记为 e_j^i，表示消费者 j 对商品 i 的禀赋。每个消费者有柯布—道格拉斯偏好函数，消费者 $j(j=1, 2, 3)$的偏好可以用下述效用函数来表示：

$$u_j: \mathbb{R}^3_{++}\to\mathbb{R}: (x_1, x_2, x_3)\mapsto a_j^1\ln x_1+a_j^2\ln x_2+a_j^3\ln x_3$$

其中，$a_j^1+a_j^2+a_j^3=1$（只是为了表示的方便）。

(a) 消费者 j 的初始禀赋价值与他消费商品 i 的价值之比等于多少？

(b) 写下该经济下个人需求函数、加总需求函数、加总超额需求函数以及市场出清方程组。

(c) 计算市场出清方程组的秩。（提示：使用瓦尔拉斯定律。）

(d) 当初始禀赋为

$$\boldsymbol{E}=\begin{bmatrix}3&0&0\\0&3&0\\0&0&3\end{bmatrix}$$

且效用函数的参数为（矩阵的每一列表示一个消费者，每一行表示一种商品）：

$$\boldsymbol{A}\equiv\begin{bmatrix}a_1^1&a_2^1&a_3^1\\a_1^2&a_2^2&a_3^2\\a_1^3&a_2^3&a_3^3\end{bmatrix}=\frac{1}{4}\begin{bmatrix}1&1&2\\1&2&1\\2&1&1\end{bmatrix}$$

时，计算均衡价格（把商品 1 当作计价标准）、收入和分配。

(e) 当初始禀赋为

$$\boldsymbol{E}=\begin{bmatrix}1 & 1 & 2\\ 1 & 2 & 3\\ 4 & 0 & 0\end{bmatrix}$$

且效用函数的参数为

$$\boldsymbol{A}\equiv\begin{bmatrix}a_1^1 & a_2^1 & a_3^1\\ a_1^2 & a_2^2 & a_3^2\\ a_1^3 & a_2^3 & a_3^3\end{bmatrix}=\frac{1}{3}\begin{bmatrix}1 & 1 & 1\\ 1 & 1 & 1\\ 1 & 1 & 1\end{bmatrix}$$

时，计算均衡价格（把商品 1 当作计价标准）、收入和分配。

12.7　在什么情况下，完全竞争市场的均衡分配是帕累托最优的？用一个图来解释两种商品、两个消费者情况下你的答案。

12.8　对一个两种商品的经济，有两个消费者，偏好相等，绘制埃奇沃思盒状图的草图和契约曲线。

12.9　考虑两种商品（1，2）、两个消费者（A，B）的经济，每个消费者都有柯布—道格拉斯偏好。

（a）用合适的符号，写下该经济中个人需求函数、加总需求函数和加总超额需求函数。

（b）解释为什么只有一个（独立）市场出清方程，推导均衡价格比$\frac{p_1}{p_2}$的公式，并把它写成外生偏好参数和个人禀赋的形式。

（c）找出均衡时无交易的条件。

（d）写下该经济中契约曲线的方程。

（e）证明契约曲线是同时通过埃奇沃思盒状图两个原点的等轴双曲线（直角双曲线）（的一部分）。（提示：选择测量单位以使每个商品的加总禀赋等于 1 单位，这样更容易分析。）

12.10　对于第二福利定理（定理 12.6.2），给定价格向量 $\boldsymbol{p}^*$ 和初始禀赋，验证帕累托有效分配 $\boldsymbol{X}^*$ 同时极大化了每个人的效用，甚至在 $\boldsymbol{p}^*$ 中某一分量等于 0 的情况下，这一结论仍然成立。

12.11　给定初始禀赋，在所有其他人的效用不变的约束以及可行约束下，极大化某个人的效用（比如，第一个人的效用）的再分配问题：

不变约束：

$$\max_{\{\boldsymbol{x}_h:h=1,2,\cdots,H\}} u_1(\boldsymbol{x}_1)$$
$$\text{s. t. } u_h(\boldsymbol{x}_h)\geqslant u_h(\boldsymbol{x}_h^*),\ h=2,3,\cdots,H$$

可行约束：

$$\sum_h x_h^n\leqslant\sum_h x_h^{*n},\ \forall n$$

找出该优化问题的一阶条件。

第 13 章　概率论

13.1　引言

同第 9 章向量微积分类似，本章旨在通过将线性代数应用于概率论，来加强读者对线性代数的理解，并为本书最后的金融应用部分做准备。很多读者对一些基本概念已经很熟悉了，比如描述性统计、概率、随机变量、概率分布以及单变量回归分析等，本章的介绍比普通的初级课程要稍显正式一些。同时，本章也较为独立，也就是说，即使读者掌握的概率论基础不多，也可以通过本章的学习，掌握一些对于本书后面的应用很重要的概念。

13.2 节介绍了在纯标量或单变量环境下的正式定义。大多数金融理论和实践都可以应用于终值不确定的交易，为了强调这一点，我们将会在 13.2.2 节正式给出一些简单的应用。

可以对随机变量集赋予向量空间结构，接下来的两节讲解两种不同的构造方式。

13.6 节讨论了期望与矩，13.7 节介绍了多元正态分布的重要性质。然后我们在 13.8 节中考虑估计和预测这两个问题。本章将在 13.9 节继续讨论泰勒定理的随机形式。

13.10 节讨论了詹森（Jensen）不等式。由 10.2 节所讲到的凸函数与凹函数的性质，以及 13.6 节所讲到的期望与矩的性质，可以轻易得出詹森不等式这一简单而且纯粹的数学结果。也许读者会发现詹森不等式的有些结论违反直观，但是这些结果在一些金融经济学领域中具有深远的含义，而且其中的一些结论是由定理的陈述和证明得来的。这些结论的含义经常被数学训练不够的学习者所曲解。

为了更加系统地学习概率论，读者可以参阅经典的参考书，比如 Mood、Graybill 和 Boes（1974）或 Hogg 和 Craig（1978）的著作。

13.2 样本空间和随机变量

13.2.1 定义

当我们考虑一个消费者在不确定性条件下的选择时，目的是通过设定任何一个可能出现的**自然状态**或**世界状态**下的最优消费，来得出该消费者的最优消费方案。最优消费方案是一个随机变量，取值于相应的消费集或预算集。

现在我们正式回顾基础概率论的相关概念，也就是概率空间和随机变量。

记 Ω 表示所有可能的自然状态的集合，那么 Ω 就叫作**样本空间**。例如，如果自然状态是与抛硬币相关的结果，那么 Ω 含有两个元素，即正面和反面；如果自然状态是与掷骰子相关的结果，那么 Ω 含有六个元素。

自然状态的一部分或样本空间的子集，$A\subseteq\Omega$，叫作**事件**。例如，一个事件表示抛硬币时正面朝上，或者掷骰子的时候掷得一个奇数。在一些简单情况下，比如，当所有自然状态的可能性都相同时，称硬币和骰子是**均匀**的。在这种情况下，事件的“古典”概率等于这一事件中自然状态的个数除以样本空间中所有自然状态的总个数。因此当硬币均匀时，抛硬币抛得硬币正面的概率是 $\frac{1}{2}=0.5$；当骰子均匀时，掷骰子掷得奇数的概率是 $\frac{3}{6}=0.5$。

用 $\mathscr{A}$ 表示自然状态的一部分或样本空间 Ω 的子集，当函数 $P\colon \mathscr{A}\to[0,1]$ 满足如下条件时，该函数为**概率函数**：

1. (a) $\Omega\in\mathscr{A}$,

   (b) $A\in\mathscr{A}\Rightarrow\Omega\setminus A\in\mathscr{A}$,

   (c) $A_i\in\mathscr{A}(i=1,2,\cdots)\Rightarrow\bigcup_{i=1}^{\infty}A_i\in\mathscr{A}$

（也就是说，A 是事件的西格玛代数），

2. (a) $P(\Omega)=1$,

(b) 对所有的 $A\in\mathscr{A}$，有 $P(\Omega\setminus A)=1-P(A)$，

(c) $P(\bigcup_{i=1}^{\infty}A_i)=\sum_{i=1}^{\infty}P(A_i)$（当 A_1，A_2，…是 $\mathscr{A}$ 中互不相交的事件时），$(\Omega,\ \mathscr{A},\ P)$ 称为**概率空间**。

可以看出，函数 P 的第二个条件在技术上是多余的，因为这种情况可以由第一个和第三个条件推得，详见练习 13.2 。

西格玛代数的性质可能不太直观，将这些性质与概率函数的直观性质相比较，读者会明白为什么这些条件是必要的。

概率常以百分数表示，而不用分数或介于 0 和 1 之间的小数表示。例如，1/5的概率，0.2 的概率和 20%的概率都表示同样的含义。

注意，确定性下的选择理论（见第 12 章和第 15 章）仅仅是不确定性下的选择理论的特殊情况（见第 16 章）。在确定性下，集合 Ω 只包含一个元素。

给定一个概率空间 $(\Omega,\ \mathscr{A},\ P)$，当对于所有的 $x\in\mathbb{R}$，$\{\omega\in\Omega:\ \tilde{x}(\Omega)\leqslant x\}\in\mathscr{A}$，称实值函数 $\tilde{x}$：$\Omega\to\mathbb{R}$ 为**随机变量**（有时简写为："rv"）。也就是说，如果函数值小于或等于任意实数的概率已知，那么这个函数就是随机变量。另一种表达方式是称这个函数 $\tilde{x}$ 是**可测的**。

通常我们用速记符号 $\Pr[\tilde{x}\leqslant x]$ 表示概率 $P(\{\omega\in\Omega:\ \tilde{x}(\omega)\leqslant x\})$。符号 $\Pr[\cdot]$ 也经常会在其他类似情况下使用。

在字母上方加一个波浪线是金融经济学中表示随机变量的常用记号；在其他领域，常用大写字母表示随机变量。无论哪种情况下，小写字母常表示特定的实数，即随机变量的特定值或**实现**。

称函数 $F_{\tilde{x}}$：$\mathbb{R}\to[0,\ 1]$：$x\mapsto\Pr[\tilde{x}\leqslant x]$ 为随机变量 $\tilde{x}$ 的**累积分布函数**（简写为"cdf"）。任意一个随机变量都有累积分布函数，且由定义知累积分布函数是非递减的。累积分布函数（cdf）完全描述了随机变量的**分布**或**概率分布**。后面介绍了另外一些描述随机变量或其分布的函数，但仅适用于特定类型的随机变量，对于其他类型的随机变量可能不存在。

随机过程是一个随机变量序列或集合，这一序列或集合是用时间来标记的（或者，在其他环境下，比如地理中，是用空间来标记的），例如 $\{\tilde{x}_t:\ t\in T\}$，若根据上下文可以看出时间，可以简记为 $\{\tilde{x}_t\}$。因此，一个用时间标记的随机过程的实现是一个时间序列，详见定义 8.2.1 。

13.2.2 常见概率分布

随机变量可以是离散的、连续的或混合的。例如，任意定义在有限样本空间的随机变量是**离散的**，表现为其每一个可能的值都有一个介于 0 到 1（包含）之间的离散的概率。

定义在有限样本空间的离散型随机变量 $\tilde{x}$，比如有 N 个自然状态，包含一个

$N\times 1$维向量，如$\boldsymbol{x}=(x_1, x_2, \cdots, x_N)$，其中$x_i$表示自然状态$i$时随机变量$\tilde{x}$的实现。

离散型随机变量$\tilde{x}$的**概率函数**是一个映射$f_{\tilde{x}}$：$\mathbb{R}\to[0, 1]$，每一个x伴随着一个（随机变量$\tilde{x}$取x的）概率值。$\mathbb{R}$中最多有可数的无穷多个点，否则映射$f_{\tilde{x}}$均为零。例如，若$\tilde{x}$表示在n重**伯努利**（Bernoulli）**实验**①中成功的个数，其中每次试验成功的概率为q，那么

$$f_{\tilde{x}}(x)={}^{n}C_{x}q^{x}\ (1-q)^{n-x} \tag{13.1}$$

在这一事例中，$\tilde{x}$服从**参数**为n和q的**二项分布**，记为$\tilde{x}\sim B(n, q)$。例如，$\tilde{x}$可以表示掷一个**均匀**的骰子时，掷三次骰子中出现六的次数，此时$\tilde{x}\sim B\left(3, \frac{1}{6}\right)$。对于一个不均匀的骰子，$\tilde{x}$仍服从二项分布，但第二个参数可能不是$\frac{1}{6}$。

另一个重要的不连续概率分布是**泊松**（Poisson）**分布**②，即

$$f_{\tilde{x}}(x)=\frac{e^{-\lambda}\lambda^{x}}{x!},\ x=0, 1, 2, \cdots \tag{13.2}$$

其中λ是一个分布参数。当试验次数n很大并且成功的概率相当小（比如，$nq\leqslant 7$）时，二项分布会趋近于$\lambda=nq$的泊松分布。

关于离散型随机变量的另一个简单例子是仅有一个概率为1的值的**平凡（退化）**随机变量。在应用中我们经常假设随机变量是非平凡的，换句话说，并不是所有的概率强度都集中于某一点上。然而，如果样本空间为区间$[0, 1]$，那么随机变量满足**均匀分布**，即等可能地取区间中的任意值，是**连续**的。这样的一个随机变量在子区间$(a, b]$中取值的概率为$b-a$。然而，精确取b的概率没有定义，也就是说，这一概率是难以定量或无穷小的，但不等于零。

混合随机变量的一个实际案例是保险人对某一个或某一组特定保单的负债。保险人有很大的概率不会被索赔，因此负债等于零。但是，如果有索赔，那么保险人的负债可以是任何不超过保单限额的正值。例如，如果限定负债用欧元和分币的整数部分表示，那么随机变量是离散的。

已经学过概率和统计的读者可能熟悉其他一些连续型和离散型概率分布。分布理论超出本书的范畴。

如果随机变量的累积分布函数（cdf）可微，则其导数为**概率密度函数**（简写为“pdf”），记为$f_{\tilde{x}}$：$\mathbb{R}\to\mathbb{R}_+$，定义为

$$f_{\tilde{x}}(x)\equiv\frac{\mathrm{d}F_{\tilde{x}}}{\mathrm{d}x}(x) \tag{13.3}$$

---

① 伯努利试验是以Jacob Bernoulli（1654—1705）的名字命名的，他是那个时代最年长的瑞士数学家。

② 这种分布是由法国数学家、几何学家和物理学家Siméon-Denis Poisson（1781—1840）提出并以他的名字命名的。

因为累积分布函数（cdf）是非递减的，所以概率密度函数（pdf）是非负的。同时

$$\int_{-\infty}^{\infty} f_{\tilde{x}}(x)\mathrm{d}x = \lim_{x\to\infty} F_{\tilde{x}}(x) = \Pr[\tilde{x} \leqslant \infty] = 1 \tag{13.4}$$

相反的，根据微积分基本定理（定理 7.9.1），累积分布函数（cdf）是概率密度函数（pdf）的积分：

$$F_{\tilde{x}}(x^*) = \int_{-\infty}^{x^*} f_{\tilde{x}}(x)\mathrm{d}x \tag{13.5}$$

任意满足 $\int_{-\infty}^{\infty} f(x)\mathrm{d}x = 1$ 的非负函数 f 都是概率密度函数（pdf）。

有时累积分布函数（cdf）没有解析解，只能写成式（13.5）的形式。一个例子是**正态分布**或**高斯分布**，其概率密度函数（pdf）为

$$f_{\tilde{x}}(x) = \frac{1}{\sqrt{2\pi}\sigma} e^{-\frac{1}{2}\left(\frac{x-\mu}{\sigma}\right)^2} \tag{13.6}$$

其中 $\mu \in \mathbb{R}$、$\sigma \in \mathbb{R}_{++}$ 是分布参数。分布可以表示为 $\tilde{x} \sim N(\mu, \sigma^2)$。标准正态分布的概率密度函数是 $\mu=0$、$\sigma=1$ 的特例，常写为

$$\Phi(x) = \frac{1}{\sqrt{2\pi}} e^{-\frac{1}{2}x^2} \tag{13.7}$$

如果 $\ln\tilde{x}$ 为正态分布，那么 $\tilde{x}$ 为**对数正态分布**。

因为随机变量的（概率）分布可完全用其累积分布函数确定，那么它也可以用概率密度函数来确定，前提是其概率密度函数存在，因为累积分布函数可以通过对概率密度函数积分得出。

两个不同的随机变量可以满足同一分布。例如，如果 $\tilde{x}$ 是一个均匀的骰子顶面上的数字，且 $\tilde{y} \equiv 7-\tilde{x}$，那么 $\tilde{x}$ 和 $\tilde{y}$ 都可取值 1，2，3，4，5 和 6，且每个数字出现的概率都为 1/6。从数学的角度来看，如果两个随机变量有相同的分布，那么这两个随机变量是等价的。本章余下部分所讲到的概念和性质都是分布的性质，而不是特定的随机变量本身。

学过概率论高级课程的学生会遇到其他一些类似 cdf、pdf 等的函数，这些函数也可以完全确定概率分布。

13.3 应用

接下来我们介绍**资产**、**证券**、**合约**或**投资**等**金融工具**，这些工具在一个或多个未来日期获得收益。在证券买卖的时候，收益的终值是不确定的，因此，投资

是**有风险**的，收益可以用随机变量来表示。

本章简要讲解这些证券收益的概率分布。第 16 章、第 17 章将会详细讲解这类风险证券的经济学估值。

如同概率为 1 的单值标量是随机变量的一个特例一样，接下来我们讨论**债券**或**无风险证券**，这些证券的未来收益是事先已知的，详见定义 15.4.1 。

定义 13.3.1　卖空指拥有负数量的证券。

比如说，借入无风险证券等价于卖空无风险证券。

事实上，卖空表示并不拥有该证券的情况下卖出（或借入）该证券，在需要的时候，可以按照当前证券市价购买证券以清偿。

13.3.1　彩票

定义 13.3.2　一张**彩票**就是一个收益为离散型随机变量的投资，比如，其可能取值或实现 x_1，x_2，x_3，…对应的概率分别为 π_1，π_2，π_3，…。

我们将这样的**彩票**表示为

$$\pi_1 x_1 \oplus \pi_2 x_2 \oplus \pi_3 x_3 \oplus \cdots \tag{13.8}$$

复合彩票（或**混合**随机变量）的表达式相似，这时，收益本身就是未来的彩票。例如，

$$p \text{ €} \tilde{x} \oplus q \text{ €} \tilde{y} \tag{13.9}$$

这个式子表示以概率 p 获得€ $\tilde{x}$ 的彩票，以概率 $q \equiv 1-p$ 获得€ $\tilde{y}$ 的彩票，随机变量 $\tilde{x}$ 或 $\tilde{y}$ 的实现值可以同时确定，或在 $\tilde{x}$ 和 $\tilde{y}$ 之间做出选择之后确定，视具体情况而定。

数值例子中可以使用普通的乘法符号×。例如，

$$0.25 \times \text{€}100 \oplus 0.75 \times \text{€}0 \tag{13.10}$$

表示彩票有四分之一的可能性得到 100，有 75%的可能性什么都得不到。

另一种与此相似地彩票是，从 n 个标有数字的球里抽出 6 个球，然后预测这 6 个球上的数字。我们考虑下面一个例子，类似国家级或州级彩票机构运营**乐透型**（Lotto）彩票，但赌注只设有一个。这种彩票的结构为

- 有

$$^{n}C_6 = \frac{n!}{6!(n-6)!} \tag{13.11}$$

种等可能的结果，每种结果出现的概率为 $\pi \equiv 1/{}^{n}C_6$。

- 买家选择彩票对应结果中的一个。
- 买家有 $1-\pi$ 的概率什么也得不到。

● 有 $\pi(s)$ 的概率赢得赌注，比如，€ $J = €^nC_6/2$。

表 13—1 表示了不同球数下中奖的概率以及对应的赌注的价值。

表 13—1　　n 个球的乐透型彩票的中奖概率 π 与赌注 J

n	π	J(€)
6	1	0.50
7	1/7	3.50
8	1/28	14.00
12	1/924	462.00
36	1/1 947 792	973 896.00
39	1/3 262 623	1 631 311.50
42	1/5 245 786	2 622 893.00

读者可以自己思考一下，对于表 13—1 的每一个彩票买家愿意支付的金额，并记下来。我们在 16.2 节中会继续讨论这个问题。练习 13.4 将会继续探讨乐透型彩票。

13.3.2　点差交易

对某随机变量（例如，在足球赛中的得分或在全国越野障碍赛马中完成比赛的马数）的**点差交易**或**指数博彩**表示按随机变量的实现值买卖证券。

例如，假设一个人以€10 每球的价格买了阿森纳（Arsenal）对切尔西（Chelsea）比赛的 2.3 球。如果比赛的最终结果是阿森纳得 3 分，切尔西得 1 分，那么总得分数为 4，原来价值€23 的点差交易最后价值€40，买家得到€17 的利润，卖家则损失了€17。

类似的，假设一个人以€20 每匹马的价格买了全国越野障碍赛马的 15.5 匹马（完成比赛的马），最终有 18 匹马完成比赛。以€310（=15.5×20）买进的点差交易应以€360（=18×20）的价格卖掉，卖家损失€50。

术语“点差交易”来自于商品和金融证券市场。一些机构面向公众提供点差交易，即提供一个公众可以买进的**卖价**，以及一个公众可以卖出的**买价**；卖价和买价之间的差值称为**买卖价差**或**价差**。

指数博彩中，交易的随机变量通常是**指数**，例如，竞争者赢得比赛则其值为 50，得第二名则其值为 30，得第三名则其值为 20，而得第四名则其值为 10。很多提供这种博彩的公司，名称中都含有“价差”或“指数”。

期货交易和**远期交易**是点差交易中更加传统的形式；它们的灵感来自体育运动中的点差交易。这些例子中潜在的随机变量通常是商品价格、利率或者汇率等在**未来清算日**或**到期日**的价值。期货交易和远期交易之间的区别本质上是交易惯例的差异。期货合约在到期日前可以频繁交易，通常清算日是在月底或季度末。远期合约通常是一次性交易，到期日可能是执行日后的 30 天或 90 天。

13.3.3 期权

类似于点差交易，**期权**可以以任何随机变量为标的进行买卖。

定义 13.3.3 几种期权的定义如下：

(a) 关于随机变量 $\tilde{x}$、**执行价**为 K 的**欧式看涨期权**，是一种在未来某个**到期日**以价格 K 买下随机变量的选择权。

(b) 以随机过程为标的的**美式看涨期权**是一种在到期日之前或当天购买的选择权。

(c) **看跌期权**是出售的选择权。

执行欧式看涨期权的所得利润为 $\tilde{x}-K$。这种期权只会在利润为正的情况下执行。因此，到期日的期权终值为 $\max\{0, \tilde{x}-K\}$。

实践中，期权常以股票市场指数、个股或其他金融证券的未来价格来交易。

13.3.4 状态未定权益

定义 13.3.4 **状态未定权益**（state-contingent claim）或**阿罗-德布鲁**（Arrow-Debreu）**证券**是一种在特定自然状态下取 1，而在其他所有状态下取 0 的随机变量。状态未定权益的价格通常简称为**状态价格**。

阿罗-德布鲁证券的概念由 Arrow（1953）和 Debreu（1959，7.3 节）分别提出。①

当样本空间有限时，在状态 i（比如 $\bar{e}_i$）时取 1 的阿罗-德布鲁证券可以被等价表示为其可能结果或实现的向量，而这个向量是第 i 个标准基向量，$\mathbf{e}_i=(0, \cdots, 0, 1, 0, \cdots, 0)$。

定义 13.3.5 **复合证券**是一种可以取任意值的随机变量或彩票，换句话说就是状态未定权益的**投资组合**。具有 M 个自然状态的典型复合证券可以用一个随机变量（如 $\tilde{y}$）来表示，或用可能收益或实现的列向量（如 $\mathbf{y}\in\mathbb{R}^M$，其中 y_i 是状态 i 时复合证券的收益）来表示。

给定包含 M 个自然状态的有限样本空间，所有可能复合证券的集合构成 M 维的向量空间，这 M 个可能的阿罗-德布鲁证券构成了这个向量空间的标准基。13.4 节我们将继续讨论这个问题。

---

① 美国的 Kenneth Joseph Arrow（b. 1921）和法国出生的 Gerard Debreu（1921—2004）分别在 1972 年和 1983 年被授予诺贝尔经济学奖，奖励他们在一般均衡理论上的贡献。Debreu 的贡献已经在第 12 章引用过。Arrow 对不确定性经济学的贡献也将在 16.5 节中提到，归纳总结见 Greenberg 和 Lowrie（2010）。

16.3 节将会深入讨论状态未定权益的定价问题。

13.3.5 赔率和博彩

某结果发生概率为 p，对该结果进行投注的**赔率**为$\frac{1-p}{p}$，有时也表示为 $(1-p):p$ 或$\frac{1-p}{p}$。例如，如果掷骰子时掷得六的概率为六分之一，那么这个结果出现的**分数赔率**为$\frac{5}{1}=\frac{5/6}{1/6}$。在公平赔率为$\frac{5}{1}$时，€100 的**投注**，成功掷得六时**赌客**（backer）赢得€500 的利润，如果算上€100 的赌注，赌客将获得€600。如果不成功，**设局者**（layer）赢得€100。赌客和设局者的区别在有很多种可能的结果或赢家的时候很明显，当只有两个结果的时候，这种区别就变得模糊了，比如，类似于棒球或网球这样的体育运动比赛。

通常，在赌博合法的地方，设局者和赌金保管人是**操盘手**（bookmaker），他们持执照经营并接受严格管理，任何成年人都可以成为顾客或者赌客或者**下注者**（punter）。博彩广泛存在于各种体育比赛、政治选举和随机试验（比如掷骰子或乐透型彩票）中。我们将避免含糊地使用“事件”这个词，因为这个词有着严格的数学含义，我们将用**竞赛**（contest）这个术语来代替。

在特定的辖区，特别是在欧洲大陆，博彩市场的惯例是使用**小数赔率**$\frac{1}{p}$，而不使用分数形式。在这样的表达方式下，从标准的 52 张牌中抽到 A 牌或人头牌的赔率为 $3.25=\frac{52}{16}$。

对小数赔率为 x 的某个事件下注，在数学上等价于以价格$\frac{1}{x}$购买状态未定权益。这两种交易是否在所有辖区等价还不确定。业界常把赔率形容成赌博中的“价格”；其他人可能会把隐含的概率看作是价格。两者之间区别与以物易物交换经济中把橘子的价格表达成 2.5 个苹果换一个橘子或 0.4 个橘子换一个苹果一样。以赔率为基础的市场中，利用套利机会的法则是颠倒的：“高下注，低设局”。

在实际生活中，某一个结果的公平赔率（或者说是真实概率）的计算并不总是像掷骰子那么简单。例如，并不存在明显的概率模型来描述赛马或球赛的可能结果。甚至当公平赔率较容易计算时，比如说在赌场，一些人可能在赔率高于他们所**喜欢**的赔率或者公平赔率时下赌注，但另一些人可能在赔率低于公平赔率或者**不喜欢**的赔率时才下注。

在现实世界的博彩市场中，所有可能结果的赔率所隐含的概率的总和并不一定等于 1。理论上，把比赛的所有可能结果相加得到的总概率为 1.0 或 100%的**总百分比**。如果所有概率的总和小于 1，那么每个竞争者背后会有一个确定的无风险利润，或者说有套利机会。实际上，市场概率的总和通常会（远）大于

1.0，且超过 1.0 的部分（over-round）代表了操盘手的总利润，是由于下注者和设局者之间的管理不对称而产生的。

固定赔率设赌在很多辖区里都很常见。在这个系统下，下注时赔率对各方而言是确定的，潜在的支出也已经确定了，而唯一的不确定性就是博彩的二元结果。

13.3.6 互相博彩

另一种常见的博彩系统是**互相博彩**（pari-mutuel betting）或**彩池设赌**（pool）或**同注分彩**（tote）。在这样的系统中，博彩的赔率在博彩结束的时候才能确定，而这时竞赛才开始。投入彩池中的所有钱财（扣除一定比例的税金和开支费用）归所有的赢家按比例分享。因此，互相博彩中潜在的支出取决于其他人的赌注，并且不到博彩停止是无法确定的。

互相博彩的操作员通常用每单位投资的**彩金**报价。实际上彩金只是赌局中的小数赔率，通常在前面加上相关的货币符号。近代通讯技术的发展使得互相博彩可以在多个不同的货币地区操作，致使货币符号更加关系不大。

在北美，互相博彩的彩金按照惯例是用美元表示的，等于小数赔率的两倍：例如，＄3.60 的彩金表示小数赔率 1.8 或分数赔率 4/5。这是因为最小可接受赌金为＄2。1.8 的彩金也表明大概九分之五的赌池净额（在扣除应减额之后）是赌在赢的一方的（稍微多一点或少一点，取决于公布的彩金是向上取整还是向下取整）。

世界上最常见也最流行的互相博彩形式也许就是上面提到的乐透型彩票了。然而，乐透型彩票操作员通常使用一种与互相博彩系统稍微不同的形式，比如给那些因为一两个数字而错过头奖的人保留小部分的奖金作为补偿（在六位数的乐透型彩票中，这通常称作匹配五位数奖和匹配四位数奖）。

在很多辖区里，在赌马中互相博彩是唯一合法的形式。互相博彩的赌池通常不是为了直接赢得博彩，而是为了**外在**（exotic）下注（特殊投注），比如**正序连赢**（**指定连赢位置**）（exacta）（以正确的顺序说出前两个完成比赛的马的名字）或**三连胜式**（trifecta）（以正确的顺序说出前三个完成比赛的马的名字）。因此我们在讲到互相博彩时通常用“结果”这个词而不用“竞争者”这个词。

互相博彩出现在 20 世纪初期，它可以使赌金保管人（通常是政府垄断）避免风险。在互相博彩的系统中，赌金保管人仍是设局者，而公众则是下注者。

当乐透型彩票或者外在赌马中有大量潜在的结果时，可能没有赌注赢。按照惯例，这种情况的处理方法是将赌池中的奖金**滚动**到下一个相似地竞赛中。

13.3.7 匹配下注

得益于网络，另一种使赌金保管人不冒任何风险的博彩出现了，这就是**匹配**

下注（exchange betting）（或**竞价下注**），这种博彩让公众通过对他们选择的赔率进行报价以下赌。通过网络或其他渠道，报价随着交易而出现并排队；当相等且相反*的报价出现时，排在第一位的报价就**匹配**了。例如，一个人对巴西赢得世界杯决赛下注，报价为€100，小数赔率为1.9，这个报价可能和两个小数赔率为1.9且分别下注巴西的€60和€40的报价匹配。然而，以2.4或1.6下注巴西的报价就在游戏开始时因为不匹配而终止了。因此，互相博彩中，顾客面临的是**匹配的不确定性**，而不是**红利的不确定性**。

投注的匹配操作是受佣金资助的，佣金从顾客盈利中扣除。这个新的范式除去了下注者和设局者之间的不对称，而这种不对称与生俱来地存在于固定赔率设赌和彩池设赌中。允许普通的无执照市场参与者成为设局者导致体育运动中存在利益腐败，一些体育团体对于这种情况越来越关注。交易操作员提出了不同的观点，他们认为交易模式的透明使得腐败更容易被识别、追踪并被警察彻查，而这就成为这种腐败的抑制因素。

大多数的匹配下注是在赔率的框架下运行的，但是也有部分匹配下注是在等价的状态未定权益范式中运行的。后者和证券交易所以及传统的金融交易相类似。

匹配下注并不适用于有很多潜在结果的市场，因为单个可能结果的交易数量和频率都较少。互相博彩系统显然主要为了外在下注，一般的交易涉及单个可能结果的组合博彩，比如，一个五匹马比赛中的组合三连胜式博彩包含$5\times4\times3=60$种等可能的结果。

不论事件是否显著，也无论是下注者的报价还是设局者的报价，哪怕只有一个**标注**的不同，都会在匹配下注的同时被观察到。换句话说，买卖价差是最小的：下注者面临的总百分比高于100%，而设局者面临的总百分比低于100%。中级市场赔率提供了针对所有结果真实赔率的一个非常好的“估计”。

13.4 随机变量的向量空间

接下来我们会证明，定义在样本空间（比如，Ω）上的任意随机变量的有限集合，张成一个有限维的实向量空间。我们由随机变量集合$\{\tilde{x}_1, \tilde{x}_2, \cdots, \tilde{x}_n\}$开始，其中$\tilde{x}_i: \Omega\to\mathbb{R}$，$i=1, 2, \cdots, n$。根据定义5.4.2，为了定义一个实向量空间，我们必须定义随机变量的加法运算和数乘运算。这可以用下式表示：

$$\begin{aligned}&(\tilde{x}+\tilde{y}): \Omega\to\mathbb{R}: \omega\mapsto\tilde{x}(\omega)+\tilde{y}(\omega)\\&\lambda\tilde{x}: \Omega\to\mathbb{R}: \omega\mapsto\lambda\times(\tilde{x}(\omega))\end{aligned}\tag{13.12}$$

这样就生成了一个向量空间，我们用X表示。这个向量空间中的零向量是以概率1等于标量为零的随机变量。Ω上任意n个随机变量的集合都可以生成这

* 译者注：买和卖。

样一个向量空间；如果生成的向量是线性无关的，那么维度为 n，也就是说，生成向量空间的随机变量的线性组合，不会以概率 1 等于 0。在本节中，我们假设生成的向量是线性无关的。

X 中的典型向量可以用生成的随机变量的集合来表示，形式为 $a_1\tilde{x}_1+a_2\tilde{x}_2+\cdots+a_n\tilde{x}_n\equiv\boldsymbol{a}^{\mathrm{T}}\tilde{\boldsymbol{x}}$，其中 $\tilde{\boldsymbol{x}}\equiv(\tilde{x}_1,\tilde{x}_2,\cdots,\tilde{x}_n)$。

就像任意向量空间一样，向量可以看作是向量空间中的一个典型元素，可以用 n 元组（tuple）来表示（例如，$\boldsymbol{a}=(a_1,a_2,\cdots,a_n)$），每个值是关于所选的基（因为我们假设了生成集线性无关）的坐标。

由坐标向量 $\boldsymbol{a}\in\mathbb{R}^n$ 得到随机变量 $\boldsymbol{a}^{\mathrm{T}}\tilde{\boldsymbol{x}}$ 很容易，但是由典型随机变量 $\tilde{y}\in X$ 找到它关于生成的随机变量的基的坐标却并不容易。我们已经假定生成的向量是线性无关的，那么可以使用下面的方法。[①]

从样本空间 Ω 中抽出 n 个点，如 $\omega_1,\omega_2,\cdots,\omega_n$。定义一个 $n\times n$ 阶转移矩阵 $\boldsymbol{P}$：

$$p_{ji}\equiv\tilde{x}_i(\omega_j),\ i,j=1,2,\cdots,n \tag{13.13}$$

定义向量 $\boldsymbol{y}\in\mathbb{R}^n$：

$$y_j\equiv\tilde{y}(\omega_j),\ j=1,2,\cdots,n \tag{13.14}$$

因为已经假定 $\tilde{y}\in X$，那么存在 $\boldsymbol{a}\in\mathbb{R}^n$ 使得

$$\sum_{i=1}^{n}a_i\tilde{x}_i(\omega)=\tilde{y}(\omega),\ \forall\omega\in\Omega \tag{13.15}$$

特别地，$\boldsymbol{a}$ 必须满足

$$\sum_{i=1}^{n}a_i\tilde{x}_i(\omega_j)=\tilde{y}(\omega_j),\ j=1,2,\cdots,n \tag{13.16}$$

或

$$\sum_{i=1}^{n}a_ip_{ji}=y_j,\ j=1,2,\cdots,n \tag{13.17}$$

或，写成矩阵形式，

$$\boldsymbol{Pa}=\boldsymbol{y} \tag{13.18}$$

如果 P 是奇异的，那么存在 $\boldsymbol{a}^*\in\mathbb{R}^n$，使得

$$\boldsymbol{Pa}^*=\boldsymbol{0} \tag{13.19}$$

或

$$\sum_{i=1}^{n}p_{ji}a_i^*=\sum_{i=1}^{n}\tilde{x}_i(\omega_j)a_i^*=0,\ j=1,2,\cdots,n \tag{13.20}$$

---

① 注意，与差分方程解的线性无关性的相似性，见 8.4.2 节差分方程。

如果式（13.20）对所有的$\omega \in \Omega$成立，而不仅仅适用于这n个抽出来的样本点，那就与生成的随机变量之间线性无关的假设矛盾。所以，如果式（13.20）对原先抽出来的n个样本点成立，我们就能找到一个不同于抽出来的n个样本点的集合，使式（13.13）中的矩阵$\boldsymbol{P}$可逆，且$\tilde{y}$的系数由$\boldsymbol{a}=\boldsymbol{P}^{-1}\boldsymbol{y}$给出（其中向量$\boldsymbol{y}$也要用新的$\omega_1$，$\omega_2$，…，$\omega_n$重新定义）。

注意，这里X的元素包括向量（因为它们属于一个n维实向量空间）和随机变量（因为它们是定义在样本空间Ω上的可测函数）。[①] 投资组合空间就是一个这样的向量空间，详见 17.2 节。给定样本空间，所有随机变量的集合同样构成一个向量空间，但是这个向量空间一般是无限维[②]的。当潜在的样本空间为有限的时，向量空间就是有限维的。例如，如果样本空间中含有骰子的六个可能点数，那么定义在这个样本空间的随机变量集合就是六维向量空间。我们已经在 13.3.4 节中讨论过这样的向量空间——所有可能的阿罗-德布鲁证券的集合。

13.5 随机向量

随机向量是随机变量的向量。简写“rv”有时也用来表示随机向量；同时涉及随机变量和随机向量的结果时，适当说明十分重要。

一个n维随机向量也可以看成是样本空间Ω上一个可测的向量值函数，例如，函数$\tilde{\boldsymbol{x}}$：$\Omega \to \mathbb{R}^n$，它的每个组成函数$\tilde{x}_1$：$\Omega \to \mathbb{R}$，$\tilde{x}_2$：$\Omega \to \mathbb{R}$，…，$\tilde{x}_n$：$\Omega \to \mathbb{R}$都是可测的。n维随机向量的实现位于n维欧几里得向量空间$\mathbb{R}^n$中。注意用波浪符号和黑体字来表示一个既随机又是向量的量。

用$1\sim T$的时间作下标，且元素都是n维随机向量的随机过程等价于一个nT维随机向量。

注意，13.4 节讲到的向量空间X中的元素只在每个标量都是一维的条件下才是随机向量，例如，X中元素的实现位于$\mathbb{R}$中而不在$\mathbb{R}^n$中。

随机向量或者随机过程的**（联合）分布**和**（联合）累积分布函数**是一维概念的自然延伸。换言之，n维随机向量$\tilde{\boldsymbol{x}}$的分布可以用 **cdf** 来表示：

$$\boldsymbol{F}_{\tilde{\boldsymbol{x}}}(\boldsymbol{x}) \equiv \Pr[\tilde{x}_1 \leqslant x_1, \tilde{x}_2 \leqslant x_2, \cdots, \tilde{x}_n \leqslant x_n] \tag{13.21}$$

如果两个随机变量$\tilde{x}$和$\tilde{y}$的联合 cdf 等于**边际** cdf 的乘积，那么这两个变量就是**（统计）独立**的，例如，

$$F_{\tilde{x},\tilde{y}}(x, y)=F_{\tilde{x}}(x)F_{\tilde{y}}(y), \ \forall x, y \in \mathbb{R} \tag{13.22}$$

如果存在一个非负函数$f_{\tilde{x}}$：$\mathbb{R}^n \to \mathbb{R}_+$，使得

---

① 我们应该将它表示成$\tilde{\boldsymbol{a}}$（因为它是个随机变量）或者是$\tilde{a}$（因为它是实数而不是向量）而不是$\boldsymbol{a}$，这一点也许有争议。

② 关于随机变量的无限维向量空间，感兴趣的读者参考 Billingsley（1995，18 节）。

$$F_{\tilde{x}}(\boldsymbol{x}^*)=\int_{-\infty}^{x_1^*}\int_{-\infty}^{x_2^*}\cdots\int_{-\infty}^{x_n^*}f_{\tilde{x}}(x_1, x_2, \cdots, x_n)\mathrm{d}x_1\mathrm{d}x_2\cdots\mathrm{d}x_n \quad (13.23)$$

则称 n 维随机向量 $\tilde{\boldsymbol{x}}$ 的分布是连续的，这个非负函数叫做概率密度函数。

注意，当对于所有 $\boldsymbol{x}^*$，$F_{\tilde{x}}(\boldsymbol{x}^*)\leqslant 1$，对于所有的 $\boldsymbol{x}$，$f_{\tilde{x}}(\boldsymbol{x})\geqslant 0$ 的时候，式（13.23）中的多重积分自动满足富比尼（Fubini）定理的条件。

与式（13.3）类似，重复使用微积分基本定理，可由随机向量的 cdf 来计算 pdf：

$$\frac{\partial^n F_{\tilde{x}}(\boldsymbol{x})}{\partial x_1 \partial x_2 \cdots \partial x_n}=f_{\tilde{x}}(\boldsymbol{x}) \quad (13.24)$$

随机向量一个或多个分量在其他分量取特定实现值的条件下，其**条件分布**的定义很自然。对于离散型随机变量 $\tilde{x}_1$ 和 $\tilde{x}_2$，在 $\tilde{x}_2=x_2$ 的条件下 $\tilde{x}_1$ 取值 x_1 的概率为

$$\Pr[\tilde{x}_1=x_1 \mid \tilde{x}_2=x_2]=\frac{\Pr[\tilde{x}_1=x_1, \tilde{x}_2=x_2]}{\Pr[\tilde{x}_2=x_2]} \quad (13.25)$$

这个表达式定义了 $\tilde{x}_1$ 在给定 x_2 的条件下的条件分布。

相似地，在连续型随机变量情形下，随机变量 $\tilde{x}_1$ 在 $\tilde{x}_2=x_2$ 的条件下的条件概率密度函数定义为：

$$f_{\tilde{x}_1 \mid \tilde{x}_2=x_2}(x_1)=\frac{f_{(\tilde{x}_1,\tilde{x}_2)}(x_1, x_2)}{f_{\tilde{x}_2}(x_2)} \quad (13.26)$$

无论是连续型还是离散型随机变量，必须假定 $\tilde{x}_2$ 取 x_2 的概率不为零，即 $\Pr[\tilde{x}_2=x_2]\neq 0$ 或 $f_{\tilde{x}_2}(x_2)\neq 0$。

$\mathbb{R}^n$ 中定义在样本空间上的 m 个随机向量的有限集合，可以生成至多 m 维的向量空间，维度取决于生成集是否线性相关。注意，在这个例子中 m 可以大于 n，也就是说随机向量的向量空间的维度可以大于随机向量的实现所在欧氏空间的维度。

13.6 期望与矩

13.6.1 定义

可能取值为 x_1，x_2，x_3，…的离散型随机变量 $\tilde{x}$ 的期望（也叫作**平均值**或**均值**）为

$$E[\tilde{x}]\equiv\sum_{i=1}^{\infty}x_i\Pr[\tilde{x}=x_i] \quad (13.27)$$

对于连续型随机变量，求和换成积分：

$$E[\tilde{x}] \equiv \int_{-\infty}^{\infty} x \mathrm{d}F_{\tilde{x}}(x) = \int_{-\infty}^{\infty} x f_{\tilde{x}}(x) \mathrm{d}x \tag{13.28}$$

对于随机向量或随机向量的某个函数，式（13.28）中的单积分会被多重积分替代。

很多随机变量不存在有限期望，例如，练习 16.11。然而，本书主要讨论有限期望。

在经济和金融中，客观期望有时会被称为**数学期望**，偶尔被称作**统计期望**，这是为了将它与经济行为中扮演重要角色的有联系的比较主观的期望概念区别开来。我们后面会讨论后一种期望，比如，前面介绍的纯预期假说。关于**理性预期**理论有大量的经济学资料介绍，该理论的本质观点是主观期望等于数学期望。

6.2.2 节我们提到，期望是定义在给定样本空间上的随机变量集合的线性算子。这是因为对于标量 k_1，k_2，…，k_r 和随机变量 $\tilde{x}_1$，$\tilde{x}_2$，…，$\tilde{x}_r$，有 $E\left[\sum_{i=1}^{r} k_i \tilde{x}_i\right] = \sum_{i=1}^{r} k_i E[\tilde{x}_i]$，详见练习 13.5。

当涉及随机过程时，期望算子常含时间下注，例如，$E_t[\tilde{x}_{t+s}]$表示给定时间 t 的信息，随机过程在 s 期后的期望价值。

随机变量 $\tilde{x}$ 的 k 阶**中心矩**或**均值矩**为

$$m^k(\tilde{x}) \equiv E[(\tilde{x} - E[\tilde{x}])^k] \tag{13.29}$$

特别地，一阶中心矩总是为零，而第二、三、四阶中心矩分别叫作随机变量的**方差**、**偏度**和**峰度**，定义分别如下：

$$m^1(\tilde{x}) = E[(\tilde{x} - E[\tilde{x}])^1] \equiv 0 \tag{13.30}$$

$$m^2(\tilde{x}) = E[(\tilde{x} - E[\tilde{x}])^2] \equiv \mathrm{Var}[\tilde{x}] \tag{13.31}$$

$$m^3(\tilde{x}) = E[(\tilde{x} - E[\tilde{x}])^3] \equiv \mathrm{Skew}[\tilde{x}] \tag{13.32}$$

$$m^4(\tilde{x}) = E[(\tilde{x} - E[\tilde{x}])^4] \equiv \mathrm{Kurt}[\tilde{x}] \tag{13.33}$$

注意，偶数阶中心矩非负，因为它们基于随机变量与均值的偏差的偶次幂。偶数阶中心矩只在随机变量满足平凡（退化）分布（trivial distribution）时才为零。实际上，当且仅当分布是平凡的时候，偶数阶中心矩才为零。特别地，当且仅当 $\tilde{x}$ 非平凡时，$\mathrm{Var}[\tilde{x}] > 0$，详见例 13.10.1。

同时要注意，如果分布关于均值对称，那么奇数阶中心矩为零。

有时候高阶矩并不存在（也就是说，非有限）。

随机变量的**标准差**是其方差的平方根。

随机变量的**偏度系数**是三阶中心矩除以标准差的三次方。随机变量的**峰度系数**是四阶中心矩除以方差的平方。这两个系数都无量纲，也就是说，改变随机变量的计量单位时系数不变。

两个随机变量 $\tilde{x}$ 和 $\tilde{y}$ 的**协方差**为

$$\begin{aligned} \mathrm{Cov}[\tilde{x}, \tilde{y}] &\equiv E[(\tilde{x} - E[\tilde{x}])(\tilde{y} - E[\tilde{y}])] = E[\tilde{x}(\tilde{y} - E[\tilde{y}])] \\ &= E[(\tilde{x} - E[\tilde{x}])\tilde{y}] = E[\tilde{x}\tilde{y}] - E[\tilde{x}]E[\tilde{y}] \end{aligned} \tag{13.34}$$

我们把这个等式的证明留作练习，见练习 13.6。等式 $\mathrm{Cov}[\tilde{x}, \tilde{y}] = \mathrm{Cov}[\tilde{y}, \tilde{x}]$也成立，随机变量与其本身之间的协方差就是方差。

两个非平凡随机变量 $\tilde{x}$ 和 $\tilde{y}$ 的**相关系数**为

$$\mathrm{Corr}[\tilde{x}, \tilde{y}] \equiv \frac{\mathrm{Cov}[\tilde{x}, \tilde{y}]}{\sqrt{\mathrm{Var}[\tilde{x}]\mathrm{Var}[\tilde{y}]}} = \mathrm{Corr}[\tilde{y}, \tilde{x}] \tag{13.35}$$

随机变量和其本身之间的相关系数等于 1。

如果两个随机变量的相关系数（或者说是它们的协方差）是零，那么这两个随机变量**不相关**。①

我们可以很容易地证明，当且仅当两个随机变量乘积的期望等于其期望的乘积时，这两个随机变量不相关。详见练习 13.8。

随机向量的期望是随机变量分量的期望的向量。

随机向量一个或多个分量在其他分量取特定实现值时的**条件期望**，是其关于条件分布的期望。例如，对于连续型随机变量 $\tilde{x}_1$ 和 $\tilde{x}_2$，

$$E[\tilde{x}_1 \mid \tilde{x}_2 = x_2] = \int_{-\infty}^{\infty} x_1 f_{\tilde{x}_1 \mid \tilde{x}_2 = x_2}(x_1) \mathrm{d}x_1 \tag{13.36}$$

对于随机过程，条件期望同样适用。期望 $E_t[\tilde{x}_{t+s}]$也可以表示为（至少在单变量时）$E[\tilde{x}_{t+s} \mid \tilde{x}_t = x_t]$。

n 维随机向量 $\tilde{\boldsymbol{x}}$ 的方差，即随机变量分量之间的 $n \times n$ 阶协方差方阵，通常叫作**方差—协方差矩阵**，记为 $\mathrm{Var}[\tilde{\boldsymbol{x}}]$。如果它存在，那么协方差矩阵就是实对称的，且是半正定的，见练习 13.9。

相似地，随机向量的**相关系数矩阵**定义为随机变量各分量相关系数的方阵。它也是实对称且半正定的。而且，相关系数矩阵的主对角线元素等于 1。

注意，协方差矩阵是随机向量与均值的偏差的外积的期望，即

$$E[(\tilde{\boldsymbol{x}} - E[\tilde{\boldsymbol{x}}])(\tilde{\boldsymbol{x}} - E[\tilde{\boldsymbol{x}}])^{\mathrm{T}}] \tag{13.37}$$

见练习 1.9。

类似的，n 维随机向量$\tilde{\boldsymbol{x}}$和 p 维随机向量$\tilde{\boldsymbol{y}}$之间的协方差是 $n \times p$ 阶矩阵

$$\mathrm{Cov}[\tilde{\boldsymbol{x}}, \tilde{\boldsymbol{y}}] = E[(\tilde{\boldsymbol{x}} - E[\tilde{\boldsymbol{x}}])(\tilde{\boldsymbol{y}} - E[\tilde{\boldsymbol{y}}])^{\mathrm{T}}] \tag{13.38}$$

协方差算子 Cov[. , .]和相关系数算子 Corr[. , .]都是双线性函数。如果它们的自变量有相同的维度，则它们就是对称的，见 13.6.3 节。如果自变量维度不同，那么互换自变量，相应的协方差或相关系数矩阵也会转置。

注意，对于 n 维随机向量$\tilde{\boldsymbol{x}}$，由练习 13.7 的结果可知：

$$\mathrm{Var}\Big[\sum_{i=1}^{n} \tilde{x}_i\Big] = \mathrm{Var}[\mathbf{1}^{\mathrm{T}} \tilde{\boldsymbol{x}}] = \mathrm{Cov}[\mathbf{1}^{T} \tilde{\boldsymbol{x}}, \mathbf{1}^{T} \tilde{\boldsymbol{x}}] = \mathbf{1}^{\mathrm{T}} \mathrm{Var}[\tilde{\boldsymbol{x}}] \mathbf{1}$$

① 这不同于假定统计独立，特殊情况除外，例如双变量正态分布，见 13.7 节。

$$= \sum_{i=1}^{n} \mathrm{Var}[\tilde{x}_i] + 2\sum_{i=1}^{n-1}\sum_{j=i+1}^{n} \mathrm{Cov}[\tilde{x}_i, \tilde{x}_j] \tag{13.39}$$

给定两个随机变量 $\tilde{x}$ 和 $\tilde{y}$，我们可以定义第三个随机变量 $\tilde{\epsilon}$ 如下

$$\tilde{\epsilon} \equiv \tilde{y} - \alpha - \beta\tilde{x} \tag{13.40}$$

为了完全设定**扰动项** $\tilde{\epsilon}$，我们可以直接设定标量常数 α 和 β，或者通过对 $\tilde{\epsilon}$ 施加两个约束条件来间接固定 α 和 β。我们采用第二种方法，并假定：

- $\tilde{\epsilon}$ 和 $\tilde{x}$ 不相关，
- $E[\tilde{\epsilon}]=0$。

简单计算可知

$$\beta = \frac{\mathrm{Cov}[\tilde{x}, \tilde{y}]}{\mathrm{Var}[\tilde{x}]} \tag{13.41}$$

且

$$\alpha = E[\tilde{y}] - \beta E[\tilde{x}] \tag{13.42}$$

由随机向量 $\tilde{\boldsymbol{x}}$ 和 $\tilde{\boldsymbol{y}}$ 也可以得出相似地结论，见练习 13.11。

注意，条件期望 $E[\tilde{y}|\tilde{x}=x]$ 不等于 $\alpha+\beta x$，除非对于所有的 x，$E[\tilde{\epsilon} \mid \tilde{x}=x]=0$。为了计算式（13.41）中 β 的期望，需要关于统计独立性的更强假设，而不是不相关的假设。[①] 这一更强假设我们将会在 14.2 节讲回归分析时进行深入探讨。

式（13.41）中 β（beta，贝塔）的表达式我们将会经常用到。

13.6.2 微分和期望

我们常需要求期望关于所含参数的导数，例如，第 16 章讨论过期望效用的极大化问题。对于离散型随机变量，期望算子只是求和算子。我们都知道，和的导数等于导数的和，因此将微分算子与期望算子换序是没有问题的。

对于连续型分布随机变量，期望算子实际上是个积分算子，所以 9.7 节讲积分的微分运算法则时，特别应用了莱布尼兹（Leibniz）积分法则。如果满足适当的正则性条件，微分算子可以与期望算子换序。

例 13.6.1 假设我们希望找到一个向量 $\boldsymbol{a}$，使得随机变量 $\boldsymbol{a}^{\mathrm{T}}\tilde{\boldsymbol{r}}$ 的方差最小。方差为 $\boldsymbol{a}^{\mathrm{T}}\boldsymbol{V}\boldsymbol{a}$，其中 $\boldsymbol{V} \equiv \mathrm{Var}[\tilde{\boldsymbol{r}}]$ 是 $\tilde{\boldsymbol{r}}$ 的半正定方差—协方差矩阵。显然，当 $\boldsymbol{a}=\boldsymbol{0}$ 时方差取得最小值，但是推导这个结论还是很有价值的。

---

① 在 $\tilde{x}$、$\tilde{y}$ 是双变量正态分布的特例中，分布项的条件均值是 0，见 13.7 节。

目标函数是

$$E[\boldsymbol{a}^{\mathrm{T}}(\tilde{\boldsymbol{r}}-E[\tilde{\boldsymbol{r}}])(\tilde{\boldsymbol{r}}-E[\tilde{\boldsymbol{r}}])^{\mathrm{T}}\boldsymbol{a}] \tag{13.43}$$

对期望算子进行微分，得到一阶条件为

$$E[2\boldsymbol{a}^{\mathrm{T}}(\tilde{\boldsymbol{r}}-E[\tilde{\boldsymbol{r}}])(\tilde{\boldsymbol{r}}-E[\tilde{\boldsymbol{r}}])^{\mathrm{T}}]=\boldsymbol{0}^{\mathrm{T}} \tag{13.44}$$

化简得到 $\boldsymbol{a}^{\mathrm{T}}\boldsymbol{V}=\boldsymbol{0}^{\mathrm{T}}$。如果目标函数简化为 $\boldsymbol{a}^{\mathrm{T}}\boldsymbol{V}\boldsymbol{a}$，那么我们将会得到同样的一阶条件。

因此，在零空间的对称矩阵 $\boldsymbol{V}$ 中，对于任何向量来说方差均为零。如果 $\boldsymbol{V}$ 是可逆的（正定的），那么就有一个唯一解 $\boldsymbol{a}=\boldsymbol{0}$。如果 $\boldsymbol{V}$ 是奇异的（半正定而非正定的），那么包含系数向量时，$\tilde{\boldsymbol{r}}$ 的分量的任何线性组合的方差均为零。

这个例子不需要把期望算子与微分算子换序就能解决，在 17.3.1 节中，我们将讲解一个不换序无法求解的例子。

13.6.3 作为数乘的协方差

考虑 13.4 节讲到的由随机变量 $\tilde{x}_1$，$\tilde{x}_2$，…，$\tilde{x}_n$ 生成的 n 维向量空间 X，我们将再次用向量 $\boldsymbol{a}=(a_1, a_2, \cdots, a_n)$表示随机变量 $a_1\tilde{x}_1+a_2\tilde{x}_2+\cdots+a_n\tilde{x}_n$。

用$\tilde{\boldsymbol{x}}=(\tilde{x}_1, \tilde{x}_2, \cdots, \tilde{x}_n)$ 表示随机向量，其分量为生成（张成向量空间的）的随机变量，假设这个随机向量的方差—协方差矩阵存在，并用 $\boldsymbol{V}$ 来表示。（注意随机向量$\tilde{\boldsymbol{x}}$本身并不是随机变量 X 的向量空间中的元素。）

如任何协方差矩阵一样，$\boldsymbol{V}$ 是半正定的（见练习 13.9），且由向量 $\boldsymbol{a}_1$、$\boldsymbol{a}_2$ 表示的随机变量之间的协方差为 $\boldsymbol{a}_1^{\mathrm{T}}\boldsymbol{V}\boldsymbol{a}_2$（见练习 13.10）。

7.5 节提到过，由$\tilde{\boldsymbol{x}}$的分量生成的随机变量的向量空间中，任何随机向量$\tilde{\boldsymbol{x}}$的方差—协方差矩阵 $\boldsymbol{V}$ 都可以用来定义（对称的、半正定的）数乘（即协方差）以及度量（即标准差）。

由 5.4.9 节可知，在非平凡随机变量生成的任何有限维向量空间中，存在正交基，即不相关随机变量的基，其方差都等于 1，见练习 13.13。

13.7 多元正态分布

我们经常遇到的一个分布就是**多元正态分布**（MVN）。如果 n 维随机向量$\tilde{\boldsymbol{x}}$满足参数为$\boldsymbol{\mu}\in\mathbb{R}^n$ 和 $\boldsymbol{\Sigma}\in\mathbb{R}^{n\times n}$ 的多元正态分布，假设 $\boldsymbol{\Sigma}$ 对称且正定，则其 pdf 为

$$f_{\tilde{\boldsymbol{x}}}(\boldsymbol{x})=\frac{1}{\sqrt{(2\pi)^n\det\boldsymbol{\Sigma}}}e^{-\frac{1}{2}(\boldsymbol{x}-\boldsymbol{\mu})^{\mathrm{T}}\boldsymbol{\Sigma}^{-1}(\boldsymbol{x}-\boldsymbol{\mu})} \tag{13.45}$$

常记为$\tilde{\boldsymbol{x}}\sim\mathrm{MVN}(\boldsymbol{\mu}, \boldsymbol{\Sigma})$。一维多元正态分布是比较常见的正态分布。二维

多元正态分布通常称为**二元正态分布**。练习 13.15 和 13.16 给出了多元正态分布一些有用的性质。这里我们将证明关于正态或二元正态分布的几个性质，这些性质统称为斯坦（Stein）引理。[①] 假设资产收益满足多元正态分布，由斯坦引理可以得到漂亮的结果，见 17.5.5 节。

定理 13.7.1（斯坦引理） 令 g：$\mathbb{R}\to\mathbb{R}$ 可微。

(a) 若 $\tilde{x}\sim N(0,1)$ 且 $E[|g'(\tilde{x})|]<\infty$，则

$$E[g'(\tilde{x})]=E[g(\tilde{x})\tilde{x}] \tag{13.46}$$

(b) 若 $\tilde{x}\sim N(\mu,\sigma^2)$ 且 $E[|g'(\tilde{x})|]<\infty$，则

$$E[g'(\tilde{x})]=E\left[g(\tilde{x})\frac{\tilde{x}-\mu}{\sigma^2}\right] \tag{13.47}$$

(c) 若 $\tilde{x}$ 和 $\tilde{y}$ 为二元正态分布且 $E[|g'(\tilde{x})|]<\infty$，则

$$\mathrm{Cov}[g(\tilde{x}),\tilde{y}]=\mathrm{Cov}[\tilde{x},\tilde{y}]E[g'(\tilde{x})] \tag{13.48}$$

证明：

(a) 斯坦引理原始版本的证明见 Stein（1981，p. 1136）。

先回顾一下式（13.7）中的概率密度函数（pdf）

$$\phi(x)=\frac{1}{\sqrt{2\pi}}e^{-\frac{1}{2}x^2} \tag{13.49}$$

注意，当 $x\to\pm\infty$ 时，$\phi(x)\to 0$。因此，根据微积分基本定理，我们可以写为

$$\phi(x)=\int_{-\infty}^{x}\phi'(z)\mathrm{d}z=-\int_{x}^{\infty}\phi'(z)\mathrm{d}z \tag{13.50}$$

用链式法则对式（13.49）微分，得

$$\phi'(x)=-x\phi(x) \tag{13.51}$$

所以式（13.50）变为

$$\phi(x)=-\int_{-\infty}^{x}z\phi(z)\mathrm{d}z=\int_{x}^{\infty}z\phi(z)\mathrm{d}z \tag{13.52}$$

因此，我们可以得到

$$\begin{aligned}E[g'(\tilde{x})]&=\int_{0}^{\infty}g'(x)\phi(x)\mathrm{d}x+\int_{-\infty}^{0}g'(x)\phi(x)\mathrm{d}x\\&=\int_{0}^{\infty}g'(x)\left(\int_{x}^{\infty}z\phi(z)\mathrm{d}z\right)\mathrm{d}x\end{aligned}$$

---

① 这些成果可以追溯到 Charles M. Stein（b. 1920）的研究，尤其是 Stein（1973）和 Stein（1981）。这个引理首先在 Rubinstein（1973）的金融著作中使用并被间接证明，他的研究与 Stein 的研究是同时的，但是独立的。Ingersoll（1987，pp. 13－14）也证明了这个结果，但没有称它为斯坦（Stein）引理。这个引理也被 Huang 和 Litzenberger（1988，p. 101，p. 116）以及 Cochrane（2005，p. 163）使用。Stein 引理的多变量扩展出现在 Balvers 和 Huang（2009，Appendix B）中，这里它被称为 Stein 推广引理。

$$
\begin{aligned}
&-\int_{-\infty}^{0} g'(x)\left(\int_{-\infty}^{x} z\phi(z)\mathrm{d}z\right)\mathrm{d}x \\
=&\int_{0}^{\infty}\int_{0}^{z} g'(x)z\phi(z)\mathrm{d}x\mathrm{d}z \\
&-\int_{-\infty}^{0}\int_{z}^{0} g'(x)z\phi(z)\mathrm{d}x\mathrm{d}z \qquad (13.53)
\end{aligned}
$$

其中，我们在最后一步用到了富比尼定理（因为我们假设 $E[|g'(\tilde{x})|]<\infty$）来互换两个积分符号的次序。

$$
\{(x, z)\in\mathbb{R}^2: x\geqslant 0, z\geqslant x\}=\{(x, z)\in\mathbb{R}^2: z\geqslant 0, 0\leqslant x\leqslant z\} \qquad (13.54)
$$

和

$$
\{(x, z)\in\mathbb{R}^2: x\leqslant 0, z\leqslant x\}=\{(x, z)\in\mathbb{R}^2: z\leqslant 0, 0\geqslant x\geqslant z\} \qquad (13.55)
$$

用微积分基本定理关于 x 求积分，式（13.53）化为

$$
\begin{aligned}
E[g'(\tilde{x})]&=\int_{0}^{\infty}(g(z)-g(0))z\phi(z)\mathrm{d}z-\int_{-\infty}^{0}(g(0)-g(z))z\phi(z)\mathrm{d}z \\
&=\int_{-\infty}^{\infty}(g(z)-g(0))z\phi(z)\mathrm{d}z \\
&=E[g(\tilde{x})\tilde{x}]-g(0)E[\tilde{x}] \\
&=E[g(\tilde{x})\tilde{x}] \qquad (13.56)
\end{aligned}
$$

即得证。

(b) 对于一般的随机变量 $\tilde{x}\sim N(\mu, \sigma^2)$，我们可以使用前面的结论 $\tilde{z}\equiv\frac{\tilde{x}-\mu}{\sigma}$ 和 $h(\tilde{z})\equiv g(\mu+\sigma\tilde{z})=g(\tilde{x})$，得

$$
E[h'(\tilde{z})]=E[h(\tilde{z})\tilde{z}] \qquad (13.57)
$$

但是

$$
h'(z)=\sigma g'(\mu+\sigma z) \qquad (13.58)
$$

或

$$
h'(z)=\sigma g'(\tilde{x}) \qquad (13.59)
$$

对式（13.57）作适当的替换，得

$$
\sigma E[g'(\tilde{x})]=E\left[g(\tilde{x})\frac{\tilde{x}-\mu}{\sigma}\right] \qquad (13.60)
$$

或

$$
E[g'(\tilde{x})]=E\left[g(\tilde{x})\frac{\tilde{x}-\mu}{\sigma^2}\right] \qquad (13.61)
$$

原题设即得证。

(c) $\tilde{x}$ 的边缘分布是单变量正态的，见练习 13.16。

(i) 先假设 $\tilde{x}\sim N(0, 1)$。

由式（13.40），我们有

$$\tilde{y}\equiv\alpha+\beta\tilde{x}+\tilde{\epsilon} \tag{13.62}$$

确定 α 和 β 的值使得 $\tilde{\epsilon}$ 的均值为零且与 $\tilde{x}$ 无关。因为我们已经假设 $\mathrm{Var}[\tilde{x}]=1$，于是可以得到 $\beta=\mathrm{Cov}[\tilde{x}, \tilde{y}]$，那么

$$\begin{aligned}\mathrm{Cov}[g(\tilde{x}), \tilde{y}]&=\mathrm{Cov}\left[g(\tilde{x}), \alpha+\beta\tilde{x}+\tilde{\epsilon}\right]\\&=\beta\mathrm{Cov}[g(\tilde{x}), \tilde{x}]\end{aligned} \tag{13.63}$$

因为 $\tilde{\epsilon}$ 是独立于 $\tilde{x}$ 的（因为不相关的二元正态随机变量是独立的，见练习 13.16），所以也是独立于 $g(\tilde{x})$ 的。由式（13.34）和 Stein 引理的单变量形式，得

$$\begin{aligned}\mathrm{Cov}[g(\tilde{x}), \tilde{y}]&=\beta E[g(\tilde{x})\tilde{x}]\\&=\mathrm{Cov}[\tilde{x}, \tilde{y}]E[g'(\tilde{x})]\end{aligned} \tag{13.64}$$

原题设即得证。

(ii) 对于一般正态随机变量 $\tilde{x}\sim N(\mu,\sigma^2)$，我们可以再用一次前面的结论 $\tilde{z}\equiv(\tilde{x}-\mu)/\sigma$ 和 $h(\tilde{z})\equiv g(\mu+\sigma\tilde{z})=g(\tilde{x})$，得

$$\mathrm{Cov}[h(\tilde{z}), \tilde{y}]=\mathrm{Cov}[\tilde{z}, \tilde{y}]E[h'(\tilde{z})] \tag{13.65}$$

再用式（13.59）作适当的替换，得

$$\mathrm{Cov}[g(\tilde{x}), \tilde{y}]=\mathrm{Cov}\left[\frac{\tilde{x}-\mu}{\sigma}, \tilde{y}\right]E[\sigma g'(\tilde{x})] \tag{13.66}$$

把两个 σ 和协方差里的 μ 去掉，这样式（13.66）就变回标准正态式（13.48）的形式。

13.8 估计与预测

掷均匀的骰子这样的简单例子中，概率分布参数的值很直观。然而在大多数实际应用中，尤其是在经济学和金融方面的应用中，分布的参数是不可观测且需要估计的。我们已经在 1.2.1 节中讨论过单方程经济学模型的估计。在 13.3.7 节中我们也提到过高流动性匹配下注可以得到赔率的良好估计。

最简单的估计问题是基于随机变量中很多**独立同分布的**（iid）观察**样本**（或称为**随机样本**）的。例如，我们要对高尔夫球手在一场 18 洞比赛中的击球数 $\tilde{x}$ 的分布进行建模。特别地，假设我们希望估计每场比赛中击球的均值或期望，即 $\mu\equiv E[\tilde{x}]$。如果我们已经观察了 n 场比赛中这位高尔夫球手的得分值，$\tilde{x}_1=x_1$，$\tilde{x}_2=x_2$，…，$\tilde{x}_n=x_n$，那么**总体均值** μ 的一个**估计量**是**样本均值**，表示为

$$\overline{X} \equiv \frac{1}{n}\sum_{i=1}^{n}\widetilde{x}_i \tag{13.67}$$

样本均值的观测值记为

$$\overline{x} \equiv \frac{1}{n}\sum_{i=1}^{n}x_i \tag{13.68}$$

称作**估计量**。类似的，总体方差、协方差或其他矩可以用样本的相应值来估计。

理论上，任何随机变量都可以用作参数的估计量。然而，从估计量的期望等于被估计的参数这一点来说，参数的估计量必须是**无偏**的。在我们的例子中，假设样本观测值是独立同分布的，根据期望算子的线性，有

$$E[\overline{X}] = \frac{1}{n}\sum_{i=1}^{n}E[\widetilde{x}_i] = \frac{1}{n}\sum_{i=1}^{n}\mu = \frac{1}{n}n\mu = \mu \tag{13.69}$$

因此，样本均值是总体均值的无偏估计值。

通常，我们在参数符号上面加一个"ˆ"来表示概率分布参数的估计量。例如上文中，可以用 $\hat{\mu}$ 而不用 $\overline{X}$ 来表示总体均值的估计量。

预测值是随机变量或随机过程未来可观测的值，而不是不可观测的总体参数，其他方面预测和估计类似。例如，未来 12 个月欧洲央行的主要利率。一些经济学毕业生会了解到，公众对于理性经济决策分析的感知较为薄弱，而对利率或资产价值等经济变量的预测值的感知要多一些。

预测问题对统计学和经济学都做了很有价值的贡献。例如，期货市场或远期市场的价格可以用来预测现货市场的期货价格。或者，现货价值的时间序列模型可以用来作预测。

就像任何随机变量都可以看作是待定参数的估计量一样，在预测中，任何随机变量都可以看作是未来观测值的**预测器**。预测器得出的未来观测值称为**预测**。从预测器的期望等于被预测随机变量的期望这一点来说，随机变量的预测器应该有**无偏性**。

估计和预测之间的区别在体育博彩等领域中会变得模糊不清。从纯统计学的角度来看，每个竞争者赢得竞赛的概率是不可观测的参数。然而从商业角度来看，开始时的市场赔率（或者说是市场概率）就是可观测随机变量的预测。

13.9 泰勒定理：随机形式

我们经常需要对随机变量函数在随机变量均值处使用单变量泰勒（Taylor）展开式。我们会举例说明计算泰勒展开式的步骤。

$$f(\widetilde{x}) = f(E[\widetilde{x}]) + \sum_{n=1}^{\infty}\frac{1}{n!}f^{(n)}(E[\widetilde{x}])(\widetilde{x} - E[\widetilde{x}])^n \tag{13.70}$$

对式（13.70）的左右两边求期望，得

$$E[f(\tilde{x})]=f(E[\tilde{x}])+\sum_{n=2}^{\infty}\frac{1}{n!}f^{(n)}(E[\tilde{x}])m^{n}(\tilde{x}) \tag{13.71}$$

已知

$$m^{1}(\tilde{x})=E[(\tilde{x}-E[\tilde{x}])^{1}]\equiv 0 \tag{13.72}$$

因此我们可以在 $n=2$ 时而不是 $n=1$ 时对式（13.71）进行求和。事实上，我们可以将式（13.71）改写成

$$E[f(\tilde{x})]=f(E[\tilde{x}])+\frac{1}{2}f''(E[\tilde{x}])\mathrm{Var}(\tilde{x})+\frac{1}{6}f'''(E[\tilde{x}])\mathrm{Skew}[\tilde{x}]+\frac{1}{24}f''''(E[\tilde{x}])\mathrm{Kurt}[\tilde{x}]+\sum_{n=5}^{\infty}\frac{1}{n!}f^{(n)}(E[\tilde{x}])m^{n}(\tilde{x}) \tag{13.73}$$

我们可以用一个相似地步骤来得到上述有限阶展开式。例如，求 $E[\tilde{x}]$关于 f 的二阶泰勒展开式的期望，对于“一些” x^*，粗略地看，有

$$E[f(\tilde{x})]=f(E[\tilde{x}])+\frac{1}{2}f''(x^*)\mathrm{Var}[\tilde{x}] \tag{13.74}$$

然而，这需要假设 x^* 是固定值，但是实际上 x^* 随着 $\tilde{x}$ 值的变化而变化，本身是个与 $\tilde{x}$ 相关的随机变量。换句话说，与确定性的泰勒定理相比较，泰勒定理的随机形式中加入了一个额外的近似度。

尽管没有了方差项，符号也不太好处理，但这些结论也同样适用于随机向量。f（$\tilde{x}$）的在 $E[\tilde{x}]$处的二阶泰勒近似值为

$$E[f(\tilde{\boldsymbol{x}})]=f(E[\tilde{\boldsymbol{x}}])+\frac{1}{2}E[(\tilde{\boldsymbol{x}}-E[\tilde{\boldsymbol{x}}])^{\mathrm{T}}f''(E[\tilde{\boldsymbol{x}}])(\tilde{\boldsymbol{x}}-E[\tilde{\boldsymbol{x}}])]+\cdots \tag{13.75}$$

由于矩阵乘法不满足交换律，所以二阶项不再是方差的倍数，而在一维中二阶项是方差。然而，如果 f 是凹的或凸的，我们可以确定海塞矩阵 f''是正定矩阵还是半定矩阵，那么我们也可以确定泰勒近似中二阶项的符号。

9.6 节结尾部分用到的泰勒定理大多数是泰勒定理的随机形式。

13.10 詹森不等式

这一节介绍**詹森**（Jensen）**不等式**。[①] 这个结论将 10.2 节中的凸凹性理论和前面章节中讲到的随机变量、随机向量及其期望的观点结合起来了。

① 这个结果首先由丹麦数学家 Johan Ludwig William Valdemar Jensen（1859—1925）证明。

第一小节给出了定理的正式陈述，给出了连续可微函数情况下的严格证明以及一些直观的例子。第二部分介绍了金融经济学中的几个实际应用。

在 16.5 节中学习风险规避的时候，我们将会再次见到詹森不等式。

13.10.1 陈述与证明

定理 13.10.1（詹森不等式） 令$\tilde{x}$为非平凡随机向量，在一些凸集 $X\subseteq\mathbb{R}^n$ 上有有限期望。

(a) 随机向量$\tilde{x}$的（严格）凹函数的期望小于或小于等于该随机向量期望的函数，或

$E[u(\tilde{x})](<)\leqslant u(E[\tilde{x}])$，当 $u: X\to\mathbb{R}$ 是（严格）凹的且 $E[u(\tilde{x})]$ 存在。 (13.76)

(b) 类似的，随机向量$\tilde{x}$的（严格）凸函数的期望大于或大于等于该随机向量期望的函数，或

$E[v(\tilde{x})](>)\geqslant v(E[\tilde{x}])$，当 $v: X\to\mathbb{R}$ 是（严格）凸的且 $E[v(\tilde{x})]$ 存在。 (13.77)

证明： 不失一般性，考虑凹的情况。我们给出两个证明，第一个证明假设$\tilde{x}$为含有限个可能值的离散分布，第二个证明假设 u 是连续可微的。如果需要完全一般的证明（基于分离超平面定理和支持超平面定理），即不作关于$\tilde{x}$的分布或者函数 u 的连续性或可微性的假设的证明，见 Berger（1993，pp. 343 - 4）。

我们通过凹函数的定义、确定凹函数的一阶条件以及确定凹函数的二阶条件这三个方面分别入手来推导这个结论。

(a) 对于凹函数的定义，

$$u(\lambda \boldsymbol{x}+(1-\lambda)\boldsymbol{x}')\geqslant\lambda u(\boldsymbol{x})+(1-\lambda)u(\boldsymbol{x}') \tag{13.78}$$

我们可以重新改写。设离散型随机向量$\tilde{x}\in X$ 取向量值 $\boldsymbol{x}\in X$ 的概率为 π，取向量值 $\boldsymbol{x}'\in X$ 的概率为 $1-\pi$，$\pi\in(0,1)$。不等式（13.78）变为

$$u(\pi \boldsymbol{x}+(1-\pi)\boldsymbol{x}')\geqslant\pi u(\boldsymbol{x})+(1-\pi)u(\boldsymbol{x}') \tag{13.79}$$

即证明了

$$u(E[\tilde{x}])\geqslant E[u(\tilde{x})] \tag{13.80}$$

图 13—1 解释了一维 $\tilde{x}$ 的证明。

对于含有限个可能值的离散型随机变量，可以用数学归纳法来证明。实际上，相当于把定义不等式（10.3）中的标量 k_i 换为概率 π_i。

如果可能取值的个数是无限可数或无限不可数，这个归纳法证明就会出现问题。

(b) 从凹函数的一阶条件出发，可以对连续可微函数的詹森不等式进行严格论证

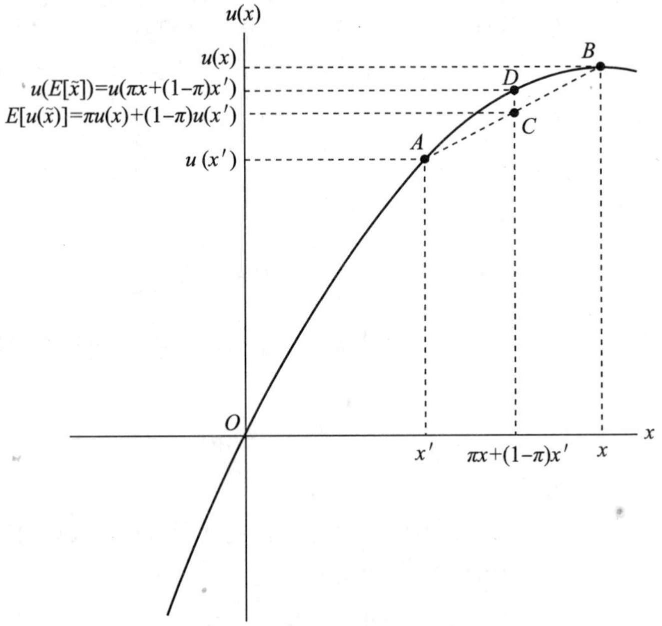

图 13—1　詹森不等式的诱导

$$u(\boldsymbol{x})\leqslant u(\boldsymbol{x}')+u'(\boldsymbol{x}')(\boldsymbol{x}-\boldsymbol{x}') \tag{13.81}$$

用随机向量的期望 $E[\tilde{\boldsymbol{x}}]$ 取代 $\boldsymbol{x}'$，用 $\tilde{\boldsymbol{x}}$ 取代 $\boldsymbol{x}$，随机向量的一般值不同于其期望，于是

$$u(\tilde{\boldsymbol{x}})\leqslant u(E[\tilde{\boldsymbol{x}}])+u'(E[\tilde{\boldsymbol{x}}])(\tilde{\boldsymbol{x}}-E[\tilde{\boldsymbol{x}}]) \tag{13.82}$$

类似的，可以用式（13.71）的泰勒展开式，在不等式的两边求期望可以得到相同的结果。不等式右边第一项不随机，第二项消失，得

$$E[u(\tilde{\boldsymbol{x}})]\leqslant u(E[\tilde{\boldsymbol{x}}]) \tag{13.83}$$

原题设即得证。

(c) 我们也可以采用凹函数的二阶条件和式（13.75）中的二阶泰勒近似：

$$E[u(\tilde{\boldsymbol{x}})]\approx u(E[\tilde{\boldsymbol{x}}])+\frac{1}{2}E[(\tilde{\boldsymbol{x}}-E[\tilde{\boldsymbol{x}}])^{\mathrm{T}}u''(E[\tilde{\boldsymbol{x}}])(\tilde{\boldsymbol{x}}-E[\tilde{\boldsymbol{x}}])] \tag{13.84}$$

如果 u 是凹的，那么海塞矩阵 $u''(E[\tilde{\boldsymbol{x}}])$ 就是负半定的，且右边第二项的二次型对所有 $\tilde{\boldsymbol{x}}$ 的值都是非正的，所以期望也是非正的。因此，

$$E[u(\tilde{\boldsymbol{x}})]\leqslant u(E[\tilde{\boldsymbol{x}}]) \tag{13.85}$$

然而，这个方法不能给出严格凸凹函数的詹森不等式的严格证明。

对于凸函数情形，和前两种情况中函数是严格凸函数的情形的证明基本相同，我们把它留作练习，见练习 13.27。

注意，当 $\tilde{\boldsymbol{x}}$ 是平凡分布时，无论 f 是凸是凹或两者都不是，$\tilde{\boldsymbol{x}}=E[\tilde{\boldsymbol{x}}]$ 的概率

都为 1，且 $f(\tilde{\boldsymbol{x}})=f(E[\tilde{\boldsymbol{x}}])=E[f(\tilde{\boldsymbol{x}})]$存在。平凡分布的这个结论有时被称为**詹森等式**。

为了分析标量情况下 $u(E[\tilde{x}])$与 $E[u(\tilde{x})]$的差值，由式（13.73）可以得到二阶泰勒近似：

$$E[u(\tilde{x})]\approx u(E[\tilde{x}])+\frac{1}{2}u''(E[\tilde{x}])\mathrm{Var}[\tilde{x}] \tag{13.86}$$

这表明，u 的曲率（由 $\tilde{x}$ 的均值的二阶导数测定）越大，$\tilde{x}$ 的方差越大，$u(E[\tilde{x}])$与 $E[u(\tilde{x})]$的差值也越大。

例 13.10.1 对于任何非平凡正随机变量 $\tilde{x}$，$x\mapsto 1/x$ 是一个定义在 $\mathbb{R}_{++}$ 上的严格凸函数，

$$E\left[\frac{1}{\tilde{x}}\right]>\frac{1}{E[\tilde{x}]} \tag{13.87}$$

例 13.10.2 对于任何非平凡正随机变量 $\tilde{x}$，$x\mapsto \ln x$ 是一个定义在 $\mathbb{R}_{++}$ 上的严格凹函数，

$$E[\ln\tilde{x}]<\ln E[\tilde{x}] \tag{13.88}$$

上式的两边都取指数运算，得

$$E[\tilde{x}]>e^{E[\ln\tilde{x}]} \tag{13.89}$$

将两边取倒数，得

$$\frac{1}{E[\tilde{x}]}<e^{-E[\ln\tilde{x}]} \tag{13.90}$$

或，令 $\tilde{y}=1/\tilde{x}$，

$$\frac{1}{E\left[\frac{1}{\tilde{y}}\right]}<e^{E[\ln\tilde{y}]} \tag{13.91}$$

最后，将式（13.89）和式（13.91）相结合，得

$$\frac{1}{E\left[\frac{1}{\tilde{y}}\right]}<e^{E[\ln\tilde{y}]}<E[\tilde{y}] \tag{13.92}$$

例 13.10.3 对于任何非平凡正随机变量 $\tilde{x}$，$x\mapsto x^2$ 是一个定义在 $\mathbb{R}$ 上的严格凸函数，

$$E[\tilde{x}^2]>(E[\tilde{x}])^2 \tag{13.93}$$

回顾练习 13.21，知 $\mathrm{Var}[\tilde{x}]=E[\tilde{x}^2]-(E[\tilde{x}])^2$。

将上面两个结论结合起来，可以发现，詹森不等式表示 $\mathrm{Var}[\tilde{x}]$对非平凡的 $\tilde{x}$ 是正的。这个结论也可以由式（13.31）中方差函数的定义直接推得。

我们已经证明了随机变量和期望的詹森不等式。詹森不等式同样适用于随机样本和相应的样本均值。由于随机样本一般都有限，可以对式（10.2）和式

(10.3) 定义的不等式进行改写。对第一种情况有

$$f(\tilde{\boldsymbol{x}})=f\Big(\sum_{i=1}^{n}\frac{1}{n}\boldsymbol{x}_i\Big)\leqslant\sum_{i=1}^{n}\frac{1}{n}f(\boldsymbol{x}_i) \tag{13.94}$$

其中 f 是凸函数，n 表示样本容量的大小。

詹森不等式有很多经典的特例不等式。詹森在原著中引用的第一个例子是，一个非负集合的几何平均数小于它的算术平均数。詹森把这个结论归功于Cauchy，见练习 13.28。詹森提到的另一个特例（1906，p.181）就是常见的柯西-施瓦茨不等式（7.29）。下面的例题就是詹森对柯西-施瓦茨不等式的推导。

例 13.10.4 如同式（13.94）中等权重样本均值的詹森不等式一样，我们可以写出任意权重的样本均值的詹森不等式。对于任意正实数（权重）a_1，a_2，…，a_n，实数 b_1，b_2，…，b_n 和凸函数 υ，用 a_i 作权重的 b_i 的加权平均数的詹森不等式为

$$\upsilon\left(\frac{\sum_{i=1}^{n}a_ib_i}{\sum_{i=1}^{n}a_i}\right)\leqslant\frac{\sum_{i=1}^{n}a_i\upsilon(b_i)}{\sum_{i=1}^{n}a_i} \tag{13.95}$$

如果 x_1，x_2，…，x_n 为任意正实数，y_1，y_2，…，y_n 是任意非零实数[①]，那么式（13.95）中，令 $\upsilon(x)\equiv x^2$，$a_i=y_i^2$ 和 $b_i=x_i/y_i$（$i=1$，2，…，n），得

$$\left(\frac{\sum_{i=1}^{n}y_i^2(x_i/y_i)}{\sum_{i=1}^{n}y_i^2}\right)^2\leqslant\frac{\sum_{i=1}^{n}y_i^2(x_i/y_i)^2}{\sum_{i=1}^{n}y_i^2} \tag{13.96}$$

两边同乘 $\left(\sum_{i=1}^{n}y_i^2\right)^2$，化简得

$$\left(\sum_{i=1}^{n}x_iy_i\right)^2\leqslant\sum_{i=1}^{n}x_i^2\sum_{i=1}^{n}y_i^2 \tag{13.97}$$

（在开平方根后）这个式子变成了柯西-施瓦茨不等式（7.29），常以标量形式表示而不用原来的向量符号表示。

13.10.2 金融经济学中的应用

互相博彩

市场操作中的直观经常暗含了一些假定：

● 互相博彩中，下注比例是对各种结果出现概率的无偏估计，概率是不可观测的。

① 詹森（Jensen）的原创论文似乎并没有承认他的证明只适用于非 0 的 y_i。

● 互相博彩中，与每个结果集合对应的赔率（经扣减调整）是对各自真实赔率的无偏估计，各自的真实赔率是不可观测的。

这些假定经常用作市场**信息效率**的论据的一部分。

我们现在用詹森不等式证明这两个假定不能同时为真。

如果 $\tilde{p}_i$ 是互相博彩中对第 i 个竞争者下注的比例，π_i 表示第 i 个竞争者获胜的真实概率，τ 是操作员留作费用和税金的那部分占彩池赌金的比例，那么 $\widetilde{O}_i \equiv \frac{1-\tau}{\tilde{p}_i}$ 表示彩池小数赔率，$\frac{1-\tau}{\pi_i}$* 表示对竞争者 i 下注的真实小数赔率。比例 $\tilde{p}_i$ 是在博彩结束前，不能被投资者观测到的随机变量。

上文中的第一个假定是 $E[\tilde{p}_i]=\pi_i$，第二个是 $E[\widetilde{O}_i]=(1-\tau)/\pi_i$。将一个假定代入另一个假定，我们得到

$$E[\widetilde{O}_i]=\frac{1-\tau}{\pi_i}=\frac{1-\tau}{E[\tilde{p}_i]} \tag{13.98}$$

在 $\widetilde{O}_i$ 的定义中求期望，得

$$E[\widetilde{O}_i]=(1-\tau)E\left[\frac{1}{\tilde{p}_i}\right] \tag{13.99}$$

这就表明

$$\frac{1}{E[\tilde{p}_i]}=E\left[\frac{1}{\tilde{p}_i}\right] \tag{13.100}$$

这就和詹森不等式矛盾了（除非 $\tilde{p}_i$ 是一个定值）。

因此，上面的两个假定中至少有一个不为真。然而，这并不完全是个坏消息，因为我们能推导出更赢利的互相博彩方式。如果下注比例精确地反映了真实概率，即 $E[\tilde{p}_i]=\pi_i$，那么由詹森不等式，期望互相博彩赔率（经扣减调整）超过真实赔率，即

$$\begin{aligned}E[\widetilde{O}_i]&=(1-\tau)E\left[\frac{1}{\tilde{p}_i}\right]\\&>(1-\tau)\frac{1}{E[\tilde{p}_i]}\\&=\frac{1-\tau}{\pi_i}\end{aligned} \tag{13.101}$$

因此，1 单位赌注的预期回报 $\pi_i E[\widetilde{O}_i]$会大于$(1-\tau)$。然而，要获利，需要满足

$$\pi_i E[\widetilde{O}_i]>1 \tag{13.102}$$

而实际上，扣除的部分通常远大于詹森效应，所以

$$(1-\tau)<\pi_i E[\widetilde{O}_i]<1 \tag{13.103}$$

* 译者注：原文为 $1/\pi_i$ 可能有误。

事实上，很容易就能推得，所有结果的期望互相博彩赔率（经扣减调整）都不等于真实赔率，也就是说，上文的第二个假定是站不住脚的。

通过小数赔率，假设

$$E[\widetilde{O}_i]=\frac{1-\tau}{\pi_i} \tag{13.104}$$

即

$$E\left[\frac{1-\tau}{\tilde{p}_i}\right]=\frac{1-\tau}{\pi_i} \tag{13.105}$$

或者

$$E\left[\frac{1}{\tilde{p}_i}\right]=\frac{1}{\pi_i} \tag{13.106}$$

由詹森不等式，可以得到

$$\frac{1}{E[\tilde{p}_i]}<\frac{1}{\pi_i} \tag{13.107}$$

取倒数，则不等式变为

$$E[\tilde{p}_i]>\pi_i \tag{13.108}$$

将所有结果都相加，得

$$E\left[\sum_i \tilde{p}_i\right]>\sum_i \pi_i \tag{13.109}$$

根据定义，彩池中的各种结果的比例的总和，以及真实概率的总和都等于1，所以不等式（13.109）变为1>1。因此，用反证法可以证明原来的假定是错误的。

西格尔悖论

詹森不等式的另一个很好但更复杂的应用就是**西格尔（Siegel）悖论**。[①] 在给出这个悖论的正式陈述和讨论之前，我们先考虑一个例子，来解释特定货币汇率下即期汇率和远期汇率之间的关系。

例 13.10.5 假定我们认为30天以后，£1可以以等概率（二分之一）兑换€1.25或者€1.60，即EUR/GBP的即期汇率将为1.25或1.60. 那么未来EUR/GBP即期汇率的期望为1.425。假设这和当前的30天期的远期汇率是一样的。

那么当前GBP/EUR的30天期的远期汇率是多少呢？如果它和EUR/GBP汇率的倒数不同，即1/1.425≈0.701 754 386，那么就存在套利机会。

而30天后GBP/EUR的即期汇率的期望又是多少呢？类似的，除非这个比率在两个国家都等于相应的EUR/GBP汇率的倒数，否则这两个国家中至少有一

① 西格尔（Siegel）悖论是以美国财政经济学家Jeremy J. Siegel（b. 1945）的名字命名的，他引起大家对固定汇率的布雷顿森林体系瓦解之后关于汇率决定的密集研究现象的注意（Siegel，1972）。

个国家存在套利机会。即，汇率等于 1/1.25=0.8 和汇率等于 1/1.60=0.625 的概率都是二分之一，因此期望为 0.712 5，比相应的远期汇率高出一便士。

这个例子表明，所有未知未来即期汇率的期望等于相应已知远期汇率的假定，表面上合理，但在数学上是不可能的。

定理 13.10.2（西格尔悖论） 如果没有完美的预见性，那么当前的远期价格不可能都等于未来即期价格的预期。

证明：西格尔悖论原来是使用货币汇率来表述的，而且用汇率表述的西格尔悖论很容易理解。在例 13.10.5 中，设 F_t 是当前 GBP/EUR 的单期远期汇率，$\widetilde{S}_{t+1}$是未来 GBP/EUR 的即期汇率。如果远期汇率是未来即期汇率的无偏预测

$$E_t[\widetilde{S}_{t+1}]=F_t \tag{13.110}$$

则詹森不等式告诉我们，除非 $\widetilde{S}_{t+1}$在时间 t 为已知确定值（具有完美的预见性或为詹森等式），否则有

$$\frac{1}{F_t}=\frac{1}{E_t[\widetilde{S}_{t+1}]}<E_t\left[\frac{1}{\widetilde{S}_{t+1}}\right] \tag{13.111}$$

为了简单起见，我们假设两种货币的利率都为零。完整的分析需要考虑两种货币在 t 和 $t+1$ 之间所获得的利息，但最终结果不受影响。

只有在时间 $t+1$ 存在套利机会，倒数 $1/\widetilde{S}_{t+1}$才等于未来 EUR/GBP 的即期汇率。同样的，只有在时间 t 存在套利机会，倒数 $1/F_t$ 才等于当前 EUR/GBP 的远期汇率。

因此，原来的假定（用 GBP/EUR 汇率表示的）若是改写成 EUR/GBP 汇率，是站不住脚的。

与之前互相博彩的例子相似，西格尔悖论是一个警告，警告我们要谨慎对待所有直观上看起来合理的假定。

西格尔悖论在提出后的 30 多年里一直没有被解决。Chu（2005）整理了相关文献并提出了一个解法。在上述詹森不等式的应用讨论中，我们使用了无条件的期望算子 $E[\cdot]$，没有讨论求期望时可用的信息。Chu（2005）指出，应当基于未知的未来即期汇率（比如 $\widetilde{S}_{t+1}$（GBP/EUR）和 $\widetilde{S}^*_{t+1}$（EUR/GBP））的联合分布来讨论上述问题。无套利原则要求恒等式 $\widetilde{S}_{t+1}\widetilde{S}^*_{t+1}=1$ 成立的概率为 1。换句话说，（$\widetilde{S}_{t+1}$，$\widetilde{S}^*_{t+1}$）的联合概率分布的概率密度都集中在了 SS^* 平面上方程 $SS^*=1$ 的等轴双曲线上。

这样，以 $\widetilde{S}^*_{t+1}$为条件的 $\widetilde{S}_{t+1}$的分布是平凡的，以之为条件分布，詹森不等式变为詹森等式。Chu（2005）认为这种方法解释了西格尔悖论。16.7 节将会给出另一种解决方案。

纯期望假设

另一个类似的假设是与利率的期限结构相关的**纯期望假设**。纯期望假设认为当前的远期单利率是未来即期单利率的无偏预测。如果 f_t 表示当前单期远期利

率，$\tilde{l}_{t+1}$是相应的未知的未来即期利率，那么纯期望假设就是

$$E_t[\tilde{l}_{t+1}]=f_t \tag{13.112}$$

详细讨论见 15.4.4 节。在这种情况下，西格尔悖论的推论涉及即期和远期纯贴现债券价格之间的关系。当套利机会不存在时，单因素纯贴现债券必须要在远期市场中以 $1/(1+f_t)$的价格进行交易，在未来即期市场中以 $1/(1+\tilde{l}_{t+1})$的价格进行交易。综合应用詹森不等式与纯期望假设，可以导出这些债券价格之间的关系，我们留作练习，见练习 15.14。

有些观点认为不适用于欧元的假设可能会适用于英镑或美元，这是错误的。但是考虑到债券价格和利率是完全不同的两个概念，不能因为西格尔悖论就马上批评纯期望假设。

把简单期望假设替换为**对数期望假设**，貌似更加合理，且内部一致。以上面的货币汇率为例，这个假设可以写成

$$E_t[\ln\widetilde{S}_{t+1}]=\ln F_t \tag{13.113}$$

将这个等式左右同乘-1，得

$$E_t[-\ln\widetilde{S}_{t+1}]=-\ln F_t \tag{13.114}$$

或

$$E_t\left[\ln\frac{1}{\widetilde{S}_{t+1}}\right]=\ln\frac{1}{F_t} \tag{13.115}$$

这个表达式就是汇率倒数的对数期望假设。

通过式（13.92），我们可以得到，这个理论给出的远期汇率介于简单期望假设给出的两个值之间：

$$E_t[\widetilde{S}_{t+1}]>e^{E_t[\ln\widetilde{S}_{t+1}]}>\frac{1}{E_t[1/\ln\widetilde{S}_{t+1}]} \tag{13.116}$$

对于利率，对数期望假设提出不同于纯期望假设的结果，用的是连续复利收益率。详细内容也留作练习，见练习 15.15。

有效市场假说

西格尔悖论和解决方案都同时适用于任何用当前价格作为将来价格的预测器情况。另一个类似的而且非常出名的理论是 Fama（1970）的**有效市场假说**（EMH)。广义的有效市场假说认为当前价格**完全反映**了关于（预期）未来值的所有可获得的信息，或者说市场是**信息有效**的。然而当把“完全反映”这个短语严格地用到数学上时，很快就会出现问题。上面讲到的三个应用都可以看作是有效市场假说的简单例子。我们将在 16.6 节中详细探讨 EMH。

练　习

13.1　设 $\mathscr{A}$ 为样本空间 Ω 的子集的西格玛代数。

(a) 假设 A_1，$A_2\in\mathscr{A}$，证明 $A_1\cap A_2\in\mathscr{A}$。

(b) 证明

$$\{\omega\in\Omega\text{: }\tilde{x}_1(\omega)\leqslant x_1,\ \tilde{x}_2(\omega)\leqslant x_2,\ \cdots,\ \tilde{x}_n(\omega)\leqslant x_n\}$$
$$\in\mathscr{A},\ \forall\,(x_1,\ x_2,\ \cdots,\ x_n)\in\mathbb{R}^n$$

当且仅当

$$\{\omega\in\Omega\text{: }\tilde{x}_i(\omega)\leqslant x\}\in\mathscr{A},\ \forall\,x\in\mathbb{R},\ i=1,\ 2,\ \cdots,\ n$$

(这表示随机向量的两个定义是等价的。)

13.2　设 $\mathscr{A}$ 为 Ω 中事件的西格玛代数，且 $P\text{: }\mathscr{A}\to[0,\ 1]$。假设

(a) $P(\Omega)=1$；

(b) $P(\bigcup_{i=1}^{\infty}A_i)=\sum_{i=1}^{\infty}P(A_i)$，$A_1$，$A_2$，…为 $\mathscr{A}$ 中互不相交的事件。

证明 $P(\Omega\backslash A)=1-P(A)$ 对所有 $A\in\mathscr{A}$ 都成立。

13.3　操盘手为了使他的期望利益极大化，希望找到有 n 个候选人的竞赛的赔率（或者概率），给定以下信念：

(a) 第 i 个候选人获胜的概率为 p_i。

(b) 所有赌注（对赢家）的一部分 z 是“内幕交易者”下的注，“内幕交易者”就是事先知道结果的赌徒（例如，布克文学奖获得者，奥斯卡获奖者或其他一些在公布之前就已经确定好获奖者的竞赛）。

(c) 所有赌注的一部分 $p_i(1-z)$ 是不知道结果的赌徒对第 i 个候选人下的注。

博彩中，所有候选人的赔率一定是正的，操盘手报价中赔率的概率总和小于 β 的程度，会影响他的执照。

通过将他的问题表示为库恩-塔克（Kuhn-Tucker）不等约束优化问题，找到操盘手的最优策略（即他的最优概率报价），找到产生的预期利益，找到他不再愿意做操盘手的临界值 β（对于给定 z 和 $\boldsymbol{p}=(p_1,\ p_2,\ \cdots,\ p_n)$）。

13.4　13.3.1 节中讲到了赔率固定的乐透型“n 选 6”彩票。现在我们来考虑互相博彩的形式。假设有 N 个人以每票€1 的价格买了乐透型彩票，且所有猜中号码的买家分摊 €$N/2$ 的奖金。

(a) 一张彩票的期望仍是 50 欧分吗？请说明。

(b) 当奖券开出后，其奖无人得领，滚动到下一期作奖金，一个寻求奖金的乐透型彩票玩家还应当买彩票吗？请说明。

13.5　证明，对于标量 k_1，k_2，…，k_r 和随机变量 $\tilde{x}_1$，$\tilde{x}_2$，…，$\tilde{x}_r$，有

$$E\Big[\sum_{i=1}^{r}k_i\,\tilde{x}_i\Big]=\sum_{i=1}^{r}k_iE[\tilde{x}_i]$$

13.6　证明方程式（13.34）中所有等号是等价的。

13.7　设$\tilde{\boldsymbol{x}}$为一个随机向量，均值为$\boldsymbol{\mu}$，方差—协方差矩阵为$\boldsymbol{\Sigma}$，设$\boldsymbol{A}$和$\boldsymbol{b}$分别为相应的固定矩阵和向量。试找到均值和方差—协方差矩阵之间的表达式$\tilde{\boldsymbol{y}} \equiv \boldsymbol{A}\tilde{\boldsymbol{x}} + \boldsymbol{b}$。

13.8　假设所有期望都存在，证明当且仅当两个随机变量乘积的期望等于它们期望的乘积时，这两个随机变量不相关。

13.9　证明所有非平凡随机变量的方差—协方差矩阵都是实对称且半正定的。

13.10　证明随机变量$\boldsymbol{a}_1^{\mathrm{T}}\tilde{\boldsymbol{r}}$和$\boldsymbol{a}_2^{\mathrm{T}}\tilde{\boldsymbol{r}}$之间的协方差是$\boldsymbol{a}_1^{\mathrm{T}}\mathrm{Var}[\tilde{\boldsymbol{r}}]\boldsymbol{a}_2$。

13.11　对于$\boldsymbol{\alpha} \in \mathbb{R}^m$，$\boldsymbol{B} \in \mathbb{R}^{m \times n}$，找到与表达式（13.41）和式（13.42）等价的矩阵表达式，使其满足

$$\tilde{\epsilon} \equiv \tilde{\boldsymbol{y}} - \boldsymbol{\alpha} - \boldsymbol{B}\tilde{\boldsymbol{x}}$$

其中$\tilde{\boldsymbol{x}}$是一个n维随机向量，$\tilde{\boldsymbol{y}}$是一个m维随机向量。

13.12　假设$\tilde{\boldsymbol{x}}$是个随机变量；令函数f：$\mathbb{R}^n \rightarrow \mathbb{R}^m$可微，$\tilde{\boldsymbol{y}} = f(\tilde{\boldsymbol{x}})$。用定理9.7.6解释（a）$f_{\tilde{x}}$和$f_{\tilde{y}}$之间的关系；（b）$E[\tilde{\boldsymbol{x}}]$和$E[\tilde{\boldsymbol{y}}]$之间的关系。

13.13　假设$\mathrm{Var}[\tilde{\boldsymbol{x}}] = \boldsymbol{\Sigma}$是正定的，设$\boldsymbol{\Sigma}^{\frac{1}{2}}$为$\boldsymbol{\Sigma}$的对称正定平方根矩阵（由4.4.1节可知存在）。由下式定义一个新的随机向量$\tilde{\boldsymbol{y}}$：

$$\tilde{\boldsymbol{y}} \equiv (\boldsymbol{\Sigma}^{\frac{1}{2}})^{-1}\tilde{\boldsymbol{x}}$$

（a）证明$\mathrm{Var}[\tilde{\boldsymbol{y}}] = \boldsymbol{I}$，即$\tilde{\boldsymbol{y}}$的分量是不相关的随机变量，且方差为1。

（b）用$f_{\tilde{x}}$来表示概率密度函数$f_{\tilde{y}}$的表达式（提示：见9.7.6节）。

13.14　设$\tilde{x} \sim N(\mu, \sigma^2)$。由等式（13.6）中给出的标准概率密度函数$f_{\tilde{x}}$，

（a）计算积分$\int_{-\infty}^{\infty} f_{\tilde{x}}(x)\mathrm{d}x$。你的答案依赖于参数$\mu$的值吗？

（b）用莱布尼兹（Leibniz）积分定理和链式法则求关于μ的$\int_{-\infty}^{\infty} f_{\tilde{x}}(x)\mathrm{d}x$的微分。

（c）证明$E[\tilde{x} - \mu] = 0$。

（d）计算$E[e^{\tilde{x}}]$。

13.15　设$\tilde{\boldsymbol{x}} \sim \mathrm{MVN}(\boldsymbol{\mu}, \boldsymbol{\Sigma})$。

（a）当$\boldsymbol{\Sigma} = \boldsymbol{I}$时，用单变量正态分布的性质，计算$\tilde{\boldsymbol{x}}$的均值向量和方差—协方差矩阵。

（b）对任意对称正定矩阵$\boldsymbol{\Sigma}$，计算$\tilde{\boldsymbol{x}}$的均值向量和方差—协方差矩阵。（提示：利用练习13.7的答案，并利用矩阵$\boldsymbol{\Sigma}$的正定对称平方根来简化多重积分，见4.4.1节。）

13.16　假设n维随机向量$\tilde{\boldsymbol{x}}$满足均值为$\boldsymbol{\mu}$、方差—协方差矩阵为$\boldsymbol{\Sigma}$的多元正态分布。

（a）如果$\boldsymbol{A}$和$\boldsymbol{b}$分别为同型固定矩阵和向量，证明$\tilde{\boldsymbol{y}} \equiv \boldsymbol{A}\tilde{\boldsymbol{x}} + \boldsymbol{b}$也满足多元正态分布。

(b) 证明当且仅当对所有 $i\neq j$ 都有 $\mathrm{Cov}[\tilde{x}_i, \tilde{x}_j]=0$ 时，$\tilde{x}_1$，$\tilde{x}_2$，…，$\tilde{x}_n$ 是互相独立的。

现在将 $\tilde{\boldsymbol{x}}$ 分块成 $(\tilde{\boldsymbol{x}}_1, \tilde{\boldsymbol{x}}_2)$，其中 $\tilde{\boldsymbol{x}}_1$ 是 $\tilde{\boldsymbol{x}}$ 的 k 维子向量，$\tilde{\boldsymbol{x}}_2$ 表示剩下的 $(n-k)$ 维子向量。

(c) 证明 $\tilde{\boldsymbol{x}}_1$ 也满足多元正态分布。(这个结论对于 $k=1$ 的情况特别重要。)

(d) 证明给定 $\tilde{\boldsymbol{x}}_1$ 时 $\tilde{\boldsymbol{x}}_2$ 的条件分布是多元正态分布。

13.17 假设互相博彩操作员保留整个彩池的 τ 部分来用作税金和费用。计算互相博彩赔率隐含的总百分比。

13.18 回顾一下三连胜式博彩。三连胜式博彩要求以正确的顺序猜中一场比赛中获得前三名的马的名字。三连胜式博彩一个较为流行的下注方法是选择一个或多个**庄家**（banker)，选择一些马的投注组合。假设你想要对包括 A 组（总共有 a 匹马）中的一匹马和 B 组（总共有 b 匹马）中的两匹马的所有可能的排列下注。

如果 A 组小于 B 组，就应当考虑**庄家三连胜式**；如果 B 组小于 A 组，则应当考虑**双庄家三连胜式**。

首先假设 A 组和 B 组不含有相同的马。

(a) 你下注时有多少种（无序的）组合下注方式？

(b) 你下注时有多少种（有序的）排列方式？

(c) 有多少赌注是赌来自 A 组的马赢的？

现在假设 A 组和 B 组中有 c 匹马重复，且你希望不同的组合只下注一次。

(d) 你下注时有多少种不同的（无序的）组合方式？

(e) 你下注时有多少种（有序的）排列方式？

13.19 互相博彩的操作员提供了一个“Pick 4”的彩池，下注者需要在四场连续的比赛中猜中胜者。操作员留下 25%的收益，并把余下的收益按比例分给猜中四连胜者的下注者。如果没有下注者猜中所有胜者，操作员则把奖金滚动到下一轮博彩。

假设每场比赛都是有 10 个参赛者的**障碍赛**。在障碍赛中，可以通过在马鞍下面放铅制物来调整每匹马的重量，这样就可以使每匹马获胜的机会相同。就像经济学，障碍赛是一种不精确的科学，但是为了解决这道题，你可以假设障碍赛获胜机会相同。

(a) 一个“Pick 4”彩池的下注者有多少种不同可能的结果可供选择？(你可以忽略比赛成为死局的情况。)

(b) 每种结果的概率是多少？

(c) 你可以算出一张€1 的“Pick 4”彩票在下注时的期望吗？

(d) 假设操作员已经卖出了有 5 000 种可能结果的价值€20 000 的彩票。

(i) 如果这 5 000 种可能结果中的一个发生了，那么操作员在这一天结束时的支出为多少？

(ii) 操作员在一天结束时对下注者的期望总支出是多少？

(iii) 每卖出€1 的彩票，操作员对当前下注者的期望债务是多少？

(e) 现在你可以算出一张€1 的“Pick 4”彩票在下注时的期望了吗?

(f) 如果你有一张€1 的“Pick 4”彩票，另外一张€1 的彩票是关于已兑现彩票的组合，那么你的彩票的期望是上升、下降还是不变?

(g) 如果你有一张€1 的“Pick 4”彩票，另外一张€1 的彩票是关于没兑现彩票的组合，那么你的彩票的期望是上升、下降还是不变?

(h) 假设操作员已经保证至少付给下注成功者€25 000，这会对你之前的结果产生怎样的影响?

13.20 假设你有机会给互相博彩下注，彩池中包含上一轮滚动的奖金 R，扣减 τ 比例用作税金、费用等。

(a) 如果彩池总金额（滚动的奖金加上其他人的赌注）是 P，且你相信赢的概率是 π，为了极大化你的期望收益，你会下多少注? 可以假设你的赌注不影响彩池输赢的概率。同时也假设所有赌注的期望收益相同，即你和其他下注者一样，都没有选择较高期望收益的优势或技术。

(b) 如果你可以获得总赌注的 c 比例的返还或佣金，你的答案会发生怎样的改变?

(c) 如果滚动的奖金是€1 000 000，另有€1 500 000 的金额投入彩池中，扣减率为 29%，你可以得到赌注 5%的返还，且你相信至少有一个人能赢得赌注，那么你会下注多少?

(d) 找到总赌注 P 和使你刚好不想下注的获胜概率 π 之间的关系。

13.21 证明对于任意随机变量 $\tilde{x}$，有 $\text{Var}[\tilde{x}]=E[\tilde{x}^2]-(E[\tilde{x}])^2$（假定所有的量都存在）。

13.22 如果 $\tilde{u}_i$，$i=1, 2, \cdots, n$，是随机变量，对于所有 i 都有 $E[\tilde{u}_i]=0$，$E[\tilde{u}_i^2]=\sigma^2$，对于所有 i，j（$i\neq j$）都有 $E[\tilde{u}_i\tilde{u}_j]=0$，请证明 $E[\tilde{\boldsymbol{u}}^{\mathrm{T}}\boldsymbol{A}\tilde{\boldsymbol{u}}]=\sigma^2\mathrm{tr}(\boldsymbol{A})$，其中 $\tilde{\boldsymbol{u}}=[\tilde{u}_i]$是 $n\times 1$ 阶矩阵，$\boldsymbol{A}$ 是同型方阵。

13.23 证明，如果两个随机变量是统计独立的，则：

(a) 它们不相关;

(b) 所有条件期望等于边际期望。

13.24 证明

$$\int_{-\infty}^{\infty} E[\tilde{x}_1 \mid \tilde{x}_2 = x_2] f_{\tilde{x}_2}(x_2)\mathrm{d}x_2 = E[\tilde{x}_1]$$

$\tilde{x}_1$ 和 $\tilde{x}_2$ 都为连续型随机变量。

13.25 计算泊松分布的均值和方差，见方程式（13.2）。

13.26 证明满足泊松分布的随机变量的和也满足泊松分布。

13.27 对连续可微凸函数和连续可微严格凸函数，证明詹森不等式。

13.28 x_1，x_2，…，x_n 的**几何平均数**是它们的乘积的 n 次方根 $\sqrt[n]{\Pi_{i=1}^{n} x_i}$。证明非负且互不相等的数集的几何平均数小于它们的算术平均数。

13.29 考虑对有 N 种可能结果的比赛进行互相博彩。假设结果 i 发生的概率是 p_i，且你刚刚已对这个结果下了 1 单位的注。假设其他参与者对每个结果 i

下的总赌注是不可观测的，但是可以用含参数 λp_i 的独立泊松分布来表示。

(a) 计算结果 i 的期望总赌注。

(b) 已知值 X 为条件，计算总赌池中结果 i 的期望彩金。

(c) 解释你的两个答案的乘积不等于期望的赌金的原因。

13.30 思考一个有 ${}^{42}C_6=5\ 245\ 786$ 种可能结果的乐透型"42 选 6"彩票，还有一个已知的累计赌金 J，其中包含 R 的滚动奖金。

(a) 如果已卖出 $N+1$ 张彩票，请计算中奖的期望票数。

(b) 如果一玩家买了一张彩票，且他买的数字刚刚被抽到，请计算这个玩家的期望支出（即无法知道剩余没卖出的 N 张票中是否有中奖彩票时的期望）。

可以假设玩家一致（一致选择）而随机地选择数字。也可以假设每卖出一张票，赌金池就增加 17.5 美分（即 J 不包括任何来自储备基金的津贴，该津贴的目的是为了保证赌金达到最小资金要求）。最后，注意每张彩票在一次抽奖中只可以赢得一个奖金，即最高奖金。

13.31 点差交易公司用 Breeder 杯赛马中八场比赛的获胜距离的乘积来做交易。提供的报价是 a_8。如果买家相信获胜距离是独立同分布的（iid）随机变量 $a+\tilde{\epsilon}_i$，$i=1$，2，…，8，且 $\tilde{\epsilon}_i$ 的均值未知，请计算买家的期望回报百分比。注意，获奖距离不能为负。如果 $E\left[\tilde{\epsilon}_i\right]$ 的均值满足 0 均值的分布，请证明，即使卖方价格是无偏的，购买这个产品仍然是一个好的选择。

13.32 设 $\tilde{x}$ 和 $\tilde{y}$ 是有有限方差的独立随机变量。请证明

$$\mathrm{Var}[\tilde{x}\tilde{y}]=\mathrm{Var}[\tilde{x}]\mathrm{Var}[\tilde{y}]+E[\tilde{x}]^2\mathrm{Var}[\tilde{y}]+E[\tilde{y}]^2\mathrm{Var}[\tilde{x}]$$

第 14 章　二次规划与计量经济学应用

14.1　引言

在第 1 章的开头我们举了三个经济学中矩阵与线性代数的例子来说明为什么本书第Ⅰ部分需要讲解数学知识。第一个例子是关于单方程需求关系的：

$$\tilde{Q}_t=\alpha+\beta P_t+\gamma Y_t+\tilde{u}_t,\ t=1,\ 2,\ \cdots,\ T \tag{14.1}$$

其中，$\tilde{Q}_t$（需求量）、P_t（价格）、Y_t（收入）是时间 $t=1,\ 2,\ \cdots,\ T$ 的观测值，$\tilde{u}_t$ 是不可观测的随机扰动项。这里提出一个典型的计量经济学问题，如何利用时间序列数据的样本来估计总体回归方程的结构参数 α，β，γ。

本章我们从包含任意多个（k 个）未知参数的一般模型开始，讨论参数的估计问题。在计量经济学中，有很多方法可以用来估计参数：矩估计、最小二乘估计和极大似然估计。在 14.2 节我们讨论普通最小二乘法，利用前面讲过的矩阵理论和优化方法来讨论最小二乘法的相关代数和几何方面的知识。与 13.2 节相比，我们采用的方法和符号略有不同，这样做只是为了强调，我们分析的重点是数据，即随机变量的实现，而非随机变量本身。

在 14.3 节，利用优化理论研究线性不等约束下二次型的极大化或者极小化问题。这非常重要，因为所有约束优化问题从局部上看都类似线性约束下的二次型的极大化问题，这在 14.3 节中有介绍。这一节同时包含一些一般应用问题，包括最小二乘回归的一个重要统计结果：高斯-马尔科夫（Gauss-Markov）定理。最后，14.4 节把第 8 章讨论过的差分方程扩展到随机差分方程，讨论了宏观经济学实证中应用很广的向量自回归模型。

14.2 普通最小二乘代数和几何

一般单方程经济关系可以用如下总体回归方程来表示

$$\tilde{Y}_t=\beta_1+\beta_2X_{t2}+\beta_3X_{t3}+\cdots+\beta_kX_{tk}+\tilde{u}_t \tag{14.2}$$

其中，$\tilde{Y}_t$ 是被解释变量的值，X_{tj}，$j=1, 2, \cdots, k$，是第 j 个**解释变量**，$\tilde{u}_t$ 是时间 $t=1, 2, \cdots, T$ 时未知的不可观测的随机扰动项。β_j，$j=1, 2, \cdots, k$，是未知的不可观测的待估计参数。随机变量 $\tilde{u}_t$ 反映了 $\tilde{Y}_t$ 的测量误差以及模型设定中缺失变量的影响。该模型（称为**线性回归模型**）是经典计量经济学的基础。用矩阵表示为

$$\tilde{\boldsymbol{y}}=\boldsymbol{X\beta}+\tilde{\boldsymbol{u}} \tag{14.3}$$

其中，

$$\tilde{\boldsymbol{y}}=\begin{bmatrix}\tilde{Y}_1\\ \tilde{Y}_2\\ \vdots\\ \tilde{Y}_T\end{bmatrix}_{T\times 1},\ \boldsymbol{X}=\begin{bmatrix}1 & X_{12} & \cdots & X_{1k}\\ 1 & X_{22} & \cdots & X_{2k}\\ \vdots & \vdots & & \vdots\\ 1 & X_{T2} & \cdots & X_{Tk}\end{bmatrix}_{T\times k},\ \tilde{\boldsymbol{u}}=\begin{bmatrix}\tilde{u}_1\\ \tilde{u}_2\\ \vdots\\ \tilde{u}_T\end{bmatrix}_{T\times 1}$$

$$\boldsymbol{\beta}=[\beta_1\quad \beta_2\quad \cdots\quad \beta_k]^{\mathrm{T}} \tag{14.4}$$

注意矩阵乘法、加法和矩阵相等运算中矩阵的顺序和矩阵的同型。我们进一步假定矩阵 $\boldsymbol{X}$ 的秩满足 $\rho(\boldsymbol{X})=k<T$，原因我们马上会知道。

14.2.1 普通最小二乘代数

使用**普通最小二乘**（OLS）技术来得到参数 $\boldsymbol{\beta}$ 的估计值 $\hat{\boldsymbol{\beta}}$ 是这类问题的标准方法，可以得到最优拟合直线或者平面（在多于三个维度时是超平面），使直线或者平面附近离差（或者残差）平方和最小。二维或者双变量情况在计量经济学导论中很常见。对于总体回归方程 $\tilde{Y}_t=\beta_1+\beta_2X_t+\tilde{u}_t$，观测到的随机样本 $\tilde{Y}_t$ 的实现值记为 Y_1，Y_2，$\cdots$，Y_T，相应的解释变量值为 X_1，X_2，$\cdots$，X_T，常需要绘

制样本的条件期望函数 $\hat{Y}_t=\hat{\beta}_1+\hat{\beta}_2 X_t$ 的残差图。实证模型中与不可观测的随机扰动项对应的是残差 $e_t=Y_t-\hat{Y}_t=Y_t-\hat{\beta}_1-\hat{\beta}_2 X_t$，并且 OLS 找出了使 $\sum_{t=1}^{T} e_t^2$ 极小化的向量 $\hat{\boldsymbol{\beta}}^*=[\hat{\beta}_1^* \quad \hat{\beta}_2^*]^{\mathrm{T}}$。

相似地，一般问题是选择 $\hat{\boldsymbol{\beta}}^*$ 以极小化下式：

$$\sum_{t=1}^{T} e_t^2=\sum_{t=1}^{T}(Y_t-\hat{\beta}_1-\hat{\beta}_2 X_{t2}-\hat{\beta}_3 X_{t3}-\cdots-\hat{\beta}_k X_{tk})^2 \tag{14.5}$$

写成矩阵形式为：

$$\boldsymbol{e}^{\mathrm{T}}\boldsymbol{e}=(\boldsymbol{y}-\hat{\boldsymbol{y}})^{\mathrm{T}}(\boldsymbol{y}-\hat{\boldsymbol{y}})=(\boldsymbol{y}-\boldsymbol{X}\hat{\boldsymbol{\beta}})^{\mathrm{T}}(\boldsymbol{y}-\boldsymbol{X}\hat{\boldsymbol{\beta}}) \tag{14.6}$$

选择 $\hat{\boldsymbol{\beta}}$ 使上式极小化。

值得注意的是，$\boldsymbol{e}^{\mathrm{T}}\boldsymbol{e}=\boldsymbol{e}^{\mathrm{T}}\boldsymbol{I}\boldsymbol{e}$ 是关于 $\boldsymbol{e}$ 的二次型，而且是正定的，因为单位矩阵 $\boldsymbol{I}$ 是正定矩阵，即，对任意 $\boldsymbol{e}\neq 0$ 有 $\boldsymbol{e}^{\mathrm{T}}\boldsymbol{e}>0$ 成立。同时需要注意，$\boldsymbol{e}^{\mathrm{T}}\boldsymbol{e}=\|\boldsymbol{e}\|^2$，$\boldsymbol{e}\in\mathbb{R}^T$。因此我们的问题也可以看作是，找出 $\hat{\boldsymbol{\beta}}$，使得残差向量在欧氏 T 维空间的长度最小。我们现在开始讨论 OLS 求解。

由矩阵转置和分配律，从式（14.6）我们可以得出

$$\begin{aligned}\boldsymbol{e}^{\mathrm{T}}\boldsymbol{e}&=(\boldsymbol{y}^{\mathrm{T}}-\hat{\boldsymbol{\beta}}^{\mathrm{T}}\boldsymbol{X}^{\mathrm{T}})(\boldsymbol{y}-\boldsymbol{X}\hat{\boldsymbol{\beta}})\\&=\boldsymbol{y}^{\mathrm{T}}\boldsymbol{y}-\hat{\boldsymbol{\beta}}^{\mathrm{T}}\boldsymbol{X}^{\mathrm{T}}\boldsymbol{y}-\boldsymbol{y}^{\mathrm{T}}\boldsymbol{X}\hat{\boldsymbol{\beta}}+\hat{\boldsymbol{\beta}}^{\mathrm{T}}\boldsymbol{X}^{\mathrm{T}}\boldsymbol{X}\hat{\boldsymbol{\beta}}\\&=\boldsymbol{y}^{\mathrm{T}}\boldsymbol{y}-2\hat{\boldsymbol{\beta}}^{\mathrm{T}}\boldsymbol{X}^{\mathrm{T}}\boldsymbol{y}+\hat{\boldsymbol{\beta}}^{\mathrm{T}}\boldsymbol{X}^{\mathrm{T}}\boldsymbol{X}\hat{\boldsymbol{\beta}}\end{aligned} \tag{14.7}$$

注意，式（14.7）右边所有项都是标量，与 $\boldsymbol{e}^{\mathrm{T}}\boldsymbol{e}$ 相似。中间两项相等，因为其中一项是另一项的转置。同时需要注意，$\boldsymbol{e}^{\mathrm{T}}\boldsymbol{e}$ 表示为 $\hat{\boldsymbol{\beta}}$ 的函数形式，同时包含 $\hat{\boldsymbol{\beta}}$ 的线性形式和 $\hat{\boldsymbol{\beta}}$ 的二次形式。因此我们可以按照第 9 章的结论关于 $\hat{\boldsymbol{\beta}}$ 求导数，得

$$\frac{\partial \boldsymbol{e}^{\mathrm{T}}\boldsymbol{e}}{\partial \hat{\boldsymbol{\beta}}}=-2\boldsymbol{X}^{\mathrm{T}}\boldsymbol{y}+2\boldsymbol{X}^{\mathrm{T}}\boldsymbol{X}\hat{\boldsymbol{\beta}} \tag{14.8}$$

极大化或者极小化时有 $\frac{\partial \boldsymbol{e}^{\mathrm{T}}\boldsymbol{e}}{\partial \hat{\boldsymbol{\beta}}}=0$。因此，一阶条件为

$$-2\boldsymbol{X}^{\mathrm{T}}\boldsymbol{y}+2\boldsymbol{X}^{\mathrm{T}}\boldsymbol{X}\hat{\boldsymbol{\beta}}^*=0 \tag{14.9}$$

除以 2，整理得

$$\boldsymbol{X}^{\mathrm{T}}\boldsymbol{X}\hat{\boldsymbol{\beta}}^*=\boldsymbol{X}^{\mathrm{T}}\boldsymbol{y} \tag{14.10}$$

加星号表示满足一阶条件的 $\hat{\boldsymbol{\beta}}$ 的值，即 OLS 的最优解。①

式（14.10）称为 OLS **正规方程**。这构成一个线性方程组，包含 $\hat{\boldsymbol{\beta}}^*$ 的 k 个未知元素。根据克莱姆（Cramer）定理（定理 2.5.1），如果 $k\times k$ 阶矩阵 $\boldsymbol{X}^{\mathrm{T}}\boldsymbol{X}$ 可逆，那么 $\hat{\boldsymbol{\beta}}^*$ 的解唯一。现在来看为什么我们假定矩阵 $\boldsymbol{X}$ 的秩满足 $\rho(\boldsymbol{X})=k<T$。如果矩阵 $\boldsymbol{X}$ 满秩，根据定理 4.4.8，$\boldsymbol{X}^{\mathrm{T}}\boldsymbol{X}$ 也是满秩的。因此可以保证 $\boldsymbol{X}^{\mathrm{T}}\boldsymbol{X}$ 是正定的和非奇异的，从而 $\boldsymbol{X}^{\mathrm{T}}\boldsymbol{X}$ 的逆矩阵存在。

---

① 需要注意的是，在计量经济学教材中，这个问题经常用不同的符号表示，$\hat{\boldsymbol{\beta}}$ 表示最小二乘法的解。

根据克莱姆法则，$\hat{\boldsymbol{\beta}}^*$ 的每个元素的唯一解为

$$\hat{\beta}_i^* = \frac{|(\boldsymbol{X}^{\mathrm{T}}\boldsymbol{X})_i|}{|\boldsymbol{X}^{\mathrm{T}}\boldsymbol{X}|},\ i=1,\ 2,\ \cdots,\ k \tag{14.11}$$

根据 2.5.1 节的表述方式，$(\boldsymbol{X}^{\mathrm{T}}\boldsymbol{X})_i$ 表示把矩阵 $\boldsymbol{X}^{\mathrm{T}}\boldsymbol{X}$ 的第 i 列用 $k\times 1$ 阶向量 $\boldsymbol{X}^{\mathrm{T}}\boldsymbol{y}$ 替换后得到的矩阵。但是，我们感兴趣的是更一般的解：

$$\hat{\boldsymbol{\beta}}^* = (\boldsymbol{X}^{\mathrm{T}}\boldsymbol{X})^{-1}\boldsymbol{X}^{\mathrm{T}}\boldsymbol{y} \tag{14.12}$$

这可以通过对方程（14.10）的两边同时左乘 $(\boldsymbol{X}^{\mathrm{T}}\boldsymbol{X})^{-1}$ 得出。如果 $\rho(\boldsymbol{X})<k$，那么 $\boldsymbol{X}^{\mathrm{T}}\boldsymbol{X}$ 非正定，从而 $\boldsymbol{X}^{\mathrm{T}}\boldsymbol{X}$ 奇异，则 $(\boldsymbol{X}^{\mathrm{T}}\boldsymbol{X})^{-1}$ 不存在，因此 $\hat{\boldsymbol{\beta}}^*$ 无法计算。这种现象在计量经济学中称为**完全多重共线性**，即 $\boldsymbol{X}$ 中的列向量线性相关。

在研究主要结果式（14.12）的含义之前，我们先分析该问题的二阶条件。对式（14.8）关于 $\hat{\boldsymbol{\beta}}$ 求微分，得到 $k\times k$ 阶二阶偏导数海塞矩阵

$$\frac{\partial^2 \boldsymbol{e}^{\mathrm{T}}\boldsymbol{e}}{\partial\hat{\boldsymbol{\beta}}\partial\hat{\boldsymbol{\beta}}^{\mathrm{T}}} = 2\boldsymbol{X}^{\mathrm{T}}\boldsymbol{X} \tag{14.13}$$

前面假定矩阵 $\boldsymbol{X}$ 满秩，则 $\boldsymbol{X}^{\mathrm{T}}\boldsymbol{X}$ 是正定的，从而该海塞矩阵也是正定的，那么极小化问题的二阶条件得到满足。式（14.12）给出的解 $\hat{\boldsymbol{\beta}}^*$ 确实极小化了 $\boldsymbol{e}^{\mathrm{T}}\boldsymbol{e} = \sum_{t=1}^{T} e_t^2$。

把上述一般结果应用于双变量回归模型 $\widetilde{Y}_t = \beta_1 + \beta_2 X_t + \tilde{u}_t$，可以很容易地得出

$$\hat{\boldsymbol{\beta}}^* = (\boldsymbol{X}^{\mathrm{T}}\boldsymbol{X})^{-1}\boldsymbol{X}^{\mathrm{T}}\boldsymbol{y} = \begin{bmatrix} T & \sum_{t=1}^{T} X_t \\ \sum_{t=1}^{T} X_t & \sum_{t=1}^{T} X_t^2 \end{bmatrix} \begin{bmatrix} \sum_{t=1}^{T} Y_t \\ \sum_{t=1}^{T} X_t Y_t \end{bmatrix} \tag{14.14}$$

计算方程的右边，可以得到 $\hat{\beta}_1^*$ 和 $\hat{\beta}_2^*$ 的最小二乘估计，留作练习，该标量式很有名，见 Gujarati（2003，第 3 章）和练习 14.1。我们同样对 OLS 一般结果的代数性质感兴趣。由 OLS 解式（14.12），我们可以得出

$$\boldsymbol{e} = \boldsymbol{y} - \hat{\boldsymbol{y}} = \boldsymbol{y} - \boldsymbol{X}\hat{\boldsymbol{\beta}}^* = \boldsymbol{y} - \boldsymbol{X}(\boldsymbol{X}^{\mathrm{T}}\boldsymbol{X})^{-1}\boldsymbol{X}^{\mathrm{T}}\boldsymbol{y} \tag{14.15}$$

或者简记为

$$\boldsymbol{e} = \boldsymbol{M}\boldsymbol{y} \tag{14.16}$$

其中，$\boldsymbol{M} = \boldsymbol{I} - \boldsymbol{X}(\boldsymbol{X}^{\mathrm{T}}\boldsymbol{X})^{-1}\boldsymbol{X}^{\mathrm{T}}$，用 $\boldsymbol{y} = \boldsymbol{X}\boldsymbol{\beta} + \tilde{\boldsymbol{u}}$ 替换，得

$$\boldsymbol{e} = \boldsymbol{M}\tilde{\boldsymbol{u}} \tag{14.17}$$

这是因为 $\boldsymbol{M}\boldsymbol{X} = \boldsymbol{0}$。因此，OLS 残差向量既是 $\boldsymbol{y}$ 的线性函数，也是未知向量 $\tilde{\boldsymbol{u}}$ 的线性函数。

根据 1.5.7 节的矩阵转置定理，可知 $\boldsymbol{M}^{\mathrm{T}} = \boldsymbol{M}$。简单的矩阵相乘可知 $\boldsymbol{M}^2 = \boldsymbol{M}$。因此 $\boldsymbol{M}$ 是对称幂等矩阵。

对于向量 $\hat{\boldsymbol{y}}$，也有类似的结论，即

$$\hat{\boldsymbol{y}}=\boldsymbol{y}-\boldsymbol{e}=\boldsymbol{y}-\boldsymbol{M}\boldsymbol{y}=(\boldsymbol{I}-\boldsymbol{M})\boldsymbol{y}=\boldsymbol{N}\boldsymbol{y} \tag{14.18}$$

这是关于 $\boldsymbol{y}$ 的另外一个线性函数，其中，$\boldsymbol{N}=\boldsymbol{X}(\boldsymbol{X}^{\mathrm{T}}\boldsymbol{X})^{-1}\boldsymbol{X}^{\mathrm{T}}=\boldsymbol{I}-\boldsymbol{M}$ 是对称幂等矩阵。但是，$\boldsymbol{N}\boldsymbol{X}=\boldsymbol{X}$，向量 $\hat{\boldsymbol{y}}$ 是未知向量 $\tilde{\boldsymbol{u}}$ 的另外一个线性函数。用式 (14.3) 来替代 $\boldsymbol{y}$，得

$$\hat{\boldsymbol{y}}=\boldsymbol{X}\boldsymbol{\beta}+\boldsymbol{N}\tilde{\boldsymbol{u}} \tag{14.19}$$

根据 $\boldsymbol{M}\boldsymbol{X}=\boldsymbol{0}$，我们可知

$$\boldsymbol{M}\boldsymbol{N}=\boldsymbol{0},\ \boldsymbol{X}^{\mathrm{T}}\boldsymbol{e}=\boldsymbol{0} \tag{14.20}$$

第一个性质说明矩阵 $\boldsymbol{M}$ 和 $\boldsymbol{N}$ 是彼此正交的，第二个性质说明

$$\boldsymbol{X}^{\mathrm{T}}\boldsymbol{y}=\boldsymbol{X}^{\mathrm{T}}\hat{\boldsymbol{y}} \tag{14.21}$$

$$\hat{\boldsymbol{y}}^{\mathrm{T}}\boldsymbol{e}=\hat{\boldsymbol{\beta}}^{*}\boldsymbol{X}^{\mathrm{T}}\boldsymbol{e}=\boldsymbol{0} \tag{14.22}$$

因此，向量 $\hat{\boldsymbol{y}}$ 与 $\boldsymbol{e}$ 是彼此正交的，如果回归方程中含有截距项，则 $\boldsymbol{X}^{\mathrm{T}}$ 的第一行元素都是 1，那么有

$$\boldsymbol{1}^{\mathrm{T}}\boldsymbol{y}=\sum_{t=1}^{T}Y_t=\sum_{t=1}^{T}\hat{Y}_t=\boldsymbol{1}^{\mathrm{T}}\hat{\boldsymbol{y}} \tag{14.23}$$

且

$$\boldsymbol{1}^{\mathrm{T}}\boldsymbol{e}=\sum_{t=1}^{T}e_t=0 \tag{14.24}$$

因此，Y_t 的均值等于 $\hat{Y}_t$ 的均值，e_t 的均值等于 0。这是从 OLS 技术直接导出的数学结论，在计量经济学应用中有重要的地位。

14.2.2 普通最小二乘几何

前面分析表明，普通最小二乘估计可以看作是极小化向量 $\boldsymbol{e}$ 在 $\mathbb{R}^n$ 中的长度。本节中，我们详细讨论这个结论，同时给出普通最小二乘技术其他深入的几何含义。

首先注意，如果把矩阵 $\boldsymbol{X}$ 分块为列向量 $\boldsymbol{x}_i$，$i=1, 2, \cdots, k$，把 $\hat{\boldsymbol{\beta}}^{*}$ 分块为单个元素，则可以把回归方程改写为

$$\hat{\boldsymbol{y}}=\boldsymbol{X}\hat{\boldsymbol{\beta}}^{*}=\hat{\beta}_1^{*}\boldsymbol{x}_1+\hat{\beta}_2^{*}\boldsymbol{x}_2+\cdots+\hat{\beta}_k^{*}\boldsymbol{x}_k \tag{14.25}$$

同时注意，$\hat{\boldsymbol{y}}\in\mathrm{lin}\{\boldsymbol{x}_1, \boldsymbol{x}_2, \cdots, \boldsymbol{x}_k\}$，即 $\hat{\boldsymbol{y}}$ 属于 $\boldsymbol{X}$ 的列向量张成（生成）的线性空间。由式 (14.20) 知 $\boldsymbol{e}$ 属于其正交补集（orthogonal complement）生成的线性空间。而且，$\hat{\boldsymbol{y}}$ 是 $\boldsymbol{y}$ 投射到 $\boldsymbol{X}$ 的列向量生成空间的正交投影。要看清这一点，我们可以先考虑最简单的回归

$$\tilde{Y}_t=\beta X_t+\tilde{u}_t,\ t=1,2,\cdots,T \tag{14.26}$$

对于这个例子，因为 $\boldsymbol{X}$ 只包含一个列向量 $\boldsymbol{x}_1$，所以有

$$\hat{\beta}^* = (\boldsymbol{X}^{\mathrm{T}}\boldsymbol{X})^{-1}\boldsymbol{X}^{\mathrm{T}}\boldsymbol{y} = \frac{1}{\boldsymbol{x}_1^{\mathrm{T}}\boldsymbol{x}_1}\boldsymbol{x}_1^{\mathrm{T}}\boldsymbol{y} \tag{14.27}$$

因此，根据定理 5.2.4，有

$$\begin{aligned}\hat{\boldsymbol{y}} &= \hat{\beta}^* \boldsymbol{x}_1 = \frac{\boldsymbol{x}_1^{\mathrm{T}}\boldsymbol{y}}{\boldsymbol{x}_1^{\mathrm{T}}\boldsymbol{x}_1}\boldsymbol{x}_1 \\ &= \frac{\boldsymbol{x}_1^{\mathrm{T}}\boldsymbol{y}}{\|\boldsymbol{x}_1\|^2}\boldsymbol{x}_1 = \mathrm{proj}_{\boldsymbol{x}_1}\boldsymbol{y}\end{aligned} \tag{14.28}$$

即，$\hat{\boldsymbol{y}}$ 是 $\boldsymbol{y}$ 在 $\boldsymbol{x}_1$ 上的正交投影。那么，$\boldsymbol{e}=\boldsymbol{y}-\hat{\boldsymbol{y}}$ 是 $\boldsymbol{y}$ 到 $\boldsymbol{x}_1$ 上的正交分量。

$$\hat{\boldsymbol{y}} = \boldsymbol{X}\hat{\boldsymbol{\beta}}^* = \boldsymbol{N}\boldsymbol{y} \tag{14.29}$$

是式（14.28）的一般化结果，$\boldsymbol{N}$ 是 OLS 投影矩阵。$\boldsymbol{N}$ 把 $\boldsymbol{y}$ 正交投射到 $\boldsymbol{X}$ 的列向量生成的空间上。因此，通过这种构造，$\boldsymbol{e}=\boldsymbol{M}\boldsymbol{y}=(\boldsymbol{I}-\boldsymbol{N})\boldsymbol{y}$ 正交于 $\hat{\boldsymbol{y}}$，且 $\boldsymbol{e}$ 的长度达到极小化。选择任何其他坐标，比如 $\hat{\hat{\boldsymbol{\beta}}}$，得到 $\hat{\hat{\boldsymbol{y}}}$，使得残差向量 $\boldsymbol{y}-\hat{\hat{\boldsymbol{y}}}$ 的长度大于 $\boldsymbol{e}$。对于简单线性回归式（14.26）和 $T=3$，见图 14—1。图 14—1 中，$\hat{\boldsymbol{\beta}}^*$ 的最优值是 1.5，其具有最短的残差向量。

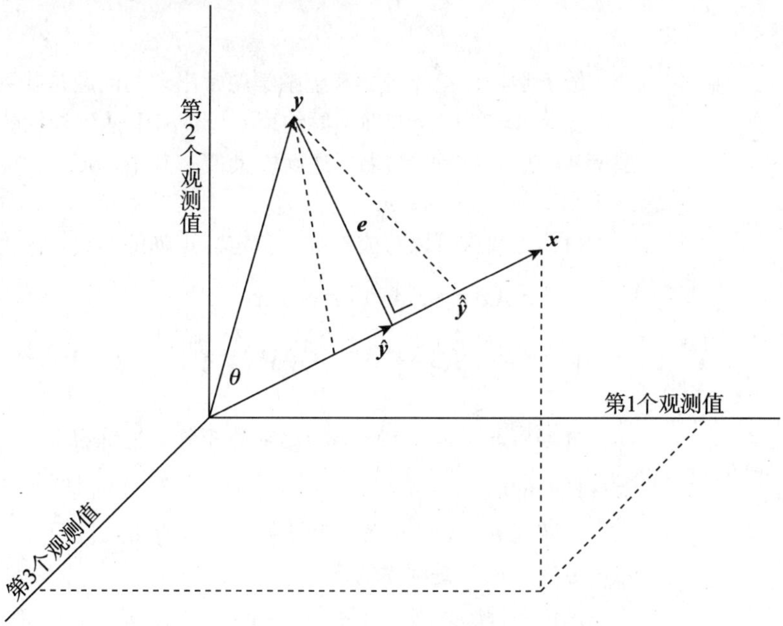

图 14—1　$\mathbb{R}^3$ 中普通最小二乘回归的几何含义

为了确保理解这些几何思想，读者可以参考图 14—1，对下面的回归方程绘制类似的图形

$$\widetilde{Y}_t = \beta_1 X_{t1} + \beta_2 X_{t2} + \tilde{u}_t \tag{14.30}$$

且 $\widetilde{Y}_t$、X_{t1} 和 X_{t2} 有 $T=3$ 个观测值，见练习 14.3。

最后，我们来考虑 $\boldsymbol{y}$ 与 $\hat{\boldsymbol{y}}$ 之间的夹角 θ。由点乘的定义可知

$$\begin{aligned}\cos\theta &= \frac{\boldsymbol{y}\cdot\hat{\boldsymbol{y}}}{\|\boldsymbol{y}\|\|\hat{\boldsymbol{y}}\|}=\frac{(\hat{\boldsymbol{y}}+\boldsymbol{e})\cdot\hat{\boldsymbol{y}}}{\|\boldsymbol{y}\|\|\hat{\boldsymbol{y}}\|}\\ &=\frac{(\hat{\boldsymbol{y}}+\boldsymbol{e})^{\mathrm{T}}\hat{\boldsymbol{y}}}{(\boldsymbol{y}^{\mathrm{T}}\boldsymbol{y})^{\frac{1}{2}}(\hat{\boldsymbol{y}}^{\mathrm{T}}\hat{\boldsymbol{y}})^{\frac{1}{2}}}=\frac{\hat{\boldsymbol{y}}^{\mathrm{T}}\hat{\boldsymbol{y}}}{(\boldsymbol{y}^{\mathrm{T}}\boldsymbol{y})^{\frac{1}{2}}(\hat{\boldsymbol{y}}^{\mathrm{T}}\hat{\boldsymbol{y}})^{\frac{1}{2}}}=\frac{(\hat{\boldsymbol{y}}^{\mathrm{T}}\hat{\boldsymbol{y}})^{\frac{1}{2}}}{(\boldsymbol{y}^{\mathrm{T}}\boldsymbol{y})^{\frac{1}{2}}}\end{aligned}\tag{14.31}$$

该比值的平方同解释平方和与总平方和的比值类似。在回归分析中，**解释平方和与总平方和的比值称为判决系数**，记为 R^2。类似地，$\cos^2\theta$ 可以解释为回归估计对数据的拟合优度。在 $0\leqslant\cos^2\theta\leqslant1$ 的条件下，改进拟合，$\cos^2\theta\to1$。几何上看，如图 14—1 所示，这对应于 $\theta\to0$，这时 $\hat{\boldsymbol{y}}\to\boldsymbol{y}$，因此 $\|\boldsymbol{e}\|\to0$。

下一节我们考虑更一般的优化问题，OLS 回归可以看作是其特例。

14.3 典型二次规划问题

14.3.1 典型求解

经济学、计量经济学和金融学中常出现的问题是找到一个向量 $\boldsymbol{x}\in\mathbb{R}^n$，使得二次型 $\boldsymbol{x}^{\mathrm{T}}\boldsymbol{A}\boldsymbol{x}$ 在 m 个线性不等约束 $\boldsymbol{g}^{i\mathrm{T}}\boldsymbol{x}\geqslant\alpha_i$ 下达到极大值，或者类似地，使二次型 $\boldsymbol{x}^{\mathrm{T}}\boldsymbol{A}\boldsymbol{x}$ 在 m 个等式约束下达到极大值。其中，$\boldsymbol{A}\in\mathbb{R}^{n\times n}$ 是负定的，且 $\boldsymbol{g}^i\in\mathbb{R}^n$，$i=1,2,\cdots,m(m\leqslant n)$。

目标函数常可以写成对称（负定）矩阵的形式，因为 $\boldsymbol{x}^{\mathrm{T}}\boldsymbol{A}\boldsymbol{x}$ 是一个标量，

$$\begin{aligned}\boldsymbol{x}^{\mathrm{T}}\boldsymbol{A}\boldsymbol{x}&=(\boldsymbol{x}^{\mathrm{T}}\boldsymbol{A}\boldsymbol{x})^{\mathrm{T}}=\boldsymbol{x}^{\mathrm{T}}\boldsymbol{A}^{\mathrm{T}}\boldsymbol{x}\\&=\frac{1}{2}(\boldsymbol{x}^{\mathrm{T}}\boldsymbol{A}\boldsymbol{x}+\boldsymbol{x}^{\mathrm{T}}\boldsymbol{A}^{\mathrm{T}}\boldsymbol{x})=\boldsymbol{x}^{\mathrm{T}}\left[\frac{1}{2}(\boldsymbol{A}+\boldsymbol{A}^{\mathrm{T}})\right]\boldsymbol{x}\end{aligned}\tag{14.32}$$

很容易证明，$\frac{1}{2}(\boldsymbol{A}+\boldsymbol{A}^{\mathrm{T}})$ 是对称矩阵，见练习 14.6。后面，我们直接假定 $\boldsymbol{A}$ 本身是对称的。

令 $\boldsymbol{G}$ 是 $m\times n$ 阶矩阵，第 i 行为 $\boldsymbol{g}^i$，令 $\boldsymbol{\alpha}=[\alpha_i]_{m\times1}$。为了应用库恩-塔克条件，矩阵 $\boldsymbol{G}$ 应该是满秩的。

拉格朗日函数为

$$\boldsymbol{x}^{\mathrm{T}}\boldsymbol{A}\boldsymbol{x}+\boldsymbol{\lambda}^{\mathrm{T}}(\boldsymbol{G}\boldsymbol{x}-\boldsymbol{\alpha})\tag{14.33}$$

一阶条件为

$$2\boldsymbol{x}^{*\mathrm{T}}\boldsymbol{A}+\boldsymbol{\lambda}^{\mathrm{T}}\boldsymbol{G}=\boldsymbol{0}_{1\times n}\tag{14.34}$$

或者转置，然后左乘 $\frac{1}{2}\boldsymbol{A}^{-1}$，得

$$x^* = -\frac{1}{2} A^{-1} G^{\mathrm{T}} \lambda \tag{14.35}$$

“*”号表示最优解。这里我们假定约束是紧约束，得

$$Gx^* = \alpha = -\frac{1}{2} G A^{-1} G^{\mathrm{T}} \lambda \tag{14.36}$$

为了求解拉格朗日乘子 λ，需要对 $GA^{-1}G^{\mathrm{T}}$ 求逆矩阵。因为 G 是满秩，A 和 A^{-1} 是负定的，故根据定理 4.4.4.，$GA^{-1}G^{\mathrm{T}}$ 也是负定的，因此也是不可逆的，于是

$$\lambda = -2(GA^{-1}G^{\mathrm{T}})^{-1}\alpha \tag{14.37}$$

符号条件告诉我们，λ 的每一个分量必须非负。否则，我们需要仔细检查待求解问题，看哪一个约束子集是紧约束，然后用这个约束子集做约束条件重新求解最优化问题。①

如果约束是紧约束，把式（14.35）中的 λ 用式（14.37）来替换，则可以得出 x 的最优解

$$x^* = A^{-1}G^{\mathrm{T}}(GA^{-1}G^{\mathrm{T}})^{-1}\alpha \tag{14.38}$$

包络函数为

$$\begin{aligned} x^{*T}Ax^* &= \alpha^{\mathrm{T}}(GA^{-1}G^{\mathrm{T}})^{-1}GA^{-1}AA^{-1}G^{\mathrm{T}}(GA^{-1}G^{\mathrm{T}})^{-1}\alpha \\ &= \alpha^{\mathrm{T}}(GA^{-1}G^{\mathrm{T}})^{-1}\alpha \\ &= -\frac{1}{2}\alpha^{\mathrm{T}}\lambda \end{aligned} \tag{14.39}$$

该优化问题的应用包括普通最小二乘回归、广义最小二乘回归、受限最小二乘回归、金融学中的均值—方差投资组合选择问题、主成分分析和因子分析。后面我们通过例子阐述普通最小二乘法重要的统计结果——高斯-马尔科夫(Gauss-Markov) 定理的一个应用和受限最小二乘回归。金融学中的均值—方差投资组合选择问题将在 17.4 节讨论。

14.3.2 高斯-马尔科夫定理

考虑回归方程

$$\tilde{y} = x^{\mathrm{T}}\beta + \tilde{\epsilon} \tag{14.40}$$

其中，$\tilde{y}$ 和 $\tilde{\epsilon}$ 是随机变量，$\tilde{\epsilon}$ 是零均值的扰动项，且 x 是固定的 k 维向量。已知 $\tilde{y}$ 的 T 个随机样本观测值，$\tilde{\mathbf{y}} \equiv (\tilde{y}_1, \tilde{y}_2, \cdots, \tilde{y}_T)$，分别对应 x 的值 x_1，

① 一个可能的解决方法是将库恩-塔克乘子设定为 $\lambda^* \equiv max\{0_m, -2(GA^{-1}G^{T})^{-1}\alpha\}$，这里极大化运算符表示逐个分量的极大化。其作用是打破原始问题的非紧约束限制（有负的拉格朗日乘子）并为后续分析服务。

$\boldsymbol{x}_2$，…，$\boldsymbol{x}_T$，扰动项 $\tilde{\boldsymbol{\epsilon}}$ 的方差—协方差矩阵为 $\boldsymbol{V}$，$\tilde{\boldsymbol{\epsilon}}=\tilde{\boldsymbol{y}}-\boldsymbol{X\beta}$，矩阵 $\boldsymbol{X}$ 的行向量为 $\boldsymbol{x}_1^{\mathrm{T}}$，$\boldsymbol{x}_2^{\mathrm{T}}$，…，$\boldsymbol{x}_T^{\mathrm{T}}$。

形如 $\sum_{t=1}^{T}\alpha_t\tilde{y}_t$（$\alpha_1,\alpha_2,\cdots,\alpha_T$ 为非随机的标量）的表达式称为**线性估计量**。回顾 13.8 节中讲的“无偏估计量”的含义。同时需要**最优估计量**这一统计概念，它意味着一类估计量中具有最小方差的那个估计量。这一思想与**统计效率**有关，最优估计量是一类估计量中统计最有效的。有了这些概念，我们开始讨论我们感兴趣的定理。①

定理 14.3.1（高斯-马尔科夫定理） 假定 $k<T$，$T\times k$ 阶矩阵 $\boldsymbol{X}$ 满秩，行向量为 $\boldsymbol{x}_1^{\mathrm{T}}$，$\boldsymbol{x}_2^{\mathrm{T}}$，…，$\boldsymbol{x}_T^{\mathrm{T}}$。那么参数 β_i，$i=1$，2，…，k 的**最优线性无偏估计**（BLUE）为：

$$\hat{\boldsymbol{\beta}}_{GLS}=(\boldsymbol{X}^{\mathrm{T}}\boldsymbol{V}^{-1}\boldsymbol{X})^{-1}\boldsymbol{X}^{\mathrm{T}}\boldsymbol{V}^{-1}\tilde{\boldsymbol{y}} \tag{14.41}$$

证明：考虑一个更一般的问题，找出 $\mu\equiv\boldsymbol{c}^{\mathrm{T}}\boldsymbol{\beta}$，$\boldsymbol{c}\in\mathbb{R}^k$ 的 BLUE，这样证明相比直接证明上述结果更方便简洁。设定 $\boldsymbol{c}$ 等于标准单位基向量。

如同式（14.3）一样，矩阵表述为：

$$\tilde{\boldsymbol{y}}=\boldsymbol{X\beta}+\tilde{\boldsymbol{\epsilon}} \tag{14.42}$$

μ 的线性估计可以写成 $\boldsymbol{a}^{\mathrm{T}}\tilde{\boldsymbol{y}}$ 的形式，其中 $\boldsymbol{a}\in\mathbb{R}^{\mathrm{T}}$，其期望为

$$E[\boldsymbol{a}^{\mathrm{T}}\tilde{\boldsymbol{y}}]=\boldsymbol{a}^{\mathrm{T}}\boldsymbol{X\beta} \tag{14.43}$$

因此，估计量（对真实参数向量 $\boldsymbol{\beta}$ 的所有值）是无偏的，当且仅当

$$\boldsymbol{a}^{\mathrm{T}}\boldsymbol{X}=\boldsymbol{c}^{\mathrm{T}} \tag{14.44}$$

$\boldsymbol{a}^{\mathrm{T}}\tilde{\boldsymbol{y}}$ 的方差为 $\boldsymbol{a}^{\mathrm{T}}\boldsymbol{Va}$。我们需要在线性约束式（14.44）下使该方差极小化。

分别用 T 和 k 替换维度 n 和 m，用 $-\boldsymbol{V}$，$\boldsymbol{a}$，$\boldsymbol{X}^{\mathrm{T}}$ 和 $\boldsymbol{c}$ 分别替换 $\boldsymbol{A}$，$\boldsymbol{x}$，$\boldsymbol{G}$ 和 $\boldsymbol{\alpha}$，就得到前述典型问题。因此解为

$$\boldsymbol{a}^*=\boldsymbol{V}^{-1}\boldsymbol{X}(\boldsymbol{X}^{\mathrm{T}}\boldsymbol{V}^{-1}\boldsymbol{X})^{-1}\boldsymbol{c} \tag{14.45}$$

μ 的 BLUE 为

$$\boldsymbol{a}^{*\mathrm{T}}\tilde{\boldsymbol{y}}=\tilde{\boldsymbol{y}}^{\mathrm{T}}\boldsymbol{a}^*=\tilde{\boldsymbol{y}}^{\mathrm{T}}\boldsymbol{V}^{-1}\boldsymbol{X}(\boldsymbol{X}^{\mathrm{T}}\boldsymbol{V}^{-1}\boldsymbol{X})^{-1}\boldsymbol{c} \tag{14.46}$$

用标准基向量连续替换 $\boldsymbol{c}$，把结果整理为列向量，$\boldsymbol{\beta}$ 的 BLUE 为

$$(\boldsymbol{X}^{\mathrm{T}}\boldsymbol{V}^{-1}\boldsymbol{X})^{-1}\boldsymbol{X}^{\mathrm{T}}\boldsymbol{V}^{-1}\tilde{\boldsymbol{y}} \tag{14.47}$$

式（14.41）的结果称为**广义最小二乘**（GLS）**估计量**，因此加了下标。如果扰动项是 iid 的，那么式（14.41）的结果变为 OLS 估计式（14.12）。如果 $\boldsymbol{V}$ 是对角矩阵，但 $\tilde{y}_i$ 的值是异方差的，即有不同的方差，那么估计量变为**加权最**

① 高斯-马尔科夫定理是以德国数学家 Johann Carl Friedrich Gauss（1777—1855）（在第 2 章的注释中提到）和之后的俄国数学家 Audrei Andreyevich Markov（1856—1922）的名字命名的。高斯在 19 世纪 20 年代已经发表结果，马尔科夫的研究几乎晚了一个世纪。考虑到两人的共同贡献，20 世纪 50 年代才将两个名字联合在一起使用。

小二乘（WLS）估计量。对于更一般的 $\boldsymbol{V}$，对应的是完全 GLS 回归模型。

另外一种方法是针对有约束优化问题构建拉格朗日函数，利用一阶条件求解 GLS 估计量，见练习 14.8。

β_i 的具体估计量、最小方差估计量的方差等可以很容易地导出，参考 Johnston 和 DiNardo（1997，pp. 89－90）和练习 14.9。

14.3.3 受限最小二乘估计

有时候，理论上建议对回归参数施加线性约束。举个例子，对于含 k 个参数的模型，假定建议 $\beta_1+\beta_3=1$。这个约束可以用矩阵来表述

$$\boldsymbol{R\beta}=\boldsymbol{r} \text{ 或 } \boldsymbol{R\beta}-\boldsymbol{r}=\boldsymbol{0} \tag{14.48}$$

其中，$\boldsymbol{R}=[1 \quad 0 \quad 1 \quad 0 \quad \cdots \quad 0]_{1\times k}$，$\boldsymbol{r}=[1]_{1\times 1}$，$\boldsymbol{0}=[0]_{1\times 1}$，$\boldsymbol{\beta}$ 是 14.2 节中定义的 k 维参数向量。如果理论同时建议 $\beta_2=\beta_4$，那么根据式（14.48），两个约束可以表示为

$$\boldsymbol{R}=\begin{bmatrix}1 & 0 & 1 & 0 & 0 & \cdots & 0\\ 0 & 1 & 0 & -1 & 0 & \cdots & 0\end{bmatrix}_{2\times k},\ \boldsymbol{r}=\begin{bmatrix}1\\0\end{bmatrix}_{2\times 1},\ \boldsymbol{0}=\begin{bmatrix}0\\0\end{bmatrix}_{2\times 1} \tag{14.49}$$

更一般地，关于 k 个参数的 g 个线性约束都可以写成式（14.48）的形式，其中 $\boldsymbol{R}$ 是 $g\times k$ 阶矩阵，$\boldsymbol{r}$ 和$\boldsymbol{0}$是 $g\times 1$ 向量。假定 $g<k$，且 g 个线性约束是线性独立的，那么 $\rho(\boldsymbol{R})=g$。如果这些约束构成有效的附加信息，那么从统计效率的角度来看，需要把这些信息用于 $\boldsymbol{\beta}$ 的估计。同 14.2 节，给定样本数据，估计问题转化为在 $\boldsymbol{R\hat{\beta}}-\boldsymbol{r}=\boldsymbol{0}$的约束下极小化残差平方和 $\boldsymbol{e}^{\mathrm{T}}\boldsymbol{e}$ 的问题。这是另外一种形式的二次规划问题。无论目标函数是线性项还是二次项，其拉格朗日函数都为

$$L(\boldsymbol{\hat{\beta}},\boldsymbol{\lambda})=\boldsymbol{e}^{\mathrm{T}}\boldsymbol{e}+\boldsymbol{\lambda}^{\mathrm{T}}(\boldsymbol{R\hat{\beta}}-\boldsymbol{r}) \tag{14.50}$$

其中 $\boldsymbol{\lambda}$ 是 $g\times 1$ 阶拉格朗日乘子矩阵，每个元素与 g 个约束相对应。

把 $\boldsymbol{e}^{\mathrm{T}}\boldsymbol{e}$ 用式（14.6）替换，然后关于 $\boldsymbol{\hat{\beta}}$ 和 $\boldsymbol{\lambda}$ 求微分，并令导数等于 0，得到有约束优化问题的一阶条件

$$\frac{\partial L}{\partial \boldsymbol{\hat{\beta}}}=-2\boldsymbol{X}^{\mathrm{T}}\boldsymbol{y}+2\boldsymbol{X}^{\mathrm{T}}\boldsymbol{X}\boldsymbol{\hat{\beta}}_{\mathrm{R}}^{*}+\boldsymbol{R}^{\mathrm{T}}\boldsymbol{\hat{\lambda}}=\boldsymbol{0} \tag{14.51}$$

$$\frac{\partial L}{\partial \lambda}=\boldsymbol{R}\boldsymbol{\hat{\beta}}_{\mathrm{R}}^{*}-\boldsymbol{r}=\boldsymbol{0} \tag{14.52}$$

下标 R 表示受限最小二乘（RLS）估计量，这是为了与 OLS 估计量 $\boldsymbol{\hat{\beta}}^{*}$ 区别开来。$\frac{\partial L}{\partial \boldsymbol{\hat{\beta}}}$的表达式中间部分前两项与式（14.8）的结论没有区别。但求解一阶条件方程（14.51）和式（14.52）比无约束 OLS 的正规方程（14.10）要困难很多。我们考虑两种方法来求解。第一种方法是两步法，先找到 $\boldsymbol{\hat{\lambda}}$ 的解，然后由此求解 $\boldsymbol{\hat{\beta}}_{\mathrm{R}}^{*}$。第二种方法是充分利用 1.5.14 节中分块逆矩阵知识同时求解 $\boldsymbol{\hat{\lambda}}$ 和 $\boldsymbol{\hat{\beta}}_{\mathrm{R}}^{*}$。

求解：第一种方法

对式（14.51）左乘$\frac{1}{2}\boldsymbol{R}(\boldsymbol{X}^{\mathrm{T}}\boldsymbol{X})^{-1}$，正如14.2节一样，假定$(\boldsymbol{X}^{\mathrm{T}}\boldsymbol{X})^{-1}$存在，我们得到

$$-\boldsymbol{R}(\boldsymbol{X}^{\mathrm{T}}\boldsymbol{X})^{-1}\boldsymbol{X}^{\mathrm{T}}\boldsymbol{y}+\boldsymbol{R}\hat{\boldsymbol{\beta}}_{\mathrm{R}}^{*}+\frac{1}{2}\boldsymbol{R}(\boldsymbol{X}^{\mathrm{T}}\boldsymbol{X})^{-1}\boldsymbol{R}^{\mathrm{T}}\hat{\boldsymbol{\lambda}}=\boldsymbol{0} \tag{14.53}$$

$(\boldsymbol{X}^{\mathrm{T}}\boldsymbol{X})^{-1}\boldsymbol{X}^{\mathrm{T}}\boldsymbol{y}$是$\hat{\boldsymbol{\beta}}^{*}$的OLS估计，并且$\boldsymbol{R}\hat{\boldsymbol{\beta}}_{\mathrm{R}}^{*}=\boldsymbol{r}$，因为RLS估计量$\hat{\boldsymbol{\beta}}_{\mathrm{R}}^{*}$满足约束（见式（14.52）），故可以把式（14.53）改写为

$$\boldsymbol{R}(\boldsymbol{X}^{\mathrm{T}}\boldsymbol{X})^{-1}\boldsymbol{R}^{\mathrm{T}}\hat{\boldsymbol{\lambda}}=2(\boldsymbol{R}\hat{\boldsymbol{\beta}}^{*}-\boldsymbol{r}) \tag{14.54}$$

因为$\boldsymbol{R}$是满秩的，根据定理4.4.4，可以得出

$$\hat{\boldsymbol{\lambda}}=2[\boldsymbol{R}(\boldsymbol{X}^{\mathrm{T}}\boldsymbol{X})^{-1}\boldsymbol{R}^{\mathrm{T}}]^{-1}(\boldsymbol{R}\hat{\boldsymbol{\beta}}^{*}-\boldsymbol{r}) \tag{14.55}$$

用式（14.55）替换式（14.51）中的$\hat{\boldsymbol{\lambda}}$，得

$$-2\boldsymbol{X}^{\mathrm{T}}\boldsymbol{y}+2\boldsymbol{X}^{\mathrm{T}}\boldsymbol{X}\hat{\boldsymbol{\beta}}_{\mathrm{R}}^{*}+2\boldsymbol{R}^{\mathrm{T}}[\boldsymbol{R}(\boldsymbol{X}^{\mathrm{T}}\boldsymbol{X})^{-1}\boldsymbol{R}^{\mathrm{T}}]^{-1}(\boldsymbol{R}\hat{\boldsymbol{\beta}}^{*}-\boldsymbol{r})=\boldsymbol{0} \tag{14.56}$$

最后对该方程左乘$\frac{1}{2}(\boldsymbol{X}^{\mathrm{T}}\boldsymbol{X})^{-1}$，$\hat{\boldsymbol{\beta}}_{\mathrm{R}}^{*}$的解可以写为

$$\hat{\boldsymbol{\beta}}_{\mathrm{R}}^{*}=\hat{\boldsymbol{\beta}}^{*}-(\boldsymbol{X}^{\mathrm{T}}\boldsymbol{X})^{-1}\boldsymbol{R}^{\mathrm{T}}[\boldsymbol{R}(\boldsymbol{X}^{\mathrm{T}}\boldsymbol{X})^{-1}\boldsymbol{R}^{\mathrm{T}}]^{-1}(\boldsymbol{R}\hat{\boldsymbol{\beta}}^{*}-\boldsymbol{r}) \tag{14.57}$$

求解：第二种方法

换一种方法，极小化$\frac{1}{2}\boldsymbol{e}^{\mathrm{T}}\boldsymbol{e}$来简化运算。一阶条件为式（14.51）和式（14.52），不含2。用分块矩阵可以写为方程组形式

$$\begin{bmatrix}\boldsymbol{X}^{\mathrm{T}}\boldsymbol{X} & \boldsymbol{R}^{\mathrm{T}}\\ \boldsymbol{R} & \boldsymbol{0}\end{bmatrix}\begin{bmatrix}\hat{\boldsymbol{\beta}}_{\mathrm{R}}^{*}\\ \hat{\boldsymbol{\lambda}}\end{bmatrix}=\begin{bmatrix}\boldsymbol{X}^{\mathrm{T}}\boldsymbol{y}\\ \boldsymbol{r}\end{bmatrix} \tag{14.58}$$

关于$\boldsymbol{X}$和$\boldsymbol{R}$的假定可以保证式（14.58）中的方阵是可逆的（见练习14.10），因此

$$\begin{bmatrix}\hat{\boldsymbol{\beta}}_{\mathrm{R}}^{*}\\ \hat{\boldsymbol{\lambda}}\end{bmatrix}=\begin{bmatrix}\boldsymbol{X}^{\mathrm{T}}\boldsymbol{X} & \boldsymbol{R}^{\mathrm{T}}\\ \boldsymbol{R} & \boldsymbol{0}\end{bmatrix}^{-1}\begin{bmatrix}\boldsymbol{X}^{\mathrm{T}}\boldsymbol{y}\\ \boldsymbol{r}\end{bmatrix} \tag{14.59}$$

1.5.14节表明，分块逆矩阵有几种不同形式。这里选用练习1.23的形式，练习14.10要求读者推导。那么可以改写为

$$\begin{bmatrix}\hat{\boldsymbol{\beta}}_{\mathrm{R}}^{*}\\ \hat{\boldsymbol{\lambda}}\end{bmatrix}=\begin{bmatrix}(\boldsymbol{X}^{\mathrm{T}}\boldsymbol{X})^{-1}-(\boldsymbol{X}^{\mathrm{T}}\boldsymbol{X})^{-1}\boldsymbol{R}^{\mathrm{T}}\boldsymbol{A}\boldsymbol{R}(\boldsymbol{X}^{\mathrm{T}}\boldsymbol{X})^{-1} & (\boldsymbol{X}^{\mathrm{T}}\boldsymbol{X})^{-1}\boldsymbol{R}^{\mathrm{T}}\boldsymbol{A}\\ \boldsymbol{A}\boldsymbol{R}(\boldsymbol{X}^{\mathrm{T}}\boldsymbol{X})^{-1} & -\boldsymbol{A}\end{bmatrix}\begin{bmatrix}\boldsymbol{X}^{\mathrm{T}}\boldsymbol{y}\\ \boldsymbol{r}\end{bmatrix} \tag{14.60}$$

其中，$\boldsymbol{A}=[\boldsymbol{R}(\boldsymbol{X}^{\mathrm{T}}\boldsymbol{X})^{-1}\boldsymbol{R}^{\mathrm{T}}]^{-1}$。那么有

$$\hat{\boldsymbol{\beta}}_{\mathrm{R}}^{*}=(\boldsymbol{X}^{\mathrm{T}}\boldsymbol{X})^{-1}\boldsymbol{X}^{\mathrm{T}}\boldsymbol{y}-(\boldsymbol{X}^{\mathrm{T}}\boldsymbol{X})^{-1}\boldsymbol{R}^{\mathrm{T}}\boldsymbol{A}\boldsymbol{R}(\boldsymbol{X}^{\mathrm{T}}\boldsymbol{X})^{-1}\boldsymbol{X}^{\mathrm{T}}\boldsymbol{y}+(\boldsymbol{X}^{\mathrm{T}}\boldsymbol{X})^{-1}\boldsymbol{R}^{\mathrm{T}}\boldsymbol{A}\boldsymbol{r}$$

$$=\hat{\boldsymbol{\beta}}^{*}-(\boldsymbol{X}^{\mathrm{T}}\boldsymbol{X})^{-1}\boldsymbol{R}^{\mathrm{T}}\boldsymbol{A}(\boldsymbol{R}\hat{\boldsymbol{\beta}}^{*}-\boldsymbol{r}) \tag{14.61}$$

把 $\boldsymbol{A}=[\boldsymbol{R}(\boldsymbol{X}^{\mathrm{T}}\boldsymbol{X})^{-1}\boldsymbol{R}^{\mathrm{T}}]^{-1}$代入，结果与式（14.57）相等。

从式（14.57）或式（14.61）可以轻易看出，如果普通最小二乘估计刚好满足理论约束，使得 $\boldsymbol{R}\hat{\boldsymbol{\beta}}^{*}-\boldsymbol{r}=\boldsymbol{0}$，那么有 $\hat{\boldsymbol{\beta}}_{\mathrm{R}}^{*}=\hat{\boldsymbol{\beta}}^{*}$。

14.4 随机差分方程

本节，我们引入并扩展了统计时间序列分析和计量经济学中有广泛应用的线性自治差分方程。这通过在方程的右边增加随机变量来扩展，使得这个过程生成一个变量而不再是一个确定值，这个变量是随机的。对于修改的差分方程，我们可以把其中确定性成分理解为变量在时期内的平均水平，把随机性成分解释为非系统性因子，这个非系统性因子在给定时期内影响变量的精确值。

我们先导出一类简单随机差分方程的相关结论，然后考虑一类在宏观经济学实证中应用很广的随机差分方程组——向量自回归模型。①

14.4.1 单方程自回归过程

13.2 节中定义的随机过程可以看成是一序列用时间来标记的随机变量。这一节在正式讨论特定的某一类随机过程之前，我们先定义三类**平稳性**以及相应的概念，平稳性性质对随机过程非常重要。

定义 14.4.1 如果对所有 $k=\pm1,\ \pm2,\ \cdots$，$\tilde{x}_1,\ \tilde{x}_2,\ \cdots,\ \tilde{x}_T$ 和 $\tilde{x}_{1+k},\ \tilde{x}_{2+k},\ \cdots,\ \tilde{x}_{T+k}$的联合概率分布（或密度）相同，那么随机过程$\{\tilde{x}_t\}$是**严平稳**的。

定义 14.4.2 如果 $\tilde{z}_t$ 的一阶矩和二阶矩都存在，且

$$E[\tilde{z}_t]=\mu,\ \forall t \tag{14.62}$$

$$\mathrm{Var}[\tilde{z}_t]=\sigma^2,\ \forall t \tag{14.63}$$

$$\mathrm{Cov}[\tilde{z}_t,\ \tilde{z}_{t-j}]=\mathrm{Cov}[\tilde{z}_{t+k},\ \tilde{z}_{t+k-j}]=\gamma_j,\ \forall t,\ k,\ j \tag{14.64}$$

其中，$\mathrm{Cov}[\tilde{z}_t,\ \tilde{z}_{t-j}]$是**自协方差**，$\gamma_0=\sigma^2\geqslant0$，那么随机过程$\{\tilde{z}_t\}$是**弱（协方差）平稳**的。

因此，如果随机过程$\{\tilde{z}_t\}$是弱平稳的，其均值、方差和自协方差不随时间变化，且自协方差仅取决于滞后的步长 j。**自相关系数**为

$$\mathrm{Corr}[\tilde{z}_t,\ \tilde{z}_{t-j}]\equiv\frac{\mathrm{Cov}[\tilde{z}_t,\ \tilde{z}_{t-j}]}{\sqrt{\mathrm{Var}[\tilde{z}_t]\mathrm{Var}[\tilde{z}_{t-j}]}}=\frac{\gamma_j}{\sigma^2}=\frac{\gamma_j}{\gamma_0}\equiv\rho_j \tag{14.65}$$

也取决于滞后的步长 j，因为 $\gamma_j=\mathrm{Cov}[\tilde{z}_t,\ \tilde{z}_{t-j}]=\mathrm{Cov}[\tilde{z}_{t-j},\ \tilde{z}_t]$。由弱平稳，

① Enders（2010，第 1 章）将差分方程改写成时间序列计量经济学模型，并处理得非常好。

$\mathrm{Cov}[\tilde{z}_{t-j},\ \tilde{z}_t]=\mathrm{Cov}[\tilde{z}_{t-j+j},\ \tilde{z}_{t+j}]=\mathrm{Cov}[\tilde{z}_t,\ \tilde{z}_{t-(-j)}]=\gamma-j$，那么 $\rho_j=\rho-j$。

定义 14.4.3 如果 $t\to\infty$ 时，$E[\tilde{w}_t]\to\mu$，$\mathrm{Var}[\tilde{w}_t]\to\sigma^2$，且 $\mathrm{Cov}[\tilde{w}_t,\ \tilde{w}_{t-j}]\to\gamma_j$ 仅依赖于滞后的步长 $|j|$，$\mathrm{Corr}[\tilde{w}_t,\ \tilde{w}_{t-j}]\to\rho_j$ 也仅依赖于滞后的步长 $|j|$。其中，μ，σ^2，γ_j，ρ_j 对所有的 j 是常数，那么这个随机过程 $\{\tilde{w}_t\}$ 是**渐近平稳的**或者**零阶单整的**，记为 $\tilde{w}_t\sim I(0)$。

渐近平稳的概念比严平稳和弱平稳的概念都要弱，平稳的过程一定是 $I(0)$，但 $I(0)$ 过程不一定是平稳的。本节中仅使用弱平稳和渐近平稳的概念。因为两者之间的区别从概念上看很明确，我们常忽略“弱”和“渐近”等字眼。

我们现在将定义一阶线性自治随机差分方程（称为一阶自回归过程），并研究其性质，然后讨论推广。

定义 14.4.4 如果

$$\tilde{y}_t=\phi_0+\phi_1\tilde{y}_{t-1}+\tilde{\epsilon}_t,\ \forall t \tag{14.66}$$

其中，ϕ_0 和 ϕ_1 是常数，$\tilde{\epsilon}_t$ 是独立同分布的随机变量，对于任意 t，均值为 $E[\tilde{\epsilon}_t]=0$，方差为 $\mathrm{Var}[\tilde{\epsilon}_t]=\sigma^2$①，那么随机过程 $\{\tilde{y}_t\}$ 是**一阶自回归过程**，记为 AR(1)。

如果 ϕ_1 满足 $-1<\phi_1<1$，那么 AR(1) 是弱平稳的。式（14.66）中对 ϕ_1 的这个条件，与 8.3 节讨论的线性自治一阶差分方程所需的渐近稳定性的条件相同。但是，$\tilde{y}_t$ 是随机变量（波浪线标记），因为它是随机变量 $\tilde{\epsilon}_t$ 的函数。尽管这三个概念密切相关，但考虑到我们主要是为了研究随机差分方程，故常用弱平稳或者渐近平稳的统计概念代替稳定性的概念。

尽管关注点有了变化，8.3 节中渐近稳定性的条件可以推导出弱平稳或者渐近平稳的条件。为了表明这一点，考虑从第 1 期开始的 AR(1) 过程，对式（14.66）右侧重复迭代，得

$$\begin{aligned}\tilde{y}_t&=\phi_0(1+\phi_1+\cdots+\phi_1^{t-2})+\phi_1^{t-1}y_1+\tilde{\epsilon}_t+\phi_1\tilde{\epsilon}_{t-1}+\cdots+\phi_1^{t-2}\tilde{\epsilon}_2\\&=\phi_0\sum_{i=0}^{t-2}\phi_1^i+\phi_1^{t-1}y_1+\sum_{i=0}^{t-2}\phi_1^i\tilde{\epsilon}_{t-i}\end{aligned} \tag{14.67}$$

其中，y_1 是过程固定的初始值（初始条件）。这是式（8.23）的修改形式，这里含有随机变量（$\tilde{\epsilon}_{t-i}$）的加权和。把 13.6.1 节期望、方差和协方差的性质代入式（14.67），容易验证，以 $\tilde{y}_1=y_1$ 为条件，有

$$E[\tilde{y}_t]=\phi_0(1+\phi_1+\cdots+\phi_1^{t-2})+\phi_1^{t-1}y_1,\quad t\geqslant 2 \tag{14.68}$$

$$\mathrm{Var}[\tilde{y}_t]=\sigma^2(1+\phi_1^2+\cdots+\phi_1^{2(t-2)}),\quad t\geqslant 2 \tag{14.69}$$

$$\mathrm{Cov}[\tilde{y}_t,\tilde{y}_{t-j}]=\phi_1^j\mathrm{Var}[\tilde{y}_{t-j}],\quad 2\leqslant j\leqslant t-1 \tag{14.70}$$

因为所有这些矩都依赖于时间，AR(1) 过程是非平稳的，但由假设，

① $\phi_0\neq 0$，在单一方程计量经济学（回归）模型中，这样的方法常用于模拟随机干扰项中的自相关作用。

$|\phi_1|<1$，当 $t\to\infty$ 时，有

$$E[\tilde{y}_t]\to\frac{\phi_0}{1-\phi_1} \tag{14.71}$$

$$\mathrm{Var}[\tilde{y}_t]\to\frac{\sigma^2}{1-\phi_1^2} \tag{14.72}$$

$$\mathrm{Cov}[\tilde{y}_t,\tilde{y}_{t-j}]\to\frac{\phi_1^j\sigma^2}{1-\phi_1^2} \tag{14.73}$$

换句话说，当 $t\to\infty$ 时，式（14.68）、式（14.69）和式（14.70）的矩不随时间变化，且不依赖于初始值 y_1。这也解释清楚了为什么 $|\phi_1|<1$ 是 AR(1) 渐近平稳的充分条件。由式（14.70），自相关系数为

$$\mathrm{Corr}[\tilde{y}_t,\tilde{y}_{t-j}]=\frac{\mathrm{Cov}[\tilde{y}_t,\tilde{y}_{t-j}]}{\sqrt{\mathrm{Var}[\tilde{y}_t]\mathrm{Var}[\tilde{y}_{t-j}]}}=\phi_1^j\sqrt{\frac{\mathrm{Var}[\tilde{y}_{t-j}]}{\mathrm{Var}[\tilde{y}_t]}} \tag{14.74}$$

也依赖于时间。但当 $t\to\infty$ 时，给定 j，$\mathrm{Corr}[\tilde{y}_t,\tilde{y}_{t-j}]\to\phi_1^j=\rho_j$，并不随时间变化。[①] 因此，在式（14.67）中，当 $|\phi_1|<1$ 时 $\tilde{y}_t\sim I(0)$：AR(1) 是一个渐近平稳的过程。

如果 $|\phi_1|\geqslant1$，式（14.68）、式（14.69）和式（14.70）表明 AR(1) 的矩随着 t 发散，因此，过程非平稳。经济与金融中不太关注 $|\phi_1|>1$ 的情况，但是 $|\phi_1|=1$，特别是 $\phi_1=1$ 的情况非常重要，正如 3.4 节所提到的。如果过程的滞后多项式中 $|\phi_1|=1$，那么这个过程是一个**单位根**过程。而且，正的单位根意味着 $\Delta\tilde{y}_t=(1-L)\tilde{y}_t\sim I(0)$，因此一阶差分后是渐近平稳的。负单位根情况参见练习 14.13。

如果变量被认为是有效市场[②]确定的，则常用单位根过程的一个特例——**随机游走**来建模。这是一个简单的 AR(1) 模型，其中 $\phi_0=0$，$\phi_1=1$，得

$$\tilde{y}_t=\tilde{y}_{t-1}+\tilde{\epsilon}_t \tag{14.75}$$

该过程的滞后多项式是 $\phi(L)=1-L$，单位根很明确，因此随机游走的非平稳性也很明确。因此 $\Delta\tilde{y}_t=\tilde{\epsilon}_t$，$\Delta\tilde{y}_t$ 是 iid 的、平稳的。实际含义是，如果式（14.75）充分描述了某特定变量的表现，那么该变量的改变不可能预测：给定 $t-1$ 时可用的信息，$\tilde{y}_t$ 的最优预测是条件期望 $E[\tilde{y}_t\mid\Omega_{t-1}]=\tilde{y}_{t-1}$，其中 Ω_{t-1} 表示 $t-1$ 时可用的信息。

单位根的存在并不意味着只能对随机游走模型情况进行预测。举个例子，假定变量的生成过程如下

$$\tilde{y}_t=\phi_0+0.75\tilde{y}_{t-1}+0.25\tilde{y}_{t-2}+\tilde{\epsilon}_t \tag{14.76}$$

---

① 已知一个随机变量 $\tilde{y}_t$ 的 T 期连续观测值由一个弱平稳 AR（1）过程生成，简单可以看出方差—自协方差矩阵 $E[(\tilde{\mathbf{y}}-E[\tilde{\mathbf{y}}])(\tilde{\mathbf{y}}-E[\tilde{\mathbf{y}}]^{\mathrm{T}})]$ 是带状矩阵，其中 $\tilde{\mathbf{y}}=(\tilde{y}_1,\tilde{y}_2,\cdots,\tilde{y}_T)$。因此自相关矩阵也是带状矩阵，见练习 14.12。

② 见 16.6 节。

这是一个 AR(2) 过程的例子，方程中出现变量的二期滞后项。与式 (14.76) 伴随的滞后多项式为

$$\phi(L)=1-0.75L-0.25L^2 \tag{14.77}$$

把多项式进行因式分解为 $(1+0.25L)(1-L)$，回顾式 (8.91)，生成过程可以改写为

$$\Delta\tilde{y}_t=\phi_0-0.25\Delta\tilde{y}_{t-1}+\tilde{\epsilon}_t \tag{14.78}$$

这个例子中，滞后改变 Δy_{t-1} 的知识与预测有关，$\Delta\tilde{y}_t$ 的最优预测为 $E[\Delta\tilde{y}_t \mid \Omega_{t-1}]=\phi_0-0.25\Delta\tilde{y}_{t-1}$，由此可以得出 $\Delta\tilde{y}_t$ 的预测值，即 $\phi_0-0.25\Delta y_{t-1}$，其中，$\Delta y_{t-1}$ 是已知的。实践中，需要对 ϕ_0 进行估计。已知值 y_{t-1} 加上预测改变量，就得到 $\tilde{y}_t$ 的预测值。

将 AR(1) 过程推广，得到 AR(p) 过程

$$\tilde{y}_t=\phi_0+\phi_1\tilde{y}_{t-1}+\phi_2\tilde{y}_{t-2}+\cdots+\phi_p\tilde{y}_{t-p}+\tilde{\epsilon}_t \tag{14.79}$$

或者使用滞后算子，

$$\phi(L)\tilde{y}_t=\phi_0+\tilde{\epsilon}_t \tag{14.80}$$

其中，$\phi(L)$ 是式 (8.67) 定义的多项式。对于刚才分析的例子，式 (14.76) 中 $p=2$。

对于 AR(1) 过程，平稳的条件是 $|\phi_1|<1$。另外一种表述方式是，$\phi(z)=1-\phi_1 z=0$ 的根必须大于 1，因为 $\phi(z)=0$ 的解为 $z=\frac{1}{\phi_1}$。要求 $|\phi_1|<1$ 等价于 $|z|>1$。这正是 8.3.1 节我们阐述的思想。这种思想同样适用于 AR(p) 过程（考虑到复根的可能性，措辞略有变化），为了确保平稳，滞后多项式方程 $\phi(z)=1-\phi_1 z-\cdots-\phi_p z^p=0$ 的根必须位于**单位圆外**。这是自回归过程的一般平稳条件。滞后多项式方程的根位于单位圆外的必要条件是 $\sum_{i=1}^{p}\phi_i<1$，充分条件是 $\sum_{i=1}^{p}|\phi_i|<1$，见 8.4.3 节。

14.4.2 向量自回归模型

向量自回归过程（VAR 过程），最先由 Sims (1980) 引入，在宏观经济计量中很流行，可以广泛应用于因果关系检验、经济冲击分析、预测和预测误差方差的分解。本节中我们简要介绍 VAR 过程及其性质，并讲解一个应用：冲击分析。

直接由 AR(p) 过程推广到向量变量 $\tilde{\boldsymbol{y}}_t$，就得到 VAR(p) 过程

$$\tilde{\boldsymbol{y}}_t=\boldsymbol{\Phi}_0+\boldsymbol{\Phi}_1\tilde{\boldsymbol{y}}_{t-1}+\boldsymbol{\Phi}_2\tilde{\boldsymbol{y}}_{t-2}+\cdots+\boldsymbol{\Phi}_p\tilde{\boldsymbol{y}}_{t-p}+\tilde{\boldsymbol{\epsilon}}_t \tag{14.81}$$

其中，$\tilde{\boldsymbol{y}}_t$、$\boldsymbol{\Phi}_0$、$\boldsymbol{\Phi}_i$ 及其维度的定义见 8.5.1 节，$\tilde{\boldsymbol{\epsilon}}_t$ 是 m 维独立同分布的随机扰动项，均值向量 $E[\tilde{\boldsymbol{\epsilon}}_t]=\mathbf{0}$，方差—协方差矩阵 $\mathrm{Var}[\tilde{\boldsymbol{\epsilon}}_t]=\boldsymbol{\Sigma}_{m\times m}$。这是一个系统方程，所有变量的滞后项同时出现在方程中。

可以使用滞后算子来简化表达式

$$\boldsymbol{\Phi}(L)\tilde{\boldsymbol{y}}_t=\boldsymbol{\Phi}_0+\tilde{\boldsymbol{\epsilon}}_t \tag{14.82}$$

其中，$\boldsymbol{\Phi}(L)$的定义见式（8.105）。

如果 $\boldsymbol{\Sigma}$ 以及所有的 $\boldsymbol{\Phi}_i$ 是对角矩阵，那么模型变成 m 个单变量的 AR(p) 过程。如果 $\boldsymbol{\Sigma}$ 不是对角矩阵，但所有的 $\boldsymbol{\Phi}_i$ 是对角矩阵，那么模型可以解释成计量经济学中的**似无相关回归**模型。举个例子，假定 $m=2$，$p=1$，那么无约束 VAR（1）模型可以写为

$$\tilde{\boldsymbol{y}}_t=\boldsymbol{\Phi}_0+\boldsymbol{\Phi}_1 L\,\tilde{\boldsymbol{y}}_t+\tilde{\boldsymbol{\epsilon}}_t \tag{14.83}$$

或者

$$\begin{bmatrix}\tilde{y}_{1t}\\ \tilde{y}_{2t}\end{bmatrix}=\begin{bmatrix}\phi_{0_1}\\ \phi_{0_2}\end{bmatrix}+\begin{bmatrix}\phi_{1_{11}}L & \phi_{1_{12}}L\\ \phi_{1_{21}}L & \phi_{1_{22}}L\end{bmatrix}\begin{bmatrix}\tilde{y}_{1t}\\ \tilde{y}_{2t}\end{bmatrix}+\begin{bmatrix}\tilde{\epsilon}_{1t}\\ \tilde{\epsilon}_{2t}\end{bmatrix} \tag{14.84}$$

或者

$$\begin{aligned}\tilde{y}_{1t}&=\phi_{0_1}+\phi_{1_{11}}L\tilde{y}_{1t}+\phi_{1_{12}}L\tilde{y}_{2t}+\tilde{\epsilon}_{1t}\\ &=\phi_{0_1}+\phi_{1_{11}}\tilde{y}_{1(t-1)}+\phi_{1_{12}}\tilde{y}_{2(t-1)}+\tilde{\epsilon}_{1t}\end{aligned} \tag{14.85}$$

$$\begin{aligned}\tilde{y}_{2t}&=\phi_{0_2}+\phi_{1_{21}}L\tilde{y}_{1t}+\phi_{1_{22}}L\tilde{y}_{2t}+\tilde{\epsilon}_{2t}\\ &=\phi_{0_2}+\phi_{1_{21}}\tilde{y}_{1(t-1)}+\phi_{1_{22}}\tilde{y}_{2(t-1)}+\tilde{\epsilon}_{2t}\end{aligned} \tag{14.86}$$

其中对所有的 t，

$$\tilde{\boldsymbol{\epsilon}}_t=\begin{bmatrix}\tilde{\epsilon}_{1t}\\ \tilde{\epsilon}_{2t}\end{bmatrix}\sim\mathrm{iid}\left(\begin{bmatrix}0\\0\end{bmatrix},\begin{bmatrix}\sigma_{11} & \sigma_{12}\\ \sigma_{21} & \sigma_{22}\end{bmatrix}\right)=\mathrm{iid}(\mathbf{0},\boldsymbol{\Sigma}),\ \forall t \tag{14.87}$$

这里用了统计速记符号 $\mathrm{iid}(\mathbf{0},\boldsymbol{\Sigma})$，表示独立同分布的随机变量向量，均值为$\mathbf{0}$，方差—协方差矩阵为 $\boldsymbol{\Sigma}$。σ_{ij}，$i=1$，2，$j=1$，2 在 $i=j$ 时表示方差，当$i\neq j$时表示同期协方差，$\sigma_{12}=\sigma_{21}$。

包含更多约束的形式为

$$\begin{bmatrix}\tilde{y}_{1t}\\ \tilde{y}_{2t}\end{bmatrix}=\begin{bmatrix}\phi_{0_1}\\ \phi_{0_2}\end{bmatrix}+\begin{bmatrix}\phi_{1_{11}}L & 0\\ 0 & \phi_{1_{22}}L\end{bmatrix}\begin{bmatrix}\tilde{y}_{1t}\\ \tilde{y}_{2t}\end{bmatrix}+\begin{bmatrix}\tilde{\epsilon}_{1t}\\ \tilde{\epsilon}_{2t}\end{bmatrix} \tag{14.88}$$

或者

$$\tilde{y}_{1t}=\phi_{0_1}+\phi_{1_{11}}\tilde{y}_{1(t-1)}+\tilde{\epsilon}_{1t} \tag{14.89}$$

$$\tilde{y}_{2t}=\phi_{0_2}+\phi_{1_{22}}\tilde{y}_{2(t-1)}+\tilde{\epsilon}_{2t} \tag{14.90}$$

其中，

$$\begin{bmatrix}\tilde{\epsilon}_{1t}\\ \tilde{\epsilon}_{2t}\end{bmatrix}\sim \text{iid}\left(\begin{bmatrix}0\\0\end{bmatrix},\begin{bmatrix}\sigma_{11} & 0\\ 0 & \sigma_{22}\end{bmatrix}\right) \tag{14.91}$$

差异很明显：在一般的双变量 VAR(1) 过程中，不仅仅是变量自身的滞后项是决定性的角色，其他变量的滞后项也是决定性的角色。这是 VAR 过程的一个关键特征。

VAR 过程的平稳性

为了研究 VAR 过程的平稳性条件，我们先考虑式（14.88）中设定的受限 VAR(1) 过程，其中 $m=2$。这里，矩阵多项式 $\boldsymbol{\Phi}(L)=\boldsymbol{I}_2-\boldsymbol{\Phi}_1L$ 是对角矩阵，行列式

$$\det(\boldsymbol{\Phi}(L))=\det(\boldsymbol{I}_2-\boldsymbol{\Phi}_1L)=(1-\phi_{1_{11}}L)(1-\phi_{1_{22}}L) \tag{14.92}$$

是 $\tilde{\boldsymbol{y}}_t$ 的单个元素 $\tilde{y}_{1t}$、$\tilde{y}_{2t}$ 的滞后多项式的乘积。由 14.4.1 节我们知道，多项式或者个体 AR(1) 过程的根决定了平稳性。要达到平稳，根必须位于单位圆外。行列式方程

$$\det(\boldsymbol{I}_2-\boldsymbol{\Phi}_1L)=0 \tag{14.93}$$

的解提供了我们所需的信息：绝对值大于 1 的根意味着 $|\phi_{1_{11}}|<1$，$|\phi_{1_{22}}|<1$。[①]

对于一般 VAR 过程，当 $\phi_{1_{12}}\neq 0$ 或 $\phi_{1_{21}}\neq 0$ 时，相同的原理仍然适用。事实上，对于完全一般 VAR 过程都成立。因此，VAR(p) 过程是平稳的，需要方程

$$\det(\boldsymbol{\Phi}(L))=\det(\boldsymbol{I}_m-\boldsymbol{\Phi}_1L-\cdots-\boldsymbol{\Phi}_pL^p)=0 \tag{14.94}$$

的根都位于单位圆外。一般情况下，$\det(\boldsymbol{\Phi}(L))$ 中 L 的最高次幂是 mp，那么要求所有 mp 个根都满足这个条件。双变量 VAR(2) 过程（即，$m=2$，$p=2$）的行列式方程，我们将在练习 14.14（b）中用到。

假定平稳，很容易导出 VAR(p) 过程的均值向量，但是方差—协方差矩阵和自协方差矩阵却不那么容易得出。下面我们简单介绍一下均值向量和方差—协方差矩阵。

平稳 VAR 过程的均值

对式（14.82）的两边同时求期望，对于平稳的 $\tilde{\boldsymbol{y}}_t$，$E[\tilde{\boldsymbol{y}}_t]$ 是常数，由 8.2.2 中滞后算子的性质可以得出

$$\boldsymbol{\Phi}(L)E[\tilde{\boldsymbol{y}}_t]=\boldsymbol{\Phi}(1)E[\tilde{\boldsymbol{y}}_t]=\boldsymbol{\Phi}_0+E[\tilde{\boldsymbol{\epsilon}}_t] \tag{14.95}$$

---

① 方程（14.93）本质上是特征方程（用于特征值的解，见第 3 章）。实际上，因为 $\boldsymbol{\Phi}_1(L)$ 的根是矩阵 $\boldsymbol{\Phi}_1$ 的特征值的倒数，平稳性的等价条件是 $\boldsymbol{\Phi}_1$ 的特征值必须在单位圆内。我们刚考虑的受限 VAR 过程的特征值为 $\phi_{1_{11}}$ 和 $\phi_{1_{22}}$。

因为 $E[\tilde{\boldsymbol{\epsilon}}_t]=\mathbf{0}$，得

$$E[\tilde{\boldsymbol{y}}_t]=\boldsymbol{\Phi}^{-1}(1)\boldsymbol{\Phi}_0=\boldsymbol{\mu} \tag{14.96}$$

平稳性保证了逆矩阵 $\boldsymbol{\Phi}^{-1}(1)$的存在。为了验证这一点，考虑 VAR(1) 情况，$\boldsymbol{\Phi}(1)=\boldsymbol{I}_m-\boldsymbol{\Phi}_1$，当且仅当 $\boldsymbol{\Phi}_1$ 取单位根的时候才会是奇异矩阵。如果 VAR(1) 过程是平稳的，这种情况则不可能出现，因此对于平稳的 VAR(1) 过程来说，$\boldsymbol{\Phi}_1$ 是可逆的。对于 VAR(p) 过程有类似的分析。

平稳 VAR 过程的方差

对于一般情况，我们先分析平稳 VAR(1) 过程的方差。因为 $\tilde{\boldsymbol{\epsilon}}_t$ 是 iid 的，独立于$\tilde{\boldsymbol{y}}_{t-1}$，因此（见练习 13.7）

$$\begin{aligned}\mathrm{Var}[\tilde{\boldsymbol{y}}_t]&=\mathrm{Var}[\boldsymbol{\Phi}_1\tilde{\boldsymbol{y}}_{t-1}]+\mathrm{Var}[\tilde{\boldsymbol{\epsilon}}_t]\\&=\boldsymbol{\Phi}_1\mathrm{Var}[\tilde{\boldsymbol{y}}_{t-1}]\boldsymbol{\Phi}_1^{\mathrm{T}}+\mathrm{Var}[\tilde{\boldsymbol{\epsilon}}_t]\end{aligned} \tag{14.97}$$

又因为 $\mathrm{Var}[\tilde{\boldsymbol{y}}_t]=\mathrm{Var}[\tilde{\boldsymbol{y}}_{t-1}]=\boldsymbol{V}$，在平稳性下，

$$\boldsymbol{V}=\boldsymbol{\Phi}_1\boldsymbol{V}\boldsymbol{\Phi}_1^{\mathrm{T}}+\boldsymbol{\Sigma} \tag{14.98}$$

$\boldsymbol{V}$ 为该方程的解。我们注意到 $\boldsymbol{V}$ 的对角线元素是$\tilde{\boldsymbol{y}}_t$ 的各个元素的方差，并且 $\boldsymbol{V}$ 的非对角线元素是同期协方差。

VAR(1) 过程的非同期协方差和自协方差可以用类似的方法来导出。①

脉冲响应分析

任意一个 VAR(p) 过程，$\boldsymbol{\Phi}(L)\tilde{\boldsymbol{y}}_t=\boldsymbol{\Phi}_0+\tilde{\boldsymbol{\epsilon}}_t$ 可以解出$\tilde{\boldsymbol{y}}_t$

$$\begin{aligned}\tilde{\boldsymbol{y}}_t&=\boldsymbol{\Phi}^{-1}(L)\boldsymbol{\Phi}_0+\boldsymbol{\Phi}^{-1}(L)\tilde{\boldsymbol{\epsilon}}_t\\&=\boldsymbol{\Phi}^{-1}(1)\boldsymbol{\Phi}_0+\sum_{i=0}^{\infty}\boldsymbol{\pi}_i\tilde{\boldsymbol{\epsilon}}_{t-i}\end{aligned} \tag{14.99}$$

其中，$\boldsymbol{\pi}_i$ 是 $m\times m$ 阶系数矩阵，$\boldsymbol{\pi}_0=\boldsymbol{I}_m$，在 VAR($p$) 过程满足平稳性条件的时候，有 $\boldsymbol{\Phi}^{-1}(L)=\boldsymbol{\pi}(L)=\sum_{i=0}^{\infty}\boldsymbol{\pi}_iL^i$ 存在。$\boldsymbol{\pi}_i$ 可以解释为乘数矩阵

$$\frac{\partial\tilde{\boldsymbol{y}}_t}{\partial\tilde{\boldsymbol{\epsilon}}_{t-i}}=\frac{\partial\tilde{\boldsymbol{y}}_{t+i}}{\partial\tilde{\boldsymbol{\epsilon}}_t}=\boldsymbol{\pi}_i,\ i=0,1,2,\cdots \tag{14.100}$$

因为它可以识别给定变量在 t 时刻一单位扰动项的改变量将带来该变量在 $t+i$ 时刻的变化量，因而，比较重要。举个例子，$\boldsymbol{\pi}_i$ 的第 jk 个元素，测量其他变量的扰动项保持不变的情况下，t 时刻第 k 个扰动变量的一单位的变化将导致 j

① 对于一般的 VAR(p) 过程，式（14.98）的解的细节可以参见 Hamilton（1994，pp. 264 - 6）。

变量在 $t+i$ 时刻的变化量。$\boldsymbol{\pi}_i$ 的第 jk 个元素$\frac{\partial \tilde{y}_{j_{t+i}}}{\partial \tilde{\epsilon}_{k_t}}$关于时滞 i 的函数图称为**脉冲响应函数**，这对于分析 VAR 系统内冲击的动态响应非常有用。矩阵 $\boldsymbol{\pi}_0$ 包括影响乘数。动态乘数矩阵 $\sum_{i=0}^{s}\boldsymbol{\pi}_i$，$s=1, 2, \cdots$，反映了冲击在 s 期内的加总响应。长期乘数矩阵或者均衡乘数矩阵 $\sum_{i=0}^{\infty}\boldsymbol{\pi}_i$ 反映了冲击在所有未来时期的总的加总响应。这与 11.2 节我们讨论等价的非随机动态线性宏观经济模型时用到的术语完全相同。

一个特定扰动项改变了而其他扰动项保持不变，这个假定有点问题，因为一般情况下 $\boldsymbol{\Sigma}=E[\tilde{\boldsymbol{\epsilon}}_t\tilde{\boldsymbol{\epsilon}}_t^{\mathrm{T}}]$并不是对角矩阵。$\boldsymbol{\Sigma}$ 的结构意味着一个冲击很可能伴随着同期其他扰动项的改变。为了解决这个问题，可以考虑这么一个事实，由于 $\boldsymbol{\Sigma}$ 是对称正定矩阵，因此可以对角化为 $\boldsymbol{\Sigma}=\boldsymbol{\Sigma}^{\frac{1}{2}}\boldsymbol{\Sigma}^{\frac{1}{2}}$，其中 $\boldsymbol{\Sigma}^{\frac{1}{2}}$ 是 $\boldsymbol{\Sigma}$ 的平方根，构造方式见 3.6.1 节。

特别地，令 $\tilde{\boldsymbol{u}}_t=\boldsymbol{\Sigma}^{-\frac{1}{2}}\tilde{\boldsymbol{\epsilon}}_t$，其中，$\boldsymbol{\Sigma}^{-\frac{1}{2}}$ 是 $\boldsymbol{\Sigma}^{\frac{1}{2}}$ 的逆矩阵，当 $\boldsymbol{\Sigma}$ 是对称正定矩阵时，$\boldsymbol{\Sigma}^{-\frac{1}{2}}$存在（见 4.4.1 节）。那么式（14.99）右边的第二项可以写为

$$\sum_{i=0}^{\infty}\boldsymbol{\pi}_i\tilde{\boldsymbol{\epsilon}}_{t-i}=\sum_{i=0}^{\infty}\boldsymbol{\pi}_i\boldsymbol{\Sigma}^{\frac{1}{2}}\boldsymbol{\Sigma}^{-\frac{1}{2}}\tilde{\boldsymbol{\epsilon}}_{t-i}=\sum_{i=0}^{\infty}\boldsymbol{\pi}_i^*\tilde{\boldsymbol{u}}_{t-i} \tag{14.101}$$

其中，$\boldsymbol{\pi}_i^*=\boldsymbol{\pi}_i\boldsymbol{\Sigma}^{\frac{1}{2}}$，$\mathrm{Var}[\tilde{\boldsymbol{u}}_t]=E[\tilde{\boldsymbol{u}}_t\tilde{\boldsymbol{u}}_t^{\mathrm{T}}]=\boldsymbol{I}$。后者很容易证明，留作练习，见练习 14.15。因此，$\tilde{u}_{jt}$不相关，且方差为 1。17.4.1 节将展示另外一个类似的正交过程，这是练习 17.11 所要研究的。练习 14.15 提供了根据定理 4.4.15 进行分解的另外一种方法。

但是，计量经济学中构造正交的（即无关的）扰动项的更有效的方法是根据定理 4.4.16 的三角矩阵分解法。因为 $\boldsymbol{\Sigma}$ 是对称正定矩阵，因此可以写为 $\boldsymbol{\Sigma}=\boldsymbol{LDL}^{\mathrm{T}}$，其中，$\boldsymbol{L}$ 是下三角矩阵，$\boldsymbol{D}$ 是对角矩阵且相应对角线元素都是正值。令 $\tilde{\boldsymbol{u}}_t^*=\boldsymbol{L}^{-1}\tilde{\boldsymbol{\epsilon}}_t$，那么式（14.99）右边的第二项可以写为

$$\sum_{i=0}^{\infty}\boldsymbol{\pi}_i\tilde{\boldsymbol{\epsilon}}_{t-i}=\sum_{i=0}^{\infty}\boldsymbol{\pi}_i\boldsymbol{L}\boldsymbol{L}^{-1}\tilde{\boldsymbol{\epsilon}}_{t-i}=\sum_{i=0}^{\infty}\boldsymbol{\pi}_i^{**}\tilde{\boldsymbol{u}}_{t-i}^* \tag{14.102}$$

其中，$\boldsymbol{\pi}_i^{**}=\boldsymbol{\pi}_i\boldsymbol{L}$，且 $\mathrm{Var}[\tilde{\boldsymbol{u}}_t^*]=E[\tilde{\boldsymbol{u}}_t^*\tilde{\boldsymbol{u}}_t^{*T}]=\boldsymbol{D}$（后者很容易证明，留作练习，见练习 14.15）。因此，类似前面的 $\tilde{u}_{jt}$，$\tilde{u}_{jt}^*$ 不相关，但与 $\tilde{u}_{jt}$不同的是，给定 $\boldsymbol{D}$ 的对角线元素，$\tilde{u}_{jt}^*$ 的方差一般来说不等于 1。

$\boldsymbol{\pi}_i^{**}$ 的第 jk 个元素$\frac{\partial \tilde{y}_{j_{t+i}}}{\partial \tilde{u}_{k_t}}$关于时滞 i 的函数图称为**正交脉冲响应函数**（类似 $\boldsymbol{\pi}_i^*$ 的第 jk 个元素的图），可以避免对正交脉冲响应函数的批评。但是，注意，$\boldsymbol{\pi}_0^{**}=\boldsymbol{\pi}_0\boldsymbol{L}=\boldsymbol{IL}$ 是下三角矩阵，意味着$\tilde{\boldsymbol{y}}_t$ 递推形式中变量的顺序很重要。仅当 $j\geqslant k$ 时，$\tilde{u}_k^*$ 的改变通过 $\boldsymbol{\pi}_0^{**}$ 的第 jk 个元素对 $\tilde{y}_j$ 产生影响。因此，$\tilde{y}_{1t}$仅仅受到 $\tilde{u}_{1t}^*$ 的影响，$\tilde{y}_{2t}$仅仅受到 $\tilde{u}_{1t}^*$ 和 $\tilde{u}_{2t}^*$ 的影响，$\tilde{y}_{3t}$仅仅受到 $\tilde{u}_{1t}^*$、$\tilde{u}_{2t}^*$ 和 $\tilde{u}_{3t}^*$ 的影响，依次类

推。实践中我们很难确定这种递推顺序。

练　习

14.1　推导方程（14.14）右边的式子，得到简单线性回归模型 $\tilde{Y}_t=\beta_1+\beta_2X_t+\tilde{u}_t$ 中 $\hat{\beta}_1^*$ 和 $\hat{\beta}_2^*$ 的最小二乘估计的标量表达式。

14.2　根据式（14.12）的最小二乘（OLS）估计量和表 14—1 中的数据，分别估计线性回归模型 $\tilde{Y}_t=\beta_0 t+\tilde{u}_t$ 和 $\tilde{Y}_t=\beta_1+\beta_2 t+\tilde{u}_t$ 的参数。用克莱姆法则验证你的结果。对每个模型，分别计算 $\sum_{t=1}^{10}e_t$、$\sum_{t=1}^{10}e_t^2$、$\sum_{t=1}^{10}\hat{Y}_t$、$\sum_{t=1}^{10}te_t$ 和 $\sum_{t=1}^{10}\hat{Y}_te_t$，其中，$\hat{Y}_t$ 和 e_t 分别表示 Y_t 的拟合值和相应的 OLS 残差，通过比较得出结论并进行评论。最后，对每个 OLS 曲线利用合适的余弦公式计算拟合优度。

表 14—1　　回归用样本数据

t	1	2	3	4	5	6	7	8	9	10
Y_t	8	9	8	11	10	12	9	10	13	14

14.3　对下面的线性回归模型 $\tilde{Y}_t=\beta_1X_{t1}+\beta_2X_{t2}+\tilde{u}_t$，假设对每个变量只有三个观测值，即，$t=1, 2, 3$。

（a）回顾一下，这个方程可以表示为矩阵形式 $\tilde{\boldsymbol{y}}=\boldsymbol{X\beta}+\tilde{\boldsymbol{u}}$，定义矩阵 $\tilde{\boldsymbol{y}}$、$\boldsymbol{X}$、$\boldsymbol{\beta}$ 和 $\tilde{\boldsymbol{u}}$。

（b）绘图说明 β_1 和 β_2 的最小二乘估计等价于向量 $\boldsymbol{y}=(Y_1, Y_2, Y_3)\in\mathbb{R}^3$ 到 $\boldsymbol{x}_1=(X_{11}, X_{21}, X_{31})$ 和 $\boldsymbol{x}_2=(X_{12}, X_{22}, X_{32})$ 张成的二维子空间的投影，并且，$\boldsymbol{y}$ 与 OLS 拟合值 $\tilde{\boldsymbol{y}}$ 之间的夹角构成了拟合优度的测量。

（c）从图中得出 $\hat{\beta}_1$、$\hat{\beta}_2$ 和拟合优度的测量 $\cos^2\theta$ 的近似值。

14.4　再次考虑回归模型 $\tilde{Y}_t=\hat{\beta}_1X_{t1}+\hat{\beta}_2X_{t2}+\tilde{u}_t$ 及下述数据矩阵

$$\boldsymbol{y}=\begin{bmatrix}2\\1\\3\\4\\3\end{bmatrix},\boldsymbol{X}=\begin{bmatrix}1&3\\1&1\\1&2\\1&4\\1&5\end{bmatrix}$$

（a）由方程（14.11），根据克莱姆法则计算 OLS 估计值 $\hat{\beta}_1^*$ 和 $\hat{\beta}_2^*$。

（b）通过矩阵法对 $\hat{\boldsymbol{\beta}}^*=(\boldsymbol{X}^{\mathrm{T}}\boldsymbol{X})^{-1}\boldsymbol{X}^{\mathrm{T}}\boldsymbol{y}$ 进行估计，验证你的上述结果。

（c）计算投影矩阵 $\boldsymbol{N}=\boldsymbol{X}(\boldsymbol{X}^{\mathrm{T}}\boldsymbol{X})^{-1}\boldsymbol{X}^{\mathrm{T}}$，得到拟合值向量 $\hat{\boldsymbol{y}}$ 和 OLS 残差向量 $\boldsymbol{e}$。

（d）数字上验证 $\boldsymbol{MX}=(\boldsymbol{I}-\boldsymbol{N})\boldsymbol{X}=\boldsymbol{0}$，验证 $\boldsymbol{e}\perp\hat{\boldsymbol{y}}$，且 $\boldsymbol{e}$ 正交于 $\boldsymbol{X}$ 的每一列，验证残差的算术均值 $\frac{1}{5}\sum_{t=1}^{5}e_t$ 等于零。

14.5　考虑 14.2 节中定义的一般线性回归模型 $\tilde{\boldsymbol{y}}=\boldsymbol{X\beta}+\tilde{\boldsymbol{u}}$，定义 $\boldsymbol{y}=\hat{\boldsymbol{y}}+\boldsymbol{e}$，$\hat{\boldsymbol{y}}=\boldsymbol{X}\hat{\boldsymbol{\beta}}^*$，其中，$\hat{\boldsymbol{\beta}}^*=(\boldsymbol{X}^{\mathrm{T}}\boldsymbol{X})^{-1}\boldsymbol{X}^{\mathrm{T}}\boldsymbol{y}$ 是 $\boldsymbol{\beta}$ 的普通最小二乘估计。证明 $\boldsymbol{X}^{\mathrm{T}}\boldsymbol{e}=\boldsymbol{0}$、$\boldsymbol{X}^{\mathrm{T}}\boldsymbol{y}=\boldsymbol{X}^{\mathrm{T}}\hat{\boldsymbol{y}}$ 且 $\hat{\boldsymbol{y}}^{\mathrm{T}}\boldsymbol{e}=\boldsymbol{0}$。

14.6　设 $\boldsymbol{A}$ 是一个方阵，证明 $\boldsymbol{A}+\boldsymbol{A}^{\mathrm{T}}$ 是对称的。

14.7　给定 $(k+1)$ 维空间中的 T 个点，$(\boldsymbol{x}_1, y_1)$，$(\boldsymbol{x}_2, y_2)$，…，$(\boldsymbol{x}_T, y_T)$，试找出最优拟合超平面，即找到 $\boldsymbol{\beta}\equiv(\beta_1, \beta_2, \cdots, \beta_k)$，使得给定点与 $y=\boldsymbol{X}^{\mathrm{T}}\boldsymbol{\beta}$ 确定的超平面之间的垂直距离（即平行于 y 轴的距离）的平方和尽可能小。把目标函数写成二次型，构造为无约束优化问题并利用矩阵法找出解。

14.8　把有约束优化问题转化为拉格朗日问题，求解一阶条件来证明高斯-马尔科夫定理。

14.9　导出方程（14.41）给出的广义最小二乘估计量的方差—协方差矩阵，并写出普通最小二乘估计量的方差—协方差矩阵。

14.10　证明方程（14.58）中的方阵是可逆的，并利用方程（14.60）导出分块逆矩阵，分块矩阵求逆参阅 1.5.14 节。

14.11　在线性无关约束的数目 g 等于待估计参数的数目 k 的情况下，研究方程（14.57）受限最小二乘估计量的性质。

14.12　给定 $\tilde{y}_t$ 的 T 个观测值，导出弱平稳 AR（1）过程 $\tilde{y}_t=\phi_0+\phi_1\tilde{y}_{t-1}+\tilde{\epsilon}_t$ $(-1<\phi_1<1)$ 的方差—自协方差矩阵和自相关系数矩阵。对这两个矩阵进行评价，得出一些性质。

14.13　证明自回归过程 $\tilde{y}_t=0.5-0.5\tilde{y}_{t-1}+0.5\tilde{y}_{t-2}+\tilde{\epsilon}_t$ 有负的单位根。找出零阶单整 $\boldsymbol{y}_t$ 的变形形式，得出变形后变量的一些性质。

14.14　写出下列行列式方程的公式并求解，导出两种情况下双变量 VAR 过程各个参数的平稳性条件。

(a) $\det[\boldsymbol{\Phi}(L)]=\det[\boldsymbol{I}_2-\boldsymbol{\Phi}_1 L]=0$，其中

$$\boldsymbol{\Phi}_1=\begin{bmatrix}\phi_{1_{11}} & \phi_{1_{12}}\\ \phi_{1_{21}} & \phi_{1_{22}}\end{bmatrix}$$

(b) $\det[\boldsymbol{\Phi}(L)]=\det[\boldsymbol{I}_2-\boldsymbol{\Phi}_1 L-\boldsymbol{\Phi}_2 L^2]=0$，其中

$$\boldsymbol{\Phi}_1=\begin{bmatrix}\phi_{1_{11}} & \phi_{1_{12}}\\ \phi_{1_{21}} & \phi_{1_{22}}\end{bmatrix}\text{且 }\boldsymbol{\Phi}_2=\begin{bmatrix}\phi_{2_{11}} & 0\\ 0 & \phi_{2_{22}}\end{bmatrix}$$

14.15　设 $\boldsymbol{\Sigma}$ 是 $m\times m$ 阶对称正定矩阵，$\tilde{\boldsymbol{\epsilon}}_t\sim\mathrm{iid}(\boldsymbol{0}, \boldsymbol{\Sigma})$。

(a) $\boldsymbol{\Sigma}$ 的平方根为 $\boldsymbol{\Sigma}^{-\frac{1}{2}}$，定义 $\tilde{\boldsymbol{u}}_t=\boldsymbol{\Sigma}^{-\frac{1}{2}}\tilde{\boldsymbol{\epsilon}}_t$，证明 $\mathrm{Var}[\tilde{\boldsymbol{u}}_t]=\boldsymbol{I}_m$。

(b) 根据定理 4.4.16，使用三角矩阵分解法 $\boldsymbol{\Sigma}=\boldsymbol{LDL}^{\mathrm{T}}$，其中，$\boldsymbol{L}$ 是下三角矩阵，$\boldsymbol{D}$ 是对角矩阵，定义 $\tilde{\boldsymbol{u}}_t^*=\boldsymbol{L}^{-1}\tilde{\boldsymbol{\epsilon}}_t$，证明 $\mathrm{Var}[\tilde{\boldsymbol{u}}_t^*]=\boldsymbol{D}$。

(c) 根据定理 4.4.15，利用分解法 $\boldsymbol{\Sigma}=\boldsymbol{RR}^{\mathrm{T}}$，找到第三个正交扰动项 $\tilde{\boldsymbol{u}}_t^{**}$，并推导均值 $E[\tilde{\boldsymbol{u}}_t^{**}]$和方差 $\mathrm{Var}[\tilde{\boldsymbol{u}}_t^{**}]$。

第 15 章　确定性下的跨期选择

15.1　引言

12.2 节指出，选择的对象不仅可以按照物理特性来区分，还可以按照消费的时间和消费的自然状态来区分。12.2 节中我们没有考虑后面两种区分，但本章和第 16 章我们要分别研究这些区分。

本章所考虑的一种情况，比如离散时间跨期投资问题，是从第 12 章讲的单期问题到高级教程中的连续时间问题中的重要一步。本章假定只有一种物品，但这种物品可以在不同的时间点交换和消费。

本章先讲解与回报率度量有关的不同概念，如利率和增长率。15.3 节讨论效用极大化问题。这一节的主要观点是，从均衡价格可以直接导出均衡利率（既包括即期利率又包括远期利率）。15.4 节在“利率的期限结构”框架中讨论常见的几种不同利率概念及其关系。12.5.6 节中的无套利原理是该分析的中心。

15.2 回报率度量

对于任意随时间变化的数量，无论是存量还是流量，都可以计算回报率或者等价的增长率。① **流量**是可以用时期来度量的量，例如每月的欧元数。**存量**是不能用时期单位（维度）来度量的量。注意，这里的维度概念与上一章中的维度概念不同。

我们常关注的一个典型的增长率是投资（存量），经济学家关心的其他增长率包括消费者价格指数（也是存量）和国民收入水平，比如用国民生产总值（流量）度量。

注意，国民收入是流量，国民收入的水平和增长率的定义、核算和度量相对简单，因此国民收入比税收简单。另外一方面，国民财富是一个存量，其水平和增长率的定义、核算或度量相对困难，因此国民财富比税收困难。即使是财政部门也常混淆这两个不同概念。

个人财富和个人收入也有相似地区别。到目前为止我们并没有强调这些概念的区别，因为在单期，财富和收入的区别很小。但对多期建模，其区别非常重要。

在单期，W_0 的**本金**或投资得到 W_1 的**收益**，**净回报率**是利润 W_1-W_0 与投资额的比例，常用百分比的形式来表示

$$100\times\left(\frac{W_1}{W_0}-1\right)\% \tag{15.1}$$

注意，W_0 和 W_1 是用货币来度量的（例如欧元），但是比例是无单位的。因此净回报率等价于投资的**单利**。**总回报率**是总收益与总投资的比例，即

$$\frac{W_1}{W_0} \tag{15.2}$$

同样，有两种方法可以度量总回报率：初始投资的百分比法或者简单比例法。总回报率同净回报率一样无量纲。

在研究**利润**和**回报率**的时候我们没有严格区别**收益**（**payoff**）与**回报**（**return**）。总回报率简写为**总回报**，净回报率简写为**净回报**。

跨期时，回报率必须有**时间**维度。这与**复利**的处理方法相同。例如，2%的年回报率不等于 2%的月回报率。而且，为了避免混淆需要指明复利计息的频度，除非增长率为 0，因为每周复利计算的 0%的年增长率等于每日复利计算的 0%的年增长率。换句话说，如果没有设定适用的时间区间和复利计算方法，利率、增长率和通货膨胀率等定义就不完整。

例 8.3.1 和练习 8.3 中我们已经展示了复利是如何计算的。表 15—1 表示以

① 这部分内容，课外阅读参阅 Jacques（2009，第 3 章）或 Hirshleifer（1970，pp. 41－4）。

10%的年利率投资€100，不同的复利计算频率对应的不同结果。最后一列计算采用的公式为（见符号和预备知识第5页）

$$\lim_{n\to\infty}\left(1+\frac{r}{n}\right)^n=e^r \tag{15.3}$$

表15—1　　年利率为10%时不同复利计息频率的结果

复利计算	本金（€）		收益（€）
年度	100	→	$110=110.00$
半年	100	→	$100\times(1.05)^2=110.25$
季度	100	→	$100\times(1.025)^4=110.381$
月度	100	→	$100\times\left(1+\frac{0.10}{12}\right)^{12}=110.471\cdots$
周	100	→	$100\times\left(1+\frac{0.10}{52}\right)^{52}=110.506\cdots$
日	100	→	$100\times\left(1+\frac{0.10}{365}\right)^{365}=110.515\cdots$
连续计息	100	→	$100\times e^{0.10}=110.517\cdots$

读者需要熟悉相关五个量的计算，后面各小节我们会讲解。

15.2.1 离散复利

如果期初值为P_0，以每期r的（净）增长率增长t期，每期复利计算n次，终值为P_t，那么

$$P_t=\left(1+\frac{r}{n}\right)^{nt}P_0 \tag{15.4}$$

下述五个量中，任意给定四个量，由该方程可以计算出剩余的量。

- 现值P_0；
- 终值P_t；
- 隐含回报率r；
- 时期t；
- 复利计息的频次n。

15.2.2 连续复利

如果期初值为P_0，以每期r的（净）增长率增长t期，连续复利计息，终值为P_t，那么

$$P_t=e^{rt}P_0 \tag{15.5}$$

由该方程，任意给定三个量都可以计算出剩余的量。

同时注意，指数函数是凸函数，导数等于其本身。那么 $y=1+r$ 是 $y=e^r$ 在 $r=0$，$y=1$ 处的切线。因此，对任意 $r\neq 0$，$e^r>1+r$。换句话说，给定期初值，对于任意正的或者负的利率值，连续复利的期末值高于任何离散复利的期末值，当利率为 0 时，连续复利和离散复利才相等。同样，给定终值，连续折现的现值严格小于离散折现的现值，除非增长率等于 0。

最后，记 r_{d} 为离散复利回报率，r_{c} 是连续复利回报率，那么由式（15.4）（$n=1$）和式（15.5）可知

$$1+r_{\mathrm{d}}=e^{r_{\mathrm{c}}} \tag{15.6}$$

15.2.3 总收益和平均收益

本节我们讲述离散复利下对投资组合加总，以及连续复利下按时间加总。

对投资组合加总和平均

对投资组合，单利回报率是可加的，因此可以用于单期截面分析，特别是第 17 章的投资组合理论。

考虑含 N 个风险资产的单期投资，对第 i 种资产投资 b_i 欧元，对应的单期总回报率是一个随机变量 $\tilde{r}_i$，$i=1, 2, \cdots, N$。

投资组合的总收益是 $\tilde{\boldsymbol{r}}_b\equiv\sum_{i=1}^{N}b_i\tilde{r}_i=\boldsymbol{b}^{\mathrm{T}}\tilde{\boldsymbol{r}}$，其中 $\boldsymbol{b}\equiv(b_1, b_2, \cdots, b_N)$，且 $\tilde{\boldsymbol{r}}\equiv(\tilde{r}_1, \tilde{r}_2, \cdots, \tilde{r}_N)$，回顾练习 9.6。

如果 $\tilde{\rho}_i$ 表示第 i 种资产回报率隐含的连续复利，那么投资组合的收益可以表示为 $\sum_{i=1}^{N}e^{\tilde{\rho}_i}b_i$。这种情况用矩阵符号的表达式很难处理，但是对于离散复利，可以方便处理。

按时间加总和平均

另一方面，连续复利回报率可以按照时间加总，因此常用于跨期单变量分析，特别是研究利率的期限结构时，见 15.4 节。

考虑单个资产，其值随着时间变化，在离散时间框架，可以记为

$$P_{t+1}=e^{r_t}P_t \tag{15.7}$$

其中，r_t 表示从时间 t 到 $t+1$ 的单期连续复利回报率。因此资产在 T 时刻的终值为

$$P_T=\prod_{t=1}^{T}e^{r_{t-1}}P_0 \tag{15.8}$$

取对数得到

$$\ln P_T = \sum_{t=1}^{T} r_{t-1} + \ln P_0 \tag{15.9}$$

这样我们就可以计算 T 期的平均连续复利回报率

$$r \equiv \frac{\sum_{t=1}^{T} r_{t-1}}{T} = \frac{\ln P_T - \ln P_0}{T} \tag{15.10}$$

注意，单期增长率的均值，只需要使用两期观测值就能算出，即期初值 P_0，终值 P_T。

在连续时间框架，我们可以写为

$$P_t = e^{rt} P_0 \tag{15.11}$$

$$P_{t+\Delta t} = e^{r\Delta t} P_t \tag{15.12}$$

取对数并整理为

$$r = \frac{\ln P_{t+\Delta t} - \ln P_t}{\Delta t} \tag{15.13}$$

当 $\Delta t \to 0$，取极限，瞬时增长率为

$$r(s) = \frac{\mathrm{d}\ln P_s}{\mathrm{d}s} \tag{15.14}$$

积分后得

$$\int_0^t r(s)\,\mathrm{d}s = \int_0^t \mathrm{d}\ln P_s = \ln P_t - \ln P_0 \tag{15.15}$$

两边取指数，并整理得

$$P_t = P_0 e^{\int_0^t r(s)\mathrm{d}s} \tag{15.16}$$

因此，随时间不断变化的 $r(s)$ 在 t 期内的平均回报率为

$$\frac{1}{t}\int_0^t r(s)\,\mathrm{d}s \tag{15.17}$$

离散的随时间不断变化的回报率的相关性质留作练习，见练习 15.3。

离散回报率下界为－100%，但连续回报率没有下界。离散回报率不可能精确满足正态分布，但是连续回报率可以满足正态分布。如果连续复利回报率满足正态分布，由式（15.6）可以看出，相应的总离散回报率满足对数正态分布。

15.2.4 净现值

净现值（net present value，NPV）广泛应用于不同回报率的假定下，未来确定性的或者不确定性的现金流的估值。我们考虑三种情况。

1. 给定常值折现率 r，已知现金流

$$P_0, P_1, \cdots, P_T \tag{15.18}$$

在 0 时刻的**（净）现值**可以写为

$$\begin{aligned} \mathrm{NPV}(r) &\equiv \frac{P_0}{(1+r)^0}+\frac{P_1}{(1+r)^1}+\frac{P_2}{(1+r)^2}+\cdots+\frac{P_T}{(1+r)^T} \\ &= P_0+\frac{P_1}{(1+r)^1}+\frac{P_2}{(1+r)^2}+\cdots+\frac{P_T}{(1+r)^T} \end{aligned} \tag{15.19}$$

系数$\frac{1}{(1+r)^t}$，$t=1$，2，…，T 称为**折现因子**。

2. 如果存在随**时间变化**（time-varying）（实际上是随**到期变化**（maturity-varying））的折现率序列$\{r_t\}_{t=1}^T$，那么有

$$\mathrm{NPV}_r \equiv P_0+\frac{P_1}{(1+r_1)^1}+\frac{P_2}{(1+r_2)^2}+\cdots+\frac{P_T}{(1+r_T)^T} \tag{15.20}$$

3. 如果将来的收益和（或）折现率在 0 时刻是未知的，则可以用随机变量来表示，从而 NPV 也是随机变量

$$\widetilde{\mathrm{NPV}} \equiv P_0+\frac{\tilde{P}_1}{(1+\tilde{r}_1)^1}+\frac{\tilde{P}_2}{(1+\tilde{r}_2)^2}+\cdots+\frac{\tilde{P}_T}{(1+\tilde{r}_T)^T} \tag{15.21}$$

方程（15.21）是项目、公司和金融资产评估中常使用**折现现金流**（DCF）的理由。注意方程（15.21）中詹森不等式的应用。现值的计算常基于替换：把该公式中将来不确定的折现因子替换为远期利率期望的点估计，但这样做所导致的偏倚很难理解。即使现金流和折现率是独立的，这样做也会低估了现值。在现金流与折现率是相互依赖的情况下，我们不能判断偏倚的正负，而且这个偏倚不太可能消失。

15.2.5 内部回报率

现金流

$$P_0, P_1, \cdots, P_T \tag{15.22}$$

的**内部回报率**（IRR）是设定 NPV 等于 0 时，基于常数折现率 r 求解下述 T 次多项式方程的解

$$P_0+\frac{P_1}{(1+r)^1}+\frac{P_2}{(1+r)^2}+\cdots+\frac{P_T}{(1+r)^T}=0 \tag{15.23}$$

一般来说，定义 IRR 的多项式方程包含 T 个（复）根。但是多项式方程中只有一个有意义的实根是我们要求的。换句话说，只有一个根对应正的 IRR。[①]

如果金融机构以固定利率发行贷款，例如抵押贷款，并收到固定等额的付款

① 在 Hirshleifer（1970，pp. 51 - 6）中讨论过这些情况。

返还，计算返还大小时，可以把返还看成是 NPV 来计算，或者看成是 IRR 来计算。设定返还等于借款在相应利率下的 NPV。等价地，设定返还现金流序列（正的）按照 IRR 计算刚好补偿了初始贷款（从金融机构角度看是负的）。计算的精确结果取决于复利计息方法（例如，连续的或者离散的），见练习 15.5。

定义 15.4.5 将会再次讲到 IRR 的概念。

15.3 跨期一般均衡

考虑只有一个物品的领域。（便于理解，可以把商品理解为“货币”。）假定个人确定知道自己将来要活 T 期。（不确定的情形在后面的章节讨论）。个人的禀赋补偿以后各期 m_t 单位的商品（$t=0$，1，2，…，T），总共有 $T+1$ 期消费，只有一个交易（权衡）时期，即 $t=0$。

为了简化，假定个人可以借款，每期的单利为 i。

同前面一样，标准公理假定下，我们可以把个人消费问题简化为效用函数极大化问题，即

$$U(c_0, c_1, \cdots, c_T) = \sum_{t=0}^{T} \beta^t \ln c_t \tag{15.24}$$

其中，c_t 表示在 t 期（对单一商品）的消费。

为了简化预算约束，定义 M 为个人收入流的现值。由 15.2.4 节可知，当利率为 i 时，第 t 期支付 m_t 的现值为$\frac{m_t}{(1+i)^t}$。

因此，预算约束为

$$\sum_{t=0}^{T} \frac{c_t}{(1+i)^t} = \sum_{t=0}^{T} \frac{m_t}{(1+i)^t} = M \tag{15.25}$$

该问题的解留作练习，见练习 15.10 和 15.11。[①]

效用函数中的参数 β 是市场折现因子取$\frac{1}{1+i}$时消费者的个人折现因子。

假设 T 期中存在一个不变的单利可以简化问题。12.6.5 节表明，如果效用函数包含 $T+1$ 个变量，那么 T 个独立市场需要确定 T 个相对价格才能保证均衡是帕累托（Pareto）最优的。固定利率限定了一个独立价格，因此市场是非完备的，产出不一定是帕累托最优的。

当市场是完备的时，将会有 T 个独立折现因子，比如 p_1，p_2，…，p_T，其中，p_t 表示 t 期的单位价值标准（计价标准）的消费相当于 0 期消费（$p_0=1$）的价格。完整的预算约束为

① 注意：无论 t 从 0 开始取还是从 1 开始取，分析基本上是一样的。

$$\sum_{t=0}^{T} c_t p_t = \sum_{t=0}^{T} m_t p_t = M \tag{15.26}$$

由均衡折现因子，很容易找到相应的到期折现率 i_0，i_1，…，i_T，利用

$$p_t = \frac{1}{1+i_t} \tag{15.27}$$

$$i_t = \frac{1}{p_t} - 1 \tag{15.28}$$

其中，i_t 表示 0 时刻开始的借款（或者投资）在 t 时刻终止时的单期利率。

完全竞争假定确保利率对于借方和投资方而言相等，现实中我们可以放宽这条假定。

15.4 利率期限结构

15.4.1 利率概念

定义 15.4.1 **债券**（bond）是一种证券，提供规则（现实中通常是每年或者每半年）的**息票**（coupon）或者**利息**（dividend）支付，并且在最后一个息票日（**到期日**（maturity date））返还本金（principal）（面值或**赎回价格**）。

定义 15.4.2 **纯折现债券**（pure discount bond）或**零息票债券**（zero-coupon bond）是一种无息票支付的证券。

上一节讲到的跨期消费问题中的商品是到期日（$t=1, 2, \cdots, T$）不同的纯折现债券。

定义 15.4.3 到期日趋于无穷的债权（无本金支付）称为**永续债券**（console）。

定义 15.4.4 符号 ${}_{t_1}i_{t_2t_3}$ 表示下述无风险交易的年利率。

- t_1 是**承诺日**（commitment date）（如果上下文能看清楚，可以省略）；
- t_2 是**借出日**（lending date）；
- t_3 是**偿还日**（repayment date）。

定义 15.4.5 给定价格下的债券的**总赎回收益率**（gross redemption yield）是以这个价格购买债券，然后持有到赎回期时的内部回报率。

债券分析中有五个相关的利率概念，我们可以在离散时间情形（比如，按年来计算时间）分析这些概念。连续复利的相关概念留作练习，见练习 15.13。概念如下：

1. **即期利率**。对零息票债券的价格用标准方程（15.4）进行代换可以得到即期利率。年即期汇率按年复利计息，公式为

$$i_{0t} = \left(\frac{1}{P_{0t}}\right)^{\frac{1}{t}} - 1(\times 100\%) \tag{15.29}$$

其中 P_{0t} 是 t 时刻到期、面值为 1 的零息票债券在 0 时刻的价格。

2. **远期利率**。在 t_1 时刻借出、t_2 时刻返还的借款，其利率可以根据两个即期利率 i_{0t_1} 和 i_{0t_2} 按照下式来计算。

$$i_{t_1t_2}=\sqrt[t_2-t_1]{\frac{(1+i_{0t_2})^{t_2}}{(1+i_{0t_1})^{t_1}}}-1 \tag{15.30}$$

3. **当前收益率**。债券的当前收益（率）即年度息票除以当前的市场价格，从经济学的观点来看没有太大意义。

4. **到期收益率**。假定一个债券的息票是 6 个月期的，在息票支付日用式（15.23）计算 6 个月的内部回报率，结果乘以 2（或采用类似的主观方法）。

5. **有效年度收益率**。即真正的内部回报率。

对于纯折现债券，隐含的即期利率和有效年收益率是相同的。

15.4.2 描述期限结构

期限结构理论研究不同到期日的纯折现债券的有效年收益率之间的差异（即相关的隐含的即期利率之间的差异）以及这些差异的约束和原因。

给定某一个日历时间点，到期日会不同，那么即期利率也会随着日历时间变化。实践中，给定某一时间点不同货币的利率期限结构可以不同。

不同到期日的**含息票**（coupon-bearing）**债券**，其到期收益率也不同，期限结构不需要解释这些。

期限结构常用到期**收益（率）曲线**（yield curve）来表示，到期收益（率）曲线描述即期利率 i_{0t} 随时间 t 变化的图形。如果收益（率）曲线纵轴是“到期收益率”，那么隐含的假定是，纵轴变量是纯折现债券的到期收益率。

除了

$$i_{01},\ i_{02},\ i_{03},\cdots \tag{15.31}$$

外，我们还会用到其他一些数列来描述（离散时间）期限结构，前提是无套利原理成立。实践中很有用的是折现因子

$$\frac{1}{1+i_{01}},\left(\frac{1}{1+i_{02}}\right)^2,\left(\frac{1}{1+i_{03}}\right)^3,\cdots \tag{15.32}$$

后面我们也会遇到一年期远期利率

$${}_0i_{01},\ {}_0i_{12},\ {}_0i_{23},\ {}_0i_{34},\cdots \tag{15.33}$$

15.4.3 估计期限结构

特定货币在某一特定日历时间的期限结构常用该货币度量的不同到期日、不

同息票率的政府债券数据来估计。

赎回价格为1的债券，息票 c_j 半年支付一次，$\frac{T_j}{2}$ 年后到期，其价值（以6个月为单位测量）为

$$P_j=\frac{c_j}{(1+i_{01})^1}+\frac{c_j}{(1+i_{02})^2}+\cdots+\frac{1+c_j}{(1+i_{0T_j})^{T_j}} \tag{15.34}$$

这个方程中，除了折现因子 $d_t\equiv\frac{1}{(1+i_{0t})^t}$ $(t=1, 2, \cdots, T_j)$ 外其他都是已知的，且方程关于折现因子是线性的。给定 $n=T\equiv\max_{j=1}^n T_j$ 个独立债券样本，可以精确解出 T 个相应的折现因子。对另外一个债券进行估值，只需要把式(15.34)用估计的折现因子替换即可。给定 $n>T$ 个债券（n 个观测），我们可以引入误差项，用多元回归法从统计上估计折现因子。

如果无套利原理成立，所有的债券确实是无风险的（例如，由有声望、有偿付能力的执政政府发行的债券），并且所有债券的价格可以同时无误差地观测到，那么OLS估计的残差向量为 $\mathbf{0}_n$。然而，实践中，估计期限结构或者收益（率）曲线时会有很多观察的复杂性、模棱两可和近似现象。2008年开始的国际金融危机期间，欧元区（如德国和希腊）不同执政政府发行的债券的收益率的差异让我们清楚地看到，并不是所有政府负债都是完全无风险的。不确定性的最大源泉可能就是**应计利率**。

债券的息票或者利息在某一约定日期支付给登记所有者，这一约定日期往往比利息支付日（称为**除息日**）早几周。在下面的定义中，我们区别这两个概念。

定义 15.4.6

(a) 债券的**净价**（clean price）、除息价格或者**交易价格**（dealing price），用 P_{d} 表示，是基准价格，仅当收益（率）曲线变化时净价才变化。

(b) 债券的**全价**（dirty price），用 P 表示，是债券交易中买方向卖方实际支付的价格，全价随应计利率的变化而变化。全价在除息日线性上移，但在除息日后快速下移。

净价与全价之间的关系如下

$$P=P_{\mathrm{d}}+\frac{\tau}{365}c \tag{15.35}$$

或

$$P=P_{\mathrm{d}}+\frac{\tau}{360}c \tag{15.36}$$

这取决于具体市场是使用365天的惯例还是360天的惯例。其中，c 是年度息票，τ 是到除息日的天数。息票支付日 $\tau=0$。除息日之后利息支付之前 τ 为负。在当前市场条件下计算净价，是找出相似市场条件下下一个（或前一个）除息日的债券价格的有效推断。

假定收益（率）曲线是平直的，图15—1反映了净价（平的）与总价（锯齿状）随日历时间的变化。

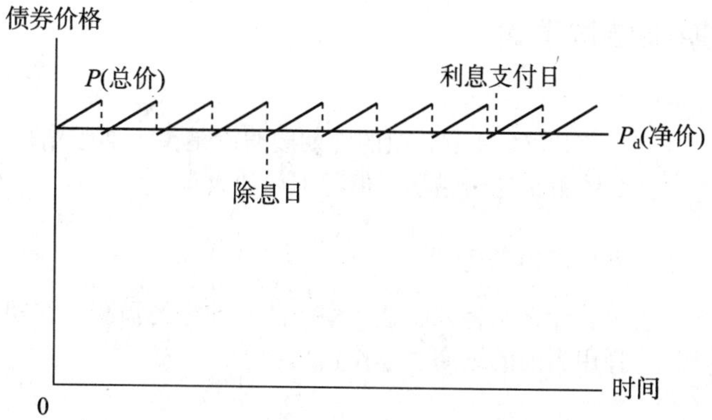

图 15—1　假定收益率曲线平直时，债券净价、总价与日历时间之间的关系

当估计收益（率）曲线时，要用到全价。

收益（率）曲线的经验估计中还会遇到其他一些困难，包括：

● 不同债券的报价不是同时的，每种货币只有一些**基准**（benchmark）债券交易比较活跃。通常情况下，要以一定的信度来估计折现因子，可用的数据不够。

● 在买卖价差中，很难区分报价、要价和协商交易价格。

● 不同辖区不同面额的债券价格通常是离散的（美国市场以面值的十六分之一或者三十二分之一为单位进行交易，但是其他市场可能用面值的两千分之一或者万分之一为单位进行交易）。

● 每年中息票的支付日期也不同。

● 一些实践者假定一年 365 天，但是另一些实践者假定一年 360 天。

期限结构（收益（率）曲线）估计对上述问题处理方法的变化非常敏感，但估计仍然是很有价值的，并且广泛应用。

如果你相信你的期限结构估计，那么你可以买进任何你认为价格低估了的债券，卖空任何你认为价格高估了的债券。反过来，如果你相信无套利原理，并且发现某些债券被高估了或者低估了，那么可能需要怀疑你的估计。

还有一些其他方法，假定收益（率）曲线满足一些通用函数形式，比如三次函数、指数样条[①]或含有少量待估计参数的简单函数，然后利用可获取的有限数据来估计该函数的未知参数。

期限结构及其随时间的变动很有意思。在一些地方，通货膨胀严重且（或）货币不稳定，比如 20 世纪 90 年代的欧盟，20 世纪 90 年代中期的俄罗斯，以及 1999 年的巴西。Kahn（1990）讨论了比较稳定的环境下美元的期限结构的估计。

债券交易者也希望预测债券价格随时间的变化，这要求他们首先预测期限结构随时间的变化。下一节我们讨论相关的著名理论。

① **样条**函数是一个特殊的函数，通过多项式定义分段函数，并广泛应用于数值分析。

15.4.4 期限结构理论

13.10.2 节介绍的纯期望假设是关于期限结构的著名理论之一。这些理论虽然说不是完全错误，但都不尽如人意。[①]

纯期望假设

什么是将来收益（率）曲线的好的预测？纯期望假设下，一些读者可能会选择用当前的远期利率作预测：

$$E_{t_0}\left[{}_{t_1}i_{t_1t_2}\right]={}_{t_0}i_{t_1t_2} \tag{15.37}$$

另外一些读者可能会认为债券的当前远期价格是将来即期价格的一个好的预测。

前面 13.10.2 节我们已经见过，西格尔（Siegel）悖论告诉我们，这两者不能同时成立（并建议我们，可能要从纯期望假设提供的上界和下界之间选择一个中间值）。

特别地，只要期限结构在 t_0 存在任意不确定性，

$$E_{t_0}\left[{}_{t_1}i_{t_1t_2}\right]={}_{t_0}i_{t_1t_2} \tag{15.38}$$

与

$$E_{t_0}\left[\left(\frac{1}{1+{}_{t_1}i_{t_1t_2}}\right)^{t_2-t_1}\right]=\left(\frac{1}{1+{}_{t_0}i_{t_1t_2}}\right)^{t_2-t_1} \tag{15.39}$$

在任意 t_1 处就不一致。

正如 13.10.2 节评注的那样，对数期望假设更合理一些，并且内部一致。

市场分割假设和偏好停留假设

市场分割假设（segmented market hypothesis）和偏好停留假设（preferred habitat hypothesis），这两个假设本质上相同，尽管后者更复杂一些。

金融机构所拥有的资产需要在将来的不同时间支付，其负债也在将来的不同时间减少。它们希望通过让支付尽可能地匹配负债日期来降低风险。因此，短期利率可以通过与商业银行间管理支票账户（常包含短期负债）的交互作用来设定。长期利率则通过与养老基金、保险公司和开设新工厂的大型制造企业等（常包含长期负债）的交互作用来设定。风险规避下，有短期负债的机构倾向于做短期投资，而有长期负债的机构倾向于做长期投资，这样做只是为了降低将来现金流的方差。因此长期市场与短期市场彼此之间是分割的。

流动性溢价假设

该假设认为，为了补偿流动性，期限长的债券应该比期限短的债券的回报率

① 这部分内容，课外阅读参阅 Elton 等（2010，pp. 514 - 23）。

高。因为期限越长，市场上的投资者越少，再融资的机会也越小。

对于向上倾斜的收益（率）曲线[①]，这讲得通。

15.4.5 久期、波动率和债券的凸性

对债券市场的交易方和投资者，我们感兴趣的相关问题是：

1. 为了满足将来的已知负债序列，最好的债券投资组合是什么？
2. 给定债券的价格将会对收益（率）曲线的平移做出什么反应？
3. 收益（率）曲线的平移将会对负债序列的价值有什么影响？对匹配这些负债的债券投资组合的价值又有什么影响？

对这些问题的回答可能惊人的相关。如果计划以市场价格出售债券，以满足将来的负债，那么债券价值的突然下落可能导致现金流危机。**久期匹配**是一门平衡持有资产和负债的现金流的艺术。

久期、波动率和凸性等度量的产生是为了回答上述问题，我们马上会给出定义。为了说明这些问题，我们假定存在平的收益（率）曲线，或者假定存在一个折现率 i，满足

$$i_{0_t}=i, \quad \forall t \tag{15.40}$$

一般期限结构文献放宽了这一条假定，但本书保留这条假定。

假定存在平的收益（率）曲线，单期息票为 c、到期为 T 的债券的价值为

$$P(1+i, c, T)=\frac{c}{(1+i)}+\frac{c}{(1+i)^2}+\cdots+\frac{1+c}{(1+i)^T} \tag{15.41}$$

根据符号和预备知识第 2 页的公式，式（15.41）中不同息票的现值可以求和，因为这些是几何级数的前 T 期，公比为 $r=1+i$，首项为 $a=\frac{c}{(1+i)^T}$，得

$$\begin{aligned}P(1+i, c, T)&=\frac{c}{(1+i)^T}\frac{(1+i)^T-1}{i}+\frac{1}{(1+i)^T}\\&=\frac{c}{i}\left(1-\frac{1}{(1+i)^T}\right)+\frac{1}{(1+i)^T}\\&=\frac{c}{i}+\left(1-\frac{c}{i}\right)\frac{1}{(1+i)^T}\end{aligned} \tag{15.42}$$

一期可以是一年，也可以是半年。

式（15.42）表明，对于正的 i，当 $c=i$ 时债券价格等于单位债券的赎回价值。当 $c>i$ 时债券价格低于[*]单位债券的赎回价值，当 $c<i$ 时债券价格高于单位债券的赎回价值。（为了看出这一点，请注意，式（15.42）的第二行中债券价格可以看成是 1 和 $\frac{c}{i}$ 的凸组合。）

---

① 一个值得注意的例外发生在欧洲货币联盟起步时期，因为这一时期各种参与货币的利率相同。

* 译者注：原文中，当 $c>i$ 时债券价格高于赎回价值的说法有误。

定义 15.4.7 价值为 P 的债券的**利率弹性**由式（15.41）给出，为

$$\frac{1+i}{P(1+i,\ c,\ T)}\frac{\partial P}{\partial(1+i)} \tag{15.43}$$

即，P 关于 $1+i$ 的弹性。

定义 15.4.8 债券的**久期**（duration）$D(1+i,\ c,\ T)$是收到现金流时间的加权平均值，其中，权重是相应的现金流对 $P(1+i,\ c,\ T)$的贡献：

$$D(1+i,\ c,\ T)\equiv\frac{\Sigma+T/(1+i)^{\mathrm{T}}}{P(1+i,\ c,\ T)} \tag{15.44}$$

其中

$$\Sigma\equiv\frac{c}{(1+i)}+\frac{2c}{(1+i)^2}+\frac{3c}{(1+i)^3}+\cdots+\frac{Tc}{(1+i)^{\mathrm{T}}} \tag{15.45}$$

计算式（15.43）中的导数，并与式（15.44）的结果进行比较，可以发现，（对任意 i）债券久期是利率弹性的相反值。因此，任何含息票债券的久期等于具有相同利率弹性的零息票债券的期限。零息票债券的久期是它距离到期日之间的时间长度。①

为了计算含息票债券的久期值，有必要计算 Σ。有两种方法可以导出求和公式。第一种方法，我们可以按照下式展开：

$$\begin{aligned}\Sigma=\frac{c}{(1+i)}+\frac{c}{(1+i)^2}+\frac{c}{(1+i)^3}+\cdots+\frac{c}{(1+i)^{\mathrm{T}}}&\\ +\frac{c}{(1+i)^2}+\frac{c}{(1+i)^3}+\cdots+\frac{c}{(1+i)^{\mathrm{T}}}&\\ +\frac{c}{(1+i)^3}+\cdots+\frac{c}{(1+i)^{\mathrm{T}}}&\\ \ddots\qquad\vdots\quad&\\ +\frac{c}{(1+i)^{\mathrm{T}}}&\end{aligned} \tag{15.46}$$

上式中 T 行的每一行（从右往左读）都是几何级数，公比为 $r=1+i$，首项为 $a=\frac{c}{(1+i)^{\mathrm{T}}}$。我们已知 $a+ar+ar^2+ar^3+\cdots+ar^{n-1}=a(r^n-1)/(r-1)$，因此

$$\begin{aligned}\Sigma&=\frac{c}{(1+i)^{\mathrm{T}}}\frac{1}{i}\sum_{t=1}^{T}((1+i)^t-1)\\ &=\frac{c}{(1+i)^{\mathrm{T}}}\frac{1}{i}\left((1+i)\frac{((1+i)^{\mathrm{T}}-1)}{i}-T\right)\\ &=\frac{c(1+i)}{i^2}-\frac{c}{(1+i)^{T-1}}\frac{1}{i^2}-\frac{c}{(1+i)^{\mathrm{T}}}\frac{1}{i}T\end{aligned} \tag{15.47}$$

另外一种计算 Σ 的方法是利用

① Hull（2009，4.5—4.7 节）和 Elton 等（2010，第 22 章）都介绍了久期。

$$\Sigma-\frac{\Sigma}{1+i}=\frac{c}{(1+i)}+\frac{2c}{(1+i)^2}+\frac{3c}{(1+i)^3}+\cdots+\frac{Tc}{(1+i)^{\mathrm{T}}}$$
$$-\left(\frac{c}{(1+i)^2}+\frac{2c}{(1+i)^3}+\frac{3c}{(1+i)^4}+\cdots+\frac{Tc}{(1+i)^{T+1}}\right)$$
$$=\frac{c}{(1+i)}+\frac{c}{(1+i)^2}+\frac{c}{(1+i)^3}+\cdots+\frac{c}{(1+i)^{\mathrm{T}}}-\frac{Tc}{(1+i)^{T+1}} \tag{15.48}$$

意味着

$$\frac{i}{1+i}\Sigma=\frac{c}{(1+i)^{\mathrm{T}}}\frac{((1+i)^{\mathrm{T}}-1)}{i}-\frac{Tc}{(1+i)^{T+1}} \tag{15.49}$$

两边同时乘上 $(1+i)/i$，得

$$\Sigma=\frac{c(1+i)}{i^2}-\frac{c}{(1+i)^{T-1}}\frac{1}{i^2}-\frac{c}{(1+i)^{\mathrm{T}}}\frac{1}{i}T \tag{15.50}$$

同前面一样，可以化简为

$$\Sigma=\frac{c(1+i)}{i^2}-\frac{c}{(1+i)^{\mathrm{T}}}\frac{1}{i^2}(1+i(T+1)) \tag{15.51}$$

把赎回支付相应的项加到 Σ，就可以得出久期计算公式的分子：

$$\Sigma+\frac{T}{(1+i)^{\mathrm{T}}}=\frac{c(1+i)}{i^2}-\frac{c(1+i(T+1))-i^2T}{i^2(1+i)^{\mathrm{T}}} \tag{15.52}$$

可以用这个公式来构建一个扩展表，揭示了久期对相关参数 c、i 和 T 的依赖关系。

债券的利率弹性度量了特定债券的价格对一般市场条件（收益（率）曲线的平移）的反应。从这方面来看，是对股本的 β 值的近似，该内容我们将在第 17 章研究。金融机构可以通过使其资产与负债的组合的净久期接近 0，来降低其对收益（率）曲线移动的暴露。

久期依赖于收益率 i，因此实际应用中必须对 i 的特定值进行估值。一个传统的方法是使用债券的半年总赎回收益率，即满足下式的 i。

$$P_{\mathrm{d}}=\sum_t\frac{c/2}{(1+i/2)^t}+\frac{1}{(1+i/2)^{\mathrm{T}}} \tag{15.53}$$

其中，P_{d} 是债券的交易价格，和式表示对所有息票支付按时间加总。

定义 15.4.9 债券的**波动率**为

$$\frac{D(1+i, c, T)}{\left(1+\frac{i}{2}\right)} \tag{15.54}$$

在英国，偏好使用波动率度量，但是美国偏好使用久期。

Elton 等（2010，p. 561）注意到，关于久期至少有十几个度量。最简单的（见前面的介绍）基于收益（率）曲线是平的这一假定。关于收益率的不同假定将导致不同的久期函数。感兴趣的读者可以参阅 Elton 等（2010）的讨论。

注意，债券投资组合的久期是组成成分的久期的加权平均值。然而，权重是各种不同成分占投资组合现值的比重，其中，现金流按照合适的折现率估值。而传统方法是根据各种不同投资的支出计算权重，因此一般来说两者还是不同的。

任意弹性下，可以用久期计算（平的）期限结构的平移引起的债券价格改变量的一阶近似：

$$\%\Delta P \approx D(1+i, c, T) \times \%\Delta(1+i) \tag{15.55}$$

当利率改变量很小时，这个线性近似效果很好，当改变量较大时，效果不好。

可以根据二阶泰勒展开式获得$\%\Delta P$的二次近似：

$$\begin{aligned} &P(1+i+\Delta i, c, T) \\ &\approx P(1+i, c, T)+\Delta i \frac{\partial P}{\partial(1+i)}(1+i, c, T) \\ &\quad+\frac{(\Delta i)^2}{2} \frac{\partial^2 P}{\partial(1+i)^2}(1+i, c, T) \end{aligned} \tag{15.56}$$

整理得到

$$\begin{aligned} &\frac{P(1+i+\Delta i, c, T)-P(1+i, c, T)}{P(1+i, c, T)} \\ &\approx \Delta i \frac{\partial P(1+i, c, T)/\partial(1+i)}{P(1+i, c, T)}+\frac{(\Delta i)^2}{2} \frac{\partial^2 P(1+i, c, T)/\partial(1+i)^2}{P(1+i, c, T)} \\ &=\%\Delta(1+i) D(1+i, c, T)+(\%\Delta(1+i))^2 \frac{(1+i)^2}{2} \frac{\partial^2 P(1+i, c, T)/\partial(1+i)^2}{P(1+i, c, T)} \end{aligned} \tag{15.57}$$

二次项的系数

$$C(1+i, c, T) \equiv \frac{(1+i)^2}{2} \frac{\partial^2 P(1+i, c, T)/\partial(1+i)^2}{P(1+i, c, T)} \tag{15.58}$$

称为债券在i的**凸性**。

容易看出

$$C(1+i,c,T)=\frac{1}{2P(1+i,c,T)}\left(\sum_{t=1}^{T} \frac{t(t+1)c}{(1+i)^t}+\frac{T(T+1)}{(1+i)^T}\right) \tag{15.59}$$

细节留作练习，见练习 15.16。

练　习

15.1　分别计算 5%的年度单利率、年度复利率下，三年后€1 000 的支付对应的现值。

15.2　某股票在 2009 年 12 月 31 日的收盘价格为 72 欧分，在 2011 年 12 月 31 日的收盘价格为 108 欧分，计算 2010—2011 年期间，连续复利计息年度回报率。

15.3　假设投资在t时刻的单利回报率为$r(t)$，$P_{t+\Delta t}=(1+r(t)\Delta t)P_t$。研

究从 0 到 T 的平均回报率。

15.4 假设一年期存款或者贷款的利率为 r_1，年度复利计息，两年期存款或者贷款的年利率为 r_2，年度复利计息。假设存款或者贷款的一年期远期利率为 f_{12} 每年，年度复利计息。如果没有套利机会，给出这三个利率之间的关系式。

15.5 10 月 1 日两个大学生在一个当地银行的分支机构遇见。

(a) 第一个学生刚结束国外的暑假工作回来，存款€2 000。她准备在下一个学年用这笔储蓄，从 11 月 1 日到 7 月 1 日分九次取相同金额的款项。等她来年再出国的时候账户上余额为 0。银行经理对她的€2 000 存款提供 1%的月利率，每月复利计息。

(i) 按照该利率计算，九次取款在 10 月 1 日的现值是多少?（提示：回顾一下符号和预备知识第 2 页给出的几何数列的求和公式。）

(ii) 她每个月能取多少钱?

(b) 第二个学生暑假学习并通过了一些附加考试，需要贷款€2 000 来支付公寓的定金和相关费用。他打算兼职工作，不考虑对学业的潜在不利影响，从 11 月 1 日到 7 月 1 日分九次以相同的月供偿还贷款，到来年暑假没有任何负债。银行经理要求收 2%的月利率，每月复利计息。

(i) 按照该贷款利率计算，他的九次还款在 10 月 1 日的现值是多少?

(ii) 他每个月需要支付多少钱?

(c) 现在假定两个学生意识到他们可以不经过银行系统，第一个学生向第二个学生提供借款，月利率为 1.5%，每月复利计息。相对于使用银行作为中介，如果他们达成一致，他们每个月能收益多少钱?

15.6 根据麦克劳林展开式，证明折现因子可以近似写成利率的幂函数结构：

$$\frac{1}{1+i}=1-i+i^2-i^3+i^4-\cdots$$

根据这个结果，分别计算下列年度复利利率时，一年后€10 000 支付的现值的一阶近似：(a) 1%，(b) 2%，(c) 10%，(d) 20%。

现在计算每种情况下的精确现值，与你前面的答案进行比较。

在什么情况下，近似 $1-i$ 是对真实折现因子 $\frac{1}{1+i}$ 的有用替代?

15.7 假定法国和新西兰之间的国际橄榄球赛的最优赔率为

结果	分数赔率
法国	5/4
新西兰	2/1
平局	8/1

证明套利机会存在，并且为了保证在任何比赛结果下都能拿到€10 000 的利

润，计算如何下注。

15.8 假定折现率为 $r>0$（年度利率，年度复利计息），某债券从今天开始，年度息票为€ C，持续 T 年，T 年后另外支付€ 100，找出该债券今天的价值（净现值）的表达式。

证明，债券的价值超过€ 100 当且仅当

$$r<\frac{C}{100}$$

计算债券的价值关于 r 的弹性，证明该弹性可以解释为息票支付日的加权平均值，其权重等于债券各期实现值的净现值占债券总现值的比例。

15.9 探索每一个复利计息期末的离散回报率 r_1、r_2、r_3 按时间加总的规律，并进行评论。

15.10 假定个人将来要活 T 期。个人各期收入为 m_t（$t=1, 2, \cdots, T$），可以把钱外借，每期的单利为 i。

如果个人偏好可以用下述效用函数来表示

$$U(c_1, c_2, \cdots, c_T)=\sum_{t=1}^{T}\ln c_t$$

其中 c_t 表示在 t 期（对单一商品）的消费，那么他的极大化问题是什么？以单期柯布-道格拉斯情况为例类推，并求出这种情况的最优消费。（提示：定义 M 为个人收入流的现值会使计算简化。）

15.11 如上题，假定个人将来要活 T 期。个人各期收入为 m_t（$t=1, 2, \cdots, T$），可以把钱外借，每期的单利为 i。

现在考虑更加一般的情形，个人偏好可以用下述效用函数来表示

$$U(c_1, c_2, \cdots, c_T)=\sum_{t=1}^{T}\beta^t\ln c_t$$

前面一个练习可以看作是这个练习中 $\beta=1$ 的特例。如果 $\beta\neq 1$ 结果会有什么改变？β 取值多少时能使每期的消费相等？为了将来各期消费，今天留出来的金额都相等，β 取值多少？

15.12 如果消费者的效用函数为 $U(c_1, c_2, \cdots, c_T)=\sum_{t=1}^{T}\beta^t\ln c_t$，为了获得 t 期（$t=1, 2, \cdots, T$）消费，消费者需要借入或者出售 0 期消费的价格是 p_t。

阐述并求解该消费者的跨期效用极大化问题。

从第 0 天到第 t 天的贷款的利率 i_t 与价格 p_t 之间有什么关系？

15.13 把即期利率、远期利率、到期收益率和有效年利率写成连续复利率的形式。

15.14 导出詹森不等式和关于纯折现债券远期价格和未来即期价格之间关系的纯期望假设的组合含义。

15.15 假定远期连续复利率是对将来即期连续复利率的无偏预测。对纯折现债券的价格而言，这个假定的含义是什么？

15.16　假定收益（率）曲线是平的，折现率为 i，证明息票为 c、T 期到期的债券的凸性为

$$C(1+i,\ c,\ T)=\frac{1}{2P(1+i,\ c,\ T)}\left(\sum_{t=1}^{T}\frac{t(t+1)c}{(1+i)^{t}}+\frac{T(T+1)}{(1+i)^{T}}\right) \tag{15.60}$$

其中，$P(1+i,\ c,\ T)$表示债券的隐含价值。

15.17　下表给出了不同到期日，面值为€1 000 的零息票债券在 2009 年 2 月 1 日的报价。

到期日	价格（€）
2009 年 2 月 1 日	1 000
2010 年 2 月 1 日	820
2011 年 2 月 1 日	725
2012 年 2 月 1 日	675
2013 年 2 月 1 日	600

(a) 计算：

(i) 2009 年 2 月 1 日借出的一年期、两年期、三年期和四年期贷款的年度即期利率；

(ii) 2010 年 2 月 1 日借出的一年期贷款和 2011 年 2 月 1 日借出的一年期贷款的远期利率；

(iii) 2009 年 2 月 1 日发行的含息票债券，年利息是€10，每年 2 月 1 日支付，面值是€100，到期日是 2013 年 2 月 1 日，计算其除息价格。

(b) 绘制上表中债券价格隐含的收益（率）曲线。

15.18　有四个纯折现债券，每个债券面值都是€100，到期分别是从现在起的一年、二年、三年和四年，交易价格分别为€$88\frac{8}{9}$、€80、€$72\frac{8}{11}$和€$66\frac{2}{3}$。

(a) 分别计算从现在开始的一年、二年、三年和四年投资所隐含的年度即期利率（保留小数点后两位），并绘制收益（率）曲线。

(b) 从现在开始，在一年、二年和三年后开始投资，分别计算投资一年所隐含的年度远期利率。

(c) 对一个四年期债券，年度息票为€9.90，面值为€100，由该题的信息，你将会对这个债券支付多少？

15.19　常假设 30 天后欧元与美元的汇率的期望等于相应的 30 天远期汇率。解释为什么这个假设推广到所有货币组时存在矛盾。提出另外一个假设，基于相同的直观，但是满足内部一致性。这些结果对利率期限结构理论有什么含义？

15.20　年度息票为 c、到期为 T 年、面值为€1 的债券，假定到期收益（率）曲线关于年度复利计息的折现率 i 是平的，写出债券价格 P 的表达式。计算债券

价格 P 关于 $1+i$ 的弹性。计算收到现金流的时间的加权平均值，其中权重等于债券各期的净现值占债券总现值的比例。证明这两个表达式是等价的。

15.21　解释现金流的久期的含义和凸性的含义。

15.22　计算下述债券的久期（写成利率 i 的函数）：

（a）五年期零息票债券；

（b）三年期债券，年息票率为 20%；

（c）二十年期债券，年息票率为 5%。

15.23　计算年度息票为€10、面值为€100、到期为三年的债券的久期和凸性，折现率取 10%。设债券已除息。

15.24　计算由练习 15.18 中的四种债券组成的€4 000 的投资组合的久期，先写成折现率 i 的函数形式，然后按照 10%的折现率计算数值。

15.25　假如你一年后面临€2 500 的负债，两年后有€5 000 的负债，第三年末有€5 500 的负债，假定期限结构是平的，年度折现率为 5%（年度复利计息）。

（a）计算负债的久期；

进一步假定你可以投资零息票债券，到期是一年，且（或）三年期到期的债券，年息票率为 5%，并且刚已除息。

（b）用这些债券构建一个投资组合，使投资组合的久期等于负债的久期。

（c）假定你也可以投资另一种已除息债券，到期是两年，年息票率为 10%，用这三种债券构建一个投资组合，使投资组合完全匹配你的负债。另外给出这三种债券的两个投资组合的例子，使其久期等于你的负债的久期。

（d）找出每种债券的市场价格（精确到分），假定面值都是€100。

15.26　给定将来负债，简要讨论可能影响投资者（特别是机构投资者）资产久期选择的因素。

15.27　计算到期是两年、面值是€1 000、年息票率为 10%且出售价格为€800的债券的赎回收益率。

第 16 章　不确定性下的单期选择

16.1　引言

在 13.3 节中我们讨论了真实世界的选择问题，消费者或者投资者面临的是决策产出的不确定性，比如，投资的终值。12.2.1 节指出，教材中讨论的“商品”用消费的自然状态来区分，而不是按照商品的物理特性来区分。本章把这两个概念放在一起来分析，分析不确定性下消费者选择的细节问题。

本章讨论不确定性下的单期选择。交换在每期的期初发生，不确定性在期末解决。消费可以在期末发生，也可以在期初发生，或期初期末都发生。这种分析框架足以阐明不确定性下的选择分析常用方法之间的相似之处与不同之处。为了简化，最后两章我们假定只有一种消费商品。

本章先阐明各节的目的。16.3 节讨论不确定性下的选择分析，用状态未定权益重新解释了 13.3.4 节中引入的一般均衡模型。近几年经济理论使用了一些不同的研究方法来分析不确定性下的选择，这些方法有时有些交叉，有时又彼此独立。本书考虑状态依存和状态独立效用（16.3 节）、期望效用（16.4 节）、均值—方差效用（16.8 节）及其他非期望效用分析方法（16.9 节）。期望效用方法导向风险规避分析（16.5 节）和风险中性（16.6 节）。单期投资组合选择问题，属于“不确定性下的单期选择”，很有实践意义和数学重要性，我们单独在后一章中分析（第 17 章）。

通过后面的分析我们马上可以明白，消费者、投资者和博彩玩家之间的理论界线远比我们日常认知的要模糊。

16.2 目的

表 13—1 展示了一个不确定性下的选择的简单例子，同时提出一类风险资产的简单估值问题。现在考虑一个类似例子，即有七种彩票，基于掷均匀的硬币。分别为：

(a) 有 50%的概率什么都得不到；

(b) 有 50%的概率得到：

(ⅰ) €1，

(ⅱ) €10，

(ⅲ) €100，

(ⅳ) €1 000，

(ⅴ) €10 000，

(ⅵ) €100 000，

(ⅶ) €1 000 000。

和表 13—1 的例子类似，请读者考虑一下，对上述七种彩票你分别愿意支付多少。

消费者面临的不确定性的本质随着应用的不同而不同。这个例子中，有两种等概率的自然状态，硬币的正面和反面。在表 13—1 中，总共有 ${}^{n}C_6$ 种等可能的自然状态。在大多真实世界情形，有无穷多个自然状态，通常是状态连续统，一些状态比其他状态出现的可能性要大。

经济学中不确定性下的选择分析有不同方法，分别适用于不同情境。这里我们考虑的第一种方法假定潜在的样本空间包含有限个（S）不同概率的自然状态。考虑无限样本空间和连续样本空间情况，要对不确定性下的选择进行更透彻的分析，还需要基于一些附加的公理。

16.3 状态未定权益定价

16.3.1 模型结构

回顾 13.3.4 节中我们引入的状态未定权益或阿罗-德布鲁证券和复合证券的定义。假定只有一种消费商品，状态空间 Ω 包含 S 种可能的自然状态（用第一个下标来区别，常为 i），N 种复杂证券的市场（用第二个下标来区别，常为 j），H 个消费者（用上标来区别，常为 h）。

记 $\boldsymbol{Y}$ 表示 $S \times N$ 阶矩阵，第 j 列包含第 j 个复杂证券在 S 种自然状态时的收益，即

$$\boldsymbol{Y} \equiv [\boldsymbol{y}_1 \quad \boldsymbol{y}_2 \quad \cdots \quad \boldsymbol{y}_N] \tag{16.1}$$

其中，$\boldsymbol{y}_j = (y_{1j}, y_{2j}, \cdots, y_{Sj})$ 是证券 j 相应的 $S \times 1$ 维收益向量。

我们可以假定个人禀赋是基础的状态未定权益的组合的形式，或者假定是市场上交易的复合证券的组合的形式。这两种假定的显著区别我们后面会清楚。①

16.3.2 效用函数的类型

原则上，每个消费者的效用可以为任意包含 S 个变量 x_1，x_2，…，x_S 的函数。这些变量表示在 S 种自然状态下消费单一物品的数量。对个人的偏好施加越多的结构，分析会越简单。例如，可以假定不同状态的效用可以叠加。本文中效用可以是状态依赖的或者状态独立的。

所有的消费发生在期末的情况下，个人 h 的效用函数的可能形式包括：

● 任意函数

$$u^h(x_1, x_2, \cdots, x_S) \tag{16.2}$$

● 状态叠加

$$\sum_{i=1}^{S} u_i^h(x_i) \tag{16.3}$$

● 状态独立，每个单一消费者的权重为 p_i^h

$$\sum_{i=1}^{S} p_i^h v^h(x_i) \tag{16.4}$$

---

① 16.3 节后面的内容源自 Hirshleifer（1970，第 8 章，C 节），Fama 和 Miller（1972，第 4 章，Ⅲ.C 节），Huang 和 Litzenberger（1988，第 5 章）。

● 状态独立，每个单一消费者的权重为 π_i

$$\sum_{i=1}^{S}\pi_i v^h(x_i) \tag{16.5}$$

函数 v^h：$\mathbb{R}\to\mathbb{R}$可以看作是第 h 个消费者**对确定事物的效用函数**。16.4.2节中我们会再次讨论这个概念。假定 v^h是严格递增的严格凹函数，并且可微，这样可以直接使用优化理论的标准结果。

为了简化，目前我们假定消费决策是在 0 期做出的，这是在不确定性求解之前，并且假定消费是在 1 期发生的，这是在不确定性求解之后。模型可以扩展，允许消费发生在 0 期和 1 期。就像前面一章中我们可以包括或者排除 0 时期的消费一样。

16.3.3 模型均衡

如果所有 S 个基础的状态未定权益的市场存在，那么一般均衡模型中的价格可以通过 S 个市场出清方程来确定，简化为

$$\text{状态 } i \text{ 的加总消费}=\text{状态 } i \text{ 的加总禀赋}\quad (i=1,\ 2,\ \cdots,\ S) \tag{16.6}$$

12.5.5 节中我们看出这个模型的均衡解存在。由 12.6.3 节可知，这个均衡解是帕累托最优的。每个人都有最优的消费选择，最优选择依赖于禀赋和偏好，并以自然状态为条件。我们可以从三个方面看这个最优解：

1. 对特定的投资者而言，其在 S 个自然状态下的最优将来消费可以看作是 S 维的向量，记为

$$\boldsymbol{x}^{*h}=\begin{bmatrix} x_1^{*h} \\ x_2^{*h} \\ \vdots \\ x_S^{*h} \end{bmatrix} \tag{16.7}$$

2. 等价地，最优将来消费可以看作是随机变量 $\tilde{x}^{*h}$，在状态 i 时取值 x_i^{*h}。

3. 最后，最优将来消费可以看作是基础的状态未定权益的组合，包含 x_1^{*h} 单位的不确定状态 1 索偿，x_2^{*h} 单位的不确定状态 2 索偿，等等。

如果 N 个复合证券的市场存在，那么投资者对复合债券的最优持有组合为 $\boldsymbol{w}^{*h}=(w_1^{*h},\ w_2^{*h},\ \cdots,\ w_N^{*h})$，使得

$$x_i^{*h}=\sum_{j=1}^{N}y_{ij}w_j^{*h},\ i=1,\ 2,\ \cdots,\ S \tag{16.8}$$

或

$$\boldsymbol{x}^{*h}=\boldsymbol{Y}\boldsymbol{w}^{*h} \tag{16.9}$$

如果个人的初始禀赋是基础的状态未定权益 $\boldsymbol{e}^h=(e_1^h,\ e_2^h,\ \cdots,\ e_S^h)$的组合，那么他（她）必须购买复合债券向量 $\boldsymbol{t}^h=(t_1^h,\ t_2^h,\ \cdots,\ t_N^h)$，其中，

$$x^{*h}-e^h=Yt^h \tag{16.10}$$

这里，t^h 可能含有负的分量，表示出售复合债券。

如果个人的初始禀赋是市场上交易的复合证券 $w^h=(w_1^h, w_2^h, \cdots, w_S^h)$ 的组合，那么最优的净购买向量为

$$t^h=w^{*h}-w^h \tag{16.11}$$

定理 16.3.1

(a) 如果有 S 个复合债券($S=N$)，相应的收益方阵 Y 是非奇异的，那么对任意初始禀赋和任意的个人偏好，市场是完备的，并且均衡分配是帕累托最优的。

(b) 更一般地，如果个人所需的交易向量 $x^{*h}-e^h$ 在收益矩阵 Y 的列向量空间中，那么对于这种禀赋和偏好组合，均衡分配是帕累托最优的。

证明：

(a) 可以对矩阵 Y 求逆，来求解式（16.10）中复合债券的最优交易：

$$t^h=Y^{-1}(x^{*h}-e^h) \tag{16.12}$$

(b) 即使矩阵 Y 不可逆，也可以对式（16.10）中特定禀赋和偏好组合求解 t^h。当矩阵 Y 奇异时，t^h 的解不唯一，或者 t^h 的解不存在。

如果方阵是奇异的或者复合证券少于 N 个将导致市场非完备，对一些禀赋和偏好组合，无法达到帕累托最优分配，第 $N+1$ 个证券将是多余的。

如果 Y 可逆，则很容易从复合证券的（均衡）价格，比如 $p=(p_1, p_2, \cdots, p_N)$ 倒推个人的（均衡）状态价格，比如 $\phi=(\phi_1, \phi_2, \cdots, \phi_S)$，因为根据无套利原理，我们有下式

$$p=Y^{\mathrm{T}}\phi \tag{16.13}$$

或者

$$\phi^{\mathrm{T}}=p^{\mathrm{T}}Y^{-1} \tag{16.14}$$

如果个人的初始禀赋是市场上交易的 N 个复合证券的组合，那么由式（16.9）可知均衡分配是帕累托最优的，当且仅当帕累托最优分配也是 N 个交易的复合证券的组合，即 x^{*h} 在 Y 的列向量空间中。

16.3.4 市场补全和期权

在真实世界市场，相对少的线性独立交易证券的个数 N，常小于自然状态的数目 S。但是，我们会证明，对既有证券的选择足以构成完备的市场，因此确保对任意偏好实现帕累托最优。

为了说明这一点，我们假定存在**状态指示组合**（state index portfolio），在每一种自然状态产生不同的非零收益（可能是一个模似的加总消费，见 16.3.5 节）。同样，状态指示组合的收益可以看作是一个随机变量 $\tilde{y}$ 或者一个收益向量

$\mathbf{y}=(y_1, y_2, \cdots, y_S)$。不失一般性，我们可以对状态排序，如果 $i<j$，则 $y_i<y_j$。

现在我们导出一些结果，按照 Huang 和 Litzenberger（1988，第 5 章）的方法，给出一些条件，在这些条件下，对状态指示组合和以状态指示组合为标的的期权进行交易，会导致完备市场帕累托最优均衡分配。我们将会揭示，通过使用状态指示组合的期权可以实现市场的补全，假定存在对 $\tilde{y}$ 的 $S-1$ 个欧式看涨期权，执行价格为 $y_1, y_2, \cdots, y_{S-1}$。

这里，先前的状态指示组合和 $S-1$ 个欧式看涨期权得到如下收益矩阵：

$$\begin{bmatrix} y_1 & y_2 & y_3 & \cdots & y_S \\ 0 & y_2-y_1 & y_3-y_1 & \cdots & y_S-y_1 \\ 0 & 0 & y_3-y_2 & \cdots & y_S-y_2 \\ \vdots & \vdots & \vdots & & \vdots \\ 0 & 0 & 0 & \cdots & y_S-y_{S-1} \end{bmatrix}^{\mathrm{T}} = \begin{bmatrix} \text{状态指示组合} \\ \text{看涨期权 1} \\ \text{看涨期权 2} \\ \vdots \\ \text{看涨期权 } S-1 \end{bmatrix} \tag{16.15}$$

这个三角矩阵是非奇异的（因为我们已经假定不同状态的收益不同，以保证该矩阵的对角线元素非 0）。我们构建了一个完备市场。

16.3.5 证券价值和加总消费

前面一节我们假定状态指示组合存在，进一步补全市场。这一节换一种方法，通过假定相同的概率信念并且时间可加，我们可以用类似的方法补全市场。状态独立效用函数为：

$$v_0^h(x_0)+\sum_{\omega\in\Omega}\pi(\omega)v_1^h(x_1(\omega)) \tag{16.16}$$

其中，x_0 表示 0 期的消费，$x_1(\omega)$表示状态 ω 下 1 期的消费，一致认为自然状态为 ω 的概率是 $\pi(\omega)$（这里对式（16.5）进行了修改，考虑了 0 期的消费）。

无论是加总消费不变还是加总禀赋不变，通过假定相同的概率信念和状态独立效用，可以确保两种情况下消费者决策均衡相同。因此，令 $f^h(k)$表示加总消费等于 k 时，消费者 h 在这些状态下的均衡消费。读者可以用个人效用极大化问题的一阶条件来证明这一点，见练习 16.4。

我们先考虑证券的价值和加总消费（记为 $\widetilde{C}$）之间的关系。

记 $C(\omega)\equiv$状态 ω 下的加总消费，记 $\Omega_k\equiv\{\omega\in\Omega: C(\omega)=k\}$，$\phi_k$ 是证券的市场价格，收益为

$$y_k(\omega)=\begin{cases}1, & C(\omega)=k \\ 0, & \text{其他}\end{cases} \tag{16.17}$$

该证券不过是加总消费取值为 k 的那些状态对应的基础状态指示索偿的组合。

一致认为事件 Ω_k 的概率（即加总消费取值为 k 的概率）是

$$\pi_k = \sum_{\omega \in \Omega_k} \pi(\omega) \tag{16.18}$$

个人 h 的效用极大化问题为

$$\max_{x_0,\ \{x_1(\omega):\ \omega \in \Omega\}} v_0^h(x_0) + \sum_{\omega \in \Omega} \pi(\omega) v_1^h(x_1(\omega)) \tag{16.19}$$

受预算约束

$$x_0 + \sum_{\omega \in \Omega} \phi(\omega) x_1(\omega) = M \tag{16.20}$$

其中，0 期消费当作价值标准，M 表示财富，$\phi(\omega)$表示在状态 ω 下状态未定权益的价格（以 0 期消费为单位）。

一个无风险证券，在 1 期所有状态下都得到一单位消费，是各种状态未定权益的组合。因此，按照无套利原理，需要以价格 $\sum_{\omega \in \Omega} \phi(\omega)$ 或者等价的 $\sum_k \phi_k$ 来交易。根据状态价格很容易导出无风险回报率。

去除拉格朗日乘子，问题式（16.19）的一阶条件可以简化为

$$\phi(\omega) = \frac{\pi(\omega) v_1^{h\prime}(x(\omega))}{v_0^{h\prime}(x_0)}, \quad \forall \omega \in \Omega \tag{16.21}$$

因为 Ω_k 的所有状态下个人消费都相等，于是无套利原理意味着

$$\begin{aligned}
\phi_k &= \sum_{\omega \in \Omega_k} \phi(\omega) \\
&= \sum_{\omega \in \Omega_k} \frac{v_1^{h\prime}(x(\omega))}{v_0^{h\prime}(x_0)} \pi(\omega) \\
&= \frac{v_1^{h\prime}(f^h(k))}{v_0^{h\prime}(x_0)} \sum_{\omega \in \Omega_k} \pi(\omega) \\
&= \frac{v_1^{h\prime}(f^h(k))}{v_0^{h\prime}(x_0)} \pi_k
\end{aligned} \tag{16.22}$$

因此，收益 $\tilde{x}$ 在状态 ω 下取值为 $x(\omega)$的任意一个证券，其价值为

$$\begin{aligned}
\phi_{\tilde{x}} &= \sum_{\omega \in \Omega} \phi(\omega) x(\omega) \\
&= \sum_k \sum_{\omega \in \Omega_k} \phi(\omega) x(\omega) \\
&= \sum_k \frac{v_1^{h\prime}(f^h(k))}{v_0^{h\prime}(x_0)} \sum_{\omega \in \Omega_k} \pi(\omega) x(\omega) \\
&= \sum_k \phi_k \sum_{\omega \in \Omega_k} \frac{\pi(\omega)}{\pi_k} x(\omega) \\
&= \sum_k \phi_k E[\tilde{x} \mid \tilde{C} = k]
\end{aligned} \tag{16.23}$$

换句话说，任意一个证券的价值都可以用公式给出，这个公式与概率论中的结果类似，但是状态价格起着概率的作用。资产定价模型中经常看到，资产的价值用一个公式给出（如这个例子），这个公式与收益的统计期望相类似，但是概率（如这个例子中的 π_k）用个人偏好（如这个例子中的 ϕ_k）中导出的另外一个

测度代替。

注意，如果证券的支付独立于加总消费的值（对所有 k，有 $E[\tilde{x} \mid \tilde{C}=k]=E[\tilde{x}]$），则证券以 $E[\tilde{x}]\sum_k \phi_k$ 来交易，即与以概率 1 以 $E[\tilde{x}]$ 来支付的无风险证券的价格相等。在这个模型假定下，仅当证券支付依赖于加总消费时，证券的交易价格才不等于折现的期望值。依赖性决定了证券的交易价格是溢价还是折价。

大多数资产定价模型都普遍面临一个基本问题，即“为什么有时候风险证券的交易价格不等于简单折现期望价值?”下述简单模型可能对这个问题提供了一种回答。

16.3.6 用蝶式套利复制基础索偿

假定 $\boldsymbol{x}_k$ 是以加总消费为标的的欧式看涨期权在不同可能状态下的收益向量，1 期到期，执行价格为 k。为了简化，我们先假定加总消费 $C(\omega)$ 的可能值是整数 1，2，…，S，收益见表 16—1.

表 16—1　以加总消费为标的的看涨期权的收益

$\tilde{C}$	$\boldsymbol{x}_0$	$\boldsymbol{x}_1$	$\boldsymbol{x}_2$	…	$\boldsymbol{x}_{S-1}$
1	1	0	0	…	0
2	2	1	0	…	0
3	3	2	1	…	0
⋮	⋮	⋮	⋮	⋮	⋮
S	S	$S-1$	$S-2$	…	1

利用**蝶式套利**（butterfly spread），下面我们对加总消费构造基础索偿。对状态 1，

$$(\boldsymbol{x}_0-\boldsymbol{x}_1)-(\boldsymbol{x}_1-\boldsymbol{x}_2) \tag{16.24}$$

得到收益

$$\left(\begin{bmatrix}1\\2\\3\\\vdots\\S\end{bmatrix}-\begin{bmatrix}0\\1\\2\\\vdots\\S-1\end{bmatrix}\right)-\left(\begin{bmatrix}0\\1\\2\\\vdots\\S-1\end{bmatrix}-\begin{bmatrix}0\\0\\1\\\vdots\\S-2\end{bmatrix}\right)=\begin{bmatrix}1\\1\\1\\\vdots\\1\end{bmatrix}-\begin{bmatrix}0\\1\\1\\\vdots\\1\end{bmatrix}=\begin{bmatrix}1\\0\\0\\\vdots\\0\end{bmatrix} \tag{16.25}$$

即在加总消费取 1 时，复制组合的收益为 1，否则收益为 0。根据无套利原理，它的价格以及其他基础索偿的价格，必须等于相应的复制组合的价格。

当加总消费取值为 y_1，y_2，…，y_S，而不是连续的整数序列时，计算变得非常复杂。我们需要从收益矩阵出发

$$\boldsymbol{Y}=\begin{bmatrix} y_1 & 0 & 0 & \cdots & 0 \\ y_2 & y_2-y_1 & 0 & \cdots & 0 \\ y_3 & y_3-y_1 & y_3-y_2 & \cdots & 0 \\ \vdots & \vdots & \vdots & \ddots & \vdots \\ y_S & y_S-y_1 & y_S-y_2 & \cdots & y_S-y_{S-1} \end{bmatrix} \tag{16.26}$$

找到期权的投资组合 $\boldsymbol{w}_k=(w_{1k}, w_{2k}, \cdots, w_{Sk})$，期权收益满足

$$\boldsymbol{Y}\boldsymbol{w}_k=\boldsymbol{e}_k \tag{16.27}$$

或者，用 δ_{jk} 记克罗内克德尔塔（Kronecker delta），表示为

$$\sum_{j=1}^{S} y_{ij}w_{jk}=\delta_{ik} \tag{16.28}$$

或者，用 $\boldsymbol{W}$ 表示我们要找的矩阵，$\boldsymbol{YW}=\boldsymbol{I}$，或者为 $\boldsymbol{W}=\boldsymbol{Y}^{-1}$。

16.4 期望效用范式

16.4.1 背景

在前面一节中，我们对不确定性下的效用函数强加一些函数形式，可以看出假定效用函数满足加法结构可以得出很有力的结论。这一节中，我们研究这些函数形式的假定是否有公理基础。

考虑一般彩票 $\tilde{x}$，有 n 个不同的可能收益 x_1，x_2，…，x_n，相应的概率为 p_1，p_2，…，p_n。

根据期望效用函数：

$$u(\tilde{x})=p_1v(x_1)+p_2v(x_2)+\cdots+p_nv(x_n)=E[v(\tilde{x})] \tag{16.29}$$

其中，v 表示对确定性事物的效用函数。可以从这个彩票导出效用，我们想知道能否换一种方式表示效用。我们会看到，在一些个人偏好公理下，可以做到这一点。

相关问题涉及个人对**精算公平的赌博**（actuarially fair gamble）的响应，即对下面两个选择的响应：

- 确定性财富 W；
- 彩票 $\tilde{x}$ 期望值为

$$W=p_1x_1+p_2x_2+\cdots+p_nx_n=E[\tilde{x}] \tag{16.30}$$

如果个人选择彩票，则称接受精算公平的赌博。

在什么假定下，个人会把风险投资机会排在期望值之上？如果不是和期望值相比，风险投资机会排在什么位置？下面一节会考虑这些问题。

16.4.2 期望效用的定义

我们所关注的不确定世界里，选择的目标与 12.2.3 节相同，仍然是消费方案，但我们会增加一些结构，并且与 13.3.1 节相似，我们统称为彩票。

如果有 k 种物品，消费方案必须对每种自然状态、每个时间设定 k 维向量，$\mathbf{x}\in\mathbb{R}^k$。我们假定时间是有限数，比如 $t=0$，1，2，…，T。可能的自然状态用集合 Ω 来表示。那么消费计划或者彩票是 k 维随机向量（每个向量包含 $T+1$ 个分量）的集合，即是一个向量随机过程。为了简化，从现在起我们假定 $k=1$，最多有两个时期 $t=0$ 和 $t=1$。

为了区别确定性和不确定性情况，记 $\mathscr{L}$ 表示所考虑的彩票的集合，$\mathcal{X}$ 表示 $\mathscr{L}$ 中彩票可能取值的集合，偏好用 L 上的关系来描述。假定偏好关系是完备的、自反的、传递的和连续的。

通过允许自然状态是连续统，我们从有限维问题转移到无限维问题，早期确定性下的选择和不确定下的选择都适用。特别地，偏好关系都可以用 $\mathscr{L}$ 上的连续效用函数来表示，见定理 16.4.1。

但是，我们要求效用函数满足期望效用性质，这个性质比连续性更强。

定义 16.4.1 令 $\mathscr{L}$ 表示随机变量（或彩票）的集合，随机变量取值于（一维的）消费集 $\mathcal{X}$，令 u：$\mathscr{L}\to\mathbb{R}$ 是代表偏好关系 $\succeq$ 的效用函数。

如果存在效用函数 v：$\mathcal{X}\to\mathbb{R}$，使得

$$u(\tilde{x})=E[v(\tilde{x})]=\int v(x)\,\mathrm{d}F_{\tilde{x}}(x) \tag{16.31}$$

则称偏好关系 $\succeq$ 具有**期望效用表示**。

这种表示常被称为**冯·诺依曼-摩根斯顿**（von Neumann-Morgenstern，VNM）**效用函数**，这是根据创始人来命名的①，或者直接叫**期望效用函数**。

具有这种表示的偏好称为**期望效用偏好**。

$\mathscr{L}$ 的子集等同于 $\mathcal{X}$，那么 $\mathcal{X}$ 中的一个确定事物等同于平凡彩票，平凡彩票以概率 1 获得支付。类似的，定义域 $\mathcal{X}$ 上，确定事物 v 的效用函数等同于定义域 $\mathscr{L}$ 上彩票 u 的效用函数，这是因为它们在 $\mathcal{X}$ 上有定义且值相等。换句话说，v 不过是约束值 $u|_{\mathcal{X}}$，因此后面我们用同一个字母来表示这两个函数。

VNM 效用函数的任意严格递增的变换表示同一偏好关系。但是，仅限于严

---

① VNM 效用函数只是无数贡献中的一个，这些贡献使用了从统计学到计算机科学各种领域的知识，Hungarian polymath John von Neumann（1903—1957）在这一时期（von Neumann 和 Morgenstern，1944）和一位德国人 Oskar Morgenstern（1902—1977）共同完成这一研究。背景知识参阅 Leonard（1995，2010）。对于 von Neumann 的其他贡献，参阅 Heims（1980）。

格递增的仿射变换，即满足下式的变换

$$f(x)=a+bx \quad (b>0) \tag{16.32}$$

其期望效用性质不变。证明留作练习，见练习 16.5。

16.4.3 其他公理

这一节，我们在 12.3 节六个公理的基础上增加三个公理。其中第一个公理基于以下思考：

- 假定你考虑价值为€1 的乐透型彩票。
- 你会选择下面哪一个？
  - 掷一枚均匀的€1 硬币，如果你正确说出结果，€1 硬币作为奖励；
  - 掷一枚均匀的€1 硬币，如果你正确说出结果，€1 的乐透型彩票作为奖励。
- 把你的答案用乐透型彩票替换，再问自己同样的问题。

下述替代公理，意味着你的结论是相同的，见练习 16.6。

公理 7（替代公理或独立性公理） 如果 $a\in(0,1]$，$\tilde{p}\succ\tilde{q}$，那么

$$a\tilde{p}\oplus(1-a)\tilde{r}\succ a\tilde{q}\oplus(1-a)\tilde{r},\ \forall\,\tilde{r}\in\mathscr{L} \tag{16.33}$$

下面的公理是对连续性公理的推广。[①]

公理 8（阿基米德公理） 如果，$\tilde{p}\succ\tilde{q}\succ\tilde{r}$，那么

$$\exists\,a,\ b\in(0,1] \quad \text{s.t.} \quad a\tilde{p}\oplus(1-a)\tilde{r}\succ\tilde{q}\succ b\tilde{p}\oplus(1-b)\tilde{r} \tag{16.34}$$

下面的公理是对阿基米德公理的进一步推广。

公理 9（确定性事物原理）（sure-thing principle） 如果比 $\tilde{q}$ 更可取的确定性事物的概率很大（集中），那么相应的消费方案也比 $\tilde{q}$ 更可取。换句话说，如果对任意 $y\in\mathscr{Y}$，$\tilde{p}\in\mathscr{Y}$，$y\succeq\tilde{q}$ 以概率 1 成立，那么有 $\tilde{p}\succeq\tilde{q}$。

16.4.4 阿莱悖论

现在我们考虑**阿莱悖论**（Allais paradox）。[②] 阿莱悖论表明，当上述公理（特别是替代公理）用于特定（复合）彩票时，得出的结论可能与直观结论不同。

仔细考虑下面的三组彩票，并记下你的选择：

$$1\times €1\text{m} \ \text{或者}\ 0.1\times €5\text{m}\oplus 0.89\times €1\text{m}\oplus 0.01\times €0 \tag{16.35}$$

---

① von Neumann 和 Morgenstern（1944）是在另一个纯数学表述的相似公理之后命名了这个公理，那个公理以古数学家阿基米德（公元前 287—212）的名字命名。他们认为这个公理表达了几何公理学里的 Archimedean 性质。

② 法国经济学家和诺贝尔奖获得者 Laureate Maurice Félix Charles Allais（1911—2010）是第一个提出这个悖论的人（Allais，1953，p. 527）。

$$1\times €1\mathrm{m}\ \text{或者}\ \frac{10}{11}\times €5\mathrm{m}\oplus\frac{1}{11}\times €0 \tag{16.36}$$

$$0.11\times €1\mathrm{m}\oplus 0.89\times €0\ \text{或者}\ 0.1\times €5\mathrm{m}\oplus 0.9\times €0 \tag{16.37}$$

记下你的直观偏好，建议读者分别计算阿莱悖论中上述5种彩票的均值、方差、峰度和偏度，见练习16.7。基于这些相似选择的实验会发现，大部分人的偏好违背了替代公理。

下面证明，替代公理（假定成立）和前面各个问题的回答决定了下一个问题的答案。以式（16.35）为例，假设个人偏好有更高期望收益的彩票：

$$0.1\times €5\mathrm{m}\oplus 0.89\times €1\mathrm{m}\oplus 0.01\times €0\succ 1\times €1\mathrm{m} \tag{16.38}$$

注意

$$\begin{aligned}&0.11\times\left(\frac{10}{11}\times €5\mathrm{m}\oplus\frac{1}{11}\times €0\right)\oplus 0.89\times €1\mathrm{m}\\&=0.1\times €5\mathrm{m}\oplus 0.89\times €1\mathrm{m}\oplus 0.01\times €0\end{aligned} \tag{16.39}$$

且

$$0.11\times(1\times €1\mathrm{m})\oplus 0.89\times €1\mathrm{m}=1\times €1\mathrm{m} \tag{16.40}$$

因此，替代公理意味着式（16.35）中个人偏好不确定性收益，当且仅当他（她）偏好式（16.36）中的不确定性收益，见练习16.8。

最后注意，对式（16.37）中的每一种彩票，都表示有11%的概率获得式（16.36）中的彩票，89%的概率什么都得不到。那么由替代性公理，如果个人在前面两种情况下选择不确定性收益，那么

$$0.1\times €5\mathrm{m}\oplus 0.9\times €0\succ 0.11\times €1\mathrm{m}\oplus 0.89\times €0 \tag{16.41}$$

替代公理保证了这一点：在某种情况下偏好高期望收益的人，在其他情况下也会偏好高期望收益。但是实验分析发现，大多数人会在某些情况下选择高期望收益的彩票，但是在其他情况下并不这么做。

如果替代公理隐含的约束违背了直观，那么应谨慎对待基于替代公理的整个期望效用理论。但是，期望效用理论仍然是竞争理论分析有用的起点和基础。[①]

16.4.5 期望效用函数的存在性

我们现在考虑定义16.4.1中偏好关系存在期望效用表示的必要条件和充分条件。

定理16.4.1 如果$\mathcal{X}$包含有限的可能值，那么替代公理和阿基米德公理是偏

① Machina（1982）在没有使用替代公理的情况下得出了不确定性下的选择理论。他证明，当偏好不再有期望—效用表示时，他的理论可以解释阿莱悖论和类似的现象，还能推广结论，与本书后面章节中得出的结论相似。期望效用方法的一个优势是包含的数学运算比Machina的方法简单得多。

好关系存在期望效用表示的充分必要条件。

证明：我们跳过从公理推出存在期望效用表示的证明。从存在期望效用表示推出替代公理和阿基米德公理，留作练习，见练习 16.9。细节参阅 Huang 和 Litzenberger（1988，1.9 节、1.10 节和练习 1.3、1.4）。

因为$\mathcal{X}$是有限的，除非消费者觉得所有可能的选择无差异，否则必然存在最有把握的事情和最没有把握的事情，比如分别为 p^+ 和 p_-。由替代公理和简单归纳法可知，它们同时对应于 $\mathscr{L}$和$\mathcal{X}$上的极大值和极小值。（如果$\mathcal{X}$不是有限的，则归纳法不再适用，需要使用确定性事物原理。）

根据阿基米德公理可以推出，对任意彩票 $\tilde{p}$，存在唯一的 $V(\tilde{p})$，满足

$$\tilde{p} \sim V(\tilde{p})p^+ \oplus (1-V(\tilde{p}))p_- \tag{16.42}$$

根据式（12.1），V 表示偏好$\succeq$。

根据公理可以推出，如果 $\tilde{x} \sim \tilde{y}$，$\tilde{z} \sim \tilde{t}$，那么对所有的 $\pi \in [0, 1]$，有

$$\pi\tilde{x} \oplus (1-\pi)\tilde{z} \sim \pi\tilde{y} \oplus (1-\pi)\tilde{t} \tag{16.43}$$

留作练习，见练习 16.10。还需要证明 V 关于概率是线性的。

定义 $\tilde{z} \equiv \pi\tilde{x} \oplus (1-\pi)\tilde{y}$，根据 $V(\tilde{x})$、$V(\tilde{y})$的定义和式（16.43）可知

$$\begin{aligned}\tilde{z} &\sim \pi\tilde{x} \oplus (1-\pi)\tilde{y} \\ &\sim \pi(V(\tilde{x})p^+ \oplus (1-V(\tilde{x}))p_-) \oplus (1-\pi)(V(\tilde{y})p^+ \oplus (1-V(\tilde{y}))p_-) \\ &= (\pi V(\tilde{x}) + (1-\pi)V(\tilde{y}))p^+ \oplus (\pi(1-V(\tilde{x})) \\ &\quad + (1-\pi)(1-V(\tilde{y})))p_-\end{aligned} \tag{16.44}$$

同时

$$\tilde{z} \sim V(\tilde{z})p^+ \oplus (1-V(\tilde{z}))p_- \tag{16.45}$$

由 $V(\tilde{z})$的唯一性可知

$$V(\tilde{z}) = V(\pi\tilde{x} \oplus (1-\pi)\tilde{y}) = \pi V(\tilde{x}) + (1-\pi)V(\tilde{y}) \tag{16.46}$$

这表明具有两种可能结果的复合彩票具有线性：通过归纳法，当可能结果有限时，每一种彩票都可以写成具有两个可能结果的彩票形式。

定理 16.4.2 对一般的 $\mathscr{L}$，必须添加技术条件和确定性事物原理，才能得出充分条件和必要条件。

证明：更一般的定理的证明见 Fishburn（1970）。

注意，期望效用函数仅仅依赖于消费方案的分布函数。即使两个消费方案在不同的自然状态下有不同的消费模式，只要两者的概率分布相同，得出的效用就相等。例如，如果晴天和阴天出现的可能性相等，给定某一个消费方案，然后把这个消费方案按照晴天和雨天对调一下，构成一个新方案，对于期望效用极大化的决策者来说，这两个方案没有区别。

期望效用下的选择的基本目的不是消费方案本身，而是具有相同累积分布函数的消费方案类（classes）。

16.4.6 常见的期望效用函数

财富 w 下，一些常用的期望效用函数有：

● 仿射效用

$$u(w)=a+bw,\ b>0 \tag{16.47}$$

● 二次效用

$$u(w)=w-\frac{b}{2}w^2,\ b>0 \tag{16.48}$$

● 对数效用

$$u(w)=\ln(aw^b)=\ln a+b\ln w,\ b>0 \tag{16.49}$$

● 负指数效用

$$u(w)=-e^{-cw},\ c>0 \tag{16.50}$$

● 狭义幂函数效用

$$u(w)=\frac{B}{B-1}w^{1-1/B},\ w>0,\ B>0,\ B\neq 1 \tag{16.51}$$

● 广义幂函数效用

$$u(w)=\frac{1}{B-1}(A+Bw)^{1-1/B},\ B>0,\ A\neq 0,\ w>\max\left\{-\frac{A}{B},\ 0\right\} \tag{16.52}$$

注意，对这些函数进行递增仿射变换，可以得到另外一个表达式，但是隐含的偏好不变，仍然保持期望效用性质。特别地，不同的场合下，广义幂函数效用有时写成$[1/(C+1)B](A+Bw)^{C+1}$的形式更方便，见练习 16.18 和定理 17.32。

例 16.4.1 现在考虑一个投资者面临的问题。投资者具有负指数期望效用函数式（16.50），他（她）可以把初始财富 W_0 投资到无风险资产和风险资产，无风险资产的回报率为 r_f，风险资产的回报率满足正态分布 $\tilde{r}\sim N(\mu,\ \sigma^2)$。如果把 b（欧元）投资到风险资产，那么最终财富是 $W_0r_f+b(\tilde{r}-r_f)$，选择 b 以极大化

$$\begin{aligned}&E[-\exp(-c(W_0r_f+b(\tilde{r}-r_f)))]\\&=-\frac{1}{\sqrt{2\pi}\sigma}\int_{-\infty}^{\infty}\exp(-c(W_0r_f+b(\tilde{r}-r_f)))\exp\left(\left(-\frac{1}{2}\right)\left(\frac{r-\mu}{\sigma}\right)^2\right)\mathrm{d}r\end{aligned} \tag{16.53}$$

这里使用了正态分布的概率密度函数式（13.6）。我们不计算这个积分，因为我们知道对任意正态分布的随机变量 $\tilde{x}$，有

$$E[e^{\tilde{x}}]=e^{E[\tilde{x}]+0.5\mathrm{Var}[\tilde{x}]} \tag{16.54}$$

见练习 13.14。那么极大化问题的目标函数可以写为

$$-\exp(-c(W_0 r_f+b(\mu-r_f))+0.5c^2 b^2 \sigma^2) \tag{16.55}$$

这是关于 b 的二次函数递减变换，因此极大值出现在二次函数的拐点处，即

$$b=\frac{c(\mu-r_f)}{c^2\sigma^2}=\frac{\mu-r_f}{c\sigma^2} \tag{16.56}$$

注意，对风险资产的最优投资与初始财富 W_0 无关。

另外一个极大化期望效用函数的例子见练习 16.14。

16.5 风险规避

我们已经见过一些个人选择的例子，例如不确定结果的两个投资策略选择问题，以及一种结果确定、另外一种结果不确定的投资策略选择问题。

这一节中，我们对这些可能的选择进行分类。

定义 16.5.1

(a) 个人是**风险规避**的，如果他（她）不愿意接受任何精算公平的博彩，或者觉得无差异。

(b) 个人是**严格风险规避**的，如果他（她）不愿意接受任何精算公平的博彩。

(c) 个人是**风险中性**的，如果他（她）觉得精算公平的博彩无差异。

(d) 个人是**风险爱好**的，如果他（她）愿意接受任何精算公平的博彩，或者觉得无差异。

(e) 个人是**严格风险爱好**的，如果他（她）愿意接受任何精算公平的博彩。

我们也用**风险规避**和**风险中性**术语来描述相应的偏好和行为结果。

这些定义与期望效用公理之间是独立的，但是后面的分析常需要假定这些公理。我们考虑一个精算公平的博彩，包含的彩票有两种可能结果。

$$px_1 \oplus (1-p)x_2 \tag{16.57}$$

1. 对于期望效用函数为 v 的风险规避者，

$$v(px_1 \oplus (1-p)x_2) \geqslant pv(x_1)+(1-p)v(x_2),\ \forall x_1,\ x_2 \in \mathbb{R},\ p\in(0,\ 1) \tag{16.58}$$

即，风险规避者的期望效用函数是一个凹函数，见图 16—1。

2. 对于期望效用函数为 u 的风险爱好者，

$$u(px_1 \oplus (1-p)x_2) \leqslant pu(x_1)+(1-p)u(x_2),\ \forall x_1,\ x_2 \in \mathbb{R},\ p\in(0,\ 1) \tag{16.59}$$

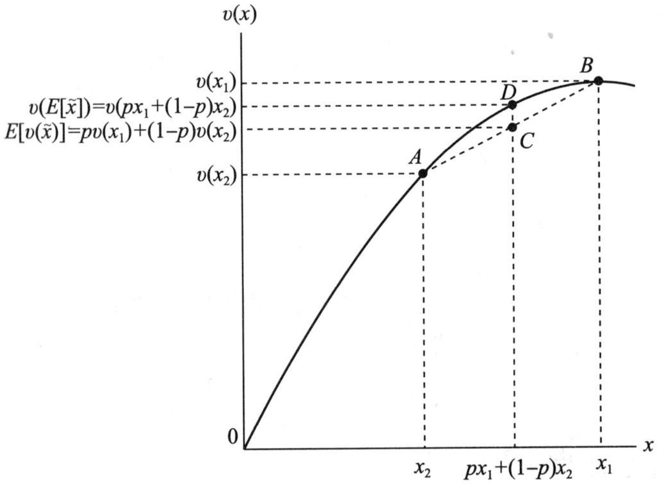

图 16—1　风险规避者凹的期望效用函数

即，风险爱好者的期望效用函数是一个凸函数。

3. 对于期望效用函数为 f 的风险中性者，

$$f(px_1 \oplus (1-p)x_2) = pf(x_1) + (1-p)f(x_2), \ \forall x_1, x_2 \in \mathbb{R}, p \in (0, 1) \tag{16.60}$$

即，风险中性者的期望效用函数是一个仿射函数。

4. 风险中性投资者对任何博彩的支付额等于博彩的期望值，假定效用随着财富而增长，风险规避投资者支付额小于期望，而风险爱好投资者支付额大于期望。

应用詹森不等式（见 13.10 节），我们可以反推上述结论。例如，具有凹的期望效用函数的人常常表现出风险规避的行为，等等。相似地，某人的期望效用函数偏好表现出严格的风险规避特征，当且仅当其 VNM 效用函数是严格凹的，等等。注意，期望效用函数递增的仿射变换不仅仅保留了原函数的期望效用函数性质，同时保留了凸凹性。

风险中性偏好可以用任何形如 $f(\tilde{w}) = E[a + b\tilde{w}]$ 的期望效用函数表示。也可以用该函数递增的仿射变换来表示，特别地，如 $g = -\frac{a}{b} + \frac{1}{b}f$，或者

$$\begin{aligned} g(\tilde{w}) &= -\frac{a}{b} + \frac{1}{b}f(\tilde{w}) \\ &= -\frac{a}{b} + \frac{1}{b}E[a + b\tilde{w}] \\ &= E[\tilde{w}] \end{aligned} \tag{16.61}$$

换句话说，个人的偏好是风险中性的，当且仅当他（她）对所有可能选择按照期望值来排序。

另一方面，对于不同类型的风险规避（爱好）偏好，其效用函数形式也有无

穷多种。这些函数都是凹（凸）的，彼此之间是非增的仿射变换。

因此，术语风险中性立即设定了潜在期望效用函数的函数形式，但是术语风险规避和风险爱好本质上包含很多不同的偏好和不同的期望效用函数。

根据凹函数或者凸函数的性质，我们可以对潜在期望效用函数求二阶导数来判断风险态度。

大多数函数都不属于上述几类函数，代表的偏好在某些财富水平上是局部风险规避的，但是在其他财富水平上是局部风险爱好的。

为了看到这一点，我们考虑日常生活中某人同时购买彩票和保险的例子。买彩票意味着消费者接受精算公平的（或经常是不利的）博彩，说明他是风险爱好者；买保险意味着保险人接受精算公平的博彩，意味着消费者拒绝精算公平的（或经常是不利的）博彩，说明他是风险规避者。

但是，后面为了方便，我们大都假定个人是全局风险规避的。全局风险规避的人不参加任何博彩，从不打赌，除非他们相信打赌的期望回报是正的。因此，假定全局风险规避（和理性预期）排除了国家彩票（除了大额滚动奖金）和大量其他形式的博彩的存在。

我们可以正式讨论全局风险规避和局部风险规避的区别。

定义 16.5.2 具有 VNM 效用函数 u 的人，如果在某个 w 有 $u''(w)<0$，则为**局部风险规避**的；如果对所有的 w 都有 $u''(w)<0$，则为**全局风险规避**的。

参加博彩的人不是全局风险规避的，但是在当前财富水平下仍然可以为局部风险规避的。在 17.3.2 节中我们会再次讨论这些概念。一些人（即一些偏好关系）要比其他人更风险规避；一些函数要比其他函数凹得更严重。我们现在引入一些方法来度量这些差异，详情参阅 Varian（1992，11.5－11.7 节）。

下面我们将要定义的阿罗-普拉特（Arrow-Pratt）风险规避度量很重要，也很有用，特别是对投资组合选择问题的分析很重要。①

定义 16.5.3 期望效用偏好用期望效用函数 u 来表示时，**阿罗-普拉特绝对风险规避系数**（Arrow-Pratt coefficient of absolute risk aversion）为

$$R_A(w)=-\frac{u''(w)}{u'(w)} \tag{16.62}$$

这个系数对 u 和 $au+b$ 相等，即对 u 进行仿射变换（递增或者递减）时，系数不变。

注意，绝对风险规避系数随财富水平的变化而变化。单独使用二阶导数 $u''(w)$ 度量风险规避没有任何意义，因为对 u 进行递增的仿射变换时，它并不是不变的：但是 u（u'、u''）乘上任何正常数仍然表示同一个偏好。但是上述比率与表示偏好的期望效用函数无关。

定义 16.5.4 **阿罗-普拉特相对风险规避系数**（Arrow-Pratt coefficient of relative risk aversion）为

---

① 阿罗-普拉特（Arrow-Pratt）相对风险规避系数是以美国经济学家 Kenneth Joseph Arrow（b. 1921）（已经在第 13 章的注释中提到过）和美国数学家、统计学家 John Winsor Pratt（b. 1931）的名字命名的。他们在同时期独立形成他们的观点（Arrow，1965；Pratt，1964）。

$$R_R(w)=wR_A(w) \tag{16.63}$$

定义 16.5.5 效用函数 u 表现出**递增的（不变的、递减的）绝对风险规避**（**IARA、CARA、DARA**），当且仅当

$$R'_A(w)>(=,<)0,\ \forall w \tag{16.64}$$

定义 16.5.6 效用函数 u 表现出**递增的（不变的、递减的）相对风险规避**（**IRRA、CRRA、DRRA**），当且仅当

$$R'_R(w)>(=,<)0,\ \forall w \tag{16.65}$$

注意：

- CARA 或 IARA⇒IRRA；
- CRRA 或 DRRA⇒DARA。

注意，尽管目前为止我们讨论的例子都属于上述六类，但一些期望效用函数可能不属于上述六类。

效用函数及其风险测度的例子见下文，其他例子见练习 16.18。

例 16.5.1 对于负指数期望效用函数，我们有下面的结论：

$$u(w)=-e^{-bw},\ b>0 \tag{16.66}$$

$$u'(w)=be^{-bw}>0 \tag{16.67}$$

$$u''(w)=-b^2e^{-bw}<0 \tag{16.68}$$

$$R_A(w)=b \tag{16.69}$$

$$R_R(w)=bw \tag{16.70}$$

$$R'_A(w)=0 \tag{16.71}$$

$$R'_R(w)=b \tag{16.72}$$

换句话说，这些偏好表现出 CARA 和 IRRA。因为它表现出不变的绝对风险规避，而且，如果财富满足正态分布（见例 16.4.6），相应的效用极大化问题很容易求解，因而负指数期望效用函数常作为基础，广泛应用于各种风险规避实证研究。Grossman 和 Stiglitz（1989）也用它来阐述信息有效市场的不可能性。

例 16.5.2 对于狭义幂函数期望效用函数，我们有下面的结论：[①]

$$u(w)=\frac{B}{B-1}w^{1-1/B},\ w>0,\ B>0,\ B\neq 1 \tag{16.73}$$

$$u'(w)=w^{-1/B} \tag{16.74}$$

$$u''(w)=-\frac{1}{B}w^{-1/B-1} \tag{16.75}$$

$$R_A(w)=\frac{1}{B}w^{-1} \tag{16.76}$$

$$R_R(w)=\frac{1}{B} \tag{16.77}$$

---

① 注意，在狭义幂函数效用情况，当 $B\to 1$ 时 $u'(w)\to 1/w$，所以 $u(w)\to \ln w$。换句话说，对数效用函数以及它的风险规避度量，是当 $B\to 1$ 时狭义幂函数效用的极限情况。

$$R_A'(w) = -\frac{1}{B}w^{-2} < 0 \tag{16.78}$$

$$R_R'(w) = 0 \tag{16.79}$$

换句话说，这些偏好表现出 CRRA 和 DARA。

代入定义方程，分别得到

$$u''(w) = -cu'(w) \tag{16.80}$$

和

$$wv''(w) = -kv'(w) \tag{16.81}$$

可以设定所有表现出 CARA 的 VNM 效用函数和表现出 CRRA 的 VNM 效用函数，见练习 16.23。

16.6 套利、风险中性和有效市场假设

在 12.5.6 节，我们指出，无套利原理、风险中性世界和有效市场假设之间有很强的平行关系。风险中性世界前面 13.10 节已经提到，现在对风险中性的概念进行精确定义，以使 EMH 的概念更加严格，使我们更明确这三个概念之间的平行关系。

在确定性的简单世界，无套利原理工具对预测不同回报率非常有用。更一般地，无套利原理指出，只要有一个市场的参与者的偏好表现出局部非饱和性，那么在所有时期和所有状态具有相等收益的证券，其价格也相同。

如果 $\tilde{P}_{it}$ 表示证券 i 在时间 t 的价格（如果值是确定的已知量，则省略波浪号，例如 $t=0$ 时），那么无套利原理得出

$$\tilde{P}_{it} = \tilde{P}_{jt},\ \forall t > 0 \text{ 以概率 1 成立} \Rightarrow P_{i0} = P_{j0} \tag{16.82}$$

在同样不确定性的简单世界里，允许无限制卖空，很容易导出相似地结论，即只要有一个市场的参与者是风险中性的，那么任何证券有相等的期望回报，或者说任何证券有相等的期望价格。

$$E[\tilde{P}_{it}] = E[\tilde{P}_{jt}],\ \forall t > 0 \Rightarrow P_{i0} = P_{j0} \tag{16.83}$$

注意，为了得出这一点，如果两个证券有不同的期望回报，那么任何一个风险中性的人都会寻找期望回报的差异，通过无限制卖空低期望回报的资产和投资高期望回报的资产，增加他（她）将来的期望财富，无限制地增加他（她）的效用。

与有套利机会的情况相似，风险中性者对不同期望回报率的证券的需求没有良好定义，即无限的。这个经济中，只要有一个人的偏好是风险中性的，那么回报率不同时，价格将导致市场无法出清。反过来，如果这个经济是均衡的，那么市场必须出清，对所有证券的需求必须是有限的，并且价格会调节均衡，使得证

券有相同的期望回报。

归纳一下，均衡时下列陈述中至少有一条成立：

- 没有风险中性者；
- 限制卖空；
- 所有期望回报相等。

如果某个经济（假设的）满足上述条件中的最后一条，则我们称之为**风险中性世界**。这个世界均衡时，风险中性的投资者会觉得所有的投资头寸都是无差异的。一个可能的均衡分配是，按照风险中性投资者禀赋的均衡价值，等比例地分享无风险中性投资者不需要的东西。

风险中性世界出清，与周围真实世界变化的期望回报不太一致。风险中性假说（如完全竞争，同其他概念假设一样不太现实）仍然是比较其他经济模型的基准，非常有用。

风险中性世界无论如何也无法代表真实世界的长期市场行为。它只能近似表示短期市场，如博彩市场，在这个市场中，证券价格必须快速收敛到基准的预定到期价格。

在我们生活的更复杂的世界中，有效市场假说充当类似无套利原理和风险中性世界的角色。可以从比较静态或者动态的视角来看有效市场假设。我们现在开始从比较静态的角度来分析。这个视角下对 EMH 的解释为，所有的证券在风险调整后具有相同的期望回报。换句话说，存在用期望算子 E^* 表示的风险中性度量，写成证券价格的形式，

$$E^*[\tilde{P}_{it}]=E^*[\tilde{P}_{jt}],\ \forall t>0 \Rightarrow P_{i0}=P_{j0} \tag{16.84}$$

风险调整依赖于对投资者偏好和投资机会集的假定，因此不可能用隐含风险中性度量的均衡模型来独立检测 EMH，见 Campbell 等（1997，1.5 节）。

其中一个均衡模型是资本资产定价模型（CAPM），我们将在 17.5 节中讲。如果模型的假定成立，那么，风险中性度量可以定义为

$$E^*[\tilde{P}_{it}]=\frac{E[\tilde{P}_{it}]}{1+r_f+\beta_{im}E[\tilde{r}_m-r_f]} \tag{16.85}$$

见练习 17.5。

如果从动态的视角来看 EMH，可以用不同的方式（关于资产回报的预测值）来解释 EMH。完整的讨论见 Campbell 等（1997，第 2 章）。如果 t 时资产的价格完全反映了所有可用信息，正如 EMH 所说的那样，那么随机过程 $\{\tilde{P}_t\}$ 的将来值是不能根据历史价格来预测的。3.4 节、8.3 节和 14.4.1 节我们提到过，通过假定价格满足 iid 增量的随机游走过程，或者单位根过程，然后再检验，这样要准确一些。（回顾一下，如果 $\tilde{P}_t$ 满足随机游走，那么有

$$\tilde{P}_t=\tilde{P}_{t-1}+\tilde{\epsilon}_t \tag{16.86}$$

其中，$\tilde{\epsilon}_t \sim \text{iid}(0, \sigma^2)$。）

16.7　无抛补利率平价：再论西格尔悖论

从无套利原理可以推出广泛认可的抛补利率平价原理（见例 12.5.6），类似地，我们下面将阐明，风险中性世界（不管是不是真实世界）最值得商榷的是**无抛补利率平价原理**。

目前为止，风险中性的含义比较明确，因为我们假定账户的共同计量单位存在，这个共同单位可以用作测量资产初始价格和终值的价值标准（计价标准）。风险中性世界的思想基于这么一个假定：个人关于特定货币是风险中性的，或者更一般地，个人关于特定计价标准是风险中性的。我们后面会研究与**价值标准（计价标准）**（numerair）之间的关联。如果投资者的目的是极大化用价值标准（计价标准）度量的最终财富的期望值，那么他关于给定的价值标准（计价标准）是风险中性的。前面我们选择“欧元”为货币汇率本位（计价标准），暗含着这是一个无歧义的单一货币世界。现在我们考虑一个用英镑来表示的风险中性世界，在这个风险中性世界，远期汇率是不确定的，因此欧元也是风险资产。

正如抛补利率平均情况一样，假定个人可以对 EUR 和 GBP 进行单期无风险投资，相应的利率分别为 i_{EUR} 和 i_{GBP}。设 S_t 为当前的 GBP/EUR 即期汇率，$\widetilde{S}_{t+1}$ 为未知的下一期 GBP/EUR 即期汇率。

从这一期的英镑投资（比如一英镑）可以得到下一期的英镑收益，投资方式有两种：

1. 把本金用于无风险英镑投资，收益为 $1+i_{\mathrm{GBP}}$；
2. 把本金换汇为 EUR$1/S_t$，用于无风险欧元投资，收益用欧元表示为 $(1+i_{\mathrm{EUR}})/S_t$，然后再换回英镑，对应的收益为 $(1+i_{\mathrm{EUR}})\widetilde{S}_{t+1}/S_t$。

在风险中性世界（至少有一个人对英镑收益是风险中性偏好的），这两种策略必须有相同的期望收益，使得

$$E[\widetilde{S}_{t+1}]=\frac{1+i_{\mathrm{GBP}}}{1+i_{\mathrm{EUR}}}S_t \tag{16.87}$$

如同抛补利率平价理论一样，无抛补利率平价理论认为，当不同货币的利率不等时，货币市场上的名义利润将会被外汇市场上的损失冲抵。或者换句话说，具有较高利率的货币会相对于低利率货币贬值，至少即期汇率的改变的期望是这样的。

结合抛补利率平价和无抛补利率平价理论，当两者都成立时有

$$E[\widetilde{S}_{t+1}]=F_t=\frac{1+i_{\mathrm{GBP}}}{1+i_{\mathrm{EUR}}}S_t \tag{16.88}$$

其中，F_t 表示单期 GBP/EUR 远期汇率。

注意，任意两种货币的分析都可以基于这个例子。一个重要的假定是，至少有一个投资者对英镑收益是风险中性偏好的。

另外一个对立的假设是，EUR/GBP 远期汇率等于将来 EUR/GBP 即期利率的期望，这个假设在欧元表示的风险中性世界（在这个世界英镑是风险资产）成立。西格尔悖论（定理 13.10.2）指出：

- 从欧元投资者的视角和从英镑投资者的视角看，世界不可能同时为风险中性的；
- 用两种货币表示时，无抛补利率平价不可能同时成立。

换句话说，如果对不止一种货币可以无限制借入和卖空，而且投资者是风险中性的，那么这个世界不存在均衡。因为风险中性偏好不是严格凸的，这个世界并不满足定理 12.5.7 中暗含的假定，因此西格尔悖论并不像看上去那么难以理解。

我们用下面一个例子来总结，对于含两个投资者、两种资产、两种货币并且不允许借入或者卖空的简单世界，阐述如何解开无抛补利率平价理论难题。

例 16.7.1 假定有两个投资者，居住在不同的货币区，两个人都可以使用两种货币投资。我们只考虑单期，在 $t=0$ 时交易初始禀赋，在 $t=1$ 时消费最终财富。在 $t=0$ 时，用各自货币去投资，在 $t=1$ 时各自的收益已知，收益率分别为 r_1 和 r_2，但 $t=1$ 时的汇率未知，由外因确定。因此投资者都面临一个选择：选择本币的无风险资产，还是选择本币的风险资产。

假定在 $t=0$ 时，1 单位的货币 1 可以换 s 单位的货币 2。

为了保证两货币世界的对称性，我们放弃价值标准（计价标准）存在这一假定，假定每个投资者使用不同的计价标准，即一单位本币。我们进一步假定每一个投资者关于期末财富（用各自的货币度量）是风险中性的。

我们先讨论一般情况，假定两个投资者对 $t=1$ 时的汇率有各自的信念，第 1 个投资者的观点认为 1 单位货币 2 的期末价值为 $\tilde{s}_2$，第 2 个投资者的观点认为 1 单位货币 1 的期末价值为 $\tilde{s}_1$。

现在我们的目的是按照 12.6.1 节的方法，构建埃奇沃思盒状图，见图 16—2，以解释这个世界的均衡性质。

如果个人 1 对两种资产的禀赋分别为 e_1^1 和 e_1^2，决定对两种资产持有的投资组合为 x_1^1 和 x_1^2，那么选择一个投资组合，以极大化

$$E[x_1^1 r_1 + x_1^2 r_2 \tilde{s}_2] \tag{16.89}$$

约束条件是非负约束和预算约束

$$s x_1^1 + x_1^2 = s e_1^1 + e_1^2 \tag{16.90}$$

埃奇沃思盒状图上他的无差异曲线是平行线，形如

$$x_1^1 r_1 + x_1^2 r_2 E[\tilde{s}_2] = k \tag{16.91}$$

斜率相等，为$-r_1/(r_2 E[\tilde{s}_2])$。

相似地，在埃奇沃思盒状图上，第 2 个人的无差异曲线为

$$x_2^1 r_1 E[\tilde{s}_1] + x_2^2 r_2 = k \tag{16.92}$$

斜率相等，为$-(r_1 E[\tilde{s}_1])/r_2$。（无论是从第 1 个人的原点计算还是从第 2 个人

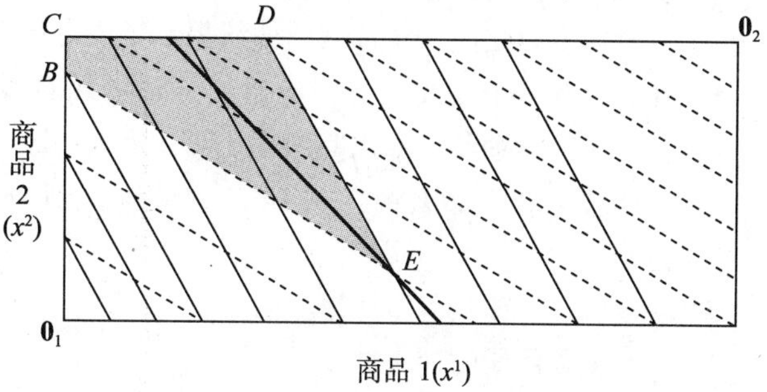

图 16—2　例 16.7 的埃奇沃思盒状图

的原点计算，斜率都相等。)

两个人的预算线的斜率都是$-s$。

两个人有相同的无差异曲线集，当且仅当

$$-\frac{r_1}{r_2 E[\tilde{s}_2]}=-\frac{r_1 E[\tilde{s}_1]}{r_2} \tag{16.93}$$

或者

$$E[\tilde{s}_1]E[\tilde{s}_2]=1 \tag{16.94}$$

图 16—2 基于下述假定

$$E[\tilde{s}_1]E[\tilde{s}_2]>1 \tag{16.95}$$

假定图 16—2 中的 E 点表示禀赋点，虚线平行线表示第 1 个人的无差异曲线，实线平行线表示第 2 个人的无差异曲线，单条加粗直线表示共同的预算约束。那么阴影区域 $BCDE$ 内部的任意点相对于 E 点都是帕累托占优的。但 BCD 边界上的点帕累托占优于阴影区域 $BCDE$ 内部的点。

由图 16—2 可以看出，有四类中的一种角解均衡解，或者有多个内部均衡解。如果式 (16.95) 成立，那么下面两者之一成立：

(a) 第 1 个人拥有资产 2 的所有加总禀赋（解位于埃奇沃思盒状图的顶部）；

(b) 第 1 个人不持有任何资产 1（解位于埃奇沃思盒状图的左边）。

如果式 (16.95) 的反面严格不等式成立，那么下面两者之一成立：

(c) 第 1 个人不持有任何资产 2（解位于埃奇沃思盒状图的底部）；

(d) 第 1 个人拥有资产 1 的所有加总禀赋（解位于埃奇沃思盒状图的右边）。

如果式 (16.94) 成立，那么有：

(e) 预算线与两个人的无差异曲线有相同的斜率，因此预算线上的任意点都同时极大化了两个人的效用。

如果两个人有相同的信念，那么 $\tilde{s}_1=\frac{1}{\tilde{s}_2}$，由詹森不等式

$$E[\tilde{s}_1]=E\left[\frac{1}{\tilde{s}_2}\right]>\frac{1}{E[\tilde{s}_2]} \tag{16.96}$$

那么第 2 个人的无差异曲线斜率更陡峭一些。[1]

事实上，这个例子的契约曲线揭示了埃奇沃思盒状图的左边和上边。给定禀赋点 E，有多个均衡，进一步给定合适的预算线，BCD 上任何点都是可取的。任何一个预算曲线，如果其斜率比第 1 个人的无差异曲线陡峭而比第 2 个人的无差异曲线平缓，那么将会在 BCD 区域内得到一个均衡点。因此均衡汇率必须满足

$$\frac{r_1}{r_2 E[\tilde{s}_2]} \leqslant s \leqslant \frac{r_1 E[\tilde{s}_1]}{r_2} \qquad (16.97)$$

对每个人，汇率的这些限制条件，实际上隐含在无抛补利率平价中，见式 (16.87)（符号表示不同）。根据式（16.96)，式（16.97）中的均衡汇率的上界和下界是不同的。

注意，第 1 个人（对货币 1 是风险中性的），相比货币 1（他的无风险资产）更偏好货币 2（他的风险资产），当且仅当货币 2 具有更高的期望回报，或者

$$r_2 s E[\tilde{s}_2] \geqslant r_1 \qquad (16.98)$$

相似地，第 2 个人（对货币 2 是风险中性的），相比货币 2（他的无风险资产）更偏好货币 1（风险资产），当且仅当

$$\frac{r_1 E[\tilde{s}_1]}{s} \geqslant r_2 \qquad (16.99)$$

对不等式（16.98）和式（16.99）进行整理，得到均衡条件不等式 (16.97)。因此，汇率 s 支持均衡当且仅当它导致两个投资者同时认为外币的期望回报等于或者高于本币的期望回报。因此，在均衡点，每一个风险中性投资者寻求以外币形式持有所有财富（受到可行约束）。因此，如果个人的财富大于外币的加总禀赋，多余部分以本币持有。埃奇沃思盒状图的左上角，每个人都不持有本币，表示这两类均衡的交叉。

我们现在考虑西格尔悖论的另外一种解释。如果无抛补利率平价对每种货币都同时成立，那么预算线需要同时平行于 BE 和 DE，这是不可能的，除非式 (16.94) 成立。但是式（16.96）表明，这与理性预期不一致。我们这里要说明的是，均衡汇率必须位于两种货币的无抛补利率平价决定的两个极值之间。

这个例子的均衡常是角解，而无限制借入和卖空的相似世界中不存在均衡，这两个结论巧合。允许有限制地借入和卖空会增加图 16—2 中埃奇沃思盒状图的维度。允许无限制地借入和卖空，相当于允许图 16—2 中埃奇沃思盒状图的边界趋于无穷，因此需求也趋于无穷。

---

① 这个结果并不与模型的明显对称性相冲突，因为，如果我们把货币换个标签，或者等价地把埃奇沃思盒状图旋转 90°后取其镜像，那么第一个人的无差异曲线将倾斜得更陡峭一些。

16.8 均值—方差范式

前面一节中，假设个人只关注最终财富的期望值，我们详细分析了个人行为的均衡的含义。结论是，这些行为不太接近现实世界。

另外一个较合理的假设是，假设个人同时关注最终财富的期望值和方差。这种假设可以极大地降低不确定性下的选择问题的维度，即把风险资产的数目 N 降低到较少的维度，这里是二维。这种精简理论比一般的效用极大化方法更现实一些。我们称这样的人具有**均值—方差偏好**。

在均值—方差框架下分析不确定性下的选择，特别是对于在第 17 章我们将要考虑的投资组合选择问题的分析，有三种方法有广泛应用。它们是

- 二次期望效用

$$\begin{aligned}E[u(\widetilde{W})]&=E[\widetilde{W}]-\frac{b}{2}E[\widetilde{W}^2]\\&=E[\widetilde{W}]-\frac{b}{2}((E[\widetilde{W}])^2+\mathrm{Var}[\widetilde{W}])\\&=u(E[\widetilde{W}])-\frac{b}{2}\mathrm{Var}[\widetilde{W}]\end{aligned}\tag{16.100}$$

- 正态分布财富（或多元正态分布资产回报）①

$$E[u(\widetilde{W})]=\frac{1}{\sqrt{2\pi\mathrm{Var}[\widetilde{W}]}}\int_{-\infty}^{\infty}u(w)e^{-0.5(w-E[\widetilde{W}])^2/\mathrm{Var}[\widetilde{W}]}\mathrm{d}w\tag{16.101}$$

- 泰勒近似期望效用函数（见 9.6 节和 13.9 节）

$$\begin{aligned}u(\widetilde{W})=&u(E[\widetilde{W}])+u'(E[\widetilde{W}])(\widetilde{W}-E[\widetilde{W}])\\&+\frac{1}{2}u''(E[\widetilde{W}])(\widetilde{W}-E[\widetilde{W}])^2+\widetilde{R}_3\end{aligned}\tag{16.102}$$

$$\widetilde{R}_3=\sum_{n=3}^{\infty}\frac{1}{n!}u^{(n)}(E[\widetilde{W}])(\widetilde{W}-E[\widetilde{W}])^n\tag{16.103}$$

意味着

$$E[u(\widetilde{W})]=u(E[\widetilde{W}])+\frac{1}{2}u''(E[\widetilde{W}])\mathrm{Var}[\widetilde{W}]+E[\widetilde{R}_3]\tag{16.104}$$

其中

$$E[\widetilde{R}_3]=\sum_{n=3}^{\infty}\frac{1}{n!}u^{(n)}(E[\widetilde{W}])m^n[\widetilde{W}]\tag{16.105}$$

这个展开式（假定效用函数是连续可微的）对研究一般效用函数的性质特别

① Chamberlain（1983）得出均值—方差效用下资产收益回报的概率分布集，其中多变量正态分布是特殊情况。

是研究多项式效用函数的性质提供了新的见解。去除掉式（16.104）中的余项，得到期望效用的泰勒近似，仅包含最终财富的均值和方差。

更一般地，效用函数在财富期望处的 n 阶导数的符号确定了对最终财富的概率分布的 n 阶中心矩的偏好的方向，其他情况类似。[①] 事实上，期望效用对任意中心矩是单调的（或不变的），其他情况类似。这是因为泰勒展开式中，对于 $n>1$，只要效用函数在财富期望处的 n 阶导数为正（为负，或 0），期望效用函数就是最终财富 n 阶中心矩的增函数（减函数，或常值函数），其他情况类似。特别地，风险规避意味着凹的效用，意味着负的二阶导数，这又意味着方差规避，反之亦然。

相似地，正的三阶导数意味着对大的偏度的偏好。很简单就能证明，如果某递增的效用函数反映了非增的绝对风险规避，那么这个函数具有非负的三阶导数，见练习 16.20。

注意，要使包含前几阶矩的泰勒近似能准确代表效用函数，期望效用公理既不是充分条件，也不是必要条件。

均值—方差偏好可以用均值—方差或者均值—标准差空间中的无差异图来表示，就像偏好可以用两商品经济中商品空间上的无差异图表示一样。均值常用纵轴表示，方差（或者标准差）常用横轴表示，见 17.4.2 节和 17.4.4 节。

风险中性偏好也可以用均值—方差空间中的无差异图来表示。因为风险中性的人把所有的选项按照期望值或者均值排序，故他的无差异曲线是均值—方差（或均值—标准差）空间中的平行水平线集。[②]

16.9 其他非期望效用方法

通过假定二次效用函数或者假定财富满足正态分布，使用均值—方差偏好并不令人满意。二次效用意味着极大幸福点的存在，并且绝对风险规避递增（见练习 16.18），正如 17.3.2 节我们将要看到的，这有不太现实的含义。假定资产回报满足多元正态分布也不太可能，因为真实世界资产回报是有下界 0 的，而正态分布是无界的。（但是，如果理论上允许无限制地卖空，那么可以无界。）另外一个对正态分布的批评是，经验研究表明资产回报的峰度是非零的[③]，尽管偏度系数为 0 是正态分布或者其他对称分布的特征。因此，除了均值和方差外，直观和

---

① 经济学家常使用拉丁语 ceteris paribus 速记法，表示假定其他所有的变量不变——这里，除了第 n 个外，其他所有的中心矩保持不变。

② 传统意义上，在 $\mu\sigma^2$ 空间，均值—方差无差异曲线被描述为均值是方差的递增的凸函数（或者等价地，方差是均值的递增的凹函数）。然而，Feldstein（1969）证明，当效用是对数效用，财富满足对数正态分布时，投资者有均值—方差偏好，并且无差异曲线是向上倾斜的，他也指出，当无差异曲线通过线 $\mu=\sqrt{2}\sigma$ 时会从凸的变成凹的。因此，不限定财富的概率分布，按常见趋势绘制处处为凸的无差异曲线是不合理的。

③ 见，例如，Campbell 和 Hentschel（1992）。

经验证据都建议使用高阶矩的信息。①

一些学者不太满意期望效用范式对不确定性下的选择的解释，近年来提出了很多其他理论。本章16.4.4节的注释中引用了Machina（1982）的严谨工作，既包括定性分析，比如谈论兴趣和嗜好，也包括一些正式方法，比如寻找极大化或者极小化的可能支付和非理性预期等因素的方法。也包括一些概念，如状态依存效用，16.3.2节中我们讨论过。但是，超出了本书的范围。

为总结这一章，我们提醒读者，根据讨论过的不确定性下的各种选择理论，再次考虑对13.3.1节和16.2节中讨论过的不同彩票进行估值。

练　习

16.1　考虑两期情况，在1期有三种自然状态，概率分别为$\pi_1=0.2$，$\pi_2=0.3$，$\pi_3=0.5$。消费用**欧元**计价，假定状态未定权益相应的均衡价格分别为$\phi_1=0.1$，$\phi_2=0.3$，$\phi_3=0.6$（把0期的消费看作计价标准）。

(a) 如果对无风险资产进行交易，均衡价格是多少？

(b) 如果某个人在0期消费x_0。在1期，如果状态1出现，则消费x_1；如果状态2出现，则消费x_2；如果状态3出现，则消费x_3。对应的效用函数为

$$u(x_0, x_1, x_2, x_3)=1.1\ln x_0+\pi_1\ln x_1+\pi_2\ln x_2+\pi_3\ln x_3$$

这个人现在有€100，在1期如果出现状态2会收到€1 000收入。找出他的最优消费模式以及为了实现最优他需要交易的数量。

(c) 如果状态2时支付的状态未定权益市场不存在，但是其他状态未定权益价格保持不变，那么最优消费模式会有什么改变？

(d) 假定状态未定权益市场不存在，但是可以买入看涨期权，用状态指示投资组合表示为：状态1下收益€10，状态2下收益€5，状态3下收益€20。找出等价于(b)的禀赋的期权投资组合，以及与(b)中各种状态下最优分配相同的期权交易。

16.2　考虑两期情况，在1期出现两种自然状态，“上涨”状态，概率为$p=0.4$，或者“下跌”状态。这个情况中有两种复合证券交易：

- 在两种状态都收益$1+r$的无风险证券；
- 在“上涨”状态收益uS，在“下跌”状态收益dS的风险证券。

假定无风险证券的均衡价格为1，风险证券的均衡价格为S。

(a) 利用无套利原理推导出均衡状态价格。

(b) 如果某期权允许在1期以价格K购买风险证券，计算1期各种状态下期权的收益。（提示：单独思考$K\leqslant dS$，$dS\leqslant K\leqslant uS$和$uS\leqslant K$的情况。）

(c) 计算0期这种期权的价值。

(d) 如果p变为0.7，期权的价值会怎么变化？

(e) 如果$p=1$，会怎么样？

① 见Waldron (1991)。

16.3　考虑一种情况，包含 n 个自然状态，样本空间 $\Omega=\{\omega_1, \omega_2, \cdots, \omega_n\}$。假定可交易的证券只有状态指示投资组合和期权，投资组合在自然状态 ω_i（$i=1, 2, \cdots, n$）下收益 y_i，$y_1<y_2<\cdots<y_n$，以该状态指示投资组合为标的的期权，执行价格分别为 $y_1, y_2, \cdots, y_{n-1}$。

用可交易证券构建一个投资组合，使 i 期的收益等于该状态下的状态未定权益。

16.4　证明，16.3.5 节中，无论是加总消费不变还是加总禀赋不变，两种情况下消费者决策均衡相同。

16.5　一般说来，效用函数的严格递增变换表示同一隐含偏好。

（a）证明：冯・诺依曼-摩根斯顿效用函数的严格递增仿射变换仍然具有期望效用表示。

（b）证明：VNM 效用函数的其他严格递增变换仍然不具有期望效用表示。

（c）证明：确定事物隐含效用函数的严格递增仿射变换，得到另一个 VNM 效用函数，并且这两个效用函数表示同一隐含偏好。

（d）证明：确定事物隐含效用函数的其他严格递增变换，得到另一个 VNM 效用函数，但是这两个效用函数表示的隐含偏好不同。

16.6　根据替代公理和阿基米德公理推导下面的结论：

（a）$\tilde{p}\succ\tilde{q}$，且 $0\leqslant a<b\leqslant 1$，那么 $b\tilde{p}\oplus(1-b)\tilde{q}\succ a\tilde{p}\oplus(1-a)\tilde{q}$。

（b）$\tilde{p}\succeq\tilde{q}\succeq\tilde{r}$，且 $\tilde{p}\succ\tilde{r}$，那么存在唯一的 $a^*\in[0, 1]$，使得

$$\tilde{q}\sim a^*\tilde{p}\oplus(1-a^*)\tilde{r}$$

（c）$\tilde{p}\succ\tilde{q}$，$\tilde{r}\succ\tilde{s}$，且 $a\in[0, 1]$，那么 $a\tilde{p}\oplus(1-a)\tilde{r}\succ a\tilde{q}\oplus(1-a)\tilde{s}$。

（d）$\tilde{p}\sim\tilde{q}$ 且 $a\in[0, 1]$，那么 $\tilde{p}\sim a\tilde{p}\oplus(1-a)\tilde{q}$。

（e）$\tilde{p}\sim\tilde{q}$ 且 $a\in[0, 1]$，那么 $a\tilde{p}\oplus(1-a)\tilde{r}\sim a\tilde{q}\oplus(1-a)\tilde{r}$，$\forall\tilde{r}\in\mathscr{L}$。

16.7　对 16.4.4 节阿莱悖论中的不同彩票，分别计算均值、方差、标准差、峰度系数和偏度系数（定义见 13.6 节）。

你开始是用彩票的期望值来排序吗？

如果不是，你是否更愿意选择有较小方差的彩票？

16.8　假定替代公理成立，证明

$$0.1\times€5\text{m}\oplus 0.89\times€1\text{m}\oplus 0.01\times€0\succ 1\times€1\text{m}$$

成立，当且仅当

$$\frac{10}{11}\times€5\text{m}\oplus\frac{1}{11}\times€0\succ 1\times€1\text{m}$$

16.9　证明：如果偏好关系 $\succeq$ 满足期望效用表示，那么偏好关系必须满足替代公理和阿基米德公理。

16.10　根据阿基米德公理和替代公理证明，如果 $\tilde{x}\sim\tilde{y}$，$\tilde{z}\sim\tilde{t}$，那么对所有的 $\pi\in[0, 1]$，有

$$\pi\tilde{x}\oplus(1-\pi)\tilde{z}\sim\pi\tilde{y}\oplus(1-\pi)\tilde{t}$$

16.11　一枚硬币，正面向上的概率为 p，提供给你一个彩票，重复掷这枚硬币，如果第一次正面向上出现在第 j 次抛掷，那么支付你€ 2^j。

(a) 当 $p=\frac{1}{2}$时，对这个彩票，你最多愿意支付多少钱？

(b) 当 $p=\frac{1}{2}$时，这个彩票的期望值是多少？

(c) 假设某个人的期望效用函数为 $u(x)=\ln x$，把她对这个博彩的效用写成和式形式。

(d) 计算 (c) 中的部分和。

(e) 如果某个人的期望效用函数为对数效用函数，为了参与这个博彩，他最多愿意支付多少钱？

(这道练习描述了所谓的**圣·皮特博格** (St Petersburg) 悖论。)

16.12　考虑下面四种彩票

L_1：以 60%的概率得到€ 50；

L_2：以 50%的概率得到€ 100；

L_3：以 40%的概率得到€ 50；

L_4：以 30%的概率得到€ 100。

假定某投资者，与 L_2 比偏好 L_1，与 L_3 比偏好 L_4。那么他的偏好是否与期望效用公理一致？如果一致，为什么？如果不一致，又为什么？

16.13　某个人的期望效用函数形如 $u(x)=\sqrt{x}$。她有初始财富€ 4。有一张彩票，以$\frac{1}{2}$的概率获得€ 12，以$\frac{1}{2}$的概率什么都得不到。她的期望效用是多少？如果出售这个彩票，她能接受的最低价格是多少？

16.14　某消费者有如下的 VNM 期望效用函数

$$u(w)=\ln w$$

现在提供给他一个机会掷硬币，掷硬币正面向上的概率为 π。如果他赌€ x，当正面向上时他得到€ $(w+x)$，当正面向下时他得到€ $(w-x)$。

求解他在 x 下的最优选择，写成 π 和 w 的函数形式。

当硬币是均匀的时候 ($\pi=0.5$)，x 的最优选择是多少？

16.15　假定你的偏好可以写成期望效用形式，基于确定事物的效用函数 $u(w)=\ln w$，你当前的财富水平是€ 5 000。

(a) 假设你暴露在以 50/50 的机会赢或者输掉€ 1 000 的情景下。如果你可以买保险完全去除这种风险，保费为€ 125，你是买保险还是去冒险？解释一下。

(b) 假如你接受 (a) 的冒险，你的财富减少为€ 4 000。下一期你又遇到这种情景，跟以前一样，你也可以买保险。那么第二轮你是买保险还是冒险？解释一下。

16.16　一个消费者的期望效用函数如下

$$u(w)=-\frac{1}{w}$$

提供给他一个博彩，以概率 p 得到财富 w_1，以概率 $1-p$ 得到财富 w_2。当他的财富是多少时，接受这个博彩或者保持目前的财富水平，对他而言无差异？

16.17 根据投资者的风险规避（或其他）与表示他的偏好的期望效用函数凹性（或其他）之间的关系，解释詹森不等式的含义。

16.18 计算下列效用函数的绝对风险规避系数和相对风险规避系数：

(a) 二次效用函数

$$u(w)=w-\frac{B}{2}w^2$$

(b) 广义幂效用函数

$$u(w)=\frac{1}{(C+1)B}(A+Bw)^{C+1}$$

(c) 对数效用函数

$$u(w)=\ln w$$

对每个效用函数，给出参数（A、B、C）的约束，为了保证效用函数有良好定义，严格递增，严格凹，单值，实值，给出财富 w 的可能取值。

最后，判断这些效用函数的绝对风险规避系数和相对风险规避系数是递增的、递减的还是不变的。

16.19 仔细研究练习 16.18 (b) 中效用函数的极限情况，以及奇异情况下 ($B=0$，$C=-1$) 相应的风险规避度量。

16.20 证明：如果绝对风险规避非增，递增的效用函数必须有非负的三阶导数。

由此证明，具有这种效用函数的投资者，更偏好他们的财富具有较高的偏度，其他情况相同。

16.21 考虑两个风险资产，总回报分别用两个随机变量 $\tilde{r}_1$ 和 $\tilde{r}_2\equiv a\tilde{r}_1+b$ 表示，其中，a、b 是标量，$a>0$，$a\neq1$。

(a) 证明这些资产回报是完全相关的。

(b) 证明两个资产回报的方差不同。

(c) 对这两种资产构建投资组合，如果要得到无风险回报，找出投资组合的权重。

(d) 假定投资者卖空任何资产的价值不允许超过初始财富的 γ 比例，如果有可能构建上述无风险投资组合，找出 a 与 γ 之间必须满足的关系。

(e) 如果该经济中没有卖空限制，无风险资产的均衡（无套利）回报率是多少？

16.22 假定提供给你一个参加打赌的机会，重复掷一枚均匀的硬币，你随时可以停止。

(a) 如果你的策略是，对第 j 次掷硬币以€2^{j-1}赌正面向上，则利润的期望是多少?

(b) 该利润的方差是多少?

(c) 停止之前，你掷硬币次数的期望是多少?

(d) 实践中你是否会采用这种策略，为什么?

16.23　找出所有表现出不变绝对风险规避性质的效用函数和所有表现出不变相对风险规避性质的效用函数。

第 17 章　投资组合理论

17.1　引言

关于不确定性下的选择的一个重要议题是**投资组合理论**。它研究投资者面临的投资组合选择问题，投资者必须决定，如何把初始财富（比如 W_0）分配到一些单期投资中。投资组合选择依赖于投资者的偏好以及他对不同证券不确定性收益的信念。

本章先介绍一些定义和测度。17.3 节从一般期望效用视角讨论投资组合选择问题。17.4 节从均值—方差视角研究投资组合选择问题。17.5 节讨论证券均衡回报的特性。

17.2　预备知识

投资组合选择问题的投资机会集包含 N 个风险资产。我们时不时地会增加

第 $N+1$ 个无风险资产。本章使用的符号见表 17—1。在 17.5 节，我们偶尔会添加下标 i 来标记第 i 个投资者或者典型投资者的投资。

表 17—1　　投资组合选择问题的符号

符号	解释
W_0	投资者的初始财富
μW_0	投资者（期望的）期末财富的期望值
N	风险资产的数目
I	投资者人数
r_{f}	无风险资产总回报率
$\tilde{r}_j \in \mathbb{R}$	第 j 个风险资产总回报
$\tilde{\boldsymbol{r}} \in \mathbb{R}^N$	$(\tilde{r}_1, \tilde{r}_2, \cdots, \tilde{r}_N)$
$\boldsymbol{e} \equiv (e_1, e_2, \cdots, e_n) \equiv E[\tilde{\boldsymbol{r}}] \in \mathbb{R}^N$	期望回报向量
$\boldsymbol{V} \equiv \mathrm{Var}[\tilde{\boldsymbol{r}}] \in \mathbb{R}^{N\times N}$	回报的方差—协方差矩阵
$\mathbf{1}$	$(1, 1, \cdots, 1)$，N 维的 1 向量
$a_j \in \mathbb{R}$	第 j 个风险资产的投资占财富的比例（投资组合中的权重）
$\boldsymbol{a} = (a_1, a_2, \cdots, a_n) \in \mathbb{R}^N$	投资组合权重向量
$b_j \equiv a_j W_0 \in \mathbb{R}$	第 j 个风险资产的投资（欧元计量）
$\boldsymbol{b} = (b_1, b_2, \cdots, b_n) \in \mathbb{R}^N$	投资组合向量
$\tilde{r}_{\mathrm{a}} = \boldsymbol{a}^{\mathrm{T}} \tilde{\boldsymbol{r}}$	投资组合 $\boldsymbol{a}$ 的总回报
$\widetilde{W}_1 = \tilde{r}_{\mathrm{a}} W_0$	投资者的实际最终财富
$\mu \equiv E[\tilde{r}_{\mathrm{a}}] \equiv E[\widetilde{W}_1 / W_0]$	投资者（期望的）总回报的期望值

投资者在 0 期的投资：

- 第 j 个风险资产上投资 b_j（欧元），$j=1, 2, \cdots, N$；
- 如果存在无风险资产，则投资 $\left(W_0 - \sum_j b_j\right)$。

投资者在 1 期的收益：

- 第 j 个风险资产收益 $b_j \tilde{r}_j$；
- 无风险资产收益 $\left(W_0 - \sum_j b_j\right) r_{\mathrm{f}}$。

为了不引起混淆，我们建议资产收益用欧元来计量，无论选用哪一种货币作价值标准，理论上都适用。这个模型中欧元本身不看作资产。当我们假定存在无风险资产时，对无风险资产的欧元投资获得无风险回报。如果假定所有资产都是有风险的，那么欧元纯粹是账户单位，所有财富必须以风险资产形式持有。

注意，如果出现随机变化的汇率，我们并没有证明，用欧元度量的具有期望效用性质的偏好关系在用其他货币度量时仍然具有期望效用性质。相似地，我们并没有证明，用欧元度量的具有均值—方差效用性质的偏好关系在用其他货币度量时仍然具有均值—方差性质。这些问题我们在17.6节讨论。

这里我们用单期问题和回报的无条件分布来表述。至于多期、无限期、离散时间问题、下一回报是本期回报的条件分布等分析，与这里的分析类似，本书暂不考虑。

定义 17.2.1 如果投资组合向量 $\boldsymbol{b}$ 的所有分量加在一起等于 $1(\boldsymbol{b}^{\mathrm{T}}\mathbf{1}=1)$，则称这个投资组合向量是**单位成本**的或者是**标准投资组合**。

初始财富为 W_0 的投资者所持有的投资组合，既可以看成是投资组合向量 $\boldsymbol{b}$，$\boldsymbol{b}^{\mathrm{T}}\mathbf{1}=W_0$，也可以看成是标准投资组合的形式，或者看成是投资组合权重向量 $\boldsymbol{a}=(1/W_0)\boldsymbol{b}$，我们需要根据上下文判断“投资组合”的含义是什么。

定义 17.2.2 如果投资组合向量 $\boldsymbol{b}$ 的所有分量加在一起等于 $0(\boldsymbol{b}^{\mathrm{T}}\mathbf{1}=0)$，则称这个投资组合向量是**零成本**的或者是**套利投资组合**。

从投资组合 $\boldsymbol{b}_1$ 中去掉投资组合 $\boldsymbol{b}_0$，表示投资的净交易向量，可以看成是套利投资组合 $\boldsymbol{b}_1-\boldsymbol{b}_0$。

可能的投资组合集合称为**投资组合空间**。这是 N 维的实值向量空间，即欧氏空间 $\mathbb{R}^N$。当有无风险资产时，投资者可以通过借款或者投资的方式持有 $\mathbb{R}^N$ 中的任意风险资产投资组合。如果没有无风险资产，只有超平面 $\boldsymbol{b}^{\mathrm{T}}\mathbf{1}=W_0$ 上的投资组合是可以实现的。

对投资组合空间中的每一个向量，映射 $\boldsymbol{b}\mapsto\boldsymbol{b}^{\mathrm{T}}\tilde{\boldsymbol{r}}$ 伴随一个随机变量，即投资组合的收益。投资组合空间等价于13.4节中我们讨论的随机变量的向量空间。本书中我们主要是把投资组合看成是欧氏空间向量，而不是随机变量。

当投资组合空间解释为欧氏空间时，单位成本投资组合集合和零成本投资组合集合是平行的超平面，法向量是向量$\mathbf{1}$。我们称单位成本投资组合为**投资组合权重超平面**。

当允许卖空时，$\boldsymbol{b}$ 可以包含负的分量；如果不允许卖空，那么投资组合选择问题有非负约束 $b_j\geqslant 0$，$j=1, 2, \cdots, N$。对于后面这种情况，如果没有无风险资产，那么初始财富为 W_0 的投资者，可用的投资组合集合是单纯形

$$\{\boldsymbol{b}\in\mathbb{R}^N:\ \boldsymbol{b}^{\mathrm{T}}\mathbf{1}=W_0;\ b_j\geqslant 0,\ j=1, 2, \cdots, N\} \tag{17.1}$$

定义 17.2.3 第 j 个风险资产（或者投资组合）的**超额回报**等于回报率减去无风险利率 $\tilde{r}_j-r_{\mathrm{f}}$。

定义 17.2.4 资产或者投资组合的**风险溢价**指超额回报的期望。

这里我们按顺序列举了一些评论：

1. 一些文献用单位成本投资组合，或者投资组合权重向量，或者把初始财富标准化为1（$W_0=1$），来推导均值—方差前沿（例如Huang和Litzenberger（1988，第3章））。这一假定是没有必要的，我们这里回避了这一假定，因为用 W_0 来表述理论更漂亮。

2. 由于我们会处理套利投资组合情形，于是后面会避免使用回报率或者净回报率概念，因为这些概念表示盈利与初始投资之间的比率。对于套利投资组合而言，因为分母为0，这些术语没有任何意义。我们用投资组合的**总回报**或者**投**

资组合的收益来代替这些术语，见 15.2 节。可以如下清楚定义这些概念：某个证券的收益，表示每单位欧元投资的总回报，这不会引起混淆。单位成本投资组合或者标准投资组合 $\boldsymbol{b}$ 的收益与总回报等价，为 $\boldsymbol{b}^{\mathrm{T}}\tilde{\boldsymbol{r}}$。

3. 无论是按照总回报计算还是按照净回报计算，超额回报和风险溢价都相等。

4. 如果个人的资产回报满足多元正态分布，$\boldsymbol{r}\sim \mathrm{MVN}(\cdot,\ \cdot)$，那么所有的投资组合回报都满足正态分布，见练习 13.16。

17.3 单期投资组合选择问题

17.3.1 典型投资组合选择问题

我们先用一般期望效用方法来求解投资组合选择问题。除非特殊说明，本节我们假定个人满足如下几个假定：

1. 有冯·诺依曼-摩根斯顿（VNM）效用，即偏好有期望效用表示

$$v(\widetilde{W})=E[u(\widetilde{W})]=\int u(W)\,\mathrm{d}F_{\widetilde{W}}(W) \tag{17.2}$$

其中，v 是随机变量（博彩）的效用函数，u 是对确定性事物的效用函数。

2. 认为多比少好（偏好多，贪婪的），即 u 是单调递增的，或者

$$u'(W)>0,\ \forall W \tag{17.3}$$

3. （严格）风险规避，即 u 是单调凹的，或者

$$u''(W)<0,\ \forall W \tag{17.4}$$

假定对卖空或者借入（与卖空无风险证券是一样的）没有约束。

通过极大化 1 期财富的期望效用，找出 b_j 的值就可以求解典型的投资组合选择问题，

$$\begin{aligned}\widetilde{W}&=(W_0-\sum_j b_j)r_{\mathrm{f}}+\sum_j b_j\tilde{r}_j\\&=W_0r_{\mathrm{f}}+\sum_j b_j(\tilde{r}_j-r_{\mathrm{f}})\end{aligned} \tag{17.5}$$

即通过求解无约束极大化问题

$$\max_{\{b_j\}} f(b_1,\ b_2,\ \cdots,\ b_N)\equiv E\Big[u\big(W_0r_{\mathrm{f}}+\sum_j b_j(\tilde{r}_j-r_{\mathrm{f}})\big)\Big] \tag{17.6}$$

一阶条件为

$$E[u'(\widetilde{W})(\tilde{r}_j-r_{\mathrm{f}})]=0,\ \forall j \tag{17.7}$$

我们可以跳过期望算子和链式法则之间的差异，见 13.6.2 节。

目标函数的海塞矩阵为

$$\boldsymbol{A}\equiv E[u''(\widetilde{W})(\tilde{\boldsymbol{r}}-r_{\mathrm{f}}\mathbf{1})(\tilde{\boldsymbol{r}}-r_{\mathrm{f}}\mathbf{1})^{\mathrm{T}}] \tag{17.8}$$

因为我们假定投资行为是严格风险规避的，故 $u''(\widetilde{W})<0$，假定方差—协方差矩阵 $\mathbf{V}$ 是正定的，对任意 $\boldsymbol{h}\neq\mathbf{0}_N$ 有 $\boldsymbol{h}^{\mathrm{T}}\boldsymbol{A}\boldsymbol{h}<0$，因此 $\boldsymbol{A}$ 是正定矩阵，根据定理 10.2.5，目标函数 f 是严格凹函数（因此也是严格拟凹函数）。因此，在目前假设条件下，定理 10.3.3 和定理 10.3.5 保证一阶条件有唯一解。平凡（退化）情况（随机回报并不是真正完全随机）可以忽略。

注意，如果期望效用函数不是凹的，无法保证投资组合选择问题有有限解或者唯一解。

式（17.7）也可以写为

$$E[u'(\widetilde{W})\tilde{r}_j]=E[u'(\widetilde{W})]r_{\mathrm{f}},\ \forall j \tag{17.9}$$

或者

$$\mathrm{Cov}[u'(\widetilde{W}),\ \tilde{r}_j]+E[u'(\widetilde{W})]E[\tilde{r}_j]=E[u'(\widetilde{W})]r_{\mathrm{f}},\ \forall j \tag{17.10}$$

或者

$$E[\tilde{r}_j-r_{\mathrm{f}}]=-\frac{\mathrm{Cov}[u'(\widetilde{W}),\ \tilde{r}_j]}{E[u'(\widetilde{W})]},\ \forall j \tag{17.11}$$

换句话说，风险资产的风险溢价是回报的协方差与最优边际效用的（负）比率。（因为期末财富是随机的，那么在决策制定时，用最优期末财富度量的边际效用也是随机的。）

最后还可以对式（17.7）进行改写，得出对一阶条件的另外一个有用的解释。假定 p_j 是随机收益 $\tilde{x}_j$ 的价格，那么 $\tilde{r}_j=\tilde{x}_j/p_j$，并且

$$p_j=E\left[\frac{u'(\widetilde{W})}{E[u'(\widetilde{W})]r_{\mathrm{f}}}\tilde{x}_j\right],\ \forall j \tag{17.12}$$

换句话说，证券可以用收益按照**随机折现因子** $\dfrac{u'(\widetilde{W})}{E[u'(\widetilde{W})]r_{\mathrm{f}}}$ 折现后的期望现值来定价。尽管不同投资者的效用函数可能都不相同，但这种定价方法在最优点处对所有的投资者给出相同的证券价格。公司财务实践和资产定价模型理论从某种程度上说都是分析这个折现因子的。

练习 17.2 要求读者分析特例情况下（二次期望效用函数，$N=2$）投资组合选择问题。

17.3.2 风险规避与投资组合构成

在开始讨论之前，读者可能希望回顾 16.5 节的内容。

到目前为止，假定只有一种风险资产（$N=1$），那么表示资产数目的下标可以省略。换句话说，我们现在按照 Huang 和 Litzenberger（1988，第 1 章），讨论

一种无风险资产和一种风险资产情况下的基本分析。

这样一个例子足以阐明一些有用的原理，包括：

1. 投资决策依赖于投资者的风险规避程度；

2. 即使是风险规避的投资者，在边界点也是局部风险中性的。

我们先考虑**局部风险中性**的概念。

对风险资产的最优投资是正的，当且仅当目标函数在 $b=0$ 处是递增的，当且仅当

$$f'(0)>0 \tag{17.13}$$

当且仅当

$$E[u'(W_0 r_f)(\tilde{r}-r_f)]>0 \tag{17.14}$$

当且仅当

$$u'(W_0 r_f)E[\tilde{r}-r_f]>0 \tag{17.15}$$

当且仅当

$$E[\tilde{r}]>E[r_f]=r_f \tag{17.16}$$

（因为我们保留效用函数是严格递增的这一条假定）。

这就是局部风险中性的性质——一个贪婪的风险规避的投资者，与无风险资产相比，常会选择一些期望回报高于 r_f 的风险资产。

风险资产的需求关于财富的弹性用下式来表示①

$$\eta \equiv \frac{W_0}{b}\frac{\mathrm{d}b}{\mathrm{d}W_0} \tag{17.17}$$

那么有

$$\frac{\mathrm{d}a}{\mathrm{d}W_0}=\frac{\mathrm{d}(b/W_0)}{\mathrm{d}W_0}=\frac{W_0(\mathrm{d}b/\mathrm{d}W_0)-b}{W_0^2}=\frac{b}{W_0^2}(\eta-1) \tag{17.18}$$

注意，只要风险资产有正的风险溢价，b 就是正的（由局部风险中性）。因此

$$\mathrm{sign}\left(\frac{\mathrm{d}a}{\mathrm{d}W_0}\right)=\mathrm{sign}(\eta-1) \tag{17.19}$$

根据效用函数集风险规避的性质（见定义 16.5.5 和定义 16.5.6），我们找出最优风险资产投资与初始财富之间关系的符号，见下文。

定理 17.3.1 假定风险资产有正的风险溢价：

- DARA⇒在所有财富水平下，风险资产都是正常商品$\left(\frac{\mathrm{d}b}{\mathrm{d}W_0}>0\right)$；
- CARA⇒$\frac{\mathrm{d}b}{\mathrm{d}W_0}=0$；

① 当 b 依赖于 W_0 外的其他参数时，弹性也可以表示成 $(W_0/b)\,\partial b/\partial W_0$。

- IARA⇒在所有财富水平下，风险资产都是低劣商品$\left(\frac{\mathrm{d}b}{\mathrm{d}W_0}<0\right)$；
- DRRA⇒财富的一个递增比例投资到风险资产$\left(\frac{\mathrm{d}a}{\mathrm{d}W_0}>0，或 \eta>1\right)$；
- CRRA⇒财富的一个不变比例投资到风险资产$\left(\frac{\mathrm{d}a}{\mathrm{d}W_0}=0，或 \eta=1\right)$；
- IRRA⇒财富的一个递减比例投资到风险资产$\left(\frac{\mathrm{d}a}{\mathrm{d}W_0}<0，或 \eta<1\right)$。

证明：我们只证明第一条性质。第二条性质可以直接从例 16.4.6 和练习 16.23 得出。其他结果的证明类似，见练习 17.3。

把式（17.7）的一阶条件写为

$$E[u'(W_0r_f+b(\tilde{r}-r_f))(\tilde{r}-r_f)]=0 \tag{17.20}$$

关于 W_0 求导数，得

$$E\left[u''(\widetilde{W})(\tilde{r}-r_f)\left(r_f+\frac{\mathrm{d}b}{\mathrm{d}W_0}(\tilde{r}-r_f)\right)\right]=0 \tag{17.21}$$

整理后，得

$$\frac{\mathrm{d}b}{\mathrm{d}W_0}=\frac{E[u''(\widetilde{W})(\tilde{r}-r_f)]r_f}{-E[u''(\widetilde{W})(\tilde{r}-r_f)^2]} \tag{17.22}$$

由凹性，分母为正，$r_f>0$，因此

$$\operatorname{sign}\left(\frac{\mathrm{d}b}{\mathrm{d}W_0}\right)=\operatorname{sign}(E[u''(\widetilde{W})(\tilde{r}-r_f)]) \tag{17.23}$$

我们将证明，两者都是正的。

对于递减的绝对风险规避，

$$\tilde{r}>r_f\Rightarrow R_A(\widetilde{W})<R_A(W_0r_f) \tag{17.24}$$

且

$$\tilde{r}\leqslant r_f\Rightarrow R_A(\widetilde{W})\geqslant R_A(W_0r_f) \tag{17.25}$$

回顾绝对风险规避的定义，见定义 16.5.3，对两个不等式的两边分别同时乘上$-u'(\widetilde{W})(\tilde{r}-r_f)$。

$\tilde{r}>r_f$ 时，得

$$u''(\widetilde{W})(\tilde{r}-r_f)>-R_A(W_0r_f)u'(\widetilde{W})(\tilde{r}-r_f) \tag{17.26}$$

$\tilde{r}\leqslant r_f$ 时，得

$$u''(\widetilde{W})(\tilde{r}-r_f)\geqslant -R_A(W_0r_f)u'(\widetilde{W})(\tilde{r}-r_f) \tag{17.27}$$

（结果几乎相等。）

综合 $\tilde{r}>r_f$ 和 $\tilde{r}\leqslant r_f$ 两种情况，得

$$E[u''(\widetilde{W})(\tilde{r}-r_{\mathrm{f}})]>-R_A(W_0 r_{\mathrm{f}})E[u'(\widetilde{W})(\tilde{r}-r_{\mathrm{f}})] \tag{17.28}$$

前提是 $\tilde{r}>r_{\mathrm{f}}$ 的概率为正。

根据一阶条件，不等式（17.28）右边在最优点处等于 0，因此不等式左边是正的，即得证。

17.3.3 共同基金分离

共同基金是一种特殊的（有管理）投资组合。

通常，投资者把投资组合选择委托给共同基金管理者。我们感兴趣的是什么条件下，大量投资者会对投资组合构成达成一致。例如，如果所有的投资者有相似地效用函数，他们会选择同一个投资组合，或者说投资者有相似地概率信念会使他们选择同一个投资组合。更现实的问题是，我们可以定义一组投资者，他们的投资组合选择属于 N 维投资组合空间的子空间，而且维度很小，比如是二维的。第一个结果，即定理 17.3.2，归功于 Cass 和 Stiglitz（1970）。

我们从正式定义开始。

定义 17.3.1 当有不同财富的一组代理人（都有相同的递增的、严格凹的 VNM 效用），持有相同的单位成本风险投资组合，比如 $\boldsymbol{a}^*$，我们称存在**两基金货币分离**。无风险资产与风险投资组合的混合对不同投资者而言可以不同。

如果存在投资组合 $\boldsymbol{a}^*$，对任何其他投资组合 $\boldsymbol{b}$ 和财富 W_0，都存在 λ，使得

$$E[u(W_0 r_{\mathrm{f}}+\lambda \boldsymbol{a}^{*\mathrm{T}}(\tilde{\boldsymbol{r}}-r_{\mathrm{f}}\mathbf{1}))]\geqslant E[u(W_0 r_{\mathrm{f}}+\boldsymbol{b}^{\mathrm{T}}(\tilde{\boldsymbol{r}}-r_{\mathrm{f}}\mathbf{1}))] \tag{17.29}$$

则称两基金货币分离存在。

定理 17.3.2 两基金货币分离存在，当且仅当

- **风险容忍**（$1/R_A(W)$）关于财富是线性的（含常数）。
- 即存在双曲绝对风险规避（HARA，包括 CARA）。
- 即效用函数为下列三种类型之一（见练习 17.4）：

✓ 广义幂函数效用

$$u(W)=\frac{1}{(C+1)B}(A+BW)^{C+1} \tag{17.30}$$

✓ 对数效用

$$u(W)=\frac{1}{B}\ln(A+BW) \tag{17.31}$$

✓ 负指数效用

$$u(W)=\frac{A}{B}\exp(BW) \tag{17.32}$$

其中，A、B、C 需满足 $u'>0$，$u''<0$。

● 即，边际效用满足

$$u'(W)=(A+BW)^C \text{ 或 } u'(W)=A\exp(BW) \tag{17.33}$$

其中，A、B、C 需满足 $u'>0$，$u''<0$。

证明：两基金分离的这些必要条件的证明非常困难且繁杂。感兴趣的读者请参阅 Cass 和 Stiglitz (1970)。

我们现在证明 $u'(W)=(A+BW)^C$ 是两基金分离的充分条件。

满足下述一阶条件的唯一解：

$$\begin{aligned}0&=E\left[u'(\widetilde{W})\frac{\partial \widetilde{W}}{\partial b_i}\right]\\&=E[(A+B\widetilde{W})^C(\tilde{r}_i-r_f)]\\&=E\left[\left(A+BW_0r_f+\sum_{j=1}^{N}Bb_j(\tilde{r}_j-r_f)\right)^C(\tilde{r}_i-r_f)\right]\end{aligned} \tag{17.34}$$

由最优的欧元投资 b_i 构成，$i=1, 2, \cdots, N$。或者等价地，对方程组同时除以 $A+BW_0r_f$，得

$$E\left[\left(1+\sum_{j=1}^{N}\frac{Bb_j}{A+BW_0r_f}(\tilde{r}_j-r_f)\right)^C(\tilde{r}_i-r_f)\right]=0 \tag{17.35}$$

或者

$$E\left[\left(1+\sum_{j=1}^{N}x_j(\tilde{r}_j-r_f)\right)^C(\tilde{r}_i-r_f)\right]=0 \tag{17.36}$$

其中，$x_i\equiv\dfrac{Bb_i}{A+BW_0r_f}$，$i=1, 2, \cdots, N$。

x_i 的唯一解独立于 W_0，W_0 没有在方程 (17.36) 中出现。因为 A 和 B 也没有出现，x_i 的唯一解也独立于这些参数。但是，x_i 的唯一解依赖于参数 C。风险投资组合的权重为

$$a_i=\frac{b_i}{\sum_{j=1}^{N}b_j}=\frac{Bb_i/(A+BW_0r_f)}{\sum_{j=1}^{N}Bb_j/(A+BW_0r_f)}=\frac{x_i}{\sum_{j=1}^{N}x_j} \tag{17.37}$$

也独立于初始财富和 A、B。

因为在第 i 个风险资产上的欧元投资满足

$$b_i=x_i\left(\frac{A}{B}+W_0r_f\right) \tag{17.38}$$

从这个例子，我们还可以得出：对一般风险投资组合的欧元投资是初始财富的线性函数。另外一个充分性条件的证明留作练习，见练习 17.6。

关于投资组合的这种分离结果，可以使我们坚信，即使是在只包含无风险资

产和风险资产投资组合的非完备市场，均衡产出也是帕累托有效的。

17.4 投资组合前沿数学

17.4.1 $\mathbb{R}^N$ 中的投资组合前沿：仅包含风险资产情况

投资组合前沿

定义 17.4.1（均值—方差） **投资组合前沿**指**均值—方差投资组合选择问题**的解集。在均值—方差投资组合选择问题中，投资者的初始财富是 W_0，希望以最小的方差实现期望最终财富 $W_1 \equiv \mu W_0$（或者等价地，实现期望回报率 μ）。对每个（W_0，μ）存在一个解，或者等价地，对每组（W_0，W_1）存在一个解。

并不是所有具有均值—方差偏好的人都必须从均值—方差投资组合前沿中选择投资组合。后面我们会看到：具有均值—方差偏好的人，只有当方差—均值空间上表示偏好关系的无差异曲线是凸的并且向上倾斜时才会如此。

均值—方差投资组合前沿有时也被称为**二阶矩投资组合前沿**，这是考虑到，相似分析方法可以扩展到高阶矩。[1]

均值—方差投资组合前沿是投资组合空间的子集：我们后面会证明，事实上是投资组合空间的向量子空间。但是，初级分析常把它表示为方差极小化问题的均值—方差空间或者均值—标准差空间（$\mathbb{R}_+ \times \mathbb{R}$）上的包络函数（没有证明）。我们将会在 17.4.2 节中讨论这种表示。

定义 17.4.2 所有具有相同成本 $\boldsymbol{b}^{\mathrm{T}}\mathbf{1}$ 和相等期望收益 $\boldsymbol{b}^{\mathrm{T}}\boldsymbol{e}$ 的投资组合中，如果某投资组合向量 $\boldsymbol{b}$ 的回报有最小方差，则称这个投资组合为**前沿投资组合**。

我们先假定所有的资产都是风险资产。与初始财富 W_0 和期望回报率 μ（期望期末财富 μW_0）相对应的前沿投资组合是下列二次规划问题的解

$$\min_{\boldsymbol{b}} \boldsymbol{b}^{\mathrm{T}} \boldsymbol{V} \boldsymbol{b} \tag{17.39}$$

受到线性约束

$$\boldsymbol{b}^{\mathrm{T}} \mathbf{1} = W_0 \tag{17.40}$$

和

$$\boldsymbol{b}^{\mathrm{T}} \boldsymbol{e} = W_1 = \mu W_0 \tag{17.41}$$

第一个约束条件是预算约束，第二个约束条件表示投资组合的期望回报率等于希望的平均回报率 μ。

---

① 参见 Waldron (1991)。

仅包含风险资产情况下的前沿是方差极小化问题（对所有 W_0，W_1）的解集，或者等价地转化为极大化问题

$$\max_{b} -\boldsymbol{b}^{\mathrm{T}}\boldsymbol{V}\boldsymbol{b} \tag{17.42}$$

受到相同的线性约束式（17.40）和式（17.41）。

同其他有约束优化问题一样，方差极小化问题也有对偶问题，本例中对偶问题是方差约束下的期望价值极大化问题。实际上，这个对偶问题是实践层面上所关注的，而原问题分析能给我们提供更多有用的见解。

图 17—1 描述的是 $N=3$ 情况下投资组合前沿的构建。在这个简单例子中，所有资产有相同的方差，两两之间有相同的协方差。不允许卖空时，成本为 W_0 的投资组合集是一个单纯形，如果允许卖空，投资组合集是包含单纯形的仿射超平面。图 17—1 展示的是仿射超平面内期望回报函数和方程函数的水平集。等方差曲线（方程形如 $\boldsymbol{b}^{\mathrm{T}}\boldsymbol{V}\boldsymbol{b}=k$）是同心圆（对于一般的方差—协方差矩阵，对应的是椭圆）。等均值曲线（方程形如 $\mu=\boldsymbol{b}^{\mathrm{T}}\boldsymbol{e}=c$）是平行线。对于不同的 μ（或者 W_1），方差极小化问题的解是椭圆与直线相切的切点。① 同心椭圆的中心是与 W_0 对应的全局方差极小化投资组合解。图上用 W_0MVP 标注。对于图 17—1 表示的简单例子，方差在相应的单纯形中心极小化。高维度情况也有类似的几何解释。

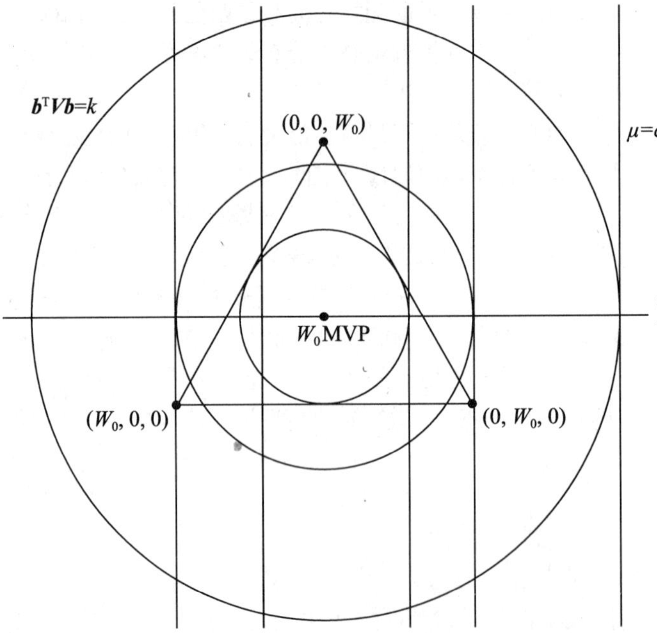

图 17—1　$\mathbb{R}^3$ 中的投资组合前沿

二阶矩前沿的性质很著名，在 Merton（1972）或者 Roll（1977）的文献中有介绍。本文中的符号同 Huang 和 Litzenberger（1988，第 3 章）一致。

① 我们接下来会证明这些切点位于同一条直线，这条直线正交（从某种意义上说是定义为正交）于等均值线。

解

除了等式约束外，问题（17.42）是 14.3 节中我们讨论过的典型二次规划问题的变形。

为了避免退化，我们要求：

1. 并非所有的投资组合都有相同的期望回报，即

$$\boldsymbol{e} \neq E[\tilde{\boldsymbol{r}}_1]\boldsymbol{1} \tag{17.43}$$

特别地，$N>1$。

2. 方差—协方差矩阵 $\boldsymbol{V}$ 是正定的。我们已经知道，任何方差—协方差矩阵必须是半正定的，但是跟过去一样，我们假定满足正定性，这是为了保证式（17.8）中的矩阵 $\boldsymbol{A}$ 是负定的。要知道为什么，假定

$$\exists\, \boldsymbol{b} \neq \boldsymbol{0}_N \quad \text{s. t.} \quad \boldsymbol{b}^{\mathrm{T}}\boldsymbol{V}\boldsymbol{b}=0 \tag{17.44}$$

那么存在一个投资组合，回报是 $\boldsymbol{b}^{\mathrm{T}}\tilde{\boldsymbol{r}}=\tilde{r}_{\boldsymbol{b}}$，而方差为 0。这意味着以概率 1 有 $\tilde{r}_{\boldsymbol{b}}=r_0$ 成立，那么投资组合是无风险的。套利使均衡时所有的无风险资产的回报率相等，因此等价于无风险资产，我们将会在 17.4.3 节中遇到。

当前问题中，14.3 节中典型二次规划问题中的矩阵 $\boldsymbol{A}$ 换成了（对称）负定的矩阵 $-\boldsymbol{V}$，表示资产回报方差—协方差矩阵的负矩阵，$\boldsymbol{g}^1=\boldsymbol{1}^{\mathrm{T}}$，$\alpha_1=W_0$，$\boldsymbol{g}^2=\boldsymbol{e}^{\mathrm{T}}$ 且 $\alpha_2=W_1$。假设式（17.43）确保 $2\times N$ 阶矩阵

$$\boldsymbol{G}=\begin{bmatrix}\boldsymbol{1}^{\mathrm{T}}\\ \boldsymbol{e}^{\mathrm{T}}\end{bmatrix} \tag{17.45}$$

的秩为 2，是满秩的。

对一般解式（14.38）作适当的替换，得

$$\boldsymbol{b}=\boldsymbol{V}^{-1}\boldsymbol{G}^{\mathrm{T}}(\boldsymbol{G}\boldsymbol{V}^{-1}\boldsymbol{G}^{\mathrm{T}})^{-1}\begin{bmatrix}W_0\\ W_1\end{bmatrix} \tag{17.46}$$

这说明最优解 $\boldsymbol{b}$ 是 $N\times 2$ 阶矩阵 $\boldsymbol{V}^{-1}\boldsymbol{G}^{\mathrm{T}}(\boldsymbol{G}\boldsymbol{V}^{-1}\boldsymbol{G}^{\mathrm{T}})^{-1}$ 两个列向量的线性组合。在这个线性组合中，矩阵的第一列用初始财富 W_0 来加权，第二列用期望最终财富 W_1 来加权。

定义

$$A\equiv\boldsymbol{1}^{\mathrm{T}}\boldsymbol{V}^{-1}\boldsymbol{e}=\boldsymbol{e}^{\mathrm{T}}\boldsymbol{V}^{-1}\boldsymbol{1} \tag{17.47}$$

$$B\equiv\boldsymbol{e}^{\mathrm{T}}\boldsymbol{V}^{-1}\boldsymbol{e}>0 \tag{17.48}$$

$$C\equiv\boldsymbol{1}^{\mathrm{T}}\boldsymbol{V}^{-1}\boldsymbol{1}>0 \tag{17.49}$$

$$D\equiv BC-A^2 \tag{17.50}$$

不等式（17.48）和式（17.49）是根据 $\boldsymbol{V}^{-1}$（跟 $\boldsymbol{V}$ 一样）是正定矩阵得出的。

那么我们可以写为

$$\boldsymbol{V}^{-1}\boldsymbol{G}^{\mathrm{T}}(\boldsymbol{G}\boldsymbol{V}^{-1}\boldsymbol{G}^{\mathrm{T}})^{-1}=\boldsymbol{V}^{-1}\boldsymbol{G}^{\mathrm{T}}\begin{bmatrix}C & A\\ A & B\end{bmatrix}^{-1}$$

$$=\frac{1}{D}\boldsymbol{V}^{-1}\boldsymbol{G}^{\mathrm{T}}\begin{bmatrix} B & -A \\ -A & C \end{bmatrix}$$

$$=\frac{1}{D}\boldsymbol{V}^{-1}[\boldsymbol{1} \quad \boldsymbol{e}]\begin{bmatrix} B & -A \\ -A & C \end{bmatrix}$$

$$=\frac{1}{D}\boldsymbol{V}^{-1}[B\boldsymbol{1}-A\boldsymbol{e} \quad C\boldsymbol{e}-A\boldsymbol{1}] \tag{17.51}$$

如果我们定义

$$\boldsymbol{g}\equiv\frac{1}{D}\boldsymbol{V}^{-1}(B\boldsymbol{1}-A\boldsymbol{e}) \tag{17.52}$$

和

$$\boldsymbol{h}\equiv\frac{1}{D}\boldsymbol{V}^{-1}(C\boldsymbol{e}-A\boldsymbol{1}) \tag{17.53}$$

那么式（17.46）的解可以写为

$$\boldsymbol{b}=W_0\boldsymbol{g}+W_1\boldsymbol{h}=W_0(\boldsymbol{g}+\mu\boldsymbol{h}) \tag{17.54}$$

因此对所有的组合（W_0，W_1）（包括 W_0 为负），二次规划问题的解集是由向量 $\boldsymbol{g}$ 和 $\boldsymbol{h}$（构成投资前沿的基）生成的投资组合空间的二维子向量空间。

$\boldsymbol{g}$ 和 $\boldsymbol{h}$ 的分量是仅仅包含证券回报均值、方差和协方差的函数，由向量 $\boldsymbol{e}$ 和矩阵 $\boldsymbol{V}$ 确定。因此最优投资组合比例向量为

$$\boldsymbol{a}=\frac{1}{W_0}\boldsymbol{b}=\boldsymbol{g}+\mu\boldsymbol{h} \tag{17.55}$$

这与初始财富 W_0 无关。这是共同基金分离结果的另外一种形式：所有投资者都选择前沿投资组合，而不管他们的初始财富是多少，并且所选择的是两个共同基金 $\boldsymbol{g}$ 和 $\boldsymbol{h}$ 的（线性）组合。

跟任何二维向量空间一样，投资组合前沿的基不唯一。事实上，任何线性无关的前沿投资组合都构成一个基，或者分离的一组共同基金构成基。下面我们列举并讨论四个常使用的投资前沿基。这些基向量有时也被称为**基投资组合**。

基 1：向量 $\boldsymbol{g}$ 和 $\boldsymbol{h}$。

很容易看出向量 $\boldsymbol{g}$ 和 $\boldsymbol{h}$ 的经济解释：

- 向量 $\boldsymbol{g}$ 是与 $W_0=1$ 和 $W_1=0$ 对应的前沿投资组合。换句话说，表示以极小化破产的方差为目的的投资者所持有的标准投资组合。
- 向量 $\boldsymbol{h}$ 是与 $W_0=0$ 和 $W_1=1$ 对应的前沿投资组合。换句话说，表示以极小化方差为目的的投资者，为了增加一单位期望最终财富所购买的套利投资组合。

基 2：向量 $\boldsymbol{V}^{-1}\boldsymbol{1}$和 $\boldsymbol{V}^{-1}\boldsymbol{e}$。

方程（14.35）意味着最优解 $\boldsymbol{b}$ 是下列 $N\times2$ 阶矩阵中两列的线性组合

$$\frac{1}{2}\boldsymbol{V}^{-1}\boldsymbol{G}^{\mathrm{T}}=\left[\frac{1}{2}\boldsymbol{V}^{-1}\boldsymbol{1} \quad \frac{1}{2}\boldsymbol{V}^{-1}\boldsymbol{e}\right] \tag{17.56}$$

两列分别按照两个约束的拉格朗日乘子来加权。

为了简便，我们记两个约束的拉格朗日乘子分别为 $2\gamma/C$ 和 $2\lambda/A$。

那么解可以写为

$$\boldsymbol{b}=\frac{\gamma}{C}\boldsymbol{V}^{-1}\mathbf{1}+\frac{\lambda}{A}\boldsymbol{V}^{-1}\boldsymbol{e} \tag{17.57}$$

很容易看出，$\frac{1}{C}\boldsymbol{V}^{-1}\mathbf{1}$ 和 $\frac{1}{A}\boldsymbol{V}^{-1}\boldsymbol{e}$ 都是单位投资组合，因此 $\boldsymbol{b}$ 的总成本为 $\gamma+\lambda=W_0$。

基 3： 向量 MVP 和 $\boldsymbol{h}$，其中向量 MVP 表示**全局极小方差单位成本投资组合**，即极小化收益方差（不管期望最终财富）的单位成本投资组合。

我们知道，当且仅当相应的拉格朗日乘子 $\lambda=0$，期望最终财富约束才是非紧约束。因此，从式（17.57）可以看出，$\frac{\gamma}{C}\boldsymbol{V}^{-1}\mathbf{1}$ 是全局极小方差投资组合，成本是 W_0（本例中，实际上等于 γ）。令 $W_0=\gamma=1$，写成基 2 的形式有

$$\mathrm{MVP}=\frac{1}{C}\boldsymbol{V}^{-1}\mathbf{1} \tag{17.58}$$

我们也可以把 MVP 写成基 1 的形式。回顾一下，$\mathrm{Var}[\tilde{r}_{\boldsymbol{b}}]=\boldsymbol{b}^{\mathrm{T}}\boldsymbol{V}\boldsymbol{b}$，把 $\boldsymbol{b}$ 用 $\boldsymbol{g}+\mu\boldsymbol{h}$ 替换，期望回报为 μ 的一般前沿投资组合的方差写成二次型为

$$\mathrm{Var}[\tilde{r}_{\boldsymbol{g}+\mu\boldsymbol{h}}]=\boldsymbol{g}^{\mathrm{T}}\boldsymbol{V}\boldsymbol{g}+2\mu(\boldsymbol{g}^{\mathrm{T}}\boldsymbol{V}\boldsymbol{h})+\mu^2(\boldsymbol{h}^{\mathrm{T}}\boldsymbol{V}\boldsymbol{h}) \tag{17.59}$$

极小值点为

$$\mu=-\frac{\boldsymbol{g}^{\mathrm{T}}\boldsymbol{V}\boldsymbol{h}}{\boldsymbol{h}^{\mathrm{T}}\boldsymbol{V}\boldsymbol{h}} \tag{17.60}$$

可以看出后面的表达式可以简写为 $\frac{A}{C}$，方差的最小值为 $\frac{1}{C}$，见练习 17.12。因此，MVP 是期望回报为 $\frac{A}{C}$ 的单位成本前沿投资组合，写成基 1 的形式为

$$\mathrm{MVP}=\boldsymbol{g}+\frac{A}{C}\boldsymbol{h} \tag{17.61}$$

现在结合式（17.54）和式（17.61），把一般前沿投资组合写成基 3 的形式为

$$\boldsymbol{b}=W_0\left(\mathrm{MVP}+\left(\mu-\frac{A}{C}\right)\boldsymbol{h}\right) \tag{17.62}$$

见练习 17.12。进一步地，

$$\begin{aligned}\mathrm{Cov}[\tilde{r}_{\boldsymbol{h}},\ \tilde{r}_{\mathrm{MVP}}]&=\boldsymbol{h}^{\mathrm{T}}\boldsymbol{V}\left(\boldsymbol{g}-\frac{\boldsymbol{g}^{\mathrm{T}}\boldsymbol{V}\boldsymbol{h}}{\boldsymbol{h}^{\mathrm{T}}\boldsymbol{V}\boldsymbol{h}}\boldsymbol{h}\right)\\&=\boldsymbol{h}^{\mathrm{T}}\boldsymbol{V}\boldsymbol{g}-\frac{\boldsymbol{g}^{\mathrm{T}}\boldsymbol{V}\boldsymbol{h}\times\boldsymbol{h}^{\mathrm{T}}\boldsymbol{V}\boldsymbol{h}}{\boldsymbol{h}^{\mathrm{T}}\boldsymbol{V}\boldsymbol{h}}\\&=0\end{aligned} \tag{17.63}$$

即权重为 $\boldsymbol{h}$ 的投资组合的回报和极小化方差投资组合的回报彼此无关。从这个意义上说，基投资组合 MVP 和 $\boldsymbol{h}$ 是彼此正交的。

全局 MVP 有另外一个有趣的性质。如果 $\boldsymbol{a}$ 是单位成本前沿投资组合，不管是不是在前沿，那么根据定义，MVP 必须是其本身与 $\boldsymbol{a}$ 的极小化方差仿射组合。即 $\beta=0$ 是下述问题的解：

$$\min_{\beta}\frac{1}{2}\mathrm{Var}[\tilde{r}_{\beta\boldsymbol{a}+(1-\beta)\mathrm{MVP}}] \tag{17.64}$$

其一阶充分必要条件为

$$\beta\mathrm{Var}[\tilde{r}_{\boldsymbol{a}}]+(1-2\beta)\mathrm{Cov}[\tilde{r}_{\boldsymbol{a}},\ \tilde{r}_{\mathrm{MVP}}]-(1-\beta)\mathrm{Var}[\tilde{r}_{\mathrm{MVP}}]=0 \tag{17.65}$$

因此，令 $\beta=0$，

$$\mathrm{Cov}[\tilde{r}_{\boldsymbol{a}},\ \tilde{r}_{\mathrm{MVP}}]-\mathrm{Var}[\tilde{r}_{\mathrm{MVP}}]=0 \tag{17.66}$$

MVP 与任何单位成本投资组合之间的协方差为 $\frac{1}{C}$。

基 4： 回报率不相关的任意两个前沿投资组合。

我们马上会讲到这一思想。

由图 17—2 可知，$\mathbb{R}^N$ 上单位成本前沿投资组合的集合是通过 $\boldsymbol{g}$ 且平行于 $\boldsymbol{h}$ 的线 L。一些作者认为这个集合是投资组合前沿。单位成本投资组合前沿（如 $\mathbb{R}^N$ 中的任意直线）集合是一个仿射集，可以用任意一组前沿投资组合的仿射组合来生成，权重分别为 β 和 $(1-\beta)$ 的形式。这是两基金分离结果的另外一种表述方式，这次是用两个单位成本投资组合来表述的。

在进一步分析之前，建议读者复习 5.4.9 节中标量（数量）乘积空间知识和 7.5 节中度量空间知识。

投资组合的正交分解

我们已经指出，MVP 和 $\boldsymbol{h}$ 是回报不相关的投资组合，并称之为正交。为了使这种思想更清晰，我们现在在投资组合空间中引入标量（数量）乘积，即基于方差—协方差矩阵 $\mathbf{V}$。因为 $\mathbf{V}$ 是正定矩阵，因此非奇异，它定义了一个有良好性质的标量（数量）乘积和正交投影标准结果等，线性代数知识可以用于分析，见 13.6.3 节的讨论。

两个投资组合 $\boldsymbol{b}_1$ 和 $\boldsymbol{b}_2$ 关于标量乘积是正交的当且仅当

$$\boldsymbol{b}_1^{\mathrm{T}}\boldsymbol{V}\boldsymbol{b}_2=0 \tag{17.67}$$

当且仅当

$$\mathrm{Cov}[\boldsymbol{b}_1^{\mathrm{T}}\tilde{\boldsymbol{r}},\ \boldsymbol{b}_1^{\mathrm{T}}\tilde{\boldsymbol{r}}]=0 \tag{17.68}$$

当且仅当表示投资组合回报的随机变量是无关的。

因此，术语“正交”和“无关”用于投资组合时可以合理互换。而且，投资组合向量长度的平方，与收益的方差相对应。

事实上，对任意标量乘积空间，包含回报不相关且方差都为 1 的 N 个投资

组合的 N 维投资组合空间中都存在一个基，即存在正交基。投资组合前沿的数学公式可以写成单位成本无关投资组合形式。详情留作练习，见练习 17.11。

这个标量乘积结构，可以使用图 17—2 的解法，对均值—方差空间和均值—标准差空间的投资组合前沿进行启发式分解。我们后面会讲解。

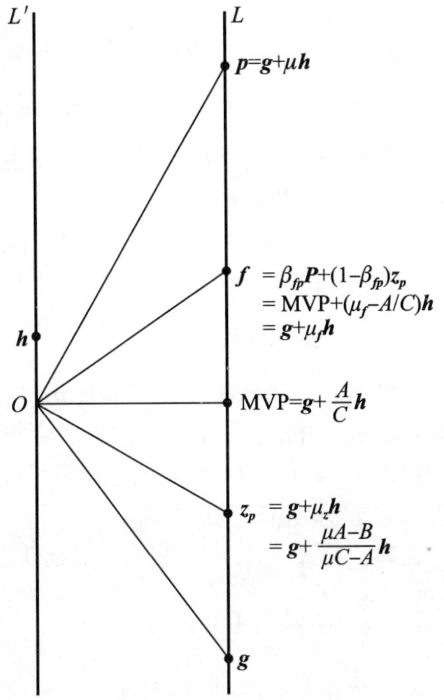

图 17—2　投资组合的分解

图 17—2 中，L'表示所有零成本前沿投资组合集合，L 表示所有单位成本前沿投资组合集合。L'上标注了两个零成本前沿投资组合，即零投资组合**0**和投资组合 $\boldsymbol{h}$（表示以方差极小化为目的的投资者为了增加一单位的期望最终财富所购买的投资组合）。L 上标注了五个单位成本前沿投资组合，包括特殊投资组合 $\boldsymbol{g}$ 和 MVP（前面已经讨论过）。

图 17—2 也说明，对任意前沿投资组合，比如 $\boldsymbol{p}$（与 MVP 不在一起），都存在唯一的正交于 $\boldsymbol{p}$ 的单位成本前沿投资组合 $\boldsymbol{z}_p$，称为 $\boldsymbol{p}$ 的**零协方差前沿投资组合**。通过求解下列方程可以找出 $\mu\equiv E[\tilde{r}_{\boldsymbol{p}}]$和 $\mu_z\equiv E[\tilde{r}_{z_p}]$之间的关系。

$$\mathrm{Cov}[\tilde{\boldsymbol{r}}_{\boldsymbol{g}+\mu\boldsymbol{h}},\ \tilde{\boldsymbol{r}}_{\boldsymbol{g}+\mu_z\boldsymbol{h}}]=0 \tag{17.69}$$

式（17.63）已经证明 $\tilde{r}_{\boldsymbol{h}}$ 和 $\tilde{r}_{\mathrm{MVP}}$是无关的，因此，也可等价地用下式找出两者之间的关系

$$\mathrm{Var}[\tilde{r}_{\mathrm{MVP}}]+(\mu-E[\tilde{r}_{\mathrm{MVP}}])(\mu_z-E[\tilde{r}_{\mathrm{MVP}}])\mathrm{Var}[\tilde{r}_{\boldsymbol{h}}]=0 \tag{17.70}$$

要使这个式子成立，需要有

$$(\mu-E[\tilde{r}_{\mathrm{MVP}}])(\mu_z-E[\tilde{r}_{\mathrm{MVP}}])<0 \tag{17.71}$$

或者 μ 和 μ_z 位于 $E[\tilde{r}_{\mathrm{MVP}}]$ 两侧，或者等价地，$\boldsymbol{p}$ 和 $\boldsymbol{z}_p$ 位于 MVP 的两侧，见图 17—2。

简单运算可以得出

$$\mu_z=\frac{\mu A-B}{\mu C-A} \tag{17.72}$$

其中，A、B、C 的定义见式（17.47）～式（17.49），见练习 17.12。注意，当 $\mu=\frac{A}{C}$ 时，即 $\boldsymbol{p}=$MVP 时，分母为 0。但是，前面已经证明，$\boldsymbol{h}$ 和 MVP 是正交的前沿投资组合，不同之处在于，这里 $\boldsymbol{h}$ 是零成本投资组合，但是其他情况下 $\boldsymbol{z}_p$ 是一个单位成本投资组合。

最后，图 17—2 表明，给定一个固定的单位成本前沿投资组合 $\boldsymbol{p}$（不同于 MVP），任何其他单位成本前沿投资组合，比如 $\boldsymbol{f}$ 都可以分解为下列形式

$$\boldsymbol{f}=\beta_{fp}\boldsymbol{p}+(1-\beta_{fp})\boldsymbol{z}_p \tag{17.73}$$

即，可以写成 $\boldsymbol{p}$ 和 $\boldsymbol{z}_p$ 的仿射组合形式。

我们现在开始分析非前沿投资组合的分解，有以下定理成立。

定理 17.4.1 记 $\boldsymbol{u}$ 表示任意投资组合，那么 $\boldsymbol{u}$ 与任意前沿投资组合无关，当且仅当 $\boldsymbol{u}$ 是零均值套利组合。

证明：由式（17.57）我们可以把任意前沿投资组合写成

$$\boldsymbol{b}=\frac{\gamma}{C}\boldsymbol{V}^{-1}\mathbf{1}+\frac{\lambda}{A}\boldsymbol{V}^{-1}\boldsymbol{e} \tag{17.74}$$

投资组合 $\boldsymbol{b}$ 和 $\boldsymbol{u}$ 是无关的当且仅当

$$\boldsymbol{u}^{\mathrm{T}}\boldsymbol{V}\boldsymbol{b}=0 \tag{17.75}$$

当且仅当

$$\frac{\gamma}{C}\boldsymbol{u}^{\mathrm{T}}\mathbf{1}+\frac{\lambda}{A}\boldsymbol{u}^{\mathrm{T}}\boldsymbol{e}=0 \tag{17.76}$$

但式（17.76）对任意 γ 和 λ 成立（即对任意前沿投资组合成立），当且仅当

$$\boldsymbol{u}^{\mathrm{T}}\mathbf{1}=\boldsymbol{u}^{\mathrm{T}}\boldsymbol{e}=0 \tag{17.77}$$

当且仅当 $\boldsymbol{u}$ 是零均值套利组合。

相似地，因为 MVP 与 $\boldsymbol{V}^{-1}\mathbf{1}$ 共线，正交于任何满足 $\boldsymbol{w}^{\mathrm{T}}\boldsymbol{V}\boldsymbol{V}^{-1}\mathbf{1}=0$ 的投资组合 $\boldsymbol{w}$，或者换句话说，正交于任何满足 $\boldsymbol{w}^{\mathrm{T}}\mathbf{1}=0$ 的投资组合。而这些投资组合是套利投资组合。

相似地，因为 MVP 与 $\boldsymbol{V}^{-1}\boldsymbol{e}$ 共线，正交于任何期望回报为 0 的投资组合，$\boldsymbol{w}^{\mathrm{T}}\boldsymbol{V}\boldsymbol{V}^{-1}\boldsymbol{e}=\boldsymbol{w}^{\mathrm{T}}\boldsymbol{e}=0$。特别地，$\boldsymbol{g}$ 与 $\boldsymbol{V}^{-1}\boldsymbol{e}$ 正交，因此 $\boldsymbol{z}_g=\left(\frac{1}{A}\right)\boldsymbol{V}^{-1}\boldsymbol{e}$。

事实上，定理 17.4.1 表明，投资组合空间可以分解为二维的投资组合前沿和 $N-2$ 维的零均值、零成本的正交投资组合补集。等价地，投资组合空间是投资组合前沿和 $N-2$ 维的零均值、零成本投资组合集的直和。任何一个有非零成

本 W_0 的（前沿或者非前沿）投资组合 $\boldsymbol{q}$ 都可以写成 $\boldsymbol{f}_q+\boldsymbol{u}_q$ 的形式，其中

$$\begin{aligned}\boldsymbol{f}_q &\equiv W_0(\boldsymbol{g}+E[\tilde{r}_q]\boldsymbol{h})\\ &=W_0(\beta_{qp}\boldsymbol{p}+(1-\beta_{qp})\boldsymbol{z}_p)\text{（比如）}\end{aligned} \tag{17.78}$$

表示成本为 W_0 的前沿投资组合，期望回报为 $E[\tilde{r}_q]$，且

$$\boldsymbol{u}_q\equiv\boldsymbol{q}-\boldsymbol{f}_q \tag{17.79}$$

表示零期望回报的套利投资组合。定理 17.4.1 表明，任何与 $\boldsymbol{u}_q$ 有相同性质的投资组合都与前沿投资组合无关。

几何上看，这个分解等价于 $\boldsymbol{q}$ 到前沿的正交投影。事实上，$\boldsymbol{q}$ 分解的三个分量（即向量 $\boldsymbol{p}$、$\boldsymbol{z}_p$ 和 $\boldsymbol{u}_q$）彼此之间正交。

投资组合前沿是 $\mathbb{R}^N$ 上的（二维）平面，$N>3$ 时并不是仿射超平面。因此，根据 7.4.1 节我们讨论的内容，需要注意（$N>3$ 时），在前沿附近移动而不穿过前沿是可能的。事实上，前沿附近的空间充满非前沿投资组合，就像平面上的点或者三维空间中的线面一样，周围有很多高维的集合。

而且，现在可以清楚地看出，$\boldsymbol{z}_{f_q}$ 是唯一正交于 $\boldsymbol{f}_q$ 的单位成本前沿投资组合，也是唯一正交于 $\boldsymbol{q}$ 本身的单位成本前沿投资组合。因此，前面我们对前沿投资组合定义的零协方差前沿投资组合符号，可以推广到投资组合。事实上，期望回报为 μ 的所有投资组合都正交于相同的唯一的单位成本前沿投资组合（期望回报为 μ_z），这里，我们用 $\boldsymbol{z}_\mu$ 标记要比 $\boldsymbol{z}_p$ 合适。

聪明的读者可能会意识到，表示单位成本前沿投资组合 $\boldsymbol{p}$ 和 $\boldsymbol{z}_p$ 的仿射组合的符号 β（而不是用普通的 λ）的选择是深思熟虑的（不仅仅是为了与拉格朗日乘子符号 λ 相区别，以免混淆）。我们下面解释采用这个符号的原因。

如果 $\boldsymbol{q}$ 是任意单位成本投资组合，那么我们可以把分解改写为

$$\boldsymbol{q}=\boldsymbol{f}_q+\boldsymbol{u}_q=\beta_{qp}\boldsymbol{p}+(1-\beta_{qp})\boldsymbol{z}_p+\boldsymbol{u}_q \tag{17.80}$$

因为 $\mathrm{Cov}[\tilde{r}_{u_q}, \tilde{r}_p]=\mathrm{Cov}[\tilde{r}_{z_p}, \tilde{r}_p]=0$，对式（17.80）关于 $\tilde{r}_p$ 求回报的协方差，得

$$\mathrm{Cov}[\tilde{r}_q, \tilde{r}_p]=\mathrm{Cov}[\tilde{r}_{f_q}, \tilde{r}_p]=\beta_{qp}\mathrm{Var}[\tilde{r}_p] \tag{17.81}$$

或者

$$\beta_{qp}=\frac{\mathrm{Cov}[\tilde{r}_q, \tilde{r}_p]}{\mathrm{Var}[\tilde{r}_p]} \tag{17.82}$$

因此，式（17.78）中 β 的定义从概率论中得出，由式（13.41）给定，即随机变量 $\tilde{y}$ 关于随机变量 $\tilde{x}$ 的 β 定义为下式

$$\beta=\frac{\mathrm{Cov}[\tilde{x}, \tilde{y}]}{\mathrm{Var}[\tilde{x}]} \tag{17.83}$$

$\boldsymbol{p}$ 的零协方差前沿投资组合 $\boldsymbol{z}_p$，有时也称为 $\boldsymbol{p}$ 的**零贝塔前沿投资组合。**

互换 $\boldsymbol{p}$ 和 $\boldsymbol{z}_p$ 的角色，可以得到

$$\beta_{qz_p}=1-\beta_{qp} \tag{17.84}$$

对正交投资组合分解式（17.80）进行扩展，不仅适用于

● 正交投资组合比例（看作是彼此正交的向量）

还适用于

● 投资组合比例（看作是标量或者分量）

$$q_i=\beta_{qp}p_i+(1-\beta_{qp})z_i+u_i(\boldsymbol{q}) \tag{17.85}$$

其中，q_i、p_i、z_i 和 $u_i(\boldsymbol{q})$分别表示$\boldsymbol{q}$、$\boldsymbol{p}$、$\boldsymbol{z}_p$ 和$\boldsymbol{u}_q$ 的第 i 个分量。

● 回报（彼此无关的随机变量）

$$\tilde{r}_{\boldsymbol{q}}=\beta_{qp}\tilde{r}_{\boldsymbol{p}}+(1-\beta_{qp})\tilde{r}_{z_p}+\tilde{r}_{\boldsymbol{u}_q} \tag{17.86}$$

● 期望回报（数值）

$$E[\tilde{r}_{\boldsymbol{q}}]=\beta_{qp}E[\tilde{r}_{\boldsymbol{p}}]+(1-\beta_{qp})E[\tilde{r}_{z_p}] \tag{17.87}$$

因为扰动项的期望 $E[\tilde{r}_{\boldsymbol{u}_q}]$等于 0。

我们甚至可以写下投资组合回报的方差分解。但是，式（17.103）中我们给出了一个有用的方差分解。

学过金融经济学初级课程的读者会对方程（17.87）或者对等价形式

$$E[\tilde{r}_{\boldsymbol{q}}]-E[\tilde{r}_{z_p}]=\beta_{qp}(E[\tilde{r}_{\boldsymbol{p}}]-E[\tilde{r}_{z_p}]) \tag{17.88}$$

比较熟悉。注意，这些方程是一般方程，既不需要资产回报满足正态分布，也不需要任何偏好假定，这一点非常重要。

下面一个定理需要以偏好和分布为条件，确保投资者持有前沿投资组合。

定理 17.4.2 所有具有期望效用偏好的风险规避投资者，对任意投资组合$\boldsymbol{q}$，偏好选择投资组合 $\boldsymbol{q}$ 的前沿分量（即 $\boldsymbol{f}_q$），当且仅当

$$E[\tilde{r}_{\boldsymbol{u}_q}\mid\tilde{r}_{\boldsymbol{f}_q}]=0,\ \forall\boldsymbol{q} \tag{17.89}$$

注意不相关回报（在分解中定义）和独立回报（本定理中定义）之间的细微区别。从数学角度看，对任意 $\boldsymbol{q}$ 有 $\mathrm{Cov}[\tilde{r}_{\boldsymbol{u}_q},\tilde{r}_{\boldsymbol{f}_q}]=0$，与资产回报的概率分布无关。而另外一方面，方程（17.89）仅当资产回报满足正态分布或者其他相关分布时才成立。

证明：

(a) 先假定所有具有期望效用偏好的风险规避投资者，与任意投资组合 $\boldsymbol{q}$ 相比，更偏好 $\boldsymbol{f}_q$。

那么对任意前沿投资组合 $\boldsymbol{p}$ 和零成本零均值投资组合 $\boldsymbol{u}$，投资者偏好 $\boldsymbol{p}$ 胜过 $\boldsymbol{p}+k\boldsymbol{u}$，$k\neq0$。因此，对任意初始财富 W_0 和任意凹的效用函数 v，$k=0$ 一定是下述效用极大化问题的解

$$\max_{k\in\mathbb{R}}E[v(W_0(\tilde{r}_{\boldsymbol{p}}+k\tilde{r}_{\boldsymbol{u}}))] \tag{17.90}$$

一阶条件为

$$E[v'(W_0(\tilde{r}_{\boldsymbol{p}}+k\tilde{r}_{\boldsymbol{u}}))\tilde{r}_{\boldsymbol{u}}]=0 \tag{17.91}$$

令 $k=0$，得

$$E[v'(W_0\tilde{r}_p)\tilde{r}_u]=0 \tag{17.92}$$

我们现在用反证法证明式（17.89）。

假定式（17.89）不成立，即

$$m(r)\equiv E[\tilde{r}_u \mid \tilde{r}_p=r]\neq 0 \tag{17.93}$$

对某些 r、$\boldsymbol{p}$ 和 $\boldsymbol{u}$ 的值成立。(因为 $\boldsymbol{p}$ 和 $\boldsymbol{u}$ 是任意的，$\boldsymbol{p}+\boldsymbol{u}$ 可以是任意投资组合。)

因为 $\boldsymbol{u}$ 是零均值的投资组合，

$$\begin{aligned}E[\tilde{r}_u]&=E[E[\tilde{r}_u \mid \tilde{r}_p]]=E[m(\tilde{r}_p)]\\&=\int_{-\infty}^{\infty}m(r)\mathrm{d}F_{\tilde{r}_p}(r)=0\end{aligned} \tag{17.94}$$

但是，根据我们的假设式（17.93），对一些 r^*，

$$c\equiv\int_{-\infty}^{r^*}m(r)\mathrm{d}F_{\tilde{r}_p}(r)=-\int_{r^*}^{-\infty}m(r)\mathrm{d}F_{\tilde{r}_p}(r)\neq 0 \tag{17.95}$$

见练习 17.17。

式（17.92）的一阶条件对一些凹函数 v 和初始财富 W_0 成立，特别是对下述分段线性效用函数成立

$$v(W)=\begin{cases}k_1W, & W\leqslant W_0r^*\\ k_1W_0r^*+k_2(W-W_0r^*), & W\geqslant W_0r^*\end{cases} \tag{17.96}$$

其中，$k_2<k_1$。对这个效用函数，

$$v'(W)=\begin{cases}k_1, & W\leqslant W_0r^*\\ k_2, & W\geqslant W_0r^*\end{cases} \tag{17.97}$$

因此，

$$\begin{aligned}0&=E[v'(W_0\tilde{r}_p)\tilde{r}_u]\\&=E[E[v'(W_0\tilde{r}_p)\tilde{r}_u \mid \tilde{r}_p]]\\&=E[v'(W_0\tilde{r}_p)E[\tilde{r}_u \mid \tilde{r}_p]]\\&=E[v'(W_0\tilde{r}_p)m(\tilde{r}_p)]\\&=\int_{-\infty}^{r^*}k_1m(r)\mathrm{d}F_{\tilde{r}_p}(r)+\int_{r^*}^{-\infty}k_2m(r)\mathrm{d}F_{\tilde{r}_p}(r)\\&=k_1c-k_2c\\&\neq 0\end{aligned} \tag{17.98}$$

推出矛盾，因此

$$m(r)\equiv E[\tilde{r}_u \mid \tilde{r}_p=r]=0,\ \forall r,\ \boldsymbol{p},\ \boldsymbol{u} \tag{17.99}$$

(b) 现在假定式（17.89）成立。

那么对任意凹函数 v 和初始财富 W_0，有

$$\begin{aligned}E[v(W_0\tilde{r}_q)]&=E[v(W_0(\tilde{r}_{f_q}+\tilde{r}_{u_q}))]\\&=E[E[v(W_0(\tilde{r}_{f_q}+\tilde{r}_{u_q}))\mid \tilde{r}_{f_q}]]\end{aligned}$$

$$\leqslant E[v(E[W_0(\tilde{r}_{f_q}+\tilde{r}_{u_q})\mid \tilde{r}_{f_q}])]$$
$$=E[v(W_0\tilde{r}_{f_q})] \qquad (17.100)$$

不等式是利用詹森不等式得出的，最后一步是用式（17.89）得出的。

即得证。

上述证明基于 Huang 和 Litzenberger（1988，pp. 85－8）。

推论 17.4.3 如果条件式（17.89）成立，那么所有具有期望效用偏好的风险规避投资者会选择前沿投资组合。

证明： 由前面一个定理，这样的投资者不会选择非前沿投资组合 $\boldsymbol{q}$ 而不选择前沿分量 $\boldsymbol{f}_q$。

17.4.2 均值—方差空间中的投资组合前沿：仅包含风险资产情况

我们现在考虑包含单位成本投资组合前沿的 $\mathbb{R}^N$ 中，一个均值—方差关系或者（等价的）均值—标准差关系。换句话说，我们想对投资组合方差极小化问题（17.39）绘制包络函数。一般说来，包络函数是可实现的极小化方差关于外生参数的函数，$\sigma^2(\mu,\ \boldsymbol{W}_0,\ \boldsymbol{e},\ \boldsymbol{V})$。本节中，我们感兴趣的主要是实现的极小化方差和希望的期望回报率 μ 之间的关系。下面，我们将忽略 σ^2 与其他外生参数 W_0、$\boldsymbol{e}$ 和 $\boldsymbol{V}$ 之间的关系。

16.8 节中提到过，尽管包络定理的传统表示方式和“均值—方差”空间或者“xy 空间”的表述方式不同，但把均值回报作为纵轴，把回报的方差或者标准差作为横轴比较方便。

根据式（17.62），我们可以把典型的单位成本前沿投资组合 $\boldsymbol{p}$ 写成

$$\boldsymbol{p}=\text{MVP}+\left(\mu-\frac{A}{C}\right)\boldsymbol{h} \qquad (17.101)$$

或者，因为 $E[\tilde{r}_{\text{MVP}}]=\frac{A}{C}$，换一种能反映隐含的前沿结构的表述方式

$$\boldsymbol{p}=\text{MVP}+(\mu-E[\tilde{r}_{\text{MVP}}])\boldsymbol{h} \qquad (17.102)$$

对正交分解式（17.102）的两边同时取方差（这样是为了便于对图 17—2 中的直角三角（**0**、$\boldsymbol{p}$ 和 MVP）使用毕达哥拉斯（Pythagoras）定理），得

$$\sigma^2\equiv\text{Var}[\tilde{r}_{\boldsymbol{p}}]=\text{Var}[\tilde{r}_{\text{MVP}}]+(\mu-E[\tilde{r}_{\text{MVP}}])^2\text{Var}[\tilde{r}_{\boldsymbol{h}}] \qquad (17.103)$$

根据圆锥曲线的几何坐标（见 4.2 节，特别是式（4.4）），知式（17.103）或者等价的

$$V(\mu)=\frac{1}{C}+\frac{C}{D}\left(\mu-\frac{A}{C}\right)^2 \qquad (17.104)$$

是关于 μ 的二次型，表示均值—方差空间中的抛物线，顶点为

$$V(\mu)=\text{Var}[\tilde{r}_{\text{MVP}}]=\frac{1}{C} \qquad (17.105)$$

$$\mu = E[\tilde{r}_{\mathrm{MVP}}] = \frac{A}{C} \tag{17.106}$$

因此，在均值—方差空间中，前沿是一个抛物线，见图 17—3。

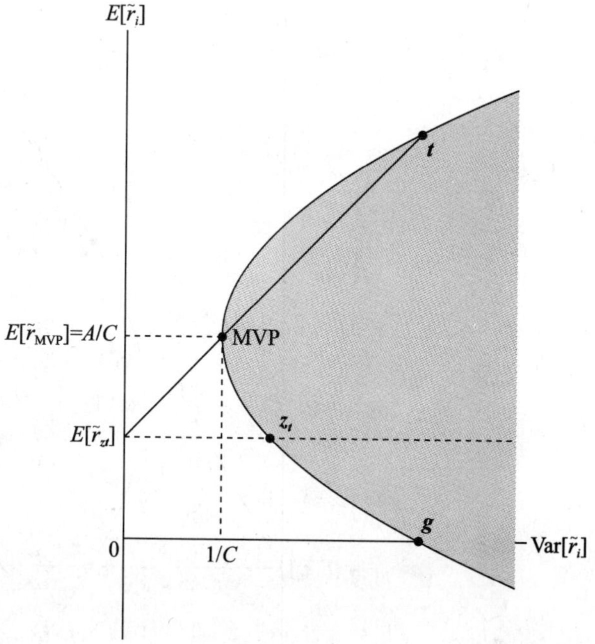

图 17—3　均值—方差空间中的投资组合前沿：仅包含风险资产情况

相似地，在均值—标准差空间，前沿是一个双曲线，或至少双曲线的一部分位于 $\sigma \geqslant 0$ 的半平面。为了看出这一点，与式（4.16）相比，式（17.103）是一个双曲线方程，顶点为

$$\sigma = \sqrt{\mathrm{Var}[\tilde{r}_{\mathrm{MVP}}]} = \sqrt{\frac{1}{C}} \tag{17.107}$$

$$\mu = E[\tilde{r}_{\mathrm{MVP}}] = \frac{A}{C} \tag{17.108}$$

中心为 $\sigma=0$、$\mu=\frac{A}{C}$，渐近线见图 17—4。另外半平面（$\sigma<0$）没有经济含义。

式（17.103）也可以用其他两种圆锥曲线来表示。当 $\mathrm{Var}[\tilde{r}_h]<0$（当然不可能）时，它表示椭圆，中心为 $\left(0, \frac{A}{C}\right)$。比较有实际意义的情况 $\mathrm{Var}[\tilde{r}_{\mathrm{MVP}}]=0$，表示无风险资产，可以对两边同时取根号

$$\sigma = \pm(\mu - E[\tilde{r}_{\mathrm{MVP}}])\sqrt{\mathrm{Var}[\tilde{r}_h]} \tag{17.109}$$

换句话说，双曲线退化为两条直线，等于本身的两条渐近线。

注意，当 $N>3$ 时，对均值—方差前沿或者均值—标准差前沿上的每个点，在投资组合空间中都存在唯一的单位成本投资组合与之相对应。但是对于均值—方差或者均值—标准差前沿以内的点，投资组合空间中存在无穷多个点与之相

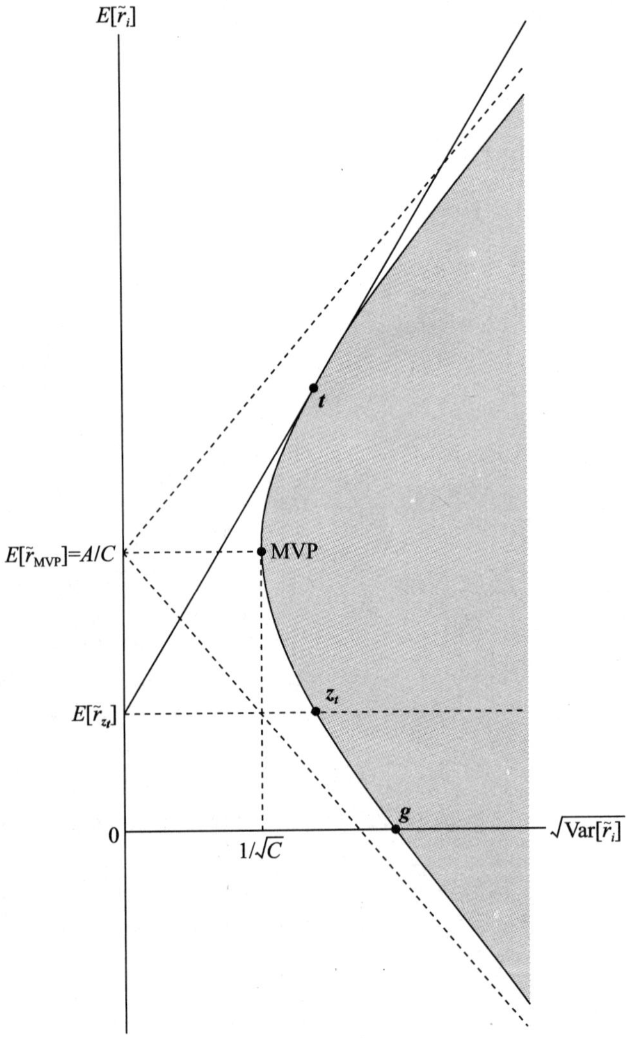

图 17—4　均值—标准差空间中的投资组合前沿：仅包含风险资产情况

对应。

当 $N=2$ 时，所有的投资组合都是前沿投资组合，因此，没有哪个投资组合与均值—方差或者均值—标准差前沿以内的点相对应。

当 $N=3$ 时，投资组合前沿的正交补集是投资组合空间的一维子空间，这个子空间由零成本、零均值投资组合（即单位方差投资组合 $\boldsymbol{u}$）张成。因此，投资组合空间中有两个点与均值—方差或者均值—标准差前沿以内的点(σ^2, μ)或者(σ, μ)相对应。这两个点是

$$\mathrm{MVP}+(\mu-E[\tilde{r}_{\mathrm{MVP}}])\boldsymbol{h}\pm\sqrt{\sigma^2-\mathrm{Var}[\tilde{r}_{\mathrm{MVP}}]-(\mu-E[\tilde{r}_{\mathrm{MVP}}])^2\mathrm{Var}[\tilde{r}_{\boldsymbol{h}}]}\,\boldsymbol{u} \tag{17.110}$$

期望回报 μ 超过 $E[\tilde{r}_{\mathrm{MVP}}]$ 的前沿投资组合称为**有效**的。因为它们在给定方差的情况下极大化了期望回报；其他给定方差下极小化期望回报的前沿投资组合称

为**无效**的。

换句话说，前沿投资组合是一个有效的投资组合，当且仅当其期望回报超过极小化方差期望回报$\frac{A}{C}=E[\tilde{r}_{\text{MVP}}]$。

$\mathbb{R}^N$ 中有效的单位成本投资组合集，称为**有效前沿**或者**马克维茨前沿**。[①] 它是从 MVP 出发，沿着 $\boldsymbol{h}$ 方向的半直线。因此，与单位成本前沿投资组合相同，也是凸集（但不是仿射集）。所有前沿投资组合的仿射组合都是前沿投资组合，但只有有效投资组合的凸组合才仍然是有效的。

对于有效前沿，方差极小化问题的对偶问题是期望回报的极大化问题；对于非有效前沿，对偶问题是期望回报的极小化问题。

现在考虑零协方差（零贝塔）投资组合。要把零协方差投资组合分别绘制在均值—标准差和均值—方差空间，需要用两个技巧。我们先从均值—标准差空间开始。

对于前沿式（17.103），将 $\mu-\sigma$ 关系关于 σ 求导数，可以得出均值—标准差空间的斜率为

$$\frac{\mathrm{d}\mu}{\mathrm{d}\sigma}=\frac{\sigma}{(\mu-E[\tilde{r}_{\text{MVP}}])\operatorname{Var}[\tilde{r}_{\boldsymbol{h}}]} \tag{17.111}$$

前沿在$(\sigma,\ \mu)$处的切线与 μ 轴相交于

$$\begin{aligned}\mu-\sigma\frac{\mathrm{d}\mu}{\mathrm{d}\sigma}&=\mu-\frac{\sigma^2}{(\mu-E[\tilde{r}_{\text{MVP}}])\operatorname{Var}[\tilde{r}_{\boldsymbol{h}}]}\\&=\mu-\frac{\operatorname{Var}[\tilde{r}_{\text{MVP}}]}{(\mu-E[\tilde{r}_{\text{MVP}}])\operatorname{Var}[\tilde{r}_{\boldsymbol{h}}]}-(\mu-E[\tilde{r}_{\text{MVP}}])\\&=E[\tilde{r}_{\text{MVP}}]-\frac{\operatorname{Var}[\tilde{r}_{\text{MVP}}]}{(\mu-E[\tilde{r}_{\text{MVP}}])\operatorname{Var}[\tilde{r}_{\boldsymbol{h}}]}\end{aligned} \tag{17.112}$$

其中，我们把 σ^2 用前沿方程（17.103）替换了。

对式（17.70）进行整理可知，式（17.112）的右边表达式是期望回报率为 μ 的投资组合中零协方差投资组合前沿的期望回报，见图 17—4。

为了在均值—方差空间找到 $\boldsymbol{z}_\mu$，注意连接$(\sigma^2,\ \mu)$和 MVP 的直线与 μ 轴相交于

$$\mu-\sigma^2\frac{\mu-E[\tilde{r}_{\text{MVP}}]}{\sigma^2-\operatorname{Var}[\tilde{r}_{\text{MVP}}]}=\mu-\sigma^2\frac{\mu-E[\tilde{r}_{\text{MVP}}]}{(\mu-E[\tilde{r}_{\text{MVP}}])^2\operatorname{Var}[\tilde{r}_{\boldsymbol{h}}]} \tag{17.113}$$

进行化简，这个公式完全等同于零协方差回报的表达式，见式（17.112）的第一行。几何构造见图 17—3。

17.4.3 $\mathbb{R}^N$ 中的投资组合前沿：无风险资产和风险资产情况

我们现在考虑含无风险资产时投资组合前沿的数学公式。投资者希望能选择

① 投资组合前沿数学最初是美国经济学家 Harry Max Markowitz（b. 1927）（Markowitz，1952）提出（没有用矩阵符号表示）的。Markowitz 因为在金融经济学理论方面的先驱性工作分享了 1990 年诺贝尔经济学奖。

一个投资组合 $\boldsymbol{b}$ 以极小化 1 期的财富方差，$\widetilde{W}_1=\boldsymbol{b}^{\mathrm{T}}\tilde{\boldsymbol{r}}+(W_0-\boldsymbol{b}^{\mathrm{T}}\mathbf{1})r_{\mathrm{f}}$，约束是 1 期的财富至少不小于 μW_0。

根据无套利原理，无风险利率是唯一的，否则的话，贪婪的投资者会以低利率无限制地借入资金，投资到高利率的资产上，这在均衡时是不可能出现的。相似地，前面已经提到，根据无套利原理可以构建零回报方差的投资组合，排除掉风险资产的方差—协方差矩阵，即合成无风险资产。

如果有无风险资产，前沿投资组合则是 14.3 节中另外一类典型的二次规划问题的解，即

$$\begin{aligned}&\min_{\boldsymbol{b}}\boldsymbol{b}^{\mathrm{T}}\boldsymbol{V}\boldsymbol{b}\\&\text{s. t. }\boldsymbol{b}^{\mathrm{T}}\boldsymbol{e}+(W_0-\boldsymbol{b}^{\mathrm{T}}\mathbf{1})r_{\mathrm{f}}\geqslant\mu W_0\end{aligned}\tag{17.114}$$

对投资组合权重不再有限制，所有没有投资到 N 种风险资产上的资产，都假定是投资在无风险资产上。

与仅包含风险资产的求解方法类似，其解为（见练习 17.18）

$$\boldsymbol{b}^*=\frac{W_0(\mu-r_{\mathrm{f}})}{H}\boldsymbol{V}^{-1}(\boldsymbol{e}-r_{\mathrm{f}}\mathbf{1})\tag{17.115}$$

其中，

$$H=(\boldsymbol{e}-r_{\mathrm{f}}\mathbf{1})^{\mathrm{T}}\boldsymbol{V}^{-1}(\boldsymbol{e}-r_{\mathrm{f}}\mathbf{1})=B-2Ar_{\mathrm{f}}+Cr_{\mathrm{f}}^2\tag{17.116}$$

可以证明，对任意 r_{f}，都有 $H>0$，见练习 17.19。

与这个优化问题对应的单位成本投资组合可以记为

$$\boldsymbol{t}\equiv\frac{1}{A-r_{\mathrm{f}}C}\boldsymbol{V}^{-1}(\boldsymbol{e}-r_{\mathrm{f}}\mathbf{1})\tag{17.117}$$

那么有

$$\boldsymbol{b}^*=\frac{W_0(\mu-r_{\mathrm{f}})(A-r_{\mathrm{f}}C)}{H}\boldsymbol{t}\tag{17.118}$$

一个例外情况是当 $r_{\mathrm{f}}=A/C$ 时，最优解是把所有初始财富投资到无风险证券，式（17.115）中定义的 $\boldsymbol{b}^*$ 是为了增加（或者潜在地，减少）期望回报所持有的风险资产的零成本套利组合。

假定 $r_{\mathrm{f}}\neq\frac{A}{C}$，对式（17.117）两边同时左乘 $\boldsymbol{e}^{\mathrm{T}}$，得

$$E[\tilde{r}_t]=\frac{B-r_{\mathrm{f}}A}{A-r_{\mathrm{f}}C}\tag{17.119}$$

向量 $\boldsymbol{t}$ 必须位于风险资产前沿，因为它是 $\boldsymbol{V}^{-1}\mathbf{1}$ 与 $\boldsymbol{V}^{-1}\boldsymbol{e}$ 的线性组合，这两者构成了投资组合前沿的基。比较式（17.119）和式（17.72）可以得出，$\boldsymbol{t}$ 就是期望回报等于无风险利率 r_{f} 的风险资产的零贝塔投资组合。

注意，从式（17.118）可以看出，最优投资组合 $\boldsymbol{t}$ 的符号依赖于 $\mu-r_{\mathrm{f}}$ 和 $A-r_{\mathrm{f}}C$ 的符号，即无风险回报率相对于下列量的位置：

(a) 希望达到的期望回报率 μ；

(b) 仅包含风险资产的 MVP 的期望回报率 $\frac{A}{C}$。

下一节我们会进一步讨论这些量之间的关系。

在 N 维的投资组合空间，投资组合前沿变成由投资组合 t 生成的一维向量子空间。在没有无风险资产的时候，最优投资策略可以描述为：把财富分配到正交的投资组合 t（期望回报是$\frac{B-r_fA}{A-r_fC}$）和 z_t（期望回报是 r_f）；当有无风险资产的时候，最优投资策略可以描述为：把财富分配到投资组合 t 和无风险资产（固定回报是 r_f）。

最后，可以看出

$$\mathrm{Var}[\tilde{r}_t]=\frac{H}{(A-r_fC)^2} \tag{17.120}$$

同时

$$\mathrm{Var}[\tilde{r}_{b^*}]=\frac{W_0^2(\mu-r_f)^2}{H} \tag{17.121}$$

见练习 17.20。

17.4.4 均值—方差空间中的投资组合前沿：无风险资产和风险资产情况

我们现在分析含无风险资产的情况下均值—标准差或者均值—方差空间中前沿的形状。我们先分析均值—标准差空间，三个推导如下。

1. 在式（17.121）中令 $W_0=1$，第一个推导是希望达到的期望回报 μ 与最小可接受标准差 σ 之间的关系，这里是

$$\sigma=\frac{|\mu-r_f|}{\sqrt{H}} \tag{17.122}$$

因此，均值—标准差空间中，前沿是一对直线，与纵轴（均值）交于 $\mu=r_f$，斜率为 $\pm\sqrt{H}$。见图 17—5。

2. 第二个推导是通过分析图 17—4 得出相同的结论。需要考虑三种不同情况。

(a) $r_f<E[\tilde{r}_{MVP}]$。这时有

$$E[\tilde{r}_t]>E[\tilde{r}_{MVP}]>E[\tilde{r}_{z_t}]=r_f \tag{17.123}$$

回顾确定零贝塔投资组合的位置时我们用到的几何技术。可以看出，从 $(0, r_f)$ 发出的与风险资产的均值—标准差有效前沿相切的切线，与有效前沿交于 t，因此称 t 为**切投资组合**。

(b) $r_f>E[\tilde{r}_{MVP}]$。不等式反号

$$E[\tilde{r}_t]<E[\tilde{r}_{MVP}]<E[\tilde{r}_{z_t}]=r_f \tag{17.124}$$

切投资组合 t 位于风险资产均值—标准差前沿的下面的无效区域。

(c) $r_f=E[\tilde{r}_{MVP}]$。因为 r_f 可以从任意一个方向接近 $E[\tilde{r}_{MVP}]$，切投资组合的均值和方差趋于无穷，但是该投资组合的净投资趋于 0。前面已知，在极限情况下，风险资产的最优持有策略是零成本投资组合，因此无法绘制在均值—标准

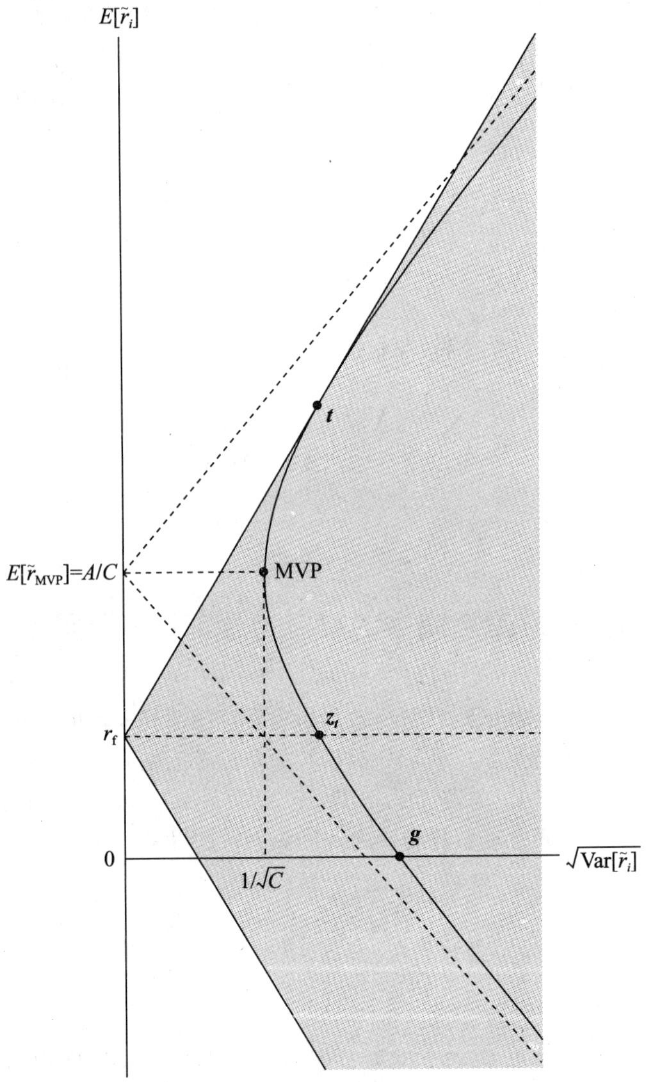

图 17—5　均值—标准差空间中的投资组合前沿：无风险资产和风险资产情况

差图上，因为均值—标准差图只能反映单位成本投资组合。

3. 第三个推导考虑如下问题，如果我们分别以 a 和 $(1-a)$ 的比例组合投资组合 $\boldsymbol{p}$ 和无风险资产，结果会怎样？组合的期望回报是

$$aE[\tilde{r}_p]+(1-a)r_f=r_f+a(E[\tilde{r}_p]-r_f) \tag{17.125}$$

回报的标准差是

$$a\sqrt{\mathrm{Var}[\tilde{r}_p]} \tag{17.126}$$

后面我们会在图 17—7 中看到，从图形上看，在均值—标准差空间（$\sigma\mu$ 空间），这些投资组合表现为从 $(0, r_f)$ $(a=0)$ 发出的经过 $\boldsymbol{p}$ 的射线 $(a=1)$。对每个 σ，最高可获得的回报率，位于从 r_f 发出并与风险资产前沿相切的射线上。这条射线表示无风险资产与切投资组合 $\boldsymbol{t}$ 的组合。当然这种情况仅在 $r_f<\dfrac{A}{C}=$

$E[\tilde{r}_{\mathrm{MVP}}]$时才有意义。

注意，为了使期望回报高于 t，投资者必须给无风险资产分配负的权重，即以无风险利率借入基金，加上切投资组合 t 中他的初始财富。

最后，我们考虑引入无风险资产后均值—方差空间中前沿的形状。方程(17.121)表明，在投资前沿，所希望的期望回报 μ 与极小可接受方差 σ^2 之间有如下关系

$$\sigma^2=\frac{(\mu-r_{\mathrm{f}})^2}{H} \tag{17.127}$$

因此，如同仅包含风险资产情况一样，在均值—方差空间，前沿是一条抛物线，顶点为$(0, r_{\mathrm{f}})$。

切投资组合 t 是唯一同时位于所有资产的投资组合前沿和仅包含无风险资产的投资组合前沿上的点。因此，均值—方差空间，切投资组合位于前面一条（包含所有资产的投资组合前沿）抛物线（在外）与后面一条（仅包含无风险资产的投资组合前沿）抛物线（在内）相切的切点位置，见图 17—6。

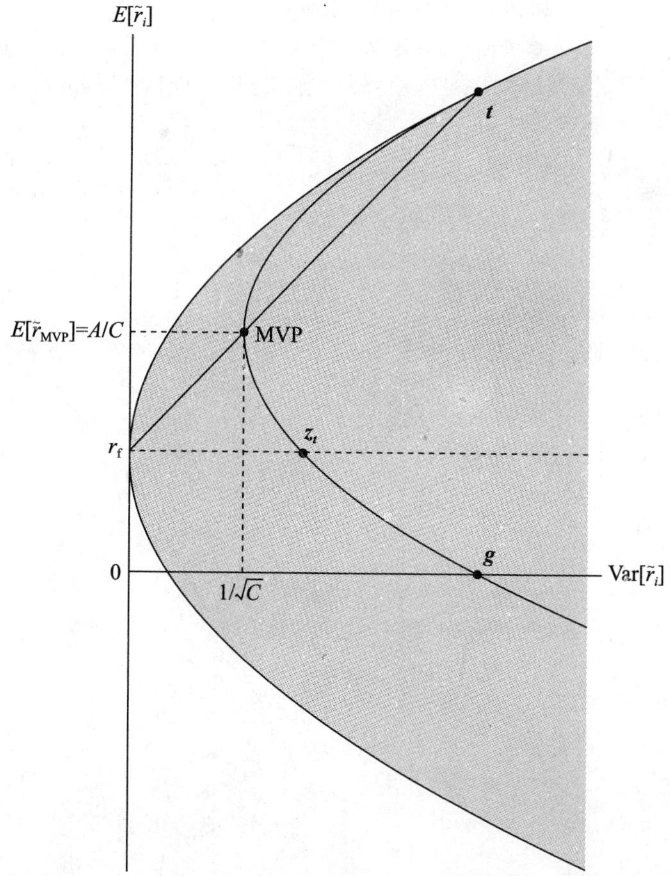

图 17—6　均值—方差空间中的投资组合前沿：无风险资产和风险资产情况

限制借入

前面分析中允许以无风险利率无限制地借入或者借出，这一点不太现实。图17—7和图17—8分别反映的是下列情况：

1. 借入的边际约束；

2. 不同的借入率（r_b）和借出率（r_l）。

在前面一种情况，投资于风险资产的比例β受限，不允许超过某个值，比如1.25或者1.5。后面一种情况见图17—7。前沿是从无风险资产到风险资产投资组合（比如图17—7中的$\boldsymbol{p}$）的有限射线的包络线，延展到借入约束允许的范围内。正如图17—7所示，借入的边际约束对极小化可接受方差的影响要小于投资组合成分的影响，比如，当我们希望得到的期望回报是$r_f+1.5(E[\tilde{r}_p]-r_f)$时，见图示。

对于后面一种情况，有两个切投资组合$\boldsymbol{t}_b$和$\boldsymbol{t}_l$，$E[\tilde{r}_{z_{t_b}}]=r_b$，$E[\tilde{r}_{z_{t_l}}]=r_l$。

● 期望回报从$E[\tilde{r}_{t_l}]$到$E[\tilde{r}_{t_b}]$都可以实现，纯风险策略的方差最小。

● 如果采取这么一个策略：在r_l处无风险借出，投资到风险资产投资组合$\boldsymbol{t}_l$，那么组合的期望回报较低。

● 如果采取这么一个策略：在r_b处无风险借入基金，投资（高于初始财富）到风险资产投资组合$\boldsymbol{t}_b$，那么组合的期望回报较高。

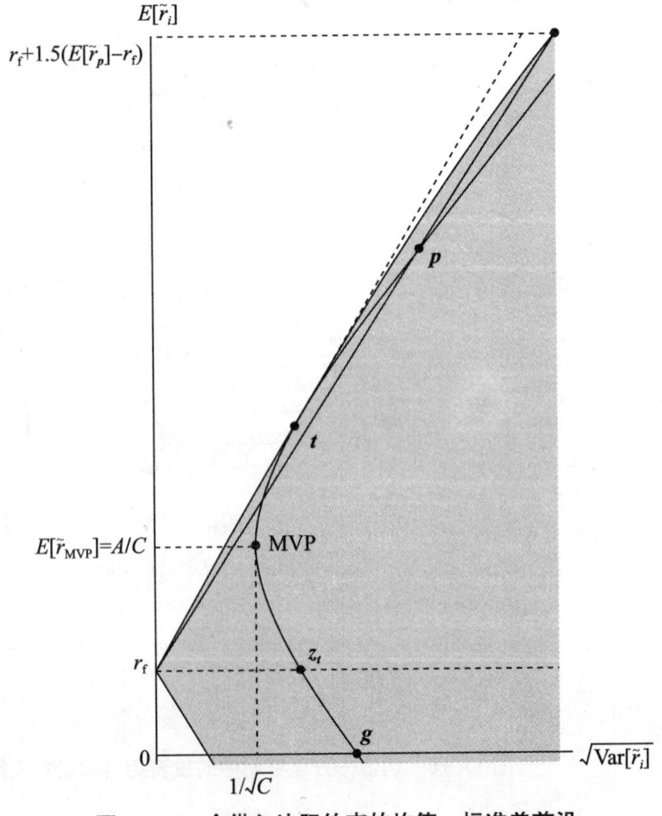

图17—7 含借入边际约束的均值—标准差前沿

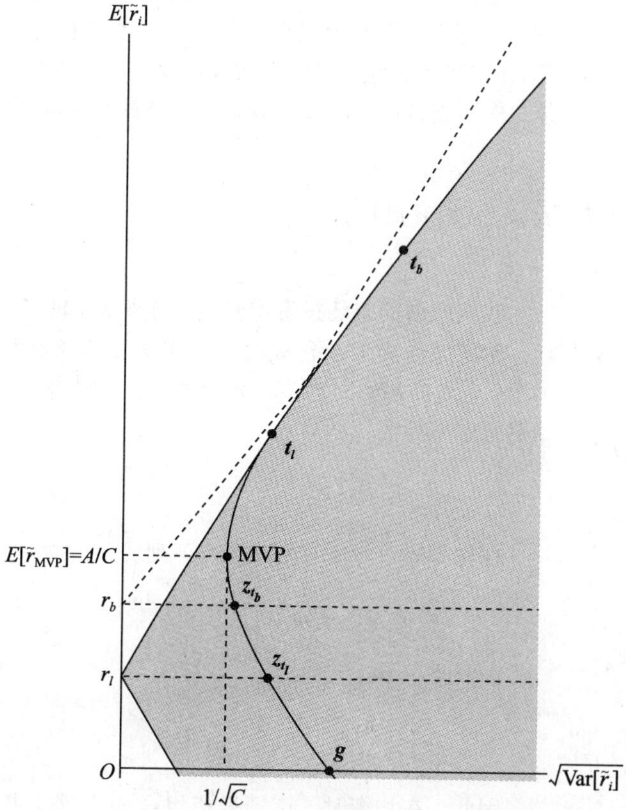

图 17—8　含不同借入借出比率的均值—标准差前沿

17.5　市场均衡与资本资产定价模型

17.5.1　资产定价和预测证券回报

本章前面已经分析了如何寻找最优投资策略，这是金融经济学中很重要也很直接的内容。目前为止，我们学习的投资组合理论将会对金融经济学中如下两个方面大有裨益，这两个方面也许是最感兴趣的：

- 不同资产、资产类和金融市场同时均衡时，解释其回报之间的关系；
- 预测未来的资产回报。

一般来说，讨论其中任何一个问题都需要关于投资者偏好和未来资产价值的概率分布等的现实假定。这些假定反过来推出更有用更精确的资产定价模型，并且具有实证检验预测效果。

这类假定最著名的是关于**资本资产定价模型**（CAPM）的。对于基本模型，CAPM 基于这么一个假定：每一个投资者持有均值—方差前沿投资组合。通过前面的投资组合理论分析我们知道，这个假定在一些情况下是有效的，比如偏好是二次的或者资产回报的概率分布是正态分布。①

17.5.2 市场投资组合的性质

我们所谓的**市场投资组合**是指在给定时点 I 个人所持有的投资组合的加总。

给定证券价格，记 m_j 表示证券 j 在市场投资组合 $\boldsymbol{m}$ 中的权重，$W_{0i}(>0)$ 表示第 i 个人的初始财富，a_{ji} 表示第 i 个人财富投资在证券 j 上的比例。那么总初始财富定义为

$$W_{0m} \equiv \sum_{i=1}^{I} W_{0i} \tag{17.128}$$

在均衡时，对所有资产 j 有下列关系成立：

$$\sum_{i=1}^{I} a_{ji} W_{0i} = m_j W_{0m} \tag{17.129}$$

同时除以 W_{0m}，得

$$\sum_{i=1}^{I} a_{ji} \frac{W_{0i}}{W_{0m}} = m_j, \ \forall j \tag{17.130}$$

因此，在均衡时，市场投资组合 $\boldsymbol{m}$ 是个人投资组合 $\boldsymbol{a}_1$，$\boldsymbol{a}_2$，…，$\boldsymbol{a}_I$ 的凸组合，相应的权重分别为 $\frac{W_{01}}{W_{0m}}$，$\frac{W_{02}}{W_{0m}}$，…，$\frac{W_{0I}}{W_{0m}}$。根据定义，这些权重都是正的，并且加总后等于 1。这个简单观测结果导出定理 17.5.1，即 Black（1972）的零贝塔 CAPM。

17.5.3 零贝塔资本资产定价模型

定理 17.5.1（零贝塔资本资产定价模型） 如果每个投资者持有均值—方差前沿投资组合（例如，如果式（17.89）成立，并且所有投资者都是风险规避的，并以期望效用极大化为目的），那么市场投资组合 $\boldsymbol{m}$ 是均值—方差投资组合，并且根据式（17.87），对所有的投资组合 $\boldsymbol{q}$，有 **CAPM 方程**

$$E[\tilde{r}_q] = (1-\beta_{qm})E[\tilde{r}_{z_m}] + \beta_{qm}E[\tilde{r}_m] \tag{17.131}$$

成立。其中

① Chamberlain（1983）、Huang 和 Litzenberger（1988）完全推广了这些分配条件，但这些结果超出了本书的范围。其他阅读材料参阅 Merton（1972），Roll（1977），Markowitz（1991）以及 Markowitz 和 Todd（2000）。

$$\tilde{r}_m = \sum_{j=1}^{N} m_j \tilde{r}_j \tag{17.132}$$

且

$$\beta_{qm} = \frac{\mathrm{Cov}[\tilde{r}_q, \tilde{r}_m]}{\mathrm{Var}[\tilde{r}_m]} \tag{17.133}$$

我们知道，可以计算任意随机变量对其他随机变量的 β（见式（13.41）），或者计算任意投资组合对投资组合前沿的 β（见式（17.73）），术语**贝塔**叫**市场贝塔**更合适，常用来指资产或者投资组合关于市场投资组合的 β。注意，市场投资组合关于其本身的市场贝塔等于 1。

作为定理 17.5.1 的推论，我们有另外一个两基金分离结果：在零贝塔 CAPM 定理假定下，每一个投资者持有的是市场投资组合 $\boldsymbol{m}$ 和零贝塔前沿投资组合 $\boldsymbol{z}_m$ 的组合。等价地，我们可以说，每一个投资者持有的是任意两个固定前沿投资组合的组合。

零贝塔 CAPM 意味着，对任意单个证券，比如第 j 个证券，有

$$E[\tilde{r}_j] = (1-\beta_{jm})E[\tilde{r}_{z_m}] + \beta_{jm}E[\tilde{r}_m] \tag{17.134}$$

因为任意单个证券可以看作是一种资产（权重为 1）和其他资产（权重为 0）的组合。

方程（17.134）说明，当 CAPM 成立的时候，未来资产价值隐含的复杂多元概率分布的参数只有 N 个单个资产的市场贝塔值、市场投资组合的期望回报及其零贝塔投资组合，这些参数影响期望回报。

17.5.4 传统资本资产定价模型

现在我们可以通过添加无风险资产来导出传统的 CAPM 模型。反过来，CAPM 模型也决定了切投资组合 $\boldsymbol{t}$。注意，通过构造

$$r_f = E[\tilde{r}_{z_t}] \tag{17.135}$$

正常情况下，均衡时无风险资产的供给加总等于 0，但是传统 CAPM 是否成立与这些无关。

根据前面所学的知识，下面两个定理是不证自明的。

定理 17.5.2（分离定理） 如果有无风险资产，那么所有持有均值—方差前沿投资组合的投资者所持有的风险资产的比例由切投资组合 $\boldsymbol{t}$ 给出。

定理 17.5.3（传统资本资产定价模型） 如果每个投资者都持有均值—方差前沿投资组合，那么风险资产的市场投资组合 $\boldsymbol{m}$ 是切投资组合 $\boldsymbol{t}$，并且对任意投资组合 $\boldsymbol{q}$，有下述传统 CAPM 方程

$$E[\tilde{r}_q] = (1-\beta_{qm})r_f + \beta_{qm}E[\tilde{r}_m] \tag{17.136}$$

成立。

定理 17.5.3 有时候也称为 Sharpe-Lintner 定理。①

与零贝塔 CAPM 方程一样，传统 CAPM 方程适用于包含单个资产的投资组合，也可以写为

$$E[\tilde{r}_j]=(1-\beta_{jm})r_{\mathrm{f}}+\beta_{jm}E[\tilde{r}_m] \tag{17.137}$$

或者写成风险溢价形式

$$E[\tilde{r}_j-r_{\mathrm{f}}]=\beta_{jm}E[\tilde{r}_m-r_{\mathrm{f}}] \tag{17.138}$$

这个方程有很多重要含义。假定市场投资组合是均值—方差前沿的有效部分，这意味着具有较高市场贝塔值的资产有高的风险溢价。相似地，零市场贝塔值的资产的回报也是无风险利率。最后，负的市场贝塔值的资产，其回报也低于无风险利率。

回顾第 379 页我们讨论的内容。与债券的久期一样，风险资产的贝塔值度量一般市场条件的改变对资产价格的影响。

关于传统 CAPM 方程（17.136）有两个常见的图形表示。

1. 均值—标准差空间连接无风险资产和市场投资组合的直线称为**资本市场线**，表示 CAPM 成立时前沿投资组合上期望回报与标准差之间的关系，见图 17—9。它不过是均值—标准差投资组合前沿，另外一点是，CAPM 假定成立时，资本市场线通过市场投资组合。

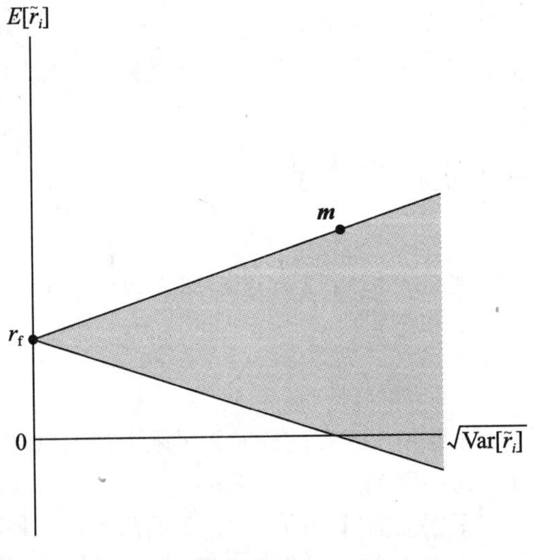

图 17—9 资本市场线

2. 在市场贝塔—期望回报空间，连接无风险资产（0，r_{f}）（或者，如果没有无风险资产，则为 z_m）和市场投资组合（1，$E[\tilde{r}_m]$）的直线，称为**证券市场线**。

① 美国经济学家 William Forsyth Sharpe（b. 1934）因为在金融经济学理论方面的先驱性工作分享了 1990 年诺贝尔经济学奖。Sharpe（1964）提出的 CAPM 或多或少独立于另一位同时代的美国经济学家 John Virgil Lintner, Jr.（1916—1983）（Lintner，1965）。

其方程为

$$\mu = r_f + E[\tilde{r}_m - r_f]\beta \tag{17.139}$$

类似于均值—标准差和均值—方差分析，把期望回报绘制在纵轴上比较方便，见图 17—10。根据式（17.136），对于所有投资组合和单个证券（例如第 i 个证券），其贝塔值和总体均值必须位于证券市场线上。

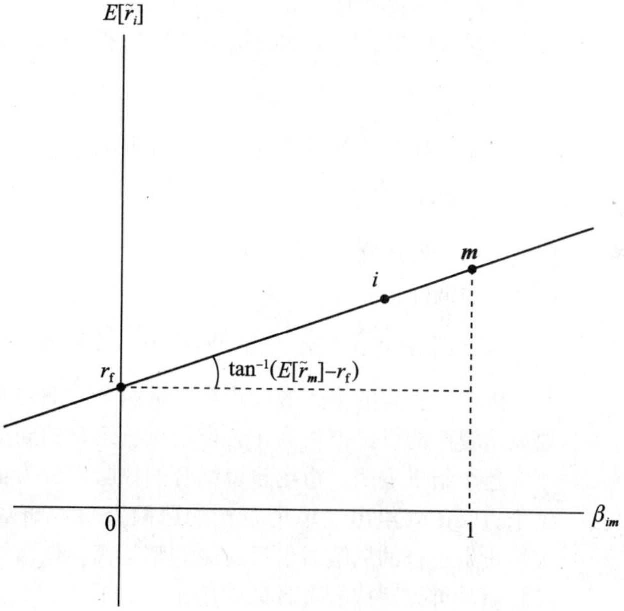

图 17—10 证券市场线

关于 CAPM 的一个基本图形实证检验是，把样本均值回报关于样本的市场贝塔值绘制在一个图上，看散点图是否近似一条直线。

严格一点的方法是，用样本均值回报关于样本的市场贝塔值建立截面线性回归模型，检验两条原假设：截距项等于无风险利率，斜率等于市场投资组合风险溢价的斜率，见式（17.139）。关于 CAPM 的实证检验发展了一整套计量经济分析，这已经超出本书的范围，感兴趣的读者参阅 Huang 和 Litzenberger（1988，第 10 章）和 Campbell 等（1997，第 5 章）。

图 17—8 中如果有不同的无风险借入率和借出率约束，我们同样可以考虑 CAPM 会有什么变化，见 Elton 等（2010，p. 88）。如果所有个人在均衡时都面临这种约束，那么现实要求是，无风险资产的加总供给必须等于 0，并且所有投资者持有的仅仅是风险资产。

17.5.5 市场投资组合的风险溢价

当存在无风险资产时，通过构造我们知道，无风险资产和切投资组合（在

CAPM 假定下必须是风险资产的市场投资前沿）分别位于 MVP 的两侧。但无法知道风险资产的市场投资组合的均衡期望回报是否超过无风险回报。下面定理给出市场投资组合的均值—方差有效性的充分条件。

定理 17.5.4 如果

(a) 满足 CAPM 假设，

(b) 风险资产供给严格为正，

(c) 投资者具有严格递增的凹的效用函数，

那么市场投资组合（即切投资组合）是有效的，并且

$$r_f < E[\tilde{r}_{MVP}] < E[\tilde{r}_m] \tag{17.140}$$

证明： 如果投资组合的期望回报满足下式

$$E[\tilde{r}] < r_f \tag{17.141}$$

那么无风险资产在投资组合中占主要地位。因为，根据詹森不等式和效用函数的凹性和单调性，有

$$E[u(W_0\tilde{r})] \leqslant u(E[W_0\tilde{r}]) < u(W_0 r_f) \tag{17.142}$$

因此，所有的个人最优均衡投资组合的期望回报超过 r_f。由凸性性质知，只要风险资产的供给严格为正，市场投资组合的期望回报就必须超过 r_f。

这个结果表明，市场投资组合的风险溢价为正，当然我们还能得出更深入的结论。CAPM 给出了单个资产的风险溢价和市场投资组合的风险溢价的关系。市场投资组合的风险溢价反过来调整均衡，使市场出清。有时，市场投资组合的风险溢价可以写成投资者的效用函数的形式。

例如，假定存在无风险资产，回报满足多元正态分布。对于典型的投资组合选择问题（第 i 个投资者，第 j 个资产），利用多元正态分布根据协方差定义和斯坦（Stein）引理（定理 13.7.1），知式（17.7）的一阶条件为：

$$\begin{aligned} 0 &= E[u_i'(\widetilde{W}_{1i})(\tilde{r}_j - r_f)] \\ &= E[u_i'(\widetilde{W}_{1i})]E[\tilde{r}_j - r_f] + \mathrm{Cov}[u_i'(\widetilde{W}_{1i}),\ \tilde{r}_j] \\ &= E[u_i'(\widetilde{W}_{1i})]E[\tilde{r}_j - r_f] + E[u_{1i}''(\widetilde{W}_{1i})]\mathrm{Cov}[\widetilde{W}_{1i},\ \tilde{r}_j] \end{aligned} \tag{17.143}$$

整理后，得

$$\frac{E[\tilde{r}_j - r_f]}{\theta_i} = \mathrm{Cov}[\widetilde{W}_{1i},\ \tilde{r}_j] \tag{17.144}$$

其中，

$$\theta_i \equiv \frac{-E[u''_i(\widetilde{W}_{1i})]}{E[u_i'(\widetilde{W}_{1i})]} \tag{17.145}$$

表示第 i 个投资者的**全局绝对风险规避**。因为

$$\widetilde{W}_{1i} = W_{0i}\left(r_f + \sum_{k=1}^{N} a_{ki}(\tilde{r}_k - r_f)\right) \tag{17.146}$$

对两边同时关于 $\tilde{r}_j$ 求协方差，去掉非随机项，得

$$\mathrm{Cov}[\widetilde{W}_{1i}, \tilde{r}_j] = \mathrm{Cov}\Big[W_{0i}\sum_{k=1}^{N} a_{ki}\tilde{r}_k, \tilde{r}_j\Big] \tag{17.147}$$

因此

$$\frac{E[\tilde{r}_j - r_f]}{\theta_i} = \mathrm{Cov}\Big[W_{0i}\sum_{k=1}^{N} a_{ki}\tilde{r}_k, \tilde{r}_j\Big] \tag{17.148}$$

对所有投资者加总，得（因为市场出清时有 $\sum_i W_{0i}a_{ki} = W_{0m}m_k$，根据定义有 $\sum_k m_k\tilde{r}_k = \tilde{r}_m$）

$$E[\tilde{r}_j - r_f]\Big(\sum_{i=1}^{I}\theta_i^{-1}\Big) = W_{0m}\mathrm{Cov}[\tilde{r}_m, \tilde{r}_j] \tag{17.149}$$

或者

$$E[\tilde{r}_j - r_f] = \Big(\sum_{i=1}^{I}\theta_i^{-1}\Big)^{-1}W_{0m}\mathrm{Cov}[\tilde{r}_m, \tilde{r}_j] \tag{17.150}$$

即均衡时，第 j 个资产的风险溢价等于经济的**加总相对风险规避**和第 j 个资产与市场回报的协方差的乘积。

用市场投资组合权重来加权，计算第 j 个资产的均值如下

$$E[\tilde{r}_m - r_f] = \Big(\sum_{i=1}^{I}\theta_i^{-1}\Big)^{-1}W_{0m}\mathrm{Var}[\tilde{r}_m] \tag{17.151}$$

即均衡时，市场的风险溢价等于经济的加总相对风险规避和市场回报的方差的乘积。等价于，市场变异性的回报等于加总相对风险规避。

我们整理了一些例子。

例 17.5.1 负指数效用

$$u_i(W) = -e^{-\alpha_i W}, \quad \alpha_i > 0 \tag{17.152}$$

意味着（见例 16.5）

$$\Big(\sum_{i=1}^{I}\theta_i^{-1}\Big)^{-1} = \Big(\sum_{i=1}^{I}\alpha_i^{-1}\Big)^{-1} > 0 \tag{17.153}$$

因此，市场投资组合是有效的。

例 17.5.2 二次效用

$$u_i(W) = W - \frac{\alpha_i}{2}W^2, \quad \alpha_i > 0 \tag{17.154}$$

意味着（见练习 16.18（a））

$$\Big(\sum_{i=1}^{I}\theta_i^{-1}\Big)^{-1} = \Big(\sum_{i=1}^{I}(\alpha_i^{-1} - E[\widetilde{W}_i])\Big)^{-1} \tag{17.155}$$

回顾一下，二次效用函数有一个极大幸福点 $W = \frac{1}{\alpha_i}$，因此，加总相对风险规避是正的，市场投资组合是有效的，前提是投资者的期望财富的平均值低于极

大幸福点。当然，完整的推导需要基于效用递增的假定，如果投资者能够达到极大幸福点，投资组合就不再有效。

17.5.6 资本资产定价模型与风险溢价

同式（17.12），假设 p_j 是随机收益 $\tilde{x}_j$ 的价格，传统的CAPM成立，且收益 $\tilde{x}_j$ 与市场投资组合收益 $\tilde{r}_m$ 的协方差已知。

那么 $\tilde{r}_j=\dfrac{\tilde{x}_j}{p_j}$，由CAPM知

$$\begin{aligned}E[\tilde{r}_j]&=r_f+\beta_{jm}E[\tilde{r}_m-r_f]\\&=r_f+\frac{\mathrm{Cov}[\tilde{x}_j,\ \tilde{r}_m]}{p_j\mathrm{Var}[\tilde{r}_m]}E[\tilde{r}_m-r_f]\end{aligned}\tag{17.156}$$

同时乘上 p_j，得

$$E[\tilde{x}_j]=r_f p_j+\frac{\mathrm{Cov}[\tilde{x}_j,\ \tilde{r}_m]}{\mathrm{Var}[\tilde{r}_m]}E[\tilde{r}_m-r_f]\tag{17.157}$$

求解 p_j，得

$$p_j=\frac{1}{r_f}\left(E[\tilde{x}_j]-\frac{\mathrm{Cov}[\tilde{x}_j,\ \tilde{r}_m]}{\mathrm{Var}[\tilde{r}_m]}E[\tilde{r}_m-r_f]\right)\tag{17.158}$$

因此，

● 无论市场投资组合是否有效，与市场投资组合回报无关的收益都可以按照其折现期望价值（以无风险利率折现）来交易。

● 假定市场投资组合是均值—方差有效的，

—如果某收益与市场回报负相关，那么交易价格高于其折现期望价值（即将吸引低于无风险利率的回报）；

—如果某收益与市场回报正相关，那么交易价格低于其折现期望价值（即将吸引高于无风险利率的回报）。

17.6 多货币考虑

不确定性下的选择理论，通常不涉及价值标准货币选择的重要性。在13.10.2节和16.7节讨论西格尔悖论和无抛补利率平价时我们已经看到货币选择的显著影响。投资组合理论文献常把货币称为“美元”，因为大多数这类文献出自美国。我们在书中把货币单位称为“欧元”是经过深思熟虑的，而不仅仅是因为本书是在欧元区完成的。更重要的是，在最后总结这一节，我们希望突出这里讲的均衡理论中隐含的不同假定。

一般文献中的观点主要基于如下几点：

● 世界关于价值标准货币是风险中性的；或

● 偏好关于价值标准货币具有期望效用性质；或

● 关于价值标准（计价标准）货币，个人选择的投资组合位于均值—方差前沿。

然而，通常情况下，这些黑体字被省略了。随之而来的问题是，在什么条件下，改变价值标准货币时这些性质仍然不变或者改变。

在固定汇率体制下，价值标准货币的选择对结果没有任何差异。但是，1971年布雷顿森林固定汇率体系崩溃，之后的几十年，以及在逐渐全球化的当代，固定汇率体制的假定已经不再使用。即使是另外一个同样不现实的假定，假设汇率统计上独立于投资资产的回报，也很难得出一个有用的不变的结果。

16.7 节中我们看出，在价值标准货币改变的时候，风险中性世界的性质也会改变。或者更准确地说，不同的个人关于不同的货币是否都是风险中性的。金融市场均衡模型可能对所选用的货币敏感。一个世界，如果从欧元的角度看是风险中性的，那么从英镑的角度或者从任何其他货币的角度看，不可能同样也是风险中性的。相似地警告同样适用于本章讨论的 CAPM 背后的均值—方差世界。

如果所有投资者选择的投资组合关于某种货币是均值—方差有效投资组合前沿，那么关于其他不同货币它不会自动是均值—方差有效投资组合前沿。我们已经证明，在一个不确定汇率世界，关于本国货币具有均值—方差偏好的投资者，会组合持有本国货币无风险资产和相应的风险资产（可能包括其他货币无风险收益，但是考虑到汇率不确定性，可以视为风险资产）的切投资组合。

风险中性均衡揭示是否有投资者同时关于两种或者更多不同的货币有风险中性偏好，与此相同，两基金分离均衡可能揭示是否存在投资者关于两种或者更多不同的货币有均值—方差偏好，见练习 17.22。

练　习

17.1　证明下述有约束极大化问题

$$\max_{\{a_0, a_1, \cdots, a_N\}} E\left[u\left(a_0 r_f + \sum_{i=1}^{N} a_i \tilde{r}_i\right)\right]$$

约束条件为

$$\sum_{i=0}^{N} a_i = W_0$$

与无约束极大化问题

$$\max_{\{a_1, a_2, \cdots, a_N\}} E\left[u\left(W_0 r_f + \sum_{i=1}^{N} a_i (\tilde{r}_i - r_f)\right)\right]$$

对 a_1，a_2，…，a_N 有相同的解。

17.2　某个人初始财富为 $W_0=1$，VNM 期望效用函数 $u(w)=w-(b/2)w^2$，$b=0.001$，面临的无风险利率为 8%，两种风险投资机会的期望回报

用向量表示为

$$\boldsymbol{e}=\begin{bmatrix}0.12\\0.15\end{bmatrix}$$

方差和协方差矩阵为

$$\boldsymbol{V}=\begin{bmatrix}0.02 & -0.01\\-0.01 & 0.04\end{bmatrix}$$

计算最优投资组合。

17.3 考虑把初始财富分配到无风险资产和一个简单的风险资产以极大化期望效用的问题。如果期望回报超过无风险利率，则递减的绝对风险规避（DARA）意味着风险资产是正常商品。

证明 CARA、IARA、DRRA、CRRA 和 IRRA 相似地结果。

17.4 找出双曲绝对风险规避所对应的效用函数。

17.5 推导方程（16.85）。

17.6 证明：$u'(w)=A\exp(Bw)$是两基金分离的充分条件。

17.7 一个投资者，初始财富为 W_0，可以投资到 N 种（总）回报率不确定的资产，回报率用随机向量表示为 $\tilde{\boldsymbol{r}}\equiv(\tilde{r}_1, \tilde{r}_2, \cdots, \tilde{r}_N)$。

以投资组合（总）期望回报率不低于 μ 为约束，按照总体回报率的方差极小化选出投资向量（或投资组合）$W_0\boldsymbol{b}\equiv(b_1W_0, b_2W_0, \cdots, b_NW_0)$，假设资产持有量可以为负（卖空，或 $b_i<0$）。

设 $\boldsymbol{e}$ 是 $N\times1$ 维向量，第 i 个分量是 $E[\tilde{r}_i]$，令 $\boldsymbol{V}$ 是 $N\times N$ 阶矩阵，第 ij 个元素是 $\mathrm{Cov}[\tilde{r}_i, \tilde{r}_j]$。假设所有的期望和协方差都是有限的。

（a）利用期望、方差和协方差的基本性质，证明投资组合 $W_0\boldsymbol{b}$（总）回报率的期望可以写成矩阵形式为 $\boldsymbol{b}^{\mathrm{T}}\boldsymbol{e}$，方差为 $\boldsymbol{b}^{\mathrm{T}}\boldsymbol{V}\boldsymbol{b}$。

（b）证明 $\boldsymbol{V}$ 是对称半正定矩阵。

（c）把投资者问题写成库恩-塔克优化问题形式。

（d）写出优化问题的一阶条件，研究标准的二阶条件是否满足。

（e）假定 $\boldsymbol{V}$ 是可逆矩阵，在最优点处是紧约束，求解优化投资向量，写成 μ、$\boldsymbol{e}$、$\boldsymbol{V}$ 和库恩-塔克乘子的形式。

（f）把优化投资向量轮流代入各个约束方程，得出用库恩-塔克乘子表示的两个线性方程，把最优解 $\boldsymbol{b}$ 写成仅包含外生参数的形式（不包含库恩-塔克乘子）。

17.8 当 N 种可用的风险资产彼此无关时，投资组合前沿将会是什么形式？

17.9 再次考虑练习 17.7，但是假设只有三种资产，初始财富是€1m，不允许卖空。

（a）证明投资者问题可以表示为下列不等约束下的库恩-塔克极大化问题：

（i）三个选择变量和六个不等约束，或

（ii）两个选择变量和四个不等约束。

(b) 考虑一个特例，（净）回报向量的期望是(0.04，0.08，0.12)，其方差一协方差矩阵为

$$\begin{bmatrix} 0.03 & -0.01 & -0.01 \\ -0.01 & 0.03 & -0.01 \\ -0.01 & -0.01 & 0.03 \end{bmatrix}$$

计算所希望达到的期望回报分别为 4%、5.5%、6%、8%、10%、11.5%和 12%时的最优投资组合。各种情况下，库恩-塔克乘子的符号分别是什么（严格正、零或者严格负）?

(c) 只有期望回报约束和预算约束为紧约束的情况下，使用包络定理，计算极小化方差关于所希望达到的期望回报的改变率。

(d) 分别在 b_1b_2 平面（即使用两个变量，四个约束）和 $b_1+b_2+b_3=1$ 平面（即使用三个变量，六个约束)，对两个可能的 μ 值，绘制可行集草图。对每个图分别标明目标函数的无差异曲线。

(e) 当希望达到的回报在哪个范围内取值时，卖空约束为紧约束？利用这条信息，绘制该问题的包络函数。

(f) 如果把 (b) 中所有为−0.01 的协方差替换为 0.01，结果会怎么变化?解释一下。

17.10 假设有两个证券可用于投资，均衡期望回报分别是 14%和 8%，标准差分别为 6 个百分点和 3 个百分点。假设两只股票回报之间的相关系数为 1。

(a) 写下两只股票的相关系数矩阵。

(b) 找出两只股票的无风险投资组合。

(c) 绘制投资组合前沿。(注意，普通的方法这里行不通，因为存在两只股票的无风险投资组合。)

(d) 如果均衡时存在无风险证券，其回报率会是多少?

17.11 证明：包含回报不相关且方差都为 1 的 N 个投资组合的投资组合空间，存在一个基。并把投资组合前沿的数学公式写成无关投资组合的单位成本形式。

17.12 符号的含义见正文。

(a) 套利投资组合 $\boldsymbol{h}$ 的回报和单位投资组合 $\boldsymbol{g}$ 的回报分别为$\frac{1}{C}\boldsymbol{V}^{-1}\mathbf{1}$和$\frac{1}{A}\boldsymbol{V}^{-1}\boldsymbol{e}$，计算其均值、方差和两两之间的协方差。

(b) 证明：$D\equiv BC-A^2$ 是正的。

(c) 证明：对单位投资组合 $\boldsymbol{p}$，有

$$\mathrm{Cov}[\tilde{\boldsymbol{r}}_{\mathrm{MVP}}, \tilde{\boldsymbol{r}}_{\boldsymbol{p}}]=\frac{1}{C}$$

(d) 推导方程 (17.62)，即证明：任意前沿投资组合都可以写成下列形式

$$\boldsymbol{b}=W_0\left(\mathrm{MVP}+\left(\mu-\frac{A}{C}\right)\boldsymbol{h}\right)$$

(e) 证明投资组合权重向量分解

$$\boldsymbol{a} \equiv \mathrm{MVP} + \left(E[\tilde{r}_a] - \frac{A}{C}\right)\boldsymbol{h} + \boldsymbol{u}$$

可以自然推广到表示投资组合收益的随机变量的分解。

通过解式 (17.69)，找出 $E[\tilde{r}_p]$ 和 $E[\tilde{r}_{zp}]$ 的关系。

17.13 根据下面数据计算并绘制投资组合前沿（同时在投资组合空间和均值—方差空间绘制）

$$\boldsymbol{e}=\begin{bmatrix}1.03\\1.08\end{bmatrix}, \mathbf{V}=\begin{bmatrix}0.02 & -0.01\\-0.01 & 0.05\end{bmatrix}$$

17.14 如果所有资产的期望回报相同，那么投资组合前沿的形状是什么样的？如果两个资产的期望回报相同，方差—协方差矩阵如下：

$$\mathbf{V} \equiv \begin{bmatrix}\sigma_1^2 & \sigma_{12}\\\sigma_{12} & \sigma_2^2\end{bmatrix}$$

找出极小化方差投资组合的比例。

17.15 找出全局极小化方差投资组合的权重、期望回报和回报的方差矩阵。

17.16 假定有三种风险资产（回报有相同方差）可用于投资，期望回报分别为 1%、2%和 3%。

假定第一种和第三种资产是不相关的均值—方差前沿投资组合。

(a) 计算资产回报的 3×3 阶相关系数矩阵。

(b) 计算全局极小化方差投资组合的比例、期望回报以及三种潜在资产的贝塔值。

(c) 一个寻求均值—方差有效投资组合的投资者，将会持有多少第二种资产？

(d) 最后，在前沿投资组合中，如果前两种资产相对于第三种资产的贝塔值为 0.25 和 0.75，计算每种资产的持有比例。

17.17 假设 $E[\tilde{x}]=0$，但对一些 y，$m(y)=E[\tilde{x} \mid \tilde{y}=y] \neq 0$，证明，存在 y^*，使得

$$c \equiv \int_{-\infty}^{y^*} m(y)\,\mathrm{d}F_{\tilde{y}}(y) = -\int_{y^*}^{\infty} m(y)\,\mathrm{d}F_{\tilde{y}}(y) \neq 0$$

17.18 求解问题 (17.114)，即

$$\min_{\boldsymbol{b}} \boldsymbol{b}^{\mathrm{T}}\mathbf{V}\boldsymbol{b}$$
$$\text{s. t. } \boldsymbol{b}^{\mathrm{T}}\boldsymbol{e} + (W_0 - \boldsymbol{b}^{\mathrm{T}}\mathbf{1})r_{\mathrm{f}} \geq \mu W_0$$

17.19 证明：方程 (17.116) 中，对任意 r_{f}，都有 $H>0$。

17.20 根据方程 (17.120) 和方程 (17.121) 分别推导 $\mathrm{Var}[\tilde{r}_t]$ 和 $\mathrm{Var}[\tilde{r}_{b^*}]$ 的表达式。

17.21 对一个等权重投资组合，考虑证券数目趋于无穷时回报的方差的极限。证明，如果这样添加证券：使方差项的均值和协方差项的均值保持不变，那么投资组合的方差趋近于平均协方差并以之为下界。

17.22 考虑一个世界，有 N 个国家，唯一可交易的是 N 种无风险资产，每一种资产都用相应的货币来命名。假设汇率是不确定的，且是外生的。假定各国的投资者都选择这 N 种资产作为投资组合，从本国货币的角度看投资组合是均值—方差有效的。

探讨最优投资组合选择的性质和市场均衡的性质。

参考文献

Allais, M. F. C., 1953. "Le comportement de 1'homme rationnel devant le risque: critique des postulats et axiomes de 1'école Americaine", *Econometrica* 21(4): 503-546.

Allen, R. G. D., 1936. "Professor Slutsky's theory of consumers' choice", *Review of Economic Studies* 3(2): 120-129.

Anton, H. and Rorres, C., 2011. *Elementary Linear Algebra: With Supplemental Applications*, 10th edn. John Wiley, Hoboken, NJ.

Arrow, K. J., 1953. "Le rôle des valeurs boursières pour la repartition la meilleure des risques", *Econometrie* 11: 41-48.

Arrow, K. J., 1965. "The theory of risk aversion", *Aspects of the Theory of Risk Bearing —Yrjö Jahnsson Lectures*. Yrjö Jahnsson Saatio, Helsinki.

Balvers, R. J. and Huang, D., 2009. "Money and the C-CAPM", *Journal of Financial and Quantitative Analysis* 44(2): 337-368.

Barankin, E. W., 1945. "Bounds for the characteristic roots of a matrix", *Bulletin of the American Mathematical Society* 51(10): 767-770.

Barnett, V., 2004. "E. E. Slutsky: mathematical statistician, economist, and political economist", *Journal of the History of Economic Thought* 26(1): 5-18.

Bass, T. A., 1999. *The Predictors*. Henry Holt, New York.

Berge, C., 1959. *Espaces Topologiques. Fonctions Multivoques*, Vol. III. of Collection Universitaire de Mathématiques. Dunod, Paris.

Berge, C., 1997. *Topological Spaces* (transl. of Berge (1959) by E. M. Patterson). Dover, Mineola, NY.

Berger, J. O., 1993. *Statistical Decision Theory and Bayesian Analysis* (corrected 3rd printing). Springer Series in Statistics, Springer, New York.

Bernstein, P. L., 2007. *Capital Ideas Evolving*. John Wiley, Hoboken, NJ.

Billingsley, P., 1995. *Probability and Measure*, 3rd edn. John Wiley, New York.

Binmore, K. G., 1982. *Mathematical Analysis: A Straightforward Approach*, 2nd edn. Cambridge University Press, Cambridge.

Black, F, 1972. "Capital market equilibrium with restricted borrowing", *Journal of Business* 45: 444 - 454.

Bowley, A. L., 1924. *The Mathematical Groundwork of Economics: An Introductory Treatise*. Clarendon Press, Oxford.

Campbell, J. Y. and Hentschel, L. N., 1992. "No news is good news: an asymmetric model of changing volatility in stock returns", *Journal of Financial Economics* 31: 281 - 318.

Campbell, J. Y., Lo, A. W. and MacKinlay, A. C., 1997. *The Econometrics of Financial Markets*. Princeton University Press, Princeton, NJ.

Cass, D. and Stiglitz, J. E., 1970. "The structure of investor preferences and asset returns, and separability in portfolio allocation: a contribution to the pure theory of mutual funds", *Journal of Economic Theory* 2: 122 - 160.

Chamberlain, G., 1983. "A characterization of the distributions that imply mean-variance utility functions", *Journal of Economic Theory* 29: 185 - 201.

Chiang, A. C. -I. and Wainwright, K., 2005. *Fundamental Methods of Mathematical Economics*, 4th edn. McGraw-Hill, New York.

Chu, K. H., 2005. "Solution to the Siegel paradox", *Open Economies Review* 16(4): 399 - 405.

Cochrane, J. H., 2005. *Asset Pricing*, rev. edn. Princeton University Press, Princeton, NJ.

Cramer, G., 1750. *Introduction á l'Analyse des Lignes Courbes Algébraique*. Frères Cramer & Cl. Philibert, Geneva.

Davidson, C., 1996. "Christine Downton's brain", *Wired* 4(12): 170 - 183.

de la Fuente, A., 2000. *Mathematical Methods and Models for Economists*. Cambridge University Press, Cambridge.

Debreu, G., 1959. *Theory of Value: An Axiomatic Analysis of Economic Equilibrium*. Yale University Press, New Haven, CT.

Debreu, G., 1964. "Continuity properties of Paretian utility", *International Economic Review* 5: 285 - 293.

Edgeworth, F. Y, 1881. *Mathematical Psychics: An Essay on the Application of Mathematics to the Moral Sciences*. C. K. Paul, London.

Elton, E. J., Gruber, M. J., Brown, S. J. and Goetzmann, W. N., 2010. *Modern Portfolio Theory and Investment Analysis*, 8th edn. John Wiley, Hoboken, NJ.

Enders, W., 2010. *Applied Econometric Time Series*, 3rd edn. John Wiley, Hoboken, NJ.

Fama, E. F., 1970. "Efficient capital markets: a review of theory and empirical work", *Journal of*

Finance 25: 383 - 423.

Fama, E. F. and Miller, M. H., 1972. *The Theory of Finance*. Dryden Press, Hinsdale, IL.

Feldstein, M. S., 1969. "Mean-variance analysis in the theory of liquidity preference and portfolio selection", *Review of Economic Studies* 36: 5 - 12.

Fishburn, P. C., 1970. *Utility Theory for Decision Making*. John Wiley, Chichester.

Fubini, G., 1958. *Opere Scelte*, Vol. 2. Edizioni Cremonese, Rome.

Geary, R. C., 1950. "A note on 'A constant-utility index of the cost of living' ", *Review of Economic Studies* 18(1): 65 - 66.

Goursat, É., 1959. *Derivatives and Differentials; Definite Integrals; Expansion in Series; Applications to Geometry*, Vol. I of *A Course in Mathematical Analysis* (new Dover edn of 1904 edn, transl. E. R. Hedrick). Dover, New York.

Greenberg, M. and Lowrie, K., 2010. "Kenneth J. Arrow: understanding uncertainty and its role in the world economy", *Risk Analysis* 30(6): 887 - 880.

Grossman, S. J. and Stiglitz, J. E., 1989. "On the impossibility of informationally efficient markets", in S. J. Grossman, ed.. *The Informational Role of Prices*, pp. 91 - 116. MIT Press, Cambridge, MA.

Gujarati, D. N., 2003. *Basic Econometrics*, 4th edn. McGraw-Hill, Boston.

Hamilton, J., 1994. *Time Series Analysis*. Princeton University Press, Princeton, NJ.

Hart, R., 2010. *The Chinese Roots of Linear Algebra*. Johns Hopkins University Press, Baltimore.

Heims, S. J., 1980. *John von Neumann andNorbert Wiener: From Mathematics to the Technologies of Life and Death*. MIT Press, Cambridge, MA.

Higgins, T. J., 1940. "A note on the history of mixed partial derivatives", *Scripta Mathematica* 7: 59 - 62.

Hildenbrand, W, 1974. *Core and Equilibria of a Large Economy*. Princeton University Press, Princeton, NJ.

Hildenbrand, W. and Kirman, A. P., 1988. *Equilibrium Analysis: Variations on Themes by Edgeworth and Walras*. North-Holland, Amsterdam.

Hirshleifer, J., 1970. *Investment, Interest and Capital*. Prentice Hall, Englewood Cliffs, NJ.

Hogg, R. V. and Craig, A. T, 1978. *Introduction to Mathematical Statistics*, 4th edn. Collier Macmillan, London.

Huang, C.-F. and Litzenberger, R. H., 1988. *Foundations for Financial Economics*. North-Holland, New York.

Hull, J. C., 2009. *Options, Futures, and Other Derivatives*, 7th edn. Pearson Prentice-Hall, Upper Saddle River, NJ.

Inada, K.-I., 1963. "On a two-sector model of economic growth: comments and a generalization", *Review of Economic Studies* 30(2): 119 - 127.

Ingersoll, J. E., 1987. *Theory of Financial Decision Making*. Rowman and Littlefield, Totowa, NJ.

Jacques, I., 2009. *Mathematics for Economics and Business*, 6th edn. Financial Times Prentice-Hall, Harlow.

Jensen, J. L. W. V., 1906. "Sur les fonctions convexes et les inégalités entre les valeurs moyennes",

Acta Mathematica 30(1): 175 - 193.

Johnston, J. and DiNardo, J., 1997. *Econometric Methods*, 4th edn. McGraw-Hill, New York.

Kahn, R. N., 1990. "Estimating the U. S. Treasury term structure of interest rates", in Fabozzi, F. J., ed., *The Handbook of U. S. Treasury and Government Agency Securities Instruments, Strategies and Analysis*, Chapter 9, pp. 179 - 189. Probus Publishing, Chicago.

Karush, W., 1939. "Minima of Functions of Several Variables with Inequalities as Side Conditions", Masters Thesis, University of Chicago.

Kelly, K., 1994. *Out of Control: The New Biology of Machines, Social Systems, and the Economic World*. Perseus Books, Cambridge, MA.

Kjeldsen, T. H., 2000. "A contextualized historical analysis of the Kuhn-Tucker theorem in nonlinear programming: the impact of World War II". *Historia Mathematica* 37(4): 331 - 361.

Klein, L. R. and Goldberger, A. S., 1955. *An Econometric Model of the United States, 1929—1952.* North-Holland, Amsterdam.

Klein, L. R. and Rubin, H., 1947. "A constant-utility index of the cost of living", *Review of Economic Studies* 15(2): 84 - 87.

Kuhn, H. W. and Tucker, A. W., 1950. "Nonlinear programming", in Neyman, J., ed., *Proceedings of the Second Berkeley Symposium on Mathematical Statistics and Probability*, pp. 481 - 492. Berkeley, CA.

Leonard, R. J., 1995. "From parlor games to social science: Von Neumann, Morgenstern, and the creation of game theory 1928—1944", *Journal of Economic Literature* 33(2): 730 - 761.

Leonard, R. J., 2010. *Von Neumann, Morgenstern, and the Creation Of Game Theory: From Chess to Social Science, 1900—1960, Historical Perspectives on Modern Economics*, Cambridge University Press, Cambridge.

Lintner, J., 1965. "The valuation of risk assets and the selection of risky investments in stock portfolios and capital budgets", *Review of Economics and Statistics* 47: 13 - 37.

Machina, M. J., 1982. " 'Expected utility' analysis without the independence axiom", *Econometrica* 50(2): 277 - 323.

Maclaurin, C., 1742. *A Treatise of Fluxions in Two Books*. T. W. and T. Ruddimans, Edinburgh.

Markowitz, H. M., 1952. "Portfolio selection", *Journal of Finance* 7(1): 77 - 91.

Markowitz, H. M., 1991. *Portfolio Selection: Efficient Diversification of Investments*, 2nd edn. Blackwell, Oxford.

Markowitz, H. M. and Todd, G. P., 2000. *Mean-Variance Analysis in Portfolio Choice and Capital Markets.* Frank J. Fabozzi Associates, New Hope, PA.

Mason, R. S., 1989. *Robert Giffen and the Giffen Paradox*. Philip Allen, Deddington.

McKenzie, L., 1957. "Demand theory without a utility index", *Review of Economic Studies* 24(3): 185 - 189.

Mendelson, B., 1975. *Introduction to Topology*, 3rd edn. Allyn and Bacon, Boston.

Merton, R., 1972. "An analytic derivation of the efficient portfolio frontier", *Journal of Financial and Quantitative Analysis* 7: 1851—1872.

Mood, A. M., Graybill, F. A. and Boes, D. C., 1974. *Introduction to the Theory of Statistics*, 3rd edn. McGraw-Hill Series in Probability and Statistics. McGraw-Hill, Singapore.

Neary, J. P., 1997. "R. C. Geary's contributions to economic theory", in D. Conniffe, ed., *Roy Geary 1896—1983: Irish Statistician. Centenary Lecture by John E. Spencer and Associated Papers*. Economic and Social Research Institute, Oak Tree Press, Dublin.

Poundstone, W., 2005. *Fortune's Formula: The Untold Story of the Scientific Betting System that Beat the Casinos and Wall Street*. Hill and Wang, New York.

Pratt, J. W., 1964. "Risk aversion in the small and in the large", *Econometrica* 32(1/2): 122 - 136.

Purfield, C. and Waldron, P., 1997. "Extending the Mean-Variance Framework to Test the Attractiveness of Skewness in Lotto Play", Trinity Economic Papers Technical Paper 97/4, Trinity College, Dublin.

Ridley, M., 1993. "The mathematics of markets: a survey of the frontiers of finance", *The Economist* (9 October): 1 - 20.

Roberts, A. W. and Varberg, D. E., 1973. *Convex Functions*. Academic Press, New York.

Rockafellar, R. T., 1970. *Convex Analysis*. Princeton University Press, Princeton, NJ.

Roll, R., 1977. "A critique of the asset pricing theory's tests-Part 1: On past and potential testability of the theory", *Journal of Financial Economics* 4: 129 - 176.

Roy, R. F. J., 1947. "La distribution du revenu entre les divers biens", *Econometrica* 15(3): 205 - 225.

Rubinstein, M. E., 1973. "A comparative statics analysis of risk premiums", *Journal of Business* 46 (4): 605 - 615.

Samuelson, P. A., 1947. "Some implications of 'Linearity' ", *Review of Economic Studies* 15(2): 88 - 90.

Sharpe, W., 1964. "Capital asset prices: a theory of capital market equilibrium under conditions of risk", *Journal of Finance* 19: 425 - 442.

Shephard, R. W., 1953. *Cost and Production Functions*. Princeton University Press, Princeton, NJ.

Siegel, J. J., 1972. "Risk, interest rates and the forward exchange", *Quarterly Journal of Economics* 86: 303 - 309.

Simmons, G. F., 1963. *Introduction to Topology and Modern Analysis*. McGraw-Hill, Singapore.

Simon, C. P. and Blume, L., 1994. *Mathematics for Economists*. Norton, New York.

Sims, C., 1980. "Macroeconomics and reality", *Econometrica* 48: 1 - 48.

Slutsky, E. E., 1915. "Sulla teoria del bilancio del consumatore", *Giornale degli Economisti* 51: 1 - 26.

Solow, D., 2009. *How to Read and Do Proofs: An Introduction to Mathematical Thought Processes*, 5th edn. John Wiley, Hoboken, NJ.

Spivak, M., 1965. *Calculus on Manifolds: A Modern Approach to Classical Theorems of Advanced Calculus*. Mathematics Monograph Series. Benjamin/Cummings, Menio Park, CA.

Stein, C., 1973. "Estimation of the mean of a multivariate normal distribution", *Proceedings of the Prague Symposium on Asymptotic Statistics*, Vol. II. pp. 345 - 381.

Stein, C. M., 1981. "Estimation of the mean of a multivariate normal distribution", *Annals of Statistics* 9(6): 1135 - 1151.

Stewart, J., 2008. *Calculus (Early Transcendentals)*, 6th edn. Brooks-Cole, Albany.

Stone, J. R. N., 1954. "Linear expenditure systems and demand analysis: an application to the pattern of British demand", *Economic Journal* 64: 511 - 527.

Sydsæter, K., Hammond, P., Seierstad, A. and Strøm, A., 2008. *Further Mathematics for Economic Analysis*, 2nd edn. Financial Times Prentice-Hall, Harlow.

Takayama, A., 1994. *Analytical Methods in Economics*. Harvester Wheatsheaf, New York.

Tinbergen, J., 1937. *An Econometric Approach to Business Cycle Problems*. Hermann, Paris.

Tinbergen, J., 1939. *Statistical Testing of Business Cycle Theories*, Vols. I and II. League of Nations, Geneva.

Tranter, C. J., 1953. *Advanced Level Pure Mathematics*. Physical Science Texts. English Universities Press, London.

Varian, H. R., 1992. *Microeconomic Analysis*, 3rd edn. W. W. Norton, New York.

von Neumann, J. and Morgenstern, O., 1944. *Theory of Games and Economic Behavior* (60th anniversary edn, 2004). Princeton University Press, Princeton, NJ.

Waldron, P., 1991. "Essays in Financial Economics", Ph. D. thesis. University of Pennsylvania.

Woods, J. E., 1978. *Mathematical Economics*. Longman, London.

术语表

∏，see multiplication operator 见乘法运算

∑，see summation operator 见求和运算

β，see beta 见 beta

2-space，2 维空间

3-space，3 维空间

absolute price，绝对价格

absolute risk aversion 绝对风险规避

  Arrow-Pratt coefficient，阿罗-普拉特绝对风险规避系数

  constant，绝对风险规避不变

  decreasing，绝对风险规避递减

  global，全局绝对风险规避

  hyperbolic，双曲绝对风险规避

  increasing，绝对风险规避递增

active constraint，see also binding constraint，紧约束

actuarially fair gamble，精算公平的赌博

addition 加法

  in field，在域中定义的加法

  in vector space，在向量空间中定义的加法

  of matrices，see matrix，addition，矩阵加法

  of vectors，see vector，addition，向量的加法

adjoint，相交

adjugate，相交

affine，仿射

  combination，仿射组合

  function，see function，affine，仿射函数

  hull，仿射闭包

  hyperplane，仿射超平面

  set，仿射集

  transformation，仿射变换

  utility，仿射效用

agent，代理人
aggregate consumption，加总消费
Allais paradox，阿莱悖论
Allais，Maurice Félix Charles（1911—2010），阿莱
allocation，分配
feasible，可行的分配
market-clearing，市场出清的分配
analytical geometry，解析几何
angle between vectors，向量间夹角
arbitrage opportunity，套利机会
Archimedean axiom，阿基米德公理
Archimedes of Syracuse（287－212BC），锡拉库札的阿基米德（公元前287—公元前212年）
argmax，最大化的解
argmin，最小化的解
argument of function，函数的自变量
Arrow，Kenneth Joseph（b. 1921），阿罗
Arrow-Debreu security，阿罗-德布鲁证券
Arrow-Pratt coefficient，阿罗-普拉特系数
of absolute risk aversion，绝对风险规避的阿罗-普拉特系数
of relative risk aversion，相对风险规避的阿罗-普拉特系数
ask price，要价
asset，资产
risk-free，无风险资产
risky，风险资产
asymptotes，渐近线
of hyperbola，双曲线的渐近线
asymptotic stability，渐近稳定性
augmented matrix，增广矩阵
autocorrelation，自相关
autocovariance，自协方差
autoregressive process，自回归过程
first-order，一阶自回归过程
*p*th-order，*p*阶自回归过程
second-order，二阶自回归过程
vector，向量自回归过程
impulse response analysis，脉冲响应分析
mean，均值
stationary，平稳
variance，方差
average，平均数
axioms，公理
Archimedean，阿基米德公理
convexity，凸性公理
expected-utility，期望效用公理
field，域公理
greed，贪婪公理
independence，独立性公理
local non-satiation，see also local，局部非饱和公理
non-satiation，非饱和公理
metric space，测度空间
preference relations，偏好关系
under certainty，确定性下的偏好关系
under uncertainty，不确定性下的偏好关系
probability space，概率空间
strict convexity，严格凸性
strong monotonicity，强单调性
substitution，替代
sure-thing principle，确定事件原理
topological space，拓扑空间
vector space，向量空间
axis，轴
of ellipse，椭圆轴
major，主轴
minor，次轴
of parabola，抛物线的轴

backer，下注者
bads，低劣商品
ball，球
closed，闭球
open，开球
in $\mathbb{R}^n$，$\mathbb{R}^n$中的开球
in metric space，测度空间中的开球
barter，以物易物
basis，基

set，消费集
vector，消费向量
contest，竞赛
continuity，连续性
of correspondence，对应的连续型
of function，函数的连续性
of preference relation，偏好关系的连续性
uniform，一致连续
continuous correspondence，连续对应
continuous function，连续函数
continuous time，连续时间
contract，契约
contract curve，契约曲线
control variable，控制变量
convex，凸集
combination，凸组合
function，凸函数
hull，凸包
set，凸集
convexity，凸性
of bond，债券的凸性
of function，函数的凸性
of preferences，偏好的凸性
coordinate，坐标
matrix，坐标矩阵
system，坐标系
transformation，坐标变换
vector，坐标向量
coordinates，坐标轴
Cartesian，笛卡儿坐标
of vector，向量坐标
correlation，相关
correlation matrix，相关矩阵
correspondence，对应
continuous，连续对应
demand，需求
graph，对应图
cosine，余弦
coupon，息票
covariance，协方差
as scalar product，数量乘积协方差
population，总体协方差
sample，样本协方差
covered interest rate parity，抛补利率平价
Cramer's rule，克莱姆法则
Cramer's theorem，克莱姆定理
Cramer，Gabriel (1704—1752)，克莱姆
cube，立方体
cumulative distribution function (cdf)，累积分布函数
joint，联合累积分布函数
marginal，边际累积分布函数
currency，see also numeraire currency，货币
curvature，曲率
curve，曲线
area under，曲线以下的面积

damped oscillations，阻尼振荡
de Moivre's theorem，棣莫弗定理
de Moivre，Abraham (1667—1754)，棣莫弗
Debreu，Gerard (1921—2004)，德布鲁
definite matrix，see negative definite matrix or positive definite matrix，正定矩阵
demand，需求
aggregate，加总需求
aggregate excess，加总超额需求
excess，超额需求
net，净需求
demand correspondence，需求对应
Marshallian，马歇尔需求对应
demand function，需求函数
compensated，补偿需求
properties，补偿需求的性质
estimation，需求函数估计
Hicksian，希克斯需求函数
properties，希克斯需求函数的性质
Marshallian，马歇尔需求函数
properties，马歇尔需求函数的性质
derivative，导数
directional，方向导数

partial，偏导数
total，全导数
Descartes, René (1596—1650)，笛卡儿
determinant，行列式
of a product，乘积的行列式
of definite matrix，定矩阵的行列式
of diagonal matrix，对角矩阵的行列式
of triangular matrix，三角矩阵的行列式
determinantal equation，行列式方程
diagonal matrix，对角矩阵
diagonalizable matrix，对角化矩阵
diagonalization，对角化
orthogonal，正交对角化
die，掷
fair，公平地掷
difference equation，差分方程
asymptotic stability，渐近稳定性差分方程
autonomous，自治差分方程
characteristic equation，差分方程的特征方程
classification，差分方程分类
dynamic behaviour，差分方程动态行为
first-order，一阶差分方程
general solution，差分方程一般解
generalizations，广义差分方程
higher-order，高阶差分方程
homogeneous，齐次差分方程
initial condition，差分方程初始条件
initial value，差分方程初始值
linear，线性差分方程
non-autonomous，非自治差分方程
non-homogeneous，非齐次差分方程
associated homogeneous equation，非齐次差分方程对应的齐次差分方程
nonlinear，非线性差分方程
order，阶数
particular solution，差分方程特殊解
second-order，二阶差分方程
solution，差分方程的解
linear independence，线性独立差分方程的解
steady-state，差分方程稳态解
validity，差分方程的有效解
stochastic，随机差分方程
systems，差分方程组
first-order，一阶差分方程组
homogeneous，齐次差分方程组
scalar approach，标量法求解差分方程
difference operator，差分算子
first，一阶差分算子
p-period，p 期差分算子
differentiability，可微
differentiation，微分
and expectation，微分与期望
implicit，隐微分
matrix notation，微分的矩阵表示
operator，微分算子
order，微分的阶
single-variable，单变量微分
under integral sign，积分号下求微分
dimension，维度
of affine set，仿射集的维数
of matrix，矩阵的维数
of vector space，向量空间的维数
dimensionless quantity，无量纲的量
direct product，直积
direct sum，直和
directional derivative，方向导数
directrix，准线
discontinuity，不连续
discontinuous function，不连续函数
discount factor，折现因子
equilibrium，均衡折现因子
estimation，折现因子估计
personal，个人折现因子
stochastic，随机折现因子
discount rate，折现率
maturity-varying，到期折现率
time-varying，时变折现率
discounted cash flow valuation，折现现金流波动率

discrete time，离散时间
disjoint sets，不相交集
distance，距离
  between complex numbers，复数的距离
  between vectors，向量的距离
  in metric space，测度空间内的距离
distributive law，分配律
disturbance term，扰动项
dividend，利息
  on bond，债券利息
  pari-mutuel，互相博彩红利
dividend uncertainty，股息不确定性
domain，定义域
dot product，点乘
Douglas，Paul Howard (1892—1976)，道格拉斯
duality，对偶
duality relations，对偶关系
duration，久期
  matching，久期匹配
dynamic multiplier，动态乘子

eccentricity，离心率
economy，经济
  production，产品经济
  pure exchange，纯交换经济
Edgeworth box，埃奇沃思盒状图
Edgeworth，Francis Ysidro (1845—1926)，埃奇沃思
Edgeworth-Bowley box，see Edgeworth box，埃奇沃思-鲍利盒状图
efficiency，效率
  allocative，分配效率
  computational，计算效率
  informational，信息效率
  mean-variance，均值—方差效率
  Pareto，帕累托效率
  statistical，统计效率
efficient markets hypothesis (EMH)，有效市场假设
eigenequation，特征方程
  generalized，广义特征方程
eigenspace，特征空间
eigenvalue，特征值
  generalized，广义特征值
  multiplicity，乘数
eigenvector，特征向量
  generalized，广义特征向量
elastic function，弹性函数
elasticity，弹性
  interest rate，利率弹性
  of demand，需求弹性
  wealth，财富弹性
elementary matrix，基本矩阵
elementary product，基本乘积
elementary row operation，基本行变换
elementary state-contingent claim，基础状态未定权益
ellipse，椭圆
  focus，椭圆焦点
empty set，空集
endogenous variable，禀赋变量
endowment，禀赋
  aggregate，加总禀赋
  perturbation，禀赋扰动
envelope function，包络函数
envelope theorem，包络定理
epsilon-delta argument，epsilon-delta 法
equilibrium，均衡
  competitive，竞争性均衡
  existence，均衡存在性
  multi-currency，多货币均衡
  multiplier，均衡乘数
  prices，均衡价格
  Walrasian，瓦尔拉斯均衡
equity，股本
equivalence class，等价类
equivalence relation，等价关系
estimate，估计
estimation，估计
  least squares，最小二乘估计

maximum likelihood，极大似然估计
method of moments，矩估计法
estimator，估计量
best，最优估计量
best linear unbiased (BLUE)，最优线性无偏估计
linear，线性估计量
unbiased，无偏估计量
Euclid of Alexandria (*c*. 325-*c*. 265BC)，亚历山大的欧几里得
Euclidean distance，欧几里得距离
Euclidean dot product，欧几里得点乘
Euclidean norm，欧几里得范数
Euclidean plane，欧几里得平面
Euclidean space，欧几里得空间
Euclidean vector space，欧几里得向量空间
event，事件
ex-dividend date，除息日
exacta，正序连赢（指定连赢位置）
excess demand，超额需求
excess return，超额收益
exogenous variable，外生变量
expectation，期望
conditional，条件期望
mathematical，数学期望
rational，理性预期
statistical，统计期望
expectation operator，期望算子
linearity，线性期望算子
risk-neutral，风险中性期望算子
unconditional，无条件期望算子
expected utility，期望效用
expected-utility function，期望效用函数
affine，仿射期望效用函数
concave，凹的期望效用函数
convex，凸的期望效用函数
existence，期望效用函数的存在性
extended-power，广义幂函数期望效用函数
functional forms，函数形式的期望效用函数
logarithmic，对数函数期望效用函数
narrow-power，狭义幂函数期望效用函数
negative-exponential，负指数期望效用函数
quadratic，二次期望效用函数
expected-utility preferences，期望效用偏好
expected-utility property，期望效用性质
expected-utility representation，期望效用表示
expenditure function，支出函数
properties，支出函数性质
expiry date，到期日
explanatory variable，解释变量
exports，出口
extended-power utility，广义幂函数效用

factor analysis，因子分析
factorial，阶乘
feasible set，可行集
field，域
final form，最终形
financial instrument，金融工具
firm，厂商
fixed point，不动点
of correspondence，对应的不动点
of function，函数的不动点
fixed-point theorems，不动点定理
Brouwer's，布劳威尔不动点定理
Kakutani's，角谷静夫不动点定理
flow，流量
focus，焦点
forecast，预测
forecasting，预测
forward rate，远期利率
forward trading，远期交易
frontier portfolio，前沿投资组合
Fubini's theorem，富比尼定理
Fubini，Guido (1879—1943)，富比尼
function，函数
affine，仿射函数
analytic，解析函数
argument，函数变量
bi-linear，双线性函数

component，分量函数
concave，凹函数
constraint，约束函数
continuous，连续函数
continuously differentiable（C^1），连续可微函数
convex，凸函数
demand，需求函数
differentiable，可微函数
discontinuous，不连续函数
elastic，弹性函数
envelope，包络函数
expected-utility，期望效用
expenditure，支出函数
  properties，支出函数性质
graph，图
indirect utility，间接效用函数
inelastic，缺乏弹性
measurable，可测函数
multivalued，多值函数
objective，目标函数
of several variables，多变量函数
optimal response，最优响应函数
probability，概率函数
probability density，概率密度函数
pseudo-concave，伪凹的函数
pseudo-convex，伪凸的函数
quasi-concave，拟凹的函数
quasi-convex，拟凸的函数
restriction，约束函数
space，see space，function，函数空间
strictly concave，严格凹函数
strictly convex，严格凸函数
strictly quasi-concave，严格拟凹函数
strictly quasi-convex，严格拟凸函数
uniformly continuous，一致连续函数
utility，效用函数
  existence，效用函数的存在性
value，值函数
vector-valued，向量值函数
function of a function，函数的函数
function space，函数的空间
fundamental identities，基本等式
fundamental theorem of algebra，代数基本定理
fundamental theorem of calculus，微积分基本定理
futures trading，期货交易

Gauss，Johann Carl Friedrich（1777—1855），高斯
Gauss-Jordan elimination，高斯-约当消元法
Gauss-Markov theorem，高斯-马尔科夫定理
Gaussian elimination，高斯消元法
Geary，Robert Charles（1896—1983），格瑞
general equilibrium theory，一般均衡理论
  multi-period，跨期一般均衡理论
generalized law of the mean，广义均值法则
generalized least squares（GLS），广义最小二乘
generating set，生成集
geometric mean，几何均值
geometric progression，see geometric series，几何级数
geometric series，几何级数
  sum，几何级数的和
    matrix form，矩阵形式的几何级数的和
geometry，几何
  analytical，解析几何
  vector，向量几何
Giffen good，吉芬商品
Giffen，Robert（1837—1910），吉芬
goods，商品
  Giffen，吉芬商品
  inferior，低劣商品
  normal，正常商品
gradient vector，梯度向量
Gram，Jorgen Pedersen（1850—1916），格莱姆
Gram-Schmidt process，格莱姆-施密特法
graph，图
greatest lower bound，see infimum，最大的下界，下确界

greed，贪婪
Gross National Product，国民生产总值
gross return，总收益

half-space，半空间
handicap，障碍
hedge portfolio，see zero-cost portfolio，套利组合
Heine，Eduard (1821—1881)，海涅
Heine-Cantor theorem，海涅-康托尔集
hemi -continuity，半连续
　　lower，下半连续
　　upper，上半连续
Hesse，Ludwig Otto (1811—1874)，海塞
Hessian matrix，海塞矩阵
Hicks，John Richard (1904—1989)，希克斯
Hicksian demand function，希克斯需求函数
　　properties，希克斯需求函数的性质
homogeneity，齐次
　　of degree one，see linearly homogeneous，一次齐次
　　　function，一次齐次函数
　　of degree zero，零次齐次
homogeneous function，齐次函数
homogeneous system of equations，齐次线性方程组
horse racing，赛马
household，居民
hyperbola，双曲线
hypercube，超立方体
hyperparallelepiped，超平行六面体
hyperplane，超平面
　　budget，预算超平面
　　linear，线性超平面
　　portfolio weight，投资组合权重超平面
　　separating，分离超平面
　　supporting，支持超平面
　　tangent，切超平面
hyperrectangle，超矩形
hypersphere，超球面
hypersurface，超曲面

identity，相等、恒等
　　in field，域中的恒等式
　　in vector space，向量空间中的恒等式
　　matrix，单位矩阵
　　　additive，矩阵加法恒等式
　　　multiplicative，矩阵乘法恒等式
　　symbol (≡)，恒等式符号
　　transformation，恒等变换
impact multiplier，影响乘数
implicit function theorem，隐函数定理
imports，进口
impulse response function，脉冲响应函数
　　orthogonalized，正交化脉冲响应函数
inactive constraint，see also non-binding constraint，非紧约束
Inada conditions，稻田条件
Inada，Ken-Ichi (1925—2002)，稻田
incomplete market，非完备市场
indefinite matrix，非定矩阵
independence，独立
　　linear，see linear independence，线性独立
　　statistical，统计独立
independence axiom，独立公理
independent and identically distributed (iid)，独立同分布
index betting，指数博彩
indifference curve，无差异曲线
indifference map，无差异图
indifference relation，无差异关系
indirect utility function，间接效用函数
　　money metric，货币度量间接效用函数
individual，个人
inelastic function，缺乏弹性的函数
infimum，下确界
inflexion point，拐点
injective function，单射函数
inner product，see also dot product and scalar, product，内积，也见点乘和数乘
input-output analysis，投入产出分析

input-output coefficients，投入产出系数
input-output model，投入产出模型
integral，积分
double，双重积分
multiple，多重积分
integrand，被积函数
integrated to order zero (I(0))，零阶单整
integration，积分
change of variables，换元积分
limits，积分极限
multiple，积分乘法
interest，利息
accrued，应计利息
compound，复利
simple，单利
interest rate parity，利率平价
covered，see also covered interest rate parity，抛补利率平价
uncovered，see also uncovered interest rate parity，无抛补利率平价
interim multiplier，瞬时乘子
interior，内部
intermediate value theorem，介值定理
internal rate of return (IRR)，内部回报率
invariance，不变性
inverse，逆运算
in field，域中的逆运算
in vector space，向量空间的逆运算
left，左逆
matrix，逆
right，右逆
inverse function theorem，反函数定理
invertible function，可逆函数
invertible matrix，可逆矩阵
investment，投资
function，投资函数
opportunity，投资机会
set，投资机会集
investor，投资者
isobar map，等压线图
isoquant map，等产量图

Jacobi，Carl Gustav Jacob (1804—1851)，雅可比
Jacobian matrix，雅可比矩阵
Jensen's equality，詹森等式
Jensen's inequality，詹森不等式
applications，詹森不等式应用
Jensen，Johan Ludwig William Valdemar (1859—1925)，詹森
Jordan，Wilhelm (1842—1899)，约当

Kakutani's fixed-point theorem，角谷静夫不动点定理
Kakutani，Shizuo (1911—2004)，角谷静夫
kernel，核
of linear transformation，线性变换的核
of matrix，矩阵的核
Keynes，John Maynard (1883—1946)，凯恩斯
Keynesian model，凯恩斯模型
Keynesian multiplier，凯恩斯乘数
Kronecker delta，克罗内克德尔塔
Kronecker product，克罗内克积
Kronecker，Leopold (1823—1891)，克罗内克
Kuhn，Harold William (b. 1925)，库恩
Kuhn-Tucker conditions，库恩-塔克条件
Kuhn-Tucker multiplier，库恩-塔克乘子
Kuhn-Tucker theorems，库恩-塔克定理
kurtosis，峰度
coefficient，峰度系数

l'Hôpital's rule，洛必达法则
l'Hôpital，Guillaume Francois Antoine，Marquis de (1661—1704)，洛必达
labour，劳动力
lag operator，滞后算子
lag polynomial，滞后多项式
Lagrange multiplier，拉格朗日乘子
method，拉格朗日乘子法
Lagrange，Joseph-Louis (1736—1813)，拉格朗日
Lagrangian，拉格朗日

macroeconomic model，宏观经济学模型
complete，宏观经济学模型的完整式
final form，宏观经济学模型的最终式
reduced form，宏观经济学模型的简化式
structural form，宏观经济学模型的结构式
main diagonal，主对角线
map，映射
mapping，映射
marginal propensity to consume，边际消费倾向
marginal propensity to save，边际储蓄倾向
marginal rate of substitution，边际替代率
marginal revenue，边际收益
market beta，市场贝塔值
market portfolio，市场投资组合
market-clearing，市场出清
markets，市场
betting，博彩市场
bond，债券市场
capital，资本市场
complete，完备市场
financial，金融市场
foreign exchange，外汇市场
forward，远期市场
futures，期货市场
incomplete，不完备市场
money，货币市场
option，期权市场
perfectly competitive，完全竞争市场
security，证券市场
spot，即期市场
state-contingent claims，状态未定权益
Markov，Andrei Andreyevich (1856—1922)，马尔科夫
Markowitz frontier，马克维茨前沿
Markowitz，Harry Max (b. 1927)，马克维茨
Marshall，Alfred (1842—1924)，马歇尔
Marshallian demand correspondence，马歇尔需求对应
Marshallian demand function，马歇尔需求函数
properties，马歇尔需求函数的性质
matching uncertainty，匹配不确定性
matrix，矩阵
addition，矩阵加法
algebra，矩阵代数
column rank，矩阵的列秩
column sum，矩阵的列和
computation of inverse，逆矩阵的计算
correlation，矩阵的相关
decompositions，矩阵的分解
diagonalizable，可对角化矩阵
diagonalization，矩阵的对角化
dimension，矩阵的维度
dynamic multiplier，动态乘数矩阵
equality，矩阵恒等式
equilibrium multiplier，均衡乘子矩阵
Hessian，海塞矩阵
impact multiplier，影响乘数矩阵
indefinite，不定矩阵
inequalities，矩阵不等式
interim multiplier，瞬时乘数矩阵
inverse，逆矩阵
invertible，see invertible matrix，可逆矩阵
Jacobian，雅可比矩阵
multiplication，矩阵乘法
negative definite，负定矩阵
negative semi-definite，半负定矩阵
non-singular，see non-singular matrix，非奇异矩阵
operations，矩阵运算
order，矩阵的阶
orthogonally diagonalizable，正交对角化矩阵
positive definite，正定矩阵
positive semi-definite，半正定矩阵
rank，矩阵的秩
row rank，矩阵的行秩
row sum，矩阵的行和
series expansion，矩阵的级数展开
similar，相似矩阵
square root，平方根矩阵
subtraction，矩阵减法

negative definite matrix，负定矩阵
negative semi-definite matrix，半负定矩阵
negative-exponential utility，负指数矩阵
neighbourhood，邻域
net demand，净需求
net present value (NPV)，净现值
net return，净收益
no-arbitrage principle，无套利原理
no-free-lunch principle，无免费的午餐原理
non-binding constraint，非紧约束
non-collinearity，无共线性
non-negative orthant，非负象限
non-singular matrix，非奇异矩阵
non-singularity，see matrix，non-singular，非奇异
norm，范数、法向量
normal (to hyperplane)，(超平面) 法向量
normal portfolio，see also unit-cost portfolio，标准投资组合
normalization，标准化
null set，空集
null space，零空间
nullity，零度
numeraire，价值标准、计价标准
numeraire currency，价值标准货币

objective function，目标函数
odds，赔率
  decimal，小数赔率
  exchange，赔率交易
  fair，公平的赔率
  favourable，喜欢的赔率
  fixed，固定赔率
  fractional，分数赔率
  mid-market，中间市场赔率
  pari-mutuel，互相博彩赔率
  ratio，比率
  tote，赌注计算器
  true，真实赔率
  unfavourable，不喜欢的赔率
one-to-one function，一对一函数，单射函数
onto function，全射函数
open set，开集
operator，算子
  difference，see difference operator，差分算子
  differentiation，see differentiation，operator，微分算子
  expectation，see expectation operator，期望运算（算子）
  lag，see lag operator，滞后算子
  linear，see linear operator，线性算子
  multiplication，see multiplication，operator，乘法算子
  summation，see summation operator，加总算子
optimal response function，最优响应函数
optimization，最优
  equality-constrained，等式约束优化
    first-order conditions，等式约束优化的一阶条件
    second-order conditions，等式约束优化的二阶条件
    uniqueness conditions，等式约束优化的唯一性条件
  inequality-constrained，不等约束优化
    first-order conditions，不等约束优化的一阶条件
    second-order conditions，不等约束优化的二阶条件
    uniqueness conditions，不等约束优化的唯一性条件
  unconstrained，无约束优化
    first-order conditions，无约束优化的一阶条件
    second-order conditions，无约束优化的二阶条件
    uniqueness conditions，无约束优化的唯一性条件
option，期权
  American，美式期权
  call，看涨期权

reduced form，简化式
reduced row-echelon form，行阶梯（矩阵）形式
reflexivity，自反性
of binary relation，二元关系的自反性
of preference relation，偏好关系的自反性
regression equation，回归方程
population，总体回归方程
relation，关系
indifference，无差异关系
preference，偏好关系
strict，严格偏好关系
weak，弱偏好关系
relative price，相对价格
relative risk aversion，相对风险规避
aggregate，加总相对风险规避
Arrow-Pratt coefficient，阿罗-普拉特相对风险规避系数
constant，相对风险规避不变
decreasing，相对风险规避递减
increasing，相对风险规避递增
remainder term，余项
repayment date，偿付日
representative agent，典型代理人
restricted least squares (RLS)，受限最小二乘
return，see rate of return，收益
right inverse，右逆
risk aversion，风险规避
Arrow-Pratt coefficients，阿罗-普拉特风险规避系数
local，局部风险规避
strict，严格风险规避
risk loving，风险爱好
local，局部风险爱好
strict，严格风险爱好
risk neutrality，风险中性
local，局部风险中性
risk premium，风险溢价
of market portfolio，市场投资组合风险溢价
risk tolerance，风险容忍
risk-free security，see security，risk-free，无风险证券
risk-neutral world，风险中性世界
Rolle's theorem，罗尔定理
Rolle，Michel (1652—1719)，罗尔
rollover，滚动，结转
roots，根
row rank，行秩
row space，行空间
row vector，行向量
row-echelon form，see also reduced row-echelon form，行阶梯形（矩阵）
row-equivalent matrices，行阶梯矩阵
Roy's identity，罗伊恒等式
Roy，Rene Francois Joseph (1894—1977)，罗伊

saddle point，鞍点
sample，样本
sample beta，样本贝塔
sample mean，样本均值
sample space，样本空间
scalar，标量，数量
algebra，标量代数
matrix，标量矩阵
product，数量乘积，数乘
positive definite，数量乘积正定
space，数量乘积空间
Schmidt，Erhard (1876—1959)，施密特
Schur's theorem，舒尔定理
Schur，Issai (1875—1941)，舒尔
Schwarz's theorem，施瓦茨定理
Schwarz，Karl Hermann Amandus (1843—1921)，施瓦茨
security，证券
complex，复合证券
risk-free，无风险证券
risky，风险证券
security market line，证券市场线
seemingly unrelated regression，似无相关回归
segmented market hypothesis，市场分割假设
semi-continuity，半连续

semi-definite matrix, see negative semi-definite matrix or positive semi-definite matrix，半定矩阵
separating hyperplane theorem，分离超平面定理
separation，分离
and CAPM，分离和 CAPM
mutual fund，共同基金分离
two-fund monetary，两基金分离
set，集合
bounded，有界的集合
closed，闭集
compact，紧集
constraint，约束集
consumption，消费集
convex，凸集
feasible，可行集
interior，内集
level，水平集
lower contour，下水平集（下等值集）
open，开集
upper contour，上水平集（上等值集）
settlement date，清算日
Sharpe，William Forsyth（b. 1934），夏普
Sharpe-Lintner theorem，夏普-林德纳定理
Shephard's lemma，谢法德引理
Shephard，Ronald William（1912—1982），谢法德
short-selling，卖空
Siegel's paradox，西格尔悖论
Siegel，Jeremy J.（b. 1945），西格尔
sigma-algebra，西格玛代数
similar matrices，相似矩阵
simplex，单纯形
standard，标准单纯形
unit，单位单纯形
sine integral function，正弦可积函数
singular matrix，奇异矩阵
skew-symmetric matrix，反对称矩阵
skewness，偏度
coefficient，偏度系数
Slutsky equation，斯卢茨基方程
Slutsky symmetry condition，斯卢茨基对称条件
Slutsky，Evgenii Evgen'evich（1880—1948），斯卢茨基
solution，解
general，一般解
particular，特殊解
space，解空间
vector，解向量
space，空间
eigenspace，特征空间
Euclidean，see Euclidean space，欧氏空间
function，函数空间
half-，see half-space，半空间
mean-standard deviation，均值—标准差空间
mean-variance，均值—方差空间
metric，see metric space，测度空间
portfolio，投资组合空间
sample，样本
scalar product，see scalar，product，space，数量乘积空间，也见标量空间，乘积空间，空间
solution，see solution，space，空间的解
topological，see topological space，数量乘积拓扑空间
vector，see vector space，向量乘积空间
spanning set，生成集
sphere，球面
spline，样条
spot rate，即期利率
spread，价差
betting，投注差
bid-ask，买卖价差
butterfly，蝶式套利（价差）
St Petersburg paradox，圣・皮特博格悖论
stake，赌金，奖金
stakeholder，下注者
standard basis，标准基
standard deviation，标准偏差
standard matrix，标准矩阵

state of nature，自然状态
state of the world，世界状态
state-contingent claim，状态未定权益
stationarity，平稳性
asymptotic，渐近平稳
covariance，协方差平稳
strict，严平稳
weak，弱平稳
stationary point，平稳点
Stein's lemma，斯坦引理
Stein，Charles M.（b. 1920），斯坦
stochastic discount factor，随机折现因子
stochastic process，随机过程
asymptotically stationary，渐近平稳的随机过程
conditional expectation，随机过程的条件期望
covariance stationary，协方差平稳的随机过程
expectation，随机过程的期望
first-order autoregressive，一阶自回归随机过程
integrated to order zero（$I(0)$），零阶单整的随机过程
pth-order autoregressive，p 阶自回归随机过程
second-order autoregressive，二阶自回归随机过程
strictly stationary，严平稳随机过程
vector，随机向量
weakly stationary，弱平稳随机过程
stochastic relationship，随机关系
stock，存量
Stone，John Richard Nicholas（1913—1991），斯通
Stone-Geary preferences，斯通-格瑞偏好
strong monotonicity，强单调性
structural form，结构式
subset，子集
subspace，子空间
substitution axiom，替代公理
sum of squares，平方和
explained，解释平方和
total，总平方和
summation operator，求和算子
superset，超集
supporting hyperplane theorem，支持超平面定理
supremum，上确界
sure thing，确定事物
sure-thing principle，确定事物原理，独立性原则（确定性事物原则）
surface，表面
volume under，表面下面的体积
surjective function，满射函数
symmetry，对称性
of binary relation，二元关系的对称性
of matrix，矩阵的对称性
of scalar product，数量乘积的对称性
of second-order partial derivatives，二阶偏导数的对称性
systems of equations，方程组
consistent，一致方程组
difference equations，差分方程组
homogeneous，齐次方程组
inconsistent，不一致方程组
linear，线性方程组
matrix representation，方程组的矩阵表示
non-homogeneous，非齐次方程组
non-linear，非线性方程组
solution，方程组的解
solution by Cramer's rule，克莱姆法则求解方程组
solution by elementary row operations，基本行变换法求解方程组
solution by Gauss-Jordan elimination，高斯-约当消元法求解方程组
solution by Gaussian elimination，高斯消元法

求解方程组
solution by scalar methods，用标量方法求解方程组
solution space，方程组的解空间

tangency portfolio，切投资组合
tangent hyperplane，切超平面
Taylor approximation，泰勒近似
Taylor's expansion，泰勒展开式
Taylor's theorem，泰勒定理
multivariate，多变量泰勒定理
stochastic version，泰勒定理的随机形式
univariate，单变量泰勒定理
Taylor，Brook (1685—1731)，泰勒
term structure，期限结构
description，描述期限结构
estimation，估计期限结构
theory，期限结构理论
theorem of the maximum，极大化定理
time series，时间序列
analysis，时间序列分析
data，时间序列数据
model，时间序列模型
scalar，标量时间序列
vector，向量时间序列
topological space，拓扑空间
topology，拓扑
(branch of mathematics)，(数学分支)
(on a set)，(集合)
total derivative，全导数
total percentage，总百分比
total revenue，总收益
trace，迹
transition matrix，转移矩阵
transitivity，传递性
of binary relation，二元关系的传递性
of preference relation，偏好关系的传递性
translation，平移
translation equations，平移方程
transpose of a matrix，矩阵转置
triangle，三角
triangular decomposition，三角分解
triangular factorization，三角因式分解
triangular inequality，三角不等式
triangular matrix，三角矩阵
determinant，三角矩阵的行列式
trifecta，三连胜
banker，庄家三连胜
double-banker，双庄家三连胜
Tucker，Albert William (1905—1995)，塔克

unbiased die，无偏的骰子
unbiased estimator，无偏估计
best linear (BLUE)，最优线性无偏估计
unbiased forecast，无偏预测
unbiased predictor，无偏预测量
uncovered interest rate parity，无抛补利率平价
uniform continuity，一致连续
uniformly continuous function，一致连续函数
unit circle，单位圆
unit elasticity，单位弹性
unit of account，账户单位
unit root，单位根
unit vector，单位向量
unit-cost portfolio，单位成本投资组合
universal law of sufficiency，充分性的一般原则
universal set，全集
upper contour set，上水平集（上等值集）
upper triangular matrix，上三角矩阵
utility，效用
affine，仿射效用
expected，see expected utility，期望效用
utility function，效用函数
existence，效用函数的存在性
for sure things，确定事物的效用函数
functional form，see also preference relation，

效用函数的函数形式
indirect，间接效用函数
money metric，货币度量间接效用函数
inter-temporal，跨期效用函数
mean-variance，均值—方差效用函数
money metric，货币度量效用函数
non-expected，非期望效用函数
on sure things，确定事物的效用函数
quasi-concave，拟凹效用函数
state-dependent，状态依赖
state-independent，状态独立
von Neumann-Morgenstern，冯·诺依曼-摩根斯顿效用函数

value function，值函数
variance，方差
population，总体方差
sample，样本方差
variance-autocovariance matrix，方差—自协方差矩阵
variance-covariance matrix，方差—协方差矩阵
vector，向量
addition，向量加法
algebra，向量代数
angle between，向量之间夹角
calculus，向量微积分
consumption，消费向量
distance between，向量之间的距离
dot product，点乘
equality，向量相等
equivalence，等价向量
geometry，向量几何
initial point，初始点向量
length，向量长度
negative，负向量
orthogonal，正交向量
orthonormal，标准正交向量
payoff，收益向量
random，随机向量
subspace，向量子空间
subtraction，向量减法
terminal point，向量终点
zero，零向量
vector autoregressive process，向量自回归过程
impulse response analysis，脉冲响应分析
mean，向量自回归过程的均值
stationary，平稳的向量自回归过程
variance，向量自回归过程的方差
vector space，向量空间
axioms，向量空间公理
dimension，向量空间的维数
finite-dimensional，有限维向量空间
infinite-dimensional，无限维向量空间
Venn diagram，维恩图
Venn，John (1834—1923)，约翰·维恩
vertex，顶点
of hyperbola，双曲线顶点
of hyperrectangle，超矩形顶点
of parabola，抛物线顶点
of simplex，单纯形顶点
Viète's formulas，Viète 公式
Viète，Francois (1540—1603)，韦达
Vieta，Franciscus，see Viète，Francois，韦达
volatility，波动率
volume，体积
von Neumann-Morgenstern utility function，see utility function，von Neumann-Morgenstern，冯·诺依曼-摩根斯顿效用函数
von Neumann，John (1903—1957)，冯·诺依曼

Walras's law，瓦尔拉斯定律
Walras，Marie-Esprit-Leon (1834—1910)，瓦尔拉斯
Walrasian auctioneer，瓦尔拉斯拍卖者
Walrasian equilibrium，瓦尔拉斯均衡
wealth elasticity，财富弹性

weighted least squares (WLS)，加权最小二乘
welfare theorems，福利定理
first，第一福利定理
second，第二福利定理
Wicksell，Johan Gustaf Knut (1851—1926)，

yield，收益（率）
current，当前收益率
effective annual，有效年度收益率
gross redemption，总赎回收益率
to maturity，到期收益率
yield curve，收益（率）曲线
estimation，收益（率）曲线估计
flat，平的收益（率）曲线
parallel shift，收益（率）曲线平移
upward sloping，向上倾斜的收益（率）曲线
Young's theorem，杨格定理
Young，William Henry (1863—1942)，杨格

zero matrix，零矩阵
zero transformation，零变换
zero vector，零向量
zero-cost portfolio，零成本投资组合

Mathematics for Economics and Finance by Michael Harrison and Patrick Waldron
ISBN：978-0-415-57304-7

北京市版权局著作权合同登记号：01-2012-1484

图书在版编目（CIP）数据

经济数学与金融数学/哈里森，沃尔德伦著；谢远涛译．—北京：中国人民大学出版社，2012.11
（经济科学译库）
ISBN 978-7-300-16689-6

Ⅰ.①经… Ⅱ.①哈… ②沃… ③谢… Ⅲ.①经济数学 ②金融-经济数学 Ⅳ.①F224 ②F830

中国版本图书馆CIP数据核字（2012）第278934号

经济科学译库
经济数学与金融数学
迈克尔·哈里森（Michael Harrison）著
帕特里克·沃尔德伦（Patrick Waldron）著
谢远涛 译
Jingji Shuxue yu Jinrong Shuxue

出版发行	中国人民大学出版社		
社　　址	北京中关村大街31号	**邮政编码**	100080
电　　话	010－62511242（总编室）		010－62511398（质管部）
	010－82501766（邮购部）		010－62514148（门市部）
	010－62515195（发行公司）		010－62515275（盗版举报）
网　　址	http://www.crup.com.cn		
	http://www.ttrnet.com（人大教研网）		
经　　销	新华书店		
印　　刷	涿州市星河印刷有限公司		
规　　格	185 mm×260 mm　16开本	**版　　次**	2012年12月第1版
印　　张	32.25　插页2	**印　　次**	2012年12月第1次印刷
字　　数	694 000	**定　　价**	65.00元